UTB 1774

Eine Arbeitsgemeinschaft der Verlage

Böhlau Verlag · Köln · Weimar · Wien
Verlag Barbara Budrich · Opladen · Farmington Hills
facultas.wuv · Wien
Wilhelm Fink · München
A. Francke Verlag · Tübingen und Basel
Haupt Verlag · Bern · Stuttgart · Wien
Julius Klinkhardt Verlagsbuchhandlung · Bad Heilbrunn
Lucius & Lucius Verlagsgesellschaft · Stuttgart
Mohr Siebeck · Tübingen
C. F. Müller Verlag · Heidelberg
Orell Füssli Verlag · Zürich
Verlag Recht und Wirtschaft · Frankfurt am Main
Ernst Reinhardt Verlag · München · Basel
Ferdinand Schöningh · Paderborn · München · Wien · Zürich
Eugen Ulmer Verlag · Stuttgart
UVK Verlagsgesellschaft · Konstanz
Vandenhoeck & Ruprecht · Göttingen
vdf Hochschulverlag AG an der ETH Zürich

SIEGFRIED LAMNEK

Theorien abweichenden Verhaltens II: „Moderne" Ansätze

Eine Einführung für Soziologen, Psychologen, Juristen, Journalisten und Sozialarbeiter

3., überarbeitete und erweiterte Auflage

WILHELM FINK

Der Autor:

Prof. Dr. Siegfried Lamnek lehrte bis 2007 Soziologie an der Universität Eichstätt.

Bibliografische Information der Deutschen Nationalbibliothek

Die Deutsche Nationalbibliothek verzeichnet diese Publikation in der Deutschen Nationalbibliografie; detaillierte bibliografische Daten sind im Internet über http://dnb.d-nb.de abrufbar.

Gedruckt auf umweltfreundlichem, chlorfrei gebleichtem Papier.

3., überarbeitete und erweiterte Auflage 2008

© 1979 Wilhelm Fink Verlag
(Wilhelm Fink GmbH & Co. Verlags-KG, Jühenplatz 1, D-33098 Paderborn)
ISBN 978-3-7705-4646-6

Internet: www.fink.de

Das Werk, einschließlich aller seiner Teile, ist urheberrechtlich geschützt. Jede Verwertung außerhalb der engen Grenzen des Urheberrechtsgesetzes ist ohne Zustimmung des Verlages unzulässig und strafbar. Das gilt insbesondere für Vervielfältigungen, Mikroverfilmungen und die Einspeicherung und Verarbeitung in elektronischen Systemen.

Printed in Germany.
Herstellung: Ferdinand Schöningh, Paderborn
Einbandgestaltung: Atelier Reichert, Stuttgart

UTB-Bestellnummer: ISBN 978-3-8252-1774-7

Inhaltsverzeichnis

Vorwort zu 3. Auflage 11

Vorbemerkung 13

1 Moderne Ansätze als Paradigmenwechsel? 15
    1.1   Die radikale Kriminologie im angelsächsischen Sprachraum 15
           1.1.1   Die Absetzung von der traditionellen Kriminologie 16
           1.1.2   Die Wurzeln der radikalen Kriminologie 18
           1.1.3   Wirkungsgeschichte der radikalen Kriminologie 23
           1.1.4   Radikale Kriminologie und gesellschaftliche Praxis 25
    1.2   Die kritische Kriminologie in der Bundesrepublik 28
           1.2.1   Die Zurückweisung der Grundannahmen
                    ätiologischer Theorien 29
           1.2.2   Die theoretischen Wurzeln der kritischen Kriminologie 30
           1.2.3   Die kritische Kriminologie in ihren zentralen Aussagen 31
           1.2.4   Kritische Kriminologie und gesellschaftliche Praxis 40
    1.3   Soziale Kontrolle als zentraler Gegenstand der neuen
          Kriminologie 43
           1.3.1   Denktraditionen sozialer Kontrolle 44
           1.3.2   Kontrollstile 46
           1.3.3   Organisationsformen sozialer Kontrolle 47
           1.3.4   Trends der sozialen Kontrolle 50

2 Der handlungstheoretische Ansatz nach Haferkamp 53
    2.1   Devianz als soziales Handeln 53
           2.1.1   Das soziale Handeln 53
           2.1.2   Konformität und Devianz – zwei Formen sozialen
                    Handelns 54
           2.1.3   Die Ebenen der Abweichung in ausdifferenzierten
                    Gesellschaften 55
           2.1.4   Eine Begründung für abweichendes Verhalten über die
                    Genese des Selbst 57
    2.2   Norm und Handeln 59
           2.2.1   Die Bewertung von Normen in den Theorien 60
           2.2.2   Die Bedeutung von Normen für das Handeln 62

		2.2.3	Die Verbindung normativer und interpretativer Richtungen 64
	2.3	\multicolumn{2}{l}{Der Prozeß der Normsetzung durch Macht und Herrschaft .... 67}

2.2.3 Die Verbindung normativer und interpretativer Richtungen 64
2.3 Der Prozeß der Normsetzung durch Macht und Herrschaft 67
    2.3.1 Die Bedeutung von Mängellagen 72
    2.3.2 Vermittlung und Institutionalisierung der Forderungen 73
    2.3.3 Von der Aushandlung zur Setzung..75
    2.3.4 Die Motivation zur Kontrolle übertragender institutionalisierter Handlungen...76
2.4 Konformes und abweichendes Handeln in der Mehrgruppengesellschaft...80
    2.4.1 Die Gesellschaft – ein kohärentes System von Subgruppen? 81
    2.4.2 Das Mitdefinieren der Situation der „Anderen" 82
    2.4.3 Die Inklusivsysteme als „In-groups" 83
    2.4.4 Die Gründung alternativer Inklusivsysteme 85
2.5 Kriminalisierung und Entkriminalisierung – Instrumente im Konflikt sozialer Gruppen 87
    2.5.1 Zur Setzung von (Straf-)Rechtsnormen 88
    2.5.2 Die Absicherung von Machtpositionen 89
    2.5.3 (Ent-)Kriminalisierung unter dem Aspekt von Macht und Herrschaft...90
    2.5.4 Das Diebstahlsverbot und andere Beispiele 91

3 Das Konzept der Selbstkontrolle nach Gottfredson und Hirschi 95
3.1 Die theoretischen Wurzeln des Selbstkontrollkonzepts 95
    3.1.1 Die klassischen Theorien 96
    3.1.2 Die „positivistischen" Theorien...100
3.2 Das Selbstkontrollkonzept als eine „Allgemeine Theorie der Kriminalität"...109
3.3 Sozialisation und Selbstkontrolle 119
    3.3.1 Delinquenz als Ergebnis von Störungen in der Sozialisation..119
    3.3.2 Einige korrelierende Faktoren für Delinquenz 122
3.4 Aspekte einer kritischen Würdigung: Selbstkontrolle als „neokonservative Pädagogik"? 127

4 Die materialistisch-interaktionistische Kriminologie nach Gerlinda Smaus..133
4.1 Die theoretischen Voraussetzungen..133
    4.1.1 Kritik am interpretativen Paradigma...................................134
    4.1.2 Kritik an marxistischen Theorien 136
    4.1.3 Vereinbarkeit des scheinbaren Paradoxons 138
    4.1.4 Die Theorie der Strukturierung von Giddens 139
4.2 Die Anwendung auf die Kriminologie 141
    4.2.1 Struktur 142

		4.2.2 Strukturierung 144
	4.3	Grundlegende Spezifika des materialistisch-interaktionistischen Ansatzes 146
	4.4	Die Unterscheidung zu anderen Ansätzen...147
		4.4.1 Unterscheidung zu ätiologischen Ansätzen.......................148
		4.4.2 Unterscheidung zum Labeling Approach 149
		4.4.3 Unterscheidung zu marxistischen Ansätzen 150
	4.5	Die feministische Perspektive 152
	4.6	Beurteilung der materialistisch-interaktionistischen Kriminologie..158
		4.6.1 Inhaltliche Würdigung 158
		4.6.2 Transformation der Theorie in die Praxis........................160
5	**Die Rational Choice-Theorie** 164
	5.1	Grundannahmen der Rational Choice-Theorie...............................164
		5.1.1 Die Sichtweise der Rational Choice-Theorie 166
		5.1.2 Das Menschenbild der Rational Choice-Theorie: der Homo Oeconomicus und der RREEMM 167
	5.2	Die Werterwartungstheorie nach Esser (SEU-Theorie) 170
	5.3	Die Theorie des geplanten Handelns nach Ajzen............................172
	5.4	Die Rationale Reflexion der Situation nach Seipel und Eifler 175
	5.5	Das Modell von McKenzie und Tullock 177
	5.6	Die Annahmen Gary S. Beckers...179
	5.7	Die Strafe aus der Perspektive der Rational Choice-Theorie.........181
	5.8	Das Opfer aus der Perspektive der Rational Choice-Theorie........183
	5.9	Kritik an der Rational Choice-Theorie 183
6	**Neurobiologische Aspekte des abweichenden Verhaltens** 186
	6.1	Der Blick ins menschliche Gehirn..187
	6.2	Hirnschäden und Charakter: Phineas P. Gage und Eliot 189
	6.3	Neurologie und der freie Wille 191
	6.4	Ein kriminelles Gehirn?...194
	6.5	Aggression 196
	6.6	Epilepsie 201
	6.7	Bestrafung als Rekonditionierung 203
	6.8	Spiegelneuronen 204
	6.9	Fazit 205
7	**Sozialräumliche Kontext- und Aggregationseffekte**...............................207
	7.1	Ursprünge der soziologischen Analyse von Verhalten und Raum.210
	7.2	Abweichendes Verhalten und soziale Desorganisation.................212
		7.2.1 Chicago Anfang des 20. Jahrhunderts 212
		7.2.2 Entwicklung des Konzepts der „sozialen Desorganisation" 213
		7.2.3 Sozialökologische Einbettung der „sozialen Desorganisation" durch Robert E. Park.........................214

		7.2.4 Erweitertes Modell der sozialen Desorganisation 218

       7.2.4   Erweitertes Modell der sozialen Desorganisation 218
7.3   Abweichendes Verhalten und residenzielle Segregation 221
       7.3.1   Konzeptuelle Abgrenzung von residenzieller Segregation und sozialer Exklusion 221
       7.3.2   Der Zusammenhang von residenzieller Segregation und sozialer Exklusion 223
       7.3.3   Residenzielle Segregation und abweichendes Verhalten ... 226
7.4   Beurteilung von sozialer Desorganisation und Sozialisationseffekten im räumlichen Kontext 229

8   Viktimologie 233
8.1   Aufgabengebiete und Fragestellungen der Viktimologie 234
       8.1.1   Möglichkeiten zur Differenzierung von Opfern 237
8.2   Die Bedeutung von Opferbefragungen (Victim Surveys) 242
       8.2.1   Lebensstil und Opferwahrscheinlichkeit 245
       8.2.2   Gründe für Anzeigen und Dunkelziffern 246
       8.2.3   Bestrebungen nach informeller Konfliktregelung 250
8.3   Die Schädigungen der Opfer 253
       8.3.1   Einige Kategorisierungen von Opferschädigungen 254
       8.3.2   Spezifische Opferreaktionen bei bestimmten Straftaten 257
8.4   Der Umgang des Kriminaljustizsystems mit Opfern von Straftaten 259

9   Soziale Kontrolle und Prävention 262
9.1   Prävention und soziale Kontrolle 262
       9.1.1   Zur sozialen Kontrolle 263
       9.1.2   Prävention im Kontext von Kriminalitätstheorien 265
9.2   Die präventiven Legitimationen des Kriminaljustizsystems 271
       9.2.1   Die nicht explizit festgelegten Strafzwecke 271
       9.2.2   Das generalpräventive Begründungsmodell 272
       9.2.3   Die Legitimierung durch Integrationsprävention 274
       9.2.4   Polizeiliche Präventionsvorstellungen 275
9.3   Die generalpräventive Wirksamkeit von Strafrechtsnormen 279
       9.3.1   Zur Abschreckung durch Sanktionsdrohungen 280
       9.3.2   Kritik am Prinzip des Strafens 283

10 Abolitionismus 287
10.1 Entwicklung und Prinzipien des Abolitionismus 287
10.2 Einige Richtungen im Abolitionismus 292
       10.2.1 Der moralische Rigorismus von Christie 292
       10.2.2 Die „peines perdues" von Hulsman 297
       10.2.3 Das mephistophelische Prinzip bei Mathiesen 298
       10.2.4 Der Doppelkontrollcharakter bei Scheerer 299
       10.2.5 Die moderate Position des European Committee on Decriminalisation 301

	10.2.6 Der strukturelle Abolitionismus bei Smaus	303
10.3	Einige Gemeinsamkeiten abolitionistischer Ansätze	306
	10.3.1 Die Forderung nach Abschaffung restriktiver Institutionen	306
	10.3.2 Kontrolle und Konfliktlösung auf der Ebene kleiner Strukturen	307
	10.3.3 Die Abkehr von der exakten, wertfreien Wissenschaft	310
	10.3.4 Abolitionismus und Labeling Approach	311
10.4	Zwei Extreme bundesrepublikanischer Praxisbetrachtung	312
	10.4.1 Die Positionen von Haferkamp und Schumann – oder: Reduktion oder Ausweitung sozialer Kontrolle	313
	10.4.2 Zur wechselseitigen Kritik	316
10.5	Abolitionismus in der Praxis	317
	10.5.1 Die Haltung zur sozialen Kontrolle	317
	10.5.2 Der Verzicht auf staatliche Sanktionsmittel	319
	10.5.3 Praktische Alternativen statt „negativer Kriminalpolitik"	322
10.6	Diversion als Strategie der Entkriminalisierung	325
	10.6.1 Grundlegung der Diversion	326
	10.6.2 Zur Bewertung der Diversion	332
	10.6.3 Möglichkeit und Machbarkeit von Diversion in der Bundesrepublik	339
	10.6.4 Projekte im Rahmen von Diversionsmaßnahmen nach dem JGG	348
10.7	Wiedergutmachung und Täter-Opfer-Ausgleich	349
	10.7.1 Wiedergutmachung und Schadensersatz	350
	10.7.2 Die Bereitschaft zum Täter-Opfer-Ausgleich	362
	10.7.3 Evaluation des Täter-Opfer-Ausgleichs	366

Literaturverzeichnis ... 373

Personenregister ... 398

Sachregister ... 404

Vorwort zu 3. Auflage

Mit der 8. Auflage 2007 meines UTB-Bandes 740 „Theorien abweichenden Verhaltens I. ‚Klassische' Ansätze", der neu gestaltet und in neuem Format als erweiterte Fortführung der früher in sieben Auflagen verbreiteten „Theorien abweichenden Verhaltens" erschienen ist, wurden Überlegungen angestellt, wie mit dem UTB-Band 1774 „Neue Theorien abweichenden Verhaltens", der auch in neuer Edition auf den Markt kommen sollte, zu verfahren ist. Es bot sich an, ebenfalls eine Layout-Umstellung vorzunehmen und weitere inhaltliche Entwicklungen bei der Beschäftigung mit abweichendem Verhalten aufzunehmen.

Während der Band I, der die traditionellen Theorien abweichenden Verhaltens behandelt, nun mit dem Untertitel „‚Klassische' Ansätze" versehen ist, erhält dieser ergänzende Band II die Spezifikation „‚Moderne' Ansätze". Dass die beiden Adjektive in Anführungszeichen gesetzt sind, ist der Tatsache geschuldet, dass beide Begrifflichkeiten unpräzise gebraucht sind, denn einerseits ist der Terminus „klassisch" der entsprechenden Kriminologieschule zugewiesen und enger, wie andererseits das Adjektiv „modern" nicht spezifisch im Sinne gesellschaftlicher Moderne gemeint ist. Statt „klassisch" hätte man auch „traditionell" und statt „moderne" hätte man auch „jüngere" sagen können. Die tatsächlich gewählten Formulierungen dienen mithin ausschließlich der dichotomen Abgrenzung voneinander und haben also nur eine relationale Bedeutung.

Die Intentionen dieses zweiten Bandes entsprechen denen der vorausgegangenen Auflagen: Zunächst einmal versuche ich, einen kompakten, einführenden Überblick über „modernere", jüngere Ansätze zu geben. Weiter geht es mir um eine Deskription von Gegenständen, Überlegungen und Erkenntnissen im Bereich des abweichenden Verhaltens und gerade der Kriminalität, wie sie vornehmlich in den letzten fünf Jahrzehnten wissenschaftlich und gesellschaftspraktisch diskutiert, kritisiert, angewandt und z. T. verworfen wurden.

Gegenüber den bisherigen Auflagen ist die nunmehr dritte um drei Kapitel erweitert: Einmal wird die Kategorie des (sozialen) Raumes als ein denkbarer Bestimmungsfaktor für Devianz und Kriminalität, wie er teilweise schon in den klassischen Ansätzen enthalten war, neu thematisiert. Weiter hat der Rational Choice-Ansatz aus der Allgemeinen Soziologie und der Ökonomie nicht vor dem speziellen Gebiet des abweichenden Verhaltens Halt gemacht, weshalb auch dieser hier aufgenommen wurde. Letztlich hat auch die Neurophysiologie auf der Basis der Mikrobiologie und der bildgebenden Verfahren Einzug in die Beschäftigung mit abweichendem Verhalten gefunden.

Da nun beide UTB-Bände schon im Titel aufeinander bezogen sind – womit der Käufer/Käuferin, Leser/Leserin implizit auf die traditionellen Theorien im Band I verwiesen wird – wurde dieser Band um die einführende und zusammenfassende, knappe Darstellung der „klassischen" Ansätze gekürzt. Analoges gilt für das Glossar, das hier aus Platzgründen fehlt. Mehr oder weniger sind alle zentralen Begriffe im Band I enthalten.

War die Auswahl und Darstellung der traditionellen Theorien im Band I relativ problemlos, weil sich durch die zeitliche Distanz zu den ursprünglichen Texten der „Klassiker" sowie durch die Wissenschaftsgeschichte vieles geklärt und an Konturen gewonnen hat, so ist die Auswahl von „modernen" Ansätzen, von Autoren und von Literatur ausgesprochen schwierig. Es soll darauf hingewiesen werden, dass es sich bei meiner Selektion auf allen Ebenen um eine subjektive, dezisionistische handelt, die aber hoffentlich nicht völlig losgelöst von deren kriminalsoziologischer Bedeutsamkeit vorgenommen wurde. Selbstverständlich sind andere Klassifikationen, wie sie etwa Albrecht (2002; 2003) vorgenommen hat, möglich und sinnvoll. Die dort knapp behandelten z. T. sehr spezifischen theoretischen Überlegungen (z. B. Kontrollbalancetheorie, Lebenslauftheorie, Power-Control-Theorie etc.) können diese Darstellung ergänzen.

Dem Leser/der Leserin soll der Zugang und Nachvollzug der hier dargestellten Ansätze dadurch erleichtert werden, dass am Ende größerer Abschnitte jeweils eine kompakte Zusammenfassung geliefert wird. Dem/der sehr eiligen Leser/in (z. B. zur Rekapitulation bei der Examensvorbereitung) mag es deshalb genügen, sich nur den Zusammenfassungen zu widmen. Anders als in Band I sind im Band II Beispiele nicht besonders herausgestellt und hervorgehoben; dies hätte den Umfang des Bandes gesprengt und wäre auch aufgrund der spezifischen Ausrichtung der Ansätze nicht durchgängig problemlos möglich.

Da gerade von „dem/der Leser/in" die Rede war, sei eine grundsätzliche Bemerkung erlaubt: Auch wenn „Delinquenz" einen weiblichen Artikel trägt, ist sie realiter nach wie vor ein im Wesentlichen männliches Phänomen. Und obgleich „soziale Kontrolle" weiblich ist, ist die Strafverfolgung nach wie vor männlich dominiert (Polizei, Staatsanwaltschaft, Richter). Wenn aber im Weiteren begrifflich keine geschlechtsspezifischen Differenzierungen vorgenommen werden, so impliziert dies keineswegs deren Vernachlässigung. Im Versuch, eine bessere Lesbarkeit zu erreichen, beschränke ich mich auf den Gebrauch von Gattungsbegriffen, verbinde damit aber keinerlei inhaltliche Aussage. Dort, wo geschlechtsspezifische Differenzen relevant sind, werden sie selbstverständlich formuliert.

Eichstätt, im November 2007

Vorbemerkung

Während in dem Band „Theorien abweichenden Verhaltens I. ‚Klassische' Ansätze" der Fokus der Betrachtung durch den Einbezug bestimmter Theorien und deren Darstellung bei Tat und Täter liegt und dabei das Rechtssystem mit seinen normativen und faktischen Strukturen als gegeben vorausgesetzt wird – dies gilt mindestens in Teilen auch noch für den Labeling Approach, der aber bereits den entscheidenden Perspektivenwechsel einleitet –, geht es nun bei den „modernen" Ansätzen zwar auch um abweichendes Verhalten und Kriminalität, aber zudem und besonders um die „andere Seite der Medaille", nämlich die *soziale Kontrolle* (und noch allgemeiner die sozialen Reaktionen). Diese Standardkategorie soziologischer Analyse erfährt im Kontext abweichenden Verhaltens und Kriminalität fast schon paradigmatische Bedeutung. Von einem Paradigmenwechsel im engeren Sinn zu sprechen, ist vielleicht übertrieben, doch werden die Ausführungen (hoffentlich) zeigen, dass die Veränderung des Standpunktes und des Blickwinkels andere, neue, nuancierende und modifizierende Einsichten bereitstellen.

Hinführend zu den „modernen" Ansätzen bezüglich abweichenden Verhaltens ist ein Kapitel vorgeschaltet, das sich dem grundsätzlichen Wandlungsprozess von einer „positiven" Kriminologie zu einer *radikalen* bzw. *kritischen Kriminologie* widmet. Diese paradigmatische und wissenschaftssoziologisch ausgesprochen bedeutsame Verschiebung bildet den Nährboden und eine Voraussetzung für die Genese und weitgehende Durchsetzung der neueren Überlegungen in Wissenschaft und Praxis.

Es werden dann theoretische Ansätze – die durchaus nicht ohne Praxisbezug sind – referiert: Unter Rekurs auf Hans Haferkamp wird eine handlungstheoretische Grundlegung der Abweichung gegeben. Dezidiert auf den Aspekt der sozialen Kontrolle bezogen ist der dann vorgestellte Ansatz von Gottfredson und Hirschi. Eine materialistisch-interaktionistische Position, die von Gerlinda Smaus vertreten wird, wird im Anschluss referiert. Es folgt die Darstellung der Rational-Choice-Theorie als Erklärungskonzept für abweichendes Verhalten. Die alte und wieder neue Kontroverse zwischen Biologie und Soziologie wird dann zum Gegenstand der Überlegungen gemacht. Weiter wird auf spezifische Konstellationen im Raum, die für Abweichungen verantwortlich gemacht werden, im engeren Sinne als Erklärungen für die Entstehung abweichenden Handelns Bezug genommen. Diesen explizit theoretischen (und weitgehend ätiologischen) zweiten Teil des Bandes beschließt die Viktimologie. Sie bewegt sich im Grenzgebiet zwischen erklärender Theorie und gesellschaftspraktischen Fragen, wird aber unter theoretisch-interaktionistischer Perspektive behandelt, weil das Opfer immer einen – wie auch immer gearteten – Beitrag zur Abweichung des Delinquenten und zur Opferwerdung leistet.

Nun könnte sich der Leser fragen, ob die oben formulierte paradigmatische Wendung von der Ursachenforschung zur sozialen Kontrolle bei der Darstellung der neueren Ansätze stringent durchgehalten wurde. Tatsächlich aber kann (z. B. fehlende) soziale Kontrolle (schwaches Sanktionssystem) abweichendes Verhalten begünstigen, also zu einer möglichen Ursache für Delinquenz werden. Prototypisch erkennbar ist dies etwa im Rational Choice-Ansatz, bei dem die subjektiv perzipierte Sanktionswahrscheinlichkeit als Kostenfaktor ins Kalkül einbezogen wird. Insoweit gibt es zwar Perspektivenverschiebungen, die aber durchaus ätiologischer Erklärung zugänglich sind.

Aus den modernen Ansätzen zu abweichendem Verhalten entwickeln sich auch handlungspraktische Umsetzungsmöglichkeiten, wie sie aus den traditionellen Theorien nur begrenzt ableitbar und oft schwer in die gesellschaftliche Praxis transferierbar waren. Diese praxeologisch-technologischen Überlegungen – durchaus nicht ohne theoretische Fundierung – werden im Anschluss behandelt:

Prävention und soziale Kontrolle, Diversion im Anschluss an eine Straftat als eine praktische Maßnahme, um u. a. weiter gehende Kriminalisierungstendenzen zu vermeiden, und die viel radikalere Position des Abolitionismus, die davon ausgeht, dass die Gesellschaft ohne das Strafrecht und ohne totale Institutionen auskommen kann, werden ebenso thematisiert, wie der Täter-Opfer-Ausgleich, der die Funktion der Strafe implizit in Frage stellt. Da Diversion und Täter-Opfer-Ausgleich auch „abgeschwächte", weniger radikale Positionen sind als der Abolitionismus, werden diese beiden Strategien praktischen Handelns im Kriminaljustizsystem im Kapitel zum Abolitionismus mitbehandelt.

1 Moderne Ansätze als Paradigmenwechsel?

Gegen Ende der 1960er/Anfang der 1970er Jahre wurden in Deutschland – und zuvor in Großbritannien und davor wiederum in den USA – die bis dahin klar dominierenden ätiologischen Erklärungsansätze, die kriminelles bzw. deviantes Verhalten als individuelle, familiäre, soziale und/oder kulturelle Fehlanpassung begriffen und nach den Ursachen abweichenden Verhaltens suchten, zunehmend kritisiert und hinterfragt. Aus dieser Gegenbewegung heraus etablierte sich nach und nach eine neue Richtung der Kriminologie, die sich im englischen Sprachraum als „radikal" bezeichnete, in der Bundesrepublik etwas zurückhaltender unter dem Attribut „neu" oder „kritisch" firmierte.

Im Gegensatz zu den ätiologischen Theorien wird Kriminalität nun nicht mehr als Merkmal oder Eigenschaft von Personen begriffen, sondern als gesellschaftliches Verhältnis, als soziale Beziehung aufgefasst. Der Unterschied in der Betrachtung und „Erklärung" von Kriminalität erscheint gegenüber den traditionellen Ansätzen als so basal, dass die Vertreter der neuen kriminologischen Perspektive sogar von einem Paradigmenwechsel ausgehen, denn Kriminalität – und allgemeiner: deviantes Verhalten – wird vor dem Hintergrund neuer Fragestellungen betrachtet und unter Rekurs auf neue Bezugssysteme bzw. -theorien analysiert.

Insbesondere der Wechsel des Gegenstandes kriminologischer Analyse ist von zentraler Bedeutung für das neue Paradigma: Vorbereitet durch den *Labeling Approach* und die *interaktionistischen* Theorien wird die *soziale Kontrolle* nicht mehr als Folge der Abweichung, sondern als sie (mit)verursachend begriffen.

1.1 Die radikale Kriminologie im angelsächsischen Sprachraum

Der Begriff der radikalen Kriminologie ist angelsächsischen Ursprungs, wobei sich seine Inhalte auf amerikanische Vorüberlegungen aus Theorie und Praxis der Kriminologie zurückführen lassen. Seit Mitte der 1960er Jahre gab es in Großbritannien verschiedene Versuche, „die Kriminologie als eine wissenschaftliche Disziplin neu und anders zu begründen als bisher" (Sack 1985: 278). Janssen, Kaulitzki und Michalowski (1988) haben sich von deutscher Seite zuerst und später insbesondere Hilde v.d. Boogaart und Lydia Seus (1991) wissenschaftsgeschichtlich und systematisch mit der „Entstehung und Entwicklung der radikalen Kriminologie in Großbritannien von 1968 bis 1988" (Boogaart/Seus 1991: 1) beschäftigt. Auf die Analysen und Befunde Letzterer wird bei der Darstellung der radikalen Kriminologie im Wesentlichen zurückgegriffen.

Bedeutsam für die Neubegründung einer wie auch immer zu bezeichnenden andersartigen Kriminologie – die Begriffe reichen von „kritisch" (vgl. 1.2.) über „neu", „marxistisch", „konflikttheoretisch" bis zu „radikal" – sind amerikanische Einflüsse, die insbesondere dann in der in Großbritannien gegründeten National Deviancy Conference (NDC) aufgenommen wurden. Die neue radikale Kriminologie wurde unter diesem organisatorischen Dach 1968 begründet und hob sich in ihren Aussagen und Perspektiven deutlich von den bisher vertretenen traditionellen Kriminologien in ihren diversen Nuancierungen ab. Zwar handelte es sich nicht – insbesondere in der weiteren Entwicklung – um ein einheitliches, gar monolithisches Konzept, vielmehr wurde die Einigung auf die radikale Position auch dadurch ermöglicht, dass man die traditionelle Kriminologie kritisierte und sich von ihr absetzte, treffend charakterisiert durch den Satz: „Die gebildete Gruppe versprach, sich gegenseitig zu unterstützen und eine gemeinsame Identität als Anti-Mainstream-Kriminologen zu entwickeln" (Boogaart/Seus 1991: 45).

1.1.1 Die Absetzung von der traditionellen Kriminologie

Nichts eint so sehr, wie ein gemeinsamer Feind: Die traditionelle Kriminologie wurde im Hinblick auf einige ihr immanente zentrale Prämissen kritisiert und abgelehnt und sollte durch eine „Soziologie des abweichenden Verhaltens" ersetzt werden. War man in der Ablehnung der traditionellen Kriminologie einig und in der Zielsetzung der radikalen Kriminologie zunächst durchaus ähnlicher Auffassung, so zeigte sich in der weiteren Entwicklung letztlich doch eine gewisse „ideologische Spaltung in neue Realisten und linke Idealisten". Da es oft leichter ist, sich negativ abzugrenzen, also zu sagen, was man nicht möchte, sind zunächst einmal jene Bereiche traditioneller Kriminologie zu benennen, die die radikale Kriminologie ablehnte:

Die traditionelle Kriminologie geht in ihrer *ätiologischen Orientierung* davon aus, dass Kriminalität eine Form *pathologischen* Verhaltens ist, während die radikale Kriminologie meint, dass abweichendes Handeln dadurch zur Kriminalität wird, dass es kriminalisierbar gemacht und kriminalisiert wird. Kriminalität ist schon deshalb kein pathologisches Verhalten, weil es durchaus auf der Basis sozialer Bedingungen oft eine funktionale und „vernünftige" Problemlösungsstrategie darstellen mag.

Die traditionelle Kriminologie ist *absolutistisch*, da sie in ihrer Perspektive individuenzentriert ist und andere Mechanismen der sozialen Zuweisung von Kriminalität nicht erkennt oder nicht akzeptiert.

Die radikale Kriminologie wendet sich gegen das *Besserungsdenken* und die ihr zugrunde liegende Ideologie der traditionellen Kriminologie, die davon ausgeht, dass die Verschiedenartigkeit von konformem und abweichendem Verhalten nur so zu lösen ist, dass das abweichende Verhalten mit allen Mitteln bekämpft und letztlich abgeschafft wird. Der Einwand gegen die theoretische Fundierung der Besserungsideologie richtet sich konkret und pragmatisch gegen die

Agenten der sozialen Kontrolle. Das Besserungsdenken ergab sich aus der Auffassung von Kriminalität als pathologisch, woraus medizinisch-therapeutische Modelle zur Behandlung und Besserung der Akteure entwickelt wurden. Damit wurden aber die eigentlichen Ursachen für die Abweichung nicht aus der Welt geschafft. Ziel der traditionellen Kriminologen war es, das *Resozialisationssystem* so effizient wie möglich zu gestalten und es auf der Basis dieser Intention evtl. zu reformieren. Die erkennbaren schädlichen Folgen der Reaktionen der sozialen Kontrollinstanzen auf Delinquenz wurden von der traditionellen Kriminologie ausgeblendet und nicht berücksichtigt. Gegenstand der radikalen Kriminologie als einer Soziologie des abweichenden Verhaltens sind deshalb die Funktionen der klassischen Institutionen, wie Gefängnis und Gericht, Sozialarbeit und Psychiatrie (Boogaart/Seus 1991: 10 f.).

Die radikale Kriminologie wendet sich weiter gegen die *additive Interdisziplinarität* und den *Positivismus* der etablierten kriminologischen Position. Während Interdisziplinarität an sich durchaus hilfreich ist, sich realen sozialen Phänomenen adäquat und realitätsgerecht zu nähern, wird die einseitige, juristische, klinische, psychologische oder forensische Orientierung kritisiert, weil in dem *Mehrfaktorenansatz* die soziologische Perspektive und insbesondere die soziologisch-kritische Sichtweise ausgeblendet wird, denn wegen der individuell-pathologischen Orientierung liegen die Schwerpunkte der traditionellen Kriminologie auf dem Gebiet der Psychologie und Psychiatrie. Die positivistische Grundtendenz der traditionellen Kriminologie als „Mainstream-Kriminologie in Großbritannien der 1960er-Jahre" besteht darin, dass dieser Ansatz die Kriminologie auf biologische und psychologische Imperative reduziert (Boogaart/Seus: 12). Dies impliziert, dass der freie Wille des Handelnden einem Determinismus wich, die Idee der Gleichheit aller Menschen durch natürliche Unterschiede ersetzt wurde und normative Strukturen als vorgeblich objektive nicht mehr hinterfragt wurden (Ontologisierung, Reifizierung der Normen).

Ein sehr zentraler Gesichtspunkt der Absetzung der radikalen von der Mainstream-Kriminologie war deren bewusste und gezielte *Isolierung von der Soziologie* und ihren schon damals vorliegenden Erkenntnissen (Taylor et al. 1974: 86). Die radikale Kriminologie entwickelte hingegen unter Rekurs auf soziologische Erkenntnisse und Befunde neue Forschungsansätze und insbesondere eine neue Betrachtungsweise der Devianz, indem man den Sichtweisen und Deutungen der Devianten gerecht werden wollte: die Expertenbrille sollte durch die Brille der Kriminalisierten ersetzt werden.

Dies brachte mit sich, dass Kriminologen sich mit den so Etikettierten „solidarisierten" (mindestens symbolisch) und dabei herausarbeiten konnten, dass abweichendes Verhalten als Produkt von Interaktionen erfolgt. Als zentraler Gegenstand wurde hier auf die soziale Kontrolle rekurriert, die im Kontext des ökonomischen Klassen- und Erziehungszusammenhangs zu sehen ist. Die Besserungsideologie sollte entmystifiziert, die Kriminologie in die Soziologie (re-)integriert, die Idee der Objektivität aufgegeben werden. Gerade die Kriminalstatistik wurde als soziales Konstrukt staatlicher Organisationsarbeit entlarvt.

Die National Deviancy Conference war bis zum Jahr ihrer Auflösung (1980) das Diskussionsforum der so skizzierten radikalen Kriminologie (Boogaart/Seus 1991: 74). Ihre Auflösung wird als „natürliche Folge einer institutionellen und intellektuellen Weiterentwicklung" (Boogaart/Seus 1991: 72) gesehen, weil auf der einen Seite viele der formulierten Grundgedanken in die Kriminologie (und z. T. in die Praxis) eingeflossen sind, sich zudem und auf der anderen Seite aber verschiedene spezifische Ansätze entwickelten, die die Positionen auseinanderdriften ließen.

1.1.2 Die Wurzeln der radikalen Kriminologie

Die sog. New Deviancy Theory, also die Soziologie des abweichenden Verhaltens, entstand als eine Position gegen die traditionelle Mainstream-Kriminologie. Ihre Vorläufer sind in den soziokulturellen Area-studies der 1950er Jahre in den USA zu sehen und insbesondere in den Arbeiten der interaktionistischen Devianztheoretiker, wie Howard S. Becker, Aaron S. Cicourel, Erving Goffman, Edwin M. Lemert und David Matza. Methodologisch wird gemäß dem zugrunde liegenden Paradigma auf die verstehende Methode zurückgegriffen (Boogaart/Seus 1991: 16 u. 24).

Mit dem Bezug auf amerikanische soziologische Arbeiten, die sich symbolisch-interaktionistisch mit Delinquenz und Devianz auseinandergesetzt haben, gelang es, Gegenstand und Perspektive der Kriminologie zu erweitern. In ihrer spezifischen Ausprägung und auf das abweichende Verhalten angewandt spielt insbesondere die in ihren unterschiedlichen Facetten bedeutsame Labeling-Theorie für die Entwicklung der radikalen Kriminologie eine wichtige Rolle. Auch die metatheoretische Perspektive der *Phänomenologie*, die ja dem Paradigma des *Symbolischen Interaktionismus* und dem *Labeling Approach* zugrunde liegt, wird in die radikale Kriminologie eingearbeitet, was (begrenzt) auch für die *Ethnomethodologie* gilt.

Konstituieren der Symbolische Interaktionismus, der Labeling Approach und die Phänomenologie einen Strang, der die radikale Kriminologie – durchaus nicht unkritisch gesehen – speist, so sind *konflikttheoretische* Überlegungen und als Spezialfall davon *marxistische Ansätze* das andere Standbein, das der radikalen Kriminologie in Großbritannien Stehvermögen und Balance verleiht.

In der weiteren Entwicklung der radikalen Kriminologie spielen dann insbesondere nach 1980 auch *feministische Überlegungen* eine nicht unwesentliche Rolle. Symbolischer Interaktionismus und Labeling Approach auf der Basis phänomenologischer Methodologie, (neo-)marxistischer Orientierungen und feministischer Bestrebungen werden dann auch in der kritischen Kriminologie der Bundesrepublik relevant. Mehrfach verweisen Boogaart und Seus (1991) auf den Einfluss der britischen radikalen Kriminologie auf jene deutschen Kriminologen, die an der englischen Diskussion Anteil nahmen (etwa Sack und Schumann) und

Gedanken der radikalen Kriminologie in die Bundesrepublik transportiert und hier fruchtbar gemacht haben.

Eine Darstellung der radikalen Kriminologie in Großbritannien wird notwendigerweise auf das Standardwerk von Ian Taylor, Paul Walton und Jock Young „The New Criminology" zurückgreifen müssen. Aus der Kombination interaktionistischer und marxistischer Ansätze wollen sie zu einer „fully social theory of deviance" (Taylor et al. 1973: 281) gelangen, ganz ähnlich wie das auch im Bereich kritischer Kriminologie in Deutschland versucht wurde.

Der Interaktionismus
Die Entwicklung der radikalen Kriminologie setzte mit der Kritik der interaktionistischen Ansätze ein. Ihnen wird *Subjektivismus* und *Relativismus* vorgeworfen, da sie „die Relevanz von situativen Bedeutungen und Normen und damit die Relevanz von subjektiven Situationsdefinitionen überbetonen. Dadurch rücken die Bedeutungen, die die Handelnden den Objekten ihrer Umwelt zuschreiben, in den Mittelpunkt, während die Erforschung der soziostrukturellen Bedingungen für die Bedeutung von Situationsdefinitionen in den Hintergrund treten" (Boogaart/Seus 1991: 25).

Der radikalen Kriminologie geht es dagegen um die Aufdeckung der Beziehungen zwischen Abweichungen und gesellschaftlichen Strukturen. Dies kann nur mittels einer „Analyse der Strukturen, Prozesse, Institutionen und Mechanismen von Recht, Macht, Herrschaft in der Gesellschaft und den damit zusammenhängenden politischen und staatlichen Institutionen" (Sack 1985: 281) gelingen. Nur über eine solche Analyse ist eine systematische Verknüpfung von Kriminalität auf der Ebene des Handelnden und der Reaktionen der Kontrollinstanzen möglich. Konkret bedeutet dies, dass Kriminalität und Kontrolle zur Organisation der „kapitalistischen" Gesellschaft in Beziehung gesetzt werden müssen.

An der interaktionistischen Perspektive wird also kritisiert, dass sie das Organisationsprinzip der *Macht*, speziell der *Definitionsmacht* hinsichtlich des abweichenden Verhaltens ausblendet und nicht befriedigend erklärt, „warum einige Gruppen innerhalb der Gesellschaft ihre Definition von Abweichung durchsetzen können und andere nicht" (Boogaart/Seus 1991: 26). Trotz dieser Kritik wird aber am interaktionistischen Aushandeln der Definitionen von Kriminalität und der Kriminalisierung festgehalten.

Konflikttheoretische Ansätze
Wie die interaktionistische Perspektive, kommen auch die konfliktorientierten Ansätze aus den Vereinigten Staaten. Sie wurden in den USA in den 1960er Jahren in Anwendung auf die Kriminalität populär, denn nunmehr wurde sie „als ein konflikthaft ablaufender Prozeß, der seinen Ausgangspunkt in sozialen Konflikten zwischen verschiedenen Gruppierungen der Gesellschaft nimmt" (Boogaart/Seus 1991: 26) verstanden. Austin Turk (1972), William Chambliss (1976) und Richard Quinney (1977) sind insbesondere jene Autoren, die die konflikttheoretischen Überlegungen für die Kriminologie nutzbar gemacht haben.

Turks Ansatz zielte auf die Herausarbeitung der Bedingungen, „unter denen ein Subjekt in einer Autorität-Subjekt-Beziehung als kriminell definiert wird" (Boogaart/Seus 1991: 27). Da alle Gesellschaften durch Rollendifferenzierungen zwischen Autorität und Subjekt gekennzeichnet sind, ist seine Theorie generalistisch und auf alle Gesellschaften anwendbar (Taylor et al. 1973: 242).

Chambliss bezieht die Machtdimension in die Devianztheorie auf der Basis seiner zentralen Kategorien „soziale Klassen" und „soziale Ungerechtigkeit" ein. „Die Existenz unterschiedlicher sozialer Klassen führt für ihn zu unausweichlichen Konflikten, auf die der Staat reagiert, indem er Gesetze und Regeln schafft, um Gefahren für die etablierten Beziehungen zu kontrollieren und abzuwehren" (Boogaart/Seus 1991: 27). Kriminalität und der Prozess der Kriminalisierung stehen im Kontext des ökonomischen und politischen Machtkampfes der spätkapitalistischen Gesellschaftsform, in der besonders Menschen der machtlosen sozialen Klasse kriminalisiert und von Klassen, die mächtiger sind, mit dem Etikett „kriminell" belegt werden.

Wenn auch Quinney als Autor genannt ist, der *konflikttheoretische* Überlegungen in den Bereich der Devianz einbrachte, so zeigt seine spätere Entwicklung eine Spezifizierung der konflikttheoretischen Auffassung insoweit, als er mehr und mehr marxistische Gedanken als konflikttheoretische Basis heranzog.

Marxistische Ansätze
Dass marxistisches Gedankengut in devianztheoretische Überlegungen einfloss, ist nur teilweise auf Karl Marx selbst zurückzuführen. Es sind eher die neomarxistischen Philosophen, die die Devianztheoretiker zu beeinflussen vermochten.

Der marxistische Ansatz geht von der Grundannahme aus, dass es nur unter den Bedingungen einer klassenlosen Gesellschaft zu einer kriminalitätsfreien Gesellschaft kommen kann, denn nur dann ist die Gesetzgebung Ausdruck freien Willens und nicht eine Manifestation ungerechter und ungleicher gesellschaftlicher Verteilungsverhältnisse. Diese Basisposition des marxistischen Ansatzes konnte sich in den 1970er Jahren (insbesondere in Großbritannien) einer gewissen Akzeptanz erfreuen (während in der alten Bundesrepublik aufgrund der spezifischen historischen Bedingungen und der Trennung in zwei deutsche Staaten eine Verbreitung nur begrenzt erfolgte).

Zentraler Gegenstand war die Analyse der Verknüpfung von Ökonomie und Politik, von Wirtschaft und Staat sowie des Rechtssystems. Es entstanden verschiedene Auffassungen marxistischer Analyse des Staates, unter denen besonders die instrumentalistische Gewicht hat, da diese explizit auf die Theorie des abweichenden Verhaltens eingeht. Als Vertreter dieser Position gilt der ursprüngliche Konflikttheoretiker Quinney, der den Staat „als ein direktes Instrument von Klassenherrschaft und das Recht entsprechend als ein Werkzeug der Klassenunterdrückung" (Boogaart/Seus 1991: 29) betrachtet. Für Quinney ist jede Form der Abweichung ein bewusster Widerstand gegen die gesellschaftliche Unterdrückung. Kriminalität ist Ausdruck und Waffe im Klassenkampf, da sie das kapitalistische System bedroht (Hinch 1983: 70).

„The New Criminology"

„The New Criminology" ist der erste umfassende Entwurf der radikalen Kriminologie (Boogaart/Seus 1991: 56). Die Autoren Taylor, Walton und Young hatten die Absicht, interaktionistische und marxistische Ansätze zu einer umfassenden Theorie des abweichenden Verhaltens zu komponieren. Da der Marxismus eine in gewisser Weise normative Theorie ist und da die radikale Kriminologie sich tendenziell mit den Kriminalisierten solidarisierte, ist auch diese Form soziologischer Theorie abweichenden Verhaltens evaluativ und normativ geprägt.

„Es sollte klar sein, dass eine Kriminologie, die sich nicht normativ dazu verpflichtet fühlt, die Ungleichheiten von Wohlstand und Macht zu beseitigen – besonders die Ungleichheiten in Bezug auf Eigentum und Lebenschancen – zwangsläufig in einen Reformismus zurückfallen muß. Und jeglicher Reformismus ist unwiderruflich mit der Gleichsetzung von Abweichung und Pathologie verbunden. Eine umfassende soziale Theorie muß aus sich heraus den Reformismus entscheidend ablehnen (…) genauer gesagt deshalb, weil die Ursachen von Kriminalität (…) mit den vorherrschenden sozialen Bedingungen aufs engste verknüpft werden müssen (…) Die Aufgabe besteht darin, eine Gesellschaft aufzubauen, in der die Formen der menschlichen Vielfalt, gleich ob persönlicher, organischer oder sozialer Art, nicht mehr der Macht zu kriminalisieren unterworfen sind" (Taylor et al. 1973: 281 in der Übersetzung von Boogaart/Seus 1991: 32).

Aus der Kritik der traditionellen Mainstream-Kriminologie und unter Rekurs auf die schon benannten theoretischen Ansätze entwickeln die Autoren der New Criminology ihren Ansatz, der sieben Bedingungen erfüllen muss:

"1. *The wider origins of the deviant act:*
   Die Analyse der Abweichung muß den weiteren Kontext von Macht und Autorität in hochentwickelten Industrieländern mitberücksichtigen.
   Diese formale Einsicht macht eine politische Ökonomie der Kriminalität erforderlich.

2. *Immediate origins of the deviant act*:
   Die Analyse muß erklären können, warum sich manche Menschen auf abweichende Aktivitäten einlassen und andere nicht. Sie soll darüber hinaus erklären, wie Abweichung eine zeitweilige Lösung von Problemen sein kann, vor die die moderne, widersprüchliche Gesellschaft den Menschen stellt.
   Die formale Einsicht verlangt eine Sozialpsychologie der Kriminalität.

3. *The actual act*:
   Die Analyse sollte erklären können, welches Verhältnis zwischen Überzeugung und Handeln zwischen der gewählten Rationalität und dem tatsächlich gezeigten Verhalten besteht. Wie sehen die einzelnen Schritte aus, durch die abweichende Pläne in abweichende Taten umgesetzt werden?
   Die formale Einsicht verlangt eine Erklärung der realen sozialen Dynamik, die die abweichenden Aktivitäten umgibt.

4. *Immediate origins of social reaction*:
   Die unmittelbaren Reaktionen auf Abweichung sind nicht nur von Alltagstheorien bestimmt, sondern lassen sich auch durch das moralische Klima in einer Gesellschaft erklären. Auf jeden Fall haben die Zeugen von Aktivitä-

ten, egal ob enge Freunde oder offizielle Kontrollinstanzen, einen bestimmten Spielraum, ob sie das Etikett abweichend anwenden oder nicht.
Die formale Einsicht verlangt eine Sozialpsychologie der sozialen Reaktion.
5. *Wider origins of deviant reaction:*
Die geforderte Sozialpsychologie der sozialen Reaktion lässt sich nur in Bezug auf die Positionen und die Macht derjenigen, die reagieren, erklären; so wird die Reaktion von Freunden oder Familienmitgliedern auf ein bestimmtes Verhalten anders ausfallen, als die der Polizei oder Justiz. Die Art und Weise der Sanktion differiert je nach der spezifischen Alltagstheorie oder der Erklärung für Kriminalität. So werden Vertreter kapitalistischer Interessen Aktionen, die ihre Machstrukturen bedrohen, immer als abweichend und irrational definieren.
Die formale Einsicht verlangt eine politische Ökonomie der sozialen Reaktion.
6. *The outcome of the social reaction on deviant's further action*:
Die Autoren lehnen die Sichtweise ab, wonach Handelnde in eine abweichende Handlung geraten (im Gegensatz zu einer bewußten Wahl) und sich dadurch auf eher tragische Weise auf ein Gebiet begeben, das Lemert durch das ideologische Ringen zwischen dem Abweichenden, der versucht, seine Haltungen und Gedanken zu normalisieren, und sozialen Kontrollinstanzen, die genau das Gegenteil versuchen, charakterisiert sieht (Lemert 1967: 44).
Für unsere Autoren muß das Eingreifen der sozialen Reaktionsinstanzen nicht zwangsläufig zu einer Erhöhung der devianten Aktivitäten führen. Der als abweichend Bezeichnete kann genausogut – aufgrund der Reaktion – seine nicht gebilligten Handlungen ganz einstellen. In einer ‚fully social theory of deviance' wird dem Abweichenden soviel Bewußtsein zugeordnet, dass er die Reaktion auf sein Handeln einschätzen und auch bewußt in Kauf nehmen kann.
7. *The nature of the deviant process as a whole:*
Die sechs beschriebenen formalen Bedingungen für eine umfassende Theorie der Devianz kommen in der Realität natürlich nicht in dieser analytischen Trennung vor, de facto sind sie so miteinander verwoben, daß sie nicht mehr als einzelne Faktoren zu erkennen sind" (Boogaart/Seus 1991: 33 f.).

Radikale Kriminologie ist also materialistische Kriminologie insoweit, als mit Hilfe marxistischer Analyse der Gegenstand, nämlich das Rechtssystem, untersucht wird. Marxistische Analyse des Rechtssystems bedeutet, die ökonomischen Bedingungen (Produktionsverhältnisse und Produktionsweisen) auf das Rechtssystem und speziell auf das Strafrecht anzuwenden und daraus eine *Strafrechtssoziologie* zu entwickeln. „Eine materialistische Kriminologie muß sich der Aufgabe stellen, die Beständigkeit, die Neuerung oder die Abschaffung rechtlicher und sozialer Normen zu erklären. Die Analyse muß die zugrunde liegenden Interessen und die Funktionen, die sie für bestimmte materielle Ordnungen und die Produktion in Eigentumsgesellschaften erfüllt, berücksichtigen und sich bewußt machen, daß die fraglichen rechtlichen Normen unlösbar mit den sich entwickelnden Widersprüchen in solchen Gesellschaften verbunden sind" (Taylor et al. 1975: 56 in der Übersetzung von Boogaart/Seus 1991: 34).

1.1.3 Wirkungsgeschichte der radikalen Kriminologie

Die National Deviancy Conference war Hort und Heimat für die radikale Kriminologie in Großbritannien. Boogaart und Seus unterscheiden in ihrer Entwicklung zwei Phasen: „Gründung, Elan und Aufbau (1968–1972)" und „Konsolidierung, Differenzierung und Separierung (1972–1980)", wobei die zweite Phase in die Auflösung der National Deviancy Conference mündete. Aus der Analyse der veröffentlichten Beiträge lässt sich ablesen, dass aus der Dominanz der interaktionistischen Perspektive in der ersten Phase durch die zweite Generation der radikalen Kriminologen eine solche des Marxismus wurde. War schon bei der ersten Generation kein einheitliches Verständnis der radikalen Kriminologie gegeben, so wird es in der zweiten Generation noch weiter diversifiziert und driftet nach der Auflösung der NDC in diverse Richtungen, wie die *Strafrechtssoziologie*, die *feministische Analyse*, die *historisch orientierte Sozialforschung* sowie insbesondere in den *neuen Realismus* und den *linken Idealismus*, auseinander. Sowohl die Realisten als auch die Idealisten beanspruchen dabei, die Tradition der radikalen Kriminologie fortzusetzen (Boogaart/Seus 1991: 79).

In Großbritannien entwickelte sich, „eingebettet in die Kritik am Patriarchat im Allgemeinen und den männlich dominierten Wissenschaften", eine lebhafte „women and crime"-Debatte. Diese veränderte nachhaltig die Wahrnehmung und Einschätzung weiblicher Kriminalität in Großbritannien und beeinflusste auch die Diskussion in der kritischen Kriminologie der Bundesrepublik.

Carol Smart formulierte in ihrem Buch „Women, Crime and Criminology" (1976) eine erste umfassende Kritik an der traditionellen und der radikalen Kriminologie. Kritisiert wurde die „Unsichtbarkeit der Frauen" – auch in der neuen Kriminologie. Dieser Vorwurf und die sich daraus ergebenden Diskussionen aus feministischer Perspektive schufen ein neues Bewusstsein für „die besondere, bisher unberücksichtigte Lage von Frauen in Bezug auf Abweichung, soziale Kontrolle und Kriminalisierung. Die beteiligten Frauen forderten unmißverständlich die Integration der Struktur Patriarchat in die umfassende Analyse abweichenden Verhaltens" (Boogaart/Seus 1991: 83). Die feministische Kritik und ihre neuen Konzepte sind von der radikalen Kriminologie als Herausforderungen z. T. angenommen worden (Boogaart/Seus 1991: 85).

Neben dieser feministischen Analyse entwickelte sich in den 1980er Jahren in Großbritannien der sog. neue Realismus. Hauptbotschaft war, „to take crime seriously". „Die Realisten plädieren für eine realistische Wahrnehmung von Kriminalität zwischen den Polen Romantisierung und Dramatisierung" (Boogaart/Seus 1991: 88). Im Mittelpunkt ihrer Untersuchungen stehen die Opfer der Kriminalität und hier die ohnehin benachteiligten Mitglieder der Gesellschaft, die Angehörigen der Arbeiterklasse, hier besonders die Frauen und ethnische Minderheiten. Insoweit kann in der radikalen Kriminologie und dem daraus entstandenen neuen Realismus auch eine Wurzel für die sich entwickelnde *Viktimologie* (vgl. Kap. 8) gesehen werden. „Die neuen Realisten sehen ihre Aufgabe darin, das Phänomen Kriminalität in all seinen Aspekten zu beleuchten. Kriminalität beziehen sie auf die vom Strafrecht vorgegebenen Regelverletzungen. Der Erklärungsansatz berücksichtigt gleichermaßen beide konstituierenden Teilbereiche: Verhalten und Kontrollverhalten. Das, was beide Aspekte verbindet, sind die sozialstrukturellen Faktoren, die sowohl das Verhalten wie auch die Reaktion auf das Verhalten beeinflussen. Bei der Betrachtung der Kontrollseite betont Young vor allem die zentrale Rolle der öffentlichen Meinung und der informellen Kontrolle und argumentiert weiterhin, daß eine erfolgreiche Polizeiarbeit nur durch die aktive Mitwirkung und Unterstützung der Öffentlichkeit gewährleistet werden könne" (Boogaart/Seus 1991: 88 f.).

Der neue Realismus stellt für viele Kritiker einen Bruch mit den Grundannahmen der radikalen Kriminologie dar. Insbesondere wird die neue Praxisnähe kritisiert, die sich in einer anwendungsorientierten Forschung und in kriminalpolitischen Programmen niederschlägt, wie sie früher auch von der traditionellen Kriminologie entwickelt worden waren. Besonders kritikwürdig erscheint die Übernahme des Begriffs der Kriminalität aus dem Strafrecht, was die Aufgabe einer zentralen Position der radikalen Kriminologie bedeutet.

Den neuen Realisten stehen die linken Idealisten gegenüber, von denen es selbst nur wenige Veröffentlichungen gibt (Boogaart/Seus 1991: 95) und deren Position sich eher aus den Angriffen und Kritiken ihrer Gegner ableiten lässt. Die gegenüber dem Recht eher affirmative Position der neuen Realisten wird von den Idealisten abgelehnt, weil das Recht zentrales Element und Ergebnis gesellschaftlicher Gestaltung ist: „Es organisiert Zustimmung und Herrschaft und sichert Hegemonie" (Boogaart/Seus 1991: 96).

„Neben den Klassenbeziehungen bezogen die Idealisten in der Folge zwei weitere gesellschaftsbestimmende Strukturen in die Analyse von Recht, Staat und Gesellschaft ein: Zum einen das als neo-kolonialistisch bezeichnete Machtverhältnis zwischen den Angehörigen verschiedener Gruppen, zum anderen die patriarchalische Struktur, das Machtverhältnis zwischen Männern und Frauen" (Boogaart/Seus 1991: 97).

Der in der radikalen Kriminologie sehr deutlich zum Ausdruck gekommene Commitment-Gedanke, also eine gewisse Solidarisierung und Empathie mit den Kriminalisierten, wird von der idealistischen Position als Verpflichtung gegenüber den so Marginalisierten weitergeführt, während die Realisten diesen Gedanken eher vernachlässigen. Deshalb setzen nach Boogaart und Seus die Idealisten die Tradition der radikalen Kriminologie eher fort, da ihre Auffassung mit den Positionen, die in der radikalen Diskussion der 1960er und 1970er Jahre vertreten wurden, kompatibel sind.

Geschichtswissenschaft und Kriminologie existierten bis in die 1960er Jahre hinein nebeneinander her, ohne sich entsprechend zur Kenntnis zu nehmen. Als aber die Geschichtswissenschaft einen Perspektivenwechsel zu einer „Geschichte von unten" vornahm, gab es Anknüpfungspunkte zwischen den beiden Disziplinen: Die historische Sozialforschung untersucht Kriminalität als geschichtliche Erscheinung. Besonders solche Formen von Abweichungen, die Elemente eines politischen Widerstandes gegenüber den herrschenden Klassen oder auch der Staatsgewalt enthalten, wurden analysiert, aber auch historisch orientierte Studien über die Relationen zwischen sozialer Kontrolle und politischer Ökonomie des Kapitalismus wurden durchgeführt. Von einer für die Geschichte und die gesellschaftlichen Bedingungen offenen Kriminologie erhoffte man sich neue Wege und weitergehende Erkenntnisse.

Die radikale Kriminologie sieht in Großbritannien ihre Zukunft in einer Strafrechtssoziologie, die Erkenntnisse und Befunde der historischen Rechtssoziologie und der Sozialgeschichte zur Kenntnis nimmt. Auch in Kontinentaleuropa findet diese Ansicht weite Verbreitung. „Geschichte scheint für die moderne Kriminologie immer unverzichtbarer zu werden, für ihr Selbstverständnis, die Wahl ihrer Gegenstände und ihre Zugriffsweisen. Bilanziert man die Arbeiten zur Geschichte der Kriminalität, die alle, gemessen an anderen Traditionen der Geschichtswissenschaft, noch jungen Datums sind, so ergibt sich der Eindruck einer ungeheuren Reichhaltigkeit des Kriminalitätsthemas für den Historiker. Besonders die englische und amerikanische Forschung hat Kriminalität primär als Reflex jenes sozial-ökonomischen Wandels analysiert, der die Gesellschaft in ihrer modernen Gestalt freisetzte" (Blasius 1988: 61 f.).

Die Hinwendung zu einer Strafrechtssoziologie ist insbesondere durch die konflikttheoretischen und marxistischen Ansätze begründet: „Indem Kriminalität als konflikthafter Prozeß gesehen wurde, wurden die mit ihm im Zusammenhang stehenden Phänomene als Herrschaftsprozesse und Ausdruck von Machtverhältnissen begriffen, d. h. daß also ökonomische, politische, ideologische und soziale Ressourcen als die bestimmenden Faktoren auf der Hinterbühne des Rechts angenommen werden. (Hierbei wurde) die Transformation von sozialen und politischen Konflikten in rechtliche Konflikte erkannt und die Aufmerksamkeit auf die kriminalitäterzeugenden Strukturen des Strafrechts gelenkt" (Boogaart/Seus 1991: 109).

1.1.4 Radikale Kriminologie und gesellschaftliche Praxis

Bedenkt man die historisch-sozialstrukturellen und politischen Bedingungen in Großbritannien, unter denen die radikale Kriminologie geboren wurde und gedeihen konnte, so nimmt es nicht wunder, dass das Verhältnis Theorie-Praxis oder die Stellung der Wissenschaftler zu den gesellschaftlichen Verhältnissen in der radikalen Kriminologie eine besondere Rolle und Ausprägung erfahren haben. Insbesondere durch das Commitment waren die Theoretiker verpflichtet, auch Praktiker zu sein. Der Rekurs auf den Labeling Approach musste quasi notwendigerweise zur Folge haben, seine Erkenntnisse gesellschaftlich zum Wohle der Marginalisierten und Kriminalisierten umzusetzen. Die theoretisch entwickelten Erkenntnisse mussten also in die gesellschaftliche Praxis transformiert und die Praktiker für die eigene theoretische Position gewonnen werden. Hier kam den radikalen Kriminologen zugute, dass die klassische *Ätiologie* und *Pönologie* offenbar nicht geeignet waren, die gesellschaftlichen Bedingungen zu verändern und die kriminalpolitischen Ziele zu realisieren.

Wie die spätere Dissoziation in Realisten und Idealisten zeigte, wurde diese Einstellung zur gesellschaftlichen Praxis letztlich nicht mehr allseits geteilt, aber für die erste Generation und die Gründungsphase kann gelten: „Für die radikale Kriminologie in Großbritannien trifft allgemein zu, daß sie sich der Praxis in besonderem Maße verpflichtet fühlt. In der konkreten Ausgestaltung finden sich aber erhebliche Differenzen zwischen den einzelnen Strömungen" (Boogaart/Seus 1991: 117). Während die durch gesellschaftspraktische Abstinenz gekennzeichnete Position der Einen verkannte, dass sie damit auch eine uneingestandene gesellschaftspraktische Stellung einnehmen, haben die Anderen deutlich gemacht, auf welcher Seite sie stehen. „Passion and compassion", also Kriminologie „mit Leidenschaft und Mitgefühl" (Boogaart/Seus 1991: 116) zu betreiben, ist für die Mehrzahl radikaler Kriminologen in Großbritannien Selbstverpflichtung gewesen.

„Insgesamt führte das spezifische Verhältnis von Theorie und Praxis in Großbritannien zu einem intensiven Austausch zwischen sogenannten Praktikern und sogenannten Theoretikern und damit zu ständigen gegenseitigen Reibungen, Kritiken und Impulsen. Auch wenn sich im Laufe der Jahre die Verständigung zwischen den Beteiligten erschwert hat (…) stellt dieser Kontakt und die gegenseitige Verpflichtung eine besonders fruchtbare Bedingung für das radikale Paradigma dar" (Boogaart/Seus 1991: 118).

Die radikale Kriminologie:
- Radikale Kriminologie versteht sich von der Intention her als *„Soziologie des abweichenden Verhaltens"* und stellt sich damit in Gegensatz zur traditionellen Kriminologie.
- Ebenfalls in Absetzung von der traditionellen Kriminologie wird Kriminalität nicht als pathologisches Verhalten, sondern als ein Handeln, das *kriminalisierbar* ist und *kriminalisiert* wird, begriffen.
- Radikal meint insoweit an die Wurzel gehend, als die basalen *gesellschaftlich-ökonomischen Verhältnisse* für Kriminalität und Kriminalisierung verantwortlich gemacht und deshalb zugleich verändert bzw. abgeschafft werden müssen.

Kritikpunkte der radikalen Kriminologie an der traditionellen Kriminologie:
- Die traditionelle Kriminologie ist von einem *atheoretischen Pragmatismus* geprägt. Die Mainstream-Kriminologie versteht sich dabei als praktische Wissenschaft, die auf ihre gesellschaftliche Verwertbarkeit achtet, ihre Ziele aber ihren gesellschaftlichen Vorgaben unterordnet (Utilitarismus).
- Aus dem *Pragmatismus* und *Empirizismus* der traditionellen Kriminologie folgte ihre *interdisziplinäre Ideologie*, die aus einem *Mehrfaktorenansatz* bestand, der aber das soziologische (und besonders kritische) Element aus-

Moderne Ansätze als Paradigmenwechsel? 27

klammerte. Soziologisch-empirische Befunde wurden nicht zur Kenntnis genommen; Psychologie und Psychiatrie waren – wegen der Konzeption des Verbrechens als *pathologisch* – dominant.
- Die Mainstream-Kriminologie war *reformistisch*, weil sie den *Behandlungsgedanken* (correctionalism) auf der Basis der Pathologisierung von Kriminalität favorisierte. Die implizite Annahme, dass normales und abweichendes Verhalten sich unterscheiden, führte damit zu einer *individualistischen und positivistischen* Betrachtung von Kriminalität.
- Die Mainstream-Kriminologie war *positivistisch*, weil sie die bestehenden Verhältnisse nicht hinterfragte und auf deren Basis nach Gesetzmäßigkeiten hinter der Abweichung suchte. Gesetze wurden nicht als Produkte gesellschaftlicher Bedingungen und sozialen Handelns gesehen.

Theoretische Ausgangsbasis der radikalen Kriminologie:
- Die radikale Kriminologie entwickelt ihre theoretischen Überlegungen auf der Basis des *Symbolischen Interaktionismus, konflikttheoretischer Ansätze, neomarxistischer Gesellschaftstheorien* und dem *Labeling Approach* mit den jeweils dazugehörigen empirischen Befunden.
- Das *interpretative Paradigma* mit dem Symbolischen Interaktionismus und dem Labeling Approach lieferte mit der metatheoretischen Position der *Phänomenologie,* der *Ethnomethodologie* sowie *wissens- und sprachsoziologischen* Überlegungen eine Voraussetzung für die radikale Kriminologie.
- *Konflikttheoretische* Ansätze und insbesondere als Spezialform davon *marxistische* Überlegungen auf *Staat-Ökonomie-Recht* angewandt, konstituieren die zweite Voraussetzung.

Zentrale Aussagen der radikalen Kriminologie:
- Unter Rekurs auf die Labeling-Theorie wird anerkannt, dass in *interaktiven Prozessen* Kriminalität (durch Normsetzung) und Kriminalisierung (durch Normanwendung) definiert werden. Diese rein interaktionistische Perspektive vernachlässigt aber die Rolle der dahinterstehenden gesellschaftlichen Mechanismen.
- Kriminalität und Kriminalisierung können nur durch den Einbezug der Instanzen *sozialer Kontrolle* realitätsgerecht erfasst werden.
- Funktion und Wirkung der *sozialen Kontrolle* können aber nur begriffen werden, wenn die interaktionistische Perspektive durch die marxistische erweitert wird: In der sozialen Kontrolle spiegeln sich die *ökonomischen Bedingungen einer spätkapitalistischen Gesellschaft.*
- Erst die Analyse und Aufdeckung der ökonomischen Bedingungen einer Klassengesellschaft machen deutlich, dass die Definition von Kriminalität und die Kriminalisierung Ausfluss der *Klassenstruktur* sind, deren Erhaltung – insbesondere die *Machterhaltung der Besitzenden* – dadurch gewährleistet werden soll.
- Damit werden die Interessengruppen, ihr Handeln und ihr Einfluss zum Gegenstand radikalkriminologischer Analyse: die Institutionen der Gesetzgebung, von Polizei und Justiz als *Instanzen sozialer Kontrolle.*

Radikale Kriminologie und gesellschaftliche Praxis:
- Mit der konflikttheoretisch-marxistischen Orientierung und den Erkenntnissen des Labeling Approachs ergibt sich ein *Commitment*, d. h. ein Verstehen und Verständnis für die Kriminalisierten. Damit erfährt die Theorie eine praktische Umsetzung.
- Radikaler Kriminologie musste es deshalb immer auch darum gehen, die Phänomene von Kriminalisierung, Etikettierung, Stigmatisierung etc. in der *Alltagspraxis* zu vermeiden. Indem man Partei für die Marginalisierten ergriff und die theoretische Position in die Öffentlichkeit trug, wurde dies versucht.
- Die Veränderung der Praxis in dem Sinne, dass nur ein Kurieren an Symptomen erfolgte, war aber nur oberflächlich. Tatsächlich ging es darum, die „letzten Ursachen" für Kriminalität und Kriminalisierung, nämlich die bestehenden ökonomischen Verhältnisse abzuschaffen und durch eine *klassenlose Gesellschaft* zu ersetzen.

1.2 Die kritische Kriminologie in der Bundesrepublik

„Eine kritische Kriminologie unterscheidet sich im wesentlichen von der traditionellen in der Konstitution ihres Forschungs-Gegenstandes und somit des erkenntnistheoretischen Zugangs seiner Erforschung" (Gransee/Stammermann 1992: 18).

Die Absetzung der kritischen Kriminologen in Deutschland von den traditionell ätiologischen Theorien hatte zum Ziel, eine eigenständige Theorie der Kriminalität zu entwickeln, die zugleich mit dem Anspruch verbunden war, ein neues Praxisverständnis durchzusetzen, „nach dem kriminologisches Wissen nicht mehr als pragmatische Entscheidungshilfe für die Verhaltensstrategien der Instanzen sozialer Kontrollen fungieren soll, sondern zur konsequenten Veränderung jener historischen Sozialstruktur tauglich sein soll, die Kriminalität in ihren konstituierenden Teilaspekten von Verhalten und sozialer Reaktion bedingen" (*Arbeitskreis Junger Kriminologen* 1974: 15). Insoweit ist schon eine erste Gemeinsamkeit zwischen radikaler (englischer) und kritischer (deutscher) Kriminologie erkennbar. Die empirische und theoretische Analyse kriminologischer Praxis, d. h. des gesellschaftlichen Umgangs mit Kriminalität, konnte zu neuen theoretischen Erkenntnissen gelangen, die selbst wieder zu einem neuen Praxisverständnis führen und die kriminologische Praxis verändern sollten. Dieser grundlegende Wandel gegenüber den hergebrachten ätiologisch-affirmativen Ansätzen kann mit Keckeisen (1976: 14) durchaus als Paradigmenwechsel etikettiert werden. Das neue Paradigma lässt sich am ehesten nachzeichnen und verstehen – nachdem es aus der Kritik hervorgegangen ist –, wenn man die Kritik an den ätiologischen Ansätzen rekapituliert und darauf aufbauend die neuen und sich absetzenden Gedanken entwickelt.

1.2.1 Die Zurückweisung der Grundannahmen ätiologischer Theorien

Die traditionelle Kriminologie fragt – wie schon bei der radikalen Kriminologie gezeigt – im Rückgriff auf verschiedene humanwissenschaftliche Einzeldisziplinen in erster Linie nach den *Ursachen* kriminellen Verhaltens. Ätiologisch orientierte Kriminologie steht dabei in der Tradition positivistisch ausgerichteter Forschung, die die grundsätzliche *Determiniertheit menschlichen Verhaltens* annimmt (dies gilt für alle ätiologischen Ansätze, gleichgültig ob sie psychologisch, soziologisch, biologisch oder wie auch immer geartet sind). Der neue, kritische Gegenentwurf geht hingegen davon aus, „daß der Mensch handeln und wählen könne" (Sack 1985: 278, wobei sich hier Sack auf Matza (1964) bezieht).

An der Ätiologie wird weiterhin kritisiert, dass auch ihre Erweiterung in einen *Mehrfaktorenansatz* nur monokausale Erklärungsentwürfe über Ursachen abweichenden Verhaltens eklektizistisch aneinander reiht, wobei Boogaart/Seus (1991) zusätzlich bemängeln, dass diesen Mehrfaktorenansätzen die soziologische Dimension fehlt: Grundeinheiten der Analyse im Rahmen ätiologischer Ansätze sind deviante Individuen – nämlich die *Täter* – und als Bedingungsfaktoren werden Merkmale von Individuen, Gruppen und allgemeinen Lebensbedingungen, die im Zusammenhang mit ihren devianten Verhaltensweisen stehen, benannt. Dabei wird immer ein grundsätzlicher ge*sellschaftlicher Konsens über Normen und Werte* vorausgesetzt. Kriminalität ist in der Sicht ätiologischer Ansätze etwas Außergewöhnliches, Abnormes; Verstöße gegen die kodifizierten Normen, insbesondere gegen Strafrechtsnormen, werden *pathologisiert* (Arbeitskreis Junger Kriminologen 1974: 7). Keckeisen (1976: 121 f.) verneint die darin zum Ausdruck kommende *Ontologisierung der Kriminalität*. Soziale Beziehungen, die durch Normen sinnhaft vermittelt sind, werden dadurch als Qualitäten der Personen bzw. Handlungen verdinglicht und die Norm zum objektiven Wertmaßstab verselbstständigt.

Mit diesen Einwänden richtet sich die kritische Kriminologie gleichzeitig gegen die in der traditionellen Richtung implizierte Annahme, es gäbe einen *prinzipiellen Unterschied zwischen Kriminellen und Nicht-Kriminellen*, der in der methodologischen Strategie, Merkmale von delinquenten Gruppen mit nichtdelinquenten zu vergleichen, zum Ausdruck kommt. So weist z. B. Sack (1968: 443) darauf hin, dass auch der Kriminelle und Delinquente den konventionellen Erwartungen seiner Umgebung in den meisten Fällen nachkommt, denn die kriminelle Aktivität macht nur einen verschwindend geringen Anteil des gesamten Verhaltens aus, weshalb kein prinzipieller Unterschied zwischen Kriminellen und Nicht-Kriminellen existiert.

Besonders kritisiert wird schließlich die *Relevanz von Kriminalstatistiken*, die die Datenbasis für die ätiologischen Theorien liefern (Keckeisen 1976: 129 f.; vgl. auch Albrecht/Lamnek 1979). Der Gegenentwurf stellt deren Gültigkeit in Frage und legt das Augenmerk auf den Prozess, in dem die kriminalstatistischen Daten institutionell erzeugt werden und als Ergebnis einer vielfältig determinierten Konstruktion angesehen werden müssen. Aus der Auffassung, dass Kriminalität gesellschaftlicher Konstruktion geschuldet ist, ergibt sich die Maxime der kritischen Kriminologie, nicht Kriminalität zum Gegenstand des Forschungsinteresses zu machen, sondern das Phänomen Kriminalität im Kontext sozialen Handelns und sozialstruktureller Bedingungen zu sehen und zu analysieren.

1.2.2 Die theoretischen Wurzeln der kritischen Kriminologie

Die Kriminologie als interdisziplinäre Wissenschaft ist aus verschiedenen sozialwissenschaftlichen Disziplinen insoweit „abgeleitet", als allgemeinere soziologische Theorien auf die spezifischen Problemstellungen der Kriminalität und Justiz angewandt werden. Die Wurzeln des Gegenentwurfs zur traditionellen Kriminologie liegen zum einen im *Labeling Approach*, der seinen theoretischen Ursprung im *Symbolischen Interaktionismus* hat, in diversen *konflikttheoretischen* Überlegungen zu Staat und Recht sowie im Besonderen im konflikttheoretischen Ansatz *neomarxistischer Gesellschaftstheorien*. Die Kongruenz mit der radikalen Kriminologie Großbritanniens wird somit offenkundig.

Der Symbolische Interaktionismus betrachtet individuelles Verhalten als Ergebnis eines sozialen Prozesses und als sozialen Prozess. Solche sozialen Prozesse werden in Interaktionen hervorgebracht, angeeignet und reproduziert. Der Labeling-Ansatz (der auf Tannenbaums 1938 erschienene Veröffentlichung „Crime and Community" zurückgeht) rückte die Wirkung von sozialen Reaktionen auf abweichendes Verhalten in den Mittelpunkt des Interesses. Lemert begründete in seinen Veröffentlichungen (1951 und 1967) mit seinem Konzept von primärer und sekundärer Devianz die These, dass nicht Devianz zu sozialer Kontrolle führt, sondern soziale Kontrolle zu Devianz. Becker baute dieses Konzept in seiner Veröffentlichung „Outsiders" (1963) zu einem Phasenmodell der abweichenden Karriere aus. Wesentlich für die Konstituierung von Abweichung sind die Normsetzung (als Definition der Regelverletzung) und die Normanwendung, die eben selektiv erfolgt, weil nicht sämtliche Regelverletzungen als Abweichung definiert und etikettiert werden (können). Demnach wird abweichendes Verhalten durch das Aufstellen von Regeln erst in die Welt gesetzt; durch die Sanktionierung der Abweichung wird eine Gruppe von Außenseitern geschaffen.

In den USA wurden in den 1960er Jahren konflikttheoretische Erklärungen abweichenden Verhaltens populär, die das Strafrecht als System von Normen begreifen, das zwar für alle gesellschaftlichen Gruppierungen als verbindlich vorgeschrieben wird, wobei aber der jeweilige Inhalt durch die Interessen einzelner, mächtiger Gruppen geprägt ist. Kriminalisierte Menschen sind dies auch in dieser theoretischen Position nicht wegen bestimmter Persönlichkeitsmerkmale oder etwa wegen zerrütteter Familienverhältnisse, sondern wesentlich ist „ihre Zugehörigkeit zu einer machtlosen sozialen Klasse und die Tatsache, daß es Gruppen gibt, die mächtig genug sind, sie mit dem Etikett ‚kriminell' zu belegen" (Boogaart/Seus 1991: 27).

Anfang der 1970er Jahre entstand in den USA eine neue kriminologische Richtung, die stark von (neo-)marxistischen Konzepten beeinflusst war und sich als Radical Criminology bezeichnete, ein Begriff, der später auch in Großbritannien übernommen wurde: Das Wesen des kapitalistischen Staates, die Praxis der Schaffung von Gesetzen und der Strafjustiz innerhalb dieses Staates, die Beziehung zwischen Kapitalismus und Kriminalität sowie die politische Ökonomie der Kriminalität waren einige Kernfragen dieses Ansatzes.

Mit dieser kursorischen Skizze sind einige der Einflussgrößen benannt, die die Diskussion um die radikale bzw. dann kritische Kriminologie vorangetrieben haben. Die Bemühungen der Apologeten dieser neuen Richtung zielten darauf, diese heterogenen Voraussetzungen zu einem einheitlichen Ansatz „zusammenzudenken". Dabei entstanden über den Austausch von Kritik und Gegenkritik die verschiedensten Standpunkte, Positionen und Theorieentwürfe mit einer jeweils unterschiedlichen Gewichtung der zugrunde liegenden Denktraditionen. Polemisch formuliert könnte man einerseits der kritischen Kriminologie selbst Eklektizismus unterstellen und andererseits behaupten, es gäbe so viele theoretische Standpunkte wie Anhänger oder Veröffentlichungen. Eine konsistente, chronologische und lineare Entwicklung der kritischen Kriminologie lässt sich als homogene Position nicht nachzeichnen. Die unterschiedlichen Prioritätensetzungen sind als eine gewisse „Zerstrittenheit" im Ansatz, mindestens aber als die Diskussion herausfordernd zu charakterisieren. Im Weiteren wird versucht, einen Überblick über die in der kritischen Kriminologie unter diesem Etikett vorgestellten verschiedenen Positionen zu geben, ohne sie homogenisieren zu wollen.

1.2.3 Die kritische Kriminologie in ihren zentralen Aussagen

Trotz der gerade apostrophierten Heterogenität lässt sich die kritische Kriminologie auf eine konsensuelle Aussage reduzieren, die Sack als das zentrale Fundament oder die theoretische Botschaft formuliert hat, wonach „Kriminalität keine Eigenschaft einer Handlung bzw. eines Verhaltens ist, sondern dass diese Eigenschaft das intendierte, akzeptierte, geleugnete, bekämpfte, erstrittene, festgesetzte, verordnete usw. Produkt von sozialen Interaktionen, Prozessen und Strukturen darstellt" (Sack 1988: 15 f.). Dieser Grundgedanke, der das Augenmerk auf die *soziale Kontrolle* richtet und der den eigentlichen Paradigmenwechsel ausmacht, liegt allen weiteren kriminologisch-kritischen Positionen zugrunde und gibt ihnen trotz der sonstigen Differenzierungen und Nuancierungen die einigende Kraft, sich von den ätiologischen Ansätzen abzuheben.

Die Etikettierungsperspektive
Die unter dieser Überschrift folgenden Überlegungen skizzieren grundlegende theoretische Entwürfe von Fritz Sack zu einer marxistisch-interaktionistischen Theorie der Kriminalität (Sack 1968 und 1974). (Insoweit ist die materialistisch-interaktionistische Kriminologie von Gerlinda Smaus (vgl. Kap. 4) ohne Fritz Sack kaum denkbar.) Sack gebührt im Wesentlichen das Verdienst, den Labeling Approach in die wissenschaftliche Gedankenwelt der deutschen Kriminologie

eingeführt zu haben und er stellt in dessen Tradition die These auf, dass Individuen nicht aufgrund ihres Verhaltens deviant sind, sondern dass ihr Verhalten lediglich als deviant definiert wird. Nicht das Phänomen der Kriminalität rückt daher in den Mittelpunkt des Interesses, sondern die Prozesse der *Kriminalisierung*.

Daran knüpft sich die Frage an, wer nun entscheidet, ob eine strafbare Handlung vorliegt und wie diese gegebenenfalls sanktioniert wird. Basis der wissenschaftlichen Analyse sind also zum einen die Ergebnisse von Zuschreibungsprozessen, zum anderen das Handeln von Entscheidungsträgern bzw. von Instanzen sozialer Kontrolle, insbesondere natürlich Staatsanwälten, Richtern und anderen an der Strafverfolgung beteiligten Institutionen. (Hier macht Sack aber zugleich darauf aufmerksam, dass die Zuschreibung von intentionalen Eigenschaften und Vorgängen ein generelles Merkmal von Kommunikationsprozessen ist und kein spezifisches Charakteristikum von Instanzen sozialer Kontrolle (Sack 1974: 39).)

Sack verweist auf das unterschiedliche Verständnis von Normen und deren Anwendung in traditionell-ätiologischer und kritischer Kriminologie. Während die traditionelle Kriminologie keine Probleme in der Handhabung und Anwendung von Normen, z. B. Strafrechtsnormen, auf Sachverhalte sieht, zeigt sich unter einer marxistisch-interaktionistischen Sichtweise der Prozess der Feststellung einer Normverletzung und ihrer Sanktionierung als ein höchst komplexer sozialer Vorgang. Die herkömmliche Sichtweise unterstellt, dass die Feststellung einer Tat als strafbare Handlung und die Identifikation einer Person als Täter in einem mechanistischen Prozess abläuft, der ein physikalisch erfassbares Geschehen unter eine abstrakte Rechtsregel subsumiert (Sack 1968: 457). (Schon die juristische Subsumtionsproblematik als Feststellung von Tatbestandsmerkmalen macht allerdings auf Schwierigkeiten in diesem Prozess aufmerksam.) Die Betrachtung von Kriminalität im juristischen Sinne beinhaltet für Sack nur „die halbe Wahrheit", denn nicht jede strafbare Handlung, die begangen wird, besitzt die gleiche Chance, erkannt, verfolgt und verurteilt zu werden. Diese unterschiedlichen Wahrscheinlichkeiten dürfen aber nicht nur als ein rein technisches Problem der Durchsetzung der Normanwendung betrachtet werden. Schließlich existieren in einer Gesellschaft verschiedene Regelungs- und Normierungssysteme nebeneinander (z. B. auch Brauch, Sitte, Ethik, Religion), d. h. abweichendes Verhalten wird durch verschiedene Normsysteme definiert. Die Einordnung bestimmter Verhaltensweisen als Verstoß gegen Strafgesetze bezeichnet lediglich das Endprodukt eines vielschichtigen sozialen Vorgangs, verkürzt auf eine sprachliche Figur (etwa Diebstahl).

Wie lassen sich aber diese komplexen problematischen Vorgänge analysieren? Sack bezieht zur Beantwortung dieser Frage sprachanalytische Erwägungen mit ein. Demnach müssen sog. „Metaregeln" (Sack 1968: 459 ff.) gefunden werden, mit deren Hilfe Aussagen über die Art und Weise der Anwendung der Strafgesetze getroffen werden können und die auch Außerrechtliches mit berücksichtigen. Im Verlauf einer Urteilsbildung unterliegt das dem Verfahren zugrunde liegende physikalisch beschreibbare Geschehen einer erkenn- und nachzeichenbaren sozialen Entwicklung: „Im Verlaufe eines solchen Karriereprozesses finden Rekonstruktionen, Transformationen von Tathergängen aus einem bestimmten Bezugsrahmen in einen anderen statt, die alle letztlich darauf hinzielen, eine Verbindung herzustellen, zwischen einem physikalischen Ereignis einerseits und subjektiven Dispositionen, Absichten, Intentionen, psychischen bzw. mentalen Zuständen einer Person andererseits. Erst die gelungene Verbindung dieser beiden Elemente konstituiert das norm- bzw. rechtsrelevante Geschehnis" (Sack 1974: 33). Dabei können diese Geschehnisse unterschiedlich interpretiert werden, denn Handlungen lassen generell mehr als eine Rekonstruktion zu. „Diese Handlung selbst liefert ihre eigenen Interpretationen nicht mit. Diese wird an sie von außen heangetragen" (Sack 1968: 465).

Die Entscheidung darüber, welche Interpretationen verwendet werden, steht in der Disposition des Entscheidungsträgers, ob z. B. Vorsatz oder Fahrlässigkeit vorliegt, ob es sich um ein Verbrechen oder um Krankheit handelt, ob Jugend- oder Erwachsenenstrafrecht angewandt wird usw., ist nicht a priori definiert. Vielmehr handelt es sich um keine eindeutig festgelegten Begriffe, d. h. sie sind anfechtbar und widerlegbar und können nicht im Sinne von wahr oder falsch beurteilt werden. Justiziable Sachverhalte können deshalb nicht in die Form deskriptiver Aussagen gebracht werden, da keine Festlegung von endlichen und hinreichenden Bedingungen erfolgen kann. Juristische Feststellungen sind somit als *askriptive* Aussagen aufzufassen. Ein Urteil ist ein Akt der Namensgebung und der Benennung eines Phänomens, aber gleichzeitig auch ein Verdikt. Nicht nur die Tat wird so beschrieben, sondern auch die Verantwortung dafür, womit entsprechende Konsequenzen einhergehen. Das Merkmal „Krimineller" wird durch diesen Vorgang erst begründet. Der Betroffene erhält einen neuen Status. „Der Richter bzw. das Gericht sind ‚Tatsachen' erzeugende und setzende Institutionen" (Sack 1968: 469).

Damit wird eine soziale Ordnung, die zwischen Normbrechern und Gesetzestreuen unterscheidet, ständig neu reproduziert. Kriminalität ist kein Verhalten, sondern es wird aufgrund der beschriebenen Prozesse zu einem negativen Gut, das im Weiteren den Zugang zu gesellschaftlichen Ressourcen beschneidet.

Dies deutet darauf hin, dass der Umgang mit Ereignissen, die als kriminell definiert werden, mit der Stratifikation einer Gesellschaft zusammenhängen. Sack verweist auf Ergebnisse von Dunkelfelduntersuchungen (1968: 463), wonach 80-90 % aller Gesellschaftsmitglieder irgendwann einmal eine strafbare Handlung begangen haben. Aus diesen „potenziellen" Kriminellen wird aber tatsächlich nur ein kleiner Prozentsatz herausgefiltert, der dann auch verurteilt wird. Es findet also ein Selektionsprozess statt. Hieraus zieht Sack folgende Schlüsse: „1. Die Verteilungsmechanismen der negativen Eigenschaft ‚Kriminalität' sind ebenso ein Produkt gesellschaftlicher Auseinandersetzung, wie diejenigen, die die Verteilung positiver Güter in einer Gesellschaft regeln. 2. Die Verteilung des negativen Gutes Kriminalität geschieht auf gleiche Art und Weise wie die der positiven Güter. Zu ihrer Analyse eignen sich die in der Soziologie allgemein bewährten Konzepte wie Status, Rolle, Rekrutierungsmuster, Karriere, Zuweisungskriterien etc." (Sack 1968: 470).

Zieht man tatsächliches Verhalten als Indikator für abweichendes Verhalten heran (Short/Nye 1968), so zeigt sich, dass Kriminalität relativ gleichmäßig über alle Schichten und über intakte oder zerrüttete Familien verteilt ist, nicht jedoch die Kriminalisierung. Sack deutet diesen Befund folgendermaßen: Die Zuweisung von kriminellen Rollen hängt sowohl von der Schichtzugehörigkeit als auch von der Familiensituation ab, aus der der Betroffene stammt. Das bedeutet, dass jemand, der einer niedrigeren Schicht angehört *und* aus einem nicht intakten Familienmilieu stammt, eher Gefahr läuft, von Trägern der öffentlichen sozialen Kontrolle als kriminell definiert zu werden. In späteren Veröffentlichungen verbindet Sack die Frage nach dem Zusammenhang zwischen der Klassen- und Schichtstruktur einer Gesellschaft und ihrer Kriminalität mit makrostrukturellen Phänomenen der Macht und des Rechts (Sack 1977, 1978). Es stellt sich die Frage nach dem Zustandekommen von Definitionsmacht bei Prozessen der Erzeugung von Kriminalität. Recht kann betrachtet werden als „Ausdruck geronnener Macht, als Ergebnis und Stillstand von Auseinandersetzungen zwischen verschiedenen Gruppen, Schichten, Klassen einer Gesellschaft, als die Regulierung und Fixierung von sozialen Beziehungen zwischen ihnen" (Sack 1978: 378).

Zahlreiche sozial- und rechtshistorische Untersuchungen belegen, dass das Strafrecht durchaus nicht nur das allgemeine Interesse und den Wertkonsens einer Gesellschaft wiedergibt, sondern dass es im Dienst unterschiedlichster Interessenlagen steht und Ungleichheiten mitproduziert. Keckeisen weitet (unter Bezugnahme auf den Machtbegriff bei Max Weber) die Überlegungen zum Einfluss von Machtmechanismen auch auf die direkten dyadischen Interaktionen zwischen Kontrollagenten und Kontrollierten und auf die Ebene der Formulierung und Durchsetzung von allgemeinen Normen aus (Keckeisen 1976: 93 ff.): In den direkten Interaktionen zwischen Kontrollagenten und Kontrollierten gibt es ein Arsenal von Machtmitteln, die seitens der „Definitionsmächtigen" zur Herstellung von Konsens und/oder Evidenz über Handlungen des Kontrollierten angewandt werden, etwa Versprechungen und Drohungen, Täuschung, psychischer Druck und physische Gewalt. Diese Mittel sind mit den offiziellen Sanktionen nicht identisch, unterstützen aber eine Wirklichkeitskonstruktion in Richtung der vorgegebenen oder bevorzugten Entscheidungsalternativen. Kodifizierte Normen haben auch eine symbolische und instrumentelle Funktion in der Gesellschaft. Schließlich zielt die Sanktionierung von Devianz nicht nur auf die Abweichenden, sondern sie erfüllt allgemein den Zweck, die Grenzen des möglichen Verhaltens abzustecken und bekanntzumachen.

Sack kennzeichnet seinen Ansatz als „marxistisch-interaktionistische Theorie der Kriminalität" (1974, erstmals abgedruckt im Kriminologischen Journal 1/1972). Carola und Karl Schumann (1972) kritisieren hingegen diesen Anspruch als verwegen, da sie die implizit marxistischen Annahmen des Labeling Approachs nicht erkennen können. Der Labeling Approach weist zwar mit seiner Erforschung von Selektivität und Diskriminierung eine Parallelität zur marxistischen Vorstellung über Klassenjustiz auf, doch fließen deshalb noch nicht notwendigerweise die anderen marxistischen Grundannahmen über Gesellschaft in ihn ein. Der Labeling-Ansatz kann die gesamtgesellschaftliche Dimension der Klassenjustiz nicht fassen, da die Analyse auf lokale Instanzen (z. B. die unteren Chargen des Kontrollsystems) beschränkt bleibt. Dieses Argument trifft allerdings auf spätere Veröffentlichungen zur Verbindung von Marxismus und Interaktionismus nicht mehr in dieser Weise zu. Schumann/Schumann (1972) gestehen dem Labeling-Ansatz zwar ein immanent politisches, nicht aber ein notwendigerweise marxistisches Potenzial zu.

Die konflikttheoretische Perspektive

Die Fragen nach ungleichen Einflussmöglichkeiten gesellschaftlicher Gruppen auf die Neuformulierung, Aufrechterhaltung und Durchsetzung von Normen sind insbesondere Gegenstand einer konflikttheoretisch orientierten Kriminologie. Jene Konzepte, die das Recht als Produkt von Konflikten begreifen, stellen einen wichtigen Schritt in der Kritik an einer ätiologisch ausgerichteten Kriminologie dar, die das Recht als die Kodifizierung universaler Normen begreift (Michalowski 1988: 40). Die Betrachtung von Kriminalität als einen konflikthaft ablaufenden Prozess war vor allem in den 1960er Jahren in den USA populär (Boogaart/Seus 1991: 26). In der „Gründerzeit" der kritischen Kriminologie in Deutschland stellte Schumann (1974) einige Thesen zu einer konflikttheoretischen Kriminologie zur Diskussion. Seine Überlegungen basieren auf Gedanken von Dahrendorf (1961) und Turk (1969).

Schumann konstatiert zunächst, dass seiner Meinung nach konflikttheoretische Ansätze in der Kriminologie am ehesten dem Anspruch, kritische Kriminologie betreiben zu wollen, gerecht werden, da sie nicht wie marxistische und interaktionistische Ansätze in Gefahr geraten, Legitimationsinteressen von Kontrollinstanzen zu dienen, indem sie Material für lediglich reformerische Initiativen für das System sozialer Kontrolle liefern. Gefordert ist eine grundsätzlich gesellschaftskritische Konzeption, weshalb er vorschlägt, den Social Reaction Approach (Kontrollansatz) um das Konzept der *sozialen Lagen* zu erweitern.

Schumann geht von der Grundannahme aus, dass Menschen ständig mit dem Ziel handeln, ihre Lebenschancen zu sichern und zu erweitern. Diese sind aber knapp und sozialstrukturell ungleich verteilt. Deshalb gehen Versuche, die eigenen Lebensbedingungen zu verbessern, auf Kosten der Verringerung von Lebenschancen anderer und führen so zu sozialen Konflikten zwischen gesellschaftlichen Gruppierungen. (Gesellschaftliche Ressourcenverteilung wird hier als Nullsummenspiel betrachtet!) Die Ungleichverteilung ist das Ergebnis von permanent ausgetragenen sozialen Konflikten, die die Grenzen des Zugangs zu limitierten Ressourcen abstecken. Konfliktresultate und Regeln der Konfliktaustragung werden durch das Recht fixiert, woran natürlicherweise die davon Begünstigten ein besonderes Interesse haben. Der staatliche Zwangsapparat legitimiert sich durch den Anspruch auf Unabhängigkeit (die so nicht besteht) dazu, Recht auszuüben. Dabei verfügen verschiedene gesellschaftliche Gruppen über ungleiche Einflussmöglichkeiten, über unterschiedliche Machtpozentiale auf die Neuformulierung, Aufrechterhaltung und Durchsetzung von Recht. Das bedeutet, Lebenschancen werden „monopolisiert".

„Infolge derart unterschiedlicher Einflußnahme schreibt das Recht zu jedem gegebenen Zeitpunkt die Verteilung von Machtpositionen in einer Gesellschaft fest, und zwar mit gewisser Verspätung durch Rechtssätze und mit geringerer

Verspätung durch die von Anwendungsregeln gedeckte Durchsetzungspraxis" (Schumann 1974: 80). Strafrechtliche Normen erhalten eine besondere Bedeutung, da sie zunächst an alle Gesellschaftsmitglieder gleichermaßen adressiert sind und weitreichende staatliche Eingriffsmöglichkeiten in das Leben der einzelnen festschreiben. Der unterstellte soziale Konsens über die im Strafrecht zum Ausdruck kommenden Wertvorstellungen legitimiert den staatlichen Strafanspruch. Die Postulate eines allgemeinen Konsenses und einer Allgemeinverbindlichkeit der Normen des Strafrechts verschleiern aber, dass sich über strafrechtliche Regelungen Machtpositionen absichern lassen. Über den Einfluss auf Strafrechtsregeln, also über die Prozesse der Kriminalisierung, können Machtinteressen verfolgt werden. Als Beispiele nennt Schumann u. a. die Verfolgung von politischen Delikten oder das Fehlen von strafrechtlicher Verfolgung von bestimmten schädigenden Verhaltensweisen, wie Besitzwegnahme durch Ratenzahlungsbedingungen und extreme Zinsforderungen. Daran wird erkennbar, dass nicht alle Gesellschaftsmitglieder in gleicher Weise vom Strafrecht und seiner Anwendung betroffen sind. Es gibt bestimmte Gruppen von „Malefiziaren". Während Benefiziare von irgendetwas profitieren, erfahren Malefiziare Benachteiligungen. „So gesehen ist Kriminalität, also die Feststellung von Verstößen gegen Strafrechtsnormen, eine von Machtverhältnissen bestimmte Auswahl aus der Vielzahl stattfindender sozialer Konflikte" (Schumann 1974: 83). Gegenstand einer kritischen Kriminologie bilden somit Fragestellungen über die Abwicklung von Machtkonflikten, des Rechts, der Bewusstwerdung von gemeinsamen sozialen Lagen, der ideologischen Legitimation von Machtansprüchen. Die Forschungspraxis hat dabei auch im Dienste der Verbesserung bzw. radikalen Veränderung der Lebenschancen der „Malefiziare" zu stehen (Michalowski 1988).

Die dezidiert marxistische Auffassung
Etikettierungs- und Konfliktperspektiven konnten die fortdauernden strukturellen Ungleichheiten gegenüber Abweichlern bestimmter sozialer Klassen nicht hinreichend erklären (Michalowski 1988). Forschungsergebnisse aus den Vereinigten Staaten, die die Rolle von außerrechtlichen Faktoren, wie Hautfarbe und sozioökonomischer Status, auf Prozesse der Kriminalisierung untersucht hatten, führten nun dazu, dass wiederum auf den marxistischen Ansatz rekurriert wurde, wobei verschiedene Richtungen unterscheidbar sind:

Die als *instrumentalistisch* bezeichnete Position begreift den Staat als direktes Instrument von Klassenherrschaft und das Recht als Werkzeug von Klassenunterdrückung. Abweichung ist demnach der bewusste Widerstand gegen die Unterdrückung, Kriminalität eine Kraft des Klassenkampfes, da Kriminalität eine Bedrohung des kapitalistischen Systems darstellt.

Strukturalistische Perspektiven weisen über das Instrumentalistische hinaus: Der Staat wird nicht als Instrument gesehen, sondern durch den Begriff der „Relation" charakterisiert. „Durch den Staat werden verschiedene Beziehungen innerhalb einer Gesellschaft, besonders die zwischen herrschender und beherrschter Klasse in einem fest umrissenen System von Macht organisiert" (Boogaart/Seus 1991: 30). Analysen über Strafmacht stehen in strukturalistischen

Arbeiten im Vordergrund. In Verbindung mit einer radikalen Kriminologie wird nach der Beziehung zwischen der Entwicklung von kapitalistischen Gesellschaften und wechselnden Formen von *Disziplinierung und sozialer Kontrolle* gefragt. Auch in deutschen Publikationen wurden zu Beginn der 1970er Jahre Thesen zu einer *klassisch-marxistischen* Kriminologie diskutiert (Baurmann/Hofferbert 1974). Kriminalität wird dabei ausschließlich im Kontext der sozialen Verhältnisse betrachtet. Der gesellschaftliche Zusammenhang der Subjekte im kapitalistischen System konstituiert sich über den „stummen Zwang der ökonomischen Verhältnisse" (Baurmann/Hofferbert 1974: 161). Von den Bedürfnissen und Intentionen (dem Handlungsaspekt des Verhaltens) der konkreten Individuen wird abstrahiert auf deren ökonomische Funktionen. Als im Bewusstsein der Menschen nicht präsente Ursache für kriminelles Handeln wird „die Unterdrückung der vitalen menschlichen Bedürfnisse unter kapitalistischen Produktionsverhältnissen" (Baurmann/Hofferbert 1974: 174) genannt. Eigentumsdelikte von Proletariern bilden in dieser Sichtweise die Substanz der Massenkriminalität, „weil sich am sozialen Ort der Arbeiterklasse der strukturelle Antagonismus der warenproduzierenden Gesellschaft zwischen der konkreten Bedürfnishaftigkeit der Individuen und den abstrakten, entfremdeten Formen der Vergesellschaftung im Kapitalismus verschärft, so der systematischen Ausbeutung der Arbeiterklasse durch die Kapitalisten, zu dem Widerspruch von Lohnarbeit und Kapital" (Baurmann/Hofferbert 1974: 173) führt. Folglich ist Kriminalität ein historisch überwindbares soziales Phänomen: Mit der Aufhebung des Widerspruchs zwischen Lohnarbeit und Kapital, insbesondere mit der restlosen Überwindung von Tauschbeziehungen, verschwindet auch die Kriminalität aus der Gesellschaft.

Der am häufigsten genannte Kritikpunkt an marxistischen Erklärungen von Kriminalität im Kontext kritischer Kriminologie besteht darin, dass diese den gleichen Begriff von Kriminalität gebrauchen, wie dies in den ätiologischen Ansätzen der Fall ist. Beide stellen die Frage nach den Ursachen von Kriminalität und die marxistische Position sieht diese in den kapitalistischen Produktionsverhältnissen bzw. deren Auswirkungen, wie Armut und Verelendung. Demnach sind Eigentumsdelikte – die bekanntermaßen etwa die Hälfte aller Delikte ausmachen (übrigens abnehmend) – von Proletariern die Substanz der Massenkriminalität. Der Druck der sozialen Verhältnisse ist ausschlaggebend. Individuen besitzen offenbar nicht die Freiheit, anders zu handeln (Smaus 1986: 183 f.). Die Definition von Kriminalität – so ein weiterer Kritikpunkt – beschränkt sich hauptsächlich auf Unterschichtshandeln, weshalb Wirtschaftskriminalität oder White-Colar-Crime in marxistischer Perspektive nicht existiert.

Die marxistisch-interaktionistische Kriminologie kann auch im Rahmen einer *allgemeinen Gesellschaftstheorie* betrachtet werden: Der von Sack postulierten Grundidee einer kritischen Kriminologie, marxistische und interaktionistische Ansätze zu einer Theorie der Kriminalität zu verbinden, folgt Gerlinda Smaus (1986) und stellt den Versuch einer materialistisch-interaktionistischen Kriminologie vor. Im Gegensatz zu Sack bildet bei Smaus die marxistische Theorie die „Grundlage" für ihre Überlegungen. Sie verfolgt die Strategie der „Verbesserung der marxistischen Theorie". Deren Schwäche, nämlich die fehlende Erklärung des „Sinns" der Kriminalisierung, soll durch die Hereinnahme von Überlegungen des interpretativen Paradigmas überwunden werden. In den Ausführungen von Smaus ist zugleich der Trend der jüngeren Beiträge zu einer kritischen Kriminologie zu erkennen, eine Theorie von Kriminalität in eine allgemeinere Gesellschaftstheorie zu integrieren bzw. daraus herzuleiten: Smaus stellt darauf ab, den Sinn von Handlungen, also in unserem Kontext von kritischer Kriminologie, von Kriminalisierungsprozessen unter Einbeziehung der objektiven Realität, wie sie sich in den gesellschaftlichen Strukturen manifestiert, zu erschließen. Dies soll auf der Basis der Theorie von Anthony Giddens (1976) erfolgen.

Nach Giddens besitzen soziale Strukturen einen *dualen Charakter*: „Einerseits ermöglichen soziale Strukturen als Mittel das Handeln, andererseits werden sie durch das menschliche Handeln konstituiert bzw. reproduziert" (Smaus 1986: 186). Aufgrund der doppelten Eigenschaft der Struktur verweist jede Interaktion auf die globale Gesellschaft. Situationen können immer als Teil von umfassenderen Situationen aufgefasst werden, so dass über die Untersuchung beliebiger Interaktionen der relevante Teil der Tiefenstruktur der Gesellschaft studiert werden kann. „Dies deshalb, weil per definitionem jede sinnhafte (sinnvolle) Interaktion die richtige Anwendung der Grammatik der Gesellschaft, nämlich ihrer macht- und moralischen Struktur darstellt, die zusammengebündelt Aufschluß über die ‚normale' Konstruktion der Gesellschaft ergeben" (Smaus 1986: 189). Ihre Vorgehensweise beschreibt Smaus als induktiv, eben von der Analyse der Kriminalität auf die Analyse der Gesellschaft kommend.

Als wesentlich für die Untersuchung des Einzelphänomens Kriminalität wird das Studium der Zuschreibungsprozesse mittels ethnomethodologischer Erkenntnisse angesehen. Der Sinn von Handlungen von Individuen kann für andere nur über Zuschreibungen erschlossen werden, da ein positives Wissen über die Intentionen des jeweils Anderen nicht möglich ist. Im Strafrecht wird grundsätzlich nach der angeblichen Intention des Handelnden und nicht nach der Handlung selbst entschieden. Es sei in diesem Zusammenhang z. B. auf die Unterscheidung zwischen Vorsatz und Fahrlässigkeit (§ 15 StGB) oder auf die Zubilligung von Schuldunfähigkeit wegen seelischer Störung (§ 20 StGB) oder den Tatbestand der Notwehr (§ 32 StGB) verwiesen. Bei diesen Entscheidungen werden seitens der Mitarbeiter der Organe der sozialen Kontrolle Bewertungsprozesse vorgenommen, die eine Verkettung von Schlussfolgerungen erfordern. Zum Verstehen von Situationen ist dazu ihre Einordnung in immer umfassendere Strukturen notwendig. Eine erste Orientierung der Kontrollorgane als Voraussetzung für die Zuweisung der kriminellen Intention des Handelns erfolgt nach Smaus anhand der äußerlichen Erscheinung der betreffenden Person. Dies wird als durchaus folgerichtig angesehen, „weil das Aussehen einer Person ziemlich genau auf ihre Position in der Gesellschaft schließen läßt, und dies ist die eigentliche Identität, die über die Zuschreibung von Personen entscheidet" (Smaus 1986: 190). Die äußere Erscheinung eines Menschen ist ein gesellschaftlich sanktioniertes kulturelles Merkmal (vgl. den Habitus bei Bourdieu). Die unterschiedliche Nutzung von Statussymbolen lässt sich daran ablesen. Unterschiedliche Statussymbole verweisen auf die differentielle Verteilung von Ressourcen und damit auch auf die gesellschaftliche Stratifikation.

Hier ist nun das Bindeglied zu einer marxistischen Analyse erkennbar, von der Mikro- zur Makroebene. Die Organisation des Produktionsprozesses begründet eine arbeitsteilige Gesellschaft, die verschiedene Funktionen mit einer unterschiedlichen Belohnung verknüpft. Gemäß dem Marxismus ist maßgeblicher Faktor das Eigentum an Produktionsmitteln, da mit der Verfügungsgewalt über das Kapital auch ein weitgehender Einfluss auf die Gesellschaft verbunden ist, was sich in der Klassengesellschaft manifestiert.

Smaus weist auf die Notwendigkeit der Analyse der Zusammenhänge von ökonomischen Ressourcen und staatlicher Macht zur Erklärung des Komplexes „Staat", „Klassengesellschaft" und „Kriminalisierung" hin, führt diese jedoch nicht aus. Tatsächlich geht sie auch nur von einer Kriminalität der Unterschicht als der „de facto Kriminalität" (Smaus 1986: 191) aus, womit sich auch bei ihrer Analyse eine gewisse Schwäche des marxistischen Erklärungsansatzes offenbart. Der „Sinn" der Kriminalisierung besteht danach in der Verdeutlichung derjenigen Normalität, die die „ungebildeten Armen" auf die unvorteilhaften Positionen auf dem Arbeitsmarkt verweist und die gesellschaftliche Stratifikation reproduziert. „Im strukturellen Kontext erweist sich Kriminalisierung als Bestandteil derjenigen symbolischen (…) Struktur der Gesellschaft, die die Reproduktion des ‚Fußes' der gesellschaftlichen Pyramide teils sicher stellt, vor allem aber rechtfertigt" (Smaus 1986: 191).

Smaus nimmt Situationsbeobachtungen Cicourels (1968) zum Anlass, um den Zusammenhang von einzelnen Interaktionen mit der Sinn-, Herrschafts- und Moralstruktur der Gesellschaft zu verdeutlichen. Cicourel beschreibt, wie die Polizei in der Ausübung ihrer Tätigkeit solche Handlungen von Jugendlichen als kriminell herausfiltert, wenn die Jugendlichen bestimmte typische Eigenschaften, wie „aus zerrütteten Familien", „geringes Einkommen", „Angehörige einer Minorität" und andere, aufweisen. Die meisten dieser Eigenschaften können mit Schichtmerkmalen assoziiert werden. Implizit wird eine Zuordnung zu einer vertikalen Struktur der Gesellschaft vorgenommen, die auch die Abstufung der Maßnahmen, die ergriffen werden, beeinflusst. Hierin manifestieren sich die ungleichen Möglichkeiten der verschiedenen Schichten, Macht auf die Sanktionsinstanzen auszuüben. „Wirklich ‚ausgehandelt' wird das Label nur in der Mittelschicht, der Unterschicht wird es schlicht zugewiesen, die obere Schicht kann, auf Umwegen freilich, die der Behörde delegierte Definitionsmacht suspendieren" (Smaus 1986: 192 ff.).

Hieraus interpretiert Smaus den Sinn, der hinter den Handlungsabläufen zwischen den betroffenen Jugendlichen und den Instanzen der sozialen Kontrolle steht: Die in diesen Interaktionen aktivierte Moral, wie sie im Strafrecht zum Ausdruck kommt, zielt letztlich darauf ab, die Unterschichtjugendlichen auf ihre Schichtgrenzen festzulegen. Der „Sinn" der Kriminalisierung lässt sich auch aus den Eintragungen im Bundeszentralregister erschließen, bei denen es sich überwiegend um Körperverletzungen und Diebstähle kleinerer Geldbeträge handelt. Auch hier kommt wieder der Zusammenhang zur Arbeitsteilung der Gesellschaft (als Teilung körperlicher und geistiger Leistungen) zum Tragen. Nach Smaus zielt das Verbot von körperlichen Auseinandersetzungen auf die „classe dangereuse" ab, „die deshalb physisch gefährlich erscheinen muß, weil sie körperliche Arbeit verrichtet und für diese nicht adäquat belohnt wird" (Smaus 1986: 193). Die Überbetonung der eigentlich geringfügigen Eigentumsdelikte hingegen zielt auf einen symbolischen Schutz des privaten Eigentums an Produktionsmitteln.

Die materialistisch-interaktionistische Kriminologie nach Gerlinda Smaus (vgl. Kap. 4) führt recht anschaulich vor, wie sich das Phänomen Kriminalität sowohl im Kontext sozialen Handelns und sozialer Interaktionen als auch im Kontext sozialer Strukturen erklären lässt. Aber auch in ihrem Ansatz bleiben offene Fragen. Auf das Ausblenden von kriminellen Delikten in der Mittel- und Oberschicht wurde schon verwiesen. Die Verwendung der klassisch-marxistischen Schemata, wie die Einteilung der Arbeit in körperliche und geistige Tätigkeiten, lassen sich in den dargestellten Zusammenhängen auf die hoch differenzierten Bedingungen moderner Gesellschaften nur noch begrenzt anwenden. Kritisierbar erscheint auch die Verwendung eines zu einfachen Schichtbegriffes in der Trichotomisierung nach Unter-, Mittel- und Oberschicht. Kann ein solches Schema noch auf eine nach differenzierten *Lebenslagen* oder auch *Lebensstilen* stratifizierte Gesellschaft angewandt werden? Problematisch erscheint auch die Beschreibung des Einflusses der äußeren Erscheinung als dominantes Statusmerkmal auf die Strukturierung von Interaktionssituationen zwischen den Agenten sozialer Kontrolle und den betroffenen Individuen (vielleicht böte Bourdieus Konzept des *Habitus* hier mehr Erklärungskraft).

1.2.4 Kritische Kriminologie und gesellschaftliche Praxis

Die bisherige Darstellung der kritischen Kriminologie in Deutschland sollte einen Überblick über die verschiedenen Positionen und Diskussionsgrundlagen der sich als kritisch verstehenden Kriminologie liefern. Die Skizze von theoretischen Entwürfen verschiedener Vertreter der einzelnen „Lager" sollte dabei die vorhandene Bandbreite der Theoriediskussion exemplarisch verdeutlichen. Ein besonderes Augenmerk lag dabei auf der Darstellung der Diskussionen in der „Gründerphase" in den 1970er Jahren in Deutschland und ihrer Bezüge zu der Theorieentwicklung in den USA und in Großbritannien. In dieser Zeit wurden die Wege einer neuen kritischen Disziplin vorgezeichnet. Die Entwicklung einer eigenen kohärenten, konsistenten Theorie der Kriminalität, wie sie ursprünglich als Ziel formuliert worden war, gelang jedoch (noch) nicht.

In den 1980er Jahren zeichnete sich eine „Überführung" von kritischen Kriminalitätstheorien in allgemeine Gesellschaftstheorien ab (Hess/Steinert 1986; Steinert 1984b). Als gemeinsamer Nenner der unterschiedlichen Positionen lässt sich anführen, dass das Phänomen der Kriminalität als Resultat von Definitionen und Bewertungen zu begreifen ist, die in Interaktionen reproduziert werden und dass diese Definitionen und Bewertungen mit Aspekten von sozialer Ungleichheit und

Selektivität sowie mit Mechanismen von Macht und Herrschaft verbunden sind. Kriminalität und Strafrecht treten erst mit den Mechanismen der Herrschaft auf – in herrschaftsfreien Gesellschaften existieren sie nicht (Hess 1987).

Mit dem expliziten Einbezug von Macht und Herrschaft – als „Produzenten" von Kriminalität – erfolgte in der kritischen Kriminologie eine wichtige Perspektivenverschiebung: „Wenn statt verhaltenstheoretischer Überlegungen Fragen nach gesellschaftlichen Kontroll- und Kriminalisierungsprozessen in den Mittelpunkt der kriminologischen Reflexion gerückt werden" (Gransee/Stammermann 1992: 19), so ist ein zentrales Argument für einen Paradigmenwechsel genannt.

Die kritische Kriminologie als „ideologisches Produkt der 1960er Jahre" (Steinert 1984b: 86) war in ihrer Genese mit politischen Implikationen und Forderungen nach alternativer *Kriminalpolitik* verbunden. Vor allem in den USA und in Großbritannien folgte der radikalen Variante einer neuen Kriminologie der Ruf nach einer neuen Form der radikalen politischen Praxis. Auch in Deutschland waren die Diskussionen um eine neue Kriminologie mit der Forderung nach einer kriminologisch angeleiteten Praxisveränderung verknüpft. Die Theoriediskussion stützte sich mehr auf die Etikettierungsperspektive und setzte eher auf Reformen denn auf Revolution. Der *Arbeitskreis Junger Kriminologen*, in dem sich Anhänger der neuen Richtung zusammenschlossen, formuliert folgende Intentionen für eine Politik des Arbeitskreises (*Arbeitskreis Junger Kriminologen* 1974: 13):

- Die sozialstrukturelle Verankerung der Kriminalität und die Interessengebundenheit der Instanzen sozialer Kontrolle sollten aufgedeckt werden.
- Herrschende Normen und Verfahrensweisen im Kriminalisierungsprozess sollten illegitimiert, alternative Praxismodelle legitimiert werden.
- Politische Bedingungen von Reformen auf dem Gebiet der sozialen Kontrolle sollten geklärt, Forschungsressourcen neu verteilt und Kriminologie als Wissenschaft reorganisiert werden.

Als Zielgruppen wurden Reformkräfte in den Parteien, Gewerkschaften, den Instanzen sozialer Kontrolle, die von der Tätigkeit der Kontrollinstanzen Betroffenen, die Öffentlichkeit und die Bevölkerung sowie die Wissenschaftsverwaltung benannt. Vor diesem Hintergrund kristallisierten sich in der Folgezeit thematisch vor allem drei Forschungsschwerpunkte heraus (Hess/Steinert 1986: 6):

- Die Kriminalität der Mächtigen sollte in ihrem Umfang und ihrer Bedeutung analysiert und auch angeprangert werden.
- Prozesse der Stigmatisierung und sekundären Devianz, der vor allem kleine Kriminelle unterlagen und die sie in eine immer weitergehende Marginalisierung trieb, sollten als ungerecht entlarvt und der subjektiv gemeinte Sinn, der hinter den Handlungen der Betroffenen steht, deutlich gemacht werden.
- Weiterhin wurde die Genese der Strafrechtsnormen in ihrer Abhängigkeit von ökonomischen und Machtinteressen der Herrschenden thematisiert.

Betrachtet man Kriminalität als höchst komplexen sozialen Prozess, der in alltäglichen Interaktionen vor dem Hintergrund kultureller Gemeinsamkeiten (eines Common Sense) beständig konstruiert wird und der die gesellschaftliche Struktur in diesen Prozessen laufend reproduziert, so werden schnell die Grenzen solch reformerischer Bemühungen deutlich. Sozialer Wandel geht gerade in diesem Bereich sehr langsam vonstatten und das Vordringen und Bekanntwerden neuer wissenschaftlicher Erkenntnisse ist noch lange nicht gleichbedeutend mit anderen Attitüden oder Interaktionsstrukturen.

Die kritische Kriminologie konnte auch in Deutschland nur – gemessen an ihrem Anspruch – bescheidene Erfolge verbuchen. Teilergebnisse, z. B. über Stigmatisierungsprozesse, wurden von der ätiologisch orientierten Richtung aufgenommen und als weiterer Faktor in einen Mehrfaktorenansatz integriert. Insgesamt muss jedoch festgestellt werden, dass die Dominanz einer ätiologisch orientierten Forschung – gerade wenn man nicht nur die Soziologie im Auge hat – und insbesondere die einer ätiologisch ausgerichteten Praxis ungebrochen ist.

Andererseits darf aber nicht übersehen werden, dass gerade auch in der kriminologischen Praxis bestimmte Veränderungen Platz gegriffen haben, die als Fortentwicklung einer kritischen Kriminologie und deren Umsetzung betrachtet werden können. Zu nennen wäre hier der Einfluss des *Abolitionismus*, der generell den staatlichen Monopolanspruch auf Konfliktregelungen in Frage stellt und das Strafrechtssystem als Instanz der sozialen Kontrolle kritisiert, der in manchen Fällen zum praktischen Strafverzicht führt. Ebenso wären die verschiedenartigen *Diversionsstrategien* ohne die theoretische Vorbereitung radikaler und kritischer Kriminologie kaum denkbar. Auch der Täter-Opfer-Ausgleich als praktische Maßnahme ist hier zu nennen. So muss man zwar konzedieren, dass an dem eigenen theoretischen Anspruch gemessen die gesellschaftliche Praxis noch hinterherhinkt, dass aber, gemessen an der gesellschaftlichen Praxis der Vergangenheit, die kritische Kriminologie durchaus Erfolge zu verzeichnen hat.

Die kritische Kriminologie:
- Die kritische Kriminologie entwickelte sich in *Absetzung von den ätiologisch-norm-affirmativen Theorien* abweichenden Verhaltens.
- Aufgrund der neuen Sichtweise von Kriminalität – als gesellschaftlich produziert durch *soziale Reaktion* auf Verhalten – erscheint es durchaus legitim, von einem *Paradigmenwechsel* zu sprechen.

Zentrale Kritikpunkte der kritischen Kriminologie an den traditionellen Ansätzen:
- Die *Ontologisierung* der Kriminalität wird abgelehnt.
- Es gibt *keinen prinzipiellen Unterschied* zwischen Kriminellen und Nicht-Kriminellen.
- Kriminalität kann und darf *nicht pathologisiert* werden.
- Die ätiologischen Theorien *übersehen die gesellschaftliche Konstruktion von Kriminalität* und die strukturelle Differenz von Kriminalität und Kriminalisierung.

Die theoretischen Wurzeln der kritischen Kriminologie liegen:
- im Symbolischen Interaktionismus,
- in konflikttheoretischen Überlegungen,
- in neomarxistischen Gesellschaftstheorien
- und – spezifisch auf Kriminalität bezogen – im *Labeling Approach*.

Der Gegenentwurf der kritischen Kriminologie:
- Kriminalität ist keine Eigenschaft einer Handlung, sondern sie ist *das Produkt sozialer Interaktionen*; sie entsteht damit in *Zuweisungsprozessen* auf der Basis *sozialer Strukturen*.
- Nicht Kriminalität an sich ist deshalb Gegenstand des Interesses, sondern die *Prozesse der Kriminalisierung* geraten ins Blickfeld und werden dominant.
- Die Feststellung von Kriminalität ist eine askriptive Aussage, weshalb die Zuschreibungsprozesse der *Instanzen sozialer Kontrolle* in den Mittelpunkt des Interesses rücken.
- Sozialstrukturell ungleiche Bedingungen determinieren *Definitionsmacht* und -gegenmacht im Kontext von Kriminalisierung.
- Strafrechtsnormen dienen der Aufrechterhaltung ungleicher gesellschaftlicher *Macht- und Herrschaftsverhältnisse*.

Kritische Kriminologie und Praxis:
- Die theoretischen Auffassungen der kritischen Kriminologie konstituieren keine in sich geschlossene, monolithische Theorie. Die unterschiedlichen Positionen finden sich jedoch in dem Versuch, die *gesellschaftliche Praxis* im Umgang mit Kriminalität zu *verändern*.
- Insbesondere geht es darum, *Stigmatisierung, sekundäre Devianz* und *kriminelle Karrieren* durch die Instanzen sozialer Kontrolle zu verhindern.
- *Abolitionismus, Diversion, Täter-Opfer-Ausgleich* und andere Versuche gesellschaftlicher Umgestaltung kennzeichnen die theoretisch abgeleiteten gesellschaftspraktischen Positionen der kritischen Kriminologie.

1.3   Soziale Kontrolle als zentraler Gegenstand der neuen Kriminologie

Trotz aller Nuancierungen und Differenzierungen – sowohl immanent als auch im Vergleich zwischen der *radikalen* und der *kritischen* Kriminologie – lässt sich ein klarer Trend in der neuen Kriminologie festmachen, wonach sich eine Abwendung von der *Kriminalität* und eine Hinwendung zur *Kriminalisierung* abzeichnet. Die gesellschaftliche Produktion von Kriminalität als Kriminalisierung von Verhalten, ist – unabhängig von der je theoretischen Fundierung – als theoretische und empirisch abgesicherte Erkenntnis zu einem neuen Muster der „Erklärung" abweichenden Verhaltens geworden. Zum Gegenstand der theoretischen Überlegungen und der empirischen Analyse werden damit jene *Instanzen sozialer Kontrolle*, die den Prozess der Kriminalisierung intendiert oder unbeabsichtigt betreiben. Gleichgültig ob diese Kontrollagenturen *informell* oder *formell* wirken, sie sind gesellschaftlich *institutionalisiert* und wirksam. Soziale

Kontrolle wurde deshalb zu Recht zu einem Main Topic im kriminologischen Denken und spielt in Theorie und Praxis – bestätigend oder ablehnend – heute eine wichtige, um nicht zu sagen, entscheidende Rolle. Deshalb erscheint es angebracht, bevor die neuen Theorien und Ansätze und deren praktische Umsetzungen konkret vorgestellt werden, einen Exkurs über soziale Kontrolle einzuschieben, der einige grundsätzliche Sachverhalte verdeutlichen soll. Dabei bietet sich an, auf Stanley Cohen (1985, 1989, 1991) zurückzugreifen, weil er sich sehr systematisch und weitgehend mit diesem Phänomen auseinander gesetzt hat. Ich beziehe mich dabei im Wesentlichen auf die Publikation, in der im „Diskurs über soziale Kontrolle" „verschiedene Auffassungen von sozialer Kontrolle" referiert, „die hauptsächlichen Formen sozialer Kontrolle" vorgestellt und die „empirischen Trends der sozialen Kontrolle" behandelt werden (Cohen 1993: 210).

1.3.1 Denktraditionen sozialer Kontrolle

Cohen erkennt in seiner Analyse *drei verschiedene Denktraditionen* sozialer Kontrolle. „Es sind verschiedene Begriffssysteme, die die Geistes- und Sozialwissenschaften entwickelt haben, um das zu erörtern, was soziale Kontrolle zu sein scheint" (Cohen 1993: 210). Eine davon ist soziale Kontrolle im Kontext abweichenden Verhaltens und Kriminalität. Die beiden anderen sind die politische und anthropologische Denktradition, wobei keineswegs Unabhängigkeit unterstellt wird; vielmehr sind politische und anthropologische Bezüge gerade im Bereich sozialer Kontrolle abweichenden Verhaltens nachweisbar.

Ein Vorstellungsinhalt oder Definitionsmerkmal von sozialer Kontrolle ist der *politischen Denktradition* geschuldet. „Sie behandelt Themen wie Ordnung, Legitimität und Autorität. Sie konfrontiert das zentrale Problem der liberalen demokratischen Tradition: Wie kann man einen Grad von Ordnung, Regelhaftigkeit und Stabilität herstellen, der die Einschränkung individueller Freiheit möglichst gering hält? (...) Die Geschichte dieser Denktradition ist zugleich ein Verständnis des Wandels in der allgemeinen Organisation, Entfaltung, Strategie und Logik staatlicher Macht" (Cohen 1993: 210). Allein der Verweis auf die Einschränkung individueller Freiheit zeigt, wie bedeutsam das politische Element sozialer Kontrolle auch und gerade im Bereich der Kriminalität ist. Die Einschränkung der individuellen Freiheit kann politisch eventuell dadurch legitimiert werden, dass nur damit die individuellen Freiheiten aller garantiert und geschützt werden können. Einschränkung der Freiheit hat mit Macht und Herrschaft zu tun (sei sie legitim oder illegitim) und ist damit als Aspekt sozialer Kontrolle auch im Bereich der Kriminalität eminent politisch.

Die *anthropologische Denktradition* sozialer Kontrolle vernachlässigt nach Cohen in der Chicagoer Schule ebenso wie im Funktionalismus das politische Element, weil „die Konturen dieser Denktradition (...) in solche der Sozialisation, der Konformität, der Internalisierung von Normen, des Wertkonsenses usw. verwandelt werden. Ich nenne dies anthropologisch, weil das allgemeine Projekt darin bestand, jene Prozesse (...) herauszufinden, die universell in allen Gesellschaften gegeben waren und lediglich im Inhalt Varianz aufwiesen" (Cohen 1993: 211). Diese anthropologische Kontrolle spielt beim Selbstkontrollkonzept (vgl. Kap. 3) eine entscheidende Rolle.

„Der dritte (und offenbar am meisten eingeschränkte) Diskurs behandelt die organisierten, strukturierten Antworten auf jene Normverletzungen, die als *Devianz* oder *Kriminalität* eingestuft werden" (Cohen 1993: 211). Soziale Kontrolle in diesem reduzierten Sinne hat verschiedene historische Entwicklungsphasen durchlaufen, die schon skizziert wurden: Von den traditionell ätiologischen Ansätzen über Symbolischen Interaktionismus und Labeling Approach zu konflikttheoretischen und marxistischen Ansätzen, wobei Cohen zu erkennen glaubt, dass die „Denktraditionen (...) in jeder Phase (...) zunehmend imperialistischer (wurden) und (...) ständig umfassendere Teile des Soziallebens (behandelten). Also: Sozialfürsorge als soziale Kontrolle, Bildung als soziale Kontrolle, Psychiatrie als soziale Kontrolle" (Cohen 1993: 211).

Ursachen für diese Entwicklung des Imperialismus der sozialen Kontrolle sind der Entstehung des modernen Staates geschuldet, wenn einerseits eine *Monopolisierung der sozialen Kontrolle durch den Staat* erfolgt, indem er das Strafrecht einführt und die Polizei und die Strafjustiz dafür einsetzt, es zu garantieren. Zum anderen führt die *Verwissenschaftlichung* zu einem Expertentum und zu einer Erkenntnisproduktion, die in alle Lebensbereiche hineinreicht und diese zu bestimmen in der Lage ist. Und letztlich und sehr konkret ist „die Ausgrenzung und Einkerkerung der Devianten in spezielle Institutionen" (Cohen 1993: 212) an der imperialistischen sozialen Kontrolle nicht unbeteiligt.

Diese drei Aspekte sozialer Kontrolle verschmelzen in der heutigen Diskussion und verlieren von ihrer einseitigen Brisanz. „Wir sind jetzt, so glaube ich, in dem faszinierenden Stadium, wo die benannten verschiedenen Denktraditionen über ‚soziale Kontrolle' ihre Unterschiede verlieren. In der heutigen Revision des Revisionismus – der endlosen Selbstreferenzialität der Postmoderne – ändern sich die Konturen, die Überschneidungen werden deutlicher" (Cohen 1993: 212). So lässt sich erkennen, dass in Theorie wie Praxis die politische Dimension als Staatszentriertheit im Zurückgehen begriffen ist, während die anthropologische Denktradition in ihrer soziologischen Version an Gewicht zu gewinnen scheint. Andererseits kann nicht verkannt werden, dass jede Bewegung eine Gegenbewegung provoziert, jede These ihre Antithese in sich trägt. Vielleicht ist nämlich schon ein ganz anderer Aspekt der sozialen Kontrolle für unsere kapitalistischen Gesellschaften viel bedeutsamer, nämlich „der Markt. Dieser hat wenig Raum in den staatszentrierten Modellen und gar keinen, wenn über Kriminalität und Devianz geredet wird. Er erscheint als Kategorie nur in der politischen Anthropologie der Frankfurter Schule. Es gibt jetzt ein wieder erstandenes Interesse in dieser Hinsicht – mit wichtigen Arbeiten über Konsumerismus, zur Werbung, zur Kommerzialisierung der Bedürfnisse usw." (Cohen 1993: 213).

1.3.2 Kontrollstile

So wie es eine Vielzahl von Definitionen abweichenden Verhaltens gibt, existieren diverse Klassifikationen der *Formen sozialer Kontrolle*. Cohen bezieht sich hier auf Klassifikationssysteme, „wie sie von Soziologen entwickelt wurden, die nicht aus einer kritischen oder radikalen Position kommen, die sich aber gut für jeden Zweck eignen" (Cohen 1993: 214). Denkt man an soziale Kontrolle, dann fällt einem sowohl alltäglich wie wissenschaftlich zuerst der *punitive* Kontrollstil ein, wie er zum Teil alltäglich (Sozialisation), mit dem Strafrecht aber praktisch ausschließlich (nomen est omen) praktiziert wird. Mit sozialer Kontrolle assoziieren wir so sehr ihre punitive Ausprägung, dass andere Formen verschwinden. Dieser Stil lässt sich im Wesentlichen charakterisieren als „Schmerzzufügung (Verlust, Leiden, Schädigung); er muß immer eine konkrete Person verantwortlich machen, für den Bruch abstrakter Regeln (insbesondere von Rechtsregeln); er ist grundsätzlich moralistisch; er ist auf Zwang gestützt, statt auf Freiwilligkeit, und (...) er überträgt die Aufgabe der sozialen Kontrolle auf eine dritte Partei: d. h. die Abweichung oder der Konflikt wird den Parteien, die davon betroffen sind (z. B. Opfer und Täter), weggenommen und an eine spezialisierte Agentur (gewöhnlich die Strafjustiz des Staates) verwiesen" (Cohen 1993: 214).

Dieser punitive Kontrollstil steht in Konkurrenz zu eher informellen, alltagsweltlichen, alternativen, gemeindenahen und anderen Stilen, wie sie uns bei der Diskussion um Diversion, Abolitionismus und Täter-Opfer-Ausgleich begegnen. Der punitive Kontrollstil ist eindeutig dem traditionellen Strafjustizhandeln zuzuordnen. Die alternativen Formen, wie sie in den neuen Praxismodellen im Strafrecht zum Ausdruck kommen, Wiedergutmachung, Schadensersatz, Täter-Opfer-Ausgleich, Schlichtung etc. sind unter zwei andere Stile zu subsumieren, nämlich die *Entschädigung* und die *Befriedung*.

„Der Kontrollstil der Entschädigung (Ersatzleistung, Wiedergutmachung usw.) besteht in dem Erstatten des Schadens durch den Täter an das Opfer. Der Täter ist verpflichtet, dem Opfer den Schaden oder den Schmerz zu kompensieren; wenn dies getan ist, ist die Sache theoretisch vorbei und gelöst" (Cohen 1993: 215). Der Kontrollstil der *Entschädigung* unterscheidet sich von dem punitiven vor allem dadurch, dass der Schaden gegenüber der Schuld dominant wird, dass Schadensersatz die Strafe (partiell) ersetzt, dass nicht das Strafrecht als solches, sondern das Opfer Gewicht erhält.

„In Systemen der Befriedung werden die involvierten Parteien (ohne notwendigerweise als Opfer und Täter definiert zu sein) zusammen gebracht (manchmal mit der Unterstützung einer dritten Partei), um ein wechselseitig akzeptables Ergebnis auszuhandeln. Die schließliche Lösung wird erreicht durch Verhandlung und wird nicht erzwungen durch äußere Sanktionen. Der entscheidende Punkt ist, die Menschen miteinander wieder zu harmonisieren" (Cohen 1993: 215). Die *Befriedung* enthält all jene Elemente der Entschädigung, die gegen den punitiven Kontrollstil gerichtet waren, aber zusätzlich ist hier strukturell die Asymmetrie zwischen Täter und Opfer aufgehoben. Das Aushandeln und der Charakter der

Freiwilligkeit der Übereinkunft sind bei der Befriedung aber entscheidender als bei der Entschädigung.

Entschädigung und Befriedung sind Formen sozialer Kontrolle, die auch in das Kriminaljustizsystem (mindestens partiell) Eingang gefunden haben. „In dem Denksystem von Kriminalität und Devianz sprechen wir über Alternativen zur Strafjustiz, über informelle soziale Kontrolle, über Nachbarschaftskontrolle oder Abolitionismus (...) beide unterstellen, daß irgendwo draußen – in der ‚Gemeinschaft' außerhalb der Reichweite des Staates – universelle, ‚natürliche', ‚organische' Formen der sozialen Kontrolle existieren und gefördert werden können" (Cohen 1993: 215). Diesem Gedanken werden wir noch vielfach begegnen.

Als vierte Form der sozialen Kontrolle identifiziert Cohen die *Therapie*: „In dem therapeutischen Stil liegt der Kern weder bei dem Handelnden und der Tat, wie im Strafrecht, noch in der Situation oder der Beziehung. Das Ziel ist, ‚zu helfen', die Person des Devianten zu verändern – entweder in einem psychodynamischen Modell, wo es um die Veränderung des innerpsychischen Zustandes geht, oder im behavioristischen Modell, wobei externe Verhaltenskonformität erzeugt werden soll. Der Prozess wird weder in moralischen Begriffen verstanden wie die Bestrafung des Schuldigen, der schlechten Person, noch in der Erfüllung von Verpflichtungen, noch in der Reparatur zerstörter Beziehungen" (Cohen 1993: 216). Nun wird es nicht wenige geben, die Therapie nicht als Form sozialer Kontrolle begreifen (wollen). Man wird aber nicht in Abrede stellen können, dass die unfreiwillige Einweisung in eine psyichatrische Klinik, das Junktim zwischen Therapie oder Strafvollzug bei Drogenabhängigen etc. (vgl. Maßregelvollzug) soziale Kontrolle darstellen. Desgleichen ist auch die historisch aufzeigbare ständige Neudefinition von (psychischen) Erkrankungen ein Mechanismus sozialer Kontrolle.

1.3.3 Organisationsformen sozialer Kontrolle

Diese vier Stile der sozialen Kontrolle lassen sich in sehr unterschiedliche *Organisationsformen* kleiden. Die Organisation der Entschädigung kann über eine Wiedergutmachungsleistung des Täters ebenso wie über einen Täter-Opfer-Ausgleich herbeigeführt werden. Der punitive Stil kann sowohl durch staatliche Organe wie informell praktiziert werden. Deshalb bedeutet die Wahl einer bestimmten Form der sozialen Kontrolle noch keineswegs eine Entscheidung für die Art ihrer Organisierung.

Im Kontext sozialer Kontrolle greift Cohen auf eine Typologie von Horwitz (1990) zurück, und unterscheidet „zwischen Formen von (1) *unilateraler* sozialer Kontrolle wie z. B. Inaktivität (Toleranz, Nichtstun) oder Vermeidung (Vermeiden des Sichtreffens) oder das Verlassen (die Situation oder die Beziehung hinter sich lassen) oder Selbsthilfe (Rückgriff auf außerrechtliche Methoden wie etwa Rache oder Selbstschutz – hier kann Kriminalität zur Form der sozialen Kontrolle werden); (2) *bilateraler* sozialer Kontrolle – wo beide Parteien miteinander verhandeln oder sich um eine Schlichtung bemühen (manchmal mit der Hilfe einer dritten Partei, auf die man sich geeinigt hat, wie Anwälte in Scheidungsverfahren) und (3) *trilateraler* sozialer Kontrolle – d. h. die Mobilisierung (z. B. durch Herbeirufen der Polizei) einer offiziellen, formellen Kontrollinstanz, wie etwa des Strafjustizsystems, das eine Lösung erzwingen kann, unabhängig von den Wünschen der betroffenen Parteien" (Cohen 1993: 216 f.).

In Kombination der Klassifikation der drei Organisationsformen sozialer Kontrolle und den vier verschiedenen Kontrollstilen ergibt sich eine Matrix mit einer Vielzahl von theoretisch denkbaren Arten sozialer Kontrolle. In Tab. 1.1 wird versucht, die Kontrollstile und die Organisationsformen in ihrer Kombination mit beispielhaften Inhalten zu füllen.

Hiermit ist eine Variabilität und Vielfältigkeit umrissen, die wir durchaus alltäglich (wenn auch nur begrenzt) vorfinden, die wir aber nur selten mitdenken, wenn wir an den Bereich der Kriminalität denken. Dort wird z. B. die trilaterale Kontrolle praktiziert und wir perzipieren sie als die dominante, bedeutsame, vielleicht auch häufigste. Tatsächlich jedoch lebt unsere Gesellschaft davon, dass unilaterale und bilaterale soziale Kontrollen quantitativ weit überwiegen und das Strafrecht nur einen winzigen Ausschnitt des Verhaltensspektrums abdeckt. Dieses wissend sind die noch zu entwickelnden Alternativen sozialer Kontrolle im Bereich von Kriminalität durchaus anders zu bewerten, weshalb die abstrakten Klassifikationen sozialer Kontrolle für den weiteren Fortgang der Diskussion hilfreich sind. So müssen wir erkennen, dass etwa der Täter-Opfer-Ausgleich zwar als eine Informalisierung der sozialen Kontrolle gelten kann und eine bilaterale Konfliktaustragung anstrebt, letztlich aber noch eine trilaterale soziale Kontrolle darstellt.

Tab. 1.1: Kontrollstile und Organisationsformen sozialer Kontrolle

Organisationsformen sozialer Kontrolle	Kontrollstile			
	punitiver Kontrollstil	Entschädigung	Befriedung	Therapie
unilateral	Täter wird autoaggressiv aufgrund von Schuldgefühlen.	Aufgrund von Schuldgefühlen überweist der Täter dem Opfer Geld, um den verursachten Schaden einer Sachbeschädigung auszugleichen.	Hitlers Verwandte erklären sich bereit, die Gene der Familie nicht weiterzuvererben (bekommen keine Kinder).	Täter liest, da er sich seiner psychischen Probleme bewusst ist, Selbsthilfebücher und psychologische Ratgeber.
bilateral	Opfer rächt sich an Täter (Selbstjustiz).	Täter fährt ohne Führerschein Auto, verursacht einen Unfall; das Opfer erklärt sich in Verhandlung mit dem Täter bereit, die Polizei nicht einzuschalten, wenn dieser bereit ist, den Schaden zu begleichen.	In einem Beziehungsstreit schlägt die Frau im Affekt ihren Mann; kurz danach entschuldigt sie sich bei diesem, da sie sich des Unrechts bewusst ist; dieser vergibt ihr.	Täter geht freiwillig in eine Therapie, da er sich seines krankhaften Verhaltens bewusst ist.
trilateral	Täter wird vom Gericht zu einer Strafe verurteilt.	Vom Gericht wird ein Täter-Opfer-Ausgleich auferlegt: Der Täter wird von einer 3. Partei zu einer Ausgleichsleistung des begangenen Schadens am Opfer gezwungen.	Die Konfliktparteien versuchen, freiwillig unter Einbezug eines Mediators zu einer gütlichen Einigung zu gelangen.	Täter wird zum Besuch einer Therapie verurteilt.

1.3.4 Trends der sozialen Kontrolle

Welches sind nun die Trends im Bereich der sozialen Kontrolle, die Cohen in seiner Analyse zu erkennen glaubt? Diese Trends sollen in der gebotenen Kürze vorgestellt werden:

Cohen geht davon aus, „daß während der letzten zwei Dekaden die Systeme formeller sozialer Kontrolle sich in den entwickelten westlichen Gesellschaften ausgeweitet haben, jenseits ihrer originären Anwendungsbereiche verbreitet worden sind und den Grad ihres Zugriffs auf Personen intensiviert haben" (Cohen 1993: 218). Diese *Ausweitung der Disziplinierung* meint, dass weitere Bereiche des gesamten sozialen Lebens mehr und mehr strafrechtlich reglementiert werden (zunehmende Verrechtlichung durch immer mehr Gesetze), dass die organisierte Form sozialer Kontrolle im Wachsen ist (höhere Polizeidichte), dass Überwachung und Prävention intensiviert werden („Lauschangriff" etc.), dass immer mehr Menschen kriminalisiert werden (steigende Kriminalitätsbelastungs- und Verurteilungsziffern).

Mit der *Verwissenschaftlichung* und dem *Expertentum* wird ein neuer Trend gesetzt: Immer mehr Verhaltensweisen fallen dieser definierten Abweichung anheim; der therapeutische Stil, die therapeutische soziale Kontrolle weitet sich aus. Als weiteren Trend macht Cohen die sog. *„Management-Orientierung"* aus: „Im Geschäft der Kriminalitätskontrolle sehen wir ein Emporkommen von managementbezogenen, administrativen und technokratischen Stilen. Die alten liberalen Ideologien (Behandlung, Resozialisation, soziale Reform) werden diskreditiert, das Ziel ist, das Strafjustizsystem in vernünftigen Bahnen zu halten" (Cohen 1993: 219). Eine Managementorientierung wird auch der theoretischen Kriminologie zugeschrieben, wenn sie die Theorie der Gelegenheiten oder Rational Choice-Ansätze benutzt.

„Behaviorismus, Risikomanagement, Bevölkerungskontrolle" sind Schlagworte, die einen weiteren Trend der sozialen Kontrolle charakterisieren. Mit *Bevölkerungskontrolle* ist gemeint, dass in Analogie zum statistischen Denken nicht mehr das Individuum, sondern die Bevölkerung im Mittelpunkt des Interesses steht. Daraus würde ein Anwachsen des Überwachungsstaates resultieren. Mit *Risikomanagement* ist gemeint, dass alle Anstrengungen darauf abzielen, die Risiken für potenzielle Straftäter zu erhöhen, also die Möglichkeit der Abweichung durch strukturelle Maßnahmen einzuschränken. Und der Trend zum *Behaviorismus* wird darin gesehen, dass die äußere Verhaltenskonformität Priorität gegenüber Einsicht und Gewissen gewinnt (Cohen 1993: 220 f.).

Privatisierung ist das letzte Schlagwort, das einen Trend der sozialen Kontrolle bezeichnet: Damit ist nicht nur gemeint, dass eine Informalisierung der sozialen Kontrolle stattfindet, sondern mit diesem Begriff wird das „massive Anwachsen der privaten Sicherheitsindustrie" (Cohen 1993: 222) beschrieben. Daneben macht Cohen einen zweiten Bereich aus, „die therapeutische Seite des Kontrollspektrums. Dort ist eine wachsende Verlagerung auf dem privaten Sektor der Institutionen, Agenturen und Programme aufgetreten, die mit Problemjugendlichen und allen Formen des Drogengebrauchs beschäftigt sind. Das gleiche gilt für den

Moderne Ansätze als Paradigmenwechsel?

Markt der Kontrolle über die Varianten von ‚Auffälligkeiten' – bezogen auf Persönlichkeit, Sexualität, Essen, Lernen" (Cohen 1993: 222).

Diese scheinbar klassifikatorischen Überlegungen zur sozialen Kontrolle sind als Zuordnungs-, Beurteilungs- und Entscheidungsraster implizit mitzudenken, wenn die neuen theoretischen Ansätze und ihre Umsetzungen in die gesellschaftliche Praxis diskutiert werden. Dieses Raster bietet die Möglichkeit, soziale Kontrolle als neues Paradigma in seiner theoretischen und gesellschaftlichen Differenzierung zu erfassen.

Denktraditionen sozialer Kontrolle:
- In der *politischen* Denktradition sozialer Kontrolle geht es um die Begriffe Ordnung, Legitimität und Autorität, mithin um staatliche Macht. Die klassische Frage ist, wieviel Einschränkung individueller Freiheit ist nötig, um die allgemeine Freiheit zu gewährleisten.
- Die *anthropologische* soziale Kontrolle bezieht sich insbesondere auf den Prozesscharakter der Sozialisation, der Internalisierung von Normen und die Herausbildung des Gewissens. Sie gilt als universell, mit jedoch unterschiedlicher Ausgestaltung.
- Die Kontrolle im Bereich *abweichenden Verhaltens* und von *Kriminalität* hat verschiedene historische Traditionen, meint jedoch zentral das Staatsmonopol des Strafens, mithin alle institutionalisierten und professionellen staatlich legitimierten Agenten sozialer Kontrolle.
- Als subtile soziale Kontrolle fungiert der *Markt*, paradigmatisch festgemacht etwa am Konsum.

Stile der sozialen Kontrolle:
- Die *punitive* soziale Kontrolle ist insbesondere im Strafrecht anzutreffen und durch Zufügung von, wie auch immer geartetem, Leid zu charakterisieren. Schuld und Sühne als moralische Kategorien stehen Pate und Zwang garantiert die Realisierung.
- Der Kontrollstil der *Entschädigung* orientiert sich an Schadensersatz und Wiedergutmachung, der Täter erstattet dem Opfer den Schaden; weitere Sanktionen sind nicht vorgesehen. Restitution anstelle von Moral sind gefordert.
- Beim Kontrollstil der *Befriedung* handeln die betroffenen Parteien ein Ergebnis gleichgewichtig und freiwillig aus, um einen zwischen ihnen existierenden Konflikt aus der Welt zu schaffen. Eine Zuweisung von Schuld ist nicht vorgesehen, Freiwilligkeit und Harmoniebestreben sind Schlagworte dieses Stils der sozialen Kontrolle.
- Bei der *therapeutischen* Form der sozialen Kontrolle ist es das Ziel zu helfen, indem die betreffende Person – gleichgültig auf der Basis welchen theoretischen Modells – so verändert wird, dass eine äußere Verhaltenskonformität erreicht wird. Auch hier fehlen moralische Kategorien; es geht vielmehr um die Funktionalität.

Organisationsformen sozialer Kontrolle:
- *Unilaterale* soziale Kontrolle ist eine solche, bei der keine weiteren Personen beteiligt sind (vgl. hierzu das Konzept der Selbstkontrolle). Formen sol-

cher unilateraler sozialer Kontrolle können Inaktivität, Vermeidung, Selbsthilfe etc. sein.
- Bei *bilateraler* sozialer Kontrolle gibt es zwei Parteien, die sich um eine Beilegung des Konflikts bemühen. Verhandeln, Schlichten, Wiedergutmachen (auch wie im Täter-Opfer-Ausgleich durch eventuelle Einschaltung eines Vermittlers) fallen unter die bilaterale soziale Kontrolle.
- *Trilaterale* soziale Kontrolle liegt vor, wenn zwei Parteien eine offizielle, formelle Kontrollinstanz anrufen (also etwa Polizei, Gerichte etc.), wobei dieser Instanz formell die Befugnis eingeräumt ist, eine Entscheidung herbeizuführen.

2 Der handlungstheoretische Ansatz nach Haferkamp

2.1 Devianz als soziales Handeln

In Orientierung an den Schriften von Haferkamp wird ein Erklärungsansatz im Rahmen einer allgemeinen Handlungstheorie für das Entstehen und die Entwicklung von abweichendem Verhalten entwickelt. „Konformität" und „Devianz" werden dabei als zwei entgegengesetzte Formen sozialen Handelns gesehen, die strukturell nach denselben Prinzipien ablaufen.

Ausgangspunkt ist die Situation einer bestehenden Mehrgruppengesellschaft; es wird also nicht in einem „Ur-Prozess" die Produktion und Institutionalisierung von Devianz verfolgt, sondern im Rahmen des bereits Institutionalisierten wird geprüft, auf welche Weise Wandlungsprozesse ablaufen, an deren Ende ein als abweichend bezeichnetes Verhalten steht, das zudem durch seine verschiedenen Organisationsebenen und damit verbundenen unterschiedlichen Reichweiten differenziert ist.

Macht und *Herrschaft* sind dabei zentrale Analysekategorien, die in dem Versuch einer Synthese von *Kriminalität* und *Kriminalisierung,* von *normativem* und *interpretativem Paradigma* Anwendung finden.

2.1.1 Das soziale Handeln

Sowohl aus der Sicht des Alltags als auch unter der Perspektive der Wissenschaft ist „Welt" an sich und zunächst strukturlos (Haferkamp 1976: 12). Um in dieser Welt eine Orientierung zu haben, verwenden Menschen Begriffe, um Teile dieser Welt ein- und auszugrenzen und sie (in Sätzen) aufeinander zu beziehen (Haferkamp 1976: 11). Ein zentraler Begriff in diesem Kontext ist Handeln, sowohl in der Alltagssprache als auch in der Soziologie. Er ermöglicht den Akteuren, ihre Alltagswelt als Resultat von Handlungen anzusehen. Wie jeder Begriff muss auch dieser bestimmten Abstraktionsforderungen genügen: Er muss funktionsbezogen sein und sich bei der Strukturierung der Welt, d. h. der Konstruktion von Wirklichkeit, bewähren.

Nach den Vorstellungen der Alltagswelt über die Soziologie soll diese „Wissen über Welt bereitstellen, um Orientierung im Leben zu ermöglichen" (Haferkamp 1976: 12). Dies kann sie nur, wenn sie konsequentere Abstraktionsforderungen an ihre Begriffe richtet, als es das Alltagswissen tut. So hat der soziologische Begriff des *sozialen Handelns* zwar seinen Ursprung im alltäglichen Handlungsbegriff, nimmt jedoch das Ereignis, das in der Alltagssprache bezeichnet wird, nur als Ausgangspunkt, um es dann aus einer Perspektive zu betrachten, die jene des Alltags überschreitet. Durch das Einführen neuer Aspekte wird auch das Alltagswissen zum Gegenstand der Analyse gemacht.

Die Wissenschaft verbindet mit dem Begriff des sozialen Handelns den Anspruch, eine sehr allgemeine Sichtweise anzubieten, mit der das *Soziale* in der Welt analysiert bzw. expliziert werden kann. Dazu muss aber das soziale Handeln durch das Bilden von Unterkategorien weiter aufgeschlüsselt werden. Aus dem Verknüpfen der Subkategorien entstehen dann Thesen zum sozialen Handeln. Thesen stellen dabei Aufforderungen dar, „bestimmte Koabstraktionsleistungen zu erbringen von gemeinsam variierenden Teilen der Welt" (Haferkamp 1976: 15). Werden sie miteinander verbunden, resultiert daraus eine Theorie.

Haferkamps Motivation, sich mit der Handlungstheorie zu beschäftigen, ist in der Enttäuschung darüber begründet, dass handlungstheoretische Ansätze den Anspruch, eine allgemeine Theorie zu erstellen, mit der sich „Gesellschaft auf allen Ebenen durchgängig bestimmen und erklären" lässt (Haferkamp 1976: 9), nicht einlösen konnten. Deshalb sucht er nach einer neuen Idee, mit der die handlungstheoretischen Überlegungen und bisherige situative Untersuchungen aufeinander bezogen werden können. Dann nämlich wäre eine Entscheidung darüber möglich, „ob hier eine Theorie vorliegt, die völlig unterschiedliche Situationen, die zusammen die Gesellschaft bilden, in Analyse und Erklärung erhellt" (Haferkamp 1976: 9).

Er will eine mögliche Kritik am handlungstheoretischen Vorgehen seitens der System- oder Gesellschaftstheorie dadurch entkräften, dass er in seinen allgemeinen handlungstheoretischen Ansatz systemische Überlegungen einbezieht und Gesellschaft als ein segmentiell und funktional ausdifferenziertes System von institutionalisierten Handlungen begreift. Sie soll gerade nicht als eine Vielzahl von Kleingruppen dargestellt werden, die in einem bloßen Nebeneinander antagonistische Praktiken institutionalisiert haben. Denn Gesellschaft bedeutet gerade nicht das „Auftreten einer Vielzahl von Kleingruppen mit ‚Kontrakulturen' (Yinger)" (Haferkamp 1976: 99) ohne Zusammenhang. Um nun die Prozesse erfassen zu können, die bei der Agglomeration von Gruppen, bei großen Zusammenschlüssen von Handelnden, ablaufen, führt er die Kategorie des „sozialen Generalisierungshandelns" ein. Seine dabei entwickelten Thesen sollen „das Auftreten einer Vielzahl teils interdependenter, teils autonomer, teils kooperierender, teils konfligierender Gruppen und der innerhalb dieser und zwischen diesen aufgespannten Handlungssysteme analysieren und explizieren lassen" (Haferkamp 1976: 100). Damit wäre eine Analyse von großen Gesellschaften möglich, die eine Erklärung von Handlungsübernahmen in Mehrgruppengesellschaften auf der Basis von Unterschieden in der „Gewissheit" bietet.

2.1.2 Konformität und Devianz – zwei Formen sozialen Handelns

Unter handlungstheoretischem Gesichtspunkt geht man davon aus, dass es das Ziel der Soziologie sein muss, Verhaltensweisen zu untersuchen, mit denen Handelnde einen subjektiven Sinn verbinden, wobei dieser subjektive Sinn verstanden und erklärt werden soll: „Soziologie (im hier gemeinten Sinn dieses sehr vieldeutig gebrauchten Wortes; S. L.) soll heißen: eine Wissenschaft, welche soziales Handeln deutend verstehen und dadurch in seinem Ablauf und seinen Wirkungen ursächlich erklären will" (Weber 1980: 1) und: „Sinn ist hier (...) (der) subjektiv gemeinte Sinn" (Weber 1980: 1). Nach diesem Verständnis müssen wir davon ausgehen, dass alle Formen des Handelns auf diese Weise erfassbar sind, d. h., dass Abweichung und Konformität als zwei Seiten eines Handelns zu betrachten und zu analysieren sind. Kriminalität ist also im Sinne Durkheims „eine soziale Tatsache, die durch Soziales zu erklären ist" (Durkheim 1965: 155).

Diese methodologische Spezifizierung verlässt durch das Einbeziehen des sozialen Wirkungsgefüges eine nur am Individuellen orientierte Erklärungsebene, bei der – wie es z. B. im 19. Jahrhundert noch üblich war – ein Verbrecher als unsozialer, morbider Fremdkörper angesehen wurde. Für alle Varianten abweichenden (oder als solchem definierten) Verhaltens – von der residualen Regelverletzung bis zur organisierten Kriminalität – werden daher feststellbare Regelmäßigkeiten gelten, die die Abweichung zu einer Kategorie soziologischer Erkenntnis machen.

2.1.3 Die Ebenen der Abweichung in ausdifferenzierten Gesellschaften

Jegliche Devianz lässt sich als eine je spezifische Form sozialen Handelns auf einem Kontinuum begreifen, das sich von individuell abweichenden Reaktionen oder Verhaltensformen bis zu Inklusivsystemen abweichenden Verhaltens mit großer Reichweite (etwa organisierte Kriminalität) zieht. Für eine Analyse der Devianz müssen daher sowohl Abweichungen im mikro- als auch im makrosozialen Bereich betrachtet werden. Neben der organisatorischen Fassung, in der das Handeln ausgeübt wird, sind auch noch die inhaltliche Form des Verstoßes gegen spezifische Normen sowie die Sanktionsandrohung relevant. Kriminalität z. B. wäre danach eine „Devianzart, die sich von anderen Devianzarten dadurch unterscheidet, daß die Normen, über die sie definiert wird, Strafrechtsnormen sind" (Peters 1989: 155). Erst bei dieser Betrachtungsweise geht man das Phänomen „Kriminalität" nicht mehr ätiologisch an und fragt nach möglichen Erziehungsdefiziten und subjektiven Mängeln der Delinquenten, sondern sieht es als eine Form von Handeln, das in einer bestimmten Weise bezeichnet und bewertet wird – ebenso wie konformes Handeln. Jedoch hat die „Erkenntnis, daß Kriminalität normal ist, (...) längst nicht alle erreicht, obgleich schon vor unserem Jahrhundert formuliert" (Lamnek 1977: 50).

Der hiermit angesprochene geschichtliche Kontext und Wandel müsste nach Auffassung von Sack noch viel stärker als historische Dimension in die Überlegungen zur Devianz und mithin zur Normgenese einbezogen werden. Er misst dem Begriff der *Disziplinierung* (Sack 1993: 30 ff.) große Erklärungskraft hinsichtlich der Entstehung von Normen, von gesellschaftlichem Konsens und den

Abweichungen davon zu. Der Begriff der Sozialdisziplinierung zielt auf die gesellschaftlichen Strukturen, die Handlungen provozieren, ohne dass der zugrunde liegende Mechanismus den Handelnden bewusst ist, was insbesondere für bestimmte, historisch erworbene und/oder bedingte Klassifikationen für Handlungen wie „typisch" oder „abweichend" usw. (Sack 1993: 39) gilt.

Nun interessieren aber nicht nur die möglichen Verstöße gegen Strafrechtsbestimmungen, also gegen kodifizierte Normen. Der Bereich des abweichenden Verhaltens umfasst ebenso Arten des nicht strafrechtlich sanktionierten, nonkonformen Verhaltens. Relevant sind daher auch die Formen von Abweichungen, die z. B. etwa unter dem Begriff „residuale Regelverletzung" gefasst werden, oder die Variationen des Alltagshandelns bzw. von Lebensstilen, die traditional „anerkannten" Verhaltensweisen zuwiderlaufen. So dürfte z. B. eine nichteheliche Lebensgemeinschaft von bestimmten gesellschaftlichen Gruppen als nicht konform angesehen worden sein (und z. T. auch noch werden) – eine Betrachtung, die ihre normative Bestärkung durch die rechtliche Benachteiligung dieser Form des Zusammenlebens gegenüber der Ehe fand (und immer noch findet). Die Abweichungen ließen sich damit nach dem unterschiedlichen Geltungs- und Wirkungsgrad der korrespondierenden normativen Erwartungen differenzieren. Es müsste auch der Frage nachgegangen werden, ob sich aus als „typisch" erachteten Wesensmerkmalen der modernen Gesellschaft spezifische Erklärungen für die Entwicklung gleichermaßen „typischer" Formen von Devianz ableiten lassen oder ob nicht die gestiegene strukturelle Differenziertheit der Gesellschaft eine solche Erklärung unangemessen erscheinen lässt.

Geht man von der Frage aus, warum bestimmte Verhaltensweisen in Gesellschaften typisch als abweichend gelten, muss man versuchen – wenngleich oft in spekulativer Form – die „Arten abweichenden Verhaltens, die in modernen Gesellschaften als abweichend gelten, zu klassifizieren" (Peters 1989: 21). Die bestehenden Klassifikationen gehen nur von gesellschaftlich anerkannten Themen aus, wie z. B. Eigentum, Gewalt oder Sexualität, vernachlässigen aber den subjektiven Sinn bzw. die Motive, die für den Handelnden mit seinem Verhalten verbunden sind. Für Peters ist in diesem Zusammenhang aber nicht der subjektive Sinn des Handelnden relevant, sondern die „Motive, die andere seinem Handeln zuschreiben, über die andere sein Handeln zu verstehen suchen" (Peters 1989: 22). Durch diese Zuschreibung von subjektivem Sinn wird das Handeln im Alltag identifizierbar und es entstehen verschiedene Handlungstypen.

Mit dem allgemein gültigen handlungstheoretischen Ansatz wurde versucht, die Möglichkeiten darzustellen, wie sich in einer ausdifferenzierten Gesellschaft abweichendes Verhalten ausbilden kann; mit einem nächsten Schritt erfolgt die Klassifikation der unterschiedlichen Handlungstypen auf der Basis der subjektiven Realität der Handelnden (Peters 1989: 22). Es soll im Weiteren versucht werden, neben der Analyse der Verstöße gegen unterschiedliche Normenbereiche und den persönlichen Interessen der Normbrecher eine solche der stattfindenden Interaktionsprozesse zu betreiben. Relevant ist dabei zum einen die *Organisationsebene*. Sie erlaubt Aussagen über Unterschiede bei der Beteiligung der Akteure an den Interaktionsprozessen. Zum anderen muss die *Reichweite* der realisierten Entwürfe erfasst werden, d. h. es wird gefragt, inwieweit andere von den Definitionen betroffen sind.

2.1.4 Eine Begründung für abweichendes Verhalten über die Genese des Selbst

Konformität und Devianz sind wechselseitig verschieden bewertete Arten des Handelns. Zu fragen ist nun, wie unter handlungstheoretischer Perspektive das Zustandekommen dieser beiden Formen zu erklären ist und warum das Phänomen der Devianz auftreten kann.

Handlungstheoretische Ansätze – insbesondere der *Symbolische Interaktionismus* bzw. an ihm orientierte Theorien – gehen von einer Dualität bei der Entwicklung des menschlichen *Selbst* aus, die durch das *ME* und das *I* als Momente der Bildung und Variation des Selbst verkörpert wird.

Der Mensch ist zum einen Organismus, d. h. es besteht eine spezifische biologische Fundierung, welche zu organischen, festgelegten Reaktionen auf physische Zeichen (Hunger, Sexualität) führt. Aber weder das Leben des Organismus noch seine sinnlichen Erfahrungen münden zwangsläufig in *Identität*. Der Mensch ist aber mit Bewusstsein begabt – und das ist die Grundlage für eine handlungstheoretische Betrachtung des menschlichen Sich-Verhaltens – und hat Teil an einer sozialen Welt, „jener Welt, die der Mensch im Bereich des von seiner biologischen Verfaßtheit Erlaubten zusammen mit anderen Menschen konstituiert und in der er intentional handelt" (Haferkamp 1976: 23 f.). Das heißt, Identität kann niemals außerhalb gesellschaftlicher bzw. sozialer Erfahrung entstehen. Bewusstsein und Teilhabe an dieser sozialen Welt müssen sich erst entwickeln. Voraussetzung dafür ist, dass der Mensch die Fähigkeit zum „Produzieren" von Gesten und Symbolen hat. Dies ist ihm möglich wegen seiner prinzipiellen Spontaneität, der Freiheit, in unvorhergesehener Weise auf Gesten und Symbole zu reagieren oder im Zuge der Interaktion Handlungsabläufe zu variieren. In dieser Konzeption liegt auch die theoretische Begründung für die Möglichkeit des Menschen, sich überhaupt abweichend zu verhalten.

Meads (1934) Grundproblem bezüglich der Identität war, wie ein Individuum so aus sich heraustreten kann, dass es durch die gesellschaftlichen Beziehungen zu Anderen für die eigene Identität zum Objekt wird, d. h., dass der Einzelne gegenüber sich selbst die (organisierte) Haltung einnehmen kann, die die Anderen innerhalb der gesellschaftlichen Umwelt ihm gegenüber einnehmen. Das Selbst- oder Identitätsbewusstsein ist also stets um das gesellschaftliche Individuum herum organisiert. Der sich seiner selbst bewusste Mensch übernimmt die organisierte gesellschaftliche Haltung der Gruppe gegenüber einem Problem und richtet sein Verhalten an dieser Haltung aus. In diesem Moment des ME erfährt sich das I als ein Objekt. Das ME ist der Ausdruck gesellschaftlicher Kontrolle, repräsentiert also eine bestimmte Organisation der Gemeinschaft. Daher zeigt es sich auch als wesentlich berechenbarer und vorherbestimmbarer als sein (dialektischer) Gegenpart, das I.

In der gesellschaftlichen Erfahrung erscheint die Persönlichkeit sowohl als I als auch als ME, wobei das ME, also die konventionelle Prägung des Individuums, dem I – als Moment für die Innovationen – die Form gibt. I und ME stehen dabei in einem dialektischen Verhältnis, d. h. die Bewegung des Einen wirkt auf das Andere in einer Weise zurück, die die Negation seiner bisherigen Position bedeutet bzw. bedeuten kann. Eine internalisierte Erwartungshaltung der Anderen, die davon ausgeht, dass der Einzelne (als Gruppenmitglied) auf eine bestimmte Situation eine bestimmte festgelegte Reaktion zu zeigen hat, zwingt das Gruppenmitglied dazu, entweder „konform" im Sinne der Erwartung (also die Innovation nicht in Betracht zu ziehen) oder aber spontan auf der Basis eigener Entwürfe, und das kann heißen: „abweichend" aus Sicht der jeweiligen Gemeinschaft, zu handeln.

Das ME verlangt geradezu nach einer Reaktion des I, diese ist aber – wie dargestellt – unsicher, da zwar eine moralische, aber keine mechanische Notwendigkeit besteht, in einer bestimmten Weise zu handeln. Im I sind die spontanen Reaktionen des Organismus auf die Erwartungen anderer bzw. die (übernommenen) organisierten Haltungen angelegt, mit denen der Einzelne antwortet. Im Gegensatz zum ME, der Identität der Vergangenheit, stellt das I jedoch die Bewegung in die Zukunft dar. (Problematisch werden die Überlegungen Meads allerdings, wenn er seinen Ansatz auf die organisierte menschliche Gesellschaft anwenden will. Diese ist für ihn nämlich „einfach eine Erweiterung und Verzweigung jener einfachen und grundlegenden (...) Beziehungen zwischen ihren einzelnen Mitgliedern" (Mead 1991: 275).) Diese „identitätsbewusste Identität" drückt die Selbstbehauptung des Individuums aus, was zum einen heißen kann, die Unterwerfung abzulehnen, gerade weil man eine gemeinsame Haltung einnimmt, oder aber für die Gemeinschaft einzutreten bzw. sich ihr unterzuordnen. Über das I besteht also die Möglichkeit, eine Freiheit von Konventionen zu fordern oder sich z. B. von einer Gesellschaftsform ab- und einer anderen zuzuwenden.

Der „einsame" oder solipsistische Abweicher ist damit überhaupt nicht möglich, da Bewusstsein sich nur im Zuge der Teilhabe an einer intersubjektiv geteilten Welt entwickeln kann. Ein hypothetisches solitäres Individuum, das auf der Basis seiner prinzipiellen Spontaneität Gesten oder auch Gestenfolgen produziert, ist praktisch unmöglich und nur als hypothetisches Konstrukt vorstellbar, gleichsam als ein real nicht vorhandener „Ur-Mensch" auf dem Weg zur Entwicklung des Selbstbewusstseins. Auch Berger/Luckmann, die die Habitualisierungen des einsamen Mannes auf der Insel als „Gewinn der begrenzten Auswahl" sehen, die allen Institutionalisierungsprozessen vorausgehen, müssen ein in einer „anderen" Welt fertig entwickeltes Selbst (Berger/Luckmann 1980: 57 f.) und damit das Vorhandensein eines (zumindest latent wirksamen) „ME" voraussetzen. Gesellschaft schafft letztlich nur die Voraussetzung für die Entwicklung des Bewusstseins. Einem einsamen Individuum sind seine Gesten noch *nicht* bewusst, sie sind „noch keine Produktion für den Handelnden" (Haferkamp 1976: 24) – dies ist nur in einer intersubjektiven Welt möglich.

Handlungstheoretische Fundierung abweichenden Verhaltens:
- Gesellschaft ist ein segmentiell und funktional ausdifferenziertes *System von institutionalisierten Handlungen*.
- Gesellschaft ist *kein Nebeneinander von Kleingruppen*, die unterschiedliche Verhaltensweisen praktizieren und institutionalisiert haben.
- Da *soziales Handeln* Gesellschaft konstituiert und mit einem *subjektiven Sinn* verbunden ist, wird es Gegenstand der Soziologie.
- Konformes und abweichendes Verhalten sind zwei unterschiedliche Arten sozialen Handelns.
- Kriminalität ist ein abweichendes Verhalten, das durch *Strafrechtsnormen definiert* ist, aber andererseits durch die *Zuschreibung eines subjektiven Sinns* (Motive) durch Dritte konstituiert wird.
- Handlungstheoretisch (im engeren Sinn: symbolisch-interaktionistisch) ist Abweichung die prinzipielle Möglichkeit des Individuums, im Handeln *die Erwartungen der anderen Gesellschaftsmitglieder nicht* zu erfüllen.
- Damit wird klar, dass Abweichung nur im Kontext von Gesellschaft existieren kann. Einen *solipsistischen, eremitären Abweicher* kann es nicht geben.

2.2 Norm und Handeln

In jeglicher Gesellschaftsform ist ein (zumeist inhaltlich verschiedenartiges) „Normengerüst" auffindbar. Normen an sich geben dem Menschen Handlungssicherheit und erlauben erst ein Miteinander- oder auch Nebeneinanderleben einer Vielzahl von Menschen, da sie, die sich durch den Grad ihrer Institutionalisierung sehr unterscheiden können, als Regelungssystem das Miteinander ordnen. Normen, die sich im Übrigen im historischen Verlauf extrem wandeln oder erneuern, wie auch in Vergessenheit geraten können, erlauben dem Menschen eine (zumindest grobe) Einordnung von Handlungen nach „richtig" und „falsch". Normabweichungen werden – je nach dem jeweiligen Grad der Institutionalisierung – unterschiedlich sanktioniert: Während eine Verletzung der Norm der Höflichkeit gegenüber einem Mitmenschen zumeist nur eine „schwache" Sanktionierung (etwa in Form des Ignorieren des Abweichlers) zur Folge hat, hat ein Bruch der im Strafrecht verankerten (und somit hoch institutionalisierten) Normen bekanntermaßen weitreichendere Konsequenzen. Die Wandelbarkeit von Normen zeigt sich in ihrer Wechselwirkung mit Handlungen, die dieser Norm zuwiderlaufen: Während einige Normen durch andauernd auftretende Zuwiderhandlungen schließlich ihren normativen Charakter verlieren und demnach ein Bruch der Norm nicht mehr als solcher gekennzeichnet wird (wie auch der Normbrecher nicht mehr als solcher etikettiert wird), kann auch durch häufiges Auftreten einer Zuwiderhandlung/normabweichenden Handlung die Norm einen höheren Institutionalisierungsgrad und somit „heftigere" Sanktionen zur Folge haben. Ein Beispiel für ersteren Fall wäre die „Steigerung" des Ansehens der Frauen, die unverheiratet ein Kind geboren haben – wie auch die Steigerung des Ansehens des Kindes selbst (vom „Bastard" zum (fast) „Normalfall") (weiterhin wären als Beispiele der Ehebruch oder das Aufnehmen von Schulden zu nennen). Für zweiteren Fall könnte die Entwicklung des „Ansehens" eines Rauchers dienen: In den 1930er Jahren des 20. Jahrhunderts galt Rauchen in gesellschaftlichen Kreisen als Normalfall und „fein", Nichtraucher wurden eher als abweichend betrachtet; heute wird das Rauchen (total gewandelt) als abweichend (da gesundheitsschädlich nicht nur für den Raucher selbst, sondern auch für seine Umgebung) angesehen und ist verpönt (und ab 2007/8 in öffentlichen Gebäuden und Gaststätten verboten). Bei diesen Beispielen handelt es sich um gesellschaftliche Normen, die bezogen auf ihren Institutionalisierungsgrad eher niedriger einzuschätzen waren. Aber betrachtet man die Entwicklung der Normen bezüglich der Regelung des Straßenverkehrs (vom StGB zur StVO), so kann man auch hier eine Wandlung bemerken: Durch sehr häufiges Zuwiderhandeln hat sich die hoch institutionalisierte Norm (Strafrecht) zu einer weniger stark sanktionierten gewandelt.

2.2.1 Die Bewertung von Normen in den Theorien

Alle soziologisch relevanten Daten existieren nach Durkheim „exterior", sind also „unabhängig von den persönlichen Einschätzungen und Absichten der Forscher als sinnlich gegeben" (Peters 1989: 17) einzustufen. Soziologische Tatbestände sind daher um so eher objektiv erfassbar, je mehr sie von den individuellen Handlungen abgelöst werden (Durkheim 1965: 138), eine Ansicht, die Durkheim den Vorwurf des Soziologismus einbrachte. Wenn die Tatbestände wie Dinge betrachtet werden können, denen eine gleichsam apriorische Existenz zukommt, lassen sie sich als bestehende Tatsachen nach bestimmten äußeren Merkmalen oder sinnlichen Gegebenheiten beschreiben und einordnen. (Auf dieser Haltung beruhte der gegen Durkheim erhobene Vorwurf der Verdinglichung.) Normen bestanden für ihn daher auch als „objektiv vorhandene, von Individuen unabhängig erfaßbare Daten" (Peters 1989: 18). Diese Sichtweise Durkheims zeigte zunächst bis in die 1960er Jahre Auswirkungen auf die Diskussion abweichenden Verhaltens, denn bis dorthin erhielt Handeln vornehmlich dann die Qualität „abweichend", wenn damit ein Verstoß gegen gesellschaftliche Normen stattfand, der mit Sanktionen bedroht wurde. Handeln wurde an der jeweiligen Norm gemessen, wodurch sich – je nach Art des Normverstoßes – das abweichende Verhalten in bestimmte Klassen einteilen ließ.

Mit der zunehmenden Anwendung phänomenologischer und interaktionistischer Orientierungen wurde dieses auf Exteriorität beruhende Postulat zur Trennung von konformem und abweichendem Handeln, das Ins-Verhältnis-Setzen von Norm und Handeln, in Frage gestellt. Handeln galt nunmehr nur zu „einem geringen Teil über äußerliche Merkmale als Tatsache identifizierbar" (Peters 1989: 18). Stattdessen wollten die Interaktionstheoretiker die nicht exterioren Ziele, Motive oder Absichten der Handelnden rekonstruieren.

Der *Labeling Approach* ging in Weiterführung dieser Gedanken davon aus, dass abweichendes Verhalten das Resultat eines Zuschreibungsvorganges bildet, bei dem ein bestimmtes Verhalten als abweichend registriert bzw. definiert wird. Die Anderen verbinden das gezeigte Verhalten eines Akteurs mit einem angenommenen subjektiven Sinn, der dahinter steht. Auf der Basis dieses angenommenen Sinns – es ist unwichtig, ob der eigentliche subjektive Sinn richtig identifiziert wurde – findet dann die Situationsdefinition statt. Hierbei wird dann der angenommene Sinn in Beziehung gesetzt zu bestimmten Normen oder Normvorstellungen. Konstituierend für die Definition ist also stets der jeweilige Normbezug (Peters 1989: 20). Abweichendes Verhalten tritt dabei als Resultat eines Zuschreibungsprozesses von Sinn zu einem gezeigten Verhalten auf. Es erscheint als Ergebnis eines die Möglichkeit zur Konformität sukzessive und zunehmend einschränkenden, die gesamte Person erfassenden Etiketts „Abweicher", was „dem Betroffenen keine andere Wahl lässt, als sich abweichend zu verhalten, sich damit abzufinden und letztlich eine abweichende Identität zu entwickeln, die mit der erwarteten Devianz in Einklang steht" (Lamnek 2007: 233).

Die Annahmen des Labeling Approachs, dass zum einen der Normsetzer abweichendes Verhalten als solches definiert und zum anderen, dass situationsspezifisch eine selektive Normanwendung vorgenommen wird, die bei gleicher Situation zu unterschiedlichen Definitionen führt, mindestens führen kann, lässt bestimmte Erkenntnisse zur Verbreitung abweichenden Verhaltens zu: Nur wenige bzw. relativ machtlose Personen sind Abweicher (Peters 1989: 20). Massenhafte Abweichungen oder die Abweichung Mächtiger würde nämlich die Annahme der Geltung einer Norm unmöglich machen.

Haferkamp verneint die Vorstellung, dass durch einen Paradigmenwechsel in den 1960er Jahren eine materialistische Variante der Konflikttheorie dominant geworden sei, so dass soziologische Themen nur noch unter der Perspektive ökonomischer Strukturen (speziell Arbeit und Kapital) angegangen würden. Er weist im Gegenteil auf, dass viele Autoren (Berger/Luckmann 1969; Luhmann 1972; Habermas 1976a; Claessens 1977) unterschiedlicher theoretischer Ausrichtung Normen immer noch genauso betrachteten wie Durkheim.

Der Interaktionismus relativiert Normen, wenn er die Interpretationsleistungen der Akteure als relevant für Struktur und Bestand des Verhaltens ansieht. Normen werden zwar zu einem Ausgangsmaterial unter anderem reduziert, sie haben trotzdem „einen hervorragenden Rang, denn sie sind Ausgangspunkt der Interpretation und als solche verhaltensleitend" (Haferkamp 1980: 21). Man kann sagen, dass jede Theorierichtung von einer (mehr oder minder umfassenden) Relevanz der Normen für den Bestand der Gesellschaft ausgeht. Haferkamp bemängelt jedoch eingedenk dieses Stellenwertes der Norm über die Theorien hinweg das Fehlen eines allgemein akzeptierten Normbegriffes – eine letztlich unhaltbare Situation, wenn Norm weiterhin ein soziologischer Schlüsselbegriff bleiben soll.

2.2.2 Die Bedeutung von Normen für das Handeln

Haferkamp will der von ihm erkannten Mangelsituation abhelfen, indem er mittels einer dimensionalen Analyse versucht, einen bislang für die sinnvolle Erforschung der Normen fehlenden, allgemein gültigen und brauchbaren Normbegriff zu entwickeln. Der gemeinsame Ausgangspunkt aller Theorien liegt in der Annahme eines prinzipiellen Voluntarismus der Handelnden. Um jedoch eine bestimmte Stabilität des Handelns zu gewährleisten sowie einmal erreichte Handlungszusammenhänge zu sichern, ist eine entsprechende Beschränkung dieser Willens- und Handlungsfreiheit notwendig. Da angenommen wird, dass der Mensch in seinem Handeln nicht festgelegt ist, tritt die *soziale* Determination neben den Voluntarismus, d. h., die Handlungsabläufe werden nach der Normenausbildung bestimmt. Eine allgemeine Theorie sozialen Handelns geht also von einem „geteilten" Voluntarismus aus und antwortet in dieser Doppelseitigkeit auf die Aufforderungen, das Auftreten weitestverbreiteter institutionalisierter Handlungen in Gesamtgesellschaften zu analysieren und zu explizieren, ohne ihren Grundbegriff zu verwerfen (Haferkamp 1976: 114).

In seinem Normbegriff geht Haferkamp davon aus, dass Normen „von der Mehrheit der Mitglieder eines Handlungszusammenhangs verinnerlichte Vorstellungen von der richtigen Behandlung definierter Situationen (durch Handeln oder Unterlassen) (sind), deren Sanktionsbeschwerung für den Fall der Nichteinhaltung als gewiß wahrgenommen wird" (Haferkamp 1980: 31). Diese Definition beinhaltet eine Reihe von Kriterien:
a. Eine Mehrheit der Mitglieder wird benötigt,
b. bestimmte Vorstellungen müssen verinnerlicht worden sein,
c. diese umfassen die „richtige Behandlung definierter Situationen" und
d. bei Verstößen herrscht die Gewissheit der Sanktionierung.

Für Peters (1989: 145) ergeben sich daraus zwei Hauptfragen:

a. Sind Sanktionsdrohungen erforderlich, um Normen zur Geltung zu verhelfen?
b. Welche Ursachen, Wirkungen und Funktionen haben Sanktionsdrohungen?

Der von Durkheim behauptete Zusammenhang zwischen Norm und Sanktion erweist sich offenbar auch heute noch als prägend für die Debatte um die Normgeltung. Haferkamp bezieht in seine Analyse fünf Normbegriffe ein, die in nicht allzu unterschiedlicher Weise die Frage nach der Notwendigkeit von Sanktionsdrohungen für die Normgeltung beantworten:

Popitz und Geiger sehen Normen als institutionell typisierte Handlungen, die eine *gesollte Verhaltensgleichförmigkeit* sicherstellen sollen. Diese unterscheiden sich dadurch von anderen Verhaltensgleichförmigkeiten, dass sie durch Sanktionsandrohungen überwacht werden. Damit soll verdeutlicht werden, dass das geforderte Verhalten auch in Zukunft Gültigkeit hat. Die erwünschte Konformität kann also nur durch einen Sanktionsmechanismus „garantiert" werden. Der Sinn der Sanktionen liegt in ihrer angenommenen speziellen und generellen Präventivwirkung. Man geht also davon aus, „dass für den individuellen Abweichler zukünftiges Verhalten normkonform ablaufen wird und dass für alle potenziellen Abweichler eine stärkere Normorientierung einsetzt" (Lamnek 2007: 24).

Parsons wie auch Luhmann, die Interaktionstheoretiker, sowie Gehlen und Claessens verneinen hingegen die Notwendigkeit der Sanktionsandrohung. Normen sind für Parsons *Orientierungsmöglichkeiten*, die einfach spezifischer sind als Werte. „Sie beschreiben erwartetes wertverwirklichendes Verhalten durch Angabe wichtiger Merkmale seines Ablaufs" (Haferkamp 1980: 24). Sanktionsdrohungen sind deshalb nicht notwendig, weil die Akteure positive und negative Sanktionen sozialisatorisch internalisiert haben. (Demnach wären Sanktionen schon erforderlich, weil sie ja internalisiert werden müssen. Doch Internalisierung meint mehr: Die konformen Verhaltensweisen und die zugehörigen Normen sind handlungspräsent und entscheidend. Nicht die Sanktion hält von abweichendem Verhalten ab, sondern dieses abweichende Verhalten selbst!)

Die Interaktionstheoretiker gehen von „*interpretierenden Normen*" aus, denn Normen sind nur ins Innere verlegtes Handeln, Handeln mit sich selbst. Der Handelnde verarbeitet erfahrene und symbolisierte Gesten und orientiert sich an diesen. Das abgelaufene Verhalten wird typisiert und dient als Muster für zukünftiges Verhalten.

Auch Luhmann verneint die Notwendigkeit von Sanktionsdrohungen, da er Normen als „kontrafaktisch stabilisierte Verhaltenserwartungen" (Luhmann 1987b: 43) ansieht. Die Erwartungen werden bei Enttäuschung in der Form der Wirklichkeit angepasst, dass man demonstrativ daran festhält. Die Norm wird stabilisiert, indem man ein enttäuschendes Verhalten als Abweichung erlebt.

Auch Gehlen und Claessens, für die Normen als „feststellende, lebenssichernde *Handlungsanleitungen*" (Peters 1989: 146; Hervorhebung S. L.) bestehen, verneinen die Notwendigkeit der Sanktionsdrohung für die Normgeltung. Dies wird mit dem anthropologischen Begründetsein von Normen erklärt. Aufgrund seiner Instinktreduziertheit sind Außenregelungen (in Form von Normen) für den Menschen eine Notwendigkeit, die für ihn offenkundig sei.

Haferkamp kritisiert an diesen Normbegriffen, dass sie bis auf eine Ausnahme die Sanktionsdrohungen aus unterschiedlichen Gründen als konformitätsirrelevant ansehen würden. Wichtiger jedoch als die bloße Androhung von Sanktionen erweist sich die Sanktionsbereitschaft. Für den (individuellen) Abweicher zeichnet sich damit eine perzipierte Chance ab, dass ein bestimmtes abweichendes Verhalten auch realiter verfolgt und sanktioniert wird. Das heißt er wird die mögliche bzw. erwartbare Sanktionswahrscheinlichkeit oder -schwere sehr wohl einbeziehen, wenn er einen Normbruch als Handlungsalternative betrachtet. „Die wahrgenommene Sanktionswahrscheinlichkeit und die Sanktionsandrohung, die normativ formuliert ist, spielten für die Erklärung konformen Verhaltens sehr wohl eine Rolle" (Peters 1989: 148). Jedoch wird meist eine spekulative Antwort auf die Frage nach den Mächten hinter der Sanktionsdrohung im Sinne einer macht- und herrschaftssichernden Funktionalität gegeben. (Peters relativiert diese These jedoch, wenn er darlegt, dass sie nur bedingt gilt, nämlich für potenzielle Normbrecher! Methodische Probleme bei der empirischen Überprüfung der angenommenen generalpräventiven Wirkungen strafrechtlicher Sanktionsdrohungen – z. B. die Wahrnehmung der Verfolgungs- bzw. Verurteilungswahrscheinlichkeit durch potenzielle Täter – lassen für ihn die Annahme plausibel erscheinen, „daß das wahrgenommene Bestrafungsrisiko mit der Häufigkeit selbstberichteter Devianz korreliert" (Peters 1989: 147), wobei die Schwere des Strafmaßes offenbar nachgeordnet ist. Die Normgeltung ist daher nicht von Sanktionsdrohungen abhängig, die Sanktionswahrscheinlichkeit also auch nicht konstitutiv für die Normgeltung.)

2.2.3 Die Verbindung normativer und interpretativer Richtungen

Haferkamps Ziel besteht in der Erstellung einer allgemeinen Handlungstheorie, die in der Lage ist, unter Beibehaltung ihres Grundbegriffes – dem sozialen Handeln – eine angemessene Analyse jeglicher Formen institutionalisierter Handlungen zu ermöglichen. Der existierende, aber nicht eingelöste Anspruch bisheriger handlungstheoretischer Ansätze ging davon aus, Kategorien und Thesen zum sozialen Handeln zu liefern, die alles gesellschaftliche, auf andere Handelnde bezogene Verhalten von Menschen analysieren und erklären (Haferkamp 1976: 16). Nun bildet aber die Handlungstheorie keine homogene theoretische Einheit, sondern zeichnet sich im Gegenteil durch eine relative Vielfalt ihrer allgemeinen theoretischen Orientierungen aus, wobei als Verbindendes der Begriff des sozialen Handelns steht. Diese unterschiedlichen Ausrichtungen – verstehende, reduktionistische, funktionalistische oder konflikttheoretische Handlungstheorie (Käsler 1974: 11 ff.) –, denen auch unterschiedliche wissenschaftstheoretische Orientierungen zugrunde liegen, lassen sich gemäß der Unterscheidung, die Wilson (1973) getroffen hatte, trennen: in eine Ausrichtung am *normativen* oder am *interpretativen Paradigma*, wobei aber Wilsons Zusammenfassung zur grundlagentheoretischen Position des normativen Paradigmas letztlich irreführend ist, denn „gemeint ist hier nicht ein *normatives Wissenschaftsverständnis* (…), sondern (…) ein *normatives Wirklichkeitsverständnis*" (Lamnek 1988: 43).

Die gesellschaftliche Wirklichkeit wird hierbei gesehen als objektiv vorgegeben durch die sozialen Normierungen; konstitutiv für die soziale Wirklichkeit sind demnach Normen. Diese Konzeption findet sich zum einen bei der Verhaltens- und Systemtheorie, dem Strukturfunktionalismus und z. T. auch beim historischen Materialismus. Parsons z. B. sieht in seiner funktionalistischen Handlungstheorie das menschliche Handeln als (un)bewusst zielorientiert und normativ reguliert (bzw. normorientiert), wobei die Einhaltung der Normen deswegen gesichert ist, weil ein Konsens über die gemeinsamen Werte herrscht. Für ihn gibt es demnach kein Handeln abseits der Versuche einer Normbefolgung, weshalb Normen für ihn ein „wesentlicher Strukturierungsmechanismus der Gesellschaft" (Haferkamp 1980: 14) sind. Wegen ihrer umfassenden, verhaltensbestimmenden Wirkung erklärt Parsons sie dann auch zum Gegenstand seiner Gesellschaftsanalyse. Dieses Normverständnis dürfte zweifelsohne auch auf die Wirkung des Durkheimschen Ansatzes zurückzuführen gewesen sein, den Parsons bei der Erstellung von „The Structure of Social Action" einbezog (Parsons et al. 1975: 4). Zum anderen war für Parsons soziales Handeln auch „Orientierungshandeln", d. h. er ging von einer Situationsorientiertheit des Handelns gegenüber Menschen sowie physischen und kulturellen Objekten aus. Die daraus resultierenden Typen sozialer Beziehungen versuchte er durch Orientierungsalternativen, die „pattern variables", zu erfassen und zu klassifizieren. Er untersuchte somit die Mechanismen, „die die individuelle Motivation mit dem normativen Muster eines Interaktions-Systems integrieren" (Käsler 1974: 19).

Im Rahmen der konflikttheoretischen Handlungstheorie – als deren „Klassiker" man Marx anführen kann – gilt soziales Handeln als „praktisches" und „materielles" Handeln, d. h. die gesellschaftliche Praxis und die materiellen Bedingungen werden als ausschlaggebend für das Verständnis des Handelns gesehen. (Marx kritisierte in diesem Zusammenhang am „bisherigen Materialismus (...), daß der Gegenstand, die Wirklichkeit, Sinnlichkeit nur unter der Form des Objekts oder der Anschauung gefaßt wird; nicht aber als sinnlich-menschliche Tätigkeit, Praxis, nicht subjektiv" (Marx 1971: 339). Diese Kritik nahm Bourdieu (1979) als Anregung, um mit seiner „Theorie der Praxis" „eine Alternative jenseits des Gegensatzes von Systemtheorie und Handlungstheorie anzubieten" (Eder 1989: 7), wobei er es unternahm, „die Theorie des Erzeugungsmodus von Praxisformen zu entwerfen" (Bourdieu 1979: 164), also aufzuzeigen, wie bestimmte Systeme von dauerhaften Dispositionen (der Habitus) durch bestimmte Strukturen der Umgebung – wie z. B. die materiellen Existenzbedingungen – zustande kommen.) Soziales Handeln wird in diesem Zusammenhang als gesellschaftliches Handeln verstanden, das eigentlich „nur als Austragen von Widersprüchen, von Herrschaftsungleichheit gefaßt werden kann" (Käsler 1974: 22). Über die daraus resultierenden Zwänge wird auch das Sanktionssystem zusammengehalten, das letztlich den Normen Bedeutung verleiht. Deren Einhaltung wird jedoch über Werte legitimiert, die dazu dienen, die „wahren" Sanktionszusammenhänge, die Zwänge, zu verschleiern.

Insofern kann man Haferkamps Ansicht, dass es in den 1960er Jahren letztlich keinen Paradigmenwechsel gegeben hat, bei dem eine materialistische Variante der Konflikttheorie dominant geworden wäre und wonach soziologische Themen nur noch unter der Perspektive ökonomischer Strukturen (speziell von Arbeit und Kapital) angegangen würden, noch aus einer anderen Richtung unterstützen. Selbst wenn es dies in der erwähnten Form gegeben hätte, so wäre die bestimmende Wirkung der Norm, von der z. B. die bis dato führende strukturfunktionalistische Richtung ausging, immer noch erhalten geblieben – am Verhältnis der Theorie zur Bewertung des Begriffes der Norm hätte sich nur wenig geändert! Denn sowohl bei Parsons Strukturfunktionalismus als auch bei der (materialistischen) Konflikttheorie gilt, dass Regelmäßigkeiten bei sozialen Prozessen auf das Wirken bestimmter, als geltend betrachteter Normen zurückgeführt werden.

Das interpretative Paradigma hingegen stellt eine grundlagentheoretische Position dar, die von der Interaktion als interpretativem Prozess ausgeht, in dem die Handelnden sich aufeinander beziehen. Sie machen dies durch „sinngebende

Deutungen dessen, was der andere tut oder tun könnte" (Matthes 1973: 201). Im Rahmen des interpretativen Paradigmas bildet der Gegenstandsbereich der Sozialwissenschaften – die soziale Wirklichkeit – eine konstruierte Realität, die durch die Interpretationshandlungen und -leistungen der interagierenden Akteure zustande kommt. Die gesellschaftlichen Zusammenhänge sind deshalb auch nicht – wie beim normativen „Gegenstück" – als objektiv vorgegeben zu betrachten. Die methodologische Konsequenz daraus lautet, dass die Theoriebildung über die konstruierte Wirklichkeit ebenfalls als interpretativer Prozess in Form einer interpretierenden Rekonstruktion der untersuchten Interaktionen verlaufen müsse. Dies ist aber logisch nicht unbedingt zwingend, denn „die Natur des Objektes (muß) nicht die Form seiner wissenschaftlichen Erfassung determinieren" (Lamnek 1988: 43).

Keine der beiden Richtungen kann nach Haferkamps Meinung jedoch für sich allein herangezogen werden, um die unterschiedlichen Situationen, die zusammen Gesellschaft ausmachen, umfassend und angemessen zu analysieren und zu erklären, denn „den bestehenden oder nur vorgeblichen Mängeln der Handlungstheorien entsprechen nun parallele Schwierigkeiten auf der Seite der System- bzw. Gesellschaftstheorien" (Haferkamp 1976: 20). Unterstützen lässt sich diese Position mit Käsler, der als wesentliches Problem bei einer einseitigen Absolutsetzung eines der angeführten handlungstheoretischen Ansätze die Gefahr sieht, die Denkmodelle mit der Wirklichkeit zu verwechseln, was dazu führen kann, dass „man nicht mehr Wissenschaft (treibt), sondern Weltanschauungsexegese mit Hilfe eines soziologischen Vokabulars" (Käsler 1974: 24).

Haferkamp bezog neben Labeling-Theorien auch herkömmliche devianztheoretische Ansätze in seine Überlegungen ein, versuchte also, eine Synthese beider Vorstellungen zu betreiben. Durch seinen „soziologisch-handlungstheoretischen Ansatz" wollte er besonders den (bislang defizitären) Zusammenhang zwischen vier relevanten kriminalsoziologischen Themen erstellen, nämlich:
1. die (noch weitgehend unbearbeitete) Beschreibung des Verhaltens Krimineller,
2. die Analyse sozialstruktureller Bedingungen des Verhaltens von Kriminellen (durchgeführt in der Anomietheorie und in materialistisch-gesellschaftstheoretischen Überlegungen),
3. die Beschreibung der Kriminalisierungsprozesse (unter interaktionistischer Perspektive) sowie
4. die Analyse der soziostrukturellen Bedingungen der Kriminalisierung (unter materialistisch-gesellschaftstheoretischer Perspektive).

Seine Kernthese dazu lautet, dass Menschen ihre Mangellage verarbeiten „durch den Aufbau materieller und bewußter, auf die Handelnden selbst bezogener sozialer Handlungen so, (...) daß sie ihre Existenz dauerhaft gewährleisten können" (Haferkamp 1975: 41).

Handlungstheoretische Implikationen und Konsequenzen:
- *Norm* ist ein *Schlüsselbegriff* der Soziologie des abweichenden Verhaltens.

- Normen werden handlungstheoretisch relevant
  - als *internalisierte Regeln* des Verhaltens,
  - als *Verhaltenserwartung* der Anderen,
  - als *Zuschreibung* der Abweichung.
- In interaktionstheoretischen Ansätzen ist die Norm als solche aber von nachrangiger Bedeutung. Entscheidend sind die *Definitionen* einer Handlung als *abweichend*.
- Haferkamp fasst Normen als
  - von einer *Mehrheit*
  - verinnerlichte Vorstellung von
  - richtigem Handeln
  - in bestimmten *Situationen*,
  - wenn bei Zuwiderhandeln mit *Sanktionen* zu rechnen ist.
- Sanktionsandrohung und Sanktionsschwere sind weniger verhaltensrelevant als die *subjektive Sanktionswahrscheinlichkeit*.
- Haferkamp geht es um die *synthetische Verbindung* von *interpretativem* und *normativem Paradigma* in einem handlungstheoretischen Ansatz. Dabei kommt es darauf an,
  - kriminelles Verhalten zu beschreiben,
  - sozialstrukturelle Bedingungen der Delinquenz zu erfassen (normativer Ansatz),
  - *Kriminalisierungsprozesse* zu erkennen (interpretativer Ansatz)
  - und sozialstrukturelle Bedingungen der Kriminalisierung zu analysieren (materialistischer Ansatz).

2.3 Der Prozess der Normsetzung durch Macht und Herrschaft

Macht und Herrschaft sind nicht nur zentrale Schlüsselbegriffe der Soziologie, die bei Max Weber eine prägende Fassung erfahren haben, sondern sie spielen im Kontext abweichenden Verhaltens hinsichtlich der Normsetzung und der Normanwendung eine entscheidende Rolle. Macht und Herrschaft sind einerseits Elemente sozialstruktureller Konfiguration, die die Festlegung von Normen entscheidend determinieren. Insoweit bestimmen sie auch die Delinquenz, weil das jeweilige Verhalten an der dazugehörenden Norm gemessen wird (normativer Ansatz). Andererseits determinieren Macht und Herrschaft als sozialstrukturelle Bedingungen auch die Kriminalisierung, also die Etikettierung von Verhalten als abweichend mit oder ohne Bezugnahme auf die Normen (interpretativer Ansatz). Macht und Herrschaft sind deswegen auch im handlungstheoretischen Ansatz bei Haferkamp Konzepte, die einer ausführlichen Behandlung zugeführt werden.

Dass Herrschaft eine zentrale Analysekategorie im Bereich des abweichenden Verhaltens ist und allzulange im Bereich der Kriminologie vernachlässigt wurde, darauf macht Fitz Sack in einer „Vorbemerkung" zu Deichsel et al. (1988) aufmerksam: „Mit dem Begriff der Herrschaft weist der Titel das theoretische Stichwort aus, von dem das wissenschaftliche Gebäude der Kriminologie zu rekonstruieren ist. In der herkömmlichen Kriminologie sucht man es meistens vergeblich, und wenn man es antrifft, spielt es in der Regel nur eine sekundäre, wenn nicht gar verschämte Rolle. Im Zusammenhang von Versuchen der Erklärung von Kriminalität oder kriminellem Verhalten kommt der Struktur oder Dynamik von Herrschaft so gut wie kein Stellenwert zu" (Deichsel et al. 1988: 3). Um so bedeutsamer ist es, dass Haferkamp sich dem Begriff der Herrschaft angenommen hat. Im Kontext von Abweichung entwirft er folgende begriffliche Klassifikation von Macht und Herrschaft:

Tab. 2.1:   Begriffssystematik: Macht und Herrschaft

Struktur	Macht			
Grundlage	Leistung, Schädigung oder andere Machtgrundlagen			
Form	Überlegenheit	Übermacht		andere Machtformen*
Grundlage	Leistung	Schädigung		andere Machtgrundlagen
Form	Ausbeutung	Autorität	Gewalt	Zwang	
Grundlage	als ungerecht angesehene Leistungs-Unterwerfungsbeziehung	als gerecht angesehene Leistungs-Unterwerfungsbeziehung	als berechtigt angesehene Schädigungs-Unterwerfungsbeziehung	als unberechtigt angesehene Schädigungs-Unterwerfungsbeziehung	
Form	Herrschaft				
Grundlage					

* Diese Machtformen sind quantitativ unbedeutend und werden daher nicht weiter differenziert.

Obgleich die Begriffe „Macht" und „Herrschaft" eine ganz entscheidende Rolle im handlungstheoretischen Ansatz spielen werden, konstatiert Haferkamp (1984: 116), dass sich in der historischen Entwicklung eine deutliche und laufende Zunahme von *Handlungsfreiheiten* ergeben hat, die nicht zuletzt auf eine immer mehr *entinstitutionalisierte* und *enthierarchisierte* Gesellschaft zurückzuführen sind. Einer tatsächlich festzustellenden und unbestreitbaren *Devianzzunahme* – auf die noch einzugehen sein wird – steht als Reaktion eine immer größere Toleranz und Hinnahme bis zum *Sanktionsverzicht* gegenüber. Als Belege werden hierfür die Abschaffung der Todesstrafe und des Zuchthauses, aber auch die Reform der Diebstahlgesetzgebung, die Praxis des Vollzugs der lebenslangen Freiheitsstrafe sowie die Entkriminalisierung von Moraldelikten genannt. Auch die Normanwendung selbst wird nicht notwendigerweise mehr durchgesetzt: Die Zahl der eingestellten Verfahren und die Strafaussetzungen zur Bewährung haben zugenommen.

Betrachtet man die in westlichen Ländern üblichen und praktizierten Strafen in Abhängigkeit von der Schwereeinschätzung der jeweiligen Sanktionen, so kann man folgende Skala entwickeln (Haferkamp 1987: 181):

1. keine Strafe
2. Maßregelung/Verweis
3. Bewährung
4. Geldstrafe und Wiedergutmachung
5. Freiheitsstrafe bis 30 Tage
6. Freiheitsstrafe von 31 Tagen bis 6 Monaten
7. Freiheitsstrafe von 6 Monaten bis 3 Jahren
8. Aberkennung der bürgerlichen Ehrenrechte und Berufsverbot
9. Freiheitsentzug von 3 bis 5 Jahren
10. Freiheitsentzug von 5 bis 15 Jahren
11. Freiheitsentzug von mehr als 15 Jahren
12. lebenslange Freiheitsstrafe
13. Todesstrafe

Da Geldstrafen in mehr als 80 % der Fälle als Sanktion verhängt werden, sind sie die wohl bedeutsamsten Sanktionen, gefolgt von den Bewährungsstrafen. Tatsächlich haben Freiheitsstrafen ohne Bewährung seit den 1950er Jahren stark abgenommen, während die vergleichsweise milden Strafen zugenommen haben. Dies ist sicher mehr als ein Indiz für die gesamtgesellschaftlich feststellbare Strafmilderungstendenz.

Wie kann man nun den „realen *Herrschaftsverlust*" (Haferkamp 1984: 118; Hervorhebung S. L.) erklären? Zwar sind diese gerade geschilderten Wandlungsprozesse in den einzelnen westlichen Gesellschaften quantitativ und qualitativ unterschiedlich gelaufen, gemeinsam bleibt ihnen doch, dass insoweit ein gewisser Herrschaftsverlust zu verzeichnen ist, als es eine zunehmende Entscheidungsteilnahme und *Partizipation an der Macht* von solchen Gruppierungen und Gruppen gibt, die bisher davon ausgeschlossen waren. Man denke in diesem Kontext nur an das Scheitern von Großprojekten durch Bürgerinitiativen oder die Probleme bei der Durchsetzung der Volkszählung. Auch die zunehmend erfolgreichen Klagen beim Bundesverfassungsgericht gegen Absichten der Legislative und Administration machen deutlich, dass Herrschaft und Herrschaftsausübung durch Kontrolle limitiert und abgeschwächt wurden. Man muss allerdings dabei nicht so weit gehen wie Haferkamp, der die tatsächliche Macht der Herrschenden heutzutage als geringer veranschlagt, weil die Herrschenden selbst Zweifel an ihrer Machtausübung haben. Sofern man sich allerdings auf politische Entscheidungen bezieht, kann man insoweit eine weitergehende Partizipation der Betroffenen registrieren, als die Entscheidungen oft von antizipierten oder tatsächlichen, demoskopisch erhobenen Meinungsverteilungen abhängen und daran orientiert werden.

Konnte Haferkamp Ende der 1970er und Mitte der 1980er Jahre noch feststellen, dass eine zunehmende Partizipation als Teilnahme an der Herrschaft registriert wird, gemessen an der wachsenden Wahlbeteiligung, der Zunahme der Parteimitglieder, der wachsenden Bedeutung von Bürgerinitiativen und gemessen an einer allgemeinen Veränderung des politischen Bewusstseins, so gilt Letzteres auch heute noch, Ersteres aber wohl nicht mehr. Auch die von ihm apostrophierten zunehmenden Unabhängigkeitsansprüche und der steigende Organisationsgrad der abhängig Erwerbstätigen sind in der heutigen Zeit nur mehr begrenzt als Argument heranzuziehen. Andererseits muss man konzedieren, dass „soziale Bewegungen", wie die Homosexuellen, die Frauenemanzipation, die Kriegsdienstverweigerer etc., durchaus Erfolge erzielen konnten. Diese positive Entwicklung ist auf eine zunehmende funktionale Wichtigkeit von „Leistung und eine ständige Absicherung oder Verbesserung von sozioökonomischen Positionen von Herrschaftsunterworfenen" (Haferkamp 1984: 120) zurückzuführen. (Ob das bei den konstant hohen Arbeitslosenzahlen und den durch die Vereinigung der beiden deutschen Staaten geschaffenen Verhältnissen auch gegenwärtig noch gilt, muss in Frage gestellt werden.) Was sich allerdings auch heute noch zeigt, ist, dass in den Interaktionen zwischen Herrschenden und Beherrschten eine tendenzielle Machtverschiebung erkennbar ist: Politiker sprechen sich vor wichtigen Entscheidungen mit den Pressure Groups ab, sie sind mehr und mehr von den Bürgern abhängig und abweichendes Verhalten wird weniger sanktioniert.

Herrschaftsverlust, Reduktion der Verfolgungswahrscheinlichkeit und der tatsächlichen Sanktionierung sowie Ansteigen des abweichenden Verhaltens sind im Kontext zu sehen. Durch die Reduzierung von Herrschaft entstehen größere Handlungsfreiheiten für die Beherrschten, woraus evtl. die weitergehende Devianz resultiert. Die Herrschenden verzichten zunehmend auf Sanktionen, insbesondere weil sie sie nicht mehr in dem früheren Umfang durchsetzen können – etwa auch aus ökonomischen Gründen. Ein Grund für den zunehmenden Sanktionsverzicht liegt sicher in den hohen Kosten der Strafvollzugsanstalten. Daneben spielen aber auch moderne soziologische Kriminalisierungstheorien eine nicht unwichtige Rolle: So berichtete 1993 die Wochenzeitung „DIE ZEIT", dass ein Berliner Gericht einen zu einer Freiheitsstrafe Verurteilten aus Präventionsgründen, d. h. wegen der Befürchtung einer weiteren Kriminalisierung durch den Strafvollzug, auf diesen verzichtet hat.

Nun ist der Herrschaftsverlust indikatorisiert über Sanktionsreduktion bzw. -verzicht sicher nicht durchgängig zu beobachten. Es gibt sehr wohl Beispiele für Sanktionsverschärfungen, etwa im Betäubungsmittelgesetz, im Bereich der Umwelt, im tendenziell höheren Strafmaß gegenüber Vergewaltigern usw. Auch kann man dagegen die steigenden Gefängnisinsassenzahlen, die Zunahme von längeren Freiheitsstrafen, aber auch die laufende Erhöhung der Polizeidichte heranziehen. Diese Phänomene sind aber vornehmlich durch die Zunahme der Devianz selbst, insbesondere natürlich der schweren Kriminalität verursacht. Gleichwohl bleibt Haferkamp bei seiner These des Sanktionsrückgangs und bezieht sich dabei insbesondere auf das gesunkene Inhaftierungsrisiko pro Delikt. Immer freiere Gestaltungsformen des individuellen Lebens und des Zusammenlebens, Liberalisierung der Lebensbereiche und Lebensstile und Abnahme der sozialen Kontrolle führen zu steigendem abweichenden Verhalten und seiner

Spezialform der Kriminalität. Aber der Umgang mit der Devianz hat sich auch verändert. In einem Modell skizziert er die Entwicklung der Relationen von Machtstruktur und Strafen:

Abb. 2.1: Machtstruktur und Strafe

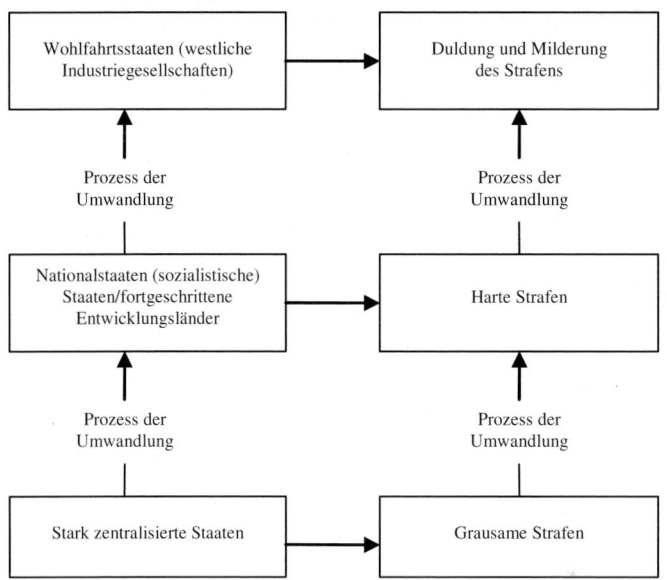

(Haferkamp 1984: 129)

Kann man diesem Modell aus heutiger Sicht kaum widersprechen, so könnte es aber kontraproduktiv dazu herangezogen werden, es zu falsifizieren: Schließlich stellen wir zunehmende Devianz fest, die möglicherweise über härtere Strafen in den Griff zu bekommen wäre, also über eine Ausweitung des Herrschafts- und Machtbereiches. Die wechselseitige Bedingtheit von Devianz und Sanktion würde die Normsetzer dazu bewegen, neue, andere oder schärfere Sanktionen als Element der Norm(durch)setzung ins Leben zu rufen.

Diese Überlegungen Haferkamps sind für Driebold (1993) Ausgangspunkt seiner Untersuchung der Sanktionsentwicklung. Er bestätigt eine „ausgeprägte Tendenz zum Verzicht, aber auch einen verschärften Zugriff bei bestimmten Delikten bzw. Straftatengruppen" (Driebold 1993: 50), was er als erklärungsbedürftige „*Doppelstrategie*" bezeichnet. Wenn Driebold die Analyse der gesellschaftlichen Hintergründe hierfür Haferkamp überlässt, so meint er doch, dass „die Richter bzw. die Justiz selbst einen entscheidenden Beitrag zur Rücknahme wie auch zur Forcierung der Bestrafung leisten" (Driebold 1993: 50); andererseits gibt es in Driebolds Darstellung doch Momente, die Haferkamps Idee bildlich werden lassen. So beschreibt er, dass eine Erklärung für Strafrücknahmen, die mit einer Strafverschärfung zusammenfallen, z. B. bei Drogendelikten, sein könnte, dass „durch Diversionsdiskussionen und -implementationen (die) Bereitschaft zum Strafverzicht bei Staatsanwälten und Richtern" (Driebold 1993: 47) angeregt wurde, was wieder Haferkamps These des Herrschaftsverlusts bestätigt.

2.3.1 Die Bedeutung von Mängellagen

Defizitär ist bei den vorhandenen Erklärungsansätzen „die Behandlung der Träger und der Basis von Normbildung" (Haferkamp 1980: 48). Es wurde versäumt, die (privilegierten) Gruppierungen, die Normsetzer sein können, zu explizieren, ebenso wie nur ungenügende Angaben darüber bestehen, welche Positionsvorteile bestimmte Träger der Normbildung befähigen, daraus die (notwendigen) Macht- und Herrschaftsmittel zu bilden.

Haferkamp sieht den Prozess der Normbildung auf makrosozialer Ebene zunächst in der Form einer Normaushandlung stattfinden, wobei aber aufgrund von zwei Handlungsvorteilen bei bestimmten Gruppen eine Asymmetrie entsteht, die aus der Normaushandlung eine Normsetzung machen: unterschiedliche Artikulationsfähigkeit und Angebotskompetenz. An den Ausgangspunkt kann man bestimmte Existenzprobleme setzen, welche prinzipiell durch Aushandeln Existenz sichernder Maßnahmen überwunden werden sollen. Die Frage nach Benachteiligungen ist unter dem Zwang der Sicherung des Überlebens zunächst sekundär. (Solche Situationen treten sowohl bei Prozessen der Gruppenbildung und Gruppenausdifferenzierung auf als auch z. B. bei Unternehmen, deren Anfangsphase ebenso durch einen Kampf ums Überleben gekennzeichnet ist.) Dabei werden sowohl im mikro- als auch im makrosozialen Bereich Interaktionsentwürfe artikuliert und erprobt, die der Problemlösung dienen. Vorteile bei der Durchsetzung ihrer Entwürfe haben dabei diejenigen Gruppen, die durch ihre Leistungsfähigkeit – auf der Basis ihrer (im)materiellen Ressourcen – solche Mängelsituationen besser überwinden können. Sie treten einen Teil ihrer Ressourcen zur Existenzsicherung der anderen Gruppen ab, erlangen aber im Gegenzug die Möglichkeit, bestimmte Verhaltensforderungen für gültig erklären zu können, d. h. Normsetzung zu betreiben. „So ist bei der Normsetzung die Leistungsfähigkeit von sozialen Gruppen zur Überwindung von Mängelsituationen entscheidend" (Haferkamp 1980: 51).

Besitz- und machtlose Jugendliche z. B. versuchen, wie Haferkamp (1975) darlegte, ihre Mängellagen durch bestimmte kompensatorische Strategien in Gruppen zu verarbeiten. Wenn sich die Strategien bewähren, also das gesetzte Ziel (etwa Bereicherung) realisiert ist, erfolgt eine wechselseitige Stimulierung der Gruppenmitglieder, es entsteht eine lockere Gruppenstruktur mit Rollenverteilungen. Wie Haferkamps Unterscheidung zwischen drei Strukturtypen zeigt, variiert die Entwicklung jedoch mit der Deliktform: a. „Rocker" mit der Neigung zu Aggressionskriminalität und b. „Typen", also Drogenkonsumenten und Dealer, weisen nur eine schwache Form von Organisation auf, im Gegensatz zu c. „Einsackern", die Eigentumskriminalität betreiben. Letztere verfügen über eine straffe Organisation, die sich bei der Zielerreichung bewährt hat. Zu fragen ist nunmehr, wie bestimmte Verhaltensregeln, „von der Mehrheit der Mitglieder eines Handlungszusammenhangs verinnerlichte Vorstellungen von der richtigen Behandlung definierter Situationen" (Haferkamp 1980: 31) –, also Normen – in solchen Gruppierungen zustande kommen.

2.3.2 Vermittlung und Institutionalisierung der Forderungen

Normforderungen müssen von den Norminteressenten an bestimmte Forderungsadressaten und Normbetroffene übermittelt werden. Bei einfachen Interaktionszusammenhängen, in denen noch Face-to-face-Beziehungen möglich sind – also maximal bis zur Ebene einer Kleingruppe –, geschieht dies über Anrede und Erwiderung, also mittels Kommunikation mehrerer Norminteressenten und Normadressaten über die einzelnen Forderungen bzw. die entsprechenden Reaktionen.

Haferkamp differenziert den Begriff des sozialen Handelns durch Bildung der Kategorien des sozialen *Institutionalisierungshandelns* in der Zweier-Gesellschaft, des sozialen *Einflusshandelns* in der Kleingruppengesellschaft und des sozialen *Generalisierungshandelns* in einer Mehrgruppengesellschaft. Bei allen Formen sind die vier Unterkategorien

1. Produktion
2. Definition
3. Integration
4. Identifikation

vorhanden, wobei jedoch die am Handlungszusammenhang Beteiligten in unterschiedlichem Maß an diesen Unterkategorien und damit auch an der Aushandlung von institutionalisierten Handlungserwartungen bzw. Normen partizipieren.

Auf der Ebene des „sozialen Institutionalisierungshandelns", also der Alter-Ego-Situation, sind noch alle Handelnden gleichermaßen an allen vier Unterkategorien beteiligt. (Ein mögliches Beispiel hierfür wäre das partnerschaftliche Zusammenleben zweier Menschen, wobei aber selbst – oder gerade? – in dieser Situation der Aspekt des Aushandelns zugunsten der Setzung qua Macht vernachlässigt wird. Dahinter steht aber als bedingender Faktor, dass Menschen nur zum geringen Teil in selbst geschaffenen, im Zuge einer Zweier-Gruppierung organisierten Institutionen leben, sondern zum überwiegenden Teil in von ihnen nicht selbst produzierten Institutionen, auf die sie nur wenig Einfluss nehmen können, von denen sie selber aber beeinflusst werden.) Die Annahme einer Zweier-Gesellschaft trägt insoweit freilich z. T. auch idealtypische Züge, als damit das Bild einer „Ur-Gemeinschaft", einer Art Zelle der Bewusstseins- und Gesellschaftsentwicklung verbunden werden kann. Um daher die Zweier-Gesellschaften in die Analyse der Mehrgruppengesellschaft einbeziehen zu können, darf die Alter-

Ego-Situation nicht als ein geschlossenes System begriffen und die beiden Akteure müssen als mit einem entwickelten Selbst versehen betrachtet werden. Alle vier Phasen bzw. Unterkategorien sind in den Interaktionsprozessen vorhanden, „sie beschreiben (...) Prozesse des Normwandels, der Normverstärkung und -schwächung" (Haferkamp 1976: 34). Ego und Alter leben in ihrer Zweier-Gesellschaft, die jedoch wiederum Bestandteil größerer Gemeinschaften (bzw. auch Inklusivgruppen) ist. Dies bedeutet, dass das Moment des ME vorhanden ist, die Akteure ihre „neuen" Produktionen, also im Bereich des I, durchführen. Eine Geste Egos verliert damit den Charakter des noch Ziellosen, des Ursprünglichen und wird zur Reaktion auf die normierten Verhaltenserwartungen: (mehr oder weniger) bejahend oder ablehnend. Auch die Beantwortung der Geste durch Alter in sinnvoller Weise – wodurch sie ihre soziale Bestimmung erhält – findet letztlich auf dem Hintergrund des ME statt.

Produziert Ego nunmehr eine abweichende Geste – es schlägt z. B. Diebstahl als Mittel ökonomischen Erwerbs vor –, bildet diese Geste dann einen von Alter wahrgenommenen Bestandteil seiner Welt. Zunächst ist sie für es „ein gegebener, für ihn gesetzter, bestimmter, so und nicht anders existierender Zusammenhang" (Haferkamp 1976: 25). Wenn Alter seine Perzeptionen setzt, fängt er damit an, die Geste auszugrenzen, zu deuten, von Anderem zu unterscheiden: Eine Erwartung entsteht. Damit ist aber zunächst nur die Reaktion Alters auf Egos Geste implizit. Um nun zu erreichen, dass daraus eine gemeinsame Vorstellung, eine feste Geste mit festen Reaktionen wird, muss auch bei Ego eine implizite Reaktion auf seine Produktion stattfinden.

Da beide Akteure bereits über ein Bewusstsein und ein etabliertes Selbst verfügen, sind sie in der Lage, ausgrenzbare Objekte – also definierte und etablierte Produktionen – zu bewerten und miteinander in Beziehung zu setzen. Alter kann (als Selbst) nun auf die Geste bzw. den Handlungsvorschlag von Ego einmal auf der Basis des ME reagieren, d. h. eine mögliche Institutionalisierung antizipieren und aus der Perspektive bestehender Normierungen beurteilen. Dann würde er wahrscheinlich versuchen, Egos Vorschlag abzulehnen, um es auf diese Weise zu veranlassen, seine Produktion nicht mehr zu wiederholen, d. h. konform zu bleiben. Alter könnte aber ebensogut auf der Basis des I reagieren, also etwa aus Gründen, die situativ bedingt sind, der Institutionalisierung einer in ihren Folgen „abweichenden" Produktion zustimmen. Schlägt z. B. Ego Eigentumsdelikte (also Verstöße gegen Tauschnormen) als Mittel zum Erwerb relevanter Güter vor, kann es mit dem Vorschlag Erfolg haben, wenn Alter damit ein existenzsicherndes Handeln zur Verfügung gestellt wird, dessen Resultate seine bestehenden Möglichkeiten (die er als Mängelsituation empfinden kann) übersteigt. „Geht man davon aus, daß der Handelnde gegenüber den Objekten eine bestimmte Attitüde aufgrund ihres Wertes gewinnt, so sind solche Haltungen zukünftig als die Anfänge von Handlungen zu betrachten" (Haferkamp 1976: 32 f.).

Wenn jetzt Alter ebenso diese Geste bzw. Handlung zeigt, kann eine gemeinsame Vorstellung entstehen, d. h. auf die feste Geste erfolgt nun eine feste Reaktion, denn „jeder löst in sich selbst die Reaktion aus, die der andere explizit zeigt" (Haferkamp 1976: 26). Nunmehr besteht statt der freien Produktion Definition, d. h. „die von Handelnden geschaffene Welt wirkt auf ihre Schöpfer zurück" (Haferkamp 1976: 27) und Ego betreibt im Folgenden erwartete Produktionen auf der Basis erwarteter Interpretationen Alters, wodurch das abweichende Handeln objektiv wird.

2.3.3 Von der Aushandlung zur Setzung

Jedoch verläuft der Prozess der Institutionalisierung von Normen nur im Idealfall, der nur bei „face-to-face-relations" möglich ist, als „Aushandlungsprozess". Die Situation einer Mehrgruppengesellschaft ist aber nicht durch ein bloßes Nebeneinander verschiedener Kleingruppen gekennzeichnet, sondern durch ein segmentiell und funktional ausdifferenziertes System von institutionalisierten Handlungen. Dabei bilden sich gerade im Zuge des sozialen Generalisierungshandelns Agglomerationen und Vernetzungen zwischen den verschiedenen Gruppierungen, es kommt dementsprechend zu einer Vielzahl von Interdependenzen, Kooperationen und Konflikten.

Dabei richten sich die Handelnden „intentional auch auf die sie umgebende soziale Umwelt weiterer Gruppen, institutionalisieren in der Interaktion in der eigenen Gruppe Handlungssysteme, die nicht nur auf ihre internen Beziehungen abstellen" (Haferkamp 1976: 100). Stattdessen werden auch Handlungssysteme kreiert, in denen die Beziehung zwischen Mitgliedern der In-group und der Outgroup genau festgelegt sind – es werden also Handlungssysteme mit Subsystemen geschöpft, sog. Inklusivsysteme. Die Situation der Mehrgruppengesellschaft bedeutet zudem eine asymmetrische Beteiligung der Akteure am Prozess der Institutionalisierung von Handlungen, d. h. an den vier Unterkategorien. Erst über das Voraussetzen erheblicher Beteiligungsunterschiede von Akteuren bzw. Gruppen an diesem Prozess wird eine Erklärung dafür möglich, warum Handlungsübernahmen erfolgen, die ja auf Unterschieden der Gewissheit beruhen. Begünstigt werden dabei Akteure, deren Handlungssysteme auf allgemeinen Systemsprachen aufbauen, weil sie in der Lage sind, „ganze Inklusivsysteme für einen Zusammenhang von Gruppen von der Größe einer Gesellschaft (zu) institutionalisieren, die der eigenen Praxis adäquat sind" (Haferkamp 1976: 103).

Auch bei makrosozialen Zusammenhängen kann ein gemeinsamer Normbestand nur über Kommunikation bewirkt werden. Jedoch sind nicht alle Gruppen am Prozess der Normbildung gleich beteiligt, was auf bestehende Positions- und Lagenunterschiede zwischen ihnen zurückzuführen ist. Aus dem Aushandlungsprozess wird damit ein gerichteter Normbildungsprozess, der als *Normsetzungsprozess* abläuft. Dies bedeutet, dass eine Gruppe in der Lage ist, ihre Vorstellungen gegen (eine) andere Gruppe(n) durchzusetzen. Auf der Makroebene erfolgt die Übermittlung von Norminteressen an den oder die Normsetzer derart, dass sie für möglichst viele Beteiligte vernehmbar sind. Der Prozess einer einseitigen, auf Einflussdifferenzierung beruhenden Rollenübernahme kann dabei durch den Einsatz technischer Mittler, die verselbstständigt, nicht mitteilungsneutral und partnerunabhängig sind, also Zeitungen, Rundfunk, Fernsehen, derart ausgedehnt werden, dass „face-to-face-Relation, wechselseitiger Sprachkontakt (...) in einem weit größeren Bereich möglich (sind). Über technische Mittler kann er bis an die Millionen reichen" (Haferkamp 1976: 34). Haferkamp erweitert daher auch das Einstufenmodell (direkter Kontakt zwischen Norminteressent und Normbetroffenen) durch das Modell einer Zweistufen-Flussinformation, bei der zwischen die bisherigen Parteien der Mittler geschoben wird. Dieser indirekte Kontakt reduziert die Möglichkeit zu Feedbackprozessen erheblich und trägt zur Aufrechterhaltung der asymmetrischen Kommunikationssituation bei.

Abb. 2.2: Zweistufen-Flussinformation der Normen

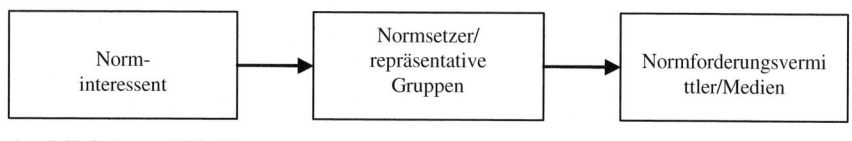

(nach Haferkamp 1980: 58)

2.3.4 Die Motivation zur Kontrolle übertragender institutionalisierter Handlungen

Von den „amici curiarum" zu den „Polizisten"
Die soziale Welt, die von den (idealtypischen) zwei Akteuren aufgebaut wurde, ist objektiv, d. h. „sie kann gelehrt, weitergegeben, Dritten zugemutet, angesonnen werden" (Haferkamp 1976: 71), wobei die Übernahme durch Dritte qualitativ kein neues Element bedeutet. Diese Gleichzeitigen oder Nachfolgenden, denen die institutionalisierten Produktionen angedient werden, sind auch zugleich die „Ungewissen". Sie werden mit einer bereits bestehenden Welt konfrontiert, wobei ihnen die Chance fehlt, sich dem Angebot durch Passivität zu entziehen. Alter bzw. Ego, die sich ihrer Produktionen sicher sind, bieten diesen Dritten nämlich notwendige Stimuli an. Eine Bestärkung dieser Gewissheit, Handlungen institutionalisiert zu haben, erfolgt durch den Mitschöpfer. Er unterstützt in der Rolle der „stabilisierenden Tätigkeit dritter Parteien" als „unbeteiligter Dritter" die Definition der Produktion und wird so zum Zeugen oder „amicus curiae", der dabei nicht anwesend zu sein braucht, dessen Existenz sogar imaginär sein kann.

Diese Situation tritt z. B. in der Familie auf, einer Gruppe mit begrenzter Reichweite des Inklusiventwurfs. So können Eltern dem „unartigen" Kind, das mit seinem Verhalten gegen die intern gesetzten Normen verstößt, mit dem „bösen Mann" drohen. Genauso handelt letztlich die „hilflose Mutter", die – wohl als Folge innerfamilialer Einflussbildung – bei Abweichungen des Kindes auf die Sanktionsgewalt und den Sanktionswillen des abwesenden Vaters verweist: „Warte, bis Vater nach Hause kommt!". Da aber der Handelnde, der in der Funktion als „Dritter" die bereits institutionalisierte Welt übernimmt, ebenso wie Ego und Alter mit einem „Selbst" begabt ist (die Situation in der Familie bildet unter dieser Perspektive z. T. einen Grenzbereich, da das Kind erst ein Selbstbewusstsein entwickeln muss), bedarf Ego der Mitwirkung des Dritten, des Beherrschten im Herrschaftsverhältnis, um Einfluss zu haben, und von daher „dürfen auch die zugemuteten Institutionen der Praxis der Handelnden nicht vollkommen fremd sein" (Haferkamp 1976: 74). Einfluss ist somit keine Konstante, sondern eine situationsabhängige Variable. Herrschende und Beherrschte teilen ein gemeinsames Bewertungssystem ihrer sozialen Welt. Die Differenz, über die Einfluss erklärbar wird, ist der Unterschied der Gewissheit: Die an der Institutionenschöpfung Beteiligten sind sich der Existenz eines Objektes gewiss, der Dritte nicht.

Dieses gemeinsam geteilte Bewertungssystem erlaubt den „Bevorteilten", Sanktionen zu ergreifen, also zu belohnen oder zu bestrafen, was zu einer signifikannten Stabilisierung ausgewählter Abläufe führt. In einem System von Handlungen kann eine bestimmte Handlung mit anderen verbunden werden. Bezogen auf die Sanktionierung heißt dies, dass auch die Sanktionen, welche ursprünglich für diese eine Handlung gegolten haben, nunmehr ebenso mit den anderen Handlungen verkettet werden.

Für die Sicherung des Normbestandes ist zum einen die Verinnerlichung relevant. Erfolgreiche Entwürfe für soziale Beziehungen bewirken, dass sich Erwartungen an Besser- und Schlechtergestellte herausbilden, die jedoch gesichert werden müssen. Wenn aber die Sicherung „heilig" ist, so überträgt sich dies auch auf die sichernde Gruppe – sie verfügt damit über Macht. Der zweite Aspekt, die Sanktionen, führt daher zu einem wirksamen Schutz dieser Gruppe. Andere Gruppen oder Personen, die diese Erwartungen enttäuschen, erhalten die Enttäuschungsreaktionen, d. h. sie werden sanktioniert, wobei dies prinzipiell die Angelegenheit der Bessergestellten ist.

Mit zunehmender Ausdifferenzierung wird jedoch erwartet, dass „solche Rollen dritter Parteien in größeren Handlungszusammenhängen (...) strukturell spezialisiert und von anderen abgegrenzt in eigenen Handlungszusammenhängen auftreten" (Haferkamp 1980: 52). Ego steht also selbst nicht mehr unter dem Zwang, bei abweichendem Verhalten Dritter innerhalb des Handlungszusammenhangs selber sanktionieren zu müssen. Da Alter die Institution mit Ego teilt, ist seine Welt von der Abweichung gleichermaßen bedroht, weswegen auch er sanktionieren kann. Diese spontane Bereitschaft Alters kann Ego noch intensivieren. Er verfügt nämlich mit seinen Produktionen über Objekte, die für Alter wertvoll sind. Daher kann er „durch Vergabe solcher Objekte an Alter dessen ursprünglich spontane Bereitschaft zur Ausübung angeleiteten Einflusses an Egos Stelle verstärken, aus Mitschöpfern, aus Zeugen, aus amici curiarum werden so Wächter, Polizisten (Gouldner 1967: 296)" (Haferkamp 1976: 78). Auf diese Weise lassen sich auch neue Handelnde rekrutieren, die herrschaftssichernd im Bereich der Organisationen sozialer Kontrolle tätig sind.

Dieser Prozess der Institutionalisierung von Herrschaft und Herrschaftssicherung, wie abstrakt dargestellt, erfährt seine Umsetzung und Konkretion, wenn der Polizeiapparat eine quantitative und/oder qualitative Erweiterung durchsetzt. Der „rasante Ausbau der staatlichen Apparate monopolisierte physische Gewaltsamkeit in den 1970er Jahren und hat keineswegs dazu geführt, daß das Leben der

Bürger und Bürgerinnen in unserem Lande sicherer geworden ist. Weder ist damit die Alltagsgewalt in den zwischenmenschlichen Beziehungen zurückgedrängt worden, noch die Gewalt aus den politischen Prozessen der 70er und beginnenden 1980er Jahre. Im Gegenteil: Die politisch aktiven Bürger und Bürgerinnen dieses Landes haben vor dem Hintergrund der Erfahrungen der 70er und in den 1980er Jahren allen Anlaß, die staatlichen, sogenannten Sicherheitsapparate zu fürchten (...) Gewiß erfüllen Polizisten im Alltag vielfältige Dienstleistungen, gewiß schützen Polizisten im Alltag immer wieder den Bürger vor dem kriminellen Nachbarn, gewiß ist eine gesellschaftliche Instanz, die das Faustrecht als Recht des körperlichen Stärkeren unterbindet, indem sie die Ausübung physischer Gewaltsamkeit gesellschaftlich monopolisiert, sinnvoll. Nur war und ist bis heute diese gesellschaftliche Funktion der Polizei nachrangig gegenüber ihrer Rolle als staatlichem Herrschaftsinstrument" (Werkentin 1988: 91).

Die „Wächter" in der Mehrgruppengesellschaft

In Verbindung mit der Normsetzung durch Macht oder Herrschaft wird eine Handlungslenkung bewirkt, die durch „Anbieten von Vorteilen (,Bestechung') oder Androhen von Nachteilen (,Erpressung')" (Haferkamp 1980: 55) ausgeübt wird. Daraus resultiert eine Machtstaffelung, die die der Normsetzung Unterworfenen nicht als monolithischen Block bestehen lässt, sondern sie nach der unterschiedlichen Beziehung zu den Machthabern differenziert.

Haferkamp trennt zwischen drei Kategorien, die er unterhalb der herrschenden Gruppen anordnet: die die *Herrschaft stützenden,* die *Herrschaft sichernden und die beherrschten* Gruppen. Die beiden ersten, die eine Macht unterstützende Funktion einnehmen, erzielen Profite aus der Beziehung zu den Machthabern, unterstützen sie jedoch durch ihre öffentliche, im Lebensstil ausgedrückte Normbejahung oder das Einnehmen von Vertretungspositionen für die Herrschenden. (Dieser Ansatz erinnert etwas an die „strukturelle Gewalt" mit den Topdogs – differenziert nach Zentrum und Peripherie – und den Underdogs – differenziert nach der unterschiedlichen Nähe zu den Topdogs – (Galtung 1975).) Die Macht sichernden Gruppen bilden dazu spezielle Sanktionsstäbe, um Abweichungen zu verfolgen und zu bestrafen oder auch präventiv zu verhindern.

Haferkamp geht davon aus, dass der Herrschende zur Durchsetzung seiner Vorstellungen des Beherrschten bedarf. Auch die Gewichtigkeit und Wirksamkeit von Sanktionen ist letztlich davon abhängig, ob der Handelnde „im Moment seines Auftretens die angebotenen oder angedrohten Sanktionen sucht oder meidet" (Haferkamp 1980: 78). Auch hier zeigt sich die Spontaneität erneut als entscheidende Variable, über die selbst Sanktionen variiert werden können. Auf diese Weise erfolgen sogar Umdeutungen von eigentlich strafenden Handlungen zu Belohnungen, die innerhalb des Handlungszusammenhangs des Sanktionierten (also seiner In-group oder seiner Inklusivgruppe) als prestigefördernd gelten. Auch als Sanktionierter sucht ein Handelnder also bestimmte zu realisierende Objekte, wobei diese Suche aber andeuten kann, dass er sich aus dem Handlungszusammenhang, in dem bzw. von dem er sanktioniert wird (Kleingruppe, Inklusivsystem), bereits entfernt hat. Auf jeden Fall aktualisiert er aber die Bedeutung negativer oder positiver Sanktionen nicht mehr, weswegen sie für ihn von geringem Interesse sind.

Tab. 2.2: Herrschaftslagen und Herrschaftsbereiche

Herrschaftslagen	Herrschaftsbereiche		
	Arbeit	Sicherheit	Sinngebung
Herrschende Gruppen	Wirtschaftseliten	Politische Eliten	Propheten, religiöse Gruppen, Meinungsführer
Herrschaft stützende Gruppen	Manager und Betriebsleiter	Regierungsbürokratie, Verwaltungsleiter	Priester, Journalisten
Herrschaft sichernde Gruppen	Organisationen sozialer Kontrolle		
Der Herrschaft unterworfene Gruppen	Betriebspersonal	Wahlbürger	Gläubige, Kirchenvolk, Medienkonsumenten

(Haferkamp 1980: 55)

Setzt man eine Mehrgruppengesellschaft voraus, bei der die unterschiedlichen Gruppen versuchen, die Situation der anderen mitzudefinieren, tritt eine wesentliche Änderung dann ein, wenn im Zusammenhang vieler Gruppen „einmal Inklusivsysteme von Nachbargruppen einer Steuergruppe übernommen" wurden (Haferkamp 1976: 109). Das eigene Inklusivsystem wurde dabei auf andere Gruppen ausgedehnt, deren Gruppenmitglieder nunmehr ein Interesse am Bestand dieses Inklusivsystems haben, das zu ihrem eigenen geworden ist. Haferkamp begründet dies damit, dass diese Gruppen bei der Übernahme der bestehenden Regeln und Institutionen „investieren" mussten und von daher ein Interesse haben, dass diese Investitionen nicht umsonst gewesen sind. Die Kontrolle der „getreuen Übernahme" von Institutionen findet nicht mehr durch die Handlungsschöpfer statt, sondern durch „Wächter", wodurch eine qualitativ neue Situation entsteht, ein neues Modell der Rollenübernahme. Damit „wird die Reichweite der Handlungsübertragung durch die ein Inklusivsystem Schöpfenden ganz erheblich ausgedehnt" (Haferkamp 1976: 109). Dieser Vorgang findet am unteren Ende einer Einflusskette statt, bei der eine ziemlich konkrete Symbolübertragung vorherrscht. Auf dieser Ebene kann auch die physische Manipulation wieder als Systemsprache dienen, um Pflichterfüllung zu bewirken, wie sie z. B. von Polizisten, Strafvollzugsbeamten oder Wärtern in geschlossenen Abteilungen vollzogen wird, in der traditionalen Vorstellung der Schulerziehung auch von Lehrern. (Diese Ansicht, die insbesondere auf Parsons zurückgeht, umfasst nur einen Teil der Kontrolle, nämlich den, wie er in *totalen Organisationen* betrieben wird. Die „moderne" Form von Gewaltanwendung ist doch subtiler und baut auf struktureller Gewalt auf; es wirkt die potenziell ausspielbare Macht des Kontrolleurs: Er ist legitimiert durch fixierte Normen (Gesetze), kann sich also auf „höhere" Institutionen berufen.)

Normsetzung durch Macht und Herrschaft:
- Ausgangspunkt für Normsetzungsprozesse sind *Mängellagen*, die überwunden werden sollen.
- In der Realisierung der Zielvorstellungen, also Abbau von Mängellagen, bewähren sich bestimmte *Strategien*, denen sukzessive ein *normativer Charakter* zukommt.
- Die Normen entstehen also *interessenbedingt* und haben bestimmte *Adressaten*.
- Die konkrete Ausgestaltung der Normen erfolgt durch soziales Handeln
  - als soziales Institutionalisierungshandeln auf der personalen Zweierebene,
  - als soziales Einflusshandeln in der Kleingruppe,
  - als soziales Generalisierungshandeln in der Mehrgruppengesellschaft.
- Das Aushandeln der Norm erfolgt in den Schritten der *Produktion, Definition, Integration* und *Identifikation*, wobei die am Handlungszusammenhang Beteiligten nicht in gleicher Weise daran teilhaben.
- Wird schon die Zweiergruppe idealtypisch als nur tendenziell egalitär stilisiert, so werden bei komplexeren Konfigurationen erst recht die Aushandlungsprozesse *asymmetrisch* erfolgen, weil solche Systeme funktional differenziert sind.
- Es gibt also *Mächtige* und *Herrschende*; aus dem Aushandlungsprozess wird eine *Normsetzung*.
- Die Normsetzer übertragen die *Kontrollfunktion auf Dritte*, wobei *Normforderungsvermittler zwischengeschaltet* sind, die ebenfalls den *Objektivitätscharakter* der Norm erhöhen. Die Norm und die *Macht* der Normsetzung wird damit stabilisiert.
- Damit existiert eine Differenzierung in *Herrschaftslagen* und *Herrschaftsbereiche*:
  - herrschende,
  - Herrschaft stützende,
  - Herrschaft sichernde und
  - der Herrschaft unterworfene Gruppierungen.
- Damit sind Produktion, Definition, Integration und Identifikation von Normen *ungleich verteilt*.

2.4 Konformes und abweichendes Handeln in der Mehrgruppengesellschaft

Um konformes von abweichendem Verhalten zu unterscheiden, muss ein System von Normen, Werten, Regelungen und Verhaltenserwartungen existieren, bezüglich dessen eine Vielzahl von Menschen in ihrer Akzeptanz übereinstimmt. Wird eine „Verhaltensregel" gebrochen, gilt die Handlung als abweichend, wird sie eingehalten, gilt sie als konform. Die Gesellschaft als „Ganzes", als die Mehrheit von Menschen zu sehen, die in ihren Verhaltenserwartungen übereinstimmen, wäre aber falsch. Zwar sind die stark institutionalisierten Normen in Form von Gesetzen festgeschrieben und für jedes Gesellschaftsmitglied gleichermaßen gültig, dennoch spiegelt dies kein homogenes Bild der Verhaltenserwartungen der einzelnen Mitglieder wider: Zunächst ist eine jede Gesellschaft an sich nicht homogen; in Subkulturen (vgl. Subkulturansatz von Cohen) beispielsweise können Verhaltenserwartungen von „offiziellen" Erwartungen sehr stark abweichen und bis hin zu einem Normenkomplex reichen, der auch als Widerspruch gegen die „herrschende" Gesellschaft die Normen dieser bricht (Normbruch als Norm) (vgl. Kontrakultur von Yinger). Zudem ergibt sich schon aus der Tatsache, dass ein Normensystem zumeist von der gerade „herrschenden" Gesellschaftsgruppe gebildet und folglich anderen Gesellschaftsgruppen oktroyiert/vorgegeben wird, als Resultat, dass vielerlei Gruppierungen der Gesellschaft ihre eigenen Werte, Normen oder Verhaltenserwartungen dort a priori nicht berücksichtigt finden. Weiterhin kann im Sinne eines Labeling-Ansatzes dasselbe Verhalten zweier Personen einmal als abweichend, einmal als konform (oder zumindest als nicht sanktionswürdig) aufgefasst werden. Diese rein subjektive Selektion wird sowohl von den die Norm durchsetzenden Organen als auch von jedem einzelnen Gesellschaftsmitglied (meist unbewusst) vorgenommen (Bsp.: eine alte Frau „vergisst", eine Fahrkarte zu kaufen; Kinder der Unterschicht werden im Bildungssystem aufgrund andersartiger Kommunikationsstrukturen als weniger begabt angesehen).

2.4.1 Die Gesellschaft – ein kohärentes System von Subgruppen?

Die Analyse des (auch abweichenden) Handelns geht von der strukturellen Gegebenheit des Systems Gesellschaft aus: Gesellschaft im hier gemeinten Sinn soll nicht monolithisch aufgefasst, sondern als Mehrgruppengesellschaft verstanden werden. Das kann aber nicht bedeuten, dass die unterschiedlichen Gruppen „untereinander schwach interdependent, als selbstgenügsame und autonome Gruppen sich gegenüberstehen" (Haferkamp 1976: 111). Gesellschaft bestünde dann nur als Konglomerat vieler in sich hoch interdependenter Inklusivgruppen mit unterschiedlicher Größe und Einflussreichweite. Sie wäre dann nur das Ergebnis einer Art stabiler Balance zwischen den unterschiedlichen Gruppen und ihrem Einfluss. Diese Ansicht wird von Bentley (1949) vertreten, der als moderner Gruppentheoretiker zu den „analytischen Pluralisten" (Latham 1952) gerechnet wird. Er ging (in „Process of Gouvernement") von der beherrschenden Rolle von *Pressure Groups* im wirtschaftlichen und politischen Leben aus. Gruppen und der von ihnen ausgeübte Druck sind aus seiner Perspektive prägend für die gesamte Gesellschaft. Die Erfassung einer Gesellschaft verkürzt sich damit auf die sachgerechte Darstellung der Gruppen (Bentley 1949). Individuelles Handeln war von daher für ihn gesellschaftlich unbedeutend, einzig relevant blieb das gesellschaftlich-gruppenbezogene Handeln.

Allgemein gelten für die analytischen Pluralisten die Resultate der Pressure-Group-Aktivitäten „als wohltätig, (...) weil (...) sie glauben, daß die verschiedenen Gruppen sich auf Grund des Kräftegleichgewichts unter ihnen wahrscheinlich gegenseitig in Schach halten" (Olson 1968: 124). Die Schwäche solcher gruppentheoretischer Ansätze liegt u. a. in einem ungenügenden Einbeziehen individuellen Verhaltens. So vernachlässigen sie die Frage, welche Zwänge oder anderweitige Motivationen notwendig sind, um die Individuen dazu zu bewegen, ihre Interessen und ihr Handeln an einem gesellschaftlich-gruppenbezogenen Interesse und Handeln auszurichten. Des Weiteren konnte z. B. Bentley (1949) keine Antwort darauf geben, warum Gruppen überhaupt politischen oder wirtschaftlichen Druck ausüben sollten.

2.4.2 Das Mitdefinieren der Situation der „Anderen"

Gesellschaft besteht also nicht aus einer stabilen Einflussbalance zwischen Gruppen, sondern „vielmehr aus Gruppen von Handelnden, die immer wieder versuchen, die Situation der anderen mitzudefinieren, d. h. die Grenze ihrer Inklusivgruppe über andere Gruppen hinauszuschieben" (Haferkamp 1976: 113). Anstelle eines stabilen, in gewisser Weise berechenbaren Systems tritt nunmehr eine bestimmte Unsicherheit, die zum einen von den unscharfen, variablen Grenzen der Inklusivgruppen herrührt und zum anderen von dem (trotz Normen) schwer vorhersagbaren, da von Spontaneität beeinflussten Verhalten der individuellen Akteure. Deren Handeln orientiert sich an verschiedenen Institutionen – z. B. unterschiedliche Subgruppen bzw. Eigengruppen –, „für deren Integration in einem kohärenten System aber keine Sicherheit besteht" (Haferkamp 1976: 112). Ausgegangen wird von der Situation einer Mehrgruppengesellschaft mit segmentiell ausdifferenzierten Inklusivsystemen (und den damit verbundenen, auch „illegalen" Steuerungsgruppen). Da dieses System institutionalisierter Handlungen jedoch niemals statisch ist, sondern ständig der Möglichkeit von Variationen oder der Neubildung von Handlungssystemen (z. B. als Inklusivgruppen) über die Kommunikationswege ausgesetzt ist, soll gefragt werden, wie es – unter der Annahme der Spontaneität der Handelnden – möglich ist, dass sich Normwandlungen oder Normverstöße vollziehen, und wie sich neue, abweichende Normvorstellungen etablieren können und für bestimmte Gruppierungen handlungsleitend werden. Es soll (und muss) also nicht versucht werden, im Rahmen einer Zweier-Gesellschaft die Genese des Selbst auf der Basis eines Systems definierter Produktionen nachzuzeichnen. Jedoch sind die dort beschriebenen vier Phasen – Produktion, Definition, Integration und Identifikation – in jedem Interaktionsprozess vorhanden und drücken dabei auch das Moment der prinzipiellen Wandelbarkeit von Normen aus. „Sie beschreiben (...) Prozesse des Normwandels, der Normverstärkung und -schwächung" (Haferkamp 1976: 34).

Handelnde schöpfen zwar im Zuge der Interaktionsprozesse auch selber Institutionen in Paarverhältnissen, jedoch leben sie in erheblichem Umfang „unter Institutionen, die sie selbst nicht geschöpft haben und die sie mit Gruppen von Handelnden recht unterschiedlicher Größe teilen und die sowohl segmentiell wie funktional differenziert sind" (Haferkamp 1976: 65). Daher muss versucht werden aufzuzeigen, dass die vier Phasen – Produktion, Definition, Integration, Identifikation – nicht in jeder Interaktion zusammenfallen, sondern ab der Kleingruppengesellschaft (ab mehr als drei Personen) ungleich über die sozial relevanten Dimensionen verteilt sind, was zu einer unterschiedlichen Teilnahme der Akteure am Institutionalisierungsprozess führt. Anderenfalls käme es „zwar stets zu selbstgeschöpften, selbststabilisierten und selbstvariierten Institutionen", dieses aber nur in begrenzter Zahl – d. h. „nur eine extrem einfache Welt ist so möglich" (Haferkamp 1976: 64).

Kennzeichnend für soziale Systeme ist u. a., dass sie bestimmte Handlungen eingrenzen, die in bestimmten Situationen aufeinander folgen (sollen). Dabei üben nur bestimmte Handelnde bestimmte Handlungen aus, und nur bestimmte Handelnde können gegenseitige Rollenübernahmen leisten. Systeme grenzen weiterhin bei den Entäußerungsleistungen bestimmte Handlungen aus, die weder zu einer bestimmten anderen Handlung noch zu einer bestimmten Situation gehören. Es bestehen also Handlungen, die bei bestimmten Handelnden „unpassend" sind, ebenso wie bestimmte Handelnde manche Rollenübernahmen nicht leisten können (bzw. dürfen), etwa weil ihnen die formalen Bedingungen (Bildungspatente) dazu fehlen. Bezieht man diese beiden Einschränkungen nicht ein, entsteht – wie es im Meadschen Ansatz möglich ist – der Eindruck, dass eine bestimmte Beliebigkeit im Auftreten etablierter signifikanter Symbole herrscht, so dass sie von jedem Handelnden produziert werden könnten, ebenso wie sie auch jeder Handelnde verstehen könnte.

2.4.3 Die Inklusivsysteme als „In-groups"

Die verschiedenen Gruppen von Handelnden führen zudem keine voneinander isolierte Existenz, sondern weisen unterschiedliche Formen der Wahrnehmung und des Austausches bzw. des Kontaktes bis hin zu teilweiser oder vollständiger wechselseitiger Abstimmung des Verhaltens auf. Sie „richten sich intentional auch auf die sie umgebende soziale Umwelt weiterer Gruppen, institutionalisieren in der Interaktion in der eigenen Gruppe Handlungssysteme, die nicht nur auf ihre internen Beziehungen abstellen" (Haferkamp 1976: 100). Die Existenz von Out-groups wird also von den Akteuren der jeweiligen In-groups sehr wohl wahrgenommen und dient – im Zuge der Prozesse der Ausgrenzung, Sinngebung, Definition, Systematisierung und Internalisierung – der Erzeugung einer internen Solidarität, eines „Wir"-Gefühls, das durch die Abhebung von den „Anderen" genährt wird.

Im Zuge dieser Prozesse werden Handlungssysteme geschaffen, „die auch die Beziehung der Mitglieder der ‚Out-group' auf die Mitglieder der ‚In-group' zuordnen" (Haferkamp 1976: 100). Diese aus Subsystemen bestehenden Handlungssyteme heißen „Inklusivsysteme". Daher bezeichnet Haferkamp auch alle Akteure, die an einem solchen Handlungssystem teilhaben, als eine „Inklusivgruppe von Subsystemen" (Haferkamp 1976: 101). Diese Inklusivsysteme können funktional oder segmentiell differenziert werden, d. h. es werden auch die Handlungen vorweggenommen, die nur auf die Akteure bestimmter Out-groups bezogen sind. Die jeweilige In-group setzt diese Akteure dann in Beziehung zu anderen Akteuren.

Abweichler haben daher (normalerweise) keine strukturgefährdende Wirkung, können aber Solidaritätsgefühle erzeugen und fördern damit die Gruppenkohäsion. Wird nämlich der individuell Deviante zur Fremdperson und werden Deviante allgemein zur Fremdgruppe erklärt, so steigert dies die Identifikation mit der als konform definierten Eigengruppe. „Auch der innere Feind einer gemeinsamen Gesellschaft (...) wird als Mitglied einer Out-group erlebt" (Lamnek 2007: 45). Die Polarität von In-group und Out-group drückt sich also in diesem Fall in einer Polarität von Konformität und Devianz aus. Diese Erfahrung der Existenz anderer Akteure oder anderer Gruppen bildet – bei steigender Systemkomplexität – auch die Voraussetzung dafür, dass einige wenige Handelnde über eine allgemeine Systemsprache „interagierend komplexe Handlungssysteme (...) institutionalisieren" (Haferkamp 1976: 103) können. Dabei befinden sich die unterschiedlichen Inklusivsysteme von ihren Sprachsystemen her auf verschiedenen Allgemeinheitsebenen, die zugleich ihre „Reichweite" beschränken. Haferkamp unterscheidet zwischen fünf Möglichkeiten von Systemsprachen:

1. „Physische Manipulationen" als elementarstes „Material" für Inklusivsysteme, das aber unterhalb der Rollenübernahme liegt und nur geringe Abbildungsmöglichkeiten bietet.
2. Elementares Rollenspiel auf der Basis visueller Gesten befähigt bereits zur Rollenübernahme und lässt Systementwürfe erstellen, die auch Systeme anderer Gruppen berücksichtigen.
3. Eine höhere Verallgemeinerungsebene ist erreicht, wenn ein Handlungssystem über die Sprache institutionalisiert wird, weil damit bereits von der Face-to-face-Situation abstrahiert wird. Handelnde in einflussstarken Gruppen können dabei über Sprachspiele umfassende Handlungssysteme antizipieren, „deren Subsysteme auf teils niedrigeren Ebenen der Allgemeinheit angesiedelt sind" (Haferkamp 1976: 102).
4. Auf der nächsthöheren Stufe findet die Institutionalisierung von Gesetzen durch eine Gruppe von Handelnden statt, wodurch „ursprünglicher Gruppeneinfluß (...) zu Recht" (Haferkamp 1976: 102) wird.
5. Die höchste Ebene der Allgemeinheit einer Systemsprache ist mit der Institutionalisierung eines „symbolischen Universums" erreicht, das sich derart verfeinern lässt, dass alle menschlichen Handlungen daraus ableitbar sind.

2.4.4 Die Gründung alternativer Inklusivsysteme

Die verschiedenen Inklusivsysteme existieren nicht schwach interdependent nebeneinander, sondern die unterschiedlichen Steuerungsgruppen versuchen, ihre Inklusivsysteme, die auf verschiedenen Allgemeinheitsebenen bestehen, anderen Gruppen oder Akteuren anzubieten, um auf diese Weise ihr System zu erweitern, d. h. die Grenzen des eigenen Einflussbereiches auszudehnen und die fremder Gruppen zurückzudrängen. Der Einfluss jeder Steuerungsgruppe ist jedoch begrenzt, da bei steigender Größe des Inklusivsystems auch eine größere Anzahl von „Umschlägen" nötig ist, um die einzelnen Gruppen zu erreichen. Mit steigender Zahl der Umschläge erfolgt jedoch eine zunehmende Konkretisierung der Systemsprache, d. h. ihre Allgemeinheitsebene sinkt. Da sowohl über den interaktiven Kontakt der Mitglieder von Steuerungsgruppen mit Mitgliedern bzw. Repräsentanten anderer Gruppen und durch den Einsatz von „Wächtern" nur eine begrenzte Zahl von Handelnden erreichbar ist, bieten sich Möglichkeiten für die Existenzgründung alternativer Inklusivsysteme auch auf niedriger Allgemeinheitsebene an.

Ein Inklusivsystem hätte also dann die Grenzen seiner Geltung erreicht, wenn Handelnde oder eine Gruppe von Handelnden ein alternatives Inklusivsystem institutionalisieren wollen und dieses Vorhaben auch realisieren können. Dazu stehen ihnen drei Kommunikationswege zur Verfügung: Die beiden ersten Möglichkeiten beruhen auf bestimmten „Überlappungen" zwischen verschiedenen (Inklusiv-)Gruppen, die zu Interdependenzen und Austauschbeziehungen führen können. Im ersten Modell interagieren zwei Gruppenmitglieder aufeinander bezogen in der eigenen Gruppe sowie in anderen Gruppen. Dabei können durch diese „Zweiergesellschaft" neue Handlungen institutionalisiert werden, die zu keinem der Systeme exklusiv gehören, in denen die Akteure tätig sind. Hieran kann sich wieder der Prozess der Übertragung an Dritte, die Kleingruppenbildung und schließlich die Ausdifferenzierung eines Inklusivsystems anschließen, wobei die neu institutionalisierten Inklusivsysteme sich von der Schnittstelle her über die ursprünglich beteiligten Systeme ausdehnen können. Hier muss man wieder bedenken, dass die vier Phasen des Interaktionsprozesses über die sozial relevanten Dimensionen ungleich verteilt sind, denn erst damit ist das „Auftreten umfassender Institutionalisierungen möglich, die den ‚vorgegebenen Praxen' der Handelnden ‚fremd' sind" (Haferkamp 1976: 65). Es darf also nicht davon ausgegangen werden, dass wir eine idealtypische Alter-Ego-Situation vorfinden. Haferkamp verwendet – auf Kleingruppen bezogen – die Kategorie des „sozialen Einflusshandelns" als Verfeinerung des Begriffes des sozialen Handelns, um das unterschiedliche Ausmaß der Teilhabe an den Institutionalisierungsphasen zum Ausdruck zu bringen. Die Voraussetzung für die Ausbildung von Einflussunterschieden bildet die Differenzierung der Handelnden, denn zwischen zwei Gleichen kann sich kein Einfluss entwickeln. Grundlage jeglichen Einflusses ist die (auf Spontaneität beruhende) Fähigkeit des Handelnden zur Produktion. Hinzu kommt, dass eine Handlung erst institutionalisiert sein muss, damit Einfluss entstehen kann. Entscheidend wird dann die Gewissheit, ein Objekt entäußert zu haben, das sich für den Produzenten auf der Ebene des Bewusstseins befindet. Damit Einfluss auftreten kann, sind also letztlich zwei Akteure nötig, „die in einer Situation der Ungewißheit eine institutionalisierte Handlung schaffen – weitere (Akteure, S. L.), denen sie zugemutet wird" (Haferkamp 1976: 69).

Wenn nun Ego einen Teil seiner Interaktionen mit Angehörigen von Gruppen führt, die als abweichend definiert werden (möglicherweise von den Gruppen, denen er ansonsten angehört), so kann er diese (in anderen Gruppen bereits erfolgte) Institutionalisierungen Alter bzw. einer anderen Person mitteilen, um ihn dazu anzuregen, für die Interaktionen diese Handlung zu übernehmen. Einfluss entsteht dann, wenn Alter diese „reduzierte Komplexität", die ihm Ego anbietet, übernimmt, sie also akzeptiert als „Einschränkung seiner Möglichkeit des Erlebens und Handelns, ohne daß er die Selektion selbst als eigene vollzieht" (Luhmann in Haferkamp 1976: 65). Da diese neu institutionalisierten Handlungen jedoch auch im Widerspruch zu bestehenden Normen stehen können, werden die von dieser Schnittstelle ausgehenden institutionalisierten Inklusivsysteme zu abweichenden Inklusivsystemen mit illegalen Steuerungsgruppen.

Eine weitere Möglichkeit resultiert daraus, dass die einzelnen Inklusivsysteme keine untereinander nur schwach interdependenten Einflussgruppen von gleicher Stärke sind, denen es gelingt, störende Umwelteinwirkungen (bis auf krisenhafte Störungen) zu neutralisieren, die sich also durch Autonomie bzw. Selbstgenügsamkeit auszeichnen. Dann nämlich handelt jeder Einzelne in einer Vielzahl von Gruppen – sowohl Kleingruppen aus dem eigenen Inklusivsystem als auch aus fremden Systemen – und kann dabei „Erfahrungen aus der einen Gruppe in die andere transformieren" (Haferkamp 1976: 104). Die weitreichendste Möglichkeit, ein neues, signifikantes Inklusivsystem zu verbreiten, ist erreicht, wenn bestimmte Mitglieder einer Gruppe sich in intensiver Binneninteraktion und in gezielter Außeninteraktion befinden. Bei ihnen haben die Prozesse der In-group- und Out-group-Bildung schon eingesetzt. Sie stellen dann bereits eine Art neuer Gruppe mit eigenem Handlungssystem dar.

Unter der Perspektive von Handlungssystemen als Inklusivsystemen entsteht ein anderes Bild vom Abweichenden, Delinquenten, Kriminellen: Sein Handeln verläuft nicht anomisch (im Sinne von Regellosigkeit), sondern orientiert sich gleichermaßen an geschöpften, institutionalisierten und (mit steigendem Organisationsgrad) zunehmend ausdifferenzierten Regeln. Auch abweichendes Verhalten (wie etwa Kriminalität) folgt bestimmten, als normativ zu bezeichnenden Vorstellungen und Handlungsmustern – nur stimmen diese Vorstellungen nicht mit den Normmustern der konformen Inklusivgruppen von Subsystemen (bzw. den Vorstellungen ihrer Steuerungsgruppen) überein. Abweichende Handlungen lassen sich somit zunächst als eine Produktion darstellen, eine Entäußerung von Spontaneität, die im „normalen" Alltag nicht institutionalisiert, sondern abgelehnt wird, für die aber seitens des Handelnden der Wunsch nach Institutionalisierung besteht, weshalb er z. B. nach entsprechenden Inklusivgruppen sucht, in denen er seine Vorstellungen umsetzen kann.

Konformität und Abweichung in komplexen Gesellschaften:
- Gesellschaften lassen sich in *ungleichgewichtige Subsysteme* differenzieren.
- Es bildet sich ein Konglomerat vieler *interdependenter Inklusivgruppen* (Ingroups) von unterschiedlicher Größe, Reichweite und mit differentiellen Interessen.
- In Form von *Pressure Groups* wird versucht, *ökonomischen* und *politischen Einfluss* wahrzunehmen (Macht auszuüben), also die *Situationen zu definieren*.
- Wegen der Differenzierungen des sozialen Systems Gesellschaft sind *Partizipationschancen* bei *Produktion, Definition, Integration* und *Interpretation* von Normen *ungleich verteilt*.
- Dies impliziert die Differenzierung nach *In-* und *Out-groups* in unterschiedliche Identitäten, Solidaritäten und Kohäsionen.
- Damit können sich in den einzelnen Gruppen *unterschiedliche Verhaltenserwartungen* herausbilden, die – weil die Gruppen nicht unabhängig von anderen und isoliert handeln – von Dritten als *abweichend definiert* werden. (Dies ist das klassische Konzept der *Subkultur*.)
- Da die Handlungen die In-groups überschreiten und diese untereinander nicht gleichgewichtig sind, werden aufgrund von *Macht- und Herrschaftsverhältnissen Abweichungen definiert* und *sanktioniert*.

2.5 Kriminalisierung und Entkriminalisierung – Instrumente im Konflikt sozialer Gruppen

Zuvor wurde der Gedanke ausgeführt, dass bedingt durch die Setzung von Normen *einer* Gruppe in einer heterogenen Gesellschaft (Mehrgruppengesellschaft) andere Gruppen bzw. Personen als abweichend definiert werden können, da sie aufgrund andersartiger Sozialisation den Normenkomplex der „herrschenden Klasse" nicht teilen oder im Umgang mit diesem nicht vertraut sind. Der Gedanke der Mehrgruppengesellschaft soll nun wieder aufgegriffen werden. Gesellschaftliche Gruppierungen, die im Rahmen der Gesetzgebung mehr „Stimmrecht" haben, können natürlich ihre als wünschenswert erachteten Regelungen denjenigen Gruppen oktroyieren, die sich in weniger machtvollen Positionen befinden: Kriminalisierungen finden dann statt, wenn gewohnheitsrechtliche Handlungen (Strafbarkeitslücken) oder zuvor nicht strafrechtlich relevante Handlungen plötzlich verboten werden: Mit der Abschaffung des Züchtigungsrechts findet/fand eine Kriminalisierung der Eltern statt (bspw. Körperverletzung als relevantes Delikt); der Diebstahl von Strom wird in § 248c StGB als Entziehung von elektrischer Energie verankert; Mundraub wird zum Diebstahl geringwertiger Sachen (§§ 242, 248a StGB).

Umgekehrt kann aber auch (im Sinne von Liberalisierungstendenzen) Entkriminalisierung aufgezeigt werden: Homosexuelle Handlungen sind kein Straftatbestand mehr; der Schwangerschaftsabbruch wird (unter bestimmten Auflagen und in einem gewissen Rahmen) legalisiert. Hierbei ist eventuell eine Tendenz beobachtbar: Während im Bereich der Selbstbestimmung des Verhaltens von Personen Liberalisierungstendenzen eingetreten sind, die zu Entkriminalisierung führen, werden andererseits (wenn auch nicht ausschließlich) immer mehr eigentumsrelevante Tatbestände kriminalisiert, die eher besser gestellten Gruppen einen pekuniären Nachteil verschaffen würden.

2.5.1 Zur Setzung von (Straf-)Rechtsnormen

Bei der – bislang immer noch defizitären – Forschung über die Setzung von Strafrechtsnormen bestehen zwei Forschungskonzepte bezüglich der Festlegung von Strafrecht. Einmal wird angenommen, dass soziale Strukturen und soziale Systeme bzw. deren Veränderungen (Wandel der Wertsysteme, der ökonomischen Struktur, der Herrschaftsverhältnisse) die Prozesse der Setzung von Strafrecht unabhängig von konkreten Gruppen beeinflussen. Beim anderen Konzept wird davon ausgegangen, dass Interessen bestimmter sozialer Einheiten die konkreten Festlegungen von Strafrechtsnormen determinieren. Diese defizitäre Situation besteht für Haferkamp deswegen, weil in den Rechtswissenschaften und der Soziologie das *Konsensusmodell* prägend war (bzw. noch ist). Dabei wird angenommen, dass Entwicklung und Entstehung von Strafrechtsnormen letztlich die Umsetzung bestimmter allgemeiner Interessen sind, weshalb diese Normen Allgemeinverbindlichkeit beanspruchen können und dem Schutz der Allgemeinheit dienen. Die Sanktionen, von denen Abweichende betroffen sind, gelten dabei als wirkungsvolles Mittel, um Konformität zu garantieren. Weitgehend ausgeklammert werden jedoch die sozialen Wirkungszusammenhänge, in denen Normen und Sanktionen erst entstehen. Besonders für das Strafrecht fehlt – so Haferkamp/Lautmann (1975) – eine Untersuchung dieser Normen bezüglich ihres Setzungsprozesses. Stattdessen geht man von einem „Norm- und Sanktionskonzept aus, nach dem Politiker und Juristen die Norm setzen, deren Wirksamkeit empirisch belegt ist" (Haferkamp 1980: 71). Haferkamp will daher mit seinem Ansatz versuchen, die seit 1974 bestehenden Forderungen der Kriminologie und Kriminalsoziologie nach Analysen zur Setzung von Strafrechtsnormen, d. h. zum Prozess von Normsetzung und Sanktionierung, auf handlungstheoretischer Ebene sowie durch Einbeziehung macht- und herrschaftssoziologischer Positionen einzulösen.

Durkheim (1893) ging davon aus, dass *repressives Recht*, das letztlich auf dem Sühnegedanken basiert, nur in Gesellschaften mit *mechanischer Solidarität*, d. h. bei gering differenzierter Arbeitsteilung, strukturnotwendig ist, dass jedoch in Gesellschaften mit *organischer Solidarität*, die sich durch hochgradige Arbeitsteilung auszeichnen, *restitutives Recht*, das auf der Forderung nach Schadensausgleich durch den Normbrecher beruht, bestimmend ist. Durkheims These enthält eine Idee über eine bestimmte Ordnung der sozialen Wirklichkeit, die zu einer notwendigen Reduzierung der Rolle des Gesetzgebers führt. Der Weg der damit bewirkten *Humanisierung des Strafrechts* geht von der Unterdrückung, also dem repressiven Strafrecht, zum Schadensausgleich. Etliche Autoren bestreiten jedoch den Verfall des repressiven (Straf-)Rechts und gehen im Gegenteil sogar von einer Ausweitung repressiver Elemente im Straf- und Zivilrecht aus (Steiner 1975; Nisbet 1974; Schwartz/Miller 1975).

Haferkamp favorisiert einen ideengeschichtlichen Ansatz, der neben der Verbindung von Werten und Vorstellungen der Akteure die Historizität der Normen einbezieht. Damit wird sowohl der Analyse von Veränderungen mehr Raum gegeben als auch auf das Modell einer fortlaufenden Humanisierung verzichtet. Er sieht darin eine Möglichkeit zu zeigen, dass etwa die Entwicklung speziell der Rationalisierungsidee nicht mit der Idee einer sukzessiven Humanisierung übereinstimmt (Haferkamp 1980: 76). Dadurch wären auch die Rückfälle des Strafrechts (z. B. das im Dritten Reich bestehende „Rachebedürfnis" und das „Sündenbockprinzip") erklärbar.

2.5.2 Die Absicherung von Machtpositionen

Der Prozess der Normsetzung lässt sich unter der Perspektive der von Haferkamp dargestellten allgemeinen Handlungstheorie als „Anbieten" von inklusiven Normensystemen (bzw. Teilen davon) an andere Gruppen oder Akteure verstehen. Die unterschiedlichen Gruppen betreiben dabei eine „Zumutung gegenseitiger inklusiver Handlungssysteme über einen oder mehrere der Kommunikationswege" (Haferkamp 1976: 104). Dabei gilt, dass sich Inklusiventwürfe mit dem höheren Allgemeinheitsgrad der Systemsprache durchsetzen. Die höchsten Allgemeinheitsgrade weisen dabei einmal Institutionalisierungen auf, die ursprünglichen Gruppeneinfluss zu Recht werden lassen, sowie (als höchstmögliche Stufe) die Institutionalisierung von „symbolischen Universen", die derartige Möglichkeiten der Verfeinerung bieten, dass letztlich „alle menschlichen Handlungen als Ableitungen dieses Inklusivsystems behandelt werden" (Haferkamp 1976: 102 f.) können.

Rechtsnormen bestehen in kodifizierter, schriftlicher Form und sind von daher viel präziser formuliert als andere Normen, wie z. B. Brauchtum oder Sitte. Letztere regeln die „Beziehungen innerhalb und zwischen Gruppen" (Haferkamp 1980: 81), wobei Verstöße noch als „Fehler" gelten. Codierte Normen, die als Mussvorschriften den höchsten Verpflichtungsgrad aufweisen, werden in normierten Verfahren von dazu legitimierten Institutionen, den Parlamenten, gesetzt und nicht auf informellem Wege herausgebildet wie beispielsweise Leistungsnormen. Das bedeutet: Wenige Handelnde oder eine Gruppe von Handelnden institutionalisieren Gesetze und agieren damit auf einer hohen Allgemeinheitsebene der Systemsprache, die eine große Zahl möglicher Konkretisierungen im Zuge der Ausdehnung auf andere Gruppen erlaubt. Auf dieser Ebene können diese wenigen Handelnden über die allgemeine Systemsprache „interagierend komplexe Handlungssysteme (...) institutionalisieren" (Haferkamp 1976: 103).

Strafrechtsnormen sind spezielle Mussvorschriften, deren Nichteinhaltung durch formelle Organisationen (Polizei und Justiz) verfolgt und bestraft wird, es besteht also keine milde Form der Sanktionierung. Die Abweichungen werden „unabhängig vom Willen des Opfers oder des Zeugen von einem speziellen Apparat sanktioniert" (Haferkamp 1980: 70), wobei auch ein möglicher Sanktionsverzicht des Geschädigten zu keiner Änderung des Verfahrens führt. Strafrechtsnormen können aus diesem Grunde als geeignetes Mittel zur Absicherung von Machtpositionen verwendet werden. Dabei versuchen Rechtsinteressenten, bestimmte Verhaltensweisen von Angehörigen anderer Gruppen, die dem eigenen Machtanspruch schaden würden, durch Strafrechtsregeln, d. h. über die Kriminalisierung als Sanktionsmittel für derartige Verhaltensweisen auszuschalten. Die dafür notwendige Begründung kann nur über allgemeinnützige Argumente erreicht werden, weshalb Strafrechtsinteressenten nachweisen müssen, dass die von ihnen gewünschten Verbote bzw. Gebote eine allgemeine Bedeutung haben – also den Schaden reduzieren – und allgemeinen Nutzen bieten.

2.5.3 (Ent-)Kriminalisierung unter dem Aspekt von Macht und Herrschaft

Innerhalb von Mehrgruppengesellschaften bestehen vielfältige Auseinandersetzungen zwischen verschiedenen Inklusivsystemen bzw. verschiedenen Steuerungsgruppen, wobei versucht wird, die Grenzen des eigenen Inklusivsystems zu erweitern. Dies geschieht zum einen dadurch, dass angestrebt wird, die Institutionen der eigenen Gruppe auf die Mitglieder der anderen Gruppe anzuwenden. Diese Versuche, die Situation der anderen mitzudefinieren, umfassen andererseits die Festschreibung bzw. Bewertung der Handlungen, die als typisch für die Mitglieder von Out-groups gelten.

Kriminalisierung und Entkriminalisierung stellen somit wirksame Instrumente im Konflikt sozialer Gruppen dar. Kriminalisierung bedeutet zunächst, bestimmte, denk- und realisierbare Handlungen auszugrenzen und als nicht zum Repertoire des eigenen Handlungszusammenhangs (im Sinne einer Inklusivgruppe bzw. eines Systems von Inklusivgruppen) gehörig zu definieren. Diese Definition geschieht auf der Basis eines inklusiven Normensystems höherer Allgemeinheitsebene, nämlich einer Systemsprache institutionalisierter Gesetze. Der oder die Normsetzer möchte(n) also mittels Strafrechtsnormen den „Verzicht auf bestimmte an und für sich mögliche Handlungen erzwingen" (Haferkamp 1980: 70), also die Entäußerungsleistungen der Akteure regulieren, um somit die Variationen des Handelns bzw. die Auswirkungen der individuellen Spontaneität zu beschränken. Für Haferkamp sind „die sozialstrukturellen Bedingungen der Kriminalität wie der Kriminalisierung (…) unmittelbar aufeinander bezogen als Mängellagen" (Haferkamp 1975: 42), die in unterschiedlicher Ausprägung durch Besitz- und/oder Machtlosigkeit gekennzeichnet sind.

Dies würde bedeuten, dass vorwiegend die Machtunterworfenen kriminelle Handlungen begehen. Sie weisen die größte Distanz zu den Herrschenden auf, also den Mitgliedern der höchsten Steuerungsgruppen, und können von daher keine Vorteile durch gelebte Konformität erzielen – wie z. B. die Herrschaft stützenden oder sichernden Gruppen. Diese herrschenden Gruppen befinden sich in Vorzugslagen, die durch Besitz und Macht gekennzeichnet sind. Sie haben ein Interesse an der Aufrechterhaltung der bestehenden Situation und können von daher Kriminalisierungen als Mittel zur Sicherung ihrer Position anwenden. Interessant ist, dass ihnen gerade durch die Macht sichernden Gruppen mit speziellen Sanktionsstäben kriminelle Handlungen nahe gebracht werden, die sie bedrohen könn(t)en. Letztlich nehmen dadurch – so Haferkamps These – die Kriminalisierenden das Verhalten Kriminalisierter verzerrt wahr.

Entkriminalisierung erlaubt hingegen bestimmte verbotene Handlungen wieder. Das große Interesse von sozialen Gruppen an Kriminalisierungen und Entkriminalisierungen lässt sich damit erklären, dass bestimmte Handlungen Anderer (Gruppen), die aus der eigenen Perspektive als bedrohlich empfunden werden, einem Verbot unterliegen sollen. Andererseits aber wird eine Legalisierung eigener Handlungen angestrebt, die zum einen Ausdruck der eigenen sozialen Lage sind, ihrerseits aber von anderen Gruppen als bedrohlich empfunden werden (können). (Dieser Prozess lässt sich vergleichen mit der Übertragung oder Ausweitung von Inklusivsystemen auf verschiedene Allgemeinheitsebenen, die von der „Schöpfergruppe" aus in die Nachbargruppen reicht.) Insofern ist der Abweichende der „moralischen Verwerflichkeit" seines Handelns, das ihm mittels der Kriminalisierung bescheinigt wird, in der Weise nicht „schutzlos" ausgeliefert, als er letztlich bestimmten Inklusivsystemen unterschiedlicher Reichweite angehört, die z. T. von „illegitimen" Steuerungsgruppen institutionalisiert wurden. Der von Haferkamp angesprochene Prozess der Übertragung von – in diesem Falle konformen – Handlungssystemen endet, was die Akzeptanz seiner normativen Forderungen angeht, an den Grenzen (oder Überschneidungszonen) mit den abweichenden Inklusivsystemen. Die abweichenden Institutionen dieser Inklusivsysteme heben die im Zuge der Konkretisierungen immer spezifischer gewordenen Forderungen des konformen Systems dabei auf.

2.5.4 Das Diebstahlsverbot und andere Beispiele

Bei seiner empirischen Analyse zum Diebstahlsverbot führt Haferkamp – unter Verwendung der Trennung in Herrschaftslagen – in einem Strukturmodell zur Strafrechtssetzung diesen Übermittlungsprozess vor. Dabei sollte vor allem der mögliche, gerichtete Einfluss der unterschiedlichen Herrschaftsgruppen auf die Normsetzung und damit auch auf den Prozess von Kriminalisierung oder Entkriminalisierung untersucht werden. Haferkamps Modell (1980: 55; vgl. Tab. 2.2) lässt sich auch im Sinne einer horizontalen und vertikalen Differenzierung interpretieren. Die „Herrschaftslagen" stellen dabei vertikal angeordnete Funktionsgruppen innerhalb des Herrschaftsgefüges dar, wobei sie zusätzlich im horizontalen Bereich einer Differenzierung nach Herrschaftsbereichen unterliegen. Dahinter steht latent ein Modell der Sozialstruktur, das an einen Klassen- oder auch Schichtungsansatz erinnert. Nachteilig daran erscheint die ziemlich „grobe" Gliederung nach Herrschaftslagen. Geht man wie Bolte/Hradil (1988) für die Bundesrepublik von der Annahme eines pluralistischen Elitengefüges aus, das durch eine „soziale Distanz" zwischen den Mächtigen gekennzeichnet ist, so wird es schwierig, eine Homogenität der Normvorstellungen herrschender Gruppen (eines Herrschaftsbereiches) zu unterstellen.

Die gesellschaftliche Wirklichkeit wird von den verschiedenen Gruppierungen unterschiedlich gesehen und bewertet. Es werden also auch unterschiedliche Produktionen als zum System gehörig eingegrenzt bzw. als nicht zum System gehörig („Taten") ausgegrenzt, was zu unterschiedlichen Definitionen der jeweiligen Out-groups führt. Daher werden auch die differenzierten Normforderungsinteressenten die Delikte mit unterschiedlicher Aufmerksamkeit beachten (Haferkamp 1980: 101). Für den Prozess der Normforderungsübermittlung schreibt Haferkamp „der Wahrnehmung gesellschaftlicher Wirklichkeit durch einzelne Gruppen einen großen Einfluß auf die Berichterstattung zur Normsetzung" (Haferkamp 1980: 102) zu. Allgemein (Haferkamp erstellte hierzu insgesamt zwölf Thesen, deren wichtigste Aussagen im Folgenden zusammengefasst werden sollen) ist zu sagen, dass für herrschende Gruppen das Diebstahlverbot zum einen ein Enteignungsverbot ist, das für die „unteren" Gruppen zutreffen soll. Es soll den herrschenden Gruppen das Eigentum und die Verfügungsmacht darüber sichern und zudem den Konsum regeln. In diesem Sinne lässt sich Eigentum als Mittel verwenden, um Mangelsituationen (bei den Anderen) zu beheben, kann also von daher normsetzend verwendet werden. Zum anderen sollen damit auch die Produktionsverhältnisse gesichert werden. Daher haben diese Gruppen ein verstärktes Interesse an der strafrechtlichen Normierung, Verfolgung und Sanktionierung des (Laden-)Diebstahls, was sich in der Forderung nach Verschärfung des Diebstahlverbots niederschlägt. Bereits leichte Formen der Eigentumskriminalität werden (wohl auch aus Abschreckungsgründen) für regulierungsbedürftig gehalten. Als Forderungsbegründung werden Gesellschafts- und Eigentumsschutz angeführt.

Haferkamp zieht Herrschaft stützende und Herrschaft sichernde Gruppen zusammen, um die Gegenposition darzustellen. Der Konkurrenzgedanke wird z. B. von den Herrschaft stützenden Gruppierungen nicht vertreten. Sie sehen sich von dem Versuch der Herrschenden, die „unteren" Gruppen zu regulieren, mit betroffen und lehnen von daher entsprechende Maßnahmen ab, die auf eine Strafrechtsverschärfung bei Eigentumsdelikten abzielen. Für die Organisationen sozialer Kontrolle ist zwar ein vitales Interesse an diesen Normen zu verzeichnen, da „die Sanktionierung von Verstößen (…) den Hauptteil der Tätigkeit" (Haferkamp 1980: 96) ausmacht. Jedoch wollen sie damit primär ihren Kompetenzbereich sichern, für dessen Ausgestaltung im Zuge einer Liberalisierung von Arbeitsfeldern „dann durchaus auch Milderungsvorschläge vorgetragen" (Haferkamp 1980: 97) werden. Daher werden von dieser Seite her entweder Milderungen oder Erhalt des Status quo beim Diebstahlverbot gefordert und nur der Bereich schwerer Eigentumskriminalität erscheint regulierungsbedürftig.

Interessant wird der Prozess durch das Auftreten bzw. die Einschaltung der Normforderungsübermittler. Haferkamp sieht – so seine These – dabei die konservativen Massenmedien durch herrschende Gruppen aktiviert, was zur „Schärfung oder Erhaltung des Diebstahlverbots als Strafrechtssetzung" (Haferkamp 1980: 99) führt, wohingegen Herrschaft sichernde Gruppen „reformorientierte Massenkommunikationsmedien" auf ihrer Seite haben, die für eine Milderung plädieren. Bei der Frage nach der Regulierungsbedürftigkeit greifen die Medien die Argumentation der jeweils entgegengesetzten Gruppierungen auf und verwenden sie als Legitimation für ihre propagierten Forderungen: Schwere Eigentumsdelikte werden Strafrechtsforderungen nach sich ziehen, die auf eine Verschärfung des Diebstahlverbots abzielen, leichte Eigentumskriminalität solche nach Milderung.

Hinter diesen Strategien stehen natürlich die Bemühungen um eine Ausdehnung des Gültigkeitsbereiches der eigenen Vorstellungen, d. h. des eigenen Inklusivsystems auf Kosten der Systeme aller anderen Gruppen. (Auf ihre strukturelle Richtigkeit – unter Einbeziehung sozialstruktureller Daten – ist jedoch die Polarisierung der Gruppen, die Beschränkung auf die Dichotomie Herrschende versus Herrschaftsunterstützende/-sichernde zu hinterfragen.)

Haferkamps Trennung in Herrschaftsbereiche und Herrschaftslagen sowie seine Unterscheidung hinsichtlich der Reichweite von Inklusiventwürfen in Abhängigkeit von der verwendeten Systemsprache kann zum Ausgangspunkt weiterer Überlegungen genommen werden. Sie finden dann innerhalb der Herrschaftsbereiche (Arbeit, Sicherheit, Sinngebung) statt und drücken Verstöße gegen die spezifischen, für diesen Bereich besondere Gültigkeit erhebenden kodifizierten Normvorstellungen aus.

So können Aggressionskriminalität allgemein und Aktivitäten von Rockergruppen als Inklusiventwürfe abweichenden Verhaltens mit begrenzter Reichweite auf der Basis physischer Manipulationen betrachtet werden. Dabei muss jedoch auch der unterschiedliche Organisationsgrad der Gruppierungen einbezogen werden. Bei (Klein-)Gruppen ohne umfassende Inklusiventwürfe bzw. mit Entwürfen begrenzter Reichweite ist daher das Medium der physischen Manipulation bereits nach nur wenigen „Umschlägen", d. h. Konkretisierungen, erreicht.

Eine andere Form der Abweichung, die mit dem Haferkampschen Modell der Herrschaftslagen und Herrschaftsbereiche allerdings nur schwer direkt zu fassen ist, bildet die Vergewaltigung. Vergewaltigung, also der „Versuch, mittels Zwang und Gewalt von einem nicht einverstandenen Partner sexuelle Befriedigung zu erlangen" (Davidson/Neale 1988), stellt einen Verstoß gegen sexuelle Tauschnormen dar, der aber zusätzlich das Element der physischen Manipulation, also der Anwendung körperlicher Gewalt, beinhaltet.

Auch hier kann man das Verhalten als Mangelsituation interpretieren, zu deren Beseitigung ein Handelnder versucht, von den normierten Verhaltensweisen abweichende Produktionen zu institutionalisieren. Dies findet zum einen in nur für kurze Zeit und mit Gewalt herbeigeführten (in der Mehrzahl der Fälle) Zweiergesellschaften statt, bei der der Vergewaltiger (hier in der Funktion eines Ego) versucht, die Frau zu zwingen, diese nicht gewollte Einschränkung ihrer Möglichkeiten des Erlebens und Handelns zu akzeptieren. Man könnte zwar zum einen sagen, dass hierbei „Einfluss" vorliegt, der bei jeder interaktiven Übertragung reduzierter Komplexität von Ego nach Alter auftritt, da Ego (der Vergewaltiger) seine Institutionalisierung Alter (der vergewaltigten Frau) mitteilt. Da jedoch beim „Einfluss" Alter beteiligt und angeregt werden soll, kann dies bei der Vergewaltigung nicht zutreffen, weil hier eindeutig physische Manipulation, also Gewalt, als Zwang zur Übernahme der Produktion verwendet wird. Diese Situation lässt sich insbesondere auf die in jüngster Zeit zunehmend beachtete Vergewaltigung in der Familie beziehen. (Die Familie ist nach Haferkamp eine selbstgenügsame Gruppe mit einem Inklusiventwurf begrenzter Reichweite, der nur eine Ordnung der unmittelbaren Außeninteraktion anstrebt.) Hier werden jedenfalls Normsetzungs- und -definitionsprozesse auf der Basis intrafamilialer und gesellschaftlich asymmetrischer Machtstrukturen erkennbar.

Kriminalisierung und Entkriminalisierung:
- Lange wurde in den Rechtswissenschaften und der Soziologie von dem *Konsensusmodell* ausgegangen, wonach Strafrechtsnormen deshalb *Allgemeingültigkeit* beanspruchen können, weil sie dem *Schutz der Allgemeinheit* dienen.
- Tatsächlich sind aber auch *Macht(erhaltungs)strategien* in *Normsetzung* und *Sanktionierung* der Abweichung erkennbar.
- Dies lässt sich schon daraus ableiten, dass auch ein *Sanktionsverzicht des Opfers* bei einer Straftat (in bestimmten Fällen) nicht zum Verzicht auf staatliche Strafverfolgung führt. *Macht* und *Herrschaft* werden durch die Strafverfolgung dokumentiert und erhalten.
- *Kriminalisierung* ist daher ein Instrument der *Ausgrenzung* von Mitgliedern der In-groups in Out-groups.
- Der Prozess der Kriminalisierung ist *sozialstrukturell* durch *spezifische Mängellagen* determiniert (Machtgefälle).
- Entkriminalisierung kann somit verstanden werden als ein Versuch, das *soziale Machtgefälle abzubauen*.
- Am Beispiel des Diebstahls lassen sich Aufrechterhaltung von Macht (= Eigentumsverhältnisse) und Entkriminalisierungschance gut nachvollziehen.

Soweit die Skizze der Haferkampschen Anstrengungen, *normatives* und *interpretatives Paradigma* zu versöhnen, *Handlungs- und Systemtheorie* zu kombinieren und *Macht* und *Herrschaft* als *konflikttheoretische* Elemente in eine Theorie der *Kriminalität* und *Kriminalisierung* zu integrieren. Das zentrale Element, das die neuen Ansätze charakterisiert, ist *soziale Kontrolle*. Sie ist tatsächlich durch die Betrachtung von *Normsetzung* und *Normdurchsetzung* – auch wenn die Sanktionierung selbst keine entscheidende Rolle spielt – in der Form Abweichungen definierender und konstituierender enthalten; der Perspektivenwechsel ist vollzogen.

3 Das Konzept der Selbstkontrolle nach Gottfredson und Hirschi

> Michael R. Gottfredson und Travis Hirschi unternehmen mit ihrem Werk „A General Theory of Crime" (1990) den Versuch, eine Theorie zu entwickeln, die ihrem Anspruch nach nicht nur Teilaspekte der Kriminalität beschreiben kann, sondern die Kriminalität in ihrer Ganzheit erfasst und erklärt.
>
> Ausgangspunkt ihrer Arbeit ist eine zum Teil harsche Kritik an der konventionellen „positivistischen" Theoriebildung, die jeweils zu stark den einzelnen Ursprungsdisziplinen verhaftet ist und deshalb keine dem Forschungsgegenstand adäquate Perspektive einnimmt. Dominant sind die disziplinspezifischen theoretischen Fixierungen und nicht das Forschungsobjekt. Diese Fehlorientierung verführt zu mehr oder weniger reinen soziologischen, psychologischen, ökonomischen und biologischen Erklärungsversuchen, die der Vieldimensionalität des Phänomens nicht gerecht werden können.
>
> Der zweite Kritikstrang, der zum Ausgangspunkt der theoretischen Überlegungen der beiden Autoren wird, ist der Vorwurf an die „positivistische" Kriminologie, dass diese sich praktisch ausschließlich auf den Delinquenten bzw. dessen sozialen Hintergrund richtet. Der Akt der kriminellen Handlung als solcher wird dabei allzu oft aus den Augen verloren.
>
> Gottfredson und Hirschi entwickeln als theoretischen Ansatz das Selbstkontrollkonzept und befassen sich mit den Anwendungsmöglichkeiten ihrer theoretischen Überlegungen in Theorie und Praxis, wobei sie überzeugt sind, ihre theoretischen Erkenntnisse in konkrete gesellschaftspolitische Maßnahmen umsetzen zu können. Die Überwindung disziplinspezifischer Limitationen und Restriktionen sowie die handlungspraktische Transformation, also die gesellschaftspolitische Wirksamkeit, sind zentrale Intentionen ihrer Arbeit: „We have tried to write a book, that is free of constraints of disciplinary perspectives but that is useful in tracing the outlines of reasonable public policy toward crime" (Gottfredson/Hirschi 1990: XIV).

3.1 Die theoretischen Wurzeln des Selbstkontrollkonzepts

Während die disziplinorientierten theoretischen Ansätze gewöhnlich danach fragen, was Kriminalität verursacht, ist die Ausgangsfragestellung bei Gottfredson und Hirschi: Was ist Kriminalität? (Gottfredson/Hirschi 1990: XIV). Diese veränderte Stoßrichtung macht einen grundlegenden Unterschied zwischen dem noch zu entwickelnden theoretischen Ansatz von Gottfredson und Hirschi und den meisten anderen kriminologischen Theorien aus. Während Letztere sich mehr oder weniger stark an juristischen Definitionen von Kriminalität orientieren, also ein Verhalten als kriminell betrachten, das einer strafrechtlichen Norm widerspricht, beziehen sich die beiden Autoren in einer entfernten Analogie zum Labeling Approach auf die Frage, was Kriminalität ausmacht. Während die disziplinspezifisch verhaftete Kriminologie Kriminalität als abhängige Variable begreift und die weiteren Überlegungen sich primär auf die unabhängigen Variablen konzentrieren, also den Delinquenten bzw. dessen Umfeld, dessen sozialstrukturelle Einbindung, dessen Psyche etc., geht es Gottfredson und Hirschi um eine andere Perspektive: Um das *Wesen* kriminellen Handelns zu ergründen, muss man dieses als ein Ereignis verstehen, das nicht nur Resultat anderer Faktoren, sondern auch ein eigenständiges Phänomen als solches ist. Um das Wesen von Kriminalität zu begreifen, empfiehlt es sich allerdings schon, einerseits auf die klassischen Theorien zur Kriminalität und andererseits auf die so bezeichneten positivistischen zu rekurrieren.

Gottfredson und Hirschi unterscheiden nämlich im Wesentlichen zwei Phasen der kriminologischen Forschung: Bevor sich die Kriminologie als Wissenschaft im engeren Sinne etablieren konnte, wurde Kriminalität als eine natürliche Konsequenz aus den ungehinderten menschlichen Neigungen gesehen. Der Mensch strebt danach, Annehmlichkeiten zu erreichen und Unangenehmes zu vermeiden. Dieses klassische Rational Choice-Modell wurde später durch die, wie Gottfredson und Hirschi es nennen, „positivistische" Sichtweise abgelöst, die das kriminologische Denken des 20. Jahrhunderts trägt.

3.1.1 Die klassischen Theorien

Als Vertreter der klassischen Theorien zur Kriminalität werden von Gottfredson und Hirschi Thomas Hobbes, Jeremy Bentham und Cesare Beccaria herangezogen, wobei sie sich in erster Linie auf Bentham stützen. Die klassischen Theorien befassen sich zunächst mit einer allgemeineren Theorie menschlichen Verhaltens, um sich dann, wie von Gottfredson und Hirschi kritisiert wird, zu einseitig auf die staatliche Strafverfolgungspolitik zu konzentrieren. Durch die Reduktion auf strafbare Handlungen („crime") werden bestimmte Verhaltenweisen ausgeblendet, die von ihren Ursachen und von der gesellschaftlichen Reaktion auf diese Verhaltensweisen her strafbaren Handlungen durchaus ähnlich sein können (Gottfredson/Hirschi 1990: 3). Das allgemeine Bild des Menschen, das in diesen klassischen Ansätzen erkennbar ist, baut auf folgenden Prämissen auf: Einmal ist der Mensch auf die Befriedigung seiner Bedürfnisse aus und versucht, Schmerz und Leid zu vermeiden. Zum anderen handelt der Mensch rational.

Diese beiden Prämissen implizieren, dass Handeln immer von einer *Kalkulation* bestimmt wird, indem die Menschen die Vor- und Nachteile ihrer Handlungen antizipatorisch abwägen. Da der Mensch nicht von Natur aus gut ist, sind abweichend definierte Verhaltensweisen, die der Befriedigung vorhandener Bedürfnisse dienen und Not und Leid vermeiden, rational. Sie sind das Ergebnis genau dieser Kalkulation und treten deshalb ebenso wie als konform betrachtete

Verhaltensweisen auf. Als abweichend definierte Handlungen können nun aber das soziale Gefüge von Gesellschaften mehr oder weniger stören und belasten. Um also soziale Ordnung zu ermöglichen, werden bestimmte Verhaltensweisen als abweichend definiert und gesellschaftlich sanktioniert. Da kriminelle Handlungen ebenso wie alle anderen Verhaltensweisen der Bedürfnisbefriedigung und der Abwehr belastender Umstände dienen, hängt deren Praktizierung besonders von der Antizipation positiver und negativer Konsequenzen des Handelns ab, daher in besonderer Weise von den angedrohten und denkbaren Sanktionen. Ursachen und Prävention von Kriminalität sind also weitgehend durch die angedrohten Sanktionen determiniert. Bentham nennt idealtypisch vier verschiedene Sanktionsformen, die realiter natürlich auch gemeinsam auftreten können:

- *natürliche* Sanktionen, wie etwa Gesundheitsschädigungen (physical sanctions),
- *religiöse* Sanktionen, also solche, die den Menschen in seiner Verantwortung vor Gott, vor sich selbst und mithin in seinem Gewissen belasten (religious sanctions),
- *informelle* Sanktionen, die vom engeren sozialen Umfeld auferlegt (moral sanctions) und
- *staatliche* oder *legale* Sanktionen, die von der Justiz verhängt werden (political sanctions).

Kriminalität wird also insbesondere durch die Existenz und die Art der Sanktionen determiniert. Dies gilt aber grundsätzlich für alle Handlungen: „Benthams theory does not distinguish between ‚criminal' and ‚noncriminal' acts. Behavior is governed by pleasure and pain, whether the behavior be criminal or noncriminal" (Gottfredson/Hirschi 1990: 9). Die Frage, warum sich ein bestimmter Akteur für eine bestimmte Handlung entscheidet, wird also durch eine lern- bzw. verhaltenstheoretische Aussage beantwortet; der Akteur wählt nämlich jene Handlung, die die größte Belohnung verspricht. Mit Hilfe der klassischen Theorie lässt sich diese einfache Antwort dreifach differenzieren und präzisieren:

- Je schneller und sicherer eine Handlung ihre Belohnung erfährt, desto erstrebenswerter ist sie. Als Beispiel geben Gottfredson und Hirschi das Rauchen von Marihuana nach Schulschluss an, das einen schnelleren positiven Effekt mit sich bringt als das Erledigen der Hausaufgaben und deshalb mehr Spaß macht.
- Aktionen, die wenig körperliche oder geistige Mühe erfordern, bereiten mehr Freude als solche, die größere Anstrengungen mit sich bringen. Einen 100-Euro-Schein irgendwo mitzunehmen, ist angenehmer, als ihn sich durch Arbeit zu verdienen.
- Risiko und Aufregungen (Kick) bringen mehr Vergnügen und Spaß mit sich als routinisierte oder stumpfsinnige Tätigkeiten. Als Beispiel kann rasantes Autofahren oder S-Bahn-Surfen genannt werden.

Diese Mechanismen treffen auf alle Menschen gleichermaßen zu und münden andererseits eben auch in typisch kriminellen Handlungen. Sie liegen in der Natur des Menschen und entziehen sich somit jeglicher Einflussnahme. Hieraus zieht Bentham die Konsequenz, nicht die Kriminalität an sich, sondern die Gegenmaßnahmen in das Zentrum der Überlegungen zu stellen. Die zugrundeliegende Logik ist klar: Da jeder Mensch auch bei kriminellen Handlungen die Vor- und Nachteile rational abwägt, kann jedes Verbrechen verhindert werden, wenn die Sanktionen so beschaffen sind, dass der potenzielle Verbrecher abgeschreckt wird. Dies ist übrigens auch heute noch in unserem Strafrecht erkennbar, in dem die Strafe sowohl einen *generalpräventiven* als auch einen *spezialpräventiven* Charakter trägt. Dieser Abschreckungseffekt wird erzielt,

- wenn die Sanktionen mit Gewissheit oder mindestens mit sehr hoher Wahrscheinlichkeit eintreten,
- wenn sie möglichst schnell auf die Tat folgen und
- wenn sie entsprechend hart sind.

Hier setzt nun die Kritik von Gottfredson und Hirschi ein; sie sehen die Schwachstellen dieses Ansatzes darin, dass einerseits diese klassische Sicht von Kriminalität die prinzipielle Verfügbarkeit drakonischer Strafen voraussetzt, die aber andererseits mit den Ideen der modernen, demokratischen und liberalen Gesellschaften konfligieren. Andererseits besteht eine Schwachstelle der Theorie ihrer Auffassung nach darin, dass sie die Veranlagungen der Delinquenten verkennt und zu weitgehend darauf aufbaut, dass jeder Mensch den gleichen Rationalitätsprinzipien folgt. Empirisch wird diese Theorie schon allein dadurch widerlegt, dass selbst die Todesstrafe und auch eine hohe Sanktionswahrscheinlichkeit viele (allzu viele) Täter nicht von ihren Taten abhalten können. Gleichwohl sehen die beiden Autoren in dem klassischen Ansatz einen wichtigen Zugang zum Phänomen der Kriminalität: Denn das Verbrechen ist eine Handlung, die aus *Eigeninteresse* geschieht, die der *Bedürfnisbefriedigung* dient und sich von anderen Handlungen nur dadurch unterscheidet, dass sie von *staatlichen Organen* mit *Sanktionen* bedroht ist.

Kriminelles Handeln wird nach Gottfredson und Hirschi in Erwartung einer *schnellen und sicher eintretenden Bedürfnisbefriedigung mit geringem Aufwand* realisiert. Ihren Überlegungen zufolge wird ein Gesetzesbrecher in der Regel kaum erhebliche Planung oder Mühe in sein Delikt investieren. Die *mangelnde Planung* bringt mit sich, dass der Entschluss zur Tat spontan gefasst und ebenso spontan ausgeführt wird. Dieser geringe zeitliche Abstand impliziert auch eine mäßige räumliche Distanz: Aufenthaltsort und Tatort liegen demnach nah beieinander. Die *Mühelosigkeit* hat zur Folge, dass der Profit, der aus der Tat gewonnen wird, in der Regel gering ist. Ein Täter wählt seine Tat nicht notwendiger Weise nach der Höhe des zu erwartenden Gewinns, sondern danach, wo am wenigsten Widerstand und Risiko zu befürchten sind. Somit ist meist auch die Bedürfnisbefriedigung nur von kurzer Dauer, da der mäßige Ertrag der Tat schnell verbraucht ist.

Gottfredson und Hirschi versuchen im Weiteren ihre theoretischen Überlegungen durch empirisches Material zu stützen. Hierzu analysieren sie die verschiedenen Deliktarten nach ihren typischen Elementen und vergleichen sie im Blick auf Gemeinsamkeiten. Im Gegensatz zu einem Bild, das die Medien verbreiten, gilt für die überwiegende Mehrheit der Delikte: Sie „are trivial and mundane affairs that result in little loss and less gain" (Gottfredson/Hirschi 1990: 16). Wird bei Eigentumsdelikten einmal große Beute gemacht, so ist dies meist auf Zufälle zurückzuführen. Auch bei Totschlag spielt nach Meinung der beiden Autoren der Zufall eine größere Rolle als die Bösartigkeit des Täters. Tötungsdelikte sind oft das Ergebnis von Streitigkeiten, die auch harmloser enden könnten. Ihren Überlegungen nach ist ein Verbrechen nicht ausschließlich durch den Täter bedingt, sondern auch durch das Opfer, durch die Gelegenheit und die potenzielle Beute: In ein unbewachtes Haus wird eher eingebrochen, ein wehrloses Opfer wird eher beraubt usw.

Anhand der Täterstatistiken versuchen die beiden Autoren auch zu zeigen, dass Spezialisierungen auf ein bestimmtes Delikt nicht die Regel sind. Jemand, der Raubüberfälle begeht, neigt auch zu Ladendiebstahl oder auch zu Drogenkonsum. Wichtig ist für den Täter bei allen Delikten die schnelle und möglichst aufwandslose Bedürfnisbefriedigung. Diese ist zwar für Kriminalität typisch, bei vielen nichtkriminellen Handlungen aber ebenso gegeben. Als Beispiele werden Zigaretten- und Alkoholkonsum, Schuleschwänzen usw. genannt. Im Ergebnis halten sie fest, dass zwischen den verschiedenen Delikten ebenso ein Zusammenhang besteht wie zwischen Delinquenz und „kurzsichtigem" legalem Verhalten. Sie betonen, dass dies von entscheidender Bedeutung für ihre weiteren Überlegungen ist. „Criminologists operate as though there must be a difference in etiology between trivial crimes and serious crimes, but drawing the distinction between these events (and/or people) is difficult" (Gottfredson/Hirschi 1990: 43).

Das Menschenbild der klassisch-kriminologischen Ansätze, das für Gottfredson und Hirschi einen zentralen Stellenwert einnimmt, kann so charakterisiert werden: Der Mensch handelt *rational* und in Verfolgung seiner individuellen Interessen. Jeder Handlung geht eine *Kosten-Nutzen-Kalkulation* voraus. Der Mensch strebt nach *Befriedigung seiner Bedürfnisse* und will Negativerlebnisse vermeiden. Sanktionen stellen dem (Kurzzeit-)*Nutzen* abweichenden Verhaltens hohe (Langzeit-)*Kosten* gegenüber.

Aus dieser klassischen Perspektive ergibt sich für Gottfredson und Hirschi ein Konzept kriminellen Handelns, das wie folgt und zusammenfassend so skizziert werden kann:

Der Verbrechensbegriff:
Das Verbrechen ist eine Handlung,
- die aus *Eigeninteresse* geschieht,
- die der *Bedürfnisbefriedigung* dient und
- sich von anderen Handlungen nur dadurch unterscheidet, dass sie von *staatlichen Organen* mit *Sanktionen* bedroht ist.

Das klassische Menschenbild:
- Der Mensch handelt *rational* und in Verfolgung seiner individuellen Interessen.
- Jeder Handlung geht eine *Kosten-Nutzen-Kalkulation* voraus.
- Der Mensch strebt nach *Befriedigung seiner Bedürfnisse* und will Negativerlebnisse vermeiden.
- Sanktionen stellen dem (Kurzzeit-)*Nutzen* abweichenden Verhaltens hohe (Langzeit-)*Kosten* gegenüber.

Erster konzeptioneller Rahmen kriminellen Handelns:
- Kriminalität wird durch die *Art und Höhe der Sanktionen* determiniert.
- Kriminalität liefert unmittelbare, sichere und aufwandslose *Bedürfnisbefriedigung*.
- Eine kriminelle Handlung kommt nicht nur durch den Täter zustande, sondern auch durch *situationsbedingte Voraussetzungen*, also *Opfer, Gelegenheit, Beute* etc.
- Es gibt nichtkriminelle Handlungen, die mit Kriminalität „verwandt" sind, d. h. beide folgen *denselben Prinzipien*.
- Kriminalität ist nicht *monodeliktisch*, d. h. es findet kaum eine Spezialisierung auf bestimmte Delikte statt. Die Art des Delikts ist ätiologisch unbedeutsam.

3.1.2 Die „positivistischen" Theorien

Das oben skizzierte klassische Menschenbild wird einigermaßen erschüttert, als Charles Darwin seine Theorie entwickelte. Wurde vorher unterstellt, dass der Mensch ein Wesen wäre, das sich frei nach seinem Willen entscheiden und handeln kann, so wird mit der Evolutionstheorie ein neues Menschenbild dominant. „According to evolutionary biology, humans are animals subject to laws of nature like all other animals. Human behavior, like any animal trait, must therefore be governed by the laws of nature rather than by free will and choice" (Gottfredson/Hirschi 1990: 47). Um Kriminalität erforschen zu können, muss der Wissenschaftler diese „Gesetze" hinter dem Verhalten erforschen und ergründen. Es handelt sich dabei aber nicht um abstrakte oder metaphysische Kräfte, die sich unserer sinnlichen Wahrnehmung entziehen und somit nur einer theoretischen Betrachtung zugänglich wären, sondern um theoretisch *und* empirisch fassbare Regelmäßigkeiten oder Mechanismen. Aus diesem Grunde bezeichnen Gottfredson und Hirschi dieses Vorgehen als positivistisch.

Der Positivismus betont bestimmte „Kausalitäten" und Abhängigkeitsverhältnisse für abweichendes Verhalten und lehnt das auf den Egoismus reduzierte Menschenbild der klassischen Theorien ab. Als Mangel des Positivismus wird von Gottfredson und Hirschi die Tatsache angegeben, dass er zwar über eine allgemeine Untersuchungsmethode verfügt, nicht jedoch über die notwendigen theoretischen Verhaltensannahmen. Deshalb müssen sich die positivistischen Ansätze einseitig auf strafbare Handlungen in ihren Aussagen konzentrieren.

Dies hat zur Folge, dass die Beziehungen zwischen Abweichung und strafbarem Verhalten als Ursache und Wirkung betrachtet werden, statt als Ausdruck ein und derselben Ursache. „One purpose of this book is to reunite deviance and crime under a general theory of behavior" (Gottfredson/Hirschi 1990: 4). Dazu ist es notwendig, die klassische Theorie neu zu interpretieren und ihr Erklärungsvermögen herauszuarbeiten.

Die beiden Autoren vertreten nun die Auffassung, dass man für eine neue zeitgemäße Theorie nicht einfach das klassische Modell zu neuem Leben erwecken kann, um auf diese Weise die theoretischen und gesellschaftspraktischen Probleme moderner Kriminologie zu lösen. Trotz ihrer Kritik an der positivistischen Kriminalsoziologie, in der sie von Autoren wie Clark/Hollinger (1983), Mayhew et al. (1976) oder Matza (1964) unterstützt werden, sehen sie viele relevante Faktoren, die die positivistischen Theorien geliefert haben und die sich durchaus mit einer Neuinterpretation der klassischen Theorie vereinbaren lassen. So neige z. B. die klassische Theorie dazu, die Rolle der Familie als Ursache für kriminelles Verhalten zu ignorieren. Empirische Ergebnisse zeigen jedoch, dass ein solcher Standpunkt längst widerlegt ist.

Als zentraler Kritikpunkt an der positivistischen Kriminologie bleibt jedoch, sich weniger auf die kriminelle Handlung selbst, als vielmehr zu einseitig auf den Kriminellen konzentriert zu haben. Tatsächlich können kriminelle Handlungen anhand von Prinzipien erklärt werden, mit denen sich auch das sonstige menschliche Verhalten erfassen lässt. Anders als die positivistischen Theorien wäre die klassische Theorie in der Lage, die Eigenheiten krimineller Handlungen im Gegensatz zu nichtkriminellen Verhaltensweisen zu erklären. Wie wir schon wissen, charakterisieren sie kriminelle Handlungen als kurzlebig mit sofortiger Belohnungserwartung, leicht durchzuführen und spannend. Solche Merkmale sind auch in anderen Verhaltensweisen enthalten, die nicht als kriminell definiert werden. Daher ist der klassische Ansatz besser als jede positivistische Theorie dazu geeignet, den Beweis zu führen, dass Kriminalität nur eine mögliche Ausprägung einer sehr viel größeren Bandbreite abweichenden (und konformen) Verhaltens ist. Zu solchen Phänomenen gehören etwa Unfälle, Drückebergerei, Schule, Arbeit, Familienprobleme etc.

Als vier positivistische Hauptströmungen der Kriminologie behandeln und kritisieren Gottfredson und Hirschi die Biologie, die Psychologie, die Ökonomie und die Soziologie.

Der biologische Positivismus

Die klassische Vorstellung von menschlichem Verhalten, das durch individuelle Präferenzstrukturen gesteuert wird, wurde durch die neue Sichtweise der biologischen Positivisten abgelöst, die sich mit individuellen biologischen Unterschieden und deren Konsequenzen beschäftigten. Die Ursprünge des biologischen Positivismus gehen auf den Italiener Lombroso zurück (1876), der auf der Basis der Darwinschen Evolutionstheorie mit Hilfe *atavistischer*, also auf frühere Entwicklungsstadien regredierende Bedingungen, die Kriminalität zu erklären suchte. Lombroso stellte bei seinen Untersuchungen fest, dass die Kriminellen durch biologische Eigenschaften von der übrigen (konformen) Bevölkerung zu separieren wären. Als solche Eigenschaften extrahierte er etwa die Asymmetrie des Kopfes, hervorstehende Augenbrauen und Kinnbacken, stechender Blick, spitzer Kopf, hoher Gaumen, große abstehende Ohren, spärlicher Bartwuchs usw. Solche Merkmale nannte er „Degenerations-Stigmata" (Montagu 1979: 231).

Personen, die solche Stigmata aufweisen, neigen unter gewissen Umweltbedingungen zur Kriminalität. Da aber fast alle Menschen solche Stigmata haben, ist ihre Erklärungkraft begrenzt. Trotzdem hält Lombroso daran fest, dass die biologische Prädisposition, die sich in der äußeren Erscheinung durch das Vorhandensein der Stigmata manifestiert, zu Kriminalität führe. Er interpretiert diese Stigmata als Indikatoren biologischer Minderwertigkeit, als Rückfall in einfachere Formen biologischer Entwicklung, die sich in primitiven Reaktionsweisen äußern. Biologische Inferiorität gilt für ihn als Ursache kriminellen Verhaltens.

Ziel des biologischen Positivismus ist die Erforschung von Veranlagungen zu kriminellem Verhalten. Es wird davon ausgegangen, dass gewisse Neigungen zur Kriminalität genetisch vererbt werden, die sich der Beeinflussung des „Kriminellen" entziehen. Der biologische Positivismus übernimmt also die juristische Anschauung von Kriminalität als Verstoß gegen das Gesetz und betrachtet den Täter als jemanden, der einer solchen Tat überführt ist. Die genetischen Bedingungen, die hierbei relevant sind, werden über entsprechende Äußerlichkeiten operationalisiert. Die empirische Verknüpfung solcher unabhängiger Variablen mit den abhängigen Variablen Straffälligkeit, Häufigkeit, Art und Schwere des Vergehens, sollten die Theorien begründen helfen. Die Ergebnisse aber, die hierbei zustande kommen, sehen Gottfredson und Hirschi als relativ fruchtlos an. „Without a concept of crime or of criminality, biological positivism is reduced to endless examination of lists of possible physiological, anatomical and constitutional variables that may or may not be correlated with behavior definded as crime by contemporary political sanctions" (Gottfredson/Hirschi 1990: 53). Aus solchen Variablenkonstellationen werden dann Typen von Delikten und Delinquenten abgeleitet, wobei die einzelnen Typen jeweils einzelnen theoretischen Aussagen zugeordnet werden.

Der biologische Positivismus vergleicht zwischen Kriminellen und Nicht-Kriminellen, um herauszufinden, ob es vererbbare Prädispositionen für kriminelles Verhalten gibt. Da er dabei im Bereich theoretischer Aussagen wenig Qualitatives zustande gebracht hat, setzen sich Gottfredson und Hirschi vor allem mit dem methodischen und auswertungstechnischen Vorgehen kritisch auseinander. Ihr Befund: Die mit enormem Aufwand erstellten Datensammlungen sind bestenfalls in der Lage aufzuzeigen, dass ein Zusammenhang zwischen biologischen Variablen und kriminellem Verhalten bestehen könnte. Als zentrales Problem ergibt sich, dass tatsächlich eine Vielzahl von Variablen aneinandergereiht und dabei von der Grundannahme ausgegangen wird, dass jede von sich aus eine Bedeutung hat, ohne allerdings für mögliche konzeptionell-theoretische Absicherungen zu sorgen. Gottfredson und Hirschi nennen beispielhaft die Untersuchung von Mednick et al. (1983), die mit ihrer Studie versuchen wollten, die genetische Übertragung seelischer Krankheiten nachzuweisen. Eine analoge Versuchsanordnung ist auch schon dazu verwendet worden, um die Vererbung von Alkoholismus zu untersuchen. Dem wird nun entgegengehalten, dass ein solches Design genauso gut dazu benutzt werden könnte, die genetische Übertragung vieler anderer Verhaltensweisen, wie etwa das Rauchen oder die Drückebergerei, zu erklären. Mit solchen Untersuchungsmethoden kann nach Gottfredson und Hirschi auch die Vererbung von außerehelicher Elternschaft, gescheiterten Ehen oder das Zu-spät-in-die-Schule-Kommen nachgewiesen werden. Hier wird der Vorstellung gefolgt, dass Handlungen Ursachen haben und spezifische Handlungen spezifische Ursachen haben müssen. Dies bringt den biologischen Positivismus aufgrund seiner theoretischen Ausrichtung zu der (wenig erfolgversprechenden) Suche nach genetischen Bedingungen, die für die spezifisch abweichenden Handlungen ursächlich sind oder sein könnten.

Analoge Probleme sehen Gottfredson und Hirschi auch bei anderen disziplinspezifischen Formen des Positivismus, z. B. seiner psychologischen Variante.

Der psychologische Positivismus
Der psychologische Positivismus erscheint für die Kriminologie von größerer Bedeutung als der biologische. Seine Apologeten untersuchen kriminelles Verhalten im Rahmen allgemeinerer Konzepte, wie etwa der instrumentellen Aggression oder der Psychopathologie, womit sie eine weitgehende Orientierung an und eine Abhängigkeit von juristischen Definitionen zu vermeiden suchen. Ist dies positiv zu würdigen, so besteht andererseits ein zentrales Problem des psychologischen Positivismus darin, dass keine einheitliche Theorie zugrunde liegt, sondern eine Vielfalt von Ansätzen diese Richtung konstituiert. „The lack of influence within criminology of psychological positivism is therefore something of a puzzle" (Gottfredson/Hirschi 1990: 65). Die beiden Autoren widmen sich dann dem Konzept der instrumentellen Aggression und der Lerntheorie als speziellen psychologisch-positivistischen Ansätzen.

Auf den ersten Blick scheint sich das Aggressionskonzept in die klassische Theorie einfügen zu lassen. Kriminalität kann begriffen werden als ein Spezialfall aggressiven Verhaltens; es lässt sich somit frei von juristischen Definitionen betrachten. Die Ursachen und Gründe für ein spezifisches Verhalten liegen im Individuum selbst und bleiben über relativ lange Zeit stabil. Bei näherer Betrachtung entdeckt man aber, dass Aggression nicht mit dem Konzept kriminellen Handelns und den empirischen Befunden hierzu kompatibel ist. „Criminality does not connote activity, force, or violence any more than it connotes passivity, fraud, or deceit. Criminality is all these things at once" (Gottfredson/Hirschi 1990: 66).

Etwas anders sieht es bei der Lerntheorie aus: Diese ist in ihren zentralen Aussagen voll und ganz mit dem Konzept kriminellen Handelns und seinen Implikationen kompatibel. Die Hauptaussage besteht darin, dass Belohnung zur Wiederholung der Handlung, Bestrafung zu ihrer Vermeidung führt. Man entnimmt somit der Erfahrung die antizipatorische Einschätzung der Handlungskonsequenzen. Appliziert man dieses Prinzip auf kriminelles Handeln, so kann man mit hoher Wahrscheinlichkeit davon ausgehen, dass im Falle eines geglückten Gesetzesverstoßes eine gleiche oder ähnliche Tat noch einmal begangen wird, und umgekehrt: Wird ein Delinquent bei einer Tat ertappt und bestraft, wird er dieses spezifische Handeln zukünftig eher unterlassen. Die empirisch-statistischen Zahlen und die Erfahrung zeigen jedoch, dass auch bei erfolgreicher Tat nicht notwendigerweise Raub auf Raub und Diebstahl auf Diebstahl folgen. Delinquente sind oft multideliktisch.

Einen weiteren Mangel der Lerntheorie sehen die beiden Autoren darin, dass zu sehr die positiven und zu wenig die negativen Sanktionen berücksichtigt werden. Dieses Manko kann aber bei explizitem Rekurs auf lerntheoretische Überlegungen (instrumentelles Konditionieren etc.) aufgefangen werden. Die Hauptkritik von Gottfredson und Hirschi richtet sich jedoch dagegen, dass in den lerntheoretischen Überlegungen individuelle personale Unterschiede keine Berücksichtigung in der Erklärung des Verhaltens finden. Die Lerntheorie „rejects the idea of individual differences as causes of crime, and rejects the idea of personality as a stable influence on criminal behavior" (Gottfredson/Hirschi 1990: 72).

Der ökonomische Positivismus
Dem ökonomischen Positivismus wird zunächst das vorgeworfen, was für den biologischen, psychologischen und auch für den noch zu behandelnden soziologischen Positivismus gilt, nämlich, dass die jeweilige Auffassung von Kriminalität letztlich nur das zentrale Konzept der Disziplin widerspiegelt, von der sie gerade untersucht wird. Ist Kriminalität für den Soziologen letztlich nichts anderes als *soziales*, für den Psychologen *erlerntes*, für den Biologen *ererbtes* Verhalten, so betrachtet der ökonomische Positivismus Kriminalität als – wie auch immer – ökonomisch (als Kosten-Nutzen-Maximierung) determiniert.

Der ökonomische Positivismus kommt der klassischen Theorie der Kriminalität nach Bentham am nächsten. Beide Ansätze gehen von einem Menschen aus, dessen kriminelles und nicht kriminelles Handeln auf Rationalität und Verfolgung von Eigeninteressen beruht. Beide theoretischen Positionen differenzieren weder zwischen den verschiedenen Arten der Delikte noch zwischen den unterschiedlichen Typen von Delinquenten. Beide stimmen auch in der Betonung legaler Sanktionen zur Vermeidung von Kriminalität überein, was von den beiden Autoren entsprechend kritisiert wird.

Ein weiteres Hauptproblem sehen Gottfredson und Hirschi in der Tatsache, dass der ökonomische Positivismus Kriminalität zu sehr als eine Alternative zur Arbeit betrachtet. Sie erblicken darin einen Fehlschluss, der die Entscheidung für eine Straftat nämlich mit der Entscheidung für einen legitimen Gelderwerb gleichsetzt. Sie sehen in den Zahlen zu den Eigentumsdelikten einen erheblichen Widerspruch zu dieser Annahme. „The modal age for burglars is about seventeen and the rate of burglary declines rapidly with age (…) The most likely ‚pecuniary' outcome for a burglar is *no* gain and his next offense is likely to be something other than burglary" (Gottfredson/Hirschi 1990: 74).

Ein weiterer Vorwurf an die Adresse der Ökonomen besteht darin, dass sie sich zu sehr von anderen Disziplinen abschotten und sich damit – trotz des im

Kern guten Ansatzes und trotz der brauchbaren Befunde anderer Disziplinen – umfassendere Erkenntnisse verbauen.

Gary S. Becker (1974) als Vertreter eines ökonomischen Begründungsansatzes zur Erklärung menschlichen Verhaltens soll herangezogen werden, um die Kritik am ökonomischen Positivismus durch Rekurs auf die Grundthesen etwas zu relativieren. Becker hat u. a. den Nobelpreis dafür erhalten, dass es ihm gelang, die Ökonomie in andere Disziplinen fruchtbar und erklärungsträchtig einzubringen. Wenn dies von kritischen Stimmen als *ökonomischer Imperialismus* bezeichnet wird, so handelt es sich um eine überzogene Wertung. Gleichermaßen übertrieben ist, wenn von *ökonomischem Reduktionismus* die Rede ist. Becker kann schon deshalb in besonderer Weise als Vertreter des ökonomischen Positivismus in unserem Kontext herangezogen werden, weil er sich explizit mit Kriminalität beschäftigt hat.

In seinem berühmten Beitrag „Crime and Punishment: An Economic Approach" (1974) benutzt Becker die ökonomische Analyse dazu, „to develop optimal public and private policies to combat illegal behavior. The public's decision variables are as expenditures on police, courts etc. which help determine the probability (p) that an offense is discovered and the offender apprehended and convicted, the size of the punishment for those convicted (f), and the form of the punishment: imprisonment, probation, fine etc. (...) ‚Optimal' decisions are interpreted to mean decisions that minimize the social loss in income from offenses. This loss is the sum of damages, costs of apprehension and conviction, and costs of carrying out the punishments imposed" (Becker 1974: 43). Im Gegensatz zur traditionellen mikroökonomischen Theorie werden hier nicht nur Güter, sondern auch Verhaltensweisen als Nutzenproduktion aufgefasst. Gerade weil eine Vielzahl unterschiedlicher materieller und immaterieller Handlungsbeschränkungen thematisiert und modelltheoretisch analysiert wird, wird die ökonomische Theorie zu einer allgemeinen, über den Bereich der Ökonomie hinaus reichenden Theorie menschlichen Verhaltens. Gleichgültig, auf welche Phänomenbereiche sich diese Theorie bezieht (Kriminalität, generatives Verhalten etc.), ist ihnen gemeinsam, dass die Einflussfaktoren menschlichen Verhaltens in ein ökonomisches Kalkül übersetzt und mit diesem erklärt werden. (Trotz der vorhandenen Operationalisierungsprobleme können nach Auffassung dieses Ansatzes so auch Emotionen erfasst werden. Man vergleiche hierzu auch den Rational Choice-Ansatz in Kap. 5.)

Unter dieser Voraussetzung ist die Frage von Imperialismus oder Reduktion eines theoretischen Ansatzes nicht mehr bedeutsam. Entscheidender ist, inwieweit mit Hilfe eines solchen Modells soziale Phänomene erklärt oder auch verhindert werden können. Gerade wenn man materielle und immaterielle Kosten und Nutzenabwägungen sowie Handlungsbeschränkungen thematisch und modelltheoretisch erfasst, ist das Erklärungspotenzial nicht unerheblich, wenngleich die subjektiven Nutzenkalküle weitestgehend individuell variieren können.

Bezüglich des Imperialismusvorwurfs muss konzediert werden, dass der ökonomische Positivismus tatsächlich seine Grenzen hat: Er kann nicht erklären, wie die Präferenzen, an denen unser Streben und Trachten ausgerichtet ist, entstehen und sich verändern, was das Einschalten anderer wissenschaftlicher Disziplinen erfordert. Genau hier zeigt sich, dass es sich um einen Anknüpfungspunkt für Interdisziplinarität und nicht um Imperialismus handelt.

Der soziologische Positivismus
Der soziologische Positivismus erscheint gegenüber den anderen positivistischen Orientierungen in der Erfassung von Delinquenz als dominant und steht dem klassischen Ansatz der Kriminalität am stärksten entgegen. Der soziologische Positivismus betrachtet den Menschen nicht mehr (nur) als egoistisches, sondern als ein sozialisiertes, gesellschaftliches Wesen. Natürliche Veranlagungen und genetische Bedingungen spielen kaum mehr eine Rolle. Der Mensch ist im Wesentlichen sozial determiniert.

Der soziologische Positivismus setzt sich nach Gottfredson und Hirschi aus zwei Hauptströmungen zusammen: zum einen aus der „culture deviance perspective", die Etikettierungsansätze ebenso wie die Konflikttheorie, wie auch Konzepte der differentiellen Assoziation enthält, und zum anderen aus der Subkultur- und Verhaltenstheorie, aus der „strain tradition" oder auch der Anomietheorie.

Grundlage der Überlegungen der sozial determinierten Devianz ist die folgende Annahme: Normen werden von bestimmten gesellschaftlichen Gruppen definiert, woraus folgt, dass auch abweichendes Vehalten bzw. Kriminalität ein Produkt sozialer Definition ist. Normen werden von spezifischen gesellschaftlichen Gruppen fixiert und können im Widerspruch zu den Normen anderer Gruppen stehen, wie Normen sich auch an differentielle Normadressaten wenden können. Kriminelles Verhalten ergibt sich nun dadurch, dass sich ein Individuum möglicherweise an eine „falsche Gruppe" angepasst hat. Diese Perspektive sehen Gottfredson und Hirschi aber als unvereinbar mit dem Konzept kriminellen Handelns an. Da diese gesellschafts-/herrschaftstheoretische Auffassung davon ausgeht, dass Normen mehr oder weniger willkürlich gesetzt und damit prinzipiell alle Verhaltensweisen als abweichend definiert werden können, wenden sich die beiden Autoren mit dem Argument gegen diese Position, dass sie die typischen Gemeinsamkeiten krimineller Handlungen verkennt und deshalb keinen Zugang zu ihnen bekommt.

Auch der zweite Strang, das Anomiekonzept, wird von Gottfredson und Hirschi kritisiert. Es erklärt Kriminalität damit, dass der Mensch im Laufe der Sozialisation die Ziele und Werte in einer Gesellschaft und Kultur (vor allem die des finanziellen Erfolges) internalisiert. Um diese Ziele zu erreichen, stehen allerdings nicht jedem Gesellschaftsmitglied die gleichen (legitimen) Chancen zur Verfügung. Liegen Ziele und Möglichkeiten zu weit auseinander, entstehen Spannungen, die auf verschiedene Art und Weise bewältigt werden (müssen). Aus der daraus von Merton (1951: 133 ff.) entwickelten Typologie behandeln Gottfredson und Hirschi die beiden für sie relevanten Fälle, nämlich den des „Innovators" und den des „Rückzugs". Der Innovator übernimmt die vorgegebenen gesellschaftlichen Ziele, hat jedoch keine legalen Möglichkeiten, diese zu verwirklichen. Der Innovator ist demnach der typische Kriminelle. Dem Zurückgezogenen fehlen sowohl die Zielsetzung als auch die legitimen Mittel, um zu finanziellem Erfolg zu gelangen. Der Alkohol- und Drogenkonsument oder der psychisch Kranke könnte unter diesen Typus subsumiert werden. Hier nun meinen die beiden Autoren, dass Menschen, die Verbrechen begehen, auch Drogen und Alkohol konsumieren, und zeigen damit die Schwachstellen dieser Theorie auf, da beide Anpassungsstrategien in einer Person vereinigt sein können.

Unabhängig von jeweiligen soziologischen Mainstreams sehen Gottfredson und Hirschi die Ansätze der frühen amerikanischen Soziologie, die Kriminalität als Produkt sozialer Desorganisation betrachten, als hilfreich an. Danach ist Kriminalität keine auf Eigenschaften von Personen beruhende Tatsache, sondern auf Gruppenmerkmale, also aggregierte Variablen, zurückzuführen: In vielen Studien konnte nämlich gezeigt werden, dass in Stadtteilen, die von einem Mangel an Erziehungseinrichtungen, von Arbeitslosigkeit, schlechter kommunaler Organisation usw. geprägt waren, auch eine hohe Kriminalitätsrate nachweisbar war. „The social disorganisation interpretation of crimerate differences assumes that people will commit criminal acts when the surrounding ‚society' is unable to prevent them from doing so" (Gottfredson/Hirschi 1990: 82). Jemanden von Straftaten abzuhalten, ist für die beiden Autoren in diesem Zusammenhang gleichbedeutend mit Erziehung und Kontrolle – schon in einer frühen Phase des Lebens beginnend. Dass sie dieser Perspektive im Gegensatz zu den anderen positivistischen Ansätzen keine spezifische Kritik zukommen lassen und ihre Kompatibilität mit dem klassischen Denken und den meisten anderen Ansätzen ausdrücklich betonen, lässt schon vermuten, dass dieses Konzept von Erziehung und Kontrolle in ihre weiteren Überlegungen Eingang finden wird.

Das grundlegende Problem aller positivistischen Ansätze sehen Gottfredson und Hirschi im Fehlen eines allgemeinen Konzepts: „This produces endless distinctions among behavior categories and generates apparent interest in the countless permutations and combinations of units and their properties" (Gottfredson/Hirschi 1990: 82). Diese Ansätze orientieren sich nicht am zentralen Gegenstand, nämlich dem kriminellen Handeln, sondern an den eigenen disziplinären Vorgaben: So wird Kriminalität von Biologen als Veranlagung, von Psychologen als gelerntes Verhalten, von Ökonomen als Gelderwerb und von Soziologen als soziales Verhalten angesehen. „Obviously, the mechanism of crime causation is fair game for all disciplines and cannot reasonably be claimed to be the sole province of any of them" (Gottfredson/Hirschi 1990: 83).

Es stellt sich nun die Frage, ob es Gottfredson und Hirschi gelingt, die von ihnen kritisierten Mängel der positivistischen Ansätze zur Erklärung menschlichen Verhaltens zu beheben und ein theoretisches Modell zu entwickeln, das in der Lage ist, abweichendes Verhalten aus den Präferenzstrukturen eines Individuums heraus erklären zu können.

Ausgangspunkt für die Entwicklung einer allgemeinen Theorie der Kriminalität ist bei Gottfredson und Hirschi die klassische Schule und die Absetzung von den positivistischen Ansätzen, weshalb Letztere noch einmal in den zentralen Kritikpunkten zusammengefasst werden sollen:

Kritikpunkte an den positivistischen Ansätzen:
- Alle positivistischen Ansätze orientieren sich zu wenig am Gegenstand, nämlich dem kriminellen Handeln, sind zu sehr den *eigenen disziplinären Vorgaben verhaftet* und *begrenzen damit den Erkenntnishorizont*.
- Ein zentrales Problem des *biologischen Positivismus* wird darin gesehen, dass er multifaktoriell arbeitet. Variablen werden aneinandergereiht, ohne allerdings auf deren ausreichende theoretische und konzeptionelle Einbettung und Absicherung zu achten.
- Der *biologische Positivismus* ist deshalb bestenfalls in der Lage, korrelative Beziehungen aufzuzeigen, ohne den Zusammenhang selbst erklären zu können.
- Der *biologische Positivismus* übersieht, dass gleiche genetische Bedingungen (Variablenkonstellationen) durchaus sozial und individuell überformt und kompensiert werden können.
- Dem *psychologischen Positivismus* wird vorgehalten, dass keine einheitliche, allgemeine Konzeption, sondern eine Vielzahl von konkurrierenden, z. T. auch komplementären Ansätzen existiert.
- Ein zentraler Kritikpunkt am *psychologischen Positivismus* besteht darin, dass in Anwendung der Lerntheorie individuelle Differenzierungen nur unzureichend – wenn überhaupt – erfasst werden (z. B. die unterschiedlichen subjektiven Perzeptionen von Belohnungen und Bestrafungen, aber auch von Sanktionswahrscheinlichkeiten).
- Die *psychologische, lern-/verhaltenstheoretische* Position wird mit dem Manko assoziiert, dass die positiven Sanktionen dominant betrachtet werden. (Dies ist aber eher der spezifischen Perspektive von Gottfredson und Hirschi geschuldet.)
- Unter Rekurs auf den aggressionstheoretischen Ansatz wird dem *psychologischen Positivismus* vorgeworfen, dass nicht alle Kriminalitätsformen aggressiven Charakter tragen, also die Erklärungskraft nur eingeschränkt ist.
- Dem *ökonomischen Positivismus* wird vorgehalten, dass er den Versuch der wissenschaftlichen Erklärung der Bedeutung der eigentlichen wissenschaftlichen Disziplin unterordnet.
- Dem *ökonomischen Positivismus* wird weiterhin vorgeworfen, dass dieser, auch wenn er zunächst nicht pekuniäre Kosten und Nutzen betrachtet, letztlich diese Faktoren nicht weiter in das Erklärungsmodell einbezieht.
- Ein Hauptproblem des *ökonomischen Positivismus* sehen Gottfredson und Hirschi darin, dass diese Position die Entscheidung für eine Straftat genauso behandelt wie die zu legitimem Gelderwerb, was empirisch sicher fragwürdig ist.
- Dem *soziologischen Positivismus* wird vorgeworfen, dass er Kriminalität praktisch ausschließlich als sozial determiniert begreift.
- Auch die herrschaftstheoretisch motivierte Aussage im *soziologischen Positivismus*, wonach Kriminalität durch die Festsetzung von Normen geradezu beliebig definiert werden kann, wird als Mangel soziologischer Erklärungsversuche gesehen. Soziale Desorganisation als wichtige soziologische Komponente wird bei Verlassen der Individualebene und Eintreten in eine höhere Aggregatstufe (Gruppen) als wichtig für die Entwicklung einer allgemeinen Theorie der Kriminalität nach Gottfredson und Hirschi angesehen.

3.2 Das Selbstkontrollkonzept als eine „Allgemeine Theorie der Kriminalität"

Nach der bisher knapp referierten Auseinandersetzung von Gottfredson und Hirschi mit der klassischen Theorie und den positivistischen Ansätzen sollte deutlich geworden sein, dass sie bei ihrem eigenen theoretischen Konzept von einer anderen Fragestellung ausgehen. Während die kritisierten Ansätze die Frage zu beantworten suchen, wodurch abweichendes Verhalten entsteht bzw. verursacht wird, fragen die beiden Autoren danach, was Kriminalität ist, d. h. sie versuchen (durchaus phänomenologisch gemeint), das *Wesen* von Delinquenz zu erfassen. Bei der Erforschung des Wesens von Kriminalität stellt sich schon sehr bald heraus, dass die traditionellen sozialwissenschaftlichen Erklärungen unzureichend sind. Weder genetisch-biologische Bedingungen noch Vorbilder, die imitiert werden, oder schlechte soziale Versorgung etc. sind nach ihrer Auffassung notwendige Voraussetzungen für Kriminalität. Aber fast alle delinquenten Verhaltensweisen dienen dem Ziel, sich bestimmte, kurzfristige Wünsche zu erfüllen.

Nach Ansicht von Gottfredson und Hirschi führt das Studium aller abweichenden und kriminellen Handlungen zu der Erkenntnis, dass ihnen eine bestimmte Struktur eigen ist, was möglicherweise auf eine gemeinsame Ursache zurückgeführt werden kann. Es zeigt sich nämlich, dass in allen Verhaltensweisen sofortiger kurzfristiger Nutzen für den Akteur entsteht und langfristig, dass das Handeln mit Kosten belastet ist. Hier rekurrieren die beiden Autoren auf Bentham (1970), wonach diese Kosten physischer, politischer, religiöser oder sozialer Natur (vgl. die verschiedenen Sanktionsarten) sein können, dass diese aber immer in Beziehung zum Nutzen der praktizierten Verhaltensweisen stehen. Daraus folgt für die abweichenden und delinquenten Handlungen, dass der kurzfristige Nutzen gegenüber den langfristigen Kosten bei den sich so verhaltenden Menschen dominant ist.

Gottfredson/Hirschi gehen mit ihrer „General Theory of Crime" – in Fortführung bzw. Weiterentwicklung von Hirschis „Theorie der sozialen Bindung" (Hirschi 1969) – den Bereich abweichenden Verhaltens im Gegensatz zu anderen „Kriminalitäts"-Theorien nicht nur unter dem Gesichtspunkt an, vornehmlich die Phänomene „Devianz" und „Kriminalität" erklären zu können. Sie sind vielmehr ebenso daran interessiert, Gründe für das Zustandekommen von Konformität anzugeben, wollen daher eine Antwort auf die Frage finden, wie und warum Menschen von kriminellen Handlungen zurückgehalten werden und – unter Annahme eines gesellschaftlich allgemein anerkannten Normensystems – normkonform handeln. Abweichung und Konformität sind also zwei Seiten einer Medaille.

Die beiden Autoren bemühen sich, mit ihrem theoretischen Ansatz die klassische und positive Kriminologie tendenziell miteinander zu verbinden und kommen dabei zu einem neuen Menschenbild, wonach der Kriminelle in unmittelbarer Übereinstimmung mit dem Wesen der kriminellen Handlung selbst steht (Gottfredson/Hirschi 1990: XIV ff.) Der Kriminelle ist weniger die „Bestie" oder das „teuflische Genie", das von den Medien oder der Öffentlichkeit gerne so gezeichnet wird. Vielmehr ist der Delinquente dadurch zu charakterisieren, dass er nur eine geringe Kontrolle über seine individuellen Bedürfnisse hat, was sich auf sein Verhalten niederschlägt. Treten nämlich kurzfristige Interessen mit langfristigen in Konflikt zueinander, dann orientieren sich diejenigen, denen es an Selbstkontrolle mangelt, in ihren Handlungen an den Bedürfnissen des Augenblicks, während Personen mit größerer Selbstkontrolle in ihren Handlungsentscheidungen eher die langfristig zu befürchtenden Sanktionen antizipieren.

Kritisch setzt sich Helga Cremer-Schäfer mit dem Konzept der Selbstkontrolle und Selbstdisziplin auseinander, ohne allerdings sich auf die Ausführungen von Gottfredson und Hirschi zu beziehen. „Mit dem einfachen Verständnis von internalisierter sozialer Kontrolle, die zu einer ‚eigenständigen' subjektiven Handlungsquelle wird, ein Motiv für angepaßtes, normales, normadäquates Handeln, habe ich Schwierigkeiten" (Cremer-Schäfer 1993: 139). Andererseits konzediert sie: „‚Selbstkontrolle' und ‚Selbstdisziplin' bezeichnen nicht nur in der Alltagssprache Eigenschaften von Subjekten; auch in den wissenschaftlichen Diskursen über Sozialisation und soziale Kontrolle ist gerne davon die Rede. Ausgedrückt wird damit die Einschätzung, Menschen könnten ‚von sich aus' gesellschaftlichen Anforderungen entsprechen, ohne institutionelle oder technische Zwänge, ohne andauernde Erziehung, Übung, Drill oder ideologische Beeinflußung" (Cremer-Schäfer 1993: 138). Kontrolle durch Moral ist ihr Gegenstand an dem sie durch eine Inhaltsanalyse von Illustrierten andererseits deutlich macht, dass „für die Kriminologie (interdisziplinär) wichtig ist, daß zur Reproduktion von Normen und Werten für die Darstellung der normativen Grenzen einer Gesellschaftsformation der Bezug auf Außenseiter, Grenzgänger, Sanktion und Strafe verzichtbar ist" (Cremer-Schäfer 1993: 146). Zwei Konsequenzen lassen sich daraus ableiten: Offenbar ist es möglich, Selbstkontrolle durch positive Beispiele zu üben, während andererseits Funktionen, die das Strafrecht über Strafe und Sanktionierung wahrnimmt, auch von anderen gesellschaftlichen Institutionen erfüllt werden, nämlich z. B. den Massenmedien, die „die Propagierung von Vokabularen der Selbstverantwortung, der Disziplin und Selbstkontrolle zugunsten anderer bzw. eines übergeordneten Ganzen" (Cremer-Schäfer 1993: 147) übernehmen können. Dieses Phänomen wird allerdings kritisch gewürdigt: „Das (…) Vokabular der ‚Selbstkontrolle' und der ‚Disziplin', das über den ‚Moral-Markt' der Massenmedien dem Lesepublikum zur Selbst- und Fremdbeurteilung sowie zur Selbst- und Fremdverurteilung angeboten wird, fördert eine Tendenz, die ich in Anlehnung an Moore (1982: 659) ‚Enteignung moralischer Empörung' nennen möchte" (Cremer-Schäfer 1993: 147).

Wir haben schon gesehen, dass Gottfredson und Hirschi die für die Kriminologie ihrer Meinung nach unangemessene juristische Definition von *Delikt* umgehen und ein anderes Konzept kriminellen Handelns entwickeln. Sie haben aus dem Menschenbild der klassischen Kriminologie einen Handlungsbegriff übernommen, der die beiden Elemente Bedürfnisbefriedigung und Rationalität beinhaltet. Gemäß ihren Überlegungen geht jeder kriminellen Handlung eine Kosten-Nutzen-Kalkulation voraus. Formelhaft gefasst und stark reduziert könnte man wie folgt verbalisieren: Verbrechen findet statt, wenn $(B \times E^+) - (S \times E^-)$, wobei

B das Ausmaß der Belohnung ist und E^+ deren Eintrittswahrscheinlichkeit. S ist die Höhe der negativen Sanktion und E^- die Wahrscheinlichkeit der Sanktion.

Korrekter formuliert müsste man auf die subjektiv perzipierten Sanktionen und deren Wahrscheinlichkeiten eingehen, die ja nach dem *Thomas-Theorem* handlungsrelevant und -leitend sind. Allerdings sind sie nicht völlig unabhängig (außer in wirklich abwegigen pathologischen Fällen) von den faktischen Wahrscheinlichkeiten und den tatsächlichen positiven oder negativen Sanktionshöhen zu sehen. Es unterliegt deshalb einer weitgehenden Subjektivität, den Variablen die entsprechenden Zahlenwerte zuzuordnen. Bei ein und demselben „objektiven" Sachverhalt würden bei verschiedenen Akteuren unterschiedlichste Handlungskonsequenzen auftreten. Ex post factum gilt jedoch, dass ein Täter die Kurzzeitfolgen (B x E^+) hoch bewertet, während er die Langzeitfolgen (S x E^-) eher bagatellisiert. Gottfredson und Hirschi gehen nun mit ihrem noch vorzustellenden und zu entwickelnden Konzept der Selbstkontrolle genau diesem Gedanken nach und wollen aufzeigen, was sich hinter einer „rational choice" verbirgt, die zu Kriminalität führt.

Zugleich verfolgen sie mit ihren Überlegungen ein sehr ehrgeiziges Ziel, denn sie beanspruchen nichts weniger für sich, als Kriminalität überhaupt und zu jedem Zeitpunkt eines menschlichen Lebens erklären zu können: „It is meant to explain all crime, at all time, and, for that matter, many forms of behavior that are not sanctioned by the state" (Gottfredson/Hirschi 1990: 117).

Die Autoren weisen dazu auf die (ihrer Meinung nach) Mängel verschiedener kriminologischer Theorien zur Erklärung von Kriminalität hin, wie z. B. Labeling-Ansätze (Gottfredson/Hirschi 1990: 112 f.). Sie möchten nicht wie die „klassischen (Kontroll)Theorien" die Kriminalitätsprävention als alleinige Funktion strafrechtlicher Sanktionen für das Individuum sehen. Problematisch bei diesen Ansätzen ist ihr zu offensichtliches Abheben auf „moralische" Sanktionen bzw. die Durchsetzung moralischer Werturteile, so dass diese Theorien als „unterentwickelte Kontrolltheorien" bezeichnet werden müssen (Gottfredson/Hirschi 1990: 85). Aufgrund ihrer Befangenheit sind diese nicht in der Lage, angemessene Gründe für konformes Verhalten (bzw. delinquentes Verhalten) anzugeben.

Gottfredson und Hirschi wollen weiter nicht dem Mangel „positivistischer" Ansätze verfallen, die – trotz Abhebens auf eine Reihe individueller, Kriminalität (angeblich) begünstigender Eigenschaften (z. B. Aggressivität, Aktivitätsniveau, Intelligenz) und der Feststellung offensichtlich stabiler individueller Unterschiede in der Neigung, kriminelle Handlungen zu begehen – keine wesentlichen Unterscheidungen zwischen Kriminellen und Nicht-Kriminellen in anderen Lebensbereichen aufstellen konnten.

Wegen ihrer Annahme, dass Täter nicht durch soziale Motive, sondern nur durch ein ausgewogenes Netz von externen Kontrollstrukturen von ihren Handlungen zurückgehalten werden könnten, stehen die „unterentwickelten Kontrolltheorien" letztlich unter dem Verdacht, ein Bild von Kriminellen als unsozialen, psychopathischen Karriereverbrechern zu entwerfen. „Klassische" Theoretiker (die Autoren führen wieder Bentham an) können also zwischen Kriminellen und

Nichtkriminellen nur auf Basis der „Asozialität" differenzieren, wobei Kriminelle sich ihrerseits durch die unterschiedliche Schwere ihrer Taten unterscheiden.

Mit den klassischen Theorien lassen sich zwar die individuellen Unterschiede in der Neigung, kriminelle Handlungen zu begehen, durch Einbezug der sozialen Position und der individuellen Weltsicht potenziell erklären; sie lassen jedoch keinen Schluss darauf zu, warum diese Unterschiede auch dann weitgehend stabil bleiben, wenn ein Wechsel der individuellen sozialen Position stattfindet, ein anderes individuelles Wissen über das Wirken von Sanktionssystemen vorhanden ist (z. B. mit dem Älterwerden oder nach einer Kriminalisierung).

Mit Hilfe der klassischen Theorie haben Gottfredson und Hirschi eine (nicht zureichende) Basis für ein allgemeines Konzept kriminellen Handelns. Wichtigster Aspekt ist die unmittelbare und aufwandslose Befriedigung, die den potenziellen Langzeitfolgen gegenübersteht. Die von ihnen kritisierten positivistischen Ansätze haben das Prinzip des Determinismus ins Spiel gebracht und die klassische Theorie relativiert. Der Mensch handelt eben nicht so frei, wie es die klassische Theorie impliziert. Es gibt individuelle Unterschiede in der Neigung zu kriminellen Handlungen, die mit anderen Variablen, wie etwa Alter oder Geschlecht, korrelieren. Die Affinität zur Kriminalität bleibt relativ stabil, auch wenn sich äußere Faktoren (z. B. die Lebensumstände, das Milieu etc.) ändern.

Das Selbstkontrollkonzept bemüht sich nun um eine „Synthese" beider Theorierichtungen. Selbstkontrolle kommt in der Fähigkeit zum Ausdruck, auf unmittelbare aufwandslose Befriedigung verzichten zu können (*deferred gratification pattern*), wenn sie mit einer gewissen Verzögerung auch negative Effekte mit sich bringt. (Leider wird an keiner Stelle des Originaltextes Selbstkontrolle explizit und ausführlich definiert; es werden nur ihre Manifestationen aufgezeigt. Einmal wird Selbstkontrolle mit dem Prinzip der deferred gratification erklärt (Gottfredson/Hirschi 1990: 119), an anderer Stelle gilt Letztere nur als Indikator. Diese Vagheit – bösartig könnte man sagen „Kritikimmunisierung" – durchzieht die weiteren Überlegungen.) Mangelnde Selbstkontrolle ist demnach von einer starken Augenblicksorientierung, von der Unfähigkeit geprägt, die Zukunft angemessen in die Kosten-Nutzen-Kalkulation des Handelns einzubeziehen.

Da das Prinzip der Selbstkontrolle nicht nur auf das Phänomen der Kriminalität, sondern auf jede Art des Verhaltens anwendbar ist, eignet es sich sowohl zur Erklärung von Konformität als auch zur Erfassung von Devianz. Somit ist kriminelles Verhalten *ein* Indikator für mangelnde Selbstkontrolle.

Gottfredson/Hirschi entwickeln also das Konzept der unterschiedlichen Fähigkeit zur „Selbstkontrolle" als Wesen von Kriminalität. Wenn nun Kriminalität als ein Problem der Selbstkontrolle betrachtet wird, so bedeutet dies, von einer individuell differentiellen Neigung der Individuen auszugehen, kriminelle Handlungen zu vermeiden – gleich, in welchen äußeren Umständen die Personen sich befinden. Menschen unterscheiden sich also im Ausmaß, in dem sie (durch sich selbst) von kriminellen Handlungen zurückgehalten werden.

Diese individuell unterschiedliche Haltung bzw. unterschiedliche Wahrscheinlichkeit, kriminelle Handlungen zu begehen, tritt bereits in relativ jungen Jahren auf und erweist sich als erstaunlich stabil über eine weite Lebensspanne, ein Faktum, dem die bisherige kriminologische Forschung nach Meinung der Autoren nicht genügend Aufmerksamkeit geschenkt hat: „After a century of research, crime theories remain inattentive to the fact that people differ in the likelihood that they will commit crimes and that these differences appear early and remain stable over much of the life course" (Gottfredson/Hirschi 1990: 108).

Die Autoren ergänzen damit die Vorstellung von einer individuell unterschiedlichen „Erreichbarkeit" der Menschen durch Maßnahmen der externen, sozialen Kontrolle – wie sie seitens der „klassischen" Theorien vertreten wird – um die Annahme, dass sich die Menschen ebenso im Ausmaß unterscheiden, in dem sie sich für momentane Versuchungen anfällig zeigen (Gottfredson/Hirschi 1990: 87). Es entsteht damit ein Konzept, das beides, soziale und individuelle Verhaltenskontrolle, als gleichzeitig annimmt und miteinander verbindet. Diese Position wird nicht nur in dieser Theorierichtung vertreten. Auch Sack (1993: 26 f.) geht von einem Korrespondenzverhältnis der zwei Formen sozialer Kontrolle aus, der „inneren" und „äußeren", die sich gegenseitig bedingen.

Gottfredson und Hirschi wenden sich auch gegen oft geäußerte Annahmen sog. „Kriminalitäts"-Vorstellungen. Es ließe sich – etwas überspitzt – behaupten, sie würden mit ihren Aussagen eine Art „Kriminalitäts"-Entmystifizierung betreiben, wenn sie einige, auch (und besonders) alltagstheoretische Rationalisierungen zur Kriminalität widerlegen, z. B.: Menschen brauchen das Verbrechen nicht! Sie stellen auch fest: Kriminelle sind keine Menschen mit „besonderen" Eigenschaften und für kriminelle Handlungen sind keine besonderen Fähigkeiten, Bedürfnisse oder Motivationen nötig! Aber: Fast jede kriminelle, deviante oder gefährliche Handlung wird durch einen Mangel an Selbstkontrolle möglich.

Um nun einerseits das Wesen der Kriminalität erläutern zu können und andererseits Möglichkeiten anzubieten, wie einer Entwicklung zur Kriminalität möglicherweise begegnet werden kann, muss nach Meinung dieser Autoren zu den Gründen für das Entstehen von Selbstkontrolle bzw. damit auch zu den Faktoren, welche ein Versagen der Selbstkontrolle bewirken, zurückgegangen werden:

Zum einen kann konstatiert werden, dass ein hohes Maß an Selbstkontrolle die Möglichkeit oder Wahrscheinlichkeit eines Verbrechens eindeutig verringert. Zum anderen bedeutet ein Mangel an Selbstkontrolle jedoch keinen *hinreichenden* Grund für Delinquenz. Vielmehr können situative Bedingungen und individuelle Eigenarten dem entgegenwirken. „Our image of the ‚offender' suggests that crime is not an automatic or necessary consequence of low self control" (Gottfredson/Hirschi 1990: 91). Somit bleibt zu fragen, wie die Menschen sind, die vor kriminellen Handlungen zurückschrecken, bevor sie in das Alter kommen, in dem Verbrechen zur logisch denkbaren Möglichkeit wird (Gottfredson/Hirschi 1990: 89).

Besonderes Augenmerk richten die Autoren daher auf Handlungen unterhalb der kriminellen Schwelle bzw. auf nicht staatlich sanktionierte Verhaltensformen (Gottfredson/Hirschi 1990: 117), die aber dennoch Ausdruck einer verringerten Fähigkeit zur Selbstkontrolle sind. Deswegen gehen sie davon aus, dass (potenzielle) Täter mit hoher Wahrscheinlichkeit auch bei nicht kriminellen Handlungen auffällig sein werden, die psychologisch mit Verbrechen vergleichbar sind, wie z. B. „Unfälle" (Haus-, Wohnungsbrände, Verkehrsunfälle) und ungewollte bzw. unerwünschte Schwangerschaften (!). Zudem weist dieser Personenkreis durch seine risikoreichere Art der Lebensführung eine größere Wahrscheinlichkeit auf, schon in jungen Jahren zu sterben. Dass die Verhaltensunterschiede zwischen den einzelnen Gruppen über die Zeit ziemlich stabil bleiben, führen die Autoren auf Unterschiede in der elterlichen Erziehungspraxis zurück (Gottfredson/Hirschi 1990: 120).

Um einen besseren Einblick in die Argumentationsweise von Gottfredson und Hirschi zu geben, wird im Folgenden ein längerer Abschnitt im Original zitiert, der deutlich machen soll, worin die Elemente der Selbstkontrolle seitens der beiden Autoren gesehen werden.

„Criminal acts provide *immediate* gratification of desires. A major characteristic of people with low self-control is therefore a tendency to respond to tangible stimuli in the immediate environment, to have a concrete ‚here and now' orientation. People with high self-control, in contrast, tend to defer gratification.

Criminal acts provide *easy or simple* gratification of desires. They provide money without work, sex without courtship, revenge without court delays. People lacking self-control also tend to lack diligence, tenacity, or persistence in a course of action.

Criminal acts are *exciting, risky, or thrilling*. They involve stealth, danger, speed, agility, deception, or power. People lacking self-control therefore tend to be adventuresome, active, and physical. Those with high levels of self-control tend to be cautious, cognitive, and verbal.

Crimes provide *few or meager long-term benefits*. They are not equivalent to a job or a career. On the contrary, crimes interfere with long-term commitments to jobs, marriages, family, or friends. People with low self-control thus tend to have unstable marriages, friendships, and job profiles. They tend to be little interested in and unprepared for long-term occupational pursuits.

Crimes require *little skill or planning*. The cognitive requirements for most crimes are minimal. It follows that people lacking self-control need not possess or value cognitive or academic skills. The manual skills required for most crimes are minimal. It follows that people lacking self-control need not possess manual skills that require training or apprenticeship.

Crimes often result in *pain or discomfort for the victim*. Property is lost, bodies are injured, privacy is violated, trust is broken. It follows that people with low self-control tend to be self-centered, indifferent, or insensitive to the suffering and needs of others. It does not follow however, that people with low self-control are routinely unkind or antisocial. On the contrary, they may discover the immediate and easy rewards of charm and generosity.

Recall that crime involves the pursuit of immediate pleasure. It follows that people lacking self-control will also tend to pursue immediate pleasures that are *not* criminal: they will tend to smoke, drink, use drugs, gamble, have children out of wedlock, and engage in illicit sex (…)

In sum, people who lack self-control will tend to be impulsive, insensitive, physical (as opposed to mental), risk-taking, short-sighted, and nonverbal, and they will tend therefore to engage in criminal and analogous acts. Since these traits can be identified prior to the age of responsibility for crime, since there is considerable tendency for these traits to come together in the same people, and since the traits tend to persist through life, it seems reasonable to consider them as comprising a stable construct useful in the explanation of crime" (Gottfredson/Hirschi 1990: 89 ff.).

Demnach ist Kriminalität also keine notwendige Konsequenz mangelnder Selbstkontrolle, sondern mangelnde Selbstkontrolle ist eine notwendige Voraussetzung für Kriminalität! Mangelnde Selbstkontrolle manifestiert sich in kriminellen wie auch in anderen Handlungen. Dies erklärt auch, warum auf Seiten des Delinquenten nicht notwendigerweise eine Spezialisierung auf ein bestimmtes Delikt stattfindet, obgleich manche empirischen Ergebnisse dieser Aussage zuwider zu laufen scheinen. Als prototypisches Beispiel kann man sich den Serieneinbrecher vorstellen. Hier argumentieren Gottfredson und Hirschi allerdings damit, dass es sich um eine Ex-post-Bezeichnung handelt, die übersieht, dass im zurückliegenden Zeitraum möglicherweise weitere und andere Delikte begangen wurden, die eben kaum Prognosen auf das weitere zukünftige Verhalten zulassen. Umgekehrt jedoch kann man davon ausgehen, dass die Vielzahl von Einbrüchen auf eine niedrige Selbstkontrolle verweist, die als Indikator für weitere kriminelle Handlungen herangezogen werden kann.

Beziehen wir auf diese Überlegungen noch einmal das Menschenbild der klassischen Kriminologie: Jeder Mensch ist auf Bedürfnisbefriedigung aus und die (angedrohten) Sanktionen halten ihn davon ab, sie illegal vorzunehmen, also kriminell zu werden. Bentham zog daraus die Konsequenz, schwere Sanktionen zu fordern. Tatsächlich aber wissen wir, dass nicht die Schwere der Sanktion selbst ausschlaggebend ist, sondern deren subjektive Bewertung und deren subjektiv perzipierte Realisierungswahrscheinlichkeit (man vgl. hierzu die Zahl der Tötungsdelikte in Ländern mit Todesstrafe und ohne Todesstrafe). Gottfredson und Hirschi gehen demgegenüber davon aus, dass diese subjektiven Einschätzungen durch die Selbstkontrolle determiniert werden. Selbstkontrolle ist primär auf die Langzeitfolgen einer Handlung gerichtet, mangelnde Selbstkontrolle ist an den potenziellen Kurzzeitfolgen orientiert.

Menschen, denen es an einem entsprechenden Ausmaß an Selbstkontrolle mangelt, neigen nach Auffassung der beiden Autoren zu Impulsivität, geringer Sensibilität, zu eher physischen als geistigen Qualitäten, zu Risikobereitschaft, Kurzsichtigkeit, mäßigem sprachlichen Ausdrucksvermögen, weshalb sie sich in abweichende und kriminelle Handlungen verstricken. Da diese Merkmale schon zu einem Zeitpunkt festgestellt werden können, in dem man für kriminelle Handlungen noch nicht zur Verantwortung gezogen wird, kann man in diesem Alter noch versuchen gegenzusteuern. Andererseits bleiben solche Charakterzüge lebenslang erhalten, weshalb in ihnen ein stabiles Gerüst für die Erklärung kriminellen Verhaltens gesehen wird (Gottfredson/Hirschi 1990: 90 ff.).

Wo kommt aber nun die Selbstkontrolle her? Ihre Entstehung sehen die beiden Autoren in einem Zusammenspiel von angeborenen Neigungen eines Kindes (!) und dessen Erziehung. Wenn sich Ansätze zu mangelnder Selbstkontrolle im

Verhalten eines Kindes bemerkbar machen, kann dem entgegengewirkt werden. Hierbei steht die Erziehung im Vordergrund, da sie angeborene Schäden immer beheben könnte: „Effective socialization is, however, always possible whatever the configuration of individual traits" (Gottfredson/Hirschi 1990: 96). So beruhigend eine solche Aussage gesellschaftspraktisch und aus soziologischer Perspektive sein mag, so problematisch muss sie andererseits erscheinen, wenn auf genetische Bedingungen der Selbstkontrolle verwiesen wird. Zwar wird der biologische Positivismus über Bord geworfen, denn Kriminalität ist nicht angeboren, aber der biologische Positivismus wird herangezogen, wenn das individuell unterschiedliche Ausmaß von Selbstkontrolle konstatiert wird. „Obviously, we do not suggest that people are born criminals, inherit a gene for criminality, or anything of the sort. In fact, we explicitly deny such notions (...) what we do suggest is that individual differences may have an impact on the prospects for effective socialization (or adequate control)" (Gottfredson/Hirschi 1990: 96).

Da aber angeborene mangelnde Selbstkontrolle durch die Erziehung tendenziell kompensiert werden kann, liegt also die Hauptursache für das Wirksamwerden der mangelnden Selbstkontrolle in kriminellen Handlungen in der Sozialisation. Wenn man so will, könnte man die Theorie der Selbstkontrolle auf allgemeinere sozialisationstheoretische Überlegungen reduzieren. Effektive Erziehung baut nach Auffassung von Gottfredson und Hirschi aber auf dem Prinzip der Kontrolle auf. Daher sind mangelnde elterliche Kontrolle und Delinquenz empirisch stark korreliert.

Personen mit geringerer Fähigkeit zur Selbstkontrolle tendieren zu leichten, sofort erreichbaren und Befriedigung verschaffenden, kurzfristigen Reizen aus der Umgebung. Für die beiden Autoren stellt diese Neigung eine Eigenschaft dar, die „ganzheitlich" das gesamte, auch nichtkriminelle Handeln der Person umfasst. So subsumieren sie z. B. Rauchen, Trinken, Drogengebrauch, Gammeln, uneheliche Kinder oder verbotenen Sex ebenfalls unter „geringe Selbstkontrolle" (Gottfredson/Hirschi 1990: 90). Personen mit einem hohen Maß an Selbstkontrolle sind hingegen in der Lage, Belohnungen auf später zu verschieben. Bei einem konformen Lebensstil (mit entsprechender Erziehung, guten Ruf erarbeiten, Geld sparen) muss mehr Zeit und Energie aufgewendet werden (Engagement, persönlicher Einsatz („commitment")). Ein Jugendlicher, der seine Zeit mit sozial konformen Aktivitäten verbringt – wie etwa Erfüllen der Pflichten im Elternhaus, Lernen für die Schule oder Sport treiben –, hat (angeblich) keine Zeit für Delinquenz („Inanspruchnahme", „involvement").

Fehlende Ausdauer drückt sich durch die Abwertung kognitiver Anstrengungen wie auch durch mangelndes Interesse an mit längerer Ausbildung und Einübung verbundener handwerklicher oder manueller Tätigkeit aus. (Woraus fast mit Notwendigkeit gefolgert werden darf, dass Personen mit „geringer Selbstkontrolle" nur ungenügend in das Prinzip „rationalen Erwerbs" durch kontinuierliche Arbeit involviert sein dürften.)

Personen mit einem hohen Maß an Selbstkontrolle weisen hingegen tendenziell längerfristige Bindungen bei Arbeit, Beziehungen, Familie oder Freunden auf. Dieser Aspekt ließe sich auch als Achse darstellen mit den Extrempunkten

Das Konzept der Selbstkontrolle nach Gottfredson und Hirschi

„aufgeschobene Belohnung" und „sofortige Belohnung" (Gottfredson/Hirschi 1990: 119) (vgl. die Abb. 3.1 hierzu).

Abb. 3.1: Die Lokalisation der Selbstkontrolle in einem zweidimensionalen Raum

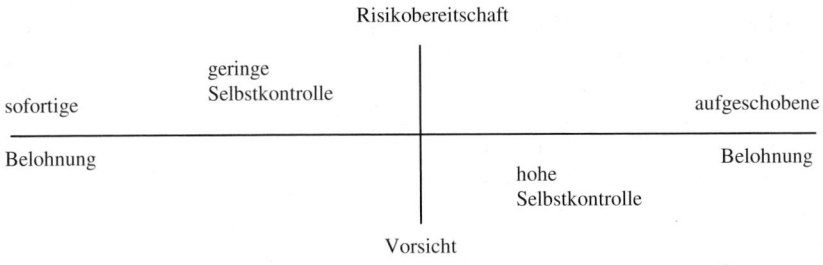

Menschen mit geringer Selbstkontrolle zeigen die Neigung zur Ich-Zentriertheit, was sich in Gleichgültigkeit gegenüber dem Leiden anderer manifestiert. Charme und Großzügigkeit werden eingesetzt, wenn daraus leichte Belohnungen resultieren. Bei geselligen und sozialen Menschen ist es wahrscheinlicher, dass sie in Verbrechen involviert sind. Wenig Selbstkontrolle ist verbunden mit einer geringen Frustrationstoleranz: So könnte ein schreiendes Kind zu Gewaltgebrauch anregen. Konflikte werden meist mit körperlichen statt mit verbalen Mitteln gelöst. Personen mit einem hohen Maß an Selbstkontrolle handeln hingegen vorsichtig, kognitiv und betreiben eine verbale Problemlösung.

Da kriminelle Handlungen als mit Aufregung, Kraft, Risiko etc. verbunden gesehen werden, sprechen sie besonders Abenteurertypen oder aktive, körperbetonte Menschen an. Kognitive und intellektuelle Anstrengungen werden als wertlos angesehen. Diese Aspekte lassen sich zur zweiten Achse des Selbstkontroll-Konzeptes zusammenfassen: „Vorsicht" als ein Extrem, „Risikobereitschaft" am anderen Pol (Gottfredson/Hirschi 1990: 119).

Gottfredson und Hirschi geben eine Reihe typischer Eigenschaften bzw. Merkmale für kriminelle Aktionen an. Die angeführten Zusammenhänge verweisen auf strukturelle Aspekte bei der Selbstkontrolle, die unter Rekurs auf die typischen Eigenschaften und Merkmale krimineller Handlungen für das Selbstkontrollkonzept folgende, zusammengestellte Aussagen zu formulieren erlauben:

Merkmale krimineller Handlungen:
- Kriminelle Handlungen versprechen *sofortige und leichte Belohnung* (Geld ohne Arbeit, Sex ohne Partnerschaft). Der Wunsch danach greift auch in anderen Lebensbereichen.
- Kriminelle Handlungen beinhalten Eigenschaften *milieutypischer traditioneller Männlichkeitsvorstellungen*, wie z. B. Aggressivität, Körperbetontheit oder Risikobereitschaft.
- Kriminelle Handlungen haben nur geringen *Langzeitnutzen*.

- Für kriminelle Handlungen sind nur *geringe kognitive Anstrengungen* und ebenfalls *geringer manueller Aufwand* nötig.
- Kriminelle Handlungen sind für das Opfer mit der *Zufügung von Schmerz* oder *Unbehagen* verbunden.
- Kriminelle Handlungen beinhalten auch das Risiko, als Täter Schmerzen zu erleiden. Personen mit *größerer Schmerztoleranz* werden daher – ungeachtet ihrer Selbstkontrolle – mit größerer Wahrscheinlichkeit in Verbrechen verwickelt sein.
- Kriminelle Handlungen setzen *Täter-Opfer-Interaktion* voraus.
- Kriminelle Handlungen erleichtern es, bei momentaner Verwirrung bzw. *mangelnder Fähigkeit zu konformer Konfliktlösung* als belastend empfundene Situationen zunächst zufrieden stellend zu verarbeiten.
- Bei kriminellen Handlungen besteht subjektiv meist ein *geringes Bestrafungsrisiko*.

Elemente der Selbstkontrolle:
- Selbstkontrolle entsteht durch ein Zusammenspiel von *Veranlagung und Erziehung*. Je weniger Selbstkontrolle angeboren ist, desto mehr Erziehung ist erforderlich.
- Selbstkontrolle ist ein stabiler *Bestandteil der Persönlichkeit*.
- Da jeder Mensch gleichermaßen auf Kurzzeitbefriedigung aus ist, ist Selbstkontrolle primär die Fähigkeit, *Langzeitfolgen in die rationale Entscheidung für eine Handlung einzubeziehen*.
- Kriminalität ist eine Manifestation mangelnder Selbstkontrolle in Form der *Überbetonung von Kurzzeitbefriedigung*.
- Mangelnde Selbstkontrolle ist eine *notwendige* aber *keine hinreichende* Voraussetzung für Kriminalität.

Selbstkontrolle als Handlungssteuerung:
- Auf der Basis von Kritik und Akzeptanz der klassischen bzw. der positivistischen Kriminalitätstheorien entwickeln Gottfredson und Hirschi ihren theoretischen Ansatz zur Erklärung von Kriminalität.
- Ihr theoretischer Anspruch besteht darin, *Konformität und Devianz* – als zwei Seiten einer Medaille – durch ein und denselben Ansatz erfassen und erklären zu können. Daraus folgt:
- Alle Formen von Abweichungen, also auch alle Formen von Kriminalität (!), unterliegen der *gleichen Handlungslogik* und mithin der *gleichen Erklärungsstruktur*.
- *Kosten-Nutzen-Kalkulationen*, in denen positive und negative Sanktionen als subjektiv perzipierte Antizipationen von Wahrscheinlichkeiten die entscheidende Rolle spielen, leiten letztlich das Handeln.
- *Soziale und individuelle Verhaltenskontrolle* (durch Sanktion) sind entscheidend für die Wahl einer Handlung, wobei der *individuellen Selbstkontrolle* entscheidendere Bedeutung zukommt.

Kriminalitätserklärung:
- Kriminalität tritt offenbar dann auf, wenn eine *niedrige Selbstkontrolle* vorliegt.
- Verbrechen findet statt, wenn

$(B \times E^+) > (S \times E^-)$

wobei B das Ausmaß der Belohnung ist und E^+ deren Eintrittswahrscheinlichkeit. S ist die Höhe der negativen Sanktion und E^- die Wahrscheinlichkeit der Sanktion.

3.3 Sozialisation und Selbstkontrolle

Die Vorstellung einer „antisozialen Persönlichkeit" wird als zu deterministisch bzw. positivistisch abgelehnt, weil dies impliziert, dass ein Täter bestimmte Dinge einfach machen *muss*, weil sie Teil seiner pathologischen Persönlichkeit sind. Für Gottfredson/Hirschi weist die fragliche Klientel aber schlicht eine *größere Wahrscheinlichkeit* auf, kriminelle Handlungen zu begehen (Gottfredson/Hirschi 1990: 94), der gegengesteuert werden kann.

Im Gegensatz zu den meisten anderen Theorien zur Kriminalitätsentstehung wird in der Selbstkontrolltheorie als einer „Allgemeinen Theorie der Kriminalität" der Täter nicht einfach als Ergebnis von Verstärkungslernen, sozialem Druck oder spezifischen (psychischen?) Defekten gesehen. Gottfredson/Hirschi haben als Wesen der Kriminalität einen Mangel an Selbstkontrolle bestimmt, der sich in einem hohen Maß an Impulsivität, Risikobereitschaft etc. äußert. Um eine Theorie der Ursachen von Verbrechen zu erstellen, genügt es daher, die wahrscheinlichen Quellen dafür festzustellen.

Da das gesamte soziale Leben nicht von niedriger Selbstkontrolle getragen wird, mit ihr sogar Gruppenbeziehungen und gemeinsame Gruppenziele z. T. schwer gestört werden können, ist die tendenzielle Neigung zu Kriminalität kein Produkt von Erziehung, Kultur oder eines Lernmechanismus (Gottfredson/Hirschi 1990: 97). Gleichermaßen verneinen die Autoren die Ansicht, dass es sich bei Kriminalität um ein „erbliches" Verhalten handle. Jedoch können individuelle Differenzen durchaus die Voraussetzungen für eine günstige Sozialisation beeinflussen. Andererseits ist eine effektive Sozialisation charakterunabhängig stets möglich (Gottfredson/Hirschi 1990: 96). Wichtige Unterschiede liegen einmal bei den Kindern im Ausmaß, in dem sich relevante Anzeichen bemerkbar machen, und zum anderen im Beobachter, ob er die Zeichen als solche wahrnehmen und entsprechend handeln kann.

3.3.1 *Delinquenz als Ergebnis von Störungen in der Sozialisation*

Der wesentliche Faktor für die mangelnde Selbstkontrolle, nämlich die Fähigkeit, spontane und sofortige Belohnungen auch einmal hintanstellen zu können, also nicht nur im und für ein „Hier und Jetzt" zu leben, muss als Ergebnis eines Einübens gesehen werden, bei dem Eltern spontane Reaktionen insofern unterdrücken, als sie den Kindern die längerfristigen Folgen des Handelns verdeutlichen. Nach der „Allgemeinen Theorie" müssen Eltern sich nicht bemühen, Kriminalität zu „produzieren" (Gottfredson/Hirschi 1990: 101). Im Gegenteil: Sie müssen alle Anstrengungen unternehmen, das Entstehen von Kriminalität – die also potenziell von jedermann begangen werden kann – zu vermeiden.

Gottfredson und Hirschi weisen damit der Familie eine wesentliche Bedeutung bei der Entstehung von Delinquenz zu. Um jedoch eine Aussage jenseits der alltagstheoretischen, konventionellen Einstellung machen zu können, nach der Kriminalität z. B. aus einer „unvollständigen Erziehung" resultiert, operationalisieren die Autoren die „angemessene Erziehung", indem sie drei Bedingungen angeben, die ihres Erachtens für eine „effektive", d. h. ein hohes Maß an Selbstkontrolle bewirkende Erziehung notwendig sind. Diese impliziert

- erstens die *Beaufsichtigung des kindlichen Verhaltens*,
- zweitens das Vermögen, *deviantes Verhalten bei seinem Auftreten erkennen zu können*, und
- drittens ein *effektives Bestrafen* derartigen Verhaltens.

Die Gründe für ein niedriges Maß an Selbstkontrolle liegen dann in einem Versagen dieses Systems begründet, wenn die Eltern sich nicht um ihr Kind kümmern oder die Eltern sich zwar um das Kind kümmern, es jedoch an Zeit und/oder Energie für die Kontrolle fehlt oder es den Eltern an dem Willen oder den Mitteln zur Kontrolle mangelt.

Mit der Beaufsichtigung des Verhaltens sind letztlich sehr wesentliche Eingriffe verbunden, die auf das Unterdrücken von zu viel spontaner, unmittelbarer Befriedigung abzielen. Das Kind soll lernen, verzögerte oder spätere Belohnung einzubeziehen; es soll gegenüber den Interessen anderer aufmerksamer sein; es soll eine größerer Bereitschaft zeigen, Einschränkungen seiner Aktivitäten zu akzeptieren. Insgesamt soll bei ihm die Anwendung von Gewalt zur Durchsetzung seiner Vorstellungen unwahrscheinlicher werden (Gottfredson/Hirschi 1990: 97).

Eltern Delinquenter weisen mit hoher Wahrscheinlichkeit selbst eine Delinquenzbelastung auf. Für Rutter/Giller (1984) stellt Kriminalität daher auch die durchgängigste elterliche Eigenschaft dar, die mit der Delinquenz der Kinder verbunden ist. Nach einer Studie von West/Farrington (1973) zeigten sich in einem Sample 5 % der Familien für etwa 50 % der Kriminalitätsbelastung verantwortlich, was impliziert, dass auch die Eltern und Geschwister von Straftätern mit außerordentlich hoher Wahrscheinlichkeit kriminelle Handlungen begehen.

Von daher ließe sich nach Gottfredson und Hirschi durchaus die Aussage rechtfertigen, dass einige Menschen mit größerer Wahrscheinlichkeit bei der Sozialisation ihrer Kinder „versagen" als andere und dass dies eine Konsequenz ihrer eigenen unangemessenen Erziehung darstellt. Drei spezifische Bedingungen werden genannt, bei deren Vorliegen mit hoher Wahrscheinlichkeit kriminelles Verhalten auftritt:

1. Die angesprochene Beaufsichtigung stellt den wichtigsten Vorhersagefaktor für Delinquenz dar. Die Verbindung zwischen sozialer Kontrolle und Selbstkontrolle kann nicht direkter sein als im Fall der elterlichen Beaufsichtigung des Kindes (Gottfredson/Hirschi 1990: 99). Nach McCord (1979) wiesen Kinder, die

in jungen Jahren schlecht/ungenügend beaufsichtigt wurden, eine höhere Tendenz auf, Verbrechen zu begehen. Notwendig für eine erfolgreiche Erziehung ist das elterliche Bemühen um das Wohlergehen der Kinder. Nach Glueck/Glueck (1950) ist es etwa zweimal so wahrscheinlich, dass Väter von Nicht-Delinquenten doppelt so „herzlich" (keine Operationalisierung angegeben!) zu ihnen waren wie Väter delinquenter Kinder und nur 1/5 so „ablehnend". Mütter gelten zu 28 % als „gleichgültig" oder „feindselig" eingestellt, im Vergleich zu 4 % bei Nicht-Delinquenten. Umgekehrt lassen sich auch empirische Forschungsergebnisse von Hirschi (1969) heranziehen, in denen er auf den Zusammenhang zwischen der steigenden emotionalen Bindung des Kindes an die Eltern (durch mehr Zuneigung zu und mehr Identifikation mit ihnen) und dann sinkender Delinquenzbelastung hinwies, wobei Unterschichtzugehörigkeit sich als weniger wichtig erwies (Schneider 1987: 533 f.).

2. *Erkennen von deviantem Verhalten*: Um prinzipiell wirksam eingreifen zu können, muss seitens der Eltern das deviante Verhalten als solches wahrgenommen werden. Trotz unzureichender Forschungsergebnisse scheint es offensichtlich, dass die Eltern von Delinquenten erbärmliche Vorbildmaßstäbe abgeben (Gottfredson/Hirschi 1990: 99). Wenn es zutrifft, dass kriminelles Verhalten an kurzfristiger Belohnung orientiert und Kindererziehung an langfristigen Zielen ausgerichtet ist, dann besteht nur wenig Grund zu der Annahme, dass Eltern, die sich selber durch einen Mangel an Selbstkontrolle auszeichnen, in der Lage sein werden, ihren Kindern Selbstkontrolle zu vermitteln (Gottfredson/Hirschi 1990: 101). Eltern, die ein Fehlverhalten ihrer Kinder nicht als solches wahrnehmen, können es selbst bei gutem Willen dazu nicht korrigieren.

3. *Bestrafung devianten Verhaltens:* Seitens der Kontrolltheorien wird die Notwendigkeit von Sanktionen zur Prävention kriminellen Verhaltens bejaht, jedoch bestraft nicht jeder, der sanktioniert, auch effektiv: Meist wird zu hart oder zu weich eingegriffen. Gottfredson und Hirschi kritisieren, dass sich auch für moderne Theorien Kriminalität als Ergebnis von Deprivation und positivem (Verstärkungs-)Lernen darstellt, wodurch der Zusammenhang zwischen Verbrechen und „schlechten" Verhaltensformen, die Ausdruck eines Mangels an Selbstkontrolle sind, übersehen wird. Aus diesem Grunde ist auch der Kindesentwicklung in der kriminologischen Literatur bislang noch nicht die ihr gebührende, systematische Aufmerksamkeit gewidmet worden. Hierzu muss jedoch erwähnt werden, dass mit den „schlechten Verhaltensformen" z. B. Widersprechen, Schreien, Schubsen, den eigenen Kopf durchsetzen müssen, Ärger in der Schule oder schlechte Schulleistungen gemeint sind, also Handlungen, die vornehmlich als Missachtung von „Disziplin" gedeutet werden können. Nun möchten die Autoren jedoch keine Determinismen zwischen diesen Formen von „Fehlverhalten" und späterer Kriminalität herstellen, jedoch deutet dies bereits an, dass der Hauptindikator für Verbrechen – mangelnde Selbstkontrolle – bei solchen Kindern und Jugendlichen bereits vorhanden ist. Durch frühes und angemessenes Bestrafen ist hier bereits Abhilfe zu schaffen (Gottfredson/Hirschi 1990: 102). Einen Automatismus zwischen dem frühen Auftreten mangelnder Selbstkontrolle und späterer Kriminalität gibt es nicht. Eltern hätten das Glück, dass auch Kinder

mit geringem Maß an Selbstkontrolle später dennoch Handlungen vermeiden können, die sie mit dem Kriminaljustizsystem in Konflikt bringen könnten.

Voraussetzungen für die Entwicklung von Selbstkontrolle:
- Das *kindliche* Verhalten wird *beaufsichtigt*.
- Das *deviante* Verhalten wird bei seinem Auftreten als solches *erkannt*.
- Abweichendes Verhalten wird effektiv bestraft.

Der Zusammenhang von Kriminalität und Selbstkontrolle:
- Kriminalität ist keine notwendige Folge mangelnder Selbstkontrolle, aber mangelnde Selbstkontrolle ist eine notwendige, jedoch keine hinreichende Voraussetzung für Delinquenz.

3.3.2 Einige korrelierende Faktoren für Delinquenz

Für das spätere Auftreten von Verbrechen bedarf es weiterer Faktoren als nur der „geringen Selbstkontrolle". Diese kann nur als eine notwendige Bedingung für das Auftreten von Kriminalität gesehen werden. Nach Meinung von Gottfredson und Hirschi lässt sich noch eine Reihe weiterer Indikatoren anführen. Je mehr von ihnen realisiert sind, desto größer wird auch die Wahrscheinlichkeit für abweichendes Verhalten bzw. Delinquenz sein. Zunächst werden familiale Variablen betrachtet, die die Sozialisation und mit ihr die Selbstkontrolle beeinflussen:

a. *Die Größe der Familie.* Mit steigender Kinderzahl steigt die Wahrscheinlichkeit, dass ein Kind delinquent wird, denn nicht alle Kinder können gleichermaßen elterlich umfassend beaufsichtigt werden. Daher werden zunehmend Gleichaltrigengruppen diese Aufgabe übernehmen.

b. *Die allein erziehende Mutter.* Im Falle einer „Broken-home"-Situation – sei es aus Anlass einer Scheidung oder wegen des Todes eines Elternteils – muss der verbleibende, allein erziehende Elternteil – meist die Mütter – alle Aufgaben übernehmen, die normalerweise aufgeteilt werden. Unter einer „ceteris-paribus"-Annahme wäre, so die Autoren, ein Elternteil ausreichend für eine angemessene Erziehung (Gottfredson/Hirschi 1990: 103). Da aber die übrigen Voraussetzungen für eine angemessene Erziehung selten gleich bleiben, können – unter Einbeziehung von Sampson (1987) – der Anteil Geschiedener und allein Erziehender als gewichtigster Vorhersagefaktor für Kriminalitätsraten verwendet werden.

c. *Die außer Haus arbeitende Mutter.* Die zunehmende Quote berufstätiger Frauen habe – besonders in Verbindung mit einer nicht dauerhaften Ehe – Auswirkungen auf die Kriminalitätsrate. Als eher traditioneller Hauptgrund wird angegeben, dass eine Mutter, die außer Haus arbeitet, nicht in der Lage ist, die Kinder angemessen zu überwachen, weshalb eine höhere Wahrscheinlichkeit besteht, dass sie delinquent werden. Besonders betroffen sind Kinder aus sozial benachteiligten Verhältnissen. Zu untersuchen wäre, ob sich auch bei Handlungen, wie Unfällen oder schulischem Versagen, die nicht kriminell sind, aber für Gottfredson/Hirschi eine psychologische Verwandtschaft dazu aufweisen, Auswirkungen des mütterlichen Arbeitens nachweisen lassen.

Diese Aussagen zum Zusammenhang zwischen familialer Situation und Delinquenz zeigen relativ deutlich die Absicht der Autoren, nach denen letztlich Konformität bzw. Verhalten, das sich an als allgemein gültig erachteten Normen orientiert, am besten durch Bewahren des Ordnungsprinzips der traditionellen „bürgerlichen" Familie gesichert werden kann. Die „Allgemeine Theorie" von Gottfredson/Hirschi geht damit m. E. ziemlich eindeutig in die Richtung ätiologisch-individualisierender Bedingungsansätze. Wie Albrecht (1983) konstatiert, stellt diese kriminaltheoretische Strömung bei der Feststellung von Delinquenz relativ eindeutig auf eine „Schuldzuschreibung" an die Familie, besonders an die Mutter ab. Die Aussagen ließen sich zwar auch im Sinne einer Erweiterung des sozialstaatlichen Netzes im Bereich von Kinderbetreuungseinrichtungen interpretieren, jedoch deuten die als relevant erachteten formalen Kriterien für eine effektive Selbstkontrolle eher auf ein traditionelles Erziehungsmodell hin. Zudem stehen hinter diesen zusätzlichen, notwendigen Faktoren auch ungleichheitsrelevante Überlegungen.

Weitere auffällige Korrelate von Kriminalität sind Alter, Geschlecht und ethnische Herkunft. Betrachtet man z. B. die *Altersverteilung* von Delinquenz, so ist erkennbar, dass die Kurve bis zum 20. oder 25. Lebensjahr ansteigt und danach wieder relativ stark abfällt. Gottfredson und Hirschi versuchen zu belegen, dass dieser Alterseffekt für sämtliche Kulturen und sämtliche Delikte gilt. Bei kleineren Abweichungen dieser Tendenz lokal und/oder deliktspezifisch muss immer berücksichtigt werden, dass Zustandekommen und Art einer kriminellen Handlung nicht monokausal bedingt sind, sondern von mehreren Faktoren abhängen. Stellt man etwa Eigentums- und Personendelikte gegenüber, so werden nach den offiziellen Statistiken Personendelikte tendenziell in einem höheren Alter begangen. Eine Erklärung hierfür sehen die beiden Autoren darin, dass solche Delikte häufiger in Primärgruppen auftreten, also etwa aus einer Ehestreitigkeit heraus.

Den Alterseffekt bei der Delinquenz begreifen Gottfredson und Hirschi so, dass mangelnde Selbstkontrolle sich in einer Neigung zu kriminellem Verhalten manifestiert, die auch mit zunehmendem Alter konstant bleibt. Andererseits haben kriminelle Handlungen immer Voraussetzungen, die nicht im Täter selbst begründet sind. Diese hängen aber zum Teil wieder vom Alter ab. Reduzierte Selbstkontrolle ist auch hier nur eine von mehreren Voraussetzungen für das Auftreten von Delinquenz.

Während man bei den familialen Variablen davon ausgehen konnte, dass diese Bedingungen als letzte unabhängige Variablen gefasst waren, also die mangelnde Selbstkontrolle durch unzureichende Sozialisation begründet und mangelnde Selbstkontrolle somit intervenierende Variable für Delinquenz wurde (familiale Sozialisation → Selbstkontrolle → Delinquenz), wird der Alterseffekt (neben anderen situativen Faktoren) als weitere unabhängige Variable, neben der mangelnden Selbstkontrolle, für die Delinquenz verantwortlich gemacht (Alter → Delinquenz und Selbstkontrolle → Delinquenz).

Auch zwischen *Geschlecht* und Kriminalität besteht eine starke Beziehung. Die weit überwiegende Mehrheit aller Delinquenten sind männlichen Geschlechts. Um diesen geschlechtsspezifischen Effekt zu erklären, verwenden die Autoren eine ähnliche Argumentationsweise wie beim Alterseffekt. Demnach gilt, dass neben der geringen Selbstkontrolle situationsbedingte Faktoren eine Rolle spielen, die geschlechtsspezifisch variieren.

Zudem weisen einige weitere Indikatoren mangelnder Selbstkontrolle auf Zusammenhänge zum Geschlecht hin. So lassen die hohen Männerquoten bei Motorradunfällen oder Alkoholmissbrauch darauf schließen, dass Frauen im Durchschnitt mehr Selbstkontrolle haben als Männer. Für Gottfredson und Hirschi stellt sich damit die Frage, ob diese Unterschiede angeboren oder sozial bedingt sind. Sie verneinen diesbezügliche sozialisationstheoretische Erklärungen und gehen eher von genetischen Bedingungen aus: Mädchen werden zwar in der Regel stärker beaufsichtigt als Jungen. Die Schlussfolgerung aber, dass Mädchen deshalb ein höheres Maß an Selbstkontrolle entwickeln würden, ist nach Meinung von Gottfredson und Hirschi nicht angebracht. Schließlich setzt sich Erziehung immer aus drei Komponenten zusammen, wobei die Beaufsichtigung nur eine und die erste davon ist. Da Mädchen auch in ihrer (frühen) Kindheit seltener abweichen als Jungen, sind die zweite Komponente, nämlich das Erkennen des abweichenden Verhaltens, und die dritte zentrale Bedingung, nämlich Bestrafung desselben, bei Mädchen weit seltener gegeben als bei Jungen. Demnach wäre die stärkere Ausprägung der Selbstkontrolle bei Frauen angeboren.

Folgt man Gottfredson und Hirschi in ihrer Argumentation, so ist der geschlechtsspezifische Effekt der Delinquenz ein Resultat aus Unterschieden in angeborener Selbstkontrolle und aus hinzukommenden situativen Gegebenheiten. Ein solcher Erklärungsversuch unter Rekurs auf genetische Bedingungen ist soziologisch unbefriedigend. Wenn nämlich Delinquenz genetisch determiniert wäre, so wäre der Delinquente, da er für seine genetischen Bedingungen nicht verantwortlich ist, auch nicht für die delinquente Handlung zur Rechenschaft zu ziehen. Die Sanktion als dritte Komponente der Entwicklung von Selbstkontrolle würde damit ihre Legitimation verlieren.

Ein weiterer Zusammenhang, der allgemein zu gelten scheint, ist die *ethnische Herkunft*. Verschiedene ethnische Gruppierungen haben unterschiedliche Kriminalitätsraten innerhalb ein und derselben Gesellschaft. Manche ethnischen Minoritäten weisen höhere, andere aber auch niedrigere Kriminalitätsraten auf als die Einheimischen bzw. die Bevölkerungsmehrheit. Diesbezüglich ziehen sich die Autoren auf die Position zurück: „Partitioning race or ethnic differences into their crime and self-control components is not possible with currently available data" (Gottfredson/Hirschi 1990: 153). Etwas spekulativ gehen sie aber davon aus, dass die divergierenden Kriminalitätsraten kaum allein auf situationsbedingte Faktoren zurückzuführen sind. Sie schlagen vielmehr vor, die verschiedenen Erziehungsstile, die sie für tendenziell ursächlich halten, genauer zu erforschen.

Sie wären für das unterschiedliche Ausmaß an Selbstkontrolle verantwortlich und damit letztlich für die differentiellen Kriminalitätsraten.

Die stark am Individuum und an individuellen Neigungen orientierte Argumentation von Gottfredson und Hirschi manifestiert sich noch auf andere Weise: Während soziologische Bezugsfelder wie Familie, Peer-groups, Schule und Beruf als persönlichkeitsbildende und -gestaltende Faktoren angesehen werden, kehren Gottfredson und Hirschi dieses Prinzip um: Selbstkontrolle als Teil der Persönlichkeit übt einen Einfluss auf den Umgang mit solchen Institutionen aus.

Peer-groups sind Gruppen gleichaltriger Kinder und Jugendlicher, die sich relativ regelmäßig treffen, kommunizieren und (inter-)agieren. Soziologisch wird ihre Bedeutung darin gesehen, dass sie den Sozialisationsprozess, der in der Familie begonnen wurde, fortsetzen. Dabei kommt es zu einer Emanzipation des jungen Menschen von den familialen Abhängigkeitsverhältnissen und zu extrafamilialen, eben gesellschaftlichen Konstellationen. Peer-groups, in denen abweichendes Verhalten praktiziert (und vielleicht sogar normativ gefordert) wird, werden deshalb auch als wichtiger Faktor für die Entstehung von Delinquenz betrachtet. Ist in einer Peer-group kriminelles Verhalten üblich, so ist die Wahrscheinlichkeit groß, dass ein neues Gruppenmitglied ebenfalls kriminelles Verhalten erlernt und einsetzt.

Gottfredson und Hirschi wenden sich mit zwei Argumenten gegen diese Sichtweise: Erstens ist es unglaubwürdig, dass die Peer-group einen stärkeren Einfluss auf das Kind bzw. den Jugendlichen ausübt als die Familie, von der das Kind vor dem Beitritt zur Gruppe ausschließlich geprägt wurde. Zweitens bringt eine Neigung zu kriminellem Verhalten auch andere Tendenzen mit sich, die entweder nichts mit der Gruppe zu tun haben, wie z. B. Autounfälle, oder gegen die Gruppe gerichtet sind, z. B. Unzuverlässigkeit oder Schädigung anderer Gruppenmitglieder. Beide sind Ausdruck mangelnder Selbstkontrolle.

„How much easier it would be to assume that the ‚delinquent peer group' is a creation of faulty measurement and a tendency of people to seek the company of others like themselves" (Gottfredson/Hirschi 1990: 156). Demnach verleitet nicht die Gruppe ihre Mitglieder zu kriminellen Handlungen, sondern die Mitglieder suchen sich diese Gruppe aus und machen sie zu dem, was sie ist. Jugendliche, denen es an Selbstkontrolle mangelt, versuchen, der Überwachung oder der Kontrolle durch andere aus dem Weg zu gehen. Sie meiden deshalb Schule, Arbeitsstelle oder das familiale Zuhause. Es zieht sie auf die Straße und zu Gleichgesinnten. Damit ist Kriminalität innerhalb dieser Gruppen möglich.

Die Schule wird vor allem von Soziologen als eine mögliche Ursache für Delinquenz angesehen. Hierbei kann der Labeling Approach ebenso wie die Anomietheorie herangezogen werden. Ersterer verweist auf die vorgefassten (Alltags-)Theorien, nach denen Schüler etikettiert und damit in ihrem abweichenden Selbstbild geprägt werden. Die Anomietheorie unterstellt der Schule, dass diese die Mittelstandswerte und die entsprechenden Erwartungen betont, die die Unterschichtkinder häufig nicht mit legitimen Mitteln erfüllen können. Es kommt zu Konfliktsituationen, die mit Hilfe von Kriminalität zu bewältigen versucht werden. Nach Gottfredson und Hirschi verfehlen beide soziologische Theorien das

Wesentliche. Ihre Argumentation zielt darauf ab aufzuzeigen, dass mangelnde Selbstkontrolle jeglicher Etikettierung oder Erwartung vorausgeht: „The school restrains conduct in several ways: it requires young people to be at a certain place at a certain time; it requires them to do things when they are not under its direct surveillance; and it requires young people to be quiet, physically inactive and attentive often for long periods of time" (Gottfredson/Hirschi 1990: 162). Ein Schüler mit wenig Selbstkontrolle wird diese Belastung nicht auf sich nehmen wollen, da ihm spontane Befriedigung wichtiger ist als die verzögerte Belohnung. Dies kommt in seinen Zensuren und Absenzen zum Ausdruck. Während das Anomiekonzept davon ausgeht, dass der Schüler unter seinen schlechten Leistungen leidet, meint das Selbstkontrollkonzept, dass ihm diese gleichgültig sind. Während der Labeling Approach besagt, dass der Schüler etikettiert wird, geht das Selbstkontrollkonzept davon aus, dass dies zurecht geschieht, da es ihm an Selbstkontrolle fehlt und er diese nur in einem so aufgebauten Erziehungs- und Sanktionssystem entwickeln kann.

Die Schule gehört also zu den Sozialisationsinstanzen bzw. Sanktionssystemen, die unter bestimmten Umständen einen wesentlichen Beitrag zur Selbstkontrolle leisten können oder könnten. So ist die schulische Verhaltenskontrolle wesentlich effektiver. Hier besteht ein existenzielles Interesse an der Aufrechterhaltung von Disziplin und Ordnung. Deshalb unterliegt „unangemessenes Verhalten" einer sehr intensiven Kontrolle. Zudem können Lehrer (anders als Eltern) deviantes Verhalten im Allgemeinen als solches erkennen.

Die Effizienz der Schule als Sozialisationsinstanz wird jedoch stark eingeschränkt durch mangelnde Unterstützung bzw. fehlende Zusammenarbeit seitens der Familien, die bereits bei ihrem Anteil an der Sozialisation versagt haben. Dennoch wirkt sich der „net effect" der Schule auch ohne elterliche Mitarbeit positiv aus, wobei die gewöhnliche Hausaufgabe einen wichtigen Faktor bildet: Wer sie macht, zeigt, dass er an die Zukunft denkt.

Ein weiterer Hauptvorhersagefaktor für (künftige) kriminelle Handlungen ist die „Ablehnung der Schule". Hirschi (1969) sieht eine um so größere Wahrscheinlichkeit, dass Kinder bzw. Jugendliche delinquente Handlungen begehen, wenn sie schlechte Schulerfolge zeigen, an Schularbeiten keinen Gefallen finden und die Meinung des Lehrers gering schätzen, somit die Gültigkeit verbindlicher moralischer Regeln in Frage stellen.

Die Hypothese, dass Arbeitslosigkeit und Kriminalität positiv korreliert sind, erscheint auf den ersten Blick einleuchtend. Wenn ein Mensch arbeitet, hat er schließlich weniger Zeit für kriminelle Aktivitäten. Außerdem hat er es nicht nötig, kriminell zu werden, da er ein festes Gehalt bezieht. Letztlich will er auch seine ihn versorgende Arbeitsstelle nicht riskieren. Die empirisch nachweisbare Korrelation ist jedoch, wenn überhaupt, so gering, dass sie von keiner theoretischen und praktischen Relevanz ist. (Oft handelt es sich um den ökologischen Fehlschluss, wenn strukturelle Konstellationen auf personale angewandt werden, also wenn hohe Arbeitslosigkeit mit hohen Kriminalitätsraten einhergeht, was aber nicht bedeuten muss, dass Delinquente tatsächlich häufiger arbeitslos sind (Lamnek 1983a: 19)). Der wichtigste Zusammenhang, den Gottfredson und Hirschi zwischen Arbeit und Kriminalität unter Rekurs auf das Selbstkontrollkonzept ableiten, besteht darin, dass (potenzielle) Delinquente eher unstabile Beschäftigungsprofile aufweisen, d. h. sie sind mit ihrer Arbeit unzufrieden und wechseln häufiger die Arbeitsstelle.

Sozialisationsinstanzen, Selbstkontrolle und Kriminalität:
- Die relevanten *Sozialisationsinstitutionen Familie, Peers, Schule, Beruf* werden nicht als direkte Ursache für Kriminalität angesehen.
- Vielmehr bieten die Sozialisationsinstanzen die Möglichkeit, ein *höheres Maß an Selbstkontrolle* entstehen zu lassen. Insbesondere in der Schule werden die Vorteile *aufgeschobener Belohnungen* gelernt und internalisiert.
- Das Ausmaß an *schon vorhandener Selbstkontrolle* prädeterminiert die Beziehung des Einzelnen zu den Sozialisationsinstitutionen.
- Bis zu einem gewissen Alter können diese Institutionen einen *positiven Effekt auf die Selbstkontrolle* ausüben.

3.4 Aspekte einer kritischen Würdigung: Selbstkontrolle als „neokonservative Pädagogik"?

Die klassischen Theorien sehen in der Kriminalität ein Problem, dessen Kontrolle und Beseitigung in den Kompetenzbereich des Staates fällt. Dieser hat die Aufgabe, Abweichungen zu sanktionieren und durch (hohe) Strafen die potenziellen Täter abzuschrecken. Auch die Vertreter der positivistischen Ansätze richten ihre Verbesserungsvorschläge an die Adresse des Staates. Er hat dafür zu sorgen, dass die „Ursachen" für Kriminalität im sozialen Bereich behoben werden.

Gottfredson und Hirschi sehen für den Staat an dieser Stelle keine Möglichkeit, Kriminalität zu beeinflussen. „Our perspective emphasizes the stability of differences in self-control across the lifespan, differences that are established very early in life. Because low self-control arises in the absence of the powerful inhibiting forces of early childhood, it is highly resistant to the less powerful inhibiting forces of later life, especially the relatively forces of the criminal justice system" (Gottfredson/Hirschi 1990: 255). Die Vergrößerung etwa von Polizeikapazität und eine damit verbundene Erhöhung der Sanktionswahrscheinlichkeit hätte keinen signifikanten präventiven Effekt, da die Täter nur die Kurzzeitfolgen, also die direkt auf die Tat folgende Bedürfnisbefriedigung vor Augen haben. Gleiches gilt für eine Erhöhung des Strafmaßes.

Andererseits wird, so Gottfredson und Hirschi, der Versuch, Kriminalität durch soziale Maßnahmen einzudämmen, ebenso wenig den gewünschten Erfolg zeitigen. Die Ziele, die einem Täter bei seinem Vergehen vorschweben, sind anderer Natur als z. B. eine Wohnung oder eine Arbeitsstelle zu bekommen. Es ist deshalb fraglich, ob er anders handeln würde, wenn er Wohnung oder Arbeit hätte. Auch (Re-)Sozialisationsmaßnahmen, die einen Delinquenten auf den richtigen Weg (zurück)bringen wollen, haben wenig Aussicht auf Erfolg bzw. sind in der Mehrzahl der Fälle nachweislich gescheitert. Erziehung zu mehr Selbstkontrolle ist nach Gottfredson und Hirschi nur in jungen Jahren möglich.

Kriminelle Handlungen sind für die Autoren die Konsequenz aus Gelegenheit und mangelnder Selbstkontrolle. Beide Faktoren kann der Staat nur geringfügig beeinflussen. Er kann durch gezielte Maßnahmen versuchen, in bestimmten Bereichen Gelegenheiten zu reduzieren. Werden damit bestimmte Delikte verringert, so bedeutet das nicht, dass auf andere Delikte ausgewichen wird, da mangelnde Selbstkontrolle keinen Zwang zu kriminellem Handeln in sich trägt. „That is, a reduction in burglary, computer theft, or car theft will not be followed by compensatory increases in other crimes" (Gottfredson/Hirschi 1990: 256).

Die einzige Chance, etwas im Großen zu verändern, setzt bei der Bildung von Selbstkontrolle an. „The origins of criminality of low self-control are to be found in the first six or eight years of life, during which time the child remains under the control and supervision of the family or a familial institution. Apart from the limited benefits that can be achieved by making specific criminal acts more difficult, policies directed toward enhancement of the ability of familial institutions to socialize children are the only realistic long-term state policies with potential for substantial crime reduction" (Gottfredson/Hirschi 1990: 272 f.).

Positiv ist den beiden Autoren anzurechnen, dass sie Kriminalität als ein *ubiquitäres* Phänomen insofern begreifen, als sie von einer bestimmten „Normalität" dieser Handlungsformen ausgehen: Prinzipiell kann jeder abweichend handeln bzw. kriminell werden.

Von der Intention her fragwürdig, da in den Bereich eines zu eindimensionalen „social engeneering" hineinreichend, scheint bereits die Intention, ein vorhersagekräftiges und empirisch leicht zu testendes Modell zur Feststellung auch potenzieller Delinquenzgefährdung und Kriminalisierungsgefahr zu sein.

Dabei erfolgt mit diesem Ansatz der Versuch einer Vorverlagerung der Möglichkeit zum präventiven Eingreifen. Gleichzeitig dünnt sich das Anliegen einer so verstandenen Prävention zunehmend aus, wird das Wesen vorbeugender Maßnahmen trotz scheinbar eindeutiger Feststellung der Möglichkeiten des Intervenierens im System der Familie und der Schule immer undeutlicher. Hier scheint die kritische Frage von Schüler-Springorum angebracht, ob „Verbrechensverhütung am Ende also zum sozialpädagogischen Jedermannsgeschäft (wird)? Möglichst glückliche junge Eltern als Präventionsinstanz – da hört die Kriminalpolitik doch wohl auf, irgendwo" (Schüler-Springorum 1991: 150 f.).

Zudem erweckt der Ansatz von Gottfredson/Hirschi den Anschein, in bestimmter Weise eine Individualisierung der Verantwortung zu betreiben, als nämlich ein unangemessenes Erziehungsverhalten der Eltern wesentlich verantwortlich gemacht wird für Delinquenz: zu wenig Beaufsichtigung, mangelnde Delinquenzwahrnehmung und mangelnde bzw. unangemessene Bestrafung.

Glueck/Glueck (1950) und McCord/McCord (1959) – auf die Gottfredson und Hirschi ihre Argumentation z. T. stützen (!) – meinen, dass die größte kriminelle Gefährdung eines Jugendlichen von einer „erratischen Erziehungspraxis", also einem inkonsistenten Erziehungsstil der Eltern, ausgeht, und dass an zweiter Stelle die „laxe Erziehungspraxis" folgt (Lamnek 1985: 124). Von den genannten Autoren wurde auch die Bedeutung einer festen, aber nicht zu harten Disziplin und emotionaler Wärme hervorgehoben.

Interessant sind in diesem Zusammenhang die Ergebnisse einer Untersuchung mit n = 567 Jugendlichen, die in unterschiedlichem Maße delinquent waren (d. h. gegen Strafrechtsnormen verstießen) oder kriminalisiert wurden, also dem Tätigwerden der sozialen Kontrollinstanzen ausgesetzt waren. Im Gegensatz zu obigen Aussagen ließ sich in dieser Studie jedoch „bei den drei getesteten Variablen ‚Restriktivität des Erziehungsverhaltens', ‚Einigkeit der Eltern in Erziehungsfragen' und ‚Inkonsistenz des Erziehungsverhaltens' (…) in unseren Populationen (…) kein signifikanter und ausreichend starker Einfluß des Erziehungsverhaltens auf Delinquenz oder Kriminalisierung nachweisen, der die obigen Argumente hätte stützen können" (Lamnek 1985: 125).

Es bleibt jedoch auch im Rahmen einer Wertediskussion zu fragen, ob hinter den Aussagen von Gottfredson und Hirschi zur „Selbstkontrolle" ein „disziplinierter" (und in diesem Sinne „kultivierter") Mensch als Ziel steht, der einen Gegensatz bildet zum sozial unerwünschten Menschen, welcher der ungezähmten Spontaneität jugendlicher „Natur" (bzw. bestimmten Vorstellungen einer „Selbstentfaltung") folgt? Dafür würde auch sprechen, dass die Autoren alle Charakteristika einer geringen Selbstkontrolle nicht als Auswirkung von Sozialisation, Bemutterung sehen, sondern eher als Hinweis auf fehlende Betreuung, Disziplin oder Einübung.

Ein wenig interpretationsbedürftig scheint, dass die Autoren z. T. auf Veröffentlichungen der 1950er Jahre zurückgreifen (Glueck/Glueck 1950; McCord/McCord 1959), um Literatur für solche Mängel an Disziplin, Überwachung und Aufmerksamkeit (z. T. eine Folge exzessiven Trinkens) als signifikante Merkmale der Familien von Delinquenten zu finden.

Hinter dem „Selbstkontroll"-Konzept verbirgt sich eine latente Dichotomie, die als „Hedonismus" versus „asketische Ethik" oder „Hedonismus" versus „Selbstzwang und Selbstkontrolle" (Klages 1984: 18) zu bezeichnen wäre. Deutlich wird dies bei den nicht kriminellen, aber psychologisch mit kriminellen Aktionen vergleichbaren Handlungen, auf die Gottfredson/Hirschi besonderes Augenmerk gelegt haben. Hier drückt sich wieder die Orientierung der Autoren an dem aus, was als gesellschaftlicher „Normalentwurf" (Fend 1988: 36) bezeichnet werden kann, also der (letztlich funktionalistische) Gedanke an ein „Konsensusmodell" (Bianchi 1981), das von der Vorstellung allgemein geteilter und gesellschaftsweit gültiger normativer Regelung ausgeht.

Die Argumentation erinnert an Klages (1984), der feststellt, dass als Folge der bundesrepublikanischen Wohlstandsgesellschaft zusammen mit dem Abbau traditioneller Werte auch die Bereitschaft zur „Rollendistanz", zur „Ambiguitätstoleranz" sowie die innere Fähigkeit zur „Befriedigungsvertagung" verloren gegangen sei. Anstatt konventionelle Pflicht-, Enthaltsamkeits- und Akzeptanzwerte (wie „Disziplin", „Gehorsam", „Leistung", „Selbstbeherrschung", „Anpassungsbereitschaft" oder „Enthaltsamkeit") zu vermitteln (oder vermitteln zu können), sei die Familie unter Einfluss von Werteinkonsistenzen nur noch fähig, einen geringen Beitrag zur Identitätsentwicklung zu leisten. Daraus resultierten „Ich-

Schwäche mit geringer Enttäuschungsfestigkeit", „Rebellionsneigung" und „Übertreten von Spielregeln" (Klages 1984: 16 ff.). Daher sieht er auch in den verschiedenen Industriegesellschaften eine „Diffusion von Anomiephänomenen über die verschiedenen Sozialschichten hinweg" (Klages 1984: 8).

Als ein Beispiel dafür mag der von Gottfredson und Hirschi angeführte Zusammenhang zwischen Drogenkonsum und Delinquenz dienen. Akers (1984) hat darauf hingewiesen, dass nicht abstinente (Alkohol, Nikotin, Drogen konsumierende) Teenager mit größerer Wahrscheinlichkeit in Schlägereien, Diebstahl, Körperverletzung und Formen delinquenten Handelns verwickelt sind als abstinente. Gottfredson/Hirschi geben zwar an, dass die Beziehung zwischen beiden Variablen nicht kausal zu fassen ist (Gottfredson/Hirschi 1990: 93), bekräftigen aber, dass beide Verhaltensweisen Ausdruck einer unterschwelligen Neigung zu kurzfristiger, sofortiger Freude, d. h. Zeichen eines Mangels an Selbstkontrolle, sind, der vielfältige Ausdrucksformen zeigt.

Unter Bezugnahme auf Eisenbach-Stangl, die eine (repräsentative) Untersuchung zu Drogenkonsum und Drogenverhalten Wiener Schüler unternommen hatte, scheinen einige ergänzende Aspekte angebracht: Wie die Autorin festhält, wiesen zum einen nur etwa 11 % der Befragten überhaupt Drogenerfahrungen auf. Zum anderen wurde nachgewiesen, „daß zumindest die Hälfte der Drogenerfahrenen (also 50 % der Gesamtstichprobe) nur sehr flüchtige Erfahrungen mit Drogen gemacht hat" (1984: 39). Und: „Je seltener eine Person konsumiert, desto häufiger hat sie vor, den Konsum zu beenden oder weniger zu konsumieren" (Eisenbach-Stangl 1984: 47). Zudem sind die aus Drogenkonsum resultierenden Probleme alters- bzw. geschlechtsspezifisch: Ältere Jungen, die Drogen konsumierten, hatten z. B. im Gegensatz zu jüngeren häufiger Probleme mit Kriminalisierung. Häufig trinkende Schüler wiesen hingegen mehr Öffentlichkeitsprobleme auf: mehr Schlägereien oder Streit mit Fremden, aber seltenere Kontakte mit der Justiz bzw. den Sicherheitsbehörden.

Was Gottfredson/Hirschi als negativ anführen, stellt sich hier als ein eher jugendtypisches Probierverhalten dar. Wie wollen die Autoren – wenn sie explizit auf Drogengebrauch abheben – z. B. die 50 % „Probierer" (auch harter Drogen) „einordnen", die nach ein- bis zweimaligem Gebrauch wieder aufhören? Ihre Annahmen über „typische" Ausdrucksformen von Kriminalität und strukturell bzw. psychologisch verwandtem Verhalten sind m. E. relativ stark in den Überlegungen einer weißen Mittelschicht zu einem „konformen" Charakter verhaftet.

Ob es sich bei der „general theory of crime" von Gottfredson und Hirschi um eine Variation eines Rational Choice-Ansatzes, eine Modifikation der Lerntheorie oder einen eigenständigen Ansatz mit Anspruch auf Allgemeingültigkeit oder um ein Konglomerat aus verschiedenen Ansätzen handelt, sei dem Urteil des Lesers überlassen. Kritisch angemerkt sei an dieser Stelle jedoch, dass die beiden Autoren nicht dezidiert begründen, weshalb sie Selbstkontrolle – bedingt durch Erziehung – als die eigentliche Ursache von Kriminalität ansehen und nicht z. B. die soziale Schicht der Eltern, die die Erziehung determiniert und damit die Selbstkontrolle entscheidend prägt.

Ein wichtiges Manko in der Arbeit von Gottfredson und Hirschi ist, dass keine explizite Definition von Selbstkontrolle geliefert wird. Sie wird als „stable construct" (Gottfredson/Hirschi 1990: 91) bezeichnet und mit einigen Eigenschaften versehen. Da der Begriff der Selbstkontrolle jedoch mehr assoziiert als nur eine Kombination solcher Eigenschaften und die Ursache dieser Eigenschaften wiederum in der Selbstkontrolle gesehen wird, kann man den Vorwurf einer partiell zirkulären Argumentation nur vermeiden, wenn man Selbstkontrolle entweder als eine geheimnisvolle Größe ansieht oder sie über den Rational Choice-Ansatz erklärt. Dadurch entstehen jedoch weitere Fragen:

Warum kann man Selbstkontrolle nur durch Kontrolle und Bestrafung erlernen? Es wäre ebenso denkbar, dass man sie durch Belohnung internalisiert. Demnach müsste dem Kind beigebracht werden, dass Langzeitbelohnungen mehr Wert haben als Kurzzeitbelohnungen. Kombiniert man diesen Aspekt mit dem Selbstkontrollkonzept, so hat man es mit einer typischen Lerntheorie zu tun. Es drängt sich also der Verdacht auf, dass es sich beim Selbstkontrollkonzept auch um eine „halbierte" Lerntheorie handelt, wobei die „Halbierung" zusätzlich darin besteht, dass der Lernprozess mit dem achten Lebensjahr als abgeschlossen betrachtet wird (an keiner Stelle wird ausgeführt warum) und dann alles weitere von situativen Bedingungen (z. B. der Gelegenheitsstruktur) abhängt. Dann sind aber andere Erklärungsansätze hilfreicher.

Letztlich erscheint auch das Konzept der „effektiven Bestrafung" als kritikimmunisierende Leerformel: Nicht zu harte Sanktionierung, aber auch keine zu weiche. Doch welche Sanktionen zu hart oder zu weich sind, erweist sich erst ex post, wenn Delinquenz erneut eingetreten oder nicht eingetreten ist.

Kritik des Selbstkontrollkonzeptes:
- Positiv ist am Selbstkontrollkonzept zu werten, dass die konservative Position, wonach eine *Sanktionserhöhung* seitens des Staates ausreicht, um Kriminalität zu *reduzieren*, aufgegeben wird.
- Kritisch ist zu würdigen, dass die Theorie der Selbstkontrolle eindeutig *ätiologisch-individualistisch* orientiert ist.
- Durch die theoretische Relation *Sozialisation → Selbstkontrollverbesserung* besteht die Gefahr einer *Schuldzuweisung* an die Sozialisationsinstanzen Familie und Schule.
- Die Rückführung *geschlechtsspezifischer Unterschiede* in der Selbstkontrolle auf *genetische Bedingungen* (Frauen besitzen eine höhere Selbstkontrolle) ist aus soziologischer Sicht ausgesprochen fragwürdig.
- Die vom Labeling Approach kritisierte *Etikettierung* ist im Selbstkontrollkonzept ein (notwendiges?) Element des Erziehungs- und Sanktionsverhaltens, um die Selbstkontrolle zu stärken.
- Da ausschließlich in der Erziehung zu mehr Selbstkontrolle der Schlüssel zur Lösung des Problems „Kriminalität" gesehen wird, erhalten andere *soziale Maßnahmen einen inferioren Status*. Auch *Resozialisationsmaßnahmen* werden nur als begrenzt wirksam betrachtet.

- Neben dem ausgesprochen dominanten Selbstkontrollkonzept wird anerkannt, dass die *Gelegenheiten*, kriminell zu handeln, durchaus durch (staatliche u. a.) Maßnahmen reduziert werden können.
- Hypostasiert man die Theorie der Selbstkontrolle, so bietet sie weitgehende Möglichkeiten der *Prävention*, allerdings zu dem Preis, dass „Verbrechensverhütung (...) zum *sozialpädagogischen Jedermannsgeschäft*" (Schüler-Springorum 1991; Hervorhebung S. L.) wird.
- Das Konzept der Selbstkontrolle bleibt in den Ausführungen von Gottfredson und Hirschi ein *theoretisches Konstrukt*, dessen empirisches Korrelat nur schwer fassbar erscheint.
- Das Selbstkontrollkonzept ist letztlich – bei aller Kritik – insoweit zu beachten, als es ein Ansatz ist, der die *neue Perspektive der (sozialen) Kontrolle* aufnimmt, soziale (Sozialisation) und individuelle (Selbstkontrolle) Bedingungen berücksichtigt, aber dabei traditionell verhaftet bleibt (Ätiologie).

4 Die materialistisch-interaktionistische Kriminologie nach Gerlinda Smaus

> Der „Versuch um eine materialistisch-interaktionistische Kriminologie" von Gerlinda Smaus (1986b) ist gekennzeichnet durch das Anliegen, den *Definitionsansatz* (Labeling Approach) mit einer *sozialstrukturellen Komponente* – auf der Basis einer *materialistischen Gesellschaftstheorie* – zu verbinden. Smaus folgt dabei der Intention des „radikalen Ansatzes" von Fritz Sack (1977). Dessen theoretisches Leitbild ist ein „systemtheoretisches Modell" historisch-materialistischen Inhalts.
>
> Gerlinda Smaus geht prinzipiell von derselben Intention aus, möchte jedoch den „Abstraktionismus" der marxistischen Ansätze überwinden, andererseits aber auch den Subjektivismus vermeiden, der an der *interaktionistischen Theorie* (und damit auch am Labeling Approach) stets kritisiert wurde. Als hilfreiche Grundlage hierfür erscheint ihr der „*Strukturierungsansatz*" von Anthony Giddens (1988), dem sie argumentativ folgt, indem sie versucht, dessen gesamtgesellschaftliche Perspektive auf die gesellschaftlichen Teilbereiche „Devianz" und „Kriminalität" zu übertragen und anzuwenden.
>
> Diese allgemeineren theoretischen Überlegungen werden durch das, unsere Gesellschaften charakterisierende *patriarchalische* Element erweitert und um eine genuin *feministische* Perspektive ergänzt: Die spezifische Frauenkriminalität ist gesellschaftlich definiert und dient der Erhaltung der patriarchalischen Gesellschaftsstrukturen.

4.1 Die theoretischen Voraussetzungen

Erste Versuche, die interpretative Position des Labeling Approachs mit einer gesamtgesellschaftlichen Theorie zu verbinden, in der sozialstrukturelle Gegebenheiten wie das Vorhandensein von ungleichen Machtverhältnissen berücksichtigt werden, wurden bereits von Fritz Sack unternommen (Sack 1968, 1972 und 1977). Seiner Auffassung nach bleibt der Labeling Approach praktisch auf die Untersuchung der Etikettierungsprozesse und deren Folgen beschränkt, d. h. es wird jegliche ätiologische Ursachenforschung als unerheblich beiseite gelassen. Dies ist aber eine verkürzende und dem Phänomen abweichenden Verhaltens unangemessene Sichtweise, die die grundlegenden gesellschaftlichen Machtstrukturen, die als die Basis der Etikettierungsvorgänge anzusehen sind, unberücksichtigt lässt. Der Labeling Approach ist deshalb in eine gesamtgesellschaftliche Theorie einzubetten. Diesen Anspruch glaubt er, mit einem „systemtheoretischen Modell historisch-materialistischen Inhalts" einlösen zu können.

Ein ganz ähnliches Anliegen ist bei Gerlinda Smaus zu erkennen, wenn sie „die bisherigen Ergebnisse der interaktionistischen Forschungen über Kriminalisierungsprozesse in einen gesamtgesellschaftlichen Rahmen zu integrieren und zu interpretieren" (Smaus 1986b: 179) sucht. Obgleich sich ihr materialistisch-interaktionistischer Ansatz gegen den Subjektivismus der interpretativen Theorie wendet, steht er dennoch in der Tradition des Labeling Approachs, weil er sich den Zielen verpflichtet fühlt, Kriminalität als „Zuschreibungsprozess" zu sehen und die Gesetzmäßigkeiten sowie den Sinn dieser Etikettierungsvorgänge herauszuarbeiten. Kriminalität hat nach Auffassung des Labeling Approachs keinen ontologischen Gehalt, sondern ist ein ausgehandelter Status.

Smaus wendet sich explizit gegen neuerliche Versuche, den Labeling Approach als überwunden und obsolet zu klassifizieren. Nach ihrer Auffassung besteht seine Leistung und sein Verdienst nach wie vor darin, eine Reihe wichtiger Prämissen der ätiologischen Kriminologie widerlegt zu haben. „Während sich der eine oder andere Punkt (z. B. das Konzept der sekundären Devianz von Lemert 1977) mühelos mit der ätiologischen Kriminologie vereinbaren ließe, ergeben sie zusammen in der Tat eine Aufhebung der bisher in der Kriminologie herrschenden Grundannahmen, eben einen Paradigmawechsel. Ich sehe nicht, wie man in der Kriminologie hinter diese radikalen Erkenntnisse wieder zurückfallen könnte" (Smaus 1986b: 181).

Andererseits erkennt Smaus aber auch die Gefahr des Subjektivismus, der sich das interpretative Paradigma nicht ganz entziehen kann. Sie geht ausführlich auf diejenigen Auseinandersetzungen mit dem Paradigma ein, denen ein eher kritisch-emanzipatorisches Erkenntnisinteresse gemeinsam ist, wenn sie die ungleiche Verteilung von Lebenschancen in der Gesellschaft beobachten und kritisieren, so zum Beispiel die Konflikttheorie, die kritische Theorie und insbesondere die marxistische Theorie. Von seiten dieser Theorien werden dem interpretativen Paradigma vor allem die im Folgenden referierten Defizite vorgehalten.

4.1.1 Kritik am interpretativen Paradigma

Das interpretative Paradigma hat den entscheidenden Nachteil, dass es keine strukturellen Aspekte erfassen kann. Es hat keinen Begriff der Qualität von „Gesellschaft", die mehr wäre als die Summe ihrer Teile. Der Ansatz ist daher *reduktionistisch*, weil er Gesellschaft lediglich als die Summe von Interpretationsakten erscheinen lässt. Reduktionistisch meint hier aber nicht die Rückführung eines Sachverhalts auf grundlegendere Einsichten, sondern bedeutet in diesem Kontext die verkürzende Ausblendung wichtiger Tatbestände.

Das interpretative Paradigma ist zwar nicht ahistorisch orientiert, wie das die traditionelle sozialwissenschaftliche Methodologie ist, wenn sie nach historisch invarianten Gesetzmäßigkeiten sucht, doch vernachlässigt sie die historische Genese und Veränderung von strukturellen Bedingungen, die in die Definitions- und Interpretationsakte einfließen. Die Historizität von Gesellschaft wird also ausgeklammert, weshalb weder die Entstehung und laufende Veränderung von Institutionen noch Geschichte in diesem Paradigma erklärt werden können. Der Mensch muss, um zu überleben, die Natur materiell transformieren, d. h. „gesellschaftliche Praxis" ist auch unter dem Aspekt der notwendigen *Interessensverwirklichung* zu sehen und nicht nur unter der Perspektive der je subjektiven „Bedeutungsverleihung". Dieses Element der „gesellschaftlichen Praxis" wird aber im interaktionistischen Ansatz vernachlässigt.

Der Grad der möglichen Interessensverwirklichung hängt von der jeweiligen gesellschaftlichen Machtposition ab, denn Macht ist ein zentraler gesellschaftlicher Faktor. Dieser wird aber im interpretativen Paradigma insofern verkannt, als dieses tendenziell von einer prinzipiellen Gleichrangigkeit der Interaktionspartner ausgeht (Aushandeln von Bedeutungen).

Auch allgemein gültige Normen können unterschiedlich interpretiert werden. Die Interpretationsmöglichkeiten hängen aber sowohl von divergierenden und konkurrierenden Interessen als auch von unterschiedlichen Machtpositionen ab. Divergenzen zwischen diesen kann aber der interpretative Ansatz nicht erklären.

Im interpretativen Paradigma gilt jegliche Norm als relativ, da sie stets nur ausgehandelt ist. Das bedeutet aber, der jeweils herrschenden „Moral" eine alles überragende Geltung einzuräumen, weil diese ja die gängigen Deutungsmuster bestimmt. Der jeweils gültige Moralkodex ist aber wieder durch die Mächtigen manipuliert und institutionell abgesichert. (Hinweise auf die jeweiligen Vertreter der angeführten kritischen Positionen finden sich bei Smaus (1986b: 183)).

Trotz der harten und gewichtigen Kritik, die sowohl das interpretative Paradigma allgemein als auch der ihm verpflichtete Labeling Approach innerhalb der kriminologischen Theorie erfahren haben, plädiert Smaus aber dafür, diese Sichtweise grundsätzlich beizubehalten. Der Labeling Approach hat als bisher einziger Ansatz ein Verständnis von Kriminalität entwickelt, das über den ätiologischen Begriff eines unbezweifelbaren „So-seins", über eine ontologischen Qualität hinausgeht, indem er Kriminalität als zugeschriebenen oder ausgehandelten Status auffasst.

Auch wenn der „Idealismusvorwurf" ihrer Ansicht nach teilweise berechtigt ist, akzeptiert Smaus diese Perspektive prinzipiell; sie muss allerdings modifiziert werden durch ergänzende Gesichtspunkte, die geeignet erscheinen, den Idealismusvorwurf zu entkräften und den Ansätzen der materialistischen Gesellschaftstheorie Rechnung zu tragen. Das ist möglich, wenn in den Labeling-Ansatz die gesellschaftlichen Rahmenbedingungen und materiellen Grundlagen – der gesellschaftliche „Unterbau"– eingehen, indem deren Einflüsse auf die Vorgänge des Labelns berücksichtigt und im Einzelnen herausgearbeitet werden. Nach Smaus muss „eine Theorie der Zuschreibungsprozesse der Kriminalität entwickelt (werden), die über das hinausgeht, was symbolische Interaktionisten und Ethnomethodologen auf diesem Gebiet geleistet haben, nämlich die inhaltsleere Aufschlüsselung der formalen Eigenschaften der Definitionsprozesse" (Smaus 1986b: 182). Das meint zum einen „die inhaltliche Einlösung dessen, was *Normalität bzw. der status quo der gegenwärtigen Gesellschaft bedeutet*", (zum anderen) „die inhaltliche Aufschlüsselung des sogenannten *Hintergrundwissens*, das über die Zuschreibungen entscheidet" (Smaus 1986b: 182).

Einwände gegen das interpretative Paradigma:
- Das interpretative Paradigma vernachlässigt *strukturelle* Elemente der Gesellschaft.
- *Genese* und *Wandel* von gesellschaftlichen Institutionen bleiben ausgeklammert und unerklärt.
- Gesellschaftliche Praxis konstituiert sich nicht nur durch *Bedeutungsverteilung*, sondern auch durch je spezifische *Interessenverwirklichung*.
- Im interpretativen Paradigma wird eher von einer *Gleichrangigkeit der Interaktionspartner* ausgegangen, während die Interessenverwirklichung von *Machtstrukturen* abhängt.
- Unterschiedliche *Norminterpretationen* und *Normanwendungen* sind interessenbedingt und machtabhängig und können vom interpretativen Paradigma kaum erklärt werden.
- Normen werden im interpretativen Paradigma „ausgehandelt" und sind daher relativ, doch der *Moralkodex der Mächtigen* gibt hierfür den Rahmen.

Erste Charakterisierung des Ansatzes:
- Mit dem Labeling Approach als interpretativer Theorie wird eine *ontologische Qualität der Kriminalität* verneint und die *Zuschreibung* und *Aushandlung* des kriminellen Status betont.
- Gleichwohl müssen in der Erfassung und Erklärung von Kriminalität als Kriminalisierung die *gesellschaftlich-materiellen Rahmenbedingungen* einbezogen werden.
- *Definitionsprozesse* sind für das Verständnis von Kriminalität (wegen der Kriminalisierung) unverzichtbar; sie werden aber nur verstehbar vor dem Hintergrund gesellschaftlicher *Macht- und Herrschaftsverhältnisse*.

4.1.2 Kritik an marxistischen Theorien

Andererseits sieht Smaus – trotz der eben herausgestellten positiven Funktion – aber auch die marxistischen Theorien der Kriminalität eher kritisch. Die ihr wichtig erscheinenden Kritikpunkte (Smaus 1986: 183 f.) werden im Folgenden referiert: Zunächst hat die marxistische Theorie einen Kriminalitätsbegriff, der sich von den ätiologischen Theorien nicht unterscheidet. Sie billigt im Gegenteil dem Begriff der Kriminalität eine ontologische Qualität zu, die diesem aber nicht zukommt. Ein Blick auf die verschiedenen Theorien von Kriminalität im Marxismus bestätigt diesen Vorwurf der ätiologischen Orientierung eindeutig.

Der Mensch wird in der marxistischen Theorie weder als Urheber seiner Geschichte noch als Urheber und Benutzer von Symbolen anerkannt. „Deshalb geht diese marxistische Kriminologie mit der ätiologischen Kriminologie (…) eine heimliche Allianz bezüglich der Ursachen der Kriminalität (wie Armut, Verelendung, broken home usw.) ein und setzt, stärker noch als die letztere, einen ‚Reaktionsdeppen' voraus" (Smaus 1986b: 183 f.).

Die marxistische Theorie beschränkt sich in der Regel auf moralische Entrüstung über die herrschenden Zustände, anstatt den Begriff der Kriminalität kritisch zu hinterfragen. Dessen Reifikation wird beibehalten. Da sie so selbst einer Ideologie verhaftet bleibt, ist auch ihre Anfälligkeit für eine „Law-and-order-Mentalität" nicht zufällig. Weil die marxistische Theorie die Prozesse, in denen Kriminalität zugeschrieben wird, nicht beachtet, kann sie weder den „Sinn" der Kriminalisierung noch die Reproduktion des Klassenstrafrechts erklären.

Das Anliegen von Smaus ist es, den marxistischen Ansatz mit dem interpretativen Paradigma zu verbinden. Sie räumt dabei „der Strategie der ‚Verbesserung der marxistischen Theorie' gegenüber der bisher diskutierten ‚Verbesserung des Interaktionismus' die größere theoretische Tragweite" ein (Smaus 1986b: 185). Dies scheint ihr deshalb der richtigere Weg zu sein, weil nur das Anerkennen einer letztlich materiellen Bedingtheit eine Interpretation des Sinnes der Kriminalität (was bei ihr stets bedeutet: der Kriminalisierung) ermöglicht. Die Prozesse des Labelns dürfen dabei nicht außer Acht gelassen werden. Das Zustandekommen des Kriminalitätsbegriffes durch einen Definitions- und Aushandlungsvorgang muss auch in einer materialistischen Betrachtungsweise anerkannt werden.

Das spezifisch Neue an der materialistisch-interaktionistischen Vorgehensweise ist nun Folgendes: Man geht nicht mehr implizit davon aus, als würde in einem quasi „gesellschaftslosen" Raum ohne materielle Basis, von unabhängig interagierenden Individuen gleichsam in freier Aushandlung das Etikett „kriminell" verliehen. Vielmehr wird nun berücksichtigt, dass dies innerhalb einer historisch spezifischen Realität und mit Bezug auf diese geschieht. Mit anderen Worten: Es müssen die gesellschaftlichen Rahmenbedingungen, unter denen den einzelnen Akteuren („Tätern") das Etikett „Kriminalität" zugeschrieben wird, erfasst und spezifiziert werden.

Einwände gegen den marxistischen Ansatz:
- Der Marxismus hat einen ätiologischen Kriminalitätsbegriff.
- Dies führt auch im Marxismus zu einer *Reifikation* des Kriminalitätsbegriffs und zu einer Mentalität von *Law and Order*.
- Mit einer *faktoriellen Ursachenkonstellation* wird der Mensch als Spielball der Verhältnisse betrachtet („Reaktionsdepp").
- Wegen der *statischen Betrachtung* werden Zuschreibungs*prozesse* ausgeklammert, was den Blick für *Kriminalisierung* („Sinnzuschreibung") verschließt.

Zweite Charakterisierung des Ansatzes:
- Die Verbesserung des *marxistischen Ansatzes durch das interpretative Paradigma* ist erfolgsträchtiger als der umgekehrte Weg.
- Die Prozesse des Labelns erfolgen auf einer *materiellen Basis*.
- Die *gesellschaftlichen Rahmenbedingungen* sind für Ablauf und Verstehen der Etikettierung als kriminell erklärungskräftig und deshalb zu erfassen.

4.1.3 Vereinbarkeit des scheinbaren Paradoxons

Der „Subjektivismusvorwurf" sowie der „Idealismusvorwurf", die dem interpretativen Paradigma stets gemacht wurden (und noch werden), beziehen ihre Berechtigung daraus, dass dem Interaktionismus alle Bedeutungen beliebig erscheinen müssen, weil sie letztlich alle durch Interaktionen entstanden sind. Die Elemente der Wirklichkeit haben damit keinen ontologischen Gehalt. Smaus verweist nun aber darauf, dass dies bei den Begründern des interpretativen Paradigmas, als die sie George Herbert Mead und Alfred Schütz ansieht, in dieser subjektivistischen Form gar nicht zutrifft. Im Gegenteil kommt bei diesen die objektive Realität durchaus vor.

„Bei Mead (1959: 119) ist es die Welt der physikalischen Objekte, der ‚manipulatory area', die den Sinn insofern bedingt, als sie einer ‚falschen' Konstruktion Widerstand leistet; er betont, daß der Mensch ein Organismus ist, der einen ‚richtigen' und keinen x-beliebigen Sinn der Umwelt verleihen muß, wenn er sie unter Kontrolle bringen will. Schütz befreit das Meadsche Konzept der ‚manipulatory area' von seiner Situationsgebundenheit und erweitert es zeitlich und räumlich zu einer ‚world of working' (1967: 223).

Die Welt unserer Arbeit ist die Welt der physikalischen Objekte; sie leistet mir Widerstand und verlangt nach ihrer Überwindung; sie stellt mich vor Aufgaben, erlaubt mir, meine Pläne erfolgreich durchzuführen oder sie fallen zu lassen. Diese Welt konstituiert die spezifische, historische Realität des Alltagslebens und ist nicht, wie später behauptet wird, nur ein Alternativausdruck für dasselbe" (Smaus 1986b: 185).

In der Nachfolge von Schütz und Mead haben vor allem Berger und Luckmann (1969) auch den Objektcharakter der Gesellschaft betont, jedoch ohne gleichzeitig deren Konstitution durch subjektive Interaktions- und Interpretationsvorgänge zu negieren. Sie sehen eine dialektische Beziehung zwischen objektiver äußerer Alltagswelt und subjektiven Deutungsmustern, die in beständigen symbolischen Interaktionen geschaffen und abgewandelt werden.

Im Grunde ist bei Berger/Luckmann für den Rahmen einer allgemeinen soziologischen Theorie das schon basal, was der materialistisch-interaktionistische Ansatz von Smaus für die Kriminologie leisten soll, nämlich die Verbindung der „objektiven", dem Einzelnen als Faktum gegenübertretenden, äußeren Lebenswelt mit dem Prozess der „subjektiven" und interaktiven Bedeutungsverleihung. Dabei haben Berger/Luckmann im Grunde schon vorweg die Kritik entkräftet, die jetzt dem materialistisch-interaktionistischen Ansatz entgegengebracht wird: So behauptet Helge Peters entgegen der Auffassung von Smaus die Unvereinbarkeit objektivistischer und interaktionistischer Annahmen. „Wenn Dingen nichts innewohnt, sie also jeglicher Bedeutung zugänglich sind, wenn unbedeutete Dinge nicht sind, sind objektivistische Annahmen, die ja die Existenz von Unbedeutetem behaupten, nicht zu halten" (Peters 1989: 120). Dass aber eine objektivistische Sichtweise notwendigerweise mit der Annahme der Existenz von „Unbedeutetem" einhergehen muss, was Peters ja unterstellt, bestreiten eben Berger/Luckmann.

Dass das So-Sein der Gegenstände keine ontologische Qualität hat, sondern allein durch Bedeutungsverleihung in einem interaktiven Prozess entstanden ist – dass also alles einem Deutungsprozess unterliegt und durch einen solchen konstituiert ist –, diese Sichtweise teilen Berger und Luckmann mit allen Autoren der interaktionistischen Schule. Das Vergessen dieser Bedeutungsentstehung nennen sie „Verdinglichung der gesellschaftlichen Wirklichkeit" – und sehen hierin sogar eine Nähe zum Marxschen Begriff des „falschen Bewußtseins" (Berger/Luckmann 1969: 65; 94 ff.). Andererseits gestehen sie dem So-Sein der uns umgebenden Welt dennoch eine objektive Qualität in dem Sinne zu, dass es sich hierbei um ein dem Menschen äußeres Faktum handelt, das dem Einzelnen – als von ihm nicht unmittelbar veränderbar – gegenübersteht, mit dem der Einzelne zu rechnen hat, will er nicht selbst als Devianter, Verrückter, Krimineller, Sonderling etc. gelten. Die Grundbehauptung von Berger/Luckmann lautet also: Es ist zwischen „ontologischer" und „objektiver" Qualität der äußeren Welt zu trennen, denn auch völlig subjektiv entstandene Bedeutungen können zu einer äußeren objektiven Realität gerinnen, der sich der Einzelne nicht entziehen kann. Diese Erkenntnis, dass Menschen eine Situation, die sie als real definieren, auch in ihren Konsequenzen als real erfahren, ist schon im *Thomas-Theorem* enthalten. Der Zusammenhang zwischen der einerseits „objektiven" und andererseits „subjektiven" Qualität der Gesellschaft wird von Anthony Giddens in seiner Theorie der Strukturbildung herausgearbeitet.

Interaktionismus und Materialismus:
- Die Vorwürfe des *Subjektivismus* und des *Idealismus* beruhen darauf, dass Bedeutungen in Interaktionen ausgehandelt werden und daher „beliebig" sind.
- Diese Vorwürfe treffen aber nicht, weil schon bei Mead und Schütz die „*objektive Realität*" Berücksichtigung findet. Diese Welt konstituiert die je spezifische Situationsdeutung (mit).
- Aber: Auch *Subjektivität* (unterschiedliche Perzeptionen und Deutungen) *konstituiert die „objektive" soziale Realität.*

4.1.4   *Die Theorie der Strukturierung von Giddens*

Anthony Giddens' Anliegen ist es, den Gegensatz zwischen den Wissenschaftsauffassungen des „Objektivismus" einerseits und der „subjektiven" Hermeneutik andererseits zu überwinden. Verbunden damit möchte er gleichzeitig die Trennung der Soziologie in eine makrosoziologische und eine mikrosoziologische Betrachtungsebene aufheben.

„Der Gegenstand der Soziologie kann nicht einseitig auf die Erfahrungen und Handlungen von Individuen beschränkt werden, aber auch nicht auf die Betrachtung der gesellschaftlichen Ganzheit und ihrer Strukturen. Für Giddens ist der Gegenstand der Soziologie gegeben in den ‚social practices ordered across space and time'. Seine Theorie der Strukturbildung verknüpft Mikro- und Makroebene, subjektivistische und objektivistische Betrachtung und die Handlungstheorie mit der strukturalen Soziologie. Allerdings akzeptiert Giddens einen ‚hermeneutic starting-point' insofern, als die Beschreibung menschlichen Handelns immer eine Vertrautheit mit den Lebensformen der Handelnden voraussetzt" (Mikl-Horke 1989: 309).

Struktur und Handeln sind für Giddens nicht zu trennen, sie bilden vielmehr eine Einheit. „Struktur und Handeln sind für ihn zwei Dimensionen derselben Sache. (...) ‚Struktur' liegt in den individuellen Handelnden selbst angelegt, beschränkt ihr Handeln, ermöglicht es aber auch. Im Handeln reproduziert sich die Struktur und verändert sich. Darin liegt die ‚duality of structure' begründet, d. h. die zweigeteilte Einheit im Gegensatz zur geläufigen Vorstellung eines Dualismus von ‚Individuen' und ‚Gesellschaft', ‚Handeln' und ‚Struktur'. ‚Struktur' bei Giddens ist sowohl auf Handeln wie auf Systemreproduktion bezogen, ist das gemeinsame Wissen der Akteure in ihren praktischen Handlungen, zugleich Mittel und Ergebnis der Praxis" (Mikl-Horke 1989: 311).

Giddens argumentiert einerseits gegen einen vereinfachten Interaktionismus, wenn er feststellt, dass Strukturen insofern Objektqualität haben, als sie Handeln überhaupt erst ermöglichen. Andererseits wendet er sich gegen eine strukturalistische Sichtweise, indem er den vorgegebenen Strukturen wohl eine gewisse Objektqualität zubilligt, ihnen aber nicht zugesteht, sie würden das individuelle Handeln völlig determinieren. „Das Reich des menschlichen Lebens ist vorgegeben. Menschen produzieren die Gesellschaft, aber sie machen das als historisch verortete Akteure und nicht unter selbst gewählten Bedingungen" (Giddens 1976: 160, übersetzt in: Smaus 1986b: 186). In diesem Sinne weisen nach Giddens alle sozialen Strukturen einen *„dualen Charakter"* auf. Einerseits werden Strukturen durch Handeln fortwährend konstituiert und reproduziert („structuration"), andererseits sind sie selbst aber wieder Voraussetzung und Grundlage menschlichen Handelns („structure").

Auf diese Theorie der Strukturierung von Giddens bezieht sich nun Gerlinda Smaus in der weiteren Explikation ihres materialistisch-interaktionistischen Ansatzes. Sie glaubt, dass „mit dessen Hilfe sowohl ein großer Teil der ‚strukturellen' Schwächen des (interpretativen) Paradigmas wie das Fehlen von ‚symbolischen, kommunikativen Elementen' in der marxistischen Theorie überwunden werden kann" (Smaus 1986b: 186).

> **Dritte Charakterisierung des Ansatzes:**
> - *Objektivierung* und *Subjektivierung* sollen ebenso gemeinsam in die Betrachtung von Kriminalität einbezogen werden wie *Makrosoziologie* und *Mikrosoziologie* sowie *Handlungstheorie* und *strukturelle Soziologie*.
> - *Struktur* und *Handeln* bilden eine Einheit, die beiden Seiten einer Medaille.
> - Dieser *duale Charakter* wird im Ansatz von Smaus zur Basis der Vereinigung von *Marxismus und Symbolischem Interaktionismus* in der Erfassung von Kriminalität (Kriminalisierung).

4.2 Die Anwendung auf die Kriminologie

Smaus möchte nun innerhalb dieses Theorierahmens eine interpretative Analyse der Kriminalität durchführen, um dann in einem induktiven Vorgehen aus der Analyse der Kriminalität eine Analyse der Gesellschaft zu erschließen. Sie bezieht die Berechtigung zu diesem Vorgehen aus ihrer Feststellung, dass jede Situation als Teil einer umfassenderen Situation aufgefasst werden kann und dass auch eine Homologie zwischen Sprache und Gesellschaft besteht. Diese Auffassung steht ganz in der Tradition der Ethnomethodologie, nach deren Position jeder Ausdruck – also auch die Sprache – ein Index (Indikator) für ein zugrunde liegendes gesellschaftliches „Muster" ist.

Indexikalische Ausdrücke lassen sich nur über den Kontext erschließen; sie werden „mit der Methode der dokumentarischen Interpretation fortlaufend definiert und re-definiert" (Smaus 1985: 1 f.). In ihrer Analyse der Alltagssprache gelangt Smaus zur Überzeugung, dass Kriminalität ein indexikalischer Ausdruck ist, dessen korrekte Deutung nur dann vorgenommen werden kann, wenn die am Interaktionsprozess Teilnehmenden Annahmen über die Intentionen des Ausdrucksbenutzers, die Umstände der Äußerung und den vorhergehenden Verlauf des Diskurses treffen. Unter Rekurs auf das Konzept der gesellschaftlichen Konstruktion von Wirklichkeit (Berger/Luckmann 1969) und die Überlegungen zum Alltags- und Common-sense-Wissen (Schütz 1967) entsteht die Frage, wie das Wissen über Kriminalität in der Gesellschaft verteilt ist, denn Alltags- und Common-sense-Wissen sind sozial vermittelter Wissensvorrat und tragen dazu bei, die gesellschaftliche Wirklichkeit zu erkennen, zu konstruieren, sich in ihr zu orientieren und sich in sie zu integrieren. Solches Alltagswissen ist Rezeptwissen und hilft, sich in der Gesellschaft zurechtzufinden. Die Aneignung des Alltagswissens ist aber von der je spezifischen Machtverteilung in der Gesellschaft abhängig. Ist das Alltagswissen konkordant zu den durch Machtstrukturen konstituierten Bedeutungen, so kommt es zur gesellschaftlich anerkannten Konstruktion der Wirklichkeit. Staatliche Institutionen liefern quasi das Wissen, das sprachlich und faktisch der Legitimierung und Aufrechterhaltung des Status quo dient.

Das zugrunde liegende gesellschaftliche Muster, wie z. B. die Machtverhältnisse, die moralische oder normative Struktur einer Gesellschaft, wird auch als „Grammatik" bezeichnet. Zwischen der Grammatik der Sprache und der „Grammatik" der Gesellschaft (Smaus bezeichnet diese auch als „Tiefenstruktur" der Gesellschaft) besteht also eine direkte Beziehung, die von den Ethnomethodologen mit „Indexikalität der Sprache" bezeichnet wird.

Die richtige Anwendung der sprachlichen Grammatik ist Voraussetzung für eine sinnvolle und intersubjektiv nachvollziehbare Kommunikation. Gleichermaßen und analog dazu ist aber auch die korrekte Anwendung der „Grammatik" der Gesellschaft (z. B. deren normativer Struktur) Voraussetzung für sinnvolle Interaktionen. Diese Beziehung macht es möglich, anhand von beliebigen Interaktionen die Tiefenstruktur der Gesellschaft bzw. auch den jeweils relevanten Teil der Tiefenstruktur der Gesellschaft (hier der Kriminalität) zu ermitteln. „Dies deshalb, weil per definitionem jede sinnhafte (sinnvolle) Interaktion die richtige

Anwendung der Grammatik der Gesellschaft, nämlich ihrer Macht- und moralischen Struktur darstellt, die zusammengebündelt Aufschluß über die ‚normale' Konstruktion der Gesellschaft ergeben" (Smaus 1986b: 189).

Im konkreten, auf Kriminalität bezogenen Vorgehen bedeutet dies: Es müssen die Gesetzmäßigkeiten der Labeling-Vorgänge, also die Prozesse der Definition dessen, was als kriminell zu gelten hat, mittels hermeneutischer Textanalysen herausgefunden werden. Weiter müssen die Texte daraufhin analysiert werden, was sich aus ihnen – über die bewusste Intention der Produzenten hinaus – über die Struktur (das „Wesen") der Gesellschaft aussagen lässt (Smaus 1986b: 189).

Vierte Charakterisierung des Ansatzes:
- Nach der *Ethnomethodologie* ist Sprache Ausdruck eines dahinter stehenden *gesellschaftlichen Musters*.
- Analysiert man *hermeneutisch* Aussagen zum Gegenstand der Kriminalität, so kann man auf zugrunde liegende *gesellschaftliche Strukturen* schließen.
- *Labeling-Prozesse* sind in diesem Kontext besonders geeignete Analysegegenstände.

4.2.1 Struktur

In einer solchen hermeneutischen Analyse müssen zunächst die „Strukturen" bestimmt werden. Dies geschieht in zwei Schritten:

Der *erste Schritt* besteht darin, „eine *logische*, d. h. historisch-invariante *Analyse der Zuschreibungsprozesse*, größtenteils basierend auf der ethnomethodologischen Forschung" durchzuführen. Diese „legt die ‚logic-in-use' der Zuschreibungsprozesse offen, die, stichwortartig zusammengefasst, darin besteht, dass ein Verhalten nur verstanden werden kann, wenn die ‚letzte Identität', d. h. der moralische Typus der handelnden Person (Garfinkel 1976: 31) als bekannt angenommen wird" (Smaus 1986b: 189). Smaus meint damit, dass von der Intention, der Absicht des Handelnden auf die „kriminelle Qualität" seiner Handlung geschlossen wird.

Da man eine Intention aber auch nur wieder vermuten (sozusagen durch „Innenschau") und niemals zweifelsfrei ermitteln kann, handelt es sich auch hierbei um einen Zuschreibungsprozess. So wird z. B. die zugrunde liegende Intention eines Fahrgastes, der beim Schwarzfahren erwischt wird, völlig anders eingeschätzt werden, je nachdem, ob es sich z. B. um eine ältere, etwas verwirrt, aber vornehm wirkende Dame („Die Arme ist schon etwas vergesslich") oder um eine heruntergekommene, unangenehm riechende Person („Sie hat kein Geld, sich eine Fahrkarte zu kaufen") handelt.

Diese Zuschreibungsprozesse sind eine Verkettung von Schlussfolgerungen, denn das „Verstehen" einer Situation erfordert stets eine Einordnung in immer umfassendere Strukturen. Im Beispiel des Schwarzfahrens wird zunächst die Tatsache des Fahrens ohne Ticket in Kombination mit dem Äußeren der betreffenden Person wahrgenommen. Aus dem äußeren Erscheinungsbild wird sodann auf eine sozialstrukturelle Zugehörigkeit (Schicht, Gruppe etc.) geschlossen. Aus dieser vermuteten Zugehörigkeit aber wird eine eventuelle Absicht der Person erschlossen: „Sie hat nur vergessen zu bezahlen" oder: „Sie fährt absichtlich ohne Fahrschein, weil sie kein Geld hat".

In einem *zweiten Schritt* wird eine inhaltliche Analyse der Zuschreibungsvorgänge vorgenommen mit dem Ziel, die „knowledge-in-use" zu rekonstruieren (Smaus 1986b: 190). Darunter versteht Smaus das gesellschaftliche „Hintergrundwissen", das eine derartige Schlussfolgerungskette erst ermöglicht. „Die Eigenschaft ‚kriminell' wird in einer konkreten Situation aufgrund des tatsächlichen *Aussehens* einer Person zugeschrieben. Dieses Aussehen ist jedoch keine zufällige Erscheinung, sondern ein gesellschaftlich weitgehend sanktioniertes kulturelles Merkmal, das auf die unterschiedliche Benutzung von Statussymbolen verweist. Statussymbole, selbst noch *kulturelle Merkmale*, indizieren auf die unterschiedliche Verteilung von Ressourcen, die ihrerseits ein Schichtmerkmal sind" (Smaus 1986b: 190). Erst das Wissen um die ungleiche Verteilung von äußeren Erscheinungsbildern auf gesellschaftliche Schichten und Gruppen und um den Zusammenhang von Äußerem und Schichtzugehörigkeit, erst die Kenntnis unterschiedlicher Verteilung von Ressourcen sowie das Wissen um die damit verbundene divergierende schicht- und gruppenspezifische Verwendung von Statussymbolen ermöglicht es also, die beschriebene Verkettung von Schlussfolgerungen und die daraus resultierenden Zuschreibungen zu treffen.

Im Zusammenhang mit der Feststellung der Struktur sind nun für Smaus noch zwei grundsätzliche Überlegungen von besonderer Bedeutung:

Zum einen sieht sie an diesem Punkt eine kohärente Überführbarkeit sowohl der Interaktions- als auch der strukturellen Analysen in eine marxistische Analyse: „In der Schichtstruktur manifestiert sich, was in der Organisation des Produktionsprozesses begründet ist, nämlich die Teilung der Arbeit in sog. körperliche und geistige Tätigkeit und als Korrelat dazu in sog. ausführende und leitende Funktionen, sowie die unterschiedliche Belohnung" (Smaus 1986b: 190). Dieser Zusammenhang in Verbindung mit der Existenz von Eigentümern und Nicht-Eigentümern an Produktionsmitteln „wird als Klassengesellschaft bezeichnet. Es wäre jedoch eine grobe Vereinfachung, die Eigentümer an Produktionsmitteln als die Klasse im Besitze der Macht schlechthin, d. h. als die ‚herrschende Klasse' zu begreifen. Schließlich wird das Label Kriminalität, obschon in ihrem Sinne, so doch nicht von ihr, sondern von staatlichen Organen vergeben. Man muß also außer der Klassenanalyse die Zusammenhänge von ökonomischen Ressourcen und staatlicher Macht erhellen, um schließlich den Komplex ‚Staat', ‚Klassengesellschaft' und ‚Kriminalisierung' umfassend erklären zu können" (Smaus 1986b: 190 f.).

Zum anderen ist nach Smaus an dieser Stelle festzuhalten, „daß die de-facto-Kriminalität, d. h. die Kriminalität der Unterschicht, etwas mit der abstraktesten Ordnung dieser Gesellschaft, nämlich mit der auf Privateigentum basierenden Produktionsweise, zu tun hat. Der ‚Sinn' der Kriminalisierung besteht in der Verdeutlichung derjenigen Normalität, die besagt, daß die von der Schule (re)produzierten ungebildeten Armen gewillt sein müssen, auch die unvorteilhaftesten Positionen auf dem Arbeitsmarkt anzunehmen. Mit anderen Worten, Kriminalisierung ist die Zwangsmethode der Erziehung zur Arbeitsmoral innerhalb der untersten Schicht. Im strukturellen Kontext erweist sich Kriminalisierung als Bestandteil derjenigen symbolischen (nach Poulantzas: ideologischen) Struktur der Gesellschaft, die die Reproduktion des ‚Fußes' der gesellschaftlichen Pyramide teils sicherstellt, vor allem aber rechtfertigt" (Smaus 1986b: 191).

Die Strukturbestimmung in hermeneutischer Analyse:
- Intentionen von Handlungen werden – weil nicht offenkundig – in *Zuschreibungsprozessen* erschlossen.
- Hierbei spielt *gesellschaftliches Hintergrundwissen* über (vermeintliche) Zusammenhänge, etwa *äußere Merkmale* und *Handlungsabsichten*, eine wichtige Rolle.
- Hieraus entwickelt sich die *Zuschreibung der Qualität* „kriminellen *Handelns*".
- Diese Zuschreibung erfolgt – und hier kommt nun das marxistische Element ins Spiel – in Abhängigkeit von der (ungleichen) *Verteilung der Produktionsmittel*, allerdings nicht direkt, sondern vermittelt über die *staatlichen Organe*.
- Kriminalisierung (der Unterschicht) dient der Aufrechterhaltung der ökonomischen Gesellschaftsordnung.

4.2.2 Strukturierung

Nachdem also – in einer eher statischen Bestandsaufnahme – die Strukturen der Zuschreibungsvorgänge bestimmt sind, müssen nun die Vorgänge der Strukturierung herausgearbeitet werden. Es ist also danach zu fragen, „wie innerhalb des Strafrechtssystems die soziale Wirklichkeit, wie sie oben beschrieben wurde, in einzelnen Interaktionen reproduziert wird" (Smaus 1986b: 192).

Smaus zeigt anhand eines Beispiels aus einer Untersuchung von A. Cicourel („Social organization of juvenile justice" 1966) den Ablauf solcher Prozesse der Reproduktion sozialer Wirklichkeit, der durch typische Interaktionsmuster innerhalb des Strafrechtssystems gekennzeichnet ist:

„Die Polizei z. B. filtert aus ihren tagtäglichen Begegnungen als ‚Kriminalität' diejenigen Handlungen aus, die von Jugendlichen begangen werden, die ‚typischerweise' Eigenschaften wie ‚aus zerrütteten Familien', schlechte Attitüde gegenüber der Autorität, mangelhafte schulische Leistung, Zugehörigkeit zu ethnischen Minoritäten, Familie mit geringem Einkommen, schlechter Einfluß von peer groups, schlechte Nachbarschaft usw. aufweisen. (…) Der Mexiko-Amerikaner war der paradigmatische ‚Kriminelle', der schwarze Junge wurde lange diszipliniert, bis man ihn schließlich in das Gefängnis eingesperrt hatte, bei dem Jungen aus der unteren weißen Mittelschicht war die Behörde ‚erfolgreich', weil sich der Junge selbst, wie seine Eltern, der Autorität gebeugt hat. Die Eltern des

Jugendlichen aus der oberen Mittelschicht konnten sowohl eine psychiatrische wie kriminelle Definition überhaupt verhindern" (Smaus 1986b: 192).

Es finden also innerhalb der verschiedenen gesellschaftlichen Schichten auch unterschiedliche Prozesse der Definition dessen statt, was als kriminell zu gelten hat. Damit wird aber die Vorstellung des „Kriminellen" immer wieder neu produziert und reproduziert, und zwar in Abhängigkeit von der Machtrelation zwischen der jeweiligen Schicht und den offiziellen Organen sozialer Kontrolle. So wird in der Regel den Unterschichtangehörigen ohne weiteres das Label „kriminell" kraft behördlicher Macht zugewiesen (im Beispiel der Mexiko-Amerikaner sowie der schwarze Junge). In mittleren Schichten bestehen Chancen, das Label „auszuhandeln" (der weiße Mittelschicht-Junge beugt sich der Autorität, die Behörde ist also „erfolgreich" und verzichtet auf ein kriminelles Label). Den oberen Schichten gegenüber wirkt sich die Behördenmacht eher gering aus: Erstere besitzen meist eine eigene *Definitionsmacht*, um ein Label ganz abzuweisen oder zumindest umzudeuten. (Steuerhinterziehung großen Stils ist z. B. weniger anstößig als die unerlaubte Schwarzarbeit eines Asylanten.)

Die zentrale Aussage ist Folgende: Wäre das Labeln, so wie es das interpretative Paradigma sieht, nur ein je völlig neu auszuhandelnder Interaktionsvorgang im strukturlosen, „gesellschaftsfreien" Raum, dann müsste Kriminalität über die Schichten gleich verteilt sein. Erst durch die unterschiedlichen Etikettierungsvorgänge aufgrund sozialstruktureller Ungleichheit kommt es zu der ungleichen Verteilung dessen, was dann letztlich als kriminell definiert wird. Dadurch findet aber eine beständige Reproduktion der unterschiedlichen Kriminalitätsbelastung der sozialen Schichten und Gruppen statt und die Kriminalitätsstruktur der Gesellschaft wird so jeweils wieder neu geschaffen.

Der „Sinn" der Kriminalisierung (der fortwährenden Herstellung in den unteren Schichten) ist, dass die nicht zur Verfügung gestellten Möglichkeiten, auch untere Schichten für konformes Verhalten belohnen zu können – etwa durch hohe Löhne, Sozialprestige o. ä. –, durch Strafandrohung ersetzt werden müssen. Arbeitsmoral und Respekt vor dem Eigentum Anderer sind grundlegende Voraussetzungen der Gesellschaftsordnung, die mit Hilfe geeigneter Maßnahmen wie Belohnung für konformes oder Bestrafung für abweichendes Verhalten aufrechterhalten werden müssen. Da Belohnungen aber nur für einen Teil der Gesellschaftsmitglieder in Frage kommen, weil diese sich aufgrund ihrer Machtpositionen und mit Hilfe gesellschaftlicher Schließungsmechanismen einen exklusiven Zugang zu den erreichbaren Gratifikationen verschaffen können, bleibt für den weniger privilegierten Rest nur mehr die Strategie der negativen Sanktionierung abweichenden Verhaltens mittels Zuweisung eines kriminellen Labels.

Strukturierung als Prozess der Zuschreibung des Labels „kriminell":
- Die *Zuschreibung von Kriminalität*, also *Kriminalisierung*, erfolgt nicht allein auf der Basis von gesellschaftlichem Hintergrundwissen, sondern insbesondere auf Grundlage der jeweiligen *Definitionsmacht*.
- Die Definitionsmacht ist aber von den *ökonomischen Strukturen* abhängig und gesellschaftlich *ungleich verteilt*.

- Die ökonomischen Strukturen werden daher in den *Kriminalisierungsstrukturen reproduziert*, die ihrerseits die ökonomischen Verhältnisse weitergehend stützen.

4.3 Grundlegende Spezifika des materialistisch-interaktionistischen Ansatzes

Der Ansatz geht einerseits vom Labeling Approach aus und damit von der interaktionistischen Sichtweise, die dem interpretativen Paradigma zu eigen ist und dieses kennzeichnet. Es ist auch das Interesse von Gerlinda Smaus, eben diesen Bereich der Zuschreibungen zu untersuchen, allerdings vor einem neuen Hintergrund bzw. aus einer neuen Perspektive, die dem Labeling Approach bisher – so sieht es Smaus – völlig mangelte, nämlich aus der Sichtweise der materialistischen Gesellschaftstheorie. Diese bildet den zweiten theoretischen Hintergrund, dem sich Smaus verpflichtet fühlt.

Dennoch hält sie für jedes Paradigma verschiedene gravierende Mängel fest, die zusammenfassend aber als *„Idealismusvorwurf"* für das interpretative Paradigma bzw. als *„Determinismus-"* und *„Ideologievorwurf"* an die marxistische Theorie bezeichnet werden können. Ziel ist es nun, durch eine Verbindung dieser beiden Positionen deren jeweiligen Defizite auszuschalten und so dem Ziel einer kohärenten Theorie der Kriminalität ein Stück näher zu kommen.

Man könnte geneigt sein, diese beiden Perspektiven als unvereinbar zu betrachten, und in der Tat trifft dies auf eine Reihe von Autoren zu (als ein Beispiel für weitere andere mag gelten: Helge Peters 1989: 120 f.). Smaus möchte jedoch – anhand eines Rekurses auf George Herbert Mead, Alfred Schütz und vor allem auf Anthony Giddens – zeigen, dass diese beiden, scheinbar unvereinbaren Paradigmen sehr wohl kompatibel sein können. Sie folgt in ihrer Argumentation der von Giddens, wonach alle sozialen Strukturen (also auch die Kriminalität) einen „dualen Charakter" aufweisen. Einerseits werden Strukturen durch Handeln fortwährend konstituiert und reproduziert, andererseits sind sie selbst aber wieder Voraussetzung und Grundlage menschlichen Handelns.

Der materialistische-interaktionistische Ansatz interessiert sich – ebenso wie alle anderen Vorgehensweisen innerhalb des Definitionsansatzes – für Prozesse der Zuschreibung, allerdings mit einer ganz spezifischen Sichtweise, nämlich mit dem Blick auf die zugrunde liegenden gesellschaftlichen Strukturen, die diese Zuschreibungsprozesse lenken. So ist es keinesfalls gleichgültig, ob die Tat eines Angehörigen der unteren Schichten oder eines „ganz oben" angesiedelten Gesellschaftsmitgliedes definiert wird. Es ist vielmehr so, dass das Risiko, das Label „kriminell" zu erhalten, mit abnehmendem Schichtstatus immer höher wird. Der Zuweisungsprozess verweist wieder auf den Zusammenhang zwischen Schichtstatus und alltagsweltlichem Hintergrundwissen, das seinerseits die Schlussfolgerungskette lenkt, die für diesen Zuweisungsprozess konstitutiv ist.

Der Ansatz von Smaus fragt auch nach dem „Sinn" der Kriminalisierung und glaubt, ihn darin zu sehen, dass damit innerhalb der untersten Schicht eine Erziehung zur Arbeitsmoral bewirkt werden soll, weil diese anderweitig nicht möglich erscheint, da keine entsprechend gut dotierten Positionen für Unterschichtangehörige zur Verfügung stehen und diese – selbst bei bester Arbeitsmoral – in aller Regel nicht belohnt werden können. So muss also die Strafandrohung die fehlenden Möglichkeiten der Belohnung ersetzen.

Der Ansatz fragt weiterhin nach den Vorgängen der „Strukturierung", d. h. nach der fortwährenden Erzeugung und Reproduktion sozialer Realität durch einzelne Interaktionsprozesse innerhalb des Systems sozialer Kontrolle. Es wird festgestellt, dass dabei ein je unterschiedliches Machtverhältnis zwischen definierender Behörde und Schichtstatus zu verzeichnen ist: Den unteren Schichten wird ein Label schlicht zugewiesen, in mittleren Schichten kann es mehr oder weniger stark ausgehandelt werden, in oberen Schichten kann die behördliche Definitionsmacht oftmals völlig suspendiert werden, denn in ihnen gelten meist eigene Definitionsregeln, die von ihren Mitgliedern häufig auch durchsetzbar sind.

Der materialistisch-interaktionistische Ansatz:
- Der materialistisch-interaktionistische Ansatz fußt auf einer *marxistischen Gesellschaftstheorie*, dem *Labeling Approach* (sowie seinen phänomenologischen Grundlagen) und der These von Giddens, nach dem alle *sozialen Strukturen einen dualen Charakter* aufweisen.
- Der duale Charakter zeigt sich darin, dass *soziale Strukturen durch Handeln konstituiert und reproduziert* werden, andererseits die sozialen Strukturen selbst aber die menschlichen Handlungen determinieren.
- Der *marxistische* Anteil am materialistisch-interaktionistischen Ansatz besteht darin, dass durch die *gesellschaftlich-ökonomischen Strukturen Kriminalität und Kriminalisierung determiniert* werden und Letztere dazu beitragen, die gesellschaftlichen Strukturen festzuschreiben.
- Das interaktionistische Element ist darin zu erkennen, dass Kriminalität durch die Zuschreibung und Aushandlung des kriminellen Status im Prozess der Kriminalisierung erfolgt.
- Die auf der Basis materialistischer Überlegungen erkennbaren *sozialen Ungleichheiten* schaffen eine *ungleiche Definitionsmacht*, weshalb die Aushandlung der Kriminalisierung *nicht gleichgewichtig und nicht gleichverteilt* erfolgt.

4.4 Die Unterscheidung zu anderen Ansätzen

Die bisherigen Ausführungen haben gezeigt, dass der materialistisch-interaktionistische Ansatz von Gerlinda Smaus ein „Kompositum-Mixtum" aus Labeling Approach und marxistischen Überlegungen ist. Deshalb ist danach zu fragen, inwieweit sich diese Position von anderen theoretischen Überlegungen abhebt, ob sie z. B. ätiologisch und/oder interpretatorisch zu sehen ist. Zunächst geht es um den Vergleich mit den klassischen ätiologischen Ansätzen:

In der *Anomietheorie* wird abweichendes Verhalten als ein je personen- und situationsspezifisches *Anpassungsverhalten* von Individuen an *widersprüchliche, gesellschaftliche Anforderungen* verstanden. In den *Subkultur- und Konflikttheorien* wird angenommen, dass sich abweichendes Verhalten aus *divergierenden Wert- und Normauffassungen* erklären lässt, die in den verschiedenen kulturellen Gruppierungen („Subkulturen") innerhalb eines größeren gesellschaftlichen Gebildes vorherrschen und die an die jeweiligen Mitglieder unterschiedliche Verhaltenserwartungen richten. Die verschiedenen *Theorien des differenziellen Lernens* gehen davon aus, dass durch häufige *interaktive Kontakte* mit einer Umwelt, in der *abweichende Verhaltens- und Einstellungsmuster* vorherrschen, diese spezifischen Verhaltensweisen, Einstellungen, Motive, Erklärungsmuster etc. durch Lernen übernommen werden. Worin unterscheidet sich also der materialistisch-interaktionistische Ansatz von diesen ätiologischen Theorien?

4.4.1 Unterscheidung zu ätiologischen Ansätzen

Allen Theorien des ätiologischen Erklärungsansatzes ist gemeinsam, dass sie nach Ursachen für das abweichende Verhalten fragen, also nach einzelnen Faktoren, die erklären können, warum es zu abweichendem Verhalten kommt („factor approach"). Sie gehen davon aus, dass Kriminalität in allen Gesellschaften vorkommt (ubiquitär) und somit ein universelles Phänomen ist, dessen Bedingungen (erklärende Faktoren, unabhängige Variablen) anzugeben sind. Diese müssen einen Universalitätsanspruch erfüllen, d. h. sie müssen immer und überall gelten. Ätiologische Ansätze fragen auch nicht nach der Entstehung von Normen, die ja abweichendes Verhalten erst als solches erscheinen lassen. Sie nehmen sie vielmehr als gegeben hin und wirken damit normunterstützend. Wie sich die abhängige Variable „Kriminalität" konstituiert, erklären sie nicht (Lamnek 2007: 247).

Der materialistisch-interaktionistische Ansatz von Smaus unterscheidet sich nun vor allem durch die folgenden Spezifika von der Denkweise des ätiologischen Paradigmas:

1. Da der Ansatz von Smaus in der Tradition des Labeling Approachs steht, gilt auch für ihn dessen Sichtweise, dass Kriminalität nicht per se feststellbar ist, sondern durch interaktionistisch-interpretative Prozesse der Definition und Zuweisung konstituiert wird. Durch die Frage nach der Entstehung von Normen verlieren diese ihren unverrückbaren und quasi ewigen Charakter; vielmehr erscheinen sie nun als das, was sie ja tatsächlich sind: als wandelbar und veränderlich. Das wichtigste Charakteristikum des Ansatzes von Smaus ist aber, dass Normen nicht als *beliebig* veränderbar verstanden werden dürfen, sondern nur als veränderbar in Abhängigkeit von den jeweils herrschenden gesellschaftlich-strukturellen Bedingungen.

2. Alle Theorien des ätiologischen Paradigmas sind insofern durch eine ahistorische Denkweise gekennzeichnet, als sie der Entstehung von Normen keine Beachtung erweisen und diese somit als unabänderlich und universell gültig erscheinen lassen. Der materialistisch-interaktionistische Ansatz hat dagegen ein explizites Interesse an der Berücksichtigung des historischen (und damit über die Zeit veränderbaren) Charakters jeder Gesellschaft und aller ihrer Teilbereiche. Der ätiologische Universalitätsanspruch, dass die Erklärungen abweichenden Verhaltens weder räumlich noch zeitlich eingeschränkt sein dürfen, also immer und überall zu gelten haben, wird in der Theorie von Smaus zurückgewiesen.

3. Die Entstehung der je spezifischen Struktur ist im materialistisch-interaktionistischen Ansatz kein „dunkler Fleck" mehr in der Theorie, sondern ist erklärbar durch die fortwährende Produktion und Reproduktion gesellschaftlicher Realität durch interpretative Interaktionsprozesse, die wohl innerhalb einer historisch spezifischen Struktur und mit Bezug auf diese ablaufen, aber gleichzeitig diese – sukzessive verändernd – mitgestalten.

4.4.2 Unterscheidung zum Labeling Approach

Um die Unterscheidung des materialistisch-interaktionistischen Ansatzes zum Labeling Approach darstellen zu können, sollen die zentralen Charakteristika des Definitionsansatzes kurz rekapituliert werden: Nach der Sichtweise des Labeling Approachs hat Kriminalität *keine ontologische Qualität*. Vielmehr entsteht Kriminalität durch *Zuschreibung* (Definition, Etikettierung) in einem *interaktiven Aushandlungsprozess*. *Kriminalität ist ein ausgehandelter Status* als Ergebnis des Prozesses der *Kriminalisierung*.

Abhängig von der jeweils vorherrschenden Situationsdefinition wird ein Verhalten als konform oder abweichend eingestuft. Ziel der kriminologischen Forschung sollte sein, die Gesetzmäßigkeiten in diesem Definitions- und Zuschreibungsprozess herauszuarbeiten. Weil Normen nicht als objektiv und universell gültig angesehen werden, wird auch der normaffirmative Charakter der ätiologischen Ansätze abgelehnt. Somit gibt es auch keine Dichotomie von abweichendem und konformem Verhalten und keine „Grundverschiedenheit" des Kriminellen. „Die statische Normfixierung wird abgelöst von einem dynamischen und prozessartigen Verständnis der Entstehung abweichenden Verhaltens durch die innerhalb von Interaktionen sich konstituierenden Bedeutungen, die bestimmten Verhaltensweisen zugeschrieben werden" (Lamnek 2007: 249).

Je nach „Radikalität" der Perspektive wird Ursachenforschung – die Suche nach den Ursachen für das abweichende Verhalten einzelner Personen oder Gruppen – mehr oder weniger abgelehnt und als überflüssig oder gänzlich sinnlos erachtet. Als viel wichtiger wird eine kritische Analyse des Strafrechts und der Tätigkeit der Organe sozialer Kontrolle angesehen.

Der materialistisch-interaktionistische Ansatz von Gerlinda Smaus unterscheidet sich nun, obwohl er von der Perspektive des Labeling Approachs ausgeht und von diesem stark geprägt ist, doch in einigen Punkten wesentlich von ihm. Smaus ist ja gerade angetreten, den Labeling Approach um eine sozialstrukturelle Sichtweise zu erweitern und ihn damit aus seiner subjektivistischen und idealistischen Einengung zu befreien.

1. Der materialistisch-interaktionistische Ansatz berücksichtigt sozialstrukturelle Aspekte, wie etwa die Schicht- oder Klassenstruktur einer Gesellschaft. Er bezieht sie in die Deutung der Zuschreibungsprozesse mit ein und betrachtet sie als für diese konstitutiv. Situationsdefinitionen, Interpretationen und Bedeutungszuweisungen sind daher nicht beliebig möglich, sondern nur im Rahmen einer historisch spezifischen, dem Menschen als äußerliche Realität gegenübertretenden Struktur.

2. Der Ansatz von Smaus berücksichtigt den Aspekt der ungleichen Verteilung gesellschaftlicher Macht: Gesellschaftlich mächtige Gruppen verfügen auch über größere Definitionsmacht, die über die jeweiligen Etikettenzuweisungen und den Verlauf und die Qualität der Zuweisungsprozesse mitbestimmt. Dies wird allerdings von manchen Etikettierungstheoretikern, wie z. B. Becker, auch schon berücksichtigt (Lamnek 2007: 102), insofern kann dieser Aspekt nur bedingt als Unterscheidungskriterium zum Labeling-Ansatz gesehen werden.

3. Ungleiche Verteilung gesellschaftlicher Macht hat ungleiche Chancen der Interessenrealisierung zur Folge. Interessensverwirklichung kann aber auch bedeuten, dass bestimmten gesellschaftlichen Schichten der Zugang zu Gratifikationen verwehrt wird, um sie für die eigene Gruppe zu sichern. Das wiederum impliziert, dass bestimmte soziale Schichten zur Arbeitsmoral erzogen werden müssen, damit die Produktionsverhältnisse und damit auch die Basis der gesellschaftlichen Pyramide erhalten bleiben. Die Zuweisungen von Labeln sind also auch Akte der Interessensverwirklichung, die, abhängig von den jeweiligen Machtpositionen, unterschiedlich durchsetzbar sind.

4. Normen werden nicht immer in einem einheitlichen Sinne verstanden. Die unterschiedlichen Interpretationen sind schichtspezifisch und somit gesellschaftlich bedingt.

4.4.3 Unterscheidung zu marxistischen Ansätzen

Gerlinda Smaus bezeichnet ihre Position als materialistisch-interaktionistisch und weist sich damit auch als der marxistischen Theorietradition verpflichtet aus. Dennoch möchte sie aber den „Abstraktionismus" und „Determinismus" der marxistischen Theorie überwinden. Nachfolgend soll kurz dargestellt werden, was die marxistische Position kennzeichnet: Marx und Engels gingen noch davon aus, dass das Verbrechen eine notwendige Folge der *Widersprüche im kapitalistischen System* ist. Kriminalität ist als Ausdruck äußerster Entfremdung und Demoralisierung zu verstehen und muss zwangsläufig verschwinden, wenn die Klassenstruktur einer Gesellschaft aufgehoben ist (Lamnek 2007: 102). Da im *„real existierenden Sozialismus"* aber gleichwohl Kriminalität auftritt, gibt es

Hilfserklärungen für dieses Phänomen: Die *Rudimenttheorie* erklärt abweichendes Verhalten als Reste (Rudimente) noch vorhandenen Denkens aus kapitalistischer Vorzeit. Die *Kontaminationstheorie* macht schädliche Einflüsse aus dem kapitalistischen Ausland verantwortlich (Lamnek 2007: 104).

Da man also für die Gesellschaften des real existierenden Sozialismus eine Aufhebung der Klassenstruktur behauptete, das Phänomen der Kriminalität aber durchaus nicht verschwunden war, modifizierte man diese marxistische Theorie. Auch von diesen modifizierten Theorien rückte man allmählich ab und verwendete sie nur noch in abgewandelter Form. Möglicherweise werden diese Ansätze wieder einen Aufschwung erfahren durch die Tatsache, dass nach dem Zusammenbruch des real existierenden Sozialismus (scheinbar) eine beängstigende Zunahme der Kriminalität in den betroffenen Staaten zu verzeichnen war.

„Von diesen Erklärungen der Kriminalität in marxistisch-sozialistischen Staaten sind natürlich solche zu unterscheiden, die zwar marxistisch sind, sich aber auf ‚kapitalistische Gesellschaften des Westens' beziehen. (…) Solche Ansätze beziehen sich auf das gesellschaftliche Schichtgefüge, das dort in der Dichotomie zwischen Arbeiterklasse und Bourgeoisie bzw. Besitz und Nichtbesitz an Produktionsmitteln gefasst ist" (Lamnek 2007: 104).

Charakteristisch für jede marxistische Position ist der materialistische Grundgedanke, nach dem der Mensch als weitgehend determiniert durch seine ökonomische Situation angesehen wird. Von seinen Kritikern wird dem materialistischen Ansatz deshalb vorgehalten, er gestehe dem Menschen keinerlei persönliche Verantwortung für sein Handeln zu, vielmehr sehe er ihn als reinen „Reaktionsdeppen" (Smaus 1986b: 184), der gleichsam marionettenhaft seiner gesellschaftlichen Bestimmtheit unterliegt. Die marxistischen Theorien abweichenden Verhaltens teilen deshalb auch mit den ätiologischen Theorien einen ontologischen Kriminalitätsbegriff und eine affirmative Sichtweise sozialer Normen, da sie gemäß ihres Determinationskonzeptes die Tatsache der sozialen Konstruktion von Normen nicht zur Kenntnis nehmen. Sie fragen also – ebenso wie ätiologische Ansätze – nicht nach der Genese von Normen und sind somit ideologisch.

Der materialistisch-interaktionistische Ansatz von Smaus unterscheidet sich von den anderen Sichtweisen vor allem durch die folgenden Besonderheiten:

Spezifika des materialistisch-interaktionistischen Ansatzes gegenüber den ätiologischen Theorien:
- *Kriminalität* entsteht durch *interaktionistisch-interpretative Prozesse*. Hierbei spielen allerdings *soziale Normen* eine nicht unwichtige Rolle.
- Normen sind *veränderbar* und sie ändern sich; dies geschieht aber nur in Abhängigkeit von den *herrschenden gesellschaftlichen Strukturen*.
- Der materialistisch-interaktionistische Ansatz hat eine *historische* Perspektive, weil er die je geltenden *gesellschaftlichen Bedingungen* in den je *konkreten Prozess* der *Kriminalisierung* einbezieht.
- Die jeweils spezifischen gesellschaftlichen Strukturen reproduzieren sich selbst durch die interpretativen Interaktionsprozesse.

Spezifika des materialistisch-interaktionistischen Ansatzes gegenüber dem Labeling Approach:
- *Sozialstrukturelle Bedingungen* sind für die *Definitionsprozesse* (Kriminalisierung) konstitutiv.
- Die Definitionsmacht im Prozess der Kriminalisierung ist gesellschaftlich ungleich verteilt.
- Folglich sind auch die Chancen der Interessenverwirklichung ungleich verteilt.
- Auch die Norminterpretation und Normanwendung sind gesellschaftlich ungleich verteilt.

Spezifika des materialistisch-interaktionistischen Ansatzes gegenüber dem rein marxistischen Ansatz:
- Das Individuum wird als Miturheber seiner Geschichte anerkannt. Es wird nicht von einer reinen Determiniertheit ausgegangen, sondern von einem *dialektischen Prozess* zwischen *Strukturierung* und zugrunde liegender *Struktur*.
- Es wird der Kriminalitätsbegriff des Labeling Approachs verwendet, das heißt, dem Begriff der *Devianz wird keine ontologische Qualität* zugebilligt.
- Weiter wird die *Entstehung sozialer Normen* erklärt und der Tatsache des *Konstruktionscharakters* sozialer *Wirklichkeit* Rechnung getragen.

4.5 Die feministische Perspektive

Die feministische Perspektive in der Kriminologie kann sich auf eine allgemeine feministische Wissenschaftskritik berufen: „Die feministische Wissenschaftskritik beschäftigt sich gerade mit der Auslassung der Kategorie Geschlecht in wissenschaftlichen Analysen und zeigt die sich daraus ergebenden Folgen für den Theoriebildungsprozess durch ihre dekonstruktive Kritik auf. Insbesondere vermochte sie es, die postulierte ‚Objektivität' und Verallgemeinerbarkeit grundlegender Annahmen der herrschenden Wissenschaften als androzentrisch zu entlarven. Dieser *Androzentrismus* findet sein Fundament in der Ausblendung weiblicher Lebens- und Erfahrungszusammenhänge. Anstelle einer Analyse der konkreten Erfahrungszusammenhänge von Frauen, wird ein konstruiertes Bild von Weiblichkeit gesetzt. Eine zentrale Erkenntnis feministischer Theorie ist, daß die *Konstruktion der Geschlechterdifferenz* das ideologische Fundament des asymmetrischen Geschlechterverhältnisses darstellt. Dabei hat sich gezeigt, daß diese Konstruktion insbesondere von der Zuschreibung spezifischer Charaktermerkmale des ‚Weiblichen' lebt, und daß dieser Zuschreibungsprozeß im Kontext des Geschlechterverhältnisses Unterdrückung (re-)produziert – die Unterdrückung und gesellschaftliche Deklassierung von Frauen" (Gransee/Stammermann 1992: 13). Somit werden gewisse Parallelen zwischen kritischer Kriminologie und feministischer Wissenschaftskritik deutlich. Beide gehen von Zuschreibungsprozessen aus, wonach Kriminalität wie Weiblichkeit soziale Konstruktionen darstellen, die ihre Legitimationsberechtigung aus der Kategorie der Andersartigkeit beziehen. Beide Positionen machen zugleich deutlich, dass Macht und Herrschaft unabdingbarer Bestandteil soziologischer Analysen dieser Prozesse sind. Hiermit ist ein erster Rahmen für feministische Kriminologie gesetzt.

Nach Marie Bertrand ist der Feminismus kein einheitliches Konzept, sondern weist eine Vielzahl von Nuancierungen, Schattierungen und Facetten auf. Sie stellt zugleich fest, dass in fast allen Wissenschaften die feministische Perspektive ausgesprochen unterentwickelt ist, was insbesondere für die Kriminologie gilt (Bertrand 1992). Ist diese Feststellung im Grundsatz nicht zu bezweifeln, so muss doch für die letzten Dekaden konzediert werden, dass im Bereich der deutschen Kriminologie feministische Gedanken zunehmend Eingang gefunden haben. Auch hier ist Gerlinda Smaus hervorzuheben, die ihre feministischen Überlegungen in allgemeinere kriminologisch-theoretische Ansätze einbettet:

In der Darstellung der materialistisch-interaktionistischen Auffassung von Gerlinda Smaus war unter Rekurs auf den Labeling Approach und die ökonomischen Bedingungen deutlich geworden, dass bei der Konstruktion und Definition der gesellschaftlichen Wirklichkeit Macht und Herrschaftsverhältnisse eine nicht zu unterschätzende Rolle spielen. Der jeweilige gesellschaftliche Status der Interaktionsteilnehmer ist für die Definitionsmacht entscheidend und führt zu einer Ungleichverteilung von Kriminalität und Kriminalisierung.

Nach Auffassung von Smaus ist es eine Funktion des Strafrechtes, die bestehenden gesellschaftlichen Machtverhältnisse zu erhalten. Im Blick auf die vertikale Gesellschaftsstruktur stellt sie heraus, „daß sich der Status quo, der durch die strafrechtlich definierte Abweichung geschützt wird, auf die gegenwärtigen Produktionsverhältnisse bezieht (…) Zum zweiten schützt das Strafrecht die vertikale Struktur auch dadurch, daß es die Reproduktion der Individuen in den vorhandenen Positionen mit absichert" (Smaus 1985: 33). In dieser Position wird das Strafrecht als repressives Instrument zum Zwecke der Disziplinierung der Gesellschaftsmitglieder, für die die ökonomischen Bedingungen deprivilegierend sind, gesehen und eingesetzt. Dabei kann noch unentschieden belassen werden, ob es sich tatsächlich um eine ungleiche Verteilung von Kriminalität oder von Kriminalisierung handelt. Tatsache jedoch ist, dass Angehörige unterer sozialer Schichten in Kriminalitätsstatistiken überrepräsentiert sind (Kerscher 1985: 57).

Akzeptiert man diese, dem Strafrecht zugewiesene soziale Funktion, nämlich der Legitimation und Reproduktion der bestehenden Herrschaftsverhältnisse zu dienen, so kann in Analogie oder Parallelisierung zu den ökonomisch-kapitalistischen Bedingungen einer Klassengesellschaft, die den vorangegangenen Überlegungen zugrunde lagen, auch auf patriarchalische Gesellschaftsstrukturen verwiesen werden. Die Definitionsmacht wäre danach nicht nur klassen- bzw. schichtspezifisch, sondern auch geschlechtsspezifisch differenzierbar. Da Männer in der patriarchalischen Gesellschaft in allen gesellschaftlichen Lebensbereichen (Wirtschaft, Wissenschaft, Justiz, Politik, Verwaltung etc.) in den höheren Positionen überrepräsentiert sind, Männer also rein positional und quantitativ eine höhere Definitionsmacht haben und das Strafrecht auch in Bezug darauf dieses Ungleichgewicht sichert, müsste sich eine geschlechtsspezifisch selektive Etikettierung im Bereich der Kriminalität und Kriminalisierung aufzeigen lassen.

Ein Blick in die Kriminalstatistiken belegt, dass das Strafrecht tatsächlich geschlechtsspezifisch selektiv wirkt, denn der Prozentsatz der Frauen an der Gesamtkriminalität beträgt etwa nur ein Fünftel und inzwischen leicht angestiegen etwa ein Viertel bei einem Frauenanteil von mehr als der Hälfte in der Bevölkerung. Diese Verteilung von Kriminalität und/oder Kriminalisierung als Unterrepräsentanz der Frauen widerlegt das Argument, wonach das Strafrecht Frauen benachteiligt, um die patriarchalische Struktur der Gesellschaft zu erhalten und zu reproduzieren. Demnach muss es andere Mechanismen und andere Erklärungsmöglichkeiten geben. Gerlinda Smaus geht deshalb davon aus, dass abweichendes Verhalten von weiblichen Gesellschaftsmitgliedern nicht dominant durch das Strafrecht kontrolliert wird, sondern dass es andere Kontrollinstanzen gibt, die die reduzierte Kriminalisierung von Frauen mehr als kompensieren und das Patriarchat erhalten. Ihrer Meinung nach muss man also über das Strafrecht hinausblicken, worauf auch Marie Bertrand (1992) verweist, die im Familienrecht eine wichtige Grundlage für die Aufrechterhaltung der patriarchalischen Herrschaft sieht. Die nach wie vor geltende Rollendefinition der Frau als dominant auf die Familie bezogen, definiert und determiniert den inferioren gesellschaftlichen Status der Frau und ist ein Vehikel, diesen zu erhalten. Neben der familienrechtlichen Definition der Rolle der Frau spielen Familienkonstellationen insoweit eine Rolle, als Frauenkriminalität eine solche ist, die von den Opfern dieser patriarchalischen Gesellschaft begangen wird. Die familialen Rollenstereotype spielen insbesondere bei der Kriminalisierung von Frauen eine Rolle, die nach Dorie Klein dann einsetzt, wenn Widersprüche zu dem tradierten Rollenstereotyp der Frau auftreten (Klein 1992). Deshalb muss man „die Funktionalität der geschlechtsspezifisch zugewiesenen Verhaltensmuster für die Aufrechterhaltung eines bestimmten Status quo betrachte(n), also die Frage stell(en), wie wird es gemacht, wenn sowohl die ungleiche Verteilung von Gütern als auch die Geschlechterhierarchie aufrechterhalten werden soll" (Smaus 1990: 280).

In dem Versuch der Beantwortung dieser Frage verknüpft Smaus einerseits den Labeling Approach mit der feministischen Perspektive und lehnt andererseits den ätiologischen Erklärungsversuch ab: Dass Frauen a priori weniger häufig kriminell werden, ist irrelevant, vielmehr kann davon ausgegangen werden, dass sie weniger kriminalisiert werden. Das Augenmerk muss also auf die formellen und informellen Organe der sozialen Kontrolle gerichtet werden. Dabei ist nicht nur an die im Anschluss an bestimmte Verhaltensweisen einsetzende Sanktionierung zu denken, sondern insbesondere an die geschlechtsspezifisch differentiell ausfallende Adressierung der Norm. Frauen sind nach Smaus nur selten die ausdrücklichen Normadressatinnen des Strafrechts, weshalb eine Gleichbelastung von Männern und Frauen schon deshalb a priori nicht angenommen werden kann. Betrachtet man aber die Definitionen abweichenden Verhaltens *aller* sozialen Kontrollinstanzen, dann wäre die Häufigkeitsverteilung bei Frauen und Männern ähnlich. Dies ist allerdings auch kein zureichender Erklärungsansatz für die Selektivität des Strafrechts.

Der soziologische Versuch, die reduzierte Frauenkriminalität aus der typisch weiblichen Rolle abzuleiten, ist ebenfalls keine Erklärung, sondern selbst erklärungsbedürftig, denn die Rollendefinitionen sind gesellschaftliches Produkt. Auch biologische Erklärungsversuche erscheinen ungeeignet, weil biologische Merkmale erst sozial relevant werden können, wenn sie eine entsprechende Definition erfahren. Immer wieder wird erkennbar, dass die Variable des Geschlechtes nur im Kontext von geschlechtsspezifischen Verhaltenserwartungen und analogen geschlechtsspezifischen Reaktionen darauf ihre Bedeutung erfährt.

Obgleich eine feministische Position durchaus der kritischen bzw. der radikalen Kriminologie zuzuordnen wäre, hat die kritische Kriminolgie „keine explizit geschlechtliche Differenzierung in ihren Analysen vorgenommen, die es ermöglichen würde, die (Re-)Produktion nicht nur des Geschlechterverhältnisses, sondern auch der Konstruktion des ‚Weiblichen' in Kriminalisierungsprozessen transparent machen zu können. Die Grundannahme, daß gesellschaftliche Wirklichkeit innerhalb kompliziert vermittelter Macht- und Herrschaftsverhältnisse hergestellt wird, läßt zwar die theoretische Nähe zur feministischen Theorie erkennen, da beide Perspektiven Definitionen (von ‚Kriminalität', von ‚Weiblichkeit') im Kontext gesellschaftlicher Verhältnisse und Strukturen dekonstruieren. Doch hat die kritische Theorie bisher die in Kriminalisierungsprozessen verdeutlichten Normvorstellungen und -erwartungen, wie sie an Frauen gestellt werden, nicht analysiert" (Gransee/Stammermann 1992: 55 f.).

Trotz dieses Versäumnisses lässt sich die feministische Position aber unschwer unter die kritische Kriminologie hinsichtlich ihrer theoretischen Prämissen subsumieren.

Nun gibt es aber auch die These des sog. Frauenbonus, wonach die Geschlechter tatsächlich ungleich behandelt werden, nämlich Frauen weniger streng als Männer. Dieses „Paradox der Gleichbehandlung der Geschlechter" ist empirisch für Jugendliche und Heranwachsende belegt (Geißler/Marißen 1988: 550 f.). Junge Frauen werden unter Ceteris-paribus-Bedingungen milder bestraft als Männer, allerdings unter der Voraussetzung, dass ihnen das Gericht eine günstige Resozialisierungsprognose stellt. Zeigten die jungen Frauen sich aber „frauen-untypisch" kriminell, dann fiel der Frauenbonus weg. Was nun frauentypische Kriminalität ist, ist eine Frage der Definition (der Männer).

Auf der Basis ihrer materialistisch-interaktionistischen Überlegungen entwickelt Smaus zur Erklärung der Frauenkriminalität eine „feministische Theorie der Gesellschaft" und versucht zu zeigen, dass das Strafrecht auch die Ungleichverteilung von Macht und Herrschaft zwischen den Geschlechtern zugunsten der Männer schützt. Unter Rekurs auf die Habermas'sche Differenzierung von System und Lebenswelt weist sie den Männern die öffentliche „systemische" Sphäre von Politik, Wirtschaft und Verwaltung zu, den Frauen die „lebensweltliche" Privatsphäre. In der systemischen Sphäre existiert ein Intrageschlechtsrollenkonflikt, weil nun für die Männer Macht und Eigentum ungleich verteilt sind: Einige wenige definieren für die Mehrzahl, was kriminell ist und welche Verhaltensweisen erwartet werden. In der Privatsphäre genießen jedoch alle Männer das Privileg der Machtausübung, z. B. innerhalb der Familie. Die in der systemischen Sphäre herrschenden Männer definieren sowohl die männlichen als auch die weiblichen Rollen und mithin das abweichende Verhalten. Deshalb erhalten

Männer häufiger das Etikett, kriminell zu sein, während Frauen eher psychische Defekte zugeschrieben werden. Wenn Frauen tatsächlich spezifische Adressatinnen des Strafrechts sind, also auch entsprechend kriminalisiert werden (können), dann vor allem im Hinblick auf ihre natürliche Reproduktionsfunktion.

Während Männer in der patriarchalischen Gesellschaft eher kriminalisiert werden, erfahren Frauen bei Abweichungen eher eine biologisch-psychologische Defektzuschreibung. Diese unterschiedliche Reaktion auf abweichende Verhaltensweisen von Männern und Frauen weist den Geschlechtern einen unterschiedlichen Status zu: Bei den kriminellen Handlungen der Männer wird intentionales, kompetentes und rationales Handeln unterstellt, während die biologisch-psychologische Definition die Aussage einschließt, es gäbe bei Frauen ein Unvermögen, richtig und normgerecht zu handeln. Die häufig festzustellende psychiatrische Definition, die dann Schuldfähigkeit und Verantwortlichkeit abspricht, substituiert das Gefängnis als totale Institution durch psychiatrische Einrichtungen. Diese nicht kriminalisierenden Definitionen abweichenden Verhaltens gegenüber Frauen führen gleichwohl zur Reproduktion der Männerherrschaft.

Als ein ebenso Strukturen erhaltendes Element der informellen sozialen Kontrolle wird die Gewalt der Männer gegenüber Frauen gesehen. Die lebensweltliche Sphäre der Familie ist als private von der öffentlichen Kontrolle weitgehend ausgenommen. Die Gewalt der Männer in diesem Bereich ist vor strafrechtlichen Zugriffen weitestgehend geschützt. (Dies gilt durch die neuen gesetzlichen Regelungen, etwa den so genannten Platzverweis, nur noch reduziert.) Nach Smaus erhält die angewandte physische Gewalt gegenüber Frauen auch symbolischen Gehalt, um durch die permanente Präsenz potenzieller Gewalt den inferioren Status der Frau zu erhalten. „Versagt einmal die strukturelle Gewalt, ist immer noch die physische Gewalt zur Stelle" (Smaus 1990: 279).

Ulrike Teubner begreift Gewalt gegen Frauen als gesellschaftlich legitim geltendes Verhalten von Männern. In der Gewalt gegen Frauen manifestieren sich die patriarchalischen Herrschaftsverhältnisse, die sich auch in den geschlechtsspezifischen Rollen widerspiegeln. Gewalt gegen Frauen ist Ausdruck der Dominanz des Mannes in der patriarchalischen Gesellschaft (Teubner 1992).

Unter Rekurs auf Gerichtsurteile bei Vergewaltigungsdelikten kann Maria Abel die Thesen von Ulrike Teubner tendenziell bestätigen: Die vorwiegend männlichen Richter treffen ihre Urteile und formulieren ihre Entscheidungsbegründungen nach den eben patriarchalisch determinierten Rollensterotypen. Da diese Stereotype nicht empirisch abgesichert sind, sondern eher Vorurteile darstellen, sind die Frauen als Opfer von Sexualdelikten patriarchalisch determinierter Ungerechtigkeit ausgesetzt (Abel 1992).

Unter explizitem Bezug auf die „soziale Kontrolle und das Geschlechterverhältnis" (Smaus 1993: 122), fasst die Autorin in Hinführung auf die Bearbeitung dieses Themas ihre feministische Position knapp und prägnant zusammen: „Soziale Kontrolle unterstützt mit ihren ‚re-ordering rituals' den Status quo des Geschlechterverhältnisses. Die strafrechtlichen, psychiatrischen, somatischen und ‚informellen' Kontrollen behandeln Frauen und Männer anders, und dies auf je spezifische Weise. Das Strafrecht, welches ‚voll verantwortliche' Gesellschaftsmitglieder voraussetzt, richtet sich vorwiegend an Männer. Bei Frauen scheint dagegen die psychosomatische Kontrolle, die diesen den vollwertigen Erwachsenenstatus abspricht, angemessen. Der Kontrollaspekt, der von Frauen häufiger in Anspruch genommenen medizinischen Behandlung, besteht in der Beschwichtigung ihrer Leiden und der Isolierung der Abweichenden. Die ‚informelle' Kontrolle entpuppt sich als eine Einrichtung in männlicher Verfügung. In diesem Kontrollmuster kommt zum Ausdruck, daß Männern die Erwerbspflicht aufgelegt wird, die mit einem Vorrecht auf eigenständigen Zugang zum Arbeitsmarkt als wichtigste Ressource verknüpft ist. Frauen wird beides abgesprochen, womit sie im Zustand der Abhängigkeit gehalten werden – und dies ist der Kern des Status quo im Bezug auf das Geschlechterverhältnis. Schließlich zeigt sich, daß die unterschiedlichen Kontrollinstitutionen nicht nur Männer und Frauen (sex) unterschiedlich behandeln, sondern daß schon die jeweiligen Definitionen der Norm und der Abweichung ein Geschlecht (gender) haben" (Smaus 1993: 122). In dieser Zusammenfassung wird noch einmal deutlich, dass die feministische Perspektive im Bereich der Kriminologie sich nicht nur auf die formelle soziale Kontrolle auf der Basis des Strafrechts bezieht, sondern um die informelle Komponente alltäglichen Handelns erweitert werden muss.

Die feministische Perspektive:
- Frauenkriminalität spiegelt nur das wider, was im *Strafrecht geschlechtsspezifisch* angelegt ist.
- In der Behandlung der Frauenkriminalität werden insbesondere die Erklärungspotenziale des *Labeling Approachs gesellschaftskritisch* genutzt.
- Die *ätiologische* Ursachenforschung wird für die Frauenkriminalität abgelehnt, weil hier in besonderer Weise Zuschreibungs- und Definitionsprozesse wirksam werden.
- Charakteristisch ist, dass die *makrostrukturelle* Perspektive durch *mikrosoziologische* Elemente ergänzt wird.
- Das Strafrecht wird nur als *eine* Instanz sozialer Kontrolle gesehen, deren Funktion allerdings schon in der Aufrechterhaltung der *kapitalistischen und patriarchalischen Struktur* gesehen wird.
- In ihrer Einschätzung der Instanzen sozialer Kontrolle misst Smaus den *staatlichen Instanzen* wegen ihrer *höheren Definitions- und Sanktionsmacht* entscheidende Bedeutung bei.
- Andererseits ist die Strafjustiz hinsichtlich der Frauenkriminalität weniger bedeutsam als andere Kontrollorgane; sie verweist in diesem Kontext auf *geschlechtsspezifische Rollendefinitionen* oder auch die *psychiatrische Defintion von weiblicher Normalität*.
- Neben und mit den normativen Regelungen des Familienrechts wirken *zugeschriebene geschlechtsspezifische Rollenstereotype* als informelle soziale Kontrolle und erhalten die patriarchalischen Strukturen am Leben.
- Für die Abolitionismusdiskussion muss deshalb gelten, dass vor bzw. mit der Abschaffung des Strafrechts eine *geschlechtsspezifische Gleichbehandlung* durchgesetzt werden muss.

4.6 Beurteilung der materialistisch-interaktionistischen Kriminologie

Theoretische Ansätze können im Hinblick auf sehr verschiedene Kriterien beurteilt und bewertet werden. Die materialistisch-interaktionistische Kriminologie soll im Weiteren zunächst einer inhaltlichen Prüfung zugeführt werden, um dann die Frage zu stellen, ob der Ansatz nahtlos in gesellschaftliche Praxis transformiert werden kann.

4.6.1 Inhaltliche Würdigung

Der materialistisch-interaktionistische Ansatz nach Gerlinda Smaus will vor allem zwei Ansprüche einlösen: Zum einen möchte er das interpretative Paradigma aus der ihm eigenen „Theorielosigkeit" befreien. Kritiker lasten dem Labeling Approach immer wieder an, dass er sich weitgehend in der Beschreibung von Abläufen, z. B. der Zuschreibungsprozesse, erschöpft, aber nichts über deren Ursache bzw. einen umfassenderen gesellschaftlichen „Sinn" solcher Vorgänge aussagen kann. Zum anderen soll der Ansatz von Smaus die auch in der materialistischen Theorie vorgenommene Reifikation des Kriminalitätsbegriffs abbauen und ein eigenes Verständnis des Devianten entwickeln helfen, das sich von dem der ätiologischen Perspektive unterscheidet.

Dem ersten Anspruch versucht der Ansatz dadurch gerecht zu werden, dass er sozialstrukturelle Variablen, wie die ungleiche Verteilung von Macht oder materieller Ressourcen, zur Erklärung der Definitionsprozesse heranzieht. Erst hierdurch kann erfasst werden, wie es zu der ungleichen Verteilung von Kriminalität über die gesellschaftlichen Schichten kommt. Nur über eine solche Grundlegung kann der Labeling Approach mit seinen eigenen theoretischen Mitteln (ohne Rückgriff auf ätiologische Ansätze) die beständige Reproduktion der unterschiedlichen Kriminalitätsbelastung der sozialen Schichten erklären.

Auch der funktionalistische Brückenschlag, den Smaus mit ihrer Erklärung des „Sinns" der Kriminalität (der Kriminalisierung) anstellt, lässt sich nur aus der sozialstrukturellen Fundierung der Labeling-Vorgänge erklären und rechtfertigen. Die gesellschaftlichen Machtinstanzen sorgen für eine Erhaltung der Funktionalität von Kriminalität. Die funktionalen Bezüge (Zusammenhänge) stellen sich nämlich nicht von selbst – im Sinne einer struktur-funktionalistischen Gleichgewichtsbeziehung – ein, sondern werden von mächtigen gesellschaftlichen Gruppen mit Hilfe von Definitions- und Zuschreibungsprozessen immer wieder neu geschaffen. So kann erklärt werden, warum es funktional ist, Arbeitsmoral und Eigentumsrespektierung innerhalb der unteren Schichten mit Hilfe der Kriminalitätsdrohung aufrecht erhalten zu wollen: Müsste man statt der Drohung auf die Methode der Belohnung zurückgreifen – etwa indem man die unteren Schichten an den materiellen und sozialen Gratifikationen der Bessergestellten teilhaben lässt –, so wären, da materielle Güter knapp sind, damit die Besitzstände der oberen Schichten gefährdet.

Es kann als ein Verdienst des materialistisch-interaktionistischen Ansatzes angesehen werden, gesellschaftliche Strukturmerkmale in den Labeling Approach eingebracht zu haben. Dennoch bleibt dieser Ansatz dem Bereich des Labelns verpflichtet. Er ergänzt wohl die Vorgänge der Zuweisungen und Definitionen um ein besseres Verständnis ihrer Ursachen, aber er bleibt auch darauf beschränkt. Gesellschaftliche Struktur wird nur insofern berücksichtigt, als nach deren Einfluss auf den Etikettierungsprozess gefragt wird. Dies ist nützlich und wichtig und wird von diesem Ansatz (aber auch durch den von Sack) explizit geleistet.

Gesellschaftliche Strukturen folgerichtig zu berücksichtigen, heißt aber noch mehr. Wollte man den Strukturierungsansatz von Giddens konsequent auf den Bereich der Kriminologie anwenden, dann müsste damit auch den ätiologischen Ansätzen ihre Berechtigung zuerkannt werden. Dies aus folgenden Gründen:

Nach Giddens haben Strukturen insofern Objektqualität, als sie Handeln überhaupt erst ermöglichen. (Bei Berger/Luckmann heißt dies: Die Gesellschaft steht dem Menschen als ein äußeres Faktum gegenüber, das er als Einzelner nicht verändern kann und dem er somit in seinem Handeln Rechnung tragen muss.) Diese Objektqualität macht die „zweite Seite der Medaille" (des „dualen Charakters der Struktur" nach Giddens) aus. Obwohl die Struktur das Produkt menschlichen Handelns ist: „Ergebnis der Praxis", ist sie zugleich auch Voraussetzung menschlichen Handelns: „Mittel der Praxis". Analog dazu muss auch die Existenz des Kriminellen – obgleich Resultat menschlicher Definitionen und Zuweisungen – als eine reale Gegebenheit betrachtet werden, die dem Einzelnen als Faktum gegenübertritt und von ihm nicht zu verändern ist. So nützt es beispielsweise dem Einzelnen wenig, sich im Supermarkt „gratis" zu bedienen und dieses – mit Hilfe eines Aktes einsamer persönlicher Um-Definition – als sein gutes Recht zu bezeichnen, etwa weil er sich anderweitig durch die Gesellschaft betrogen fühlt. Er wird in jedem Fall mit der Tatsache konfrontiert werden (vorausgesetzt, er wird erwischt), dass er sich nach allgemein gültigem Verständnis eines Diebstahls schuldig gemacht hat, mit allen Konsequenzen und Sanktionen, die dafür von den Organen sozialer Kontrolle vorgesehen sind.

Es gibt also in dem eben dargestellten Sinne „objektives" deviantes Verhalten. Somit macht es aber durchaus Sinn, nach den Ursachen eines „objektiv" abweichenden Verhaltens zu fragen, wie es die ätiologischen Ansätze versuchen. Der materialistisch-interaktionistische Ansatz tut dies jedoch – ganz im Sinne des Labeling Approachs – nicht. Nun liegt aber eine diesbezügliche Ursachenforschung auch nicht in seiner Absicht. Gesteht man dies als legitim zu, so muss konzediert werden, dass der materialistisch-interaktionistische Ansatz eine wichtige Bereicherung des Labeling Approachs darstellt. Dennoch bleibt zu fordern, dass diese „Dualität der Strukturen" von Giddens (oder die „Dialektik von Mensch und Gesellschaft" nach Berger/Luckmann – oder sogar schon die Entdeckung des I und Me bei Mead) auch in einer kriminologischen Theorie Eingang findet insofern, als sie konsequent für eine Verbindung von ätiologischen und Definitionsansätzen nutzbar gemacht wird.

4.6.2 Transformation der Theorie in die Praxis

Theorien können theorieimmanent, abstrakt, methodologisch und wissenschaftstheoretisch bewertet und beurteilt werden. Doch gerade solche Theorien, die Kriminalität und/oder Kriminalisierung zum Gegenstand haben, müssen sich auch in gesellschaftlicher Praxis bewähren. Gelingt ihre Transformation auf die praktische Ebene, so erhalten sie einen hervorragenden Status, weil sie sich nicht nur in einem hypothetischen Erklärungsversuch erschöpfen. Prävention und Prognose sowie technologische Anweisung sind Kriterien, die eine tendenzielle Strukturidentität aufweisen und gemeinsam den praktischen Aspekt betonen.

Will man ein eventuelles Präventionspotenzial des materialistisch-interaktionistischen Ansatzes ermitteln, so stößt man sofort an diejenigen Grenzen, die durch die spezifische Sichtweise des interpretativen Paradigmas gegeben sind: Es ist nie eine Handlung an sich abweichend, sondern sie wird es erst durch die Zuweisung einer entsprechenden Definition. Devianz müsste demnach zwangsläufig verschwinden, wenn es möglich wäre, Handlungsspielräume so zu erweitern, dass jedes Handeln als „konform" akzeptiert wird und damit auch nichts mehr als abweichend zu gelten hat. „Theoretisch denkbar, erscheint ein solches Verhalten praktisch nicht realisierbar, da bestimmte Typisierungsprozesse im Alltagsleben geradezu notwendig sind, um ein gewissens Maß an Verhaltenssicherheit zu haben. (Man vergleiche hierzu das Konzept des ‚generalisierten Anderen'; Mead 1968). Gerade auf diese alltäglichen Typisierungen macht ja auch die Theorie der symbolischen Interaktion aufmerksam, der sich der Labeling Approach verpflichtet fühlt" (Lamnek 2007: 276 f.). Dennoch zeigt dieses theoretische Gedankenspiel die Richtung der Präventivleistung des Labeling Approachs – und damit auch der materialistisch-interaktionistischen Theorie – auf: Je enger der konforme Verhaltensspielraum innerhalb einer Gesellschaft gestaltet ist, umso eher stoßen verschiedene Handlungsvarianten an dessen Grenzen, umso eher also muss Verhalten als abweichend definiert werden.

Dies gilt ganz allgemein für alle dem Labeling Approach verpflichteten Theorievarianten. In der materialistischen Version von Smaus kommt nun zusätzlich eine spezifische Besonderheit hinzu. Sie stellt ja die Definitionsprozesse in einen sozialstrukturellen Zusammenhang und macht deren Ergebnisse von gesellschaftlichen Rahmenbedingungen abhängig. Zieht man diese zusätzlichen Variablen für eine Beurteilung der Präventionsmöglichkeiten heran, so ergibt sich Folgendes: Die Gefahr, dass ein bestimmtes Handeln als kriminell definiert wird, ist offenbar umso größer, je geringer der soziale Status des handelnden Individuums ist. Könnte der stratifikatorische Charakter einer Gesellschaft also verringert werden, so müssten sich damit auch die kriminellen Etikettierungen reduzieren lassen. Dem steht allerdings wieder entgegen (und darauf verweist die materialistische Sichtweise des Ansatzes), dass es massive Interessen der Mächtigen an der Erhaltung der Basis der gesellschaftlichen Pyramide und des stratifikatorischen Charakters der Sozialstruktur gibt.

Ein völlig neuer Aspekt eines möglichen Präventionspotenzials ergibt sich jedoch aus dem Bezug auf den „dualen Charakter" von gesellschaftlichen Strukturen. Einerseits schaffen Definitionsprozesse die „kriminelle Struktur" einer Gesellschaft. Andererseits wirkt diese Struktur wiederum auf die Etikettierungsvorgänge zurück. „In einer ständigen Oszillation zwischen dem konkreten beobachteten Phänomen und seinem Bezug auf die ‚Totalität' kann sich schließlich das Vor-Wissen zu einer Gewißheit, zu einem Verstehen des Konkreten, der Kriminalität nämlich, verwandeln" (Smaus 1986b: 188). Schließt man sich diesem Verständnis an, so muss Prävention danach der Versuch sein, auf diesen Prozess der Oszillation zwischen konkreten Einzelphänomenen und deren jeweiligen Bezügen auf die „Totalität" einzuwirken.

Dass Etikettierungen unausweichlich und geradezu eine Gesellschaft erst konstituierende Notwendigkeit sind, schließt nämlich nicht aus, dass die Art und die Qualität der Etikettierungsvorgänge zumindest in Teilbereichen beeinflusst werden können. Einige Beispiele können dies verdeutlichen:

Homosexualität wurde in den letzten 50 Jahren von einem strafbaren Tatbestand zu einer, wenn in der breiten Bevölkerung auch noch nicht zu einer normalen, so doch wenigstens zu einer (z. T. naserümpfend) tolerierbaren Verhaltensweise umgedeutet. Dabei ist hier diese Oszillation besonders deutlich sichtbar: In den sechziger Jahren auftretende massive Kampagnen zur Abschaffung des Straftatbestandes bewirkten die Veränderung der Struktur, hier eine Veränderung der Struktur des Rechtssystems. Homosexuelles Verhalten war nun nicht mehr strafbar, wenngleich immer noch äußerst anrüchig und kaum toleriert. Doch machte die Straffreiheit nun erstmals möglich, dass Homosexualität – wenn zuerst auch nur von besonders Mutigen – offen gelebt werden konnte. Dies bewirkte allmählich eine abnehmende Fremdheit und damit verbunden eine sich verringernde Distanz zwischen Homosexuellen und der „definierenden" Mehrheit der heterosexuellen Bevölkerung, damit verringerte sich auch deren Ablehnung. Das Öffentlichwerden der Homosexuellen ermöglichte weiter deren Organisation in Interessengruppen, bewirkte damit gleichzeitig einen Machtzuwachs, der sich auch in einer stärkeren „Definitionsmacht" auswirkte: Man definiert nun Homosexualität von einer ehemals abweichenden zu einer „normalen" Handlungsweise unter mehreren gleichwertigen um.

Ein ähnlicher Verlauf war in der Abtreibungsdebatte erkennbar. Obgleich diese beiden Problembereiche aus verschiedenen Gründen nur sehr bedingt miteinander vergleichbar sind, ist doch festzustellen, dass auch hier sich die öffentliche Meinung (als Teil der Strukturkomponente) gewandelt hat und dies zum einen als Folge von Definitionsvorgängen zu verstehen ist, zum anderen aber auch eine Grundlage für weitere Definitionsprozesse bildet. Abtreibung wird so allmählich von einem „Verbrechen" zu einem „Recht der Frau" umgedeutet, auch wenn das Bundesverfassungsgericht den Schwangerschaftsabbruch als rechtswidrig, aber unter bestimmten Voraussetzungen als straffrei definiert hat.

Den umgekehrten Verlauf nimmt dagegen die Entwicklung dessen, was derzeit unter Wirtschafts- und Umweltkriminalität verstanden wird. Im Zuge steigender Sensibilisierung für die Verflechtung von wirtschaftlichen Sachzwängen und ökologischen Problemen bewegt sich das Verständnis von Umweltkriminalität sehr rasch in die Richtung, dass der als legitim und tolerierbar angesehene

Handlungsspielraum enger und immer genauer definiert wird. Das hat zur Konsequenz, dass die Wahrscheinlichkeit, von diesem abzuweichen, immer stärker zunimmt. Aus der Perspektive des Labeling Approachs stellt sich dies aber als eine wachsende – und damit aus dessen Sicht wohl auch abzulehnende – Kriminalisierung dar. Aber auch für den materialistisch-interaktionistischen Ansatz müsste diese Entwicklung eine kritische Hinterfragung einer seiner Prämissen bedeuten, nämlich der, dass in jedem Fall die wirtschaftlich und politisch Mächtigen auch im Besitze der Definitionsmacht sind. Zumindest muss gesehen werden, dass sich politische Machtverhältnisse durch einen sukzessiven Bedeutungswandel dessen, was als kriminell zu verstehen ist, verändern lassen. Die innerhalb weniger Jahre entstandene neue Kategorie der Umweltkriminalität und ihre politische Sprengkraft zeigen dies deutlich genug.

Das Präventionspotenzial des materialistisch-interaktionistischen Ansatzes ergibt sich also gerade aus der Dualität gesellschaftlicher Struktur. Die Kontroll- bzw. Einwirkungsmöglichkeiten bestehen zum einen darin, durch individuell bewusste und intendierte Einflussnahmen auf herrschende Deutungsmuster, z. B. durch öffentliche Aufklärung, Pressekampagnen, politische Aktionen etc., einen allmählichen Umdeutungsprozess zu erwirken. Zum anderen besteht die Möglichkeit, vorherrschende gesellschaftliche Muster für weitere Umdeutungsprozesse sich zunutze zu machen: z. B. die im historischen Vergleich heute stärkere Stellung der Frau in der Gesellschaft für die weitere Durchsetzung von (vielleicht auch nur vermeintlichen) „weiblichen Rechten" einzusetzen; die in westlichen Gesellschaften relativ aufgeklärte Liberalität für eine weitere Entkriminalisierung von Minderheitenverhalten (wie Homosexualität) zu nutzen; die weit verbreitete Angst vor einem Zusammenbruch des ökologischen Systems für eine zunehmende Kriminalisierung bestimmter umweltschädigender Handlungen zu funktionalisieren etc. Durch sukzessive gegenseitige Beeinflussung der Strukturen durch Interpretationen und der Interpretationen durch die Strukturen bestehen doch langfristige und nicht zu unterschätzende Präventionsmöglichkeiten.

„Die prognostischen Möglichkeiten des Labeling Approachs sind kritisch zu sehen: In seine Überlegungen geht ja das Element der *self-fulfilling prophecy* ein: Wenn jemand gelabelt wird – auch wenn das Etikett falsch sein sollte –, wird das Etikett zukünftig richtig; die Definition führt zu ihrer Realisation. Die Plausibilität dieser Hypothese belegt schlagend, dass demnach die Vertreter des Labeling Approachs jede Individualprognose – soweit sie negativ für den Probanden ausfällt – ablehnen müssen" (Lamnek 2007: 277). Zunächst gilt dies analog auch für den materialistisch-interaktionistischen Ansatz. Dennoch muss diesem ein erheblicher Fortschritt in Richtung einer besseren Prognostizierbarkeit von Devianz zugesprochen werden:

„Gesamtgesellschaftliche Vorhersagen ließen sich jedoch auch im Labeling Approach durchführen. Sie setzen aber, wie eine individuelle, voraus, dass das Ausmaß des Etikettierens und die ihm zugrunde liegenden Bedingungen (personal, situativ, sozialstrukturell) bekannt sind" (Lamnek 2007: 278). Die sozialstrukturellen Bedingungen der Zuschreibungsprozesse zu erforschen, hat sich der materialistische-interaktionistische Ansatz aber gerade zur Aufgabe gemacht.

Natürlich muss dieser theoretische Anspruch erst praktisch realisiert werden, wofür auch die grundsätzlichen Operationalisierungsprobleme aller Labeling-Theorien erst gelöst werden müssen. Wenn dies aber gelingt, sollte dem materialistisch-interaktionistischen Ansatz gegenüber dem herkömmlichen Etikettierungsansatz die bessere Prognosemöglichkeit zukommen.

Würdigung des materialistisch-interaktionistischen Ansatzes:
- Durch die Kombination von Labeling Approach und materialistischem Ansatz gelingt es, einerseits die *Zuschreibungsprozesse erklärungskräftig zu fundieren* und andererseits die *Reifikation des Kriminalitätsbegriffs abzubauen*.
- Mit dem Rekurs auf den „*dualen Charakter*" von Gesellschaft *erhalten soziale Strukturen Objektqualität und Erklärungskraft* hinsichtlich der Zuweisung des Labels „Kriminalität". Mit der Kriminalisierung muss die Existenz des Kriminellen als eine handlungsrelevante reale Tatsache gesehen werden.
- Der Versuch, den Definitionsansatz ätiologisch zu fundieren, ist nur begrenzt gelungen: Das Paradoxon der Kombination von Subjektivismus und Idealismus auf der einen Seite und Objektivismus und Materialismus auf der anderen Seite wird nicht völlig aufgelöst.
- Die gesellschaftspraktische Bedeutung des materialistisch-interaktionistischen Ansatzes hält sich in Grenzen: Weder werden sich *Definitionsprozesse* grundsätzlich vermeiden lassen, noch wird eine Gleichverteilung der *Definitionsmacht* je zu erzielen sein.
- Dies schließt aber nicht aus, dass die *Art und die Qualität der Etikettierungsvorgänge* (schon allein im Bereich der Normsetzung) gesellschaftlich beeinflusst werden können.

5 Die Rational Choice-Theorie

> Der Rational Choice-Ansatz hat das Ziel, Erklärungen für gesellschaftliche Verhältnisse zu liefern, und setzt bei seinem Erklärungsversuch auf der Ebene des Individuums an. Diese Perspektive erlaubt es, komplexe Strukturen auf einfache Annahmen, die die Handlungsmaximen einzelner Individuen betreffen, zu reduzieren. Historisch finden sich Vorüberlegungen zu solchem Vorgehen bereits in den Annahmen Adam Smiths, der aus dem Konkurrenzverhalten der Individuen untereinander bestimmte soziale Effekte prognostizieren konnte: Er sah „die Haupttriebfeder für die Bildung von Wohlstand in einem Land in dem „Streben des einzelnen nach Verbesserung seiner ökonomischen Lage" (Smith 1974: XLI). Die Übertragung dieser ökonomischen Sichtweise auf gesellschaftliche Fragestellungen ist z. B. bei Coleman zu finden: Hier werden Übergänge von Mikro- auf Makroebene durch mathematische Annahmen modelliert, die das Spiel sozialer Interaktionen in einem Wettbewerbsmarkt beschreiben (Coleman 1994: 3). Olson beschäftigt sich in diesem Kontext mit ökonomischen Annahmen über das kollektive Handeln und zeigt auf, weswegen Gruppenmitglieder, die „rational danach streben, ihre persönliche Wohlfahrt zu maximieren" (Olson 1998: 2), nicht im Sinne von Gruppeninteressen handeln.
>
> Der Allgemeinheitsgrad und die Flexibilität des Rational Choice-Ansatzes erlauben eine Betrachtung und Erklärung allen menschlichen Verhaltens – eben auch das des abweichenden Verhaltens. Dieses wird aus der Warte des Rational Choice genauso behandelt, wie alle anderen Verhalten auch. Das Ergebnis ist eine Analyse von Abweichungen aus einer ökonomischen Perspektive und eine Begründung für Abweichung bzw. Konformität, aus Kosten-Nutzen-Erwägungen. Insbesondere die akteursorientierte Perspektive ist relevant, wird auf diesem Wege doch die Verantwortung für Abweichung größtenteils beim Individuum verortet.

5.1 Grundannahmen der Rational Choice-Theorie

Die Rational Choice-Theorie fußt auf den Annahmen des *methodologischen Individualismus*. Basis dieser Sichtweise ist das Individuum, denn ausgehend von seinen Handlungen sollen auch kollektive Verhältnisse erklärt werden (Green/Shapiro 1999: 27). Das Verstehen von Gruppenverhalten setzt dementsprechend voraus, dass die Handlungen einzelner Individuen verstanden werden (McKenzie/Tullock 1984: 28 und Esser 1991: 45). Diekmann und Voss betrachten den methodologischen Individualismus als „Mittel zum Zweck der Erklärung kollektiver Effekte und sozialer Prozesse auf der gesellschaftlichen Makroebene"

(Diekmann/Voss 2004: 21). Green und Shapiro können neben der Konzentration auf das Individuum weitere Grundbestandteile der Rational Choice-Theorie aufzählen: Die Individuen handeln mit der Motivation, ihren Nutzen zu maximieren (Green/Shapiro 1999: 24); etwas schwächer formulieren es McKenzie und Tullock, die Handlungsmotive der Individuen darin sehen, „ihr Schicksal zu verbessern" (McKenzie/Tullock 1984: 28). Weiter muss rationales Handeln bestimmten Konsistenzbedingungen genügen, wobei insbesondere die logische Organisation der zu verfolgenden Ziele in Form einer Präferenzordnung gemeint ist. Da Handlungssituationen, was die Eintrittswahrscheinlichkeit bestimmter Umweltzustände betrifft, hauptsächlich unsichere Situationen sind, kann das handelnde Individuum nicht auf objektive Wahrscheinlichkeiten für den Eintritt bestimmter Ereignisse zurückgreifen, sondern es muss eigene Erwartungswahrscheinlichkeiten formulieren, an denen es sein Handeln ausrichtet (Green/Shapiro 1999: 26). Diese Grundannahmen der Rational Choice-Theorie werden in den folgenden Abschnitten ausführlicher dargestellt.

Der Zusammenhang zwischen Rational Choice-Theorie und abweichendem Verhalten mag nach dieser kurzen Einleitung noch unklar sein. Die Rational Choice-Theorie erhebt den Anspruch, über eine hohe Erklärungsreichweite zu verfügen und beansprucht für sich, „alle Probleme, die mit menschlichem Handeln zu tun haben, also auch politische, wissenschaftliche und moralische Probleme" (Homann 1992: 11), analysieren zu können. Da Akteure, die abweichend handeln, im Vorfeld ihrer Handlung vor der Entscheidung stehen, ob sie abweichend oder konform handeln sollten, liegt ein *Entscheidungsproblem* vor. Welche Prozesse wirksam sind, damit ein Akteur auf eine Entscheidungssituation, die natürlich Handlungsalternativen implizieren muss, mit einer konkreten, abweichenden oder nicht abweichenden, Handlung reagiert, kann mithilfe der Rational Choice-Theorie erklärt werden. Dabei wird abweichendes Verhalten als ein Verhalten wie jedes andere auch gesehen – „es kann immer im set der Handlungsalternativen vorkommen" (Esser 1991: 52). Der Unterschied, dass abweichendes Verhalten bestimmten Normen zuwider läuft, stört die Rational Choice-Theorie nicht weiter, da es ja gerade um eine Erklärung geht, in welchen Situationen solche Normverletzungen dem Handelnden rational erscheinen.

Grundannahmen der Rational Choice-Theorie:
- Methodologischer Individualismus: RC-Theorien sind akteurszentriert, Ziel ist die Erklärung kollektiver Sachverhalte durch individuelles Handeln.
- Es existiert eine Präferenzordnung, an der der Akteur sein Handeln ausrichtet. Der Aufbau dieser Ordnung muss bestimmten Bedingungen genügen.
- Akteure wollen durch Handlungen ihren Nutzen maximieren, die Handlungssituation und Folgen der Handlungsalternativen müssen danach abgeschätzt werden.

5.1.1 Die Sichtweise der Rational Choice-Theorie

Es entspricht dem Verständnis des methodologischen Individualismus, dass im Fokus der Rational Choice-Theorie Akteure stehen. Die betrachteten Akteure sind Individuen. Durch die Analyse und Erklärung individueller Handlungen sollen auch kollektive Tatsachen erklärt werden. Die Akteure verfügen über eine je bestimmte Ressourcenausstattung. Die vorhandenen Ressourcen dienen als Einsatzmittel für Handlungen und machen das Individuum erst differenziell handlungsfähig. Treten Beschränkungen des Handelns in den Blick, die durch eine in Bezug auf das Handlungsziel unzureichende Ressourcenausstattung hervorgerufen werden, handelt es sich um Restriktionen. Der Begriff der Restriktion betont die Handlungseinschränkungen durch unzureichende Ressourcenausstattung, der Begriff der Ressourcen die Möglichkeit, durch seine Ressourcenausstattung evtl. gegebene Restriktionen zu überwinden. Die Verfügungsgewalt über bestimmte Ressourcen macht für das Individuum allerdings nur Sinn, wenn es sie dazu nutzt, seine Bedürfnisse und Interessen zu realisieren.

Da „Auslöser für Entscheidungen (...) die subjektiven Bedürfnisse der Individuen" (Braun 1994: 32) sind, werden Ressourcen dafür eingesetzt, diese Bedürfnisse zu befriedigen. Das Individuum muss sich bewusst sein, welche Handlung welches Bedürfnis befriedigen kann. (Hierzu bedarf es aber keiner Gewissheit; eine entsprechende Annahme würde ausreichen.) Da das Individuum aber mehr Bedürfnisse hat, als es gleichzeitig befriedigen kann, wird ihm eine Entscheidung abverlangt, welches Bedürfnis es prioritär oder dominant befriedigen möchte, also welche Handlung ausgeführt werden soll. Neben einer klaren Zuordnung, welche Handlung welches Bedürfnis befriedigt, ist für eine Handlungsentscheidung weiter notwendig, dass der Nutzen einer Handlung mit allen anderen Nutzen alternativer Handlungen verglichen und bewertet werden kann. Durch die Bewertung verschiedener Handlungsalternativen kann das Individuum eine situationsgebundene Präferenzordnung entwickeln und entscheidet sich dann für die Alternative, die in dieser Präferenzstruktur den ersten Platz einnimmt.

Solche Präferenzordnungen haben in der Regel das Niveau einer Ordinalskala: Jedes Bedürfnis kann mit jedem anderen verglichen werden und das Individuum kann sich entscheiden, welches es gegenüber welchem anderen vorziehen würde oder ob es bezüglich zwei oder mehreren Bedürfnissen indifferent ist (Bedingung der Konnektivität). Weiter muss eine widerspruchsfreie Rangordnung der einzelnen Bedürfnisse aufgestellt werden können: Zieht ein Individuum das Verkehrsmittel Bahn dem Auto vor, fährt aber lieber Auto als ein Flugzeug zu benutzen, muss es sich bei der Wahl zwischen Bahn und Flugzeug also auch für das Verkehrsmittel Bahn entscheiden (Bedingung der Transitivität). Als letztes Kriterium muss die Bedingung der Kontinuität gelten: Wenn ein Individuum lieber Bahn als Auto fährt, dann wird es sich auch für die Bahn entscheiden, wenn es zwischen den beiden Alternativen entweder mit einem roten oder mit einem grünen Auto wählen könnte – Entscheidungsmuster bleiben also konstant, wenn sich Alternativen in wesentlichen Punkten ähneln (Braun 1994: 33 f.).

Die Rational Choice-Theorie will nun die Frage, wie sich eine individuelle Präferenzordnung und gegebene Restriktionen in konkreten Handlungen manifestieren, beantworten – hierbei wird meist „von einem Maximierungsprinzip ausgegangen" (Diekmann/Voss 2004: 16).

5.1.2 Das Menschenbild der Rational Choice-Theorie: der Homo Oeconomicus und der RREEMM

Da Rational Choice-Theorien im Wesentlichen davon ausgehen, dass der Mensch ein *Nutzenmaximierer* ist, lohnt es sich, das Menschenbild, das derartigen theoretischen Annahmen zugrunde liegt, näher zu betrachten.

Bei der Konstruktion des Menschenbildes aus der Perspektive der Rational Choice-Theorie sind zwei der vier Handlungstypen Max Webers besonders interessant: Der zweckrational und der wertrational Agierende. Zweckrationales Handeln liegt dann vor, wenn ein Individuum „sein Handeln nach Zweck, Mitteln und Nebenfolgen orientiert und dabei sowohl die Mittel gegen die Zwecke, wie die Zwecke gegen die Nebenfolgen, wie endlich auch die verschiedenen möglichen Zwecke gegeneinander rational abwägt" (Weber 1976: 13). Das Individuum handelt also, um ein bestimmtes Ziel zu erreichen, und muss dabei abwägen, ob die ihm durch den Mitteleinsatz entstehenden Kosten in Bezug auf den Nutzen, den es durch die Realisierung des Ziels erwarten kann, gerechtfertigt scheint. Sein Ergebnis ist eine Ordnung alternativer Zwecke, die es nun abarbeiten kann.

Wertrationales Handeln liegt dann vor, wenn das Individuum „ohne Rücksicht auf die vorauszusehenden Folgen handelt im Dienst seiner Ueberzeugung von dem, was Pflicht, Würde, Schönheit, religiöse Weisung, Pietät, oder die Wichtigkeit einer ‚Sache' gleichviel welcher Art ihm zu gebieten scheinen" (Weber 1976: 12). Wertrationales Handeln verfolgt also das Ziel, beispielsweise seinen Überzeugungen entsprechend zu handeln. Dabei ist der Weg, der zur Zielerreichung führt, rational. Auf die anfallenden Kosten, die so hoch ausfallen können, dass sie nicht unbedingt durch den realisierten Nutzen kompensiert werden können, wird keinerlei Rücksicht genommen.

Der Homo Oeconomicus
Der aus dem zweckrationalen Handeln Webers ableitbare Idealtyp eines handelnden Akteurs wird als Homo Oeconomicus beschrieben. Aus seinem Anspruch, möglichst maximale Vorteile für sich zu erzielen oder gegebene Präferenzen möglichst mit minimalem Mittelaufwand zu realisieren, lässt sich die Eigenschaft des Egoismus ableiten.

Gerade das Kriterium des *Eigennutzes* lässt Raum für Diskussion: Hat er nun komplette Rücksichtslosigkeit gegenüber anderen Menschen zur Folge und, wenn dies so ist, wie kann es unter solchen Voraussetzungen altruistische Verhaltensweisen geben? Entsprechend dieses Einwandes stellt Braun eine radikale und eine aufgeklärte Spielart der Rationalität vor (Braun 1994: 37 f.). In der *radikalen Spielart* ist der Mensch indifferent gegenüber seinen Mitmenschen: Er will ihnen nichts Böses, aber auch nichts Gutes tun. Es geht dem Handelnden ausschließlich um die Realisierung seiner Präferenzen, entsprechend um eine Maximierung seiner Bedürfnisse. Bei der Maximierung geht es dem Individuum vorrangig um die „Vermehrung von Gütern wie Macht, Einkommen und Besitz" (Braun 1994: 37 f.).

Hat uneigennütziges Handeln in diesem radikalen Ansatz keinen Platz, kann es im *aufgeklärten Ansatz* der Rationalität durchaus vorkommen. An dieser Stelle steht die bloße Präferenzordnung, jedoch nicht der Inhalt einzelner Präferenzen im Mittelpunkt der Betrachtung. Die Präferenzen selbst werden unabhängig von ökonomischen Überlegungen gebildet, sie sind „dem ökonomischen Modell exogen" (Braun 1994: 37). So ist es nun auch möglich, dass altruistische Bedürfnisse, wie zum Beispiel uneigennützige Armenfürsorge, einen hohen Rangplatz in der Präferenzordnung einnehmen. Wird eine solche Präferenz in Handlung übersetzt und realisiert, liegt ebenfalls rationales Handeln vor: Das in der Präferenzordnung am höchsten angesiedelte Bedürfnis wird realisiert und dem Individuum gelingt es dadurch, Nutzen zu maximieren. Dass der Nutzen an dieser Stelle darin besteht, sein Bedürfnis nach einer Verbesserung der Armenfürsorge realisiert zu haben und sich dies aus monetärer Sicht als Verlustgeschäft erweisen kann, ist für die aufgeklärte Spielart der Rationalität unerheblich.

Das Kriterium des Eigennutzes kann entsprechend den beiden Ansätzen in unterschiedlicher Weise gedeutet werden: Im radikalen Ansatz ist Eigennutz mit Egoismus gleichzusetzen. Der aufgeklärte Ansatz schließt zwar egoistische Handlungen nicht aus, kann darüber hinaus aber auch Handlungen erklären, die nicht primär und unmittelbar dem Handelnden Nutzen bringen, ihm vielleicht sogar monetäre Verluste verursachen, was im Falle altruistischer Handlungen der Fall ist.

Die Fähigkeit des Individuums, Präferenzen durch Handlungen zu realisieren, Präferenzen und die dafür aufzubringenden Handlungen zu bewerten und seine Präferenzen in eine Rangfolge zu bringen, lässt ganz allgemein auf Rationalität in seinem Handeln schließen. Sein Vermögen, Präferenzen durch konkrete Handlungen zielgerichtet zu realisieren, setzt einen umfassenden Kenntnisstand über mögliche Alternativen, Eintrittswahrscheinlichkeiten bestimmter Ereignisse und die genauen Folgen seiner Handlung voraus: Das Individuum muss also umfassend informiert sein. Nur durch diese vollständige Information kann der Homo Oeconomicus rational kalkulieren. Als Vorgang einer rationalen Kalkulation kann die Differenzbildung aus dem erwarteten Nutzen und den entstehenden Kosten einer bestimmten Handlung sowie die daraus resultierende Ordnung der so bewerteten Präferenzen angesehen werden. Derartige Vorgänge setzen weiter voraus, dass kognitive Fähigkeiten vorhanden sind, den Handlungskosten und -nutzen einen quantifizierbaren Wert zuzuweisen, durch den die Ordnung und Vergleichbarkeit der Präferenzen gewährleistet wird (Braun 1994: 39 f.). Das Modell des Homo Oeconomicus erhebt universellen Erklärungsanspruch und

Die Rational Choice-Theorie 169

postuliert damit, dass das Entscheidungsverhalten von Menschen von der Handlungssituation unabhängig ist (Braun 1994: 39 f.).

Der Homo Oeconomicus:
- Der klassische Homo Oeconomicus ist *eigennützig* (vgl. aufgeklärte und radikale Spielart der Rationalität).
- Er verfügt über die *Fähigkeit, rational zu handeln*. Er kann also Präferenzen in Handlung übersetzen, Präferenzen und Handlungen bewerten und skalieren, d. h. in eine Rangordnung bringen.
- Er besitzt komplette *Information über seine Umwelt*, was ihm rationales Handeln ermöglicht.

Das Modell des RREEMM

Jedoch steht diese idealtypische Annahme nicht konkurrenzlos da. Sieht Braun das Modell in Konkurrenz zum Homo Sociologicus und zum RREEMM-Modell (Braun 1994: 40), so hält Esser den Homo Oeconomicus wie auch den Homo Sociologicus „für soziologische Erklärungen (…) ungeeignet" (Esser 1993: 237) und favorisiert stattdessen das RREEMM-Modell als eine angemessene Lösung. Nach diesem, von Lindenberg entwickelten Modell ist der Mensch ein „Resourceful, Restricted, Expecting, Evaluating, Maximizing Man" (Esser 1993: 238). Dieses Modell verbindet die Grundannahmen des Homo Oeconomicus und die des Homo Sociologicus: Die durch die Situation und Ressourcenausstattung auferlegten Restriktionen sowie die Regel, sich nach dem Kriterium der Maximierung für eine konkrete Handlung zu entscheiden, entstammt dem Modell des Homo Oeconomicus.

Aus dem Modell des Homo Sociologicus entnommen sind die Orientierungen an festen Normen und Werten und damit die Eigenschaft, bestimmte Dinge von seiner Umwelt zu erwarten, was, zusammen mit der Fähigkeit, Dinge bewerten zu können, zu einer Selektion von Handlungsalternativen führt (Esser 1993: 238). Ein in beiden Modellen ungekanntes Element stellt die Eigenschaft *resourceful* dar. Dieses bedeutet, dass das Individuum auch „kreativ (…) vorgehen kann" (Esser 1993: 238). An anderer Stelle erklärt Esser es so, dass Akteure „in keiner Weise auf ‚Normen' und ‚Institutionen' festgelegt sind" (Esser 1991: 52), woraus er folgert, „daß ‚abweichendes Verhalten' immer im set der Handlungsalternativen vorkommen kann" (Esser 1951: 52).

Der Resourceful, Restricted, Expecting, Evaluating, Maximizing Man (RREEMM):
- Situation und Ressourcenausstattung bedeuten *Restriktionen*, unter denen der RREEMM sich für die nutzenmaximierende Alternative entscheiden muss.
- Der RREEMM orientiert sich an *Normen*, was ihm hilft, Erwartungen zu formulieren und zu bewerten, um zu einer Selektion von Alternativen zu gelangen.
- Da er aber auch *resourceful* ist, ist ihm die Möglichkeit gegeben, bekannte Handlungswege zu verlassen und innovativ zu sein.

5.2 Die Werterwartungstheorie nach Esser (SEU-Theorie)

Ist ein Individuum mit einer bestimmten Situation konfrontiert, auf die es in vielfältiger Weise reagieren kann, wird ihm abverlangt, aus den möglichen Reaktionen, die in dieser Situation denkbar sind, eine konkrete Reaktion auszuwählen und zu realisieren. Esser nennt dies „die Frage nach der Logik der Selektion" (Esser 1991: 46). Eine Antwort auf eben diese Frage liefern bestimmte Regeln, nach denen auf eine gegebene Situation reagiert, also wie unter bestimmten Rahmenbedingungen gehandelt wird.

Durch die Werterwartungstheorie (*SEU-Theorie*: subjective expected utility-Theorie) ist es möglich, einfache Handlungsregeln zu formulieren, um Reaktionen von Individuen in bestimmten Situationen erklären zu können. Die Funktionsweise der SEU-Theorie wurde von Esser ausführlich beschrieben: Das Individuum verfolgt das Ziel, seine Präferenzen zu realisieren. Dazu muss es aus verschiedenen Handlungsalternativen, die ihm in der jeweiligen Situation zu Verfügung stehen, wählen. Diese Handlungsalternativen werden mit Erwartungen verknüpft. Dies bedeutet, dass das Individuum Überlegungen anstellt, wie wahrscheinlich es ist, dass eine Handlungsalternative auch tatsächlich zum intendierten Ziel führt. Die Ziele sind untereinander nicht gleichwertig, sondern für das Individuum unterschiedlich wichtig. Die Erwartung für die Realisierung eines Ziels muss also mit der Bewertung des Ziels selbst verbunden werden. Aus der Kombination von Erwartungen und Bewertung lässt sich für jede Handlungsalternative ein SEU-Wert berechnen – die Handlungsalternativen werden dadurch vergleichbar (Esser 1991: 54 f.). Esser nennt diesen Vorgang Evaluation, der den Vorgang der Kognition, in dem „insbesondere die (subjektiven) Erwartungen (in Form von eingeschätzten ‚Wahrscheinlichkeiten') strukturiert werden" (Esser 1951: 54 f.), impliziert. Im Anschluss an die Evaluationsphase findet abschließend eine Selektion statt. An dieser Stelle muss sich das Individuum entscheiden, wie es konkret handelt. Eine umsetzbare Handlungsanweisung erhält das Individuum nun dadurch, dass es die SEU-Werte vergleicht und das „Kriterium der Maximierung der subjektiven Nutzenerwartung" (Esser 1991: 55) anwendet.

Die Annahmen der SEU-Theorie sollen nun an einem Beispiel veranschaulicht werden. McKenzie und Tullock behaupten, dass Schummeln „zum festen Bestandteil aller Bildungseinrichtungen gehört" (McKenzie/Tullock 1984: 217). Betrachten wir also einen direkt Beteiligten: Schüler X sieht sich in einer Prüfungssituation mit unlösbaren Aufgaben konfrontiert. Da er die Prüfung aber bestehen muss, denkt er darüber nach, ob er einen Betrugsversuch unternehmen soll. In diesem Szenario hat der Schüler lediglich das Ziel vor Augen, die Prüfung zu bestehen (U_1), ein schlechtes Gewissen würde ihn nicht weiter stören (U_2). Er gewichtet das Ziel U_1 also mit 20, das ihm unwichtige Ziel U_2 mit 0. Nachdem er also seine beiden situationsspezifischen Präferenzen identifiziert und bewertet und damit in eine Rangfolge gebracht hat, muss er die Wahrscheinlichkeit dafür schätzen, in welchem Umfang ein bestimmtes Ziel durch eine der beiden Handlungsalternativen realisiert werden kann. Sein Ziel U_1 glaubt er mit einer Wahrscheinlichkeit von 90 % (P_1) durch einen Betrugsversuch erreichen zu

Die Rational Choice-Theorie

können, gegenüber U_2, also seinem Gewissen, verhält er sich indifferent (P_2). Daraus ergibt sich:

Alternative	U_1 (Bestehen) $U_{Ai1} * P_{Ai1}$	U_2 (Gewissen) $U_{Ai2} * P_{Ai2}$	SEU-Wert $\Sigma U_{ij} * P_{ij}$
A1 (Unterschleif)	20 * 0,9 = 18	0 * 0,5 = 0	18 + 0 = 18
A2 (kein Unterschleif)	20 * 0,1 = 2	0 * 0,5 = 0	2 + 0 = 2

In diesem Szenario würde sich der Schüler für einen Betrugsversuch entscheiden, weil der subjektiv erwartete Nutzen bei dieser Alternative am größten ist.

Angenommen der Schüler entwickelt nun in seiner Schullaufbahn ein starkes moralisches Bewusstsein und misst, unter sonst gleichen Annahmen, dem Ziel U_2 einen Wert von 10 zu und hält einen Betrugsversuch für moralisch verwerflich ($U_2 = 10$, $P_2 = 100\,\%$). Weiter überkommt ihn nun die Angst, er würde sich ungeschickt anstellen und der Lehrer könne ihn entdecken. Er formuliert also ein neues Ziel ($U_3 = 8$, $P_3 = 100\,\%$). Die 100 %-igen Wahrscheinlichkeiten für die Ziele U_2 und U_3 kommen dadurch zustande, dass der jeweilige Erwartungswert im Falle eines Unterschleifs sicher anfällt, weiter verursacht die Realisierung dieser Ziele Kosten, die den durch die Realisierung von U_1 entstehenden Nutzen schmälern:

Alternative	U_1 (Bestehen) $U_{Ai1} * P_{Ai1}$	U_2 (Gewissen) $U_{Ai2} * P_{Ai2}$	U_3 (Entdeckung) $U_{Ai3} * P_{Ai3}$	SEU-Wert $\Sigma U_{ij} * P_{ij}$
A1 (Unterschleif)	20 * 0,9 = 18	-10 * 1 = -10	-8 * 1 = -8	18 – 10 – 8 = 0
A2 (kein Unterschleif)	20 * 0,1 = 2	-10 * 0 = 0	-8 * 0 = 0	2 + 0 + 0 = 2

Die Entscheidung gegen einen Unterschleif ist nun die „Wahl der Handlung mit dem relativ höchsten Netto-Nutzen" (Esser 1991: 56).

Kritik gegen das stark vereinfachende Modell der Werterwartungstheorie, wird von Diekmann und Voss vorgetragen (Diekmann/Voss 2004: 17 f.). Wichtigster Einwand, und damit erfährt die Theorie eine starke Begrenzung, ist sicherlich die Tatsache, dass sie es nicht vermag „Situationen strategischer Interdependenz" (Diekmann/Voss 2004: 18), also „soziale Interaktionen" abzubilden. Weiter ist zu erwähnen, dass nur Entscheidungen unter Unsicherheit beleuchtet werden können. Eine Unsicherheitssituation ist dadurch zu charakterisieren, „daß der Entscheidungsträger dem Eintritt der verschiedenen Umweltbedingungen keine Wahrscheinlichkeiten zuordnen kann" (Wöhe 2002: 127). Dies erinnert noch einmal an den hier zugrunde liegenden Rationalitätsbegriff: Da die Erwartungen, also die Annahmen über die Wahrscheinlichkeit, durch eine bestimmte Handlung auch wirklich das anvisierte Ziel zu realisieren, durch die rein subjektive Definition der Situation getroffen werden, kann es sich auch nur um eine „,Rationalität' aus der Sicht des Akteurs und nicht um eine angenommene, vom Beobachter gesetzte oder ,objektive' Rationalität" (Esser 1991: 60) handeln.

Neben dieser Antwort auf „die Frage nach der Logik der Selektion" (Esser 1991: 46) gibt es weitere Antworten, doch gelingt es gerade durch die SEU-Theorie „mit wenigen Annahmen möglichst weitreichende Erklärungen" (Diekmann/Voss 2004: 16) zu liefern und dabei noch die subjektive Rationalität der Handlungsentscheidungen zu berücksichtigen.

Die subjective expected utility-Theorie (SEU):
- Der Akteur muss abschätzen, mit welcher *Wahrscheinlichkeit* eine bestimmte Handlung zu einem Ziel führt. Da die *Ziele* unterschiedlich wichtig sein können, müssen diese *gewichtet* werden.
- Für jede Handlungsalternative kann ein SEU-Wert berechnet werden, der Vergleichbarkeit ermöglicht und an dem der Akteur sein Handeln orientieren kann.
- Die Theorie basiert lediglich auf einem *subjektiven Rationalitätsbegriff*, der objektiv, bspw. durch wissenschaftliche Beobachtung, nicht unbedingt fassbar sein muss.

5.3 Die Theorie des geplanten Handelns nach Ajzen

Bei Ajzen gestaltet sich der Prozess der Entscheidungsfindung ebenfalls nutzenorientiert, allerdings werden die zugrunde liegenden Determinanten konkreter ausformuliert, als es in der SEU-Theorie der Fall ist. In seiner *Theorie des überlegten Handelns* (TORA: Theory of Reasoned Action), die er zusammen mit Fishbein formulierte, wirkt einzig und allein die *Intention* auf das Verhalten. Die Intention wird „durch Einstellung zu dem spezifischen Verhalten und (...) durch die subjektive Norm" (Hüpping 2005: 47) bestimmt. Der Einstellung liegt eine subjektive Ansicht über das in Betracht kommende Verhalten selbst zugrunde, die positiv oder negativ sein kann. Durch die subjektive Normkomponente wird die soziale Umwelt mit in die Betrachtung einbezogen: Die soziale Umwelt übt auf das Individuum Druck aus, „ein bestimmtes Verhalten auszuführen oder zu unterbinden" (Hüpping 2005: 47). Die Entscheidungsregel dieser Theorie besagt, dass ein Verhalten dann realisiert wird, wenn es durch die subjektive Einstellung des Handelnden und durch seine Bezugsgruppen als positiv bewertet wird.

Die Parallelen zur SEU-Theorie liegen auf der Hand: Die positive Bewertung seiner Handlung zum einen durch den Handelnden selbst und zum anderen durch seine Bezugsgruppe stellen Werte dar. Diese können wieder unterschiedlich gewichtet sein und bestimmen in ihrer Summe das „Maß an Verhaltensintention" (Hüpping 2005: 47). Eine Verhaltenseinstellung kommt nun dadurch zustande, dass Folgen der Handlung bewertet und mit einer Eintrittswahrscheinlichkeit verknüpft werden. Basiert die Verhaltenseinstellung auf subjektiven Überlegungen, wird die Normkomponente durch „normative Überzeugungen" (Hüpping 2005: 48) darüber, wie Bezugsgruppen das zur Disposition stehende Verhalten bewerten, konstruiert. Dass Kriminalitätseinstellungen sich von Milieu zu Milieu erheblich unterscheiden können, kann Gutsche belegen: In einer Studie ermittelt

Die Rational Choice-Theorie 173

er milieuspezifische Unterschiede für Devianzbereitschaft (Gutsche 2000: 132 f.) und die Risikoeinschätzung, Verbrechen zum Opfer zu fallen (Gutsche 2000: 138).

Zur Veranschaulichung der TORA soll wieder der Schüler X betrachtet werden, der vor der Entscheidung steht, ob er in einer wichtigen Prüfung betrügen soll oder nicht. Die Einstellungsstärke berechnet sich aus der „Auftrittswahrscheinlichkeit potentieller Konsequenzen der Verhaltensausführung und deren Bewertung" (Hüpping 2005: 47). Schüler X sieht die potenziellen Konsequenzen eines Unterschleifs im Bestehen der Prüfung ($U_1 = 20$, $P_1 = 90\,\%$), aber auch in einem sicheren schlechten Gewissen ($U_2 = -10$, $P_2 = 100\,\%$) und in der Gefahr, erwischt zu werden ($U_3 = -8$, $P_3 = 100\,\%$). Die 100 %-igen Wahrscheinlichkeiten ergeben sich aus der Tatsache, dass diese Kosten nur im Falle eines Betrugsversuchs gezahlt werden müssen: Ist der Schüler X ehrlich, wird er weder ein schlechtes Gewissen haben noch Gefahr laufen, entdeckt zu werden. Daraus berechnet sich eine Verhaltensüberzeugung von 0. Die Normkomponente berechnet sich „durch eine Funktion aus Überzeugungen und deren Bewertung" (Hüpping 2005: 48).

Stellt sich nun ex post heraus, dass Schüler X in der Prüfung betrogen hat, erwartet er negative Sanktionen seiner Eltern. Diesen misst er allerdings keine große Wichtigkeit bei ($U_4 = -5$, $P_4 = 100\,\%$), weil er sich mit gleicher Sicherheit positive Reaktionen aus seiner Clique erwartet, von der er weiß, dass sie nonkonformes Verhalten durch Anerkennung honoriert ($U_5 = 15$, $P_5 = 100\,\%$). Aus diesen Werten errechnet sich die Stärke der Normkomponente, die in diesem Beispiel den Wert 10 annimmt. Die Intentionsstärke berechnet sich dann aus der gewichteten Summe von Einstellungs- und Normkomponente. Geht man davon aus, dass der Schüler seinen Einstellungen einen doppelt so hohen Wert beimisst ($g_E = 2$) wie den Reaktionen seiner Bezugsgruppe ($g_N = 1$), ergibt sich als Intentionsstärke der Wert 10:

Alternative	U_1 (Bestehen) $U_{Ai1} * P_{Ai1}$	U_2 (Gewissen) $U_{Ai2} * P_{Ai2}$	U_3 (Entdeckung) $U_{Ai3} * P_{Ai3}$	Einstellungswert $E_{Ai} = \Sigma U_{ij} * P_{ij}$
A1 (Unterschleif)	20 * 0,9 = 18	-10 * 1 = -10	-8 * 1 = -8	18 – 10 – 8 = 0
A2 (kein Unterschleif)	20 * 0,1 = 2	-10 * 0 = 0	-8 * 0 = 0	2 + 0 + 0 = 2

Alternative	U_4 (Eltern) $U_{Ai4} * P_{Ai4}$	U_5 (Clique) $U_{Ai5} * P_{Ai5}$	Normkomponente $N_{Ai} = \Sigma U_{ij} * P_{ij}$	Intentionsstärke $(g_E * E_{Ai}) + (g_N * N_{Ai})$
A1 (Unterschleif)	-5 * 1 = -5	15 * 1 = 15	-5 + 15 = 10	(2*0) + (1*10) = 10
A2 (kein Unterschleif)	-5 * 0 = 0	15 * 0 = 0	0 + 0 = 0	(2*2) + (1*0) = 4

Bei einem Vergleich der Intentionsstärken für die beiden Handlungsmöglichkeiten kann man nun feststellen, dass sich der Schüler X unter den gesetzten Rahmenbedingungen für einen Betrugsversuch entscheiden wird, weil „eine Person, die Verhaltensweisen wahrnimmt, die mit einer hohen Wahrscheinlichkeit positive Konsequenzen nach sich ziehen, eine positive Einstellung gegenüber der Ausführung dieses Verhaltens äußert" (Hüpping 2005: 47 f.).

Kritik erfährt die TORA dadurch, dass sie davon ausgeht, die Verhaltensweisen könnten durch das Individuum vollständig kontrolliert werden, was bedeutet, dass es umfassende Informationen über Eintrittswahrscheinlichkeiten von Ereignissen und Folgen seiner Handlung haben müsste, was zu sehr an dem idealtypischen Homo Oeconomicus orientiert zu sein scheint. Ajzen modifiziert daraufhin sein Modell, indem er das Konzept der wahrgenommenen Verhaltenskontrolle (PBC: perceived behavior control) integrierte.

Die daraus entstandene *Theorie des geplanten Verhaltens* (TOPB: Theory of Planned Behavior) fußt weiterhin auf den schon aus der TORA bekannten Annahmen der Verhaltenseinstellung und der subjektiven Norm. Durch die PBC können nun aber zusätzliche Annahmen darüber getroffen werden, inwiefern der Akteur wirklich Herr der Situation ist. Durch interne (z. B. kognitive Fähigkeiten) wie externe (z. B. Erfolgschancen, durch die Handlung sein Ziel zu erreichen) Kontrollfaktoren entsteht bei dem Individuum ein Eindruck über die grundsätzliche Beherrschbarkeit des Verhaltens. Die so wahrgenommene Verhaltenskontrolle wirkt sich auf das konkrete Verhalten indirekt, vermittelt durch die Intention aus, denn: Ist die wahrgenommene Ressourcenausstattung eines Individuums derartig mangelhaft, dass dem Versuch der Realisierung einer Handlung keinerlei Erfolg beigemessen wird, entwickelt es auch „keine entsprechende Verhaltensintention" (Hüpping 2005: 49). Weiter kann die PBC direkt auf das Verhalten wirken, „wenn eine realistische Einschätzung über das Ausmaß an Kontrollmöglichkeiten vorliegt" (Hüpping 2005: 50).

Angewandt auf das Beispiel eines Betrugversuchs in einer Prüfung müssen nun Überlegungen darüber angestellt werden, wie das neue Element, also die PBC, in praktische Handlungsentscheidungen eingebunden wird. Interne Kontrollfaktoren sind an dieser Stelle die Geschicklichkeit, nicht vom Lehrer entdeckt zu werden (Entdeckungsrisiko), und das kognitive Vermögen, in kurzer Zeit eine große Menge an Informationen aus hervorgeholten Unterlagen oder durch Abschreiben vom Nebenmann aufzunehmen. Externe Kontrollfaktoren sind hier z. B., dass der Schüler überhaupt Unterlagen griffbereit bzw. überhaupt entsprechende Unterlagen vorbereitet hat, aber auch, dass sich der Nebenmann als hilfsbereit erweist. Muss der Schüler feststellen, dass er sämtliche Unterlagen mitzunehmen vergaß und auch sein Nebenmann nicht die gewünschte Kooperationsbereitschaft zeigt, wird die PBC sehr gering sein und, trotz günstiger Ausprägungen von Einstellungs- und Normkomponente, wird er von einem Betrugsversuch absehen, weil die Intentionsstärke dem gemäß gering sein wird. Entsprechen die subjektiven Einschätzungen der Kontrollmöglichkeiten der Realität, kann die PBC direkt auf das Verhalten wirken. Die Wirkungsweise der expliziten Bedingungen kann allerdings „nur empirisch beantwortet werden" (Hüpping

2005: 50). Eine Modellierung fällt auch deswegen schwer, weil keine Annahmen darüber getroffen werden, wie errechnete Kennwerte der PBC in die Verhaltensintention einfließen.

Zwar konnte die TOPB am Beispiel eines Unterschleifversuchs veranschaulicht werden, doch stellt sich die Frage, wie diese Theorie im Rahmen empirischer Sozialforschung operationalisiert werden kann. Die zu messenden Variablen sind neben der Einstellungs- und Normkomponente auch die PBC und die Verhaltensintention als Explanandum. Hüpping greift in ihrer Untersuchung auf Fragen des ALLBUS 2002 zurück. Sie misst die PBC, die Einstellungskomponente und die Verhaltensintention über Fragen zu vier „Bagatelldelikten" (Autofahren unter Alkoholeinfluss, Schwarzfahren, Ladendiebstahl und Steuerhinterziehung). Hüpping erfasst die Einstellungskomponente durch die Bewertung der einzelnen Delikte (Hüpping 2005: 74), die PBC darüber, wie hoch die Wahrscheinlichkeit eingeschätzt wird, bei den einzelnen Delikten entdeckt zu werden (Hüpping 2005: 75). Die Verhaltenintention operationalisiert sie anhand der ALLBUS-Frage, ob es für den Befragten vorstellbar wäre, eines der Delikte in Zukunft (erneut) zu begehen (Hüpping 2005: 79). Werden die vorherigen Variablen über Delikte erhoben, wird die Normkomponente im ALLBUS über eine allgemeine Frage zur generellen Gesetzestreue erhoben (Hüpping 2005: 76).

Theory of Reasoned Action (TORA) und Theory of Planned Behavior (TOPB):
- *TORA*: Nur die *Intention* determiniert das Verhalten direkt. Die Intention wird durch die subjektive Einstellung bezüglich des Verhaltens und die subjektive Norm, die auf den Einfluss von Bezugsgruppen beruht, beeinflusst.
- Gehandelt wird nach der TORA dann, wenn ein Verhalten durch persönliche Einstellungen und soziale Umwelt positiv bewertet wird.
- Problem der TORA ist die Annahme, das Individuum könne Handlungen vollständig kontrollieren und wäre umfassend informiert.
- *TOPB*: Zu den bekannten Komponenten ergänzt Ajzen die *perceived behavior control*, die durch interne und externe Kontrollfaktoren die Beherrschbarkeit der Situation beschreibt.
- Die PBC beeinflusst die Intention und wirkt somit indirekt auf das Verhalten, kann aber auch direkt das Verhalten bestimmen.

5.4 Die Rationale Reflexion der Situation nach Seipel und Eifler

Konstitutiv für das Ergreifen einer bestimmten Handlung ist eine genaue Betrachtung der Situationsumstände: Situationsspezifische Informationen werden im Rahmen der „Kognition der Situation" (Esser 1991: 54) eingeholt, was bereits aus der SEU-Theorie bekannt ist. Die an die Kognition anschließende Evaluation befasst sich mit der Bewertung der Situation und einzelner Handlungsalternativen im Kontext der eigenen Präferenzen. Seipel und Eifler skizzieren so die „minimalen situativen Bedingungen für die Ausführung abweichender Handlungen"

(Seipel/Eifler 2003: 292): Neben einem möglichen Täter und der Existenz eines „attraktiven Objekts" (Seipel/Eifler 2003: 292), ist die „Abwesenheit von Hinderungsgründen" (Seipel/Eifler 2003: 292) eine weitere Bedingung. Gerade die wahrgenommenen *Hinderungsgründe* spielen eine wichtige Rolle bei der Entscheidung für oder gegen eine bestimmte Handlung. Hinderungsgründe können beispielsweise der aufmerksame Lehrer, der den Schüler von einem Unterschleifversuch abhält, oder gut sichtbar angebrachte Überwachungskameras im Kaufhaus, die einen potenziellen Kaufhausdieb abschrecken, sein.

Im Sinne der Rational Choice-Theorie liegen Hinderungsgründe dann vor, wenn mit einer Handlung ein hohes Entdeckungsrisiko verbunden ist und wenn das abweichende Verhalten in irgendeiner Form negativ sanktioniert wird, also Kosten verursacht werden. Im Falle des entdeckten Unterschleifs wären die Kosten, die der Schüler zu tragen hätte, beispielsweise eine schlechte Benotung, Ärger mit dem Lehrer und seinen Eltern; der entdeckte Kaufhausdieb sähe sich mit strafrechtlichen Sanktionen, Hausverbot etc. konfrontiert. Um Situationen klarer strukturieren zu können, damit prognosefähige Aussagen getroffen werden können, schlagen Seipel und Eifler nun vor, das Konzept der High-Cost- und Low-Cost-Situationen anzuwenden. *High-Cost-Situationen* zeichnen sich dadurch aus, dass der „von außen beobachtete Kostenaspekt für eine bestimmte Handlung dominant ist" (Seipel/Eifler 2003: 293). Auf den Akteuren lastet entsprechend ein großer Druck, sich der Situation angemessen zu verhalten, da unangemessene Handlungen hohe Kosten zur Folge haben. Die Autorinnen erwarten in derartigen Situationen Handlungen nach dem Rational Choice-Modell, persönliche Werthaltungen oder Einstellungen rücken in den Hintergrund.

Ein Beispiel für das Handeln in einer High-Cost-Situation soll erneut die Überlegung eines Schülers sein, in einer Prüfung zu betrügen. Angenommen, das Bestehen der Prüfung ist für ihn unbedingt notwendig, aber er ist sich auch bewusst, dass er sich beim Abschreiben noch nie sonderlich geschickt angestellt hat und der aufsichtführende Lehrer besonders aufmerksam ist. Dann lassen die Folgen der Handlung (Prüfung bestehen vs. Prüfung nicht bestehen) sowie das hohe Entdeckungsrisiko die Kosten in dieser Situation dominant werden. Der Schüler muss also kalkulieren, wie hoch die Wahrscheinlichkeit ist, mit der intendierten Handlung sein Ziel zu realisieren, aber auch, wie wahrscheinlich es ist, sein Ziel durch andere Mittel (Verzicht auf Betrug) zu erreichen.

Im Gegensatz dazu ist in *Low-Cost-Situationen* nicht mehr mit einem solch starken Kostendruck zu rechnen, „wenn die Entscheidungen der Akteure keine größeren Auswirkungen haben" (Seipel/Eifler 2003: 293). Zwar steht der Akteur der Entdeckung seines abweichenden Verhaltens nicht indifferent gegenüber, aber er erleidet bei einer Entdeckung keinen größeren Schaden.

Ist beispielsweise eine ähnliche Situation dadurch zu charakterisieren, dass der Lehrer für seine Unaufmerksamkeit in Prüfungssituationen bekannt ist, ist eine Übertretung der Norm für den Schüler recht billig, insbesondere dann, wenn der Nutzen aus dieser Normübertretung ein besonders hoher ist. An dieser Stelle ist die Differenz aus Nutzen (Bestehen der Prüfung) und Kosten (Entdeckungsrisiko) besonders groß. Ist dem Schüler das Ergebnis der Prüfung eher unwichtig,

Die Rational Choice-Theorie 177

kann sein Handeln besser über Persönlichkeitsmerkmale als über Annahmen, die mit Hilfe der Rational Choice-Theorie gewonnen werden, erklärt werden. Ist der Schüler etwa ein vehementer Streiter für Ehrlichkeit im Klassenzimmer, wird er es sich in dieser Situation leisten können, entsprechend zu handeln. In dieser Situation ist die Differenz aus dem erwarteten Nutzen und den möglichen Kosten besonders gering, die Handlung ist für den Schüler billig.

Seipel und Eifler können aufgrund dieser Überlegungen folgern, dass abweichendes Verhalten in günstigen Situationen eher über Persönlichkeitsmerkmale erklärt werden kann. Ist eine Situation mit einem hohen Entdeckungsrisiko verbunden, greift man auf Annahmen der Rational Choice-Theorie zurück. Den Autoren gelingt es, beide Aussagen empirisch zu testen, und sie können abschließend konstatieren: „Das Persönlichkeitsmerkmal Selbstkontrolle wirkt stärker in Low-Cost-Situationen, die Rational Choice-Theorie wirkt stärker in High-Cost-Situationen" (Seipel/Eifler 2003: 311).

Rational Choice und die Situation:
- Minimale situative Bedingungen für abweichendes Verhalten: möglicher Täter, attraktives Objekt und Abwesenheit von Hinderungsgründen.
- Hinderungsgründe verursachen Kosten, z. B. durch ein höheres Entdeckungsrisiko oder negative Sanktionierung durch die Umwelt.
- Unterscheidung zwischen High- und Low-Cost-Situationen: In HC-Situationen ist der Kostenaspekt dominant und die Handlung muss unter genauer Kosten-Nutzen-Abwägung geplant werden, der Entscheidungsprozess kann durch die RC-Theorie erklärt werden.
- In LC-Situationen besteht kein so großer Kostendruck, die Entscheidung für eine (abweichende) Handlung kann über Persönlichkeitsmerkmale erklärt werden, RC-Annahmen sind hier weniger angebracht.

5.5 Das Modell von McKenzie und Tullock

Die Wirtschaftswissenschaftler McKenzie und Tullock wenden die Grundannahmen der ökonomischen Theorie auf Vorgänge in einem Verbrechensmarkt an. Für sie ist Delinquenz eine rationale Handlung und der Umfang von Verbrechen folgt für sie prognostizierbaren Mustern, wie sie auch auf andere Aktivitäten anwendbar sind. Als einzigen Unterschied zwischen Verbrechen und konformen Aktivitäten geben sie an, dass ein Verbrechen als ein Verhalten betrachtet wird, „das gegen ein Gesetz verstößt" (McKenzie/Tullock 1984: 182). Die Entscheidungsregel für derartige Verhaltensweisen ist bereits bekannt: Durch die Abwägung von Kosten und Nutzen soll Letzterer maximiert werden. Der Abweichende maximiert seinen Nutzen, „wenn er solche Verbrechen begeht, für die der zusätzliche Nutzen größer ist als die zusätzlichen Kosten" (McKenzie/Tullock 1984: 182). Ganz im Sinne der ökonomischen Perspektive wird der Delinquent hier als Produzent und Anbieter von Verbrechen auf einem Markt gesehen. Entsprechend ist nun die Frage zu klären, wie viele Delikte ein rational vorgehender

Verbrecher anbietet. Diese Frage lässt sich unter der Annahme des Maximierungskalküls beantworten. Der Wert einer Handlungsmöglichkeit wird „durch die zusätzlichen Kosten und den zusätzlichen Erlös gemessen" (Wittig 1993: 83). Der Täter muss also, bevor er sich für ein weiteres Verbrechen entscheidet, Grenzkosten und Grenznutzen analysieren.

Der Grenznutzen ist bei einer solchen Analyse natürlich subjektiv bestimmt, da für Handlungsmöglichkeiten „kein objektiver Marktpreis" (Wittig 1993: 84) angegeben werden kann. Der Grenznutzen als subjektiver Marktpreis ist eine Kombination aus dem „monetären Einkommen aus der Straftat und dem monetären Äquivalent nichtmonetären Einkommens" (Wittig 1993: 84), wobei unter dem nicht monetären Einkommen z. B. „Lust auf Gewalt und Nervenkitzel" (Wittig 1993: 84) verstanden werden kann. Verbrechen bedeutet Investitionen, es bedarf eines gezielten Einsatzes von Ressourcen, um ein abweichendes Handeln zu realisieren. Durch den Einsatz von Ressourcen entstehen Kosten, die in *direkte monetäre Kosten, nicht monetäre Kosten* und *indirekte nicht monetäre Kosten* unterschieden werden. McKenzie und Tullock beschreiben monetäre Kosten sehr plastisch anhand von Investitionen, wie sie im Drogenhandel durchgeführt werden müssen: Dort muss man „in Rohmaterialien investieren, Lagerraum bereitstellen, Labors zur Weiterverarbeitung sowie Transportmittel zur Verfügung stellen" (McKenzie/Tullock 1984: 180). Indirekte nicht monetäre Kosten entstehen dadurch, dass sich der Akteur, der sich für die Ausführung einer abweichenden Handlung entscheidet, sich gleichzeitig gegen die Ausführung eines Nichtverbrechens, also zum Beispiel gegen die Ausübung einer legalen Tätigkeit wie „washing dishes or hauling bricks" (Reynolds 1980: 35, zitiert nach Wittig 1993: 86) wendet. Die aus den Handlungsalternativen zu realisierenden Gewinne sind die *Opportunitätskosten* einer Straftat.

Die Berücksichtigung dieser Opportunitätskosten von Straftaten schafft für dieses Modell eine soziodemografische Dynamik: Für Arbeitslose ist zum Beispiel kriminelles Verhalten billig, da sie keinen Job zu verlieren haben und sie ihre Haushaltskasse durch einige gezielte Ladendiebstähle enorm entlasten können. Hingegen ist das gleiche Verhalten für höhere Angestellte teuer, da der Nutzen einer aufgebesserten Haushaltskasse nicht so hoch sein wird, dass er das Risiko, den gut bezahlten Arbeitsplatz zu verlieren, rechtfertigen würde.

Die Opportunitätskosten, die bei der Produktion weiterer Verbrechenseinheiten entstehen, lassen mit einem steigenden Angebot an Verbrechen auch die Grenzkosten steigen. Dies hat damit zu tun, dass bei der Produktion der ersten Verbrechenseinheit auf ein Alternativverhalten verzichtet wird, das an letzter Stelle der Präferenzordnung steht. Bei der Produktion der nächsten Verbrechenseinheit verzichtet der Akteur auf die vorletzte Präferenz aus seiner Präferenzordnung. Mit jeder Entscheidung für die weitere Produktion einer Verbrechenseinheit wird die Handlungsalternative, auf die verzichtet wird, wertvoller. Entsprechend wird die Differenz zwischen dem Nutzen, den eine Einheit Verbrechen bringt, und den dadurch entstehenden Opportunitätskosten immer geringer. Hat der Akteur nur seinen Totalgewinn im Blick, stoppt er mit der Verbrechensproduktion, sobald die Grenzkosten größer als der Grenznutzen werden.

> **Das Modell von McKenzie/Tullock:**
> - Ein Täter tritt als Verbrechensproduzent auf, der auf einem Verbrechensmarkt agiert, der über Angebot und Nachfrage organisiert ist.
> - Der potenzielle Täter muss abwägen, welche Menge an Verbrechen rational ist und muss sich dafür über Grenzkosten und -nutzen klar werden.
> - Die Kosten je Straftat werden von Tat zu Tat höher, da die Opportunitätskosten steigen.

5.6 Die Annahmen Gary S. Beckers

Becker ist ein Verfechter einer radikalen ökonomischen Perspektive, denn er ist der Überzeugung, dass es für eine „brauchbare Theorie kriminellen Verhaltens (...) reicht, die übliche Analyse von Wahlhandlungen auf diesen Bereich anzuwenden" (Becker 1982: 40). Die Grundannahme seiner Ausführungen klingt einfach, denn er postuliert, dass „menschliches Verhalten nicht schizophren ist" (Becker 1982: 15), Unbeständigkeit oder Flatterhaftigkeit findet in seinem Modell keinen Platz. Menschliches Verhalten richtet sich bei ihm darauf, „Nutzen, bezogen auf ein stabiles Präferenzsystem (zu) maximieren und sich in verschiedenen Märkten eine optimale Ausstattung an Informationen und anderen Faktoren (zu) schaffen" (Becker 1982: 15). Becker geht also grundsätzlich von Handlungen aus, bei denen *Marktgleichgewicht*, *Präferenzstabilität* und als Handlungsmotiv *Nutzenmaximierung* gegeben sind. Handlungen gehen bei ihm aus einer „rationalen Entscheidung zwischen mehreren legalen und illegalen Handlungsalternativen" (Wittig 1993: 111) hervor.

Becker unterscheidet bei der Entscheidungsfindung zwischen Informations- und Bewertungsphase sowie der Lösung des vorliegenden Entscheidungsproblems. Um in einer Situation agieren zu können, benötigt ein Individuum Informationen über sein Handlungsfeld. Mit deren Hilfe kann es Alternativen identifizieren, Eintrittswahrscheinlichkeiten und Handlungsfolgen abschätzen. Im Gegensatz zu den bereits gehörten Annahmen über den vollständigen Informationsstand der Akteure, sieht Becker lediglich die Möglichkeit (Chance) vollkommener Information. Da aus seiner Sicht auch in der Phase der Informationsbeschaffung ökonomische Kalküle wirken, wird sich das Individuum nur solange weitere Informationen beschaffen, wie es sich „unter Optimierungsgesichtspunkten lohnt, da auch sie mit negativen und positiven Kosten verbunden" (Wittig 1993: 113) sind. Ein vollkommener Informationsstand ist prinzipiell möglich, aber nicht realistisch, da auch Informationsbeschaffung einen Kostenfaktor darstellt und der Akteur einen optimalen Informationsstand anstrebt, der nicht mit einem vollkommenen (maximalen) Informationsstand verwechselt werden darf. Das Einholen weiterer Informationen ist rational, wenn der Nutzen, den die Informationen für den Handlungsakteur haben, größer ist als die Kosten, die er für deren Beschaffung aufwenden müsste. Mit steigendem Kenntnisstand wachsen die Kosten pro weiterer Informationseinheit: Man denke z. B. an einen belesenen Professor, der großen Aufwand betreiben muss, die ihm noch nicht bekannte Literatur zu seinem Fachgebiet zu recherchieren. Ein rationaler Akteur ist also, so paradox es klingen und so sehr es auch dem klassischen Homo Oeconomicus zuwider laufen mag, aus Sicht Beckers ein unvollständig informierter Akteur, da das Streben nach kompletter Information über sein Handlungsfeld nicht rentabel ist.

In einem weiteren Schritt werden die gesammelten Informationen bewertet, um so auch die Umweltsituation charakterisieren zu können. Auf Basis der eingeholten Informationen kann der Akteur nicht nur Handlungsalternativen identifizieren, sondern auch sein Entdeckungsrisiko besser einschätzen. Die Wahrscheinlichkeit für die Entdeckung abweichenden Verhaltens muss eine subjektive sein. Solche Wahrscheinlichkeiten „stellen persönliche auf Erfahrungen und Intentionen beruhende Beurteilungen der Umweltlage dar" (Wittig 1993: 118). Aus der Bewertung einzelner Handlungsalternativen errechnet Becker ein bestimmtes Einkommen und verrechnet dies im Falle einer Bestrafung mit dem „monetäre(n) Äquivalent der Strafe" (Wittig 1993: 119). Dieses monetäre Äquivalent kann bei Geldstrafen direkt gemessen werden. Bei Freiheitsstrafen bestehen die Kosten „in der diskontierten Summe der entgangenen Einkommen und dem Wert, der der Einschränkung von Konsum und Freiheit beigemessen wird" (Becker 1982: 51). Die Kosten der Freiheitsstrafe sind also abhängig von den Einkommen der Akteure: Ein höherer Angestellter hätte durch eine Freiheitsstrafe einen größeren Einkommensverlust als ein Arbeitsloser. Bei der Abwägung von Grenznutzen und -kosten müssen beide, im Sinne der SEU-Theorie, subjektiv geschätzt werden. Aus diesen Schätzungen kann das Individuum für jede Alternative einen Nettonutzen berechnen, der die beiden komplementären Umweltzustände der Entdeckung und Nichtentdeckung mit einbezieht:

Becker formuliert den „von der Begehung einer Straftat erwartete(n) Nutzen" mit „$EU_j = p_j U_j (Y_j - f_j) + (1 - p_j) U_j (Y_j)$" (Becker 1982: 48). P_j gibt die geschätzte Entdeckungswahrscheinlichkeit, $(1 - p_j)$ entsprechend die geschätzte Wahrscheinlichkeit für die Nichtentdeckung an. Der Term $(Y_j - f_j)$ beschreibt die Differenz aus dem Einkommen, das aus dem Verhalten zu erzielen ist, und dem monetären Äquivalent der Strafe. U_j beschreibt eine individuelle Nutzenfunktion, die auch die Risikobereitschaft des Akteurs abbilden kann (Becker 1982: 48 f. und Wittig 1993: 121). Aus dieser und weiteren mathematischen Modellen kann Becker abschließend folgern, „daß ein Anstieg von p_j, der durch die Reduktion von f_j 'kompensiert' würde, sowohl den Nutzen als auch die Anzahl von Straftaten senken würde" (Becker 1982: 49), was bedeutet, „daß die Anzahl der Straftaten, die jemand begeht, mehr oder weniger deutlich zurückgehen würde, wenn sich (...) für ihn die Wahrscheinlichkeit erhöht, verurteilt und (...) bestraft zu werden" (Becker 1982: 47).

Einen ähnlichen Gedankengang verfolgten Becker und Becker bereits 1985. Durch abnehmende Sicherheit und milde Gerichtsurteile beobachteten sie, wie „Kriminalität ein attraktiver 'Beruf' wurde" (Becker/Becker 1998: 177). In Rückgriff auf Studien können sie einen starken Zusammenhang zwischen Straftat, Bestrafungsrisiko und Strenge der Bestrafung postulieren. Becker und Becker folgern daraus, dass durch Abschreckungsstrategien Kriminalitätsraten stark

Die Rational Choice-Theorie 181

reduziert werden können: Mit hohen Wahrscheinlichkeiten für Verhaftung und Verurteilung beobachteten sie einen Rückgang von Gewaltverbrechen und Eigentumsdelikten (Becker/Becker 1998: 178). Um eine theoretische Fundierung dieser Annahme bemüht sich Fechtenhauer, der die handlungsökonomischen Implikationen bei Versicherungsbetrugsversuchen untersucht. Anders als Becker und Becker stellt Fechtenhauer jedoch eine systematische Überschätzung der Annahmen über einen Zusammenhang zwischen Sanktionsstärke, bzw. wahrgenommener Entdeckungswahrscheinlichkeit und der Neigung zum Versicherungsbetrug fest (Fechtenhauer 1999: 407)

Entsprechend löst sich das Entscheidungsproblem einfach durch die Optimierung des Nutzens bzw. des Erwartungswertes des Nutzens. Wichtig ist hierbei, dass die Präferenzen des Individuums wenigstens in der jeweiligen Entscheidungssituation stabil blieben, da sonst keine Vergleichbarkeit zwischen den Handlungsalternativen möglich ist (Wittig 1993: 115). Da Becker in jedem Akteur einen Nutzenmaximierer sieht (Becker 1982: 15) und er davon ausgeht, „daß eine Person eine Straftat begeht, wenn der für sie erwartete Nutzen größer ist als der Nutzen, den sie realisieren könnte, wenn sie ihre Zeit und sonstigen Ressourcen für andere Aktivitäten einsetzen würde" (Becker 1982: 47 f.), kann man bei der Entscheidungsfindung „von Nutzenmaximierung als maßgebliches Kriterium ausgehen" (Wittig 1993: 123).

Das Modell von Becker:
- Handlungen finden unter den Bedingungen des *Marktgleichgewichts*, der *Präferenzstabilität* und des Motivs der *Nutzenmaximierung* statt.
- Die Handlungsentscheidung findet in Phasen statt:
  - *Informationsphase*: Einholen relevanter Informationen mit der theoretischen Möglichkeit der perfekten Information.
  - *Bewertungsphase*: subjektive Schätzung von Eintrittswahrscheinlichkeiten.
  - *Bestimmung des Nettonutzens* aus einer Handlung unter Einbezug der Möglichkeit der Entdeckung und Nichtentdeckung.
  - *Lösung des Entscheidungsproblems*: Die Handlungen, die den größten Nutzen bringen, werden ausgeführt.

5.7 Die Strafe aus der Perspektive der Rational Choice-Theorie

Sowohl Becker als auch McKenzie und Tullock haben sich mit der Frage auseinandergesetzt, wie kriminelles Verhalten zu bestrafen sei. Die Autoren nehmen dabei den *Abschreckungseffekt* einer drohenden Strafe für derartiges Verhalten an. McKenzie und Tullock begründen die Theorie des Abschreckungseffekts mit der Grundannahme, „daß eine Steigerung des Preises von irgendeiner Sache die gekaufte Menge wird sinken lassen" (McKenzie/Tullock 1984: 197 f.): Da der Preis je Straftat durch eine wahrscheinlichere Strafe steigt, werden auch weniger Straftaten nachgefragt.

Becker hingegen verweist darauf, dass eine Senkung des Kriminalitätsniveaus mehr durch eine *Erhöhung des Verurteilungsrisikos* als durch steigende Strafen zu erreichen ist. Dabei ist aber zu beachten, dass er eine sichere Verurteilungswahrscheinlichkeit ($p = 1$) für nicht umsetzbar hält, da „eine Steigerung von p die gesellschaftlichen Kosten von Straftaten ansteigen lassen (...) würde" (Becker 1982: 53). Die Kosten für die Kriminalitätsbekämpfung, z. B. Polizei und Überwachungsmaßnahmen, die pro Straftat von der Gesellschaft getragen werden müssten, wären so unangemessen hoch. Eine Strafe soll den Kosten, die der Gesellschaft entstanden sind, Rechnung tragen, wobei hier nicht nur die Kosten für die Verhaftung des Täters, sondern auch die Folgekosten der Strafmaßnahme, die bei Haftstrafen besonders hoch sind, zu berücksichtigen sind. Daraus wird gefolgert, dass Gefängnisstrafen aus Kostenüberlegungen nicht angebracht sind, da eine „Inhaftierung (...) gesellschaftliche Ressourcen" (Becker 1982: 67) verbraucht, und dass es nur Geldstrafen vermögen, „dem Opfer eine Kompensation" (Becker 1982: 68) zu gewährleisten. Strafen sollen insbesondere die gesellschaftlichen Einkommensverluste minimieren, doch Becker weiß auch, dass bei bestimmten Verbrechen, er nennt hier „Mord und Vergewaltigung" (Becker 1982: 71), eine Geldstrafe nicht die notwendige Kompensation leisten, das Opfer also nicht gebührend „entschädigt" werden kann. Aus diesem Grund will er Freiheitsstrafen nicht vollständig abschaffen, macht sich aber für eine Konzentration auf Geldstrafen stark, denn „wenn man über angemessene Geldstrafen verfügt, dann gibt es keinen Grund, leitende Firmenangestellte, die Versicherungsbetrug (...) und ähnlich gelagerte Verbrechen begingen, ins Gefängnis zu schicken" (Becker/Becker 1998: 173).

Für den Bereich der White-Collar-Crimes formuliert Becker die Gleichung einer geeigneten, das heißt zugleich abschreckend wie auch kompensatorisch wirkenden Geldstrafe. Neben dem der Gesellschaft entstandenen Schaden, worunter nicht nur die Kosten des Verbrechens selbst, sondern auch die Kosten für die Verbrechensverfolgung zu verstehen sind, soll auch die Entdeckungswahrscheinlichkeit für das Verbrechen einkalkuliert werden. Die geeignete Geldstrafe ist der Quotient aus Schaden und Entdeckungswahrscheinlichkeit: Eine verurteilte Tat, die einen Schaden von 10.000 Euro verursachte und die mit einer Wahrscheinlichkeit von 10 % entdeckt wird, würde eine Geldstrafe von 100.000 Euro nach sich ziehen. Durch diese hohe Geldstrafe wird die Gesellschaft auch für die 90 % der Verbrechen entschädigt, die unentdeckt bleiben (Becker/Becker 1998: 174 f.).

In anderen Fällen halten Becker und Becker Gefängnisstrafen allerdings für angebracht: Sie sprechen sich für radikale Erhöhungen von Haftstrafen aus, wenn Verbrechen mit Schusswaffen begangen werden. Durch eine „höhere Verhaftungs- und Verurteilungsquote" (Becker/Becker 1998: 166) und die daraus resultierende höhere Bestrafungssicherheit, die nach Becker und Becker eine höhere Haftzeit nach sich ziehen sollte, soll der „Waffengebrauch bei Verbrechen" (Becker/Becker 1998: 166) reduziert werden. Da Waffeneinsatz bei Verbrechen nun mit erheblichen Kosten und Risiken für die Delinquenten verbunden ist, die nur sehr schwer durch den erwarteten Nutzen aus der Tat kompensiert werden können, lohnen sich derartige Verbrechen nicht mehr: Ein Unterlassen solcher Verbrechen wäre für die potenziellen Täter rational.

5.8 Das Opfer aus der Perspektive der Rational Choice-Theorie

Auch Verbrechensopfer, bzw. die potenziellen Opfer von Verbrechen, können aus Sicht der Theorie rationalen Wahlhandelns betrachtet werden. Opfer haben, z. B. durch Vermögensverluste oder physische Schäden, Kosten. Die Gegenleistung, die sie für diese Kosten erhalten, ist das Verbrechen, das an ihnen verübt wird. Da dies kein lohnenswertes Tauschgeschäft für die Geschädigten darstellt, „kann man sich dadurch besserstellen, daß man vermeidet, Verbrechen zum Opfer zu fallen" (McKenzie/Tullock 1984: 186). Individuen sind also generell an Verbrechensvermeidung interessiert, jedoch ist diese nicht kostenlos, da z. B. in neue Türen oder Alarmanlagen investiert werden muss, um Einbruchsrisiken zu mindern. Aber es muss auch auf bestimmte Annehmlichkeiten, wie etwa nächtliche Spaziergänge in Parkanlagen, verzichtet werden, um Risiken für Leib und Leben zu umgehen. Es ist für das Individuum also rational, sich gegen Verbrechen zu schützen. Durch Schutzmaßnahmen kann ein Akteur das Risiko, dass Verbrechen an ihm verübt werden, mindern, bzw. durch Risikosenkung ist es ihm möglich, „die Anzahl der Verbrechen (zu) erhöhen, die er vermeiden kann" (McKenzie/Tullock 1984: 187).

Ein Individuum kann sich aber nie umfassend gegen alle möglichen Tatrisiken schützen. Der geeignete Schutz ist eine Funktion aus Risikoeinstellung des Akteurs, dem Wert der Dinge, die ihm schützenswert erscheinen, und den Kosten, die er für den effektiven Schutz zu tragen hat. Vollständiger Schutz ist also nur unter „unverhältnismäßig hohen finanziellen und vor allem sozialen Kosten (...) möglich" (Kiefl/Lamnek 1986: 300). Ist Schutz nicht umfassend, wird eine bestimmte Zahl von Verbrechen zugelassen. Jedoch kalkuliert das rational denkende potenzielle Opfer, dass der Schaden, der ihm durch die zugelassenen Delikte entsteht, geringer ist als die Kosten, die es für weitere Schutzmaßnahmen hätte aufbringen müssen. McKenzie und Tullock geben außerdem zu bedenken, dass umfassender Schutz vor Verbrechen die Lebensqualität möglicher Opfer erheblich einschränkt, denn die Menschen, die „versuchen würden, niemals einem Verbrechen zum Opfer zu fallen, (...) würden (...) sicherlich ein sehr langweiliges Leben führen" (McKenzie/Tullock 1984: 188). Ihr Leben wäre nicht nur langweilig, sondern sie würden auch Freiheitsrechte und Handlungsspielräume preisgeben: Perfekte Sicherheit ohne Freiheit!

5.9 Kritik an der Rational Choice-Theorie

Die Annahmen der Rational Choice-Theorie können von verschiedenen Seiten kritisiert werden. Als wichtig, weil praktisch relevant, stellt sich hierbei die Kritik heraus, die das *Informationsverhalten des Individuums* betrifft. Zwar wurde schon von einem Szenario perfekter, d. h. umfassender, Informiertheit abgewichen und lediglich die theoretische Möglichkeit betont, einen vollkommenen Informationsstand zu erreichen (Becker 1982: 5). Doch auch eine derartige, weniger radikale, Annahme hat Defizite: Das Individuum muss auf der einen Seite den richtigen Zeitpunkt erkennen, zudem die Kosten jeder weiteren Informationseinheit den Wert der Information überwiegen. Dies setzt Fähigkeiten voraus, den Nutzen der Informationen quantifizieren und Kosten für weitere Informationsbeschaffung erkennen zu können. Ein Einwand gegen diese Kritik ist natürlich, dass, im Sinne der SEU-Theorie, auch diejenigen Erwartungen, die auf die Informationsbeschaffung gerichtet sind, rein subjektiv sind und der Punkt, an dem das Individuum von weiterer Informationsbeschaffung absieht, der aus Sicht subjektiver Erwartungen und Bewertungen der richtige ist. Einen objektiv richtigen Zeitpunkt, der aus neutraler Position einsehbar ist, kann es entsprechend nicht geben. Um diesen richtigen Zeitpunkt auszuloten, muss das Individuum jedoch auch eine Vorstellung darüber besitzen, welchen Wert zusätzliche Informationen für es haben. Auf Basis dieser Annahme über die Information, über die das Individuum noch gar nicht verfügt, muss es entscheiden, „ob sich die Mühe lohnt, diese Information zu beschaffen" (Green/Shapiro 1999: 31). Der Umfang der Informationsbeschaffung wird also über den Wert der Information bestimmt, deren wirklichen Wert man gar nicht kennen kann. Weiter macht Schmidt darauf aufmerksam, dass idealtypisch von „unendlicher Informationsvielfalt und unendlicher Informationsverarbeitungskapazität" (Schmidt 2000: 76) ausgegangen würde. Zwar stimmt man der Annahme über die unendliche Informationsvielfalt leicht zu, die Annahme über die unendliche Informationsverarbeitungskapazität entspricht jedoch nicht den kognitiven Fähigkeiten, die der Mensch tatsächlich hat.

Weiter werden an der Rational Choice-Theorie *grundsätzlich methodologische Defizite* konstatiert. Green und Shapiro, die diese zusammenfassend darstellen, sprechen sogar von methodologischen Defekten (Green/Shapiro 1999: 46): Die Theoriebildung erfolgt post hoc: Bekannte Tatsachen werden nachträglich erklärt. Dass die einzige Leistung solcher Post-hoc-Erklärungen im professionellen Anpassen der Daten liegt (Green/Shapiro 1999: 48), ist sicherlich eine sehr radikale Kritik. Allerdings ist auch zu bedenken, dass die Rational Choice-Theorie in ihren Varianten über ein „ganzes Arsenal von Annahmen über Akteursziele (…), sowie über die Art von Informationen und Überzeugungen, die Individuen haben, ihre Einstellung zum Risiko" (Green/Shapiro 1999: 47) usf. verfügen und es deswegen wohl keinen Tatbestand gibt, der, schöpft man aus dem Vollen dieses Annahmearsenals, nicht RC-tauglich gemacht werden kann.

Ein weiteres Problem besteht darin, dass es trotz des großen Annahmenarsenals eine Reihe von nicht beobachteten und damit sehr *schwer messbaren Dingen*, wie z. B. „Vorlieben, Überzeugungen und Entscheidungsregeln" (Green/Shapiro 1999: 52) gibt, die als Variablen in ein Rational Choice-Modell eingehen. Je mehr nicht beobachtbare Variablen in einem Modell enthalten sind, desto schwieriger ist es, dieses empirisch zu falsifizieren. Durch eine derartige

Die Rational Choice-Theorie 185

Modellkonstruktion wird dieses evtl. gegen Kritik immunisiert, da immer auf den Einfluss nicht beobachtbarer Variablen verwiesen werden kann. Dass Rational Choice-Annahmen nicht immer das beste Mittel zur Erklärung menschlichen Verhaltens sein müssen, zeigen ja auch Seipel und Eifler unter Rekurs auf Low-Cost-Situationen. Außerdem bemängeln Green und Shapiro, dass oftmals die falschen empirischen Tests zur Hypothesenprüfung eingesetzt werden, was bis zu der Absurdität führen kann, nur „Fälle zusammenzutragen, die eine Hypothese bestätigen" (Green/Shapiro 1999: 57). Eine theoriefixierte Interpretation der Daten und das Ausblenden bestimmter Fragestellungen, in denen die Rational Choice-Theorie nicht die gewünschten Annahmen erzielt, liegen da nicht mehr fern.

Tatsächlich können doch einige Bedenken gegenüber einer unreflektierten Anwendung der Rational Choice-Theorie geltend gemacht werden. Sicherlich bieten andererseits aber Handlungserklärungen, die auf Rational Choice-Annahmen beruhen, eine interessante Perspektive, wie sich menschliches Verhalten unter extrem vereinfachten, so in der Realität nicht vorkommenden, Bedingungen gestalten kann.

Kritik an den RC-Theorien:
- Das Individuum muss Informationen bewerten, die es noch nicht besitzt, und auf Basis dieser Bewertung Überlegungen anstellen, ob es sich lohnt, diese Informationen einzuholen.
- Selbst wenn diese Bedingung erfüllt wäre, gilt: Der Mensch verfügt nicht über die unendliche Informationsverarbeitungskapazität, die dem Homo Oeconomicus zugeschrieben wird.
- Als methodologische Defizite können genannt werden: Post hoc-Erklärungen, Vielzahl von Annahmen über persönliche Konstitutionen von Akteuren, keine Erklärungskraft in Low-Cost-Situationen, Anwendung falscher empirischer Tests.

6 Neurobiologische Aspekte des abweichenden Verhaltens

> Die moderne Biowissenschaft, mit Genetik und Neurophysiologie als ihren öffentlichkeitswirksamen Paradepferden, hat in den letzten Jahren radikale Fortschritte erzielen können. Die Biowissenschaft belässt es jedoch nicht dabei, Genome zu entschlüsseln und Methoden zu entwickeln, die es erlauben, Einblicke in menschliche und tierische Gehirne zu nehmen, sondern sie kann ihre Erkenntnisse auch zunehmend in der Praxis anwenden und damit gewissermaßen alltagstauglich machen. Will die traditionelle Verhaltensforschung die genetische Determination unserer Verhaltensweisen in die Schranken verweisen und die Anlage-Umwelt-Diskussion in Richtung auf die Umwelt lenken, kratzen gerade neue Erkenntnisse auf der Basis bildgebender Verfahren an dem von den Geisteswissenschaften fast in Monopolstellung diskutierten Phänomens des freien Willens. Der eigentliche Akteur unseres Handelns und gleichzeitig die verantwortliche Instanz für unsere wesentlichen Charakterzüge ist das Gehirn. Bevor wir uns bewusst zu einer bestimmten Handlung entscheiden, werden die dazu notwendigen Bewegungsabläufe längst im Unbewussten vorbereitet (Walde 2006: 48). Eine bewusste Entscheidung scheint so weder notwendig noch möglich zu sein, da dieser Ansatz ja gerade davon ausgeht, dass wir zu solchen Entscheidungen nicht fähig sind.
>
> Diese Gedanken sind natürlich sehr biologisch, mit einem Rückfall in die primitive Denkweise Lombrosos ist jedoch nicht zu rechnen. Allerdings kommt eine solche Perspektive nicht umhin, dem Konstrukt Körper/Gehirn Aufmerksamkeit zu schenken. Dieses war zwar weitgehend aus kriminologischen Betrachtungen verschwunden und galt nur noch als „kriminalistisches Hilfsmittel" (Lautmann 2004: 69), gerät aber nun aufgrund naturwissenschaftlicher Erkenntnisse wieder in den Fokus. Es wird dabei auch der Frage nachgegangen, ob der Körper wirklich „Sitz kriminogener Dispositionen" (Lautmann 2004: 57) sein kann. Bedeutet dies das Ende des Subjekts und des freien Willens?
>
> Jedoch bei aller Macht, die das Gehirn (scheinbar) auf Verhalten und Charakter hat, muss man sich immer vor Augen führen, dass eine reine Anomalie in irgendeinem Bereich des Gehirns noch kein abweichendes Verhalten generiert, sondern, und zwar auch bei aller biologischen Determination, es an der Gesellschaft liegt, eine Handlung als abweichend oder normkonform zu bewerten (Sack 1999: 223). Dies bedeutet aber gleichwohl, dass „die soziologische Relevanz der Ergebnisse der Neurowissenschaften (…) ernsthaft geprüft werden" sollte (Reichertz 2006: 13).

Dass die Neurobiologie nicht nur eine einzelwissenschaftliche Disziplin ist, sondern dass sie sehr grundlegend in die Sozialwissenschaften (und nicht nur in diese) hineinwirkt und allgemein gesellschaftliche Wirkungen und Veränderungen provoziert, zeigt das nachfolgende Zitat: „Peter Sloterdijk kommentierte (Neurowissenschaften; S.L.) in seiner Funktion als Moderator des ‚Philosophischen Quartetts' als die vierte Kränkung, die die empirische Wissenschaft der Menschheit zugefügt habe. *Kopernikus* riss uns bekanntlich aus der Mitte des Universums; *Darwin* machte uns zu einer Horde nackter Affen, *Freud* degradierte uns zu Marionetten unbewusster Triebe, und die *Neurobiologen* berauben uns nun des letzten Fundaments unseres Selbstverständnisses: der Willensfreiheit" (Maasen 2006: 290).

6.1 Der Blick ins menschliche Gehirn

Die Idee, Verhalten durch neurologische Strukturen zu erfassen und zu analysieren, reicht weit in die Menschheitsgeschichte hinein. Jäncke zeigt auf, dass derartige Studien schon lange vor dem Wirken Brocas und Wernickes betrieben wurden und setzt dabei sogar bei den alten Ägyptern an. Hauptanliegen dieser frühen und auch der heutigen Forscher ist die Suche nach einer Lokalisierung, also auf Basis der Untersuchung neurologischer Strukturen Aussagen darüber zu treffen, ob Zentren verortbar sind, die für bestimmte Verhaltensweisen oder Charakterzüge zuständig sind (Jäncke 2005: 12 f.). Wie auch das Streben nach Lokalisierung der Determinanten menschlichen Handelns historisch bedingten Motivationen unterliegt, entwickelten sich auch die Methoden der Hirnforschung in Abhängigkeit von den historisch differenziellen technischen Möglichkeiten:

Ganz ohne Eingriffe in den Organismus kommen reine *Verhaltensbeobachtungen* aus, die vorwiegend in der Ethologie und Biologie Anwendung finden. Insbesondere sind hier Lern- und Gedächtnistests zu nennen – in Ansätzen ist durch solche Verfahren das nature-nurture-Problem angehbar –, die tatsächlichen Vorgänge im Gehirn bleiben jedoch (als black box) verborgen.

Eine direkte Untersuchung des Gehirns kann durch *biochemische Verfahren* erbracht werden. Charakteristisch für solche Methoden ist die Grundannahme, dass „biochemisch induzierte Substanzen die neuronale Tätigkeit und Biotransmitter-Freisetzung beeinflussen" (Pritzel et al. 2003: 103). Es werden z. B. radioaktive Stoffe in die Blutbahn des Zielobjekts injiziert und die anschließende Verteilung dieser Stoffe im Gehirn analysiert. In Tierversuchen gestaltet sich diese Methode derart, dass nach der Injektion das Tier mit stereotypen Reizen stimuliert, der Kopf anschließend operativ entfernt wird und das aufgeschnittene Gehirn so hinsichtlich besonders aktiver Bereiche untersucht werden kann. Je nachdem welches Sinnesorgan der Stimulus anregte und welche Fähigkeiten dem Tier bei der Bewältigung bestimmter Aufgaben abverlangt wurden, ist nun eine genaue Lokalisierung der für die Rezeption dieser Reize zuständigen Gehirnregionen möglich. Vergleichbare Untersuchungen am Menschen sind natürlich nicht möglich. Deswegen ist es wichtig, über Verfahren zu verfügen, um in vivo Einblicke in das menschliche Gehirn zu erhalten. Solche Verfahren bietet das *Neuroimaging*, das sind die sog. bildgebenden Verfahren.

Pritzel et al. unterscheiden in ihrer Darstellung zwischen statischen und funktionellen bildgebenden Verfahren. Die statischen Verfahren werden dazu benutzt, Knochen- und Hirngewebe voneinander abzugrenzen, wie es zum Beispiel mit der cranialen Computertomografie geschieht, oder Blutgefäße im Gehirn abzubilden, was die Angiografie leistet (Pritzel et al. 2003: 118). Das heute präferierte statische Verfahren ist die Kernspintomografie, die ohne radioaktive Röntgenstrahlen auskommt und sich die „magnetisierbaren Eigenschaften von Gewebe" (Pritzel et al. 2003: 118) zu Nutze macht. Sie kann Gewebe unterschiedlicher Dichte auch in dreidimensionaler Darstellung visualisieren. Mit den statischen Verfahren ist es jedoch nicht möglich, Gehirnaktivitäten zu messen.

Durch das Verfahren der Positronen-Emissions-Tomografie ist man in der Lage, den „regionalen zerebralen Blutfluss" (Jäncke 2005: 116) zu messen. Zwar geschieht dies auch durch die Injektion verschiedener Stoffe in die Blutbahn, durch die dann Stoffwechselprozesse im Gehirn transparent gemacht werden können, jedoch kann immerhin am lebenden Objekt geforscht werden. Eine weitere Methode der funktionellen Bildgebung stellt die funktionelle Kernspintomografie dar, bei der der Sauerstoffverbrauch in Hirnregionen gemessen wird, „wodurch man ein indirektes Maß der neuronalen Aktivität erhält" (Pritzel et al. 2003: 125). „Aktivitäten bestimmter Hirnareale auf konkrete äußere Impulse" (Rust 2007: 265) werden dadurch sichtbar gemacht.

Allerdings ist es trotz dieser sensiblen Verfahren bisher noch nicht möglich, präzise Funktionsaussagen zu treffen; genaue Angaben über die Lokalisierung bestimmter Verhaltenszentren bleiben also verborgen. Zwar gelingt es so, die Aktivität von Hirnregionen bei bestimmten Reizen zu messen, jedoch wird von Pritzel et al. aufgezeigt, dass die heute praktizierten Verfahren zu langsam sind und so z. B. weder die Dauer der Aktivität noch die Reihenfolge der Aktivierung aufzeigen können, wodurch auch unbestimmbar bleibt, wie einzelne Hirnbereiche miteinander verknüpft sind (Pritzel et al. 2003: 127 f.).

Die dargestellten Methoden scheinen Ergebnisse zu liefern, die fernab jeder soziologischen Fragestellung liegen und wohl auf den ersten Blick auch keinen plausiblen Bezug zu einer Betrachtung abweichenden Verhaltens haben. Jedoch, und darin liegt ein wichtiger Bezugspunkt, ist es theoretisch möglich, für jedes Verhalten und damit auch für Formen abweichenden Handelns nach neuronalen Korrelaten zu suchen, was von Pritzel et al. exemplarisch aufgezeigt wird: Sie beleuchten deviantes Sexualverhalten im Lichte von „Hirnabnormitäten und – dysfunktionen" (Pritzel et al. 2003: 375). Hirnchirurgische Eingriffe, zum Beispiel die Zerstörung von Bereichen im Hypothalamus geben Hinweise darauf, dass die beschriebenen Lokalisierungsbemühungen eine hohe praktische Relevanz haben, gerade wenn es darum geht, Zentren, mit denen man etwa aggressiv-sexuelles oder gewalttätiges Verhalten assoziiert, ausfindig zu machen und zu behandeln, um dadurch strafwürdiges Verhalten, wie Sexualstraftaten, zu verhindern.

Anliegen und Methoden der Hirnforschung:
- Die Hirnforschung bemüht sich um *Lokalisationsfeststellungen*, also um Aussagen darüber, wo im Gehirn Zentren, die man mit bestimmten Verhalten oder Wesenszügen assoziiert, liegen, und davor, ob solche tatsächlich existent sind.
- Die klassische Verhaltensforschung bemüht sich durch Beobachtung das nature-nurture-Problem anzugehen, tatsächliche Einblicke in neuronale Prozesse bleiben aber verborgen.
- Erste biochemische Verfahren konnten nicht an lebenden menschlichen Objekten angewandt werden – die operative Entfernung (von Teilen) des Gehirns war notwendig, um Aussagen darüber zu treffen, an welchen Stellen des Gehirns bestimmte Reize verarbeitet werden.
- Bei Verfahren an lebenden Objekten kann zwischen statischen und funktionellen Verfahren der Bildgebung unterschieden werden:
  - *Statische* Verfahren: Abgrenzung von Knochen- und Hirngewebe, Abbildung von Blutgefäßen, z. B. durch Kernspintomografie, craniale Computertomografie, Angiografie.
  - *Funktionelle* Verfahren: Stoffwechselprozesse werden transparent gemacht oder der Sauerstoffverbrauch einzelner Gehirnregionen wird untersucht. Daraus können Rückschlüsse auf Aktivitätsmuster des Gehirns gezogen werden.
- Nachteile: Die angewandten Verfahren sind zu langsam, um die Verschaltung von Gehirnregionen oder auch um die nur kurze Aktivphase von Regionen zu erfassen.

6.2 Hirnschäden und Charakter: Phineas P. Gage und Eliot

Ein gutes Beispiel für eine Beeinflussung des Verhaltens durch Vorgänge im Gehirn liefert Harlow bereits 1848 anhand der Beschreibung eines schweren Unfalls des Vorarbeiters Phineas P. Gage. Damasio (1994) bietet eine ausführliche deutsche Beschreibung des Falles und beleuchtet diesen unter der Frage, welche neuronalen Grundlagen menschliche Vernunft hat. Auch Markowitsch (2006) würdigt die Relevanz dieses Falles, indem er ihn seinen Ausführungen, wie Veränderungen von Körper und Gehirn Veränderungen von Geist und Bewusstsein hervorrufen, voranstellt.

John Harlow veröffentlichte 1848 den Fall des Phineas P. Gage unter dem Titel „Passage of an iron rod through the head" als einen vierseitigen Aufsatz, 1869 dann unter dem Titel „Recovery from the passage of an iron bar through the head" als Monografie. Durch diese Titel ist schon viel über das Schicksal des Phineas P. Gage gesagt: Gage ist Vorarbeiter einer Eisenbahnbaugesellschaft und steht einem Arbeitertrupp vor, dessen Aufgabe darin besteht, Gleise zu verlegen, wozu vielerorts Sprengungen von Felsmassiven notwendig sind. Gage wird als ein vorbildlicher Vorarbeiter beschrieben und seine permanente Geistesgegenwart gewürdigt. Er arbeitet gewissenhaft und zuverlässig. Durch einen Unfall explodiert ihm jedoch eine Sprengladung ins Gesicht und durch den bei der Explosion entstandenen Druck wird ihm eine Eisenstange durch die linke Wange geschossen, die an der Schädeldecke wieder austritt. Gage überlebt. Er ist unmittelbar nach dem Unfall wieder bei Bewusstsein, zwar geschwächt, aber fähig, „zu reden, zu gehen und sich vernünftig zu verhalten" (Damasio 1994: 29) und schon nach „weniger als zwei Monaten wird Phineas Gage für geheilt erklärt" (Damasio 1994: 30). Das Ergebnis der physischen Genesung wird von Damasio treffend beschrieben: „Gages Körper mag lebendig und wohlauf sein, aber er wird von einem neuem Geist belebt" (Damasio 1994: 30). Dies ist daran erkennbar, dass Gage „aber bis zu seinem Tod charakterlich verändert" (Markowitsch 2006: 32) war. Auf den Punkt gebracht kann man sagen „he is no longer Gage" (Harlow 1869: 14, zitiert nach Markowitsch 2006: 33).

Dieses Fallbeispiel ist deswegen so interessant, weil es darauf hinweist, dass das Gehirn nicht nur für motorische Fertigkeiten, die Sprache oder auch die Verarbeitung von Reizen, zuständig ist, sondern „infolge einer Hirnschädigung soziale Konventionen und moralische Regeln ihre Verbindlichkeit verlieren" (Damasio 1994: 34) können, das Gehirn also mindestens einen Teil der Persönlichkeit und des nach außen hin sichtbaren Verhaltens bestimmt. Damasio benutzt im Kontext von Hirnverletzungen und Charakteränderungen die weit gehende Formulierung „Persönlichkeitsdeformation" (Damasio 1994: 44) und stellt Überlegungen an, ob ein „'Zentrum' für Sozialverhalten" (Damasio 1994: 44) im Stirnhirn existiert. Markowitsch fasst ähnliche Fälle zusammen. Neben der Beschreibung der charakterlichen Veränderung eines Zimmermanns im Zusammenhang mit einer Schädelhirnverletzung, die 1888 von Leonore Welt beschrieben wurde, geht er auch auf ein Beispiel von Burn und Swerdlow ein, die einen Familienvater beschreiben, der sich plötzlich an seinen Kindern verging. Sein Fehlverhalten wird einem Stirnhirntumor und damit veränderten Gehirnstrukturen zugeschrieben (Markowitsch 2006: 33).

Einen ähnlichen Effekt eines Gehirntumors auf soziales Verhalten kann Damasio (1994) berichten: Sein Patient, den er in seinem Buch Eliot nennt, litt an einem Hirntumor, der zwar erfolgreich entfernt wurde, jedoch erhebliche Veränderungen in seinem Charakter hinterließ, die im Gegensatz zu dem bisher von ihm gekannten Verhalten stehen. Da Damasio diesen Patienten anfangs der 1970er Jahre behandelte, sieht er in ihm einen modernen Phineas Gage. Von beiden, also von Eliot und Gage, verspricht er sich einen „Zugang zur Neurobiologie der Rationalität" (Damasio 1994: 85).

Aus der Darstellung dieser Fallbeispiele lässt sich eine wichtige Frage ableiten, die für die Soziologie im Allgemeinen und damit auch für die Analyse abweichenden Verhaltens Relevanz besitzt. Zwar erscheint sie stark von philosophischem Gedankengut unterwandert, doch muss, auch aus soziologischer Perspektive, gefragt werden, wer oder was handelt, wenn ein Individuum glaubt zu handeln. Eine vergleichbare Frage bewegt Dennett auch zu der treffenden Erkenntnis: „Mein Körper hat seinen eigenen Kopf" (Dennett 1996: 93). Solche Aussagen sind es, in denen Renate Mayntz Angriffe auf soziologische Grundannahmen sieht, die von Seiten der Biologie und Neurologie geführt werden: Wenn der Körper wirklich seinen eigenen Kopf hat, der losgelöst von unserem Bewusstsein agieren kann und letzteres vielleicht sogar manipuliert, wird eine „bewusste Entscheidung (.) zum Epiphänomen" (Mayntz 2006: 9). Damit wird ganz grundsätzlich die Existenz eines freien Willens in Frage gestellt.

Gehirn und Persönlichkeit:
- Quasi durch Naturexperimente (Unfälle mit Gehirnschäden) ist zweifelsfrei, dass eine Beziehung zwischen Gehirn und Verhalten existiert.
- Weiter ergibt sich daraus, dass bestimmte Regionen des Gehirns für bestimmte Verhaltensweisen verantwortlich sind.
- Durch stereotaktische Operationen (gezielte Mikroeingriffe im Gehirn) können bestimmte Verhaltensweisen ausgeschaltet oder hervorgerufen werden.
- Da die Summe der menschlichen Handlungen auch die Persönlichkeit - (Identität) eines Menschen konstituiert, ist wohl davon auszugehen, dass auch ein Zusammenhang zwischen Gehirn und Persönlichkeit existiert.
- Mit einer konstatierten hirnphysiologischen Determination menschlicher Handlungen entsteht die Frage nach der freien Willensentscheidung und der Verantwortlichkeit für bestimmte Handlungen.

6.3 Neurologie und der freie Wille

Das von Markowitsch am Anfang seines Aufsatzes aufgeführte Zitat von Decartes, „I know that I exist, the question is what is this 'I' that I know?" (Markowitsch 2006: 31), steht stellvertretend für die Frage, inwiefern das 'I', mit dem wir uns als Subjekt wahrnehmen, tatsächlich das 'I' darstellt, das für unsere Handlungen verantwortlich ist. Ist das, was wir als 'I' wahrnehmen, wirklich Akteur oder lediglich die Marionette einer höheren Instanz? Mit den Worten von Wolfgang Prinz: „Wir tun nicht, was wir wollen, sondern wir wollen, was wir tun" (zitiert nach Maasen 2006: 290).

Auf Basis der Ausführungen über Phineas P. Gage und Eliot postuliert Damasio nun einen „engen Zusammenhang zwischen einer Reihe von Gehirnregionen einerseits, sowie Denk- und Entscheidungsprozessen andererseits" (Damasio 1994: 118). Nicht nur am kognitiven Prozess des Planens und Entscheidens wirken bestimmte neuronale Systeme mit, sondern auch an konkretem Verhalten: Sollte der eigentliche Akteur unserer Handlungen und damit auch unserer Entscheidungen also das Gehirn sein?

Der radikale Flügel der Neurowissenschaft würde dies eifrig bejahen: So können Gehirnschaltungen nicht nur als „Urgrund und Ursprung menschlichen Tuns" (Reichertz 2006: 11) angesehen werden – das 'Ich' wird in diesem Kontext als „eine vom Gehirn selbst geschaffene Illusion" (Reichertz 2006: 11) dargestellt. Der plötzliche Wegfall des menschlichen Selbst und die Verschiebung von einem aktiv handelnden Ich zu einem passiven, intern gesteuerten Ich muss für die Soziologie beunruhigend wirken, kann man doch einer biologischen Determination nur sehr schwer mit Sozialisations- und Umwelteffekten beikommen. Problematisch erscheint vor allem die Unfähigkeit, die Stimuli wahrzunehmen, die für bestimmte Prozesse im Gehirn verantwortlich sind; auch der Verarbeitungsmodus im Gehirn bleibt für uns ungreifbar, unser Gehirn kann unmöglich „aus der Ersten-Person-Perspektive" (Northoff/Musholt 2006: 25) wahrgenommen werden. Das, was wir erleben, und das, was wir sprichwörtlich leben, ist lediglich Reaktion.

Weswegen das Gehirn den Körper nun eine bestimmte Reaktion ausführen lässt, bleibt für den Handelnden zumeist nicht nachvollziehbar. Geht man davon aus, dass Stimuli durch die Umwelt an das Gehirn herangetragen werden, das Gehirn also bestimmte Umweltreize verarbeitet, ist es auch wichtig zu wissen, dass „wir nur ca. 5 % der Umweltreize bewusst verarbeiten" (Markowitsch 2006: 35). Diese wenigen Reize, anhand derer unser Gehirn die Umwelt abbildet, können kein objektives Abbild der Realität gewährleisten, sondern nur „ein subjektiv konstruiertes Abbild" (Markowitsch 2006: 35) darstellen. Dieses Abbild wird dadurch subjektiv, dass wir unsere Stimmungen, Erfahrungen und Vorurteile in dieses Abbild integrieren (Markowitsch 2006: 36). Trotz dieser anklingenden Determiniertheit des Handelns durch unbewusste Entscheidungen, die im Gehirn ablaufen, können Elemente aus der Umwelt ebenfalls Einfluss auf das Handeln nehmen, allerdings nur dergestalt, dass direkte Veränderungen im Gehirn vorgenommen werden. Markowitsch vergleicht einige Hirnbereiche mit Muskeln eines Bodybuilders und führt als dafür beispielhafte Population die Zunft der Londoner Taxifahrer an (Markowitsch 2006: 34). Je nachdem, wie viel oder wenig Reize unsere Umwelt für uns bereithält, kann die Struktur des Nervensystems verändert werden. Es ist also elastisch und lässt sich durch Umwelt verändern. Damit scheint nicht nur das Handeln durch das Gehirn, sondern auch das Gehirn durch die Umwelt beeinflussbar zu sein.

Somit wird deutlich, dass sich Handlungen zwar an der Umwelt des Betroffenen orientieren, zwischen Umwelt und Mensch jedoch durch das Gehirn vermittelt wird. Das Gehirn selbst ist hochselektiv und generalisiert dabei anhand eines vorhandenen Erfahrungsschatzes: Das Neuerleben einer bestimmten Situation bedeutet auch eine Neuspeicherung der Erfahrung. Die dabei empfundene Stimmung und die Umweltbedingungen werden ebenfalls konserviert (Markowitsch 2006: 36). Die Assoziationen, die beim Durchleben einer bekannten Situation wachgerufen werden, sind also wandel- und damit manipulierbar.

Annahmen des Rational Choice-Ansatzes werden in der Neuroökonomik mit neurologischen Erkenntnissen verknüpft. Dabei sind nicht nur die wirtschaftlichen Handlungen zugrunde liegenden „Rational Choice" und die „Mechanik des biologischen Apparates Gehirn" von Interesse, sondern auch der soziokulturelle Kontext, „in dem die beobachteten neuronalen Entsprechungen des Alltagshandelns eingelagert sind" (Rust 2007: 269). Die Einblicke, die moderne Verfahren in Vorgänge im menschlichen Gehirn ermöglichen, stellen nach Ansicht von Rust „eine faszinierende Weiterung der Einsichten in die dialektische Konstitution des Menschen zwischen seiner biologischen Prägung und der soziokulturellen wie sozioökonomischen Handlungslogik" (Rust 2007: 272) dar. Praxisrelevanz erhalten neuroökonomische Ergebnisse – und damit auch neurologische Erkenntnisse im Hinblick auf abweichendes Verhalten – erst, wenn soziale Kontexte von Handlungen, „soziokulturelle und sozioökonomische Sozialisation" berücksichtigt werden (Rust 2007: 275 ff.)

Nach Roth existiert die Freiheit des Willens hinsichtlich „der freien Verursachung meiner Handlungen durch meinen Willen" (2003b: 530) – und somit der autonome Mensch – nicht: Ein Mensch handelt nicht frei, nur weil er selbst das Gefühl hat, frei zu handeln, sondern eine Handlung erscheint dem Menschen willkürlich, da „wir die Ursprünge der Motive, die ihn determinieren, nicht bewusst zurückverfolgen können. (...) Wir fühlen uns frei, wenn wir tun können, was wir zuvor wollten bzw. bei eingeschliffenen Gewohnheiten immer schon gewollt haben" (Roth 2003b: 530). Diese Aussage wird dann auch massenmedial aufbereitet und in die griffige Formulierung gegossen: „Der freie Wille ist eine Illusion" (Maasen 2006: 290).

„Die Intention, etwas jetzt zu tun, sowie die Selbstzuschreibung einer Handlung hängt von einer Reihe komplizierter neurobiologischer Gegebenheiten ab, die selbst völlig unbewusst ablaufen. Veränderung(en) in diesen Gegebenheiten verändern in voraussagbarer Weise den Prozess der Selbstzuschreibung. Diese Selbstzuschreibung ist darüber hinaus von sozialen Lernprozessen abhängig" (Roth 2003b: 531). Untersuchungen ergaben, dass schon vor dem „gedachten" Willen, eine Handlung auszuüben, das Bereitschaftspotenzial (welches für die Initiierung der Handlung zuständig ist) die Handlung einleitet. Somit entsteht die Entscheidung zu einer Handlung im Gehirn bereits *bevor* der Mensch den bewussten Entschluss zu einer Handlung fasst (Roth 2003a: 178). „Ob wir spontan nach der Kaffeetasse vor uns greifen oder uns lange fragen, ob wir das nun tun sollen oder nicht – die Letztentscheidung, ob etwas tatsächlich getan wird, fällt in den Basalganglien ein bis zwei Sekunden *vor* Beginn der Bewegung" (Roth 2003a: 178 f.). Somit tritt „(d)as Gefühl, jetzt etwas tun zu wollen, (...) auf, *nachdem* im Gehirn, genauer im limbischen System und den Basalganglien, die unbewusste Entscheidung darüber getroffen wurde, ob etwas jetzt und in einer bestimmten Weise getan werden soll" (Roth 2003b: 531).

Auch das bewusste Nachdenken über die Durchführung einer Handlung – unter Berücksichtigung mehrerer Alternativen – läuft nicht ‚frei' ab, da dies „wie alle mentalen Akte im Gehirn im Rahmen der Vorgaben des emotionalen Erfahrungsgedächtnisses statt(findet) und (...) sich ebenfalls an den *emotionalen* Konsequenzen von Handlungsalternativen (orientiert)" (Roth 2003b: 31).

Kann der Mensch somit als biologische Maschine beschrieben werden, dessen Selbst-Bewusstsein („Ich") ein reines Epiphänomen darstellt – ohne dass dieses Entscheidungen, die den Körper zu Handlungen treiben, bewusst und willentlich frei trifft? „Das Ich ist unerlässlich für komplexe Handlungsplanung, es wägt ab, erteilt Ratschläge, aber es entscheidet nichts" (Roth 2003a: 180). Dies hängt damit zusammen, dass das Ich sehr spät in der Entwicklung des Kindes entsteht – erst nach dem Ausreifen von Motorik, Wahrnehmungssystemen und des limbischen Systems –, ein Eingreifen als „Steuermann" würde eine weitaus frühere Herausbildung erfordern (Roth 2003a: 180). So müsste demnach ein Umdenken in Bezug auf die tatsächlich vorhandene Willensfreiheit des Menschen eingeleitet werden: Der Mensch kann zwar als „Ich" komplexe Handlungsmuster planen oder Handlungsalternativen abwägen; die Entscheidung zu einer Handlung trifft aber (zumindest nach dieser sehr radikalen These aus der Neurobiologie) der Körper und wird somit nicht willentlich-bewusst getroffen.

Phineas P. Gage, Eliot und der freie Wille:
- Gage erleidet aufgrund einer schweren Gehirnverletzung eine extreme *Veränderung seines Charakters*. Körperlich ist er gesund, doch scheint die veränderte Gehirnstruktur starken Einfluss auf sein Verhalten zu nehmen.
- Eliot, ein Patient von Damasio, zeigt nach der operativen Entfernung eines Gehirntumors ebenfalls charakterliche Veränderungen.
- Damasio wirft in diesem Kontext die Frage auf, ob das Gehirn auch Sitz sozialer Konventionen, moralischer Regeln und des Sozialverhaltens sei. Dennett überlegt deswegen, ob der Körper einen eigenen Kopf besitzt, was die Idee eines freien Willens in Frage stellt.
- Radikale Positionen sprechen dem Menschen seinen freien Willen ab und erklären das *autonome Ich zu einer vom Gehirn geschaffenen Illusion*: Nicht steuerbare Prozesse, die im Gehirn stattfinden, leiten schon vor der bewussten Entscheidung zu einer Handlung den Prozess zur Handlungsdurchführung ein.
- Nur ein Bruchteil der Umweltreize wird von uns bewusst aufgenommen. Das Bild unserer Umwelt wird dadurch ein subjektives, dass wir Reize mit unserer Stimmung und Erfahrung in Verbindung bringen.

6.4 Ein kriminelles Gehirn?

Eine Verbindung zwischen Verhalten und Gehirn unter besonderer Berücksichtigung kriminellen Verhaltens stellt Eysenck (1977b) her. Er möchte anhand von Ergebnissen aus der Zwillingsforschung aufzeigen, dass der Hang zu kriminellem Verhalten von den Eltern an die Kinder weitergegeben werden könnte. Dies macht er an den höheren Kriminalitätsraten bei genetisch identischen, also eineiigen Zwillingen sowie an der Tatsache deutlich, dass Adoptivkinder „in ihrer Kriminalität durch das determiniert sind, was ihre echten, biologischen Eltern aufweisen, nicht durch das, was ihre Adoptiveltern aufweisen" (Eysenck 1977b: 12). Rufen wir uns das Beispiel des verunglückten Phineas Gage in Erinnerung, kann Eysenck auch für solche Fälle belegen, dass schwere Kopfverletzungen oder bestimmte Krankheiten Nervensysteme entscheidend stören können, was dann in letzter Konsequenz „möglicherweise zum Verbrechen" (Eysenck 1977b: 85) führt.

Der erkannte Zusammenhang zwischen Gehirn und Kriminalität sollte auch für die Praxis der Strafjustiz Bedeutung erlangen: Eysenck und Eysenck berichten über die geplanten großflächigen hirnchirurgischen Eingriffe in amerikanischen Gefängnissen. Man machte zu dieser Zeit einen Teilbereich im limbischen System, die Amygdala, aus, von dem man glaubte, dass er „bei Wut und Aggression eine gewisse Rolle spielt" (Eysenck/Eysenck 1983: 113). Trotz dieser doch eher unsicheren Formulierung wurden Amygdalatomien durchgeführt. Bei solchen Eingriffen werden durch ein kleines Loch in der Schädeldecke mittels durch Drahtelektronen geleiteten Strom bestimmte Gewebeschichten der Amygdala zerstört. Solchen Operationen sollten nun Kriminelle, insbesondere Gewaltverbrecher, unterzogen werden. Zwar verhinderte die Justiz eine flächendeckende Anwendung, doch zeigen diese Überlegungen den starken wahrgenommenen Zusammenhang zwischen Kriminalität und den Strukturen des Gehirns.

Allerdings wird Kriminalität auch nicht ausschließlich durch Strukturen im Gehirn determiniert. Zwar erkennt Eysenck Vererbung als einen sehr starken prädisponierenden Faktor an (Eysenck 1977b: 97), jedoch hat nur „in Verbindung mit der Gesellschaft (…) der Begriff von Kriminalität und von Veranlagung von Verbrechen überhaupt einen Sinn" (Eysenck 1977b: 97). Umwelt, wie schon bei Markowitsch, gestaltet das Gehirn und mittelbar damit auch menschliche Handlungen mit. Eine einseitige genetische Determination wird damit ausgeschlossen. Eysenck scheint jedoch vom genetischen Determinismus überzeugt zu sein und will dies anhand der großen Ähnlichkeit zwischen Kriminellen und ihren biologischen Eltern, die größer ist als die Ähnlichkeit zwischen Kriminellen und ihren Adoptiveltern (Eysenck 1977b: 89 f.), aufzeigen. Er spricht schlussfolgernd von einer „Implikation genetischer Mechanismen" (Eysenck 1977b: 91).

In einem dokumentierten Gespräch mit Reif, das Eysencks Monografie über die Zukunft der Psychologie angehängt ist, zitiert er einen Kriminellen: „Man müsste mich einer Gehirnwäsche unterziehen (…) Warum um Himmels willen tat es die Gesellschaft nicht? (…) Ihr seid verantwortlich, weil ihr unterlassen habt zu tun, was mich hätte retten können" (Eysenck 1977a: 203). Wenn Delinquente nun als scheinbar einzige Möglichkeit, ihre delinquente Karriere zu durchbrechen, eine Gehirnwäsche ansehen und förmlich darum bitten, deutet dies scheinbar auf eine Untauglichkeit strafrechtlicher Praxis im neurobiologischen Sinne und insgesamt auch auf einen hohen Stellenwert neurobiologischer Ansätze in der öffentlichen Wahrnehmung hin. Als Eysenck das zitierte Buch 1976 (die deutsche Ausgabe erschien im Jahr darauf) verfasste, konnte er jedoch nicht ahnen, welche gigantische PR-Maschinerie die Gehirnforschung heute auffährt, um Politik, Öffentlichkeit und Drittmittel für sich zu gewinnen – die Prominenz der Gehirnforschung konnte dadurch entsprechend gesteigert werden (Reichertz 2006: 12), neuartige Untersuchungsmethoden und medienwirksame Ergebnisse taten da ein Übriges.

Auch Roth (2003a: 120 f.) weist auf einen kausalen Zusammenhang zwischen den Handlungen und Verhaltensweisen so genannter „antisozialer Persönlichkeiten" und deren durch Untersuchungen festgestellten „schwere(n) Fehlfunktionen der Amygdala und des orbitofrontalen Cortex" (Roth 2003a: 120 f.) hin: „Soziopathen", die nicht oder nur schwer in der Lage sind, die Emotionen ihres Gegenübers beispielsweise anhand dessen körperlichen Ausdrucks zu beurteilen, sind auch selbst zumeist emotionslos und können bezüglich ihrer erübten Straftaten keinerlei Reue zeigen. Auch Bemühungen, „Soziopathen" zu erziehen, schlagen meist fehl (Roth 2003a: 120). „Zeigt man ihnen furchterregende Bilder, die bei normalen Menschen eine starke Aktivierung der Amygdala zur Folge hat, so rührt sich bei ihnen nichts; ebenso bleiben andere vegetative Reaktionen wie eine Veränderung des Hautwiderstandes und des Herzschlags aus. Dies bedeutet, dass bei diesen Menschen das limbische System emotional wichtige Dinge gar nicht erkennen kann" (Roth 2003a: 120 f.). Während bei normaler Entwicklung im frühen Erwachsenenalter „der cinguläre, präfrontale und insbesondere orbitofrontale Cortex eine gewisse zügelnde Macht über den Hypothalamus, die Amygdala und das mesolimbische System gewinnen" (Roth 2003a: 150), geschieht dies aufgrund einer schweren Funktionsstörung (beispielsweise durch Entwicklungsstörungen des orbitofrontalen Cortex) beim „Soziopathen" nicht, wodurch sich dieser Mensch nicht oder nur schwer zügeln kann und wenig bis gar kein Einfühlungsvermögen in sein Gegenüber besitzt (Roth 2003a: 150).

Damit wird fragwürdig, inwiefern diese Menschen, denen ein Teil des „normalen", den Menschen ausmachenden Gefühlslebens verschlossen bleibt, für ihre Taten, die aufgrund dieser Störungen mit weniger oder ohne Hemmungen (weil ohne die Fähigkeit zur Empathie) begangen wurden, nach Richtlinien bestraft werden können, die doch implizit davon ausgehen, dass alle Menschen in der Grundausstattung ihres Gefühlslebens relativ ähnlich geartet und damit auch im Sinne einer „emotionalen Intelligenz" in der Lage sind, Situationen und ihr Gegenüber richtig zu deuten sowie eigene Empfindungen zu besitzen, die gewissermaßen als Hemmschwelle kaltblütige und grausame Taten verhindern.

Die Suche nach einem kriminellen Gehirn:
- Eysenck sieht enge Verbindungen zwischen Anlage und der Neigung zum kriminellen Handeln, was er aus Ergebnissen der Zwillings- und Adoptionsforschung herleitet. Er schließt nicht aus, dass Störungen des Nervensystems oder Kopfverletzungen zu Verbrechen führen können. Er stellt die Heilung von Verbrechern durch hirnchirurgische Eingriffe, wie sie in amerikanischen Gefängnissen angedacht war, dar.
- Umweltfaktoren werden jedoch nicht gänzlich ausgeschlossen, denn nach Markowitsch prägt die Umwelt das Gehirn und ohne Gesellschaft wäre kriminelles Handeln gar nicht erst möglich. Trotzdem wird die strafrechtliche Praxis der Bestrafung von Eysenck für untauglich befunden, da er eine stärkere Anlage-Komponente annimmt.

6.5 Aggression

Die wohl bisher am besten ausgearbeitete und am längsten untersuchte Ausprägung abweichenden Verhaltens im Kontext neurologischer Erkenntnisse ist das aggressive Verhalten. Hier ist die Frage zu stellen, ob unsere neuronalen Strukturen soviel „Selbst" sind, dass der Mensch lediglich ein Getriebener seines eigenen Gehirns ist, oder ob er sich doch kraft seiner Selbst, also durch einen freien Willen, antreibt. Um die hinter der Aggression stehenden biologischen und neurologischen Sichtweisen zu verstehen, soll ein kurzer Blick darauf geworfen werden, was in unserem Zusammenhang unter einer Aggression zu verstehen ist.

Scheithauer sieht Aggressionen auf verschiedenen Ebenen verortet, nämlich der motivationalen, der emotionalen sowie der Verhaltensebene. Die Motivation aggressiven Verhaltens liegt in der Schädigungsabsicht, die sich gegen fremde Personen oder Objekte richten kann. Das Opfer der Aggression soll geschädigt werden und ist deswegen bemüht, sich einer Aggression zu erwehren. Auf emotionaler Ebene sieht Scheithauer einen Zusammenhang zwischen Frustration und Aggression, bzw. zwischen Aggression und Ärger, der aber von der „Intensität der Erregung, situativen Einflüssen" (Scheithauer 2003: 18) und Ähnlichem abhängig ist. Die Verhaltensebene impliziert tatsächliche Handlungen, körperliche Übergriffe oder bestimmte Mimiken.

Wegen der begrifflichen Unschärfen der Aggression, unterscheidet Bittner zwischen Hass, Rache und Gewalt. Hass, als Umkehrung der Liebe, zielt auf die Auslöschung einer Zielperson, der Handelnde verneint ihre Existenz (Bittner 1985: 144). Gewalt will nicht vernichten, sondern unterwerfen, die Zielperson soll dominiert werden. Der Rache liegt nun das biblische Zahn-um-Zahn-Prinzip zugrunde: Der Zielperson soll gleicher Schaden zugefügt werden, wie ihn das handelnde Individuum erfahren musste. Trotz dieser sinnvollen Differenzierung des Aggressionsbegriffs gibt Bittner zu bedenken, dass „die Übergänge fließend sind" (Bittner 1985: 145).

In den Worten von Eibl-Eibesfeldt bedeutet Aggression das „Durchsetzen von Wünschen gegen Widerstände, und zwar durch gewaltsame Überwindung des Widerstandes" (Eibl-Eibesfeldt 1986: 466). Der durch die Überwindung des Widerstandes verursachte Schaden liegt in der „Verminderung des reproduktiven Erfolgs" (Eibl-Eibesfeldt 1986: 467). In Bezug auf die Ausgangsfrage, was das Gehirn mit aggressivem Verhalten zu tun hat, berichtet Eibl-Eibesfeldt von der Möglichkeit, durch Reizung von Bereichen des Mittelhirns und des Hypothalamus Angriffs-, Abwehr- und Fluchtverhalten zu aktivieren und weiter, dass verschiedene Formen von Aggressionen wohl über die elektrische Reizung verschiedener Hirnorte hervorgerufen werden können (Eibl-Eibesfeldt 1986: 468 f.).

Eine plastische Erklärung, weswegen Aggression also aus genetischer Sicht sehr sinnvoll ist und weswegen man ruhig glauben kann, dass uns aggressive Verhaltensformen aufgesetzt sind, liefert Dawkins. Er betrachtet Menschen als eigennützige Maschinen, genauer sogar als *Überlebensmaschinen*, die in Konkurrenz zu anderen Überlebensmaschinen stehen, die alle das übergeordnete Ziel verfolgen, „den Fortbestand ihrer Gene zu sichern" (Dawkins 1978: 79). Überlebensmaschinen verfolgen ihr Handlungsziel durch die Anwendung evolutionär stabiler Strategien. Eine solche Strategie ist vorprogrammiert, sie ist nicht vom Individuum ausgearbeitet und wurde auch nicht erlernt. Dawkins nennt die Überlebensmaschinen deswegen sogar „roboterartig" (Dawkins 1978: 83). Diese Formulierungen deuten daraufhin, dass wir Überlebensmaschinen tatsächlich Roboter sind, die durch eine höhere Instanz gesteuert werden.

Bühl unterscheidet menschliches Sozialverhalten nach „*Bindung* und *Angriff*, *Rückzug* und *Kooperation*" (Bühl 1982: 89), wobei Aggression als Angriff auch als soziale, aber antagonistische Bindung („durch wechselseitige Abstoßung und Aggression" (Bühl 1982: 89)) gewertet wird: Der Angriff hat das „Ziel der Unterwerfung oder der Vertreibung des anderen (worauf wiederum eine friedliche Koexistenz ermöglicht wird)" (Bühl 1982: 89). In diesem Kontext wird also Aggression auch als natürliches, soziales Verhalten gewertet, das dem Menschen im Laufe der Evolution genauso wie Bindung, Rückzug oder Kooperation ein letztendlich friedliches Zusammenleben ermöglicht: Es gehört somit zum „normalen" Verhaltensspielraum. „Es besteht (...) kein Grund, nur die Bindungsseite des menschlichen Verhaltensraumes wertzuschätzen und den Familismus, die ‚Freundschaft', das ‚dialogische Du' hochzuloben und für das ‚eigentlich Menschliche' anzusehen, umgekehrt aber die agonistische Bindung und die Aggressionsseite der sozialen Beziehungen, also die hierarchische Ordnung und den Autoritarismus, das Befehls-Gehorsams-Verhältnis und den öffentlichen, nach Kompetenzkriterien ausgetragenen ‚Diskurs' zu vernachlässigen oder anzuschwärzen: beides gehört zum Verhaltenspotential des Menschen" (Bühl 1982: 100). Wichtig ist hierbei, dass die Entscheidung zu einer entweder friedvollen oder aggressiven Verhaltensweise weder nach „Belieben" (Bühl 1982: 100), „dem kulturellen Herkommen oder der moralischen Entscheidung" (Bühl 1982: 100) geschieht, sondern es „scheint hier eine einfache *verhaltensökologische* Gesetzlichkeit zu gelten: *in einer ungesicherten Situation erfolgt ein Rückgriff auf die agonistische Kohäsion*" (Bühl 1982: 100).

Schreiber diskutiert darauf aufbauend die Frage, inwiefern der Mensch für sein aggressives Verhalten überhaupt Verantwortung übernehmen kann. Ist menschliches Verhalten lediglich reaktiv, sind wir also tatsächlich die roboterartigen Überlebensmaschinen die Dawkins skizziert, ist „die Frage nach der Verantwortung leicht" (Schreiber 1985: 155). Über die angeborenen Auslösemechanismen für aggressives Verhalten spekuliert auch Eibl-Eibesfeldt (Eibl-Eibesfeldt 1986: 471). Er nimmt wie Schreiber (Schreiber 1985: 155) Bezug auf die Aggressions-Frustrations-Hypothese, ist aber darüber hinaus der Ansicht, dass aggressives Verhalten ein wirklich reaktives Verhalten darstellt (Eibl-Eibesfeldt 1986: 473) und dass eine aggressive Reaktion auf Frustration angeboren sei. Die von Eibl-Eibesfeldt beschriebene Fremdenfurcht macht ein solch angeborenes Verhalten deutlich: Obschon Säuglinge keine schlechten Erfahrungen mit Fremden gemacht haben, praktizieren sie ihnen gegenüber ab dem sechsten Lebensmonat ängstliche und ablehnende Verhaltensweisen (Eibl-Eibesfeldt 1986: 477). Weiter zeigt er auf, dass auch Taubblinde die für aggressive Verhaltensweisen typische Gestik und Mimik anwenden können (Eibl-Eibesfeldt 1986: 477). In beiden Fällen kann derartiges Verhalten nicht auf sozialisatorischem Wege erworben sein, denn der Säugling machte keine schlechte Erfahrung mit Fremden, die plötzliche Furcht vor ihnen wurde also nicht durch negative Beispiele erlernt, und die Taubblinden können entsprechende Gestiken nicht abgeschaut haben. Auch kann er an anderer Stelle ausklammern, dass Taubblinde entsprechende Gesten ertastet hätten, da er auch Contergan-Kinder untersuchte, „die sich mit ihren Stummelhändchen gewiß nicht über das Verhalten der Mitmenschen orientieren konnten" (Eibl-Eibesfeldt 1985: 24).

Zwar erfährt solch radikale Position durch Selg et al. heftige Kritik, doch stellen auch sie zurecht die Frage, ob es „bestimmte Gene für aggressives Verhalten" (Selg et al. 1997: 115) gibt. Bei ihrer Exploration nach genetischen Auffälligkeiten untersuchen sie im Vorfeld Chromosomen-Anomalien. Jedoch mussten sie feststellen, dass weder XYY-Träger, die sie als „Supermänner" (Selg et al. 1997: 114) bezeichnen und in der Folge von ihnen mehr Aggressivität zu gewärtigen ist, noch die verweiblichten XXY-Träger, von denen weniger Aggressivität erwartet wird, in irgendeiner Richtung auffällig sind (Selg et al. 1997: 114). Die biologische Kategorie des Geschlechts gibt zwar Hinweise darauf, dass Männer aufgrund ihrer physischen Beschaffenheit eher aggressiv handeln als Frauen, doch begründen sie diese Tatsache mit kulturellen Anlagerungen (Selg et al. 1997: 116). Auch ist es ihnen nicht möglich, aggressives Verhalten durch die Wirkung bestimmter Hormone zu erklären: Zwar erhöhten Testosterongaben die Aggressivität, dieses Verhalten hat aber eher mit dem Sexualverhalten zu tun. Durch erhöhte Erregbarkeit wird zudem die „Erregung bei Frustration" (Selg et al. 1997: 117) und damit die Aggression selbst erhöht. Allerdings können Selg et al. belegen, dass die Hormonausschüttung abhängig von bestimmten Verhaltensweisen ist, denn der Sieger eines sportlichen Wettkampfes produziert mehr Testosteron als sein unterlegener Kontrahent (Selg et al. 1997: 118). Die angeführten Fakten deuten nicht darauf hin, dass es eine genetische Determination der Aggression oder gar ein Aggressivitätsgen geben könnte.

Wenn auch kein Aggressivitätsgen ausgemacht werden kann, so sieht Scheithauer wenigstens indirekte Verbindungen zwischen Genen und Aggressivität. So stellt er zum Beispiel dar, dass der meist mit aggressivem Verhalten einhergehende Typ-2-Alkoholismus „vornehmlich vom Vater auf den Sohn vererbt" (Scheithauer 2003: 54 f.) wird. Ein gelungener Kompromiss zwischen genetischen Determinanten und sozialer Prägung ist die Annahme, dass es „genetisch beeinflusste Prädispositionen für grundlegende Verhaltenstendenzen, wie zum Beispiel Impulsivität, zu geben scheint, die in Verbindung mit bestimmten Erfahrungen die Wahrscheinlichkeit für aggressiv/dissoziales Verhalten erhöhen" (Scheithauer 2003: 55) und dass eine Wechselbeziehung zwischen genetischen Faktoren und Umweltfaktoren besteht. Im Falle einer angenommenen genetischen Determination von Aggression bedeutet dies, dass bestimmte biologische Strukturen als notwendige Bedingung vorhanden sein müssen, diese jedoch erst durch „risikoerhöhende Faktoren" (Scheithauer 2003: 56), die aus der Umwelt an das Individuum herangetragen werden, aktiviert werden. Diese Argumentation nimmt starken Bezug auf ein polygenetisches multiples Schwellenmodell: Hier werden Auffälligkeiten durch genetische und Umweltfaktoren erklärt – Auffälligkeiten kommen dadurch zustande, dass bestimmte Schwellen überschritten werden: Je nach Konstitution und Stärke der Umweltreize, kann mit Verhaltenssteigerungen gerechnet werden.

Durch neuere Forschung konnte eine Verbindung zwischen gewaltbereitem, aggressivem Verhalten und einer „Aufmerksamkeitsdefizits-Hyperaktivitätsstörung" (ADHS) festgestellt werden (Roth 2003a: 115 f.): „Untersucht man den Lebenslauf von Vielfach-Gewalttätern, so stellt man in fast allen Fällen fest, dass diese Personen schon in früher Jugend zu Gewalttaten neigten, und zwar auch dann, wenn das Milieu keinen besonderen Anlass dazu gab oder zu geben schien.

Forscht man noch weiter, so stellt man fest, dass ein erheblicher Teil der überwiegend männlichen Gewalttäter bereits als Kinder ein auffälliges Verhalten zeigte, das man als *Aufmerksamkeitsdefizits-Hyperaktivitätsstörung* (ADHS) bezeichnet" (Roth 2003a: 116 f.). ADHS kann sich auf die Aufmerksamkeit, Körperkontrolle und Impulskontrolle eines Kindes auswirken: So können sich Kinder, bei denen ADHS festgestellt wurde, beispielsweise weniger konzentrieren, nicht über einen längeren Zeitraum still sitzen und nicht abwarten, bis andere Personen ausgesprochen haben (Roth 2003a: 117). Ursächlich für ADHS (wie auch für das Verhalten schwerer Gewalttäter) sind Funktionsstörungen im Gehirn – Messungen der Konzentration der Neuromodulatoren Dopamin und Serotonin, „die mit Handlungsmotivation und Handlungskontrolle zu tun haben (…) (ergaben eine) deutliche, wenngleich komplexe Störung sowohl des Serotoninals auch des Dopaminhaushalts" (Roth 2003a: 119). Die Produktion von Dopamin geschieht „von Zellen im Ventralen Tegmentalen Areal und in der Substantia nigra (…) (Dopamin) ist zum einen für das Starten innengeleiteter Bewegungen und Handlungen durch die Basalganglien nötig, und zum anderen ein Stoff, der Handlungsmotivation erzeugt" (Roth 2003a: 118 f.). Während ein Mangel an Dopamin beispielsweise „Bewegungsarmut bis zur völligen Bewegungsunfähigkeit" (Roth 2003a: 119) zur Folge hat, resultiert Hyperaktivität aus einer zu hohen Konzentration von Dopamin. „Serotonin hingegen beruhigt und erzeugt Wohlgefühl (,entspanne dich, es ist alles gut'), ein Mangel an Serotonin führt zu Angst, Bedrohungsgefühlen und schließlich zu schweren Depressionen" (Roth 2003a: 119). Roth weist darauf hin, dass durch Störungen des Dopaminhaushalts „große motorische Unruhe, die Unkonzentriertheit und mangelnde Motiviertheit erklärt werden könnten, mit der Störung des Serotoninhaushalts eine sehr niedrige Frustrationstoleranz sowie die Unfähigkeit, auf Beruhigungsversuche der Mutter zu reagieren und Vertrauen zur Umwelt zu entwickeln" (Roth 2003a: 119) einher gehen. In diesem Zusammenhang werden auch Berichte von Gewalttätern erwähnt, in denen sie darstellen, ihre Opfer hätten sie ihrerseits bedroht, weswegen sie sich wiederum genötigt fühlten, sich zu wehren. Auch diese Sinneseindrücke der Täter begründet Roth (2003a: 119) mit Störungen des Dopamin- sowie Serotoninhaushalts. Aggressivität kann somit auf Funktionsstörungen im Gehirn zurückgeführt werden. Diese Störung kann sich derart auswirken, dass geschädigte Personen nicht mehr in der Lage sind, ihre Umwelt richtig zu deuten und aufgrund einer objektiv nicht vorhandenen, aber empfundenen Bedrohung mit Aggression reagieren.

Das Aggressionsproblem:
- Aggression ist ein natürliches (angeborenes) Verhalten. Durch die Reizung verschiedener Hirnregionen, insbesondere Mittelhirn und Hypothalamus, ist es möglich, Angriffsverhalten zu aktivieren.
- Dawkins sieht den Menschen als eine Überlebensmaschine: Aggression muss für ihn entsprechend angeboren sein, damit Überleben sichergestellt werden kann.

- Eibl-Eibesfeldt stellt fest, dass auch Taubblinde gestisch-aggressive Verhaltensweisen zeigen und folgert daraus, dass diese angeboren sein müssen.
- Kritik an solch genetischem Determinismus der Aggressivität kommt von Selg et al.: Die Untersuchung von Chromosomenanomalien und Hormongaben ergab eine Erklärung aggressiven Verhaltens. Allerdings beeinflusst das Verhalten selbst die Hormonausschüttung, was sich auf Frustration und damit auf Aggression auswirken kann. Ein Aggressivitätsgen kann aber von ihnen nicht lokalisiert werden.

6.6 Epilepsie

Epileptiker sind ein gutes Beispiel dafür, dass durch Reize aus der Umwelt eine bestimmte Reizschwelle überschritten werden kann, wodurch langfristig Hirnschäden und damit charakterliche Veränderungen und abweichendes Verhalten entstehen können. Ohne die vielfältigen Möglichkeiten näher zu differenzieren, kann Epilepsie grob als das „Auftreten von überschießenden neuronalen Entladungen" (Wolf 1984: 7 f.) beschrieben werden. Diese sind „Ausdruck einer momentanen Funktionsstörung der Gehirnzellen" (Hallen 1966: 68). Derartige bioelektrische Entladungen bestimmter Hirnareale werden von Hülshoff treffend mit „gewitterähnlich" (Hülshoff 2000: 213) umschrieben. Stimuli für derartige Anfälle können nach Wolf neben Elektroschocks und Stoffwechselkrankheiten auch endogene Faktoren wie Lichtreize oder bestimmte akustische Einflüsse (Wolf 1984: 53 f.), aber auch „maximale körperliche und seelische Belastungen" (Hülshoff 2000: 214) sein.

Im Kontext des abweichenden Verhaltens ist hier besonders das interessant, was als epileptische Wesensänderung in der Fachliteratur beschrieben wird. Stauder untersuchte dieses Phänomen bereits sehr früh, lässt aber im Dunkeln, was man sich unter solchen Wesensänderungen vorzustellen hat. Seine Fallbeispiele geben zwar einen groben Überblick darüber, doch reduziert er seine Beschreibungen darauf, bei einigen Patienten „eine ganz schwere Wesensänderung" (Stauder 1938: 147) festzustellen, die er dann zum Beispiel mit „merkwürdig albern-backfischhaft" (Stauder 1938: 147) umschreibt. Eine abnorme Charakterprägung ist im Zuge von Epilepsie nicht ausgeschlossen, sie ist aber eher als eine „Tönung eines Charakterbildes" (Hallen 1966: 72) zu verstehen. Eine solche Tönung kann unter anderem aggressive und gewalttätige Auswirkungen haben.

Durch Epilepsie können weiter psychoaktive Verhaltensstörungen hervorgerufen werden, was unter Umständen bedeuten kann, dass auf bestimmte Situationen mit unangemessener Aggressivität reagiert wird. Epilepsie wirkt sich bei ständigen Anfällen dauerhaft schädigend auf das Gehirn aus. Es können irreparable Hirnschädigungen entstehen, die auch Demenz hervorrufen können.

Epileptiker sind nicht nur ein Beispiel dafür, dass das Gehirn seinen Träger in seinem Handeln beeinflusst oder sogar steuert, sondern auch dafür, wie Veränderungen in der Hirnstruktur Wandlungen im Charakter verursachen können. Das daraus entstehende Verantwortungsproblem wird von Schmidbauer diskutiert, der, speziell für die psychomotorische Epilepsie, fragt, ob Taten von Gewaltverbrechern unter Umständen nicht bloß Symptome einer psychomotorischen Epilepsie sein können. Diese Frage hat einen relevanten praktischen Hintergrund, da ihre Beantwortung doch den zukünftigen Weg eines mutmaßlichen Täters, der nun entweder inhaftiert oder medizinisch behandelt wird, entscheidet. Schmidbauer weist auch darauf hin, dass zur Beantwortung dieser Frage die bloße Analyse von Hirnstrombildern meistens nicht ausreicht, sich in manchen Fällen sogar als trügerisch erweist:

Ein 13-jähriges Mädchen fühlt sich durch das laute Schreien eines Babys gestört und erstickt es. Die in medizinischen Einrichtungen erstellten Hirnstrombilder wiesen keinerlei Anomalien auf. Erst die Messung ihrer Hirnströme mittels Tiefenelektronen und der Simulation bestimmter Umweltreize lieferten die Erkenntnis, dass das Mädchen hochsensibel auf Babyschreien reagierte, was besonders durch starke elektrische Impulse im Hippocampus deutlich wurde (Schmidbauer 1972: 70 f.). Das 13-jährige Mädchen, wie auch eine ältere Dame, die von „aggressiven Attacken" (Schmidbauer 1972: 73 f.) befallen war, sowie ein junger Ingenieur, der auf Widerworte seiner Frau auf brutale Weise reagierte und sich daraufhin einer siebenjährigen, nicht erfolgreichen, psychiatrischen Therapie unterziehen musste, wurden durch das bereits bei Eysenck und Eysenck (1983) genannte Verfahren der Amygdalotomie behandelt:

Durch Schnitte in der Amygdala, bzw. ihrer kompletten Entfernung, konnten in diesen Fällen Erfolge erzielt werden. Jedoch gibt Schmidbauer zu bedenken, dass man in die Feinstruktur der Amygdalae eindringen müsste, da schon damals in einem solchen Kern 26 Zentren benannt werden konnten, die „wahrscheinlich antagonistische Funktionen" (Schmidbauer 1972: 73) haben, die komplette Entfernung einer Amygdala also ein viel zu massiver Eingriff ist. Dass auch Patienten, Eysenck und Eysenck nennen sie sogar „Opfer der Hirnchirurgie" (Eysenck/Eysenck 1983: 113), eine solche Einstellung vertreten, wird anhand der Reaktion eines Patienten nach erfolgreicher Amygdalotomie deutlich: „Als man ihn wieder in die Klinik brachte, (...) beobachtete man bei einer Gelegenheit, wie er durch die Stationen ging und seinen Kopf mit Lumpen, Tüten und Zeitungen umwickelt hatte. Er tue das deshalb, erklärte er, weil er Angst davor habe, man könne noch weitere Teile seines Gehirns zerstören" (Eysenck/Eysenck 1983: 113). Auch mit der Durchtrennung des corpus callosum, das ist der Balken, der die linke und rechte Gehirnhälfte miteinander verbindet, konnte man Erfolge bei der Behandlung von Epileptikern erzielen (Eysenck/Eysenck 1983: 114). Ist den Spätfolgen von Epilepsie, worunter, wie im Kontext der Wesensänderungen schon benannt, ja auch Aggression fallen kann, nur mit operativen Eingriffen beizukommen, müssen Überlegungen angestellt werden, ob ein Gewalttäter entsprechend von seiner Tat entschuldigt werden müsste, da er sein Verhalten nicht weiter beeinflussen konnte.

Statt eines Fremdeingriffes in Form einer operativen Behandlung, beschreibt Schmidbauer aber auch die Möglichkeit, dass ein Epileptiker über einen Transistorempfänger selbst die Reize ihm eingepflanzter Elektronen in der Amygdala steuert und wenn „er fühlt, daß er aggressiv werden könnte, kann dieser Kranke also selbständig seine Mandelkerne stimulieren und auf diese Weise seine eigene Aggressivität befrieden" (Schmidbauer 1972: 75). Eine solche Möglichkeit ist als eine Art Auslagerung neuronaler Aktivität zu verstehen, die nun vom Betroffenen selbst gesteuert werden kann. Damit verschiebt sich natürlich wieder die Verantwortungsstruktur für eine begangene Tat, weil nun argumentiert werden kann, dass der Täter sein Verhalten hätte kontrollieren können.

Epilepsie und Kriminalität:
- Es gibt begründete Hinweise darauf, dass Epilepsie und Aggressivität zusammenfallen können.
- Da weiter Aggressivität und Kriminalität auch assoziiert sein können, ergibt sich eine denkbare Verbindung von Epilepsie und Kriminalität.
- Gehirnchirurgische Eingriffe können zur Vermeidung von Epilepsie hilfreich sein, sind jedoch zur Verhinderung von Kriminalität auszuschließen.
- Unterstellt man einen „Automatismus" von neuronalen Vorgängen und Kriminalität (allgemeiner: abweichendem Verhalten), so ist die Verantwortlichkeit des Akteurs für seine Handlungen nur eingeschränkt oder überhaupt nicht gegeben.

6.7 Bestrafung als Rekonditionierung

Geht man nun tatsächlich von einer derart starken Bedeutsamkeit neuronaler Strukturen aus, muss gefragt werden, ob z. B. vergleichbar erkrankte Gewaltverbrecher bestraft werden sollten oder ob unter den referierten Umständen nicht eine Heilung (Therapie) angebrachter wäre. Dies ist nicht als Rückfall in die radikale Kriminalbiologie der Weimarer Republik, wie sie gut bei Schwartz (1997) dargestellt ist, oder die radikalisierte Kriminalbiologie der Nationalsozialisten (Simon 1997) zu verstehen, sondern eine sehr nüchterne Antwort auf neuronale Tatsachen, die den Akzent der Anlage-Umwelt-Debatte in Richtung der Anlage verschieben wollen. Um dies zu untermauern, zeigt Eysenck (1977b) auf, dass eine drohende Todesstrafe keinerlei Auswirkung auf die Zahl der Morde hat, hohe Strafen, die abschreckend gemeint sind, nicht den intendierten Effekt verursachen (Eysenck 1977b: 192). Eysenck argumentiert für eine Rekonditionierung und meint damit, „das Wertesystem und die Anschauungsstrukturen eines Menschen zu verändern" (Eysenck 1977b: 223), was er abgekürzt und sehr plastisch umschrieben auch als „Gehirnwäsche" (Eysenck 1977b: 223) bezeichnet. Glücklicherweise misst er der Möglichkeit, Delinquente durch Folter zu rekonditionieren eine eher kontraproduktive Wirkung zu. Stattdessen schlägt er „positive Bekräftigung durch Belohnungen für richtiges Verhalten" (Eysenck 1977b: 224) vor, ganz in Anlehnung an die Methode der token-economy, in der Verhalten durch „unmittelbare symbolische Bekräftigung" (Eysenck 1977b: 218) geformt werden soll.

Problematisch bei Eysenck erscheint jedoch, dass er alle Kriminellen heilen will. Seine Pathologisierung der Kriminalität beschränkt sich nicht nur auf diejenigen, die aufgrund tatsächlicher pathologischer Zustände, wie dargestellt z. B. Epilepsien, Hirnverletzungen und Tumore, abweichendes Verhalten zeigen. So fragen Eysenck und Eysenck an anderer Stelle, ob Kriminalität heilbar sei, obschon sie ein „ausreichendes Beweismaterial" (Eysenck/Eysenck 1983: 204) dafür erkennen, dass Kriminelle durch spezifische Persönlichkeitsmerkmale zu charakterisieren seien. Und obwohl sie die Ansicht vertreten, dass „Kriminalität (wie Intelligenz) eine genetische Komponente" (Eysenck/Eysenck 1983: 205) besitzt, halten sie eine „Behandlung von Sträflingen" (Eysenck/Eysenck 1983: 207) für angebracht und diskutieren sogar die Frage, ob „die Gesellschaft das Recht (hat), Drogen zu benutzen, um den Starrsinn eines Häftlings zu reduzieren und ihn für die Konditionierung zugänglicher zu machen" (Eysenck/Eysenck 1983: 207) – eine Antwort auf diese Frage liefern sie jedoch nicht.

Solche Überlegungen tangieren natürlich nicht nur die Frage nach dem freien Willen des Handelnden, sondern insbesondere auch die Frage nach den sozialen Reaktionen darauf: „Was das *Strafrecht* betrifft, so verficht die Neurowissenschaft eine radikale Abkehr vom moralischen Prinzip der Schuld und dem strafrechtlichen Prinzip der Vergeltung. Die Verurteilung von Straftätern solle sich allein von dem Gedanken der Abschreckung und Neukonditionierung leiten lassen" (Maasen 2006: 291).

Bestrafung aus neurologischer Sicht:
- Geht man von einer starken genetischen Komponente aggressiven oder abweichenden Verhaltens allgemein aus, wäre eine konventionelle Bestrafung – etwa im Sinne einer Inhaftierung – zwecklos.
- Eysenck fordert stattdessen eine Rekonditionierung, die er stellenweise auch als Gehirnwäsche bezeichnet, lehnt dazu Folter ab, hält sich aber die Verabreichung von Drogen offen.
- Eine Rekonditionierung soll dem Delinquenten sozial akzeptiertes Verhalten beibringen. Ein solches Vorhaben soll durch die positive Bekräftigung im Falle von richtigem Verhalten oder den Entzug von Belohnung im Falle von Fehlverhalten erfolgen.

6.8 Spiegelneuronen

Ein sehr aktuelles Thema aus dem Bereich der Neurologie sind die so genannten Spiegelneuronen. In Versuchen mit Affen bemerkten Forscher, dass bestimmte Nervenzellen nicht nur aktiv werden, wenn das Tier selbst handelt, sondern auch, wenn es bei anderen Individuen eine solche Handlung beobachtet. Dies stellt einen Mechanismus dar, die Zielsetzung einer Aktion zu verstehen und durch eine interne Simulation Ziel und Zweck einer Handlung vorwegzunehmen (Gaschler 2006: 28). Dieses Nachempfinden gilt nicht nur für motorische Tätigkeiten, sondern auch für Gefühle wie Schmerzempfindungen. Ohne die Frage zu beantworten, fragt Gaschler, wie wir auf beobachtete Gewalt reagieren und ob wir Morde in Krimis intern simulieren und damit mental mitbegehen. Es lassen sich an dieser Stelle nur Mutmaßungen darüber anstellen, wie eine derartige Funktion die Neigung oder Nichtneigung zu abweichendem Verhalten begünstigen könnte. Was passiert also bei einer beobachteten Gewalttat? Nach den Darstellungen von Gaschler (2006), wie auch von Binkofski und Buccino (2006) wird durch unsere Wahrnehmung der Vorgang in uns simuliert. Allerdings konzentrieren sich die Darstellungen auf Lebewesen-Objekt-Interaktion, die Beobachtung von Mensch-Mensch-Interaktionen wurde bisher nicht berücksichtigt. Eine Aussage darüber, ob ein Beobachter den Täter oder das Opfer intern simuliert und mental Gewalt ausübt oder einsteckt, kann nicht getroffen werden. Da Spiegelneuronen nicht nur Bewegungsabläufe simulieren, sondern durch Beobachtungen auch die Empfindungen des Beobachteten simulieren können, sollte darüber nachgedacht werden, ob dieser rein biologische Prozess an einen durch die soziale Umwelt des Beobachters gesetzten sozialisatorischen Rahmen stößt. Zwar ist dem Menschen eine genetische Anlage zum Fremdempfinden gegeben, doch wie eine ausgelöste Empfindung tatsächlich bewertet wird, ist durch die soziale Umwelt geprägt. Ein Mensch, der in einer sehr gewaltlastigen Umwelt lebt, wird auf eine beobachtete Gewaltszene sicherlich anders reagieren als jemand, der noch nie mit Gewalt in Kontakt geraten ist.

Einen anderen Ansatzpunkt für die soziologische Verwertbarkeit von Spiegelneuronen bieten Lerntheorien. Auf rein motorischer Ebene sind Spiegelneuronen an dieser Stelle sicherlich überbewertet, denn nur „durch reines Beobachten und spontanes Imitieren" (Binkofski/Buccino 2006: 43) ist es zum Beispiel unmöglich, unbekannte Bewegungsabläufe zu erlernen. Spiegelneuronen helfen also nicht dabei, durch Beobachtung und Imitation ein guter Autoknacker oder Schläger zu werden. Statt auf motorischer Ebene kann man stattdessen auf emotionaler Ebene ansetzen. Erscheint einem Individuum eine bestimmte Form des abweichenden Verhaltens als lohnenswert, ist es für den Akteur also mit einem die Kosten überwiegenden Nutzen verbunden, wird ein solches Verhalten als positiv empfunden. Beobachtet man ein entsprechendes Verhalten, reagieren die Spiegelneuronen und es wird ein positives Empfinden simuliert.

An einer derartigen Konditionierung zeigt sich aber erneut, wie sich eine biologische Funktion innerhalb eines sozialisatorischen Rahmens bewegt. Die allgegenwärtige Anlage-Umwelt-Frage ist also, trotz interessanter neurowissenschaftlicher Befunde, längst nicht zugunsten der genetischen Anlage entschieden. Es zeigt sich auch, dass es die Umwelt-Komponente vermag, die Auswirkung von biologischen Anlagen auf dem Wege der Sozialisation zu modifizieren.

6.9 Fazit

In diesem Kapitel sollte die Frage geklärt werden, ob der Mensch im Hinblick auf genetische Prägungen, manipulierbare Hirnstrukturen oder Krankheitsbilder nach einem freien Willen handeln kann. Täte er dies nicht, bedeutete dies, das Konzept der Schuld überdenken zu müssen. Zwar wurden im Laufe neurologischer Forschung Zentren, denen Aggression entspringt, immer präziser lokalisiert, doch wurde ebenfalls deutlich, dass solche sich nicht selbstständig aktivieren, sondern Umweltreize benötigen, auf die sie dann mehr oder weniger stark reagieren und dass diese auch nicht unabhängig von bisher gemachten Erfahrungen sind. Die neuesten Erkenntnisse aus der naturwissenschaftlichen Forschung klären die Anlage-Umwelt-Debatte nicht, sie reformulieren höchstens den Rahmen, in dem das Individuum qua Veranlagung fähig ist, zu handeln und sich zu entwickeln: „Gehirne von Babys sind – abgesehen von den genetischen Anlagen – tabula rasa und werden erst durch Umwelteinwirkungen ‚gefüllt'" (Markowitsch 2006: 34). Die endgültige Prägung ist also Sache der Umwelt und damit eine soziologische Frage. Schuld- und Verantwortungsprobleme können auf dieser Basis zwar diskutiert werden, doch finden, strafrechtlich betrachtet, krankheitsbedingte Anomalien z. B. in § 20 StGB (Schuldunfähigkeit wegen seelischer Störungen) Berücksichtigung. Ein Problem für die Soziologie ergibt sich aus solchen neurologischen Tatsachen nicht, da, wie es Renate Mayntz darstellt, für eine soziologische Fragestellung nicht relevant ist, „ob Menschen *bewusst* handeln, sondern nach welchen – bewussten oder unbewussten – *Regeln* sie es tun" (Mayntz 2006: 11).

Willensfreiheit, Abweichung und Sanktion:
- Unterstellt man die *Willensfreiheit* des Menschen, also eine prinzipielle Wahlmöglichkeit zwischen konformem und deviantem Verhalten, dann ist er für seine Handlungen verantwortlich und kann für Abweichungen (Kriminalität) negativ sanktioniert werden.
- Nimmt man weiter allerdings an, dass Menschen in spezifischen sozialen Umständen und Umwelten leben, die ihnen objektiv und/oder subjektiv die Handlungsoptionen nehmen, dann sind sie nur begrenzt für ihre Handlungen zur Rechenschaft zu ziehen. Es sind eher die *sozialen Bedingungen* „in Regress zu nehmen".
- Sind nun aber tatsächlich – wie auch immer geartete – biologische Bedingungen für unsere (abweichenden) Handlungen verantwortlich, so haben wir keine Wahl: Wir sind Getriebene unserer biologischen Dispositionen und können deshalb nicht schuldhaft handeln. Die Reaktion auf Abweichung könnte dann nur darin bestehen, evtl. Schäden – soweit möglich – zu kompensieren.

7 Sozialräumliche Kontext- und Aggregationseffekte

Neben den geläufigen „klassischen" Theorien abweichenden Verhaltens wurden in der Soziologie Ansätze entwickelt, die Devianz über den Raum erklären sollen, in dem die Akteure leben. Frühen Sozialphilosophen und Stadtsoziologen ist es zu verdanken, dass der Raum heute als Lebensumwelt angesehen wird, die sowohl eine physische als auch eine soziale Dimension besitzt. Um zu erschließen, welche Merkmale dieser Dimension Auswirkungen auf die Devianzbelastung einer Wohnumgebung haben können, richteten die Sozialwissenschaftler ihr Augenmerk weniger auf den ländlichen Raum als vielmehr auf Städte als verdichtete Räume mit entsprechend erhöhter Kriminalität. Deren systematische Erforschung, die im frühen 20. Jahrhundert ihren Anfang nahm, hat bis heute einige Ansätze und Theorien hervorgebracht, die für die Soziologie abweichenden Verhaltens eine fruchtbare Perspektive darstellen.

Stadtsoziologische Theorien zu abweichendem Verhalten stellen allerdings keine an sich eigenständigen und geschlossenen Argumentationssysteme dar, da sie sich stets auch den gängigen Erklärungsansätzen zu Devianz bedienen. Es wurden hauptsächlich zwei theoretische Richtungen verfolgt: Chicagoer Soziologen entwickelten in den 1920er Jahren das Konzept der „sozialen Desorganisation", in dem soziale Kontrolle als Wirkungsmechanismus die tragende Rolle spielt. Die Grundannahme lautet, dass in einem sozial desorganisierten Stadtteil die soziale Kontrolle geringer ausgeprägt ist und deviantes Verhalten deshalb häufiger auftritt. Im Laufe des 20. Jahrhunderts wurde dieses Konzept immer wieder überarbeitet und erweitert.

Die zweite Strömung könnte man lapidar als „europäische Perspektive" bezeichnen. Als treibende Kraft für die Entwicklung von abweichendem Verhalten innerhalb eines Stadtteils wird soziale Ungleichheit und soziale Exklusion angesehen. In Kombination mit dem stadtsoziologischen Konzept der residenziellen Segregation können diese Faktoren in bestimmten Konstellationen die Delinquenzbelastung in einer Wohnumgebung erhöhen. Die Ursachenzusammenhänge sind in diesen Theorien sehr vielseitig, betonen aber stets den Einfluss der physischen und sozialen Dimension von Raum.

Eindeutige empirische Überprüfungen (und vor allem weitgehende Bestätigungen) der verschiedenen Theorien zu Abweichung und Raum stehen bisher noch weitgehend aus. Einige Studien fanden jedoch klare Hinweise darauf, dass bestimmte sozialräumliche Bedingungen und Faktoren realiter durchaus das Handeln der Akteure beeinflussen und hohe Delinquenzbelastung häufig mit spezifischen sozialen Merkmalen eines Stadtteils zusammenhängt.

In den letzten hundert Jahren hat vor allem die Stadtsoziologie das Verhältnis zwischen sozialem Handeln und Lebensräumen in zahlreichen Arbeiten thematisiert und analysiert. Darin sind „physischer" und „sozialer" Raum als zusammenhängende, aber theoretisch unterschiedliche Konzepte zu verstehen. Nach Pierre Bourdieu wird der soziale Raum konstruiert als „eine Struktur objektiver Relationen, die die mögliche Form der Interaktionen wie der Vorstellung der Interagierenden determiniert" (Bourdieu 1982: 379). Es greifen zwei Aspekte der Vergesellschaftung ineinander, der „Raum der Lebensstile" und der „Raum der sozialen Positionen", der von der Struktur des ökonomischen, kulturellen und sozialen Kapitals geformt wird. Soziale Ungleichheit, die sich aus dem Nebeneinander spezifischer Konstellationen dieser Kapitalsorten ergibt, gerinnt im physischen Raum, wodurch dieser zum Indikator für die Stellung eines Akteurs im sozialen Raum wird (Dangschat 1998a: 207 f.). Dies bedeutet auch, dass der Raum neben einer physischen immer auch eine soziale Dimension aufweist und nicht auf den empirischen „Ort" als einen Container von Merkmalsausprägungen und Anteilswerten reduziert werden darf (Dangschat 1998b: 26 ff.).

Bereits die soziologischen und sozialphilosophischen Klassiker sowie die frühen Vertreter der Chicago School of Sociology haben in ihren Theorien die wichtigsten unabhängigen Variablen identifiziert, die es für eine Untersuchung von abweichendem Verhalten und Raum zu berücksichtigen gilt. Demnach spielt nicht allein der Raum die entscheidende Rolle, sondern auch die spezifischen Konstellationen der Sozialstruktur, der sozialen Ungleichheit, der sozialen Kontrolle, der Segregation von Stadtgebieten, der Subkultur bzw. sozialen Netzwerke, in welche die Akteure eingebunden sind, darin ablaufender Zuschreibungsprozesse sowie der Wirksamkeit von (gesamtgesellschaftlichen und subkulturspezifischen) Normen. (In einer Beschreibung von Thomas und Znaniecki, wie bestimmte soziale Gruppen mit Mitgliedern umgehen, die „Laster" besitzen, zeigen sich z. B. bereits Parallelen zum Labeling Approach: Das Etikett, das zunächst nur den lasterhaften Mitgliedern anhängt, droht von der sozialen Umwelt auf die gesamte Gruppe angewandt zu werden, weshalb von dieser eine Reaktion erfolgen muss. Entweder sie geht gegen die schuldigen Mitglieder vor oder akzeptiert das Urteil der sozialen Umwelt und versucht das Beste daraus zu machen (Thomas/Znaniecki 1974: 152 f.). Wird das (zunächst unzutreffende) Fremdbild von der sozialen Gruppe übernommen, wird diese womöglich tatsächlich deviant: „the result may be, that the vice becomes general in the village. There are, for example, villages notorious for theft, drinking, card-playing etc." (Thomas/Znaniecki 1974: 152 f.). In neueren Studien wurde versucht, die Zusammenhänge und Prozesse zwischen diesen einzelnen Faktoren zu präzisieren und zu erweitern.

Weil sich die hier relevanten stadtsoziologischen Theorien mit Theorien des abweichenden Verhaltens überschneiden, ist eine Abgrenzung erforderlich. Problematisch dabei ist, dass sich Vertreter der Stadtsoziologie häufig aus verschiedenen Theorien abweichenden Verhaltens bedienen, um Devianz zu erklären. Die Heterogenität der Theorien abweichenden Verhaltens spiegelt sich demnach in den Theorien zum städtischen Raum wider.

Sinnvoll erscheint eine Differenzierung, die an das Makro-Mikro-Modell von Jürgen Friedrichs angelehnt ist, auch weil damit zugleich methodologische Probleme offensichtlicher werden. Friedrichs trennt in seiner Analyse die Individualebene von der Aggregatebene, zu der Wohnblöcke, Stadtteile, Städte, Stadtregionen, Gesellschaft, Land und Länder zählen. Zusätzlich bezieht er zwei Hypothesen mit ein, die beide Ebenen miteinander verbinden (Friedrichs 1995: 21 ff.). „Die Kontexthypothese enthält eine Aussage über die Wirkung eines Merkmals auf der Makroebene (M_i) auf ein Merkmal auf der Individualebene (I_i). Solche Kontexthypothesen sind für die Stadtsoziologie bedeutsam, weil zahlreiche Autoren vermuten, der Kontext habe einen Einfluß auf das individuelle Verhalten" (Friedrichs 1995: 23). In der Aggregationshypothese hingegen wird berücksichtigt, welche Auswirkungen aggregiertes individuelles Verhalten auf die Makroebene hat (z. B. Stimmabgabe für die Wahl eines Bürgermeisters) (Friedrichs 1995: 21 ff.). Zusammengefasst finden sich diese Analyseebenen in Abbildung 7.1.

Abb. 7.1: Modell der Beziehungen zwischen Makro- und Mikroebene

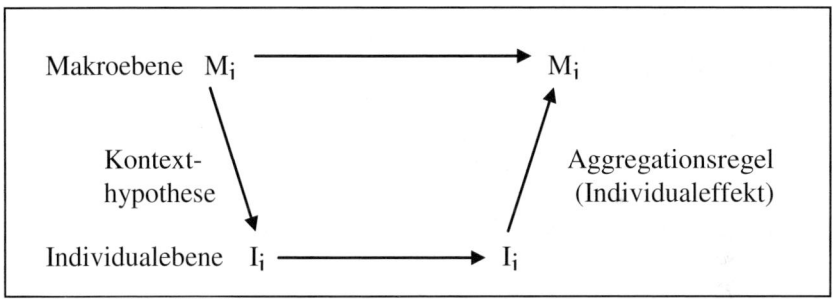

(Quelle: Friedrichs 1995: 23)

Jens Dangschat weist darauf hin, dass in diesem Modell vor allem die Makroebene analytisch zu undifferenziert ist, weil die „ökonomischen und politischen Einflußfaktoren auf Sozialstrukturen und Hierarchisierungen (städtischer) Teilräume ausgeblendet werden" (Dangschat 1998a: 210). Er präsentiert deshalb ein erweitertes „Makro-Meso-Mikro-Modell des gesellschaftlichen Raumes" (Dangschat 1998a: 214), das hier jedoch nicht weiter erläutert werden soll. Denn mit Friedrichs Modell sind bereits die Fragestellungen für die Soziologie abweichenden Verhaltens identifiziert, für die die Stadtsoziologie genuine Erklärungen anbieten kann: Wie wirken sich spezifische Charakteristika der Lebensumwelt auf deviantes Verhalten aus? Welche Konsequenzen hat aggregiertes abweichendes Verhalten auf die Lebensumwelt? Die nachfolgenden Darstellungen dienen der Klärung dieser Fragen. (Häußermann und Siebel weisen allerdings darauf hin, dass bisher „die methodischen Fragen der Analyse solcher *Kontexteffekte* nie befriedigend gelöst werden (konnten), so dass bis heute in der Stadtforschung wenig Klarheit besteht, inwieweit welche Faktoren der städtischen Umwelt abweichendes Sozialverhalten beeinflussen" (Häußermann/Siebel 2004: 163).)

Dietrich Oberwittler hat als grobe Systematisierung der stadtsoziologischen Theorien zu abweichendem Verhalten vorgeschlagen, diese danach zu unterscheiden, ob Erwachsene aufgrund mangelhafter sozialer Kontrolle oder Gleichaltrige aufgrund von Lernprozessen und subkulturellen Faktoren für die Entstehung von abweichendem Verhalten verantwortlich gemacht werden können. Im ersten Fall bauen die Theorien auf dem Konzept der „sozialen Desorganisation" auf, im zweiten stehen sie in der Tradition der klassischen Lern- und Subkulturtheorien (Oberwittler 2003: 138 f.). Ähnlich zu Oberwittlers Vorschlag ließen sich die Theorien danach ordnen, ob sie einer „amerikanischen" oder der „europäischen" Tradition folgen, wobei nicht unberücksichtigt bleiben darf, dass gegenseitige Impulse gesetzt wurden.

Im Folgenden werden zuerst die Ursprünge und Basiskonzepte der soziologischen Analyse des Zusammenhangs von abweichendem Verhalten und Raum dargestellt. Orientiert an Oberwittlers Systematisierung werden im Anschluss daran die Konzepte der sozialen Desintegration und residenziellen Segregation näher erläutert, ohne sie jedoch nach Oberwittlers Vorschlag oder amerikanischeuropäischer Position zu untergliedern. Eine derartige Kategorisierung der Theorien ist nämlich nicht in allen Fällen möglich und würde u. U. deren Erklärungsintention in falschem Lichte erscheinen lassen. Stattdessen sollen die Theorien danach gegliedert werden, welcher Mechanismus als ausschlaggebender ins Feld geführt wird, der abweichendes Verhalten mit dem Raum verknüpft: soziale Desorganisation oder residenzielle Segregation.

Der Raum als Basisdeterminante für abweichendes Handeln:
- Raum hat eine physische und eine soziale Dimension, die sich aus Lebensstilen und sozialer Ungleichheit ergibt.
- Die Stadtsoziologie bietet keine Theorie abweichenden Verhaltens an, die unabhängig von den gängigen Theorien Devianz erklären kann.
- Das Erklärungspotenzial stadtsoziologischer Ansätze für die Soziologie abweichenden Verhaltens liegt in der „Kontexthypothese" (Einfluss der Makro- bzw. Mesoebene auf die Mikroebene) und der „Aggregationshypothese" (Einfluss der Mikroebene auf die Makro- bzw. Mesoebene).

7.1 Ursprünge der soziologischen Analyse von Verhalten und Raum

Lange bevor sich die Soziologie als eigenständige Wissenschaftsdisziplin und die Stadtsoziologie als spezielle Soziologie etablierten, wurden Bezüge zwischen menschlichem Verhalten und dem Raum hergestellt, die z. T. bereits einen Zusammenhang von Lebensumwelt und Devianz implizierten. Beispiele finden sich heute noch in Alltagstheorien (Oberwittler 2003: 135 f.) oder auch in der Literatur. Charles Dickens z. B. beschreibt in „Oliver Twist" den Aufenthaltsort des Antagonisten William Sikes als düster und gespenstisch: „In the obscure parlour of a low public-house, in the *filthiest part* of Little Saffron Hill; a dark and gloomy den, where a flaring gas-light burnt all day in the winter-time; and where no ray of sun ever shone in the summer" (Dickens 1994: 127; Hervorhebung S. L.). Die Frage, die Dickens damit andeutet: Hat William Sikes eine solche Lebensumwelt gewählt, weil er kriminell ist, oder hat die Lebensumwelt ihn erst zu einem Kriminellen gemacht?

Im Gegensatz zu solch noch eher diffusen Vorstellungen über den Zusammenhang von Lebensraum und Verhalten, näherten sich namhafte Sozialphilosophen und Soziologen der ersten Generationen diesem Thema hypothetisch-theoretisch. Sie konzentrierten sich v. a. auf den Einfluss der städtischen Umwelt auf das Verhalten von Menschen allgemein und behandelten deren Bedeutung für die Ausbildung von Devianz nicht umfassend.

Aus marxistischer Perspektive z. B. schildert Friedrich Engels, wie der Kapitalismus Wohnungsnot und Überbevölkerung produziert und reproduziert. Das Fehlen von adäquaten Behausungen für das Proletariat trägt zur Verschlechterung ihrer Lebenslage bei, was sie „nothwendig zur sozialen Revolution treibt" (Engels 1984: 68). Erst mit der Abschaffung der kapitalistischen Besitzverhältnisse sei die Wohnungsnot zu lösen (Engels 1984: 7 ff.).

Max Weber hat im historischen und interkulturellen Vergleich unterschiedliche Stadtformen gegenübergestellt, typologisiert und deren spezifischen Einfluss auf soziale Entwicklungen (wie z. B. in Kultur, Ökonomie, Recht) herausgearbeitet. Er ging dabei der Frage nach, welche städtischen Faktoren die Entstehung von bürokratischem und kapitalistischem Denken und Handeln beförderten oder behinderten (Weber 1999).

In seinem Aufsatz „Die Großstädte und das Geistesleben" behandelte Georg Simmel explizit die Auswirkungen der Stadt auf das menschliche Verhalten. Großstädter sind alltäglich vielen Diskrepanzen, Entfremdung, großer Anonymität und Hektik sowie einem „raschen und konsequenten Wechsel äußerer und innerer Eindrücke" (Simmel 1995: 116) ausgesetzt, was zu einer „Steigerung des Nervenlebens" (Simmel 1995: 116) führt. Einer vollständigen „Entwurzelung" arbeiten Großstädter entgegen, indem sie ihren Verstand weiter entwickeln. Bewusstsein und Rationalität der Individuen erfahren einen Zuwachs, der in engem Zusammenhang mit der Geldwirtschaft steht, als deren Hauptsitz widerum die Großstadt angesehen werden kann: „Durch das rechnerische Wesen des Geldes ist in das Verhältnis der Lebenselemente eine Präzision, eine Sicherheit in der Bestimmung von Gleichheiten und Ungleichheiten, eine Unzweideutigkeit in Verabredungen und Ausmachungen gekommen – wie sie äußerlich durch die allgemeine Verbreitung von Taschenuhren bewirkt wird. Es sind aber die Bedingungen der Großstadt, die für diesen Wesenszug so Ursache wie Wirkung sind" (Simmel 1995: 119; siehe auch Friedrichs 1995: 143 ff.; Häußermann/Siebel 2004: 35 ff.).

7.2 Abweichendes Verhalten und soziale Desorganisation

Die Theorie der sozialen Desorganisation (oder der Ökologische Ansatz) geht grundsätzlich davon aus, dass Kriminalität oder abweichendes Verhalten durch bestimmte räumliche Gegebenheiten gefördert wird bzw. in bestimmten Gegenden vermehrt auftritt. Man stelle sich ein heruntergekommenes Stadtviertel vor, in dem viele Wohnungen leer stehen, Fenster eingeschlagen wurden, Autowracks den Straßenrand säumen und Müll, Schrott und Unrat herumliegen. In diesen Wohnvierteln (in zumeist größeren Städten) ist zudem eine sehr hohe Fluktuation zu verzeichnen – sobald es sich eine Familie leisten kann, von dort wegzuziehen, wird sie dies auch tun – und es kann somit von einer geringen sozialen Kontrolle ausgegangen werden. Weiterhin sind in diesen Gegenden aufgrund der geringen Mietpreise zumeist Einwanderer vorzufinden, die nicht in der Lage sind, eine Wohnung in einer besseren Wohngegend zu finanzieren. Welche Faktoren führen jedoch zu einer höheren Kriminalitätsrate in diesen Räumen? Natürlich kann man davon ausgehen, dass durch Armut eventuell mehr Eigentumsdelikte zu verzeichnen sind. Auch können Jugendliche oder Heranwachsende bedingt durch die niedrige soziale Kontrolle mehr gesetzeswidrige Handlungen begehen (wie Rauchen und Alkoholkonsum unter dem Alter von 16 Jahren, Drogenkonsum, Sachbeschädigungen). Es wäre aber schlicht falsch, den Raum oder auch die durch diesen Raum evtl. andersartig sozialisierten Menschen für eine höhere Kriminalitätsrate verantwortlich zu machen, denn umgekehrt werden diese Räume (da sie „berüchtigt" sind) vermehrt von offiziellen Kontrollorganen frequentiert. Demnach ist das Hellfeld der Kriminalität (welches für diesen Ansatz zumeist als Referenz herangezogen wurde) hier größer als das Dunkelfeld – während Jugendliche oder Erwachsene, die in anderen Wohngegenden leben oder sich dort treffen, bei einem weitaus geringerem Ausmaß an Aufmerksamkeit der Kontrollorgane agieren können und damit die Entdeckungswahrscheinlichkeit weit geringer ist.

7.2.1 Chicago Anfang des 20. Jahrhunderts

Es ist wenig verwunderlich, dass die systematische, empirische Untersuchung des Zusammenhangs von Lebensraum und abweichendem Verhalten im Chicago des frühen 20. Jahrhunderts ihren Anfang nahm. Zwischen 1840 und 1890 wuchs die Population von Chicago derart stark an, dass sich die Stadt von einer Kleinstadt mit wenigen tausend Bürgern in eine Großstadt mit über einer Million Einwohnern verwandelte. Um 1930 lebten in Chicago bereits drei Millionen Menschen, unter ihnen vor allem Deutsche, Skandinavier, Iren, Italiener, Polen, Juden, Tschechen, Litauer und Kroaten (Bulmer 1984: 13). Von dem amerikanischen Journalisten Lincoln Steffens wurde dieser ethnische Schmelztiegel beschrieben als „first in violence, deepest in dirt; loud, lawless, unlovely, ill-smelling, new; an overgrown gawk of a village, the teeming among cities. Criminally it was wide open; commercially it was brazen; and socially it was thoughtless and raw" (Steffens 1910, zitiert nach Bulmer 1984: 13 f.). Die sozialen Verhältnisse und Missstände traten in Chicago deutlicher zum Vorschein als in jeder anderen amerikanischen Stadt, weshalb sich dort eine relativ breite Front für eine Reform der Sozialeinrichtungen ausbildete (Bulmer 1984: 23). „Early empirical social research was one of the principal consequences of these interests in urban social problems and their reform" (Bulmer 1984: 23).

Im Jahre 1892 wurde zum ersten Mal an Chicagos neu gegründeter Universität gelehrt (Bulmer 1984: 14). Waren die Missstände in amerikanischen Städten Ende des 19. Jahrhunderts meist noch von Journalisten untersucht worden, so traten an deren Stelle nun Sozialwissenschaftler. Die frühen Untersuchungsmethoden litten zu Beginn jedoch an Ungenauigkeiten, an Schwächen bei der Konzeptualisierung sowie an Theorielosigkeit und einem moralisierenden Charakter (Bulmer 1984: 24). Dennoch wurden die sozialökologischen Konzepte der Chicago School of Sociology richtungsweisend und beeinflussen bis heute viele gesellschaftswissenschaftliche Disziplinen (Häußermann/Siebel 2004: 54; Bulmer 1984: 108): „Die bis heute wichtigsten Theorieansätze in der Stadtsoziologie stammen aus der Hochzeit der Urbanisierung, also den ersten Jahrzehnten des 20. Jahrhunderts. Sie hatten die Intention, das spezifisch Neue an den großstädtischen Siedlungsgebilden im Unterschied zum Land zu erfassen und die sozialen Konsequenzen der städtischen Lebensweise zu analysieren" (Häußermann 2001: 525). Auch für die Soziologie des abweichenden Verhaltens lohnt es sich deshalb, etwas näher auf diese frühen Ansätze einzugehen.

7.2.2 Entwicklung des Konzepts der „sozialen Desorganisation"

Die Gründung der soziologischen Chicagoer Schule wird meist Robert Ezra Park und Ernest Burgess zugeschrieben, die die Stadt in den 1920er Jahren empirisch untersuchten. Martin Bulmer betont allerdings, dass die Untersuchung „The Polish Peasant in Europe and America" (1918-1920) von William Isaac Thomas und Florian Znaniecki eine nicht zu unterschätzende Bedeutung gehabt hätte: „it was a landmark, because it attempted to integrate theory and data in a way no American study had done before. (…) The Polish Peasant marked a shift in sociology away from abstract theory and library research toward a more intimate acquaintance with the empirical world, studied nevertheless in terms of a theoretical frame" (Bulmer 1984: 45). Für seine Studie verbrachte Thomas zwischen 1908 und 1913 jährlich ungefähr acht Monate in Europa und sammelte Dokumente zur Analyse von polnischen Kleinbauern. Znaniecki hingegen erarbeitete die Datenbasis für den Vergleich mit polnischen Auswanderern in den USA (Bulmer 1984: 49).

Anders als in Durkheims Anomietheorie, versuchen Thomas und Znaniecki mit ihrem Ansatz der „sozialen Desorganisation" Devianz nicht als Reaktion auf Diskrepanzen in gesellschaftlichen Verhältnissen zu erklären, sondern als kulturell gestiftetes Verhalten (Bulmer 1984: 46). Desorganisation wird verstanden als „decrease of the influence of existing social rules of behaviour upon individual members of the group" (Thomas/Znaniecki 1974: 1128). Sie stellt keine Ausnahmeerscheinung dar und ist nicht zeit- oder kulturspezifisch (Thomas/Znaniecki 1974: 1129). Ein Hauptinteresse galt der Erforschung des Ursprungs, der Arten und des Ausmaßes sozialer Desorganisation von polnischen Kleinbauern, die sich z. B. in Demoralisierung, wirtschaftlicher Abhängigkeit, Auflösung der Ehe oder Kriminalität ausdrücken kann. Der soziale Raum spielt in ihren Darstellungen insofern eine wichtige Rolle, weil die Integration der polnischen Kleinbauern primär dort stattfindet: „The social environment to which the peasant is primarily adapted, within which he is active and lives his everyday life, is he partly coincident primary groups – the village, the parish and the commune" (Thomas/Znaniecki 1974: 144). Verhaltensweisen, die innerhalb dieser Gruppe als abweichend gelten, können außerhalb ihres sozialen Raumes erlernt werden (z. B. im Ausland) und den Desorganisationsprozess in Gang setzen (Thomas/Znaniecki 1974: 1198). Die erstmalige Formulierung des Konzeptes von „sozialer Desorganisation" kann als die bedeutende Leistung von Thomas und Znaniecki für die Stadtsoziologie angesehen werden, da sie viele Studien der 1920er Jahre beeinflussten und damit letztlich auch für das Wiedererstarken sozialökologischer Ansätze in den 1980er Jahren mitverantwortlich waren.

7.2.3 Sozialökologische Einbettung der „sozialen Desorganisation" durch Robert E. Park

Als bedeutendster Soziologe der Chicagoer Schule in ihrer „goldenen Ära" von 1916 bis 1933 gilt heute Robert Ezra Park. Im Jahre 1914 wurde er von William Isaac Thomas als Dozent an die Universität geholt und leitete damit die produktivste Zeit des Departments ein (Lindner 1990: 52; Häußermann/Siebel 2004: 45). Zu diesem Zeitpunkt war Park 50 Jahre alt und konnte auf einen Lebenslauf zurückblicken, der seine Forschungsmethoden prägen sollte: Nach Abschluss seines Studiums von Philologie, Geschichte und Philosophie an der Universität von Michigan arbeitete er von 1887 bis 1898 als Reporter und Redakteur in mehreren amerikanischen Großstädten. Später nahm er das Studium wieder auf, besuchte u. a. auch Vorlesungen bei Georg Simmel in Berlin und promovierte 1903 mit seiner Arbeit „Masse und Publikum. Eine methodologische und soziologische Untersuchung" zum Dr. phil. (Lindner 1990: 51 f.). In den Sozialwissenschaften war bis dahin beispiellos, was Park durch seine zwölfjährige Erfahrung als Reporter in die Methoden der empirischen Forschung einbrachte: „Seine Studenten werden dazu angehalten, die Stadt zu Fuß zu erkunden, mit den Leuten zu reden und ihre Beobachtungen detailliert festzuhalten. (…) Er suchte nach dem Authentischen, Genuinen und Wirklichen und bemühte sich um ein Verständnis des Fremden ohne moralische Vorurteile oder Besserungsabsichten. (…) Die

Reporage wird für Park zum Modell der soziologischen Erforschung der Stadt" (Häußermann/Siebel 2004: 48 f.).

Für Robert E. Park präsentierte sich die Einwanderungsstadt Chicago als ein Mosaik unterschiedlicher Kulturen und Lebenswelten. Die von Simmel formulierten Diskrepanzen und Differenzen, die das „Nervenleben" eines Großstädters steigern, mussten seinem Schüler Park in Chicago besonders ins Auge springen. Auch die Dialektik, dass das Leben in der Großstadt zum einen Entfremdung und Anonymität steigert, zum anderen gerade deshalb allerdings Individualität und Freiheit ermöglicht, hat Robert E. Park von Georg Simmel übernommen (Lindner 1990: 85 ff.). „Aber während Simmels Überlegungen wenig mit empirischer Forschung und nichts mit der Lösung praktischer Probleme zu tun haben, gibt die als Entgegensetzung zur Nivellierung sich herausbildende Sonderart für Park einen Grund dafür ab, dass sich die Großstadt in besonderer Weise als soziologisches Laboratorium zum Studium menschlichen Verhaltens eignet" (Lindner 1990: 89).

Nach Park verteilen sich soziale Gruppen über das Stadtgebiet aufgrund einer Konkurrenz um materielle und räumliche Ressourcen sowie aufgrund von Zugehörigkeitsgefühlen: „As the city increases in population, the subtler influences of sympathy, rivalry, and economic necessity tend to control the distribution of population" (Park 1915: 579). Sie siedeln sich dort an, wo die Bedingungen für ihre Lebensweise am besten sind und ziehen immer mehr Mitglieder derselben ethnischen Gruppe an. Die besetzten Territorien sind damit sowohl im Raum als auch durch die vorherrschenden Normen, die Kultur sowie Verhaltensmuster der Bewohner abgrenzbar. Es sind *segregierte Gebiete*, die Park „natural areas" nennt (Häußermann/Siebel 2004: 50) und in denen sich die Struktur der städtischen sozialen Ungleichheit widerspiegelt. „Eine perfekte residentielle Segregation einer städtischen Gesellschaft ist demnach dann gegeben, wenn eine Stadt aus nach der Sozial-, Bau und funktionalen Struktur homogenen aber untereinander verschiedenen Teilgebieten besteht" (Dangschat 1998a: 209). Diese im physischen wie im sozialen Raum segregierten Stadtgebiete stellen jedoch keine Enklaven dar, die völlig von der Außenwelt abgeschottet sind. Dem Individuum wird es durch die Segregation theoretisch sogar ermöglicht, auszuwählen, welchen Normen es sich unterordnen will, da sich deren Gültigkeit mit Wechsel der städtischen Lebensumwelt ändert (Park 1915: 608).

In einem interessanten Experiment hat Martin Klamt aufgezeigt, dass soziale Normen in unterschiedlichen Räumen häufig ungleiche Geltungsgrade aufweisen. Mit einem Liegestuhl setzte er sich auf verschiedene öffentliche Plätze in der Münchener Innenstadt, um die Reaktionen der Passanten und des Sicherheitspersonals auf den Normbruch zu beobachten (Klamt 2006). Auf seine Forschungsfrage, „woher wir so genau wissen, wie wir uns wo zu verhalten haben, scheint nach alledem eine mögliche und sehr plausible Antwort zu sein, dass in öffentlichen wie auch (eigentumsrechtlich) privaten Räumen ganz bestimmte Normen *verortet* sind (…) Als Teil des ‚Wahrnehmungsraums' können diese Normen sehr subtil wahrgenommen und verhaltenswirksam werden. (…) Wir gehen bereits mit bestimmten Erwartungen an einen Raum heran und meinen, dort bestimmte Normen vorzufinden" (Klamt 2006: 237).

Der zweite Segregationstypus, den Park berücksichtigt, bezieht sich nicht nur auf Stadtteile, die sozialen Gruppen als dauerhafte Wohnumgebung dienen, sondern auch auf Gebiete, in denen temporär begrenzt bestimmten Aktivitäten nachgegangen wird. Diese Aktivitäten betrachtet er als ein Ausleben von undisziplinierten Temperamenten und Leidenschaften, die normalerweise aufgrund sozialer Kontrolle unterdrückt werden (Häußermann/Siebel 2004: 53). Da soziale Kontrolle niemals umfassend gelingt, „muss es Orte geben, wo diese Leidenschaften zum Ausdruck kommen können in einer zumindest erträglichen Weise. Zu solchen Orten, an denen sich bestimmte Temperamente und soziale Gruppen sammeln, zählt er auch die Aufenthalts- und Wohnorte der Armen, der Kriminellen, der exzeptionellen Personen im Allgemeinen" (Häußermann/Siebel 2004: 53 f.). Er nennt auf diese Weise segregierte Areale „moral regions". (Mit städtischer Raumnutzung hat sich auch Parks Kollege Ernest Burgess beschäftigt (Burgess 1967).)

Als eine solche „moral region" können heute womöglich die Parkplätze von Supermärkten, Tankstellen und Fast-Food-Restaurants angesehen werden: In vielen Regionen Deutschlands treffen sich dort nachts junge Heranwachsende mit ihren Autos, um z. B. laut Musik zu hören. Je nach Tageszeit erfüllt dieser Raum für unterschiedliche soziale Gruppen eine andere Funktion, wobei sich u. U. sogar die Definitionsmacht für konforme Normen verlagert.

Aus Parks Ausführungen lassen sich mehrere Faktoren ableiten, die er als Einflussgrößen für abweichendes Verhalten ansieht. Die Segregation von Stadtteilen in „natural areas" konserviert und reproduziert die spezifischen Gefühle, Traditionen und die Geschichte ihrer Bewohner (Park 1915: 579 f.). Alle Verhaltensweisen, die innerhalb einer „natural area" als konform gelten, lassen sich unter seinem Konzept des „social ritual" zusammenfassen: „What things must one do in the neighbourhood in order to escape being regarded with suspicion or looked upon as peculiar" (Park 1915: 584). Im Umkehrschluss lässt sich festhalten, dass innerhalb derselben „natural area" all jene als Abweicher gelten, die sich nicht gemäß des „social ritual" verhalten. Da sich eine Stadt auch als Mosaik unterschiedlichster „social rituals" darstellen ließe, die sich z. T. widersprechen, tritt die Nähe solcher Überlegungen zur Subkulturtheorie deutlich zum Vorschein: Park erkennt erstens, dass Verhalten in einer Gesellschaft gleichzeitig abweichend und konform sein kann, abhängig davon, aus welcher Perspektive es beurteilt wird. Er betont, dass Normen relativ sind und stellt sich explizit gegen die Annahme, dass ein Anstieg der Kriminalität durch mangelhafte Assimilation, d. h. durch nicht erfolgte Übernahme von Normen der Mehrheitsgesellschaft, verursacht wird (Park 1915: 595 ff.).

Zweitens beeinflusst die Umgebung, in der ein Individuum verortet ist, ob sich die Wahrscheinlichkeit erhöht, dass es deviant und vor allem delinquent wird: Es bilden sich nämlich auch segregierte Gebiete aus, in denen sich Kriminalität und „Laster" konzentrieren (Park 1915: 582) und wo abweichendes Verhaltens durch „Ansteckung" tradiert wird: „In the great city the poor, the vicious, and the delinquent, crushed together in an unhealthful and contagious intimacy, breed in and in, soul and body, so that it often occurs to me that those long genealogies of the Jukes and the Tribes of Ishmael would not show such a persistent and distressing uniformity of vice, crime and poverty unless they were particulary fit for the environment in which they are condemned to exist" (Park 1915: 612). Die Bedingung dafür, dass sich segregierte Stadtteile mit hoher Kriminalitätsbelastung ausbilden können, ist, dass die soziale Kontrolle gering ausfällt. Als Ursache für die Abnahme der sozialen Kontrolle identifiziert Park den Übergang von persönlichen Beziehungen („primary relations") zu unpersönlichen Beziehungen („secondary relations") sowie die Übernahme spezifischer Funktionen traditioneller Institutionen durch andere Institutionen (Park 1915: 593 ff.). „It is probably the breaking down of local attachments and the weakening of the restraints and inhibitions of the primary group, under the influence of the urban environment, which are largely responsible for the increase of vice and crime in great cities" (Park 1915: 595).

Dass diese Faktoren bei Park begrenzten Einfluss auf die Entstehung von Delinquenz haben und seinem Verständnis nach lediglich Verstärker für vorhandene individuelle Dispositionen sind, zeigen u. a. seine Ausführungen über die „moral regions". Unter Bezug auf die Psychoanalyse Sigmund Freuds beschreibt Park die zunächst unkontrollierten und undiziplinierten Leidenschaften, Instinkte und Bedürfnisse, mit denen Menschen geboren werden. Sozialisation und soziale Kontrolle zähmen diese Veranlagungen, dämmen sie ein oder ermöglichen ihre Kanalisierung in harmlose Aktivitäten wie z. B. Sport oder Kunst (Park 1915: 610 f.). In Parks Verständnis wird Kriminalität nicht *verursacht* durch die Verortung im physischen oder sozialen Raum, nicht durch die Zugehörigkeit zu einer Subkultur und auch nicht aufgrund eines geringen Ausmaßes an sozialer Kontrolle. Die Erklärung über das Ausleben von „wilden, natürlichen Dispositionen" (Häußermann/Siebel 2004: 53) trägt eher psychopathologische Züge: „Neither the criminal, the *defective*, nor the genius has the same opportunity to develop his *innate disposition* in a small town, that he invariably finds in a great city" (Park 1915: 609; Hervorhebungen S. L.). Offensichtlich sieht er die Gesellschaft in der Verantwortung, weil sie in der Lage ist, Delinquenz entweder zu *verhindern* oder zu *verstärken*, wobei sich Park auf das Konzept der „sozialen Desorganisation" bezieht: „Delinquency is, in fact, in some sense the measure of the failure of our community organizations to function" (Park 1967: 106). In Bezug auf William Isaac Thomas führt er aus, dass der soziale Wandel Individualisierungsprozesse angestoßen hat, die aus gesellschaftlicher Perspektive das Äquivalent zu sozialer Desorganisation darstellen. Dadurch wurde der Einfluss der früheren Normen und das System sozialer Kontrolle geschwächt, das durch Familie, Nachbarschaft und Gemeinde repräsentiert wurde. Stadtgebiete, in denen die „soziale Desorganisation" am weitesten fortgeschritten ist, sieht Park gleichsam als Brutstätte von Delinquenz an (Park 1967).

7.2.4 Erweitertes Modell der sozialen Desorganisation

Die Kriminologie wurde von wenigen Schriften so sehr beeinflusst wie von der 1942 erschienenen Studie „Juvenile Delinquency and Urban Areas" von Clifford Shaw und Henry McKay. Das Konzept der „sozialen Desorganisation" wird darin von den Autoren weiter präzisiert: Sie nehmen an, dass drei exogene, strukturelle Faktoren (niedriger ökonomischer Status, ethnische Heterogenität und residenzielle Mobilität) zu sozialer Desorganisation in einem Stadtteil führen (Sampson/Groves 1989: 774). Wegen der sozialen Desorganisation können die Bewohner nicht genügend soziale Kontrolle ausüben und subkulturelle Orientierungen werden ungehindert von einer Jugendgeneration an die nächste weitergegeben (Oberwittler 2003: 136). „Ihre Erklärung der Jugendkriminalität zielte also explizit auf die *kollektiven* Eigenschaften der Stadtviertel, nicht auf die *individuellen* Eigenschaften der jugendlichen Bewohner" (Oberwittler 2003: 136).

Obwohl Shaw und McKay viele Forscher dazu inspiriert haben, den Zusammenhang zwischen Kriminalität und Veränderungen innerhalb der Gemeinde sowie exogenen Ursachen zu untersuchen (Sampson/Groves 1989: 779), wurde die eigentliche Theorie erst in den späten 1980er Jahren von Robert J. Sampson und Byron W. Groves einem direkten Test unterzogen. Sampson und Groves haben das theoretische Modell von Shaw und McKay zudem um zwei exogene Faktoren erweitert. Soziale Desorganisation hängt danach von insgesamt fünf Faktoren ab, die mit sozialer Kontrolle in engem Zusammenhang stehen:

1. Gemeinden mit *niedrigem sozioökonomischen Status* verfügen über unzureichende Ressorcen, um eine effektive Organisationsstruktur aufzubauen und zu unterhalten. Durch Mitgliedschaft in Organisationen könnten Jugendliche allerdings effektiver sozial kontrolliert werden, sowohl formell als auch informell. Die Annahme lautet folglich, dass Kriminalität umso häufiger auftritt, je weniger Jugendliche einer Gemeinde in Vereine, Klubs usw. eingebunden sind (Sampson/Groves 1989: 780).
2. Durch ein hohes Ausmaß an *ethnischer Heterogenität* werden die Interaktionen zwischen den Bewohnern einer Gemeinde komplizierter. Es ist sogar möglich, dass die Einwohner zu keiner gemeinsamen Basis für Interaktionen finden und Kommunikation völlig behindert wird. Ethnische Heterogenität führt deshalb zu einem Anstieg der Kriminalität, weil durch Kommunikationsbarrieren vor allem die Kontrolle abweichender Peer-groups geschwächt wird (Sampson/Groves 1989: 781).
3. Die Delinquenzbelastung fällt geringer aus, wenn die Gemeinden intern sehr stabil sind, d. h. eine geringe Fluktuation aufweisen. Hohe *residenzielle Mobilität* hingegen „stört" oder unterbricht soziale Netzwerke, wie z. B. Freundschafts- und Verwandtschaftsbeziehungen (Sampson/Groves 1989: 780 f.). „The specific hypothesis is that community residential stability has direct positive effects on local friendship networks, which, in turn, reduce crime" (Sampson/Groves 1989: 780 f.).
4. Wachsen die Jugendlichen einer Gemeinde in intakten Familien auf – d. h. Familien, in denen beide Elternteile im gleichen Haushalt leben –, so bildet

sich ein Netzwerk kollektiver familiärer sozialer Kontrolle aus, in dem auch die Aktivitäten der Peer-group beaufsichtigt werden. Auf Gemeindeebene haben *familiäre Störungen* einen direkten negativen Effekt auf Delinquenzraten, weil diese Form sozialer Kontrolle geschwächt ist (Sampson/Groves 1989: 781).

5. Als fünfte Variable geben Sampson und Groves das Ausmaß der *Urbanisierung* an. Sie gehen davon aus, dass städtische Gemeinden weniger leistungsfähig darin sind, soziale Kontrolle auszuüben, als jene in den Vorstädten oder auf dem Land (Sampson/Groves 1989: 781 f.).

Bereits Shaw und McKay haben zusätzlich zu diesen unabhängigen Variablen intervenierende Dimensionen bestimmt, die Einfluss auf die Delinquenzbelastung nehmen. Ein erster Mechanismus, der die Eigenschaften einer Gemeinde mit ihrer Delinquenzbelastung verbindet, ist deren *Fähigkeit, „teenage peer-groups" zu überwachen und zu kontrollieren* (Sampson/Groves 1989: 778). Sampson und Groves haben die intervenierenden Dimensionen übernommen und vermuten ebenfalls, „that communities that are unable to control street-corner teenage groups will experience higher rates of deliquency than those in which peer groups are held in check through collective social control" (Sampson/Groves 1989: 778). *Örtliche Freundschaftsnetzwerke* stellen eine zweite Dimension dar, weil bei hoher Netzwerkdichte die soziale Kontrolle effektiver ausgeübt wird. Drittens wird das Muster der Delinquenzbelastung davon bestimmt, wie ausgeprägt die *Mitgliedschaft in formellen Organisationen und „voluntary organizations"* (Sampson/Groves 1989: 778) innerhalb einer Gemeinde ist. Grafisch lässt sich dieses theoretische Modell wie folgt darstellen:

Abb. 7.2   Erweitertes Kausalmodell von Shaw's und McKay's Theorie zu Systemstruktur und Kriminalitätsraten.

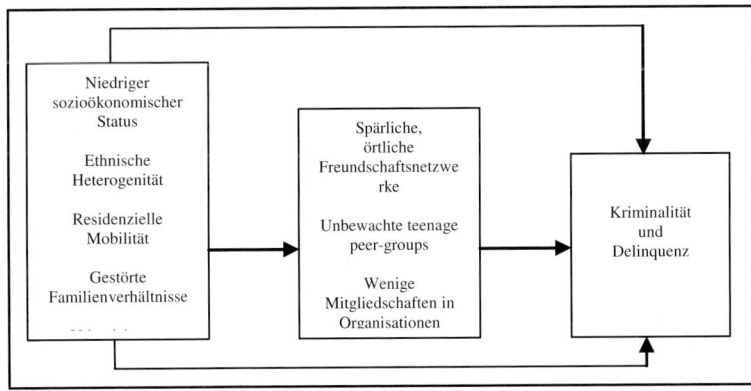

(Quelle: Sampson/Groves 1989: 783)

Für die Überprüfung ihrer Hypothesen analysierten Sampson und Groves hauptsächlich Daten des ersten British Crime Survey aus dem Jahre 1982. Die endgültige Stichprobe umfasste n = 10.905 Fälle aus insgesamt 238 verschiedenen Gebieten Großbritanniens. Bei dieser Befragung wurde die Delinquenzbelastung auch über Selbstberichte erhoben. Die relevanten Indikatoren, Skalen und Maßzahlen für ihre Sekundäranalyse haben Sampson und Groves aus dem Instrument der Primäranalyse abgeleitet (Sampson/Groves 1989: 782 ff.). Sampson und Groves konnten anhand dieser Daten nachweisen, dass Kriminalität in jenen Gemeinden überproportional häufig vorkam, die durch die drei intervenierenden Dimensionen geprägt waren. Auch die Funktion dieser Dimensionen als Mittler zwischen exogenen Faktoren und Delinquenz konnten die Wissenschaftler bestätigen. Sie betonen jedoch, dass ihre Analyse keinen definitiven Test des Desorganisationsansatzes darstellt, weil zum einen die Varianz, die abweichendes Verhalten erklären sollte, relativ gering war. Zum anderen wird angezweifelt, dass das Ausmaß an sozialer Desorganisation von den theoretisch trennscharfen Konzepten der drei Dimensionen gemessen werden kann, und kritisiert, dass die Variable der Partizipation in Organisationen unpräzise war (Sampson/Groves 1989: 799 f.).

Dieses klassische Modell der sozialen Desorganisation wurde Ende der 1990er Jahre von Robert J. Sampson, Stephen W. Raudenbush und Felton J. Earls nochmals um die Idee der „kollektiven Wirksamkeit" (*collective efficiacy*) erweitert (Oberwittler 2004: 139). Diese bezeichnet „ganz allgemein die Fähigkeit von Nachbarschaften, sich erfolgreich für das gemeinsame Wohl einzusetzen" (Oberwittler 2004: 139) und hängt vom gegenseitigen Vertrauen und Zusammenhalt der Nachbarn ab. Oberwittler bemerkt allerdings, dass diese beiden Faktoren nur dann Devianz abzuwehren in der Lage sind, wenn in einem Stadtviertel die abweichenden und subkulturellen Einstellungen nicht die dominanten sind (Oberwittler 2004: 139).

Soziale Desorganisation und Abweichung:
- Vertreter der Chicago School of Sociology befassten sich im frühen 20. Jahrhundert als erste empirisch mit dem städtischen Raum und erarbeiteten sozialökologische Theorien.
- „Soziale Desorganisation" wurde von Thomas und Znaniecki bezeichnet als Wirkungsreduktion von sozialen Verhaltensregeln auf Individuen, die sich u. a. in Kriminalität ausdrückt und auf einen Mangel an sozialer Kontrolle zurückzuführen ist.
- Die Stadt wird in den Theorien der Chicago School als ein Mosaik getrennter Lebenswelten betrachtet, in denen sich z. B. Menschen mit gleicher ethnischer Abstammung konzentrieren. Robert E. Park nannte solche segregierten Stadtviertel „natural areas".
- Nach Park lässt sich soziale Ungleichheit in der Gesellschaft an der Verteilung der Population über den städtischen Raum ablesen.
- Kriminalität hat in den frühen Theorien der Chicagoer Schule psychopathologische Ursachen, wobei das soziale Umfeld im Raum verstärkend oder hemmend Einfluss nimmt.

- Das Konzept der „sozialen Desorganisation", zurückzuführen auf Durkheim, wurde im 20. Jahrhundert von mehreren Autoren aufgegriffen und z. T. weiter entwickelt.
- Ende der 1980er Jahre wurde es durch Sampson und Groves einer empirischen Überprüfung unterzogen und um einige Faktoren erweitert.
- Soziale Desorganisation eines Stadtteils ist nach ihrem Modell umso höher,
  - je niedriger dessen sozioökonomischer Status ist,
  - je heterogener die ethnische Zusammensetzung der Bewohner ist,
  - je größer deren residenzielle Mobilität ausfällt,
  - je mehr Familien mit „gestörten" Beziehungen dort leben,
  - je höher der Urbanisierungsgrad des Stadtteils ist.
- Drei Dimensionen intervenieren zwischen diesen Faktoren und der Delinquenzentwicklung:
  - die Fähigkeit einer Gemeinde, soziale Kontrolle auf „teenage peer-groups" auszuüben,
  - die Dichte der örtlichen Freundschaftsnetzwerke,
  - die Mitgliedschaft der Bewohner in formellen Organisationen und Ehrenämtern.
- Die Delinquenzbelastung eines Stadtteils ist umso höher, je weniger soziale Kontrolle durch diese drei Dimensionen ausgeübt wird.

7.3 Abweichendes Verhalten und residenzielle Segregation

Schon in der Chicago-Schule spielte der Raum für die Entstehung und Praxis abweichenden Verhaltens eine wichtige Rolle. War dort ein zentraler Untersuchungsgegenstand die (vermeintliche) soziale Desorganisation, so sind es heute die residenzielle Segregation und die soziale Exklusion.

7.3.1 Konzeptuelle Abgrenzung von residenzieller Segregation und sozialer Exklusion

Was Robert E. Park unter dem Begriff „natural areas" angedacht hatte, ist heute Gegenstand eines eigenen Forschungsbereichs innerhalb der Stadtsoziologie. Die Segregationsanalyse bietet inzwischen eigene Erklärungen für den Zusammenhang von Raum und abweichendem Verhalten an. Ihre Vertreter wollen den Prozess erklären und beschreiben, wie sich die Bewohner einer Stadt über das Stadtgebiet verteilen, „wie soziale und räumliche Unterschiede miteinander zusammenhängen, und welche Folgen dies hat" (Häußermann/Siebel 2004: 143). Anders als beim Ansatz der sozialen Desorganisation ist nicht soziale Kontrolle der entscheidende Faktor, der Kriminalität in einem Stadtgebiet beeinflusst, sondern soziale Ungleichheit und vor allem Armut und Ausgrenzung. Wie residenzielle Segregation mit Devianz zusammenhängt, lässt sich nicht ohne das Konzept der „sozialen Exklusion" verstehen, weshalb im Folgenden die theoretischen Zusammenhänge dieser Begriffe dargestellt werden.

Segregation wird definiert als „disproportionale Verteilung von Bevölkerungsgruppen über die städtischen Teilgebiete" (Friedrichs 1983: 217) und hat zwei Voraussetzungen: Es muss in einer Stadt sowohl soziale als auch räumliche Unterschiede geben (Häußermann/Siebel 2004: 143). Hartmut Häußermann und Walter Siebel unterscheiden zusätzlich zwischen zwei Arten der Segregation: Konzentrieren sich bestimmte Funktionen an verschiedenen Orten (z. B. Einkaufszentrum, Industriegebiet, Wohngebiet), sprechen sie von *funktionaler Segregation*. Mit *residenzieller* oder *sozialer Segregation* ist die ungleichmäßige Verteilung von Gruppen und Schichten der Stadtbevölkerung über die Wohngebiete der Stadt gemeint (z. B. Luxusviertel, Arbeiterviertel, Zuwandererviertel). Anders als Häußermann und Siebel grenzt Jens Dangschat „residenzielle Segregation" von „sozialer Segregation" ab, weil letzteres Konzept unscharf ist und sich „mit der Segmentation, der sozialen Abgrenzung sozialer Gruppen (beispielsweise durch Vermeidung sozialer Kontakte) überschneidet" (Dangschat 1998a: 209). Diese analytische Trennung wird im Folgenden übernommen, um den Zusammenhang zwischen der Abgrenzung im physischen Raum und sozialer Exklusion deutlicher darstellen zu können. „Residenzielle Segregation ist die Projektion sozialer Unterschiede auf den Raum" (Häußermann/Siebel 2004: 140). Stadtentwicklung sehen die Autoren als einen permanenten Kampf um die Kontrolle von Räumen, der symbolisch und materiell ausgetragen wird und im Ergebnis „exklusive Räume" erzeugt. Diese sind durch ökonomische und symbolische Barrieren nur bestimmten sozialen Gruppen zugänglich und können für Mitglieder diskriminierter Populationen zu Arealen der Exklusion werden (Häußermann/Siebel 2004: 139 f.). Sozial brisant und für die Soziologie abweichenden Verhaltens besonders relevant wird residenzielle Segregation dann, wenn sie in Verbindung mit sozialer Exklusion auftritt oder diese verursacht.

Das Exklusionskonzept stellt einen Gegenentwurf zum US-amerikanischen Begriff der „urban underclass" dar, der als Instrument zur Analyse von Ghettos der schwarzen Bevölkerung diente. Die Mitglieder der „urban underclass" sind charakterisiert durch ihre räumliche Konzentration, die soziale Isolation, eine nahezu völlige Distanz zu legaler Beschäftigung sowie den Zusammenbruch ihrer Familien und sozialen Institutionen (O'Connor 2005: 44; zu „urban underclass" siehe auch Kronauer 2002: 27 ff.; Dangschat 1998b: 75 f.). Aus der Erkenntnis heraus, dass sich die Situation der schwarzen Bevölkerung in amerikanischen Ghettos nicht ohne weiteres auf europäische Städte übertragen lässt, wird in Europa soziale Exklusion als eine Hauptursache für Armut angesehen: Die ethnische Zusammensetzung der „Ausgeschlossenen" ist hier heterogener, die „Armenviertel" sind selten so vollständig abgeschlossen wie in den USA und auch das Ausmaß der Armut ist geringer als in den amerikanischen Ghettos (Paugam 2005: 75 f.). Martin Kronauer hat eine gemeinsame Schnittmenge der Konzepte „urban underclass" und „sozialer Exklusion" identifiziert: Demnach ist in beiden Ansätzen dann von Ausgrenzung zu sprechen, wenn eine „marginale Position am Arbeitsmarkt mit dem Verlust sozialer Einbindung einhergeht" und wenn ein

Akteur nicht mehr „am Leben der Gesellschaft entsprechend den in ihr allgemein anerkannten Maßstäben teilnehmen" kann (Kronauer 2002: 72).

„Soziale Ausgrenzung kann als ein *multidimensionaler, strukturell bedingter,* und *kumulativer Prozess* definiert werden" (Wehrheim 2006: 34). „Ausgrenzung" bzw. „Exklusion" ist ein französisches Konzept und steht in enger Beziehung zur Lebenslagendefinition von Armut (Engbersen 2005: 101). Nicht nur das Einkommen wird dabei als Ursache von Armut angesehen, sondern beispielsweise auch geringer Bildungsgrad, Wohnverhältnisse, fehlende oder unzugängliche Arbeitsplätze usw. Sämtliche Ursachen stehen in Wechselwirkung zueinander. Auch die Chance, aus einer Armutslage wieder herauszukommen, variiert je nach Charakter und Intensität der Ausgrenzung. Weil ein mangelnder Zugang zu erforderlichen Ressourcen besteht, wird Armut durch Exklusion verursacht und reproduziert (Hauser 2002: 100).

Die Logik des Exklusionskonzepts lässt sich an folgendem hypothetischen Beispiel veranschaulichen: Der Ausgrenzungsprozess kann bei einem Betroffenen mit der Arbeitslosigkeit aufgrund eines geringen Bildungsgrades eingeleitet werden. Er verliert damit sein gesichertes Einkommen und womöglich den Kontakt zu Kollegen, d. h. er wird teilweise aus der Konsumwirtschaft und seinem bisherigen sozialen Netzwerk exkludiert. Weil eine passende Arbeitsstelle unzugänglich oder nicht vorhanden ist, gerät der Betroffene in Langzeitarbeitslosigkeit und ist der Stigmatisierung durch Bürger und soziale Institutionen ausgesetzt. Um nicht ständig mit diesen Stigmatisierungen konfrontiert zu werden, zieht er sich sozial zurück, grenzt sich also selbst aus. Aus der Arbeitslosigkeit und Armutslage wieder herauszukommen, wird für den Betroffenen so immer schwieriger. Dieses Beispiel ließe sich selbstverständlich noch weiter fortführen.

Godfried Engbersen identifizierte die vier gebräuchlichsten sozialwissenschaftlichen Auffassungen von sozialer Exklusion. Demnach konzentrieren sich einige Autoren auf die Verdrängung bestimmter Bevölkerungsgruppen vom Arbeitsmarkt, andere auf den sozialen Ausschluss spezifischer Personenkategorien wie z. B. AIDS-Patienten. Die dritte Strömung versteht Exklusion als Gegenentwurf zum Begriff der Inklusion aus Theorien der funktionalen Differenzierung. Eine vierte Gruppe verwendet das Konzept in einem sehr weiten Sinne, so z. B. auch die Europäische Union (Engbersen 2005: 101). „Trotzdem kann der Begriff der Ausgrenzung in der gegenwärtigen Situation zu Armut und sozialer Ungleichheit eine nützliche Funktion erfüllen. Er besitzt genügend Dynamik, um mit seiner Hilfe ‚Prozesse der Marginalisierung' und ‚Bedingungen der Armut' aufzuspüren und zu erklären" (Engbersen 2005: 102).

7.3.2 Der Zusammenhang von residenzieller Segregation und sozialer Exklusion

Residenzielle Segregation kann sowohl als eine Ursache für, als auch als eine Folge von sozialer Exklusion angesehen werden, die sich durch einen Circulus-

Vitiosus-Effekt immer weiter verstärkt (Wehrheim 2006: 33 ff.). Dieser Wirkungsmechanismus soll am Beispiel eines differenzierten Segregationsmodells von Häußermann und Siebel erläutert werden, weil die Autoren u. a. den Zusammenhang von residenzieller Segregation, sozialer Exklusion und Devianz einbeziehen. In ihrem Modell berücksichtigen sie sowohl Aggregationseffekte *durch* abweichendes Verhalten als auch Kontexteffekte *für* Devianz. Zusätzlich plädieren die Autoren für eine analytische Trennung von „residenzieller Segregation" und „ethnischer Segregation", da bei Migranten einige spezifische Mechanismen der Wohnstandortwahl und -versorgung wirken. Zum großen Teil lässt sich „ethnische Segregation" jedoch über die Wirkungsfaktoren der „residenziellen Segregation" erklären (Häußermann/Siebel 2004: 177). Da hier jedoch der Schwerpunkt auf dem Zusammenhang von Segregation und abweichendem Verhalten liegen soll und eine Darstellung der Besonderheiten ethnischer Segregation den Rahmen sprengen würde, wird auf diese Differenzierung verzichtet.

Residenzielle Segregation wird durch die Ausprägungen von Angebot und Nachfrage am Wohnungsmarkt verursacht. Auf der Angebotsseite wird der Raum nach vier Faktoren differenziert: politischen (Stadtplanung, Infrastruktur und Wohnungspolitik), ökonomischen (Preisunterschiede und Ausstattung), symbolischen (Assoziationen aufgrund von Architektur, Bebauungsdichte, städtebaulicher Gestaltung und Landschaft) und sozialen Faktoren (Zusammensetzung der Bewohner) (Häußermann/Siebel 2004: 157). „Die Nachfrageseite wird bestimmt durch die privaten Haushalte, die unter Einsatz der ihnen zur Verfügung stehenden ökonomischen, sozialen und kulturellen Ressourcen Zugang zu Wohnungen suchen" (Häußermann/Siebel 2004: 157). Zusätzlich determinieren individuelle Präferenzen, welchen Wohnstandort ein Akteur wählt. Sie hängen z. B. von der Wohnerfahrung eines Individuums, seinen sozialen Netzen, seinem Bedürfnis nach sozialer Homogenität der Nachbarschaft oder seinem Alter ab. Dabei werden auch Lebensstile als Argument für die räumliche Strukturierung einer Stadt herangezogen. (Einen Überblick über Konzepte und Methoden von Lebensstilen und Städten bieten Dangschat/Blasius 1994.) „Bezogen auf Standortpräferenzen gibt es seit Ende der 1970er Jahre aber auch einen anderen beachtenswerten Trend, der ebenfalls zur sozial-räumlichen Polarisierung beiträgt. Vor dem Hintergrund veränderter Haushaltsstrukturen und Lebensstile nimmt die Attraktivität innenstadtnaher und nutzungsgemischter Standorte deutlich zu" (Alisch/Dangschat 1993: 63). Je nachdem, ob die Polarisierung des Raumes von den Präferenzen oder Ressourcen der Bewohner verursacht wird, bezeichnet man Segregation als „freiwillig" und „aktiv" oder als „erzwungen" und „passiv" (Häußermann/Siebel 2004: 158 f.). Die Differenzierung von Segregation anhand der Freiwilligkeit haben Monika Alisch und Jens Dangschat jedoch kritisiert, weil sie nur geringen praktischen und empirischen Nutzen erbringt (Alisch/Dangschat 1993: 65).

Durch Segregationsprozesse ist es möglich, dass ein eigendynamischer Prozess in Gang gesetzt wird, der die Häufigkeit kriminellen Verhaltens erhöht: Es ist möglich, dass sich in einem Stadtviertel Haushalte mit ähnlich unzureichenden ökonomischen Ressourcen konzentrieren. Konjunkturelle Schwankungen

(z. B. ein Anstieg der Arbeitslosigkeit) und politische Entscheidungen (z. B. Bereitstellung von Sozialwohnungen in diesen Gebieten) können diese Verhältnisse weiter verschärfen und innerhalb des Quartiers zu einem Fahrstuhleffekt nach unten führen. Durch die Nivellierung sozialer Lebenslagen auf niedrigem Niveau nehmen Konflikte, die Angst vor sozialem Abstieg und die soziale Verunsicherung zu, wodurch es zu einer selektiven Mobilität kommt: „Die Haushalte, die umziehen, sind überwiegend erwerbstätig und sozial besser integriert als die Zurückbleibenden. Unter den Zuziehenden sind viele Nichterwerbstätige und Zuwanderer, weil diese in anderen Quartieren wegen hoher Preise oder Diskriminierung keine Wohnung finden" (Häußermann/Siebel 2004: 160). In einer solchen Abwärtsspirale können sich „Quartiere der sozialen Exklusion" bilden, die auch als „Problemgebiete" oder „soziale Brennpunkte" bezeichnet werden (Häußermann/Siebel 2004: 162). „Sie sind durch einen hohen Anteil von Haushalten mit multiplen sozialen Problemen gekennzeichnet, die sich auch in auffälligem und als störend empfundenem Verhalten im öffentlichen Raum niederschlagen (Alkoholismus, aggressives Verhalten, Vermüllung)" (Häußermann/Siebel 2004: 162).

Zu den Eigenschaften sozialer Exklusion gehört, dass der Ausschluss aus einer ihrer Dimensionen die Ausgrenzung aus anderen Teilbereichen nach sich ziehen kann (Wehrheim 2006: 34; Engbersen 2005: 102 ff.; Kronauer 2002: 208 ff.). Territoriale Ausgrenzung kann z. B. zu Exklusion aus dem Arbeitsmarkt führen, wenn der Arbeitsplatz nicht mehr in erreichbarer Nähe liegt. Durch das fehlende Einkommen wird die Armutslage weiter verschärft und die Ausgrenzung aus weiteren Teilbereichen der Gesellschaft wahrscheinlich. Exklusion führt zu einer Einschränkung der materiellen, sozialen und auch symbolischen Lebensbedingungen: Allein das Wohnen in einem „Problemgebiet" kann weitere Exklusionsprozesse anstoßen, „denn die so definierten Räume definieren dann auch die darin lebenden Menschen" (Häußermann/Siebel 2004: 140). Das negative Bild eines Quartiers kann sowohl in das Selbstbild von den Bewohnern oder auch das Fremdbild von Außenstehenden übernommen werden. In der Konsequenz können sich z. B. die Arbeitsmarktchancen verschlechtern, wenn ein Bewerber abgelehnt wird, weil er aus einem verrufenen Viertel stammt (Häußermann/Siebel 2004: 165).

Wo die Bewohner eines Quartiers aufgrund sozialer Exklusion nicht mehr an einem als „normal" geltenden Leben teilnehmen können und es nicht gelingt, die Chancengleichheit wieder herzustellen, kann sich eine „Armutskultur" entwickeln (Häußermann/Siebel 2004: 164 f.). Die Folge ist Selbstexklusion: „Ausgrenzung verfestigt sich zu einer eigenständigen sozialen Lage, wenn die genannten Momente sich wechselseitig verstärken und die Betroffenen schließlich keine andere Möglichkeit mehr sehen, als sich auf sie ‚einzustellen' und damit auch im eigenen Handeln noch zu reproduzieren" (Kronauer 2002: 211).

7.3.3 Residenzielle Segregation und abweichendes Verhalten

Der eben geschilderte Prozess läuft sowohl durch Kontext- als auch Aggregationseffekte sich selbst verstärkend ab: Residenzielle Segregation – verursacht durch Faktoren auf Makro- und Mikroebene – kann zu sozialer Ausgrenzung führen und „aus dem Zusammentreffen unterschiedlich und mehrfach benachteiligter Bewohner entstehen die als problematisch empfundenen Sozialstrukturen" (Alisch/Dangschat 1993: 142). Die Effekte, die sich aus residenzieller Segregation und sozialer Exklusion ergeben, bieten zahlreiche Implikationen und Anknüpfungspunkte mit gängigen Theorien abweichenden Verhaltens.

So werden Sozialisationseffekte von segregierten Gebieten unterstellt, die deren soziale Marginalisierung zementieren und abweichende Verhaltensweisen tradieren. „Eine Nachbarschaft, in der sich Modernisierungsverlierer und sozial diskriminierte Bewohner konzentrieren und abweichende Verhaltensmuster präsenter sind als in Wohngebieten der Mittelschicht, erzeugt durch Sozialisation einen Rückkopplungseffekt, der die Normabweichung bei Jugendlichen verfestigt" (Häußermann/Siebel 2004: 166). Soziale Brennpunkte mit den darin verorteten Sozialisationsinstanzen werden in dieser Perspektive als Lernraum für Devianz angesehen, in dem gleichzeitig positive Rollenvorbilder fehlen, wenn zu viele Mittelschichtsfamilien abwandern. Der soziale Druck der verbleibenden Bewohner von „Problemgebieten" und Imitationslernen führen dazu, dass sich abweichende Normen innerhalb des Quartiers immer weiter verbreiten und letztlich dominant werden können (Häußermann/Siebel 2004: 166). Der Ausbreitungsmechanismus von Delinquenz gleicht jener Form von „Ansteckung", die bereits bei Robert E. Park zu finden ist, und tritt vor allem unter gleichaltrigen Jugendlichen auf (Oberwittler 2004: 139). „Die Erfahrung der Ablehnung gelernter Verhaltensweisen außerhalb der Nachbarschaft oder des Milieus führt häufig nicht zur Verunsicherung, sondern zu reaktiver Verstärkung und weiterer Distanzierung vom gesellschaftlichen Mainstream" (Häußermann/Siebel 2004: 166).

Die Sozialisationseffekte treten gerade dann auf, wenn die sozialen Netzwerke der Bewohner eingeschränkt sind. Für Großstädter aus nicht segregierten Gebieten ist dies nicht der Fall, denn ihre Kontakte sind „zahlreich, räumlich verstreut und selektiv" (Friedrichs 1995: 172). Eine Dimension sozialer Exklusion ist Isolation, d. h. Einbußen in der Qualität und der Quantität der sozialen Beziehungen (die objektiv feststellbar sind und nicht mit Einsamkeitsgefühlen auf subjektiver Ebene einhergehen müssen). Durch homogene, kleine und lokal konzentrierte Netze verschärft sich also nicht nur die Ausgrenzungssituation und residenzielle Segregation immer weiter (Kronauer 2002: 168 ff.; Häußermann/Siebel 2004: 167), auch können sie unter bestimmten Bedingungen die Wahrscheinlichkeit erhöhen, dass Bewohner eines „Problemgebietes" delinquent werden. Oberwittler stellte nach einer Mehrebenenanalyse von Kriminalität in Stadtvierteln von Köln, Freiburg und dem Freiburger Umland fest: „Für Jugendliche, deren Freunde nicht im eigenen Viertel wohnen, steigt die Delinquenz mit der sozialräumlichen Benachteiligung nicht an; für die anderen dagegen zeigt sich ein deutlicher Anstieg, der vor allem in den am stärksten benachteiligten Vierteln dramatisch ist. Die zentrale Bedeutung, die der räumlichen Ausrichtung der Freundesnetzwerke zukommt, legt die Interpretation nahe, dass der Stadtviertelkontext für Jugendliche nur dann bedeutsam ist, wenn ihre Freunde im selben Stadtviertel wohnen" (Oberwittler 2004: 155).

In den Theorien der sozialen Desorganisation spielt soziale Kontrolle durch Familie und Nachbarn die entscheidende Rolle. Welche Bedeutung der Kontrolle öffentlicher Räume durch staatliche Instanzen bzw. der Kontrolle privater und privat-öffentlicher Räume durch Sicherheitsdienste zukommt, wird nicht berücksichtigt. Aktuell ist zu beobachten, dass immer mehr öffentliche Räume in private Hände übergehen oder in eine Mischform des privat-öffentlichen Raums umgeformt werden. „Damit wird auch die technische und bauliche Kontrolle über den Raum zunehmend privatisiert, was für einen Kontrollverlust des Machtstaates spricht. Auf der anderen Seite weitet der Machtstaat seinen Einfluss aus, weil er die Ressourcen privater Kontrolleure nutzt" (Luedtke 2007: 49). Die Organisation von städtischer Kontrolle läuft nicht mehr informell ab, wie in den Theorien der sozialen Desorganisation, sondern nach den Regeln von Markt und Staat über den Einsatz von modernen Informations- und Kommunikationstechnologien (Luedtke 2007: 49). Deren Wirksamkeit wird allerdings überschätzt: Die Vielzahl der terroristischen Anschläge nach dem 11. September 2001 führt vor Augen, dass Nationalstaaten durch keine Kontrollmaßnahme vollständig ausschließen können, dass Terroristen in öffentliche Räume eindringen und zuschlagen. „Der globale Terrorismus lässt die unabdingbare Schwäche des modernen Staates bei der Kontrolle ‚seines' Raumes in einer modernen Gesellschaft sichtbar werden" (Lüdtke 2007: 45).

Doch nicht nur zu den Theorien des differentiellen Lernens oder der Subkultur gibt es Anknüpfungspunkte, auch der Labeling Approach kann herangezogen werden: Haftet einem Stadtviertel einmal das Etikett „sozialer Brennpunkt" an, kann dies dazu führen, dass sich sein Image noch weiter verschlechtert. Die formelle soziale Kontrolle (z. B. durch die Polizei) kann aufgrund eines solchen Stigmas intensiviert werden, wodurch mehr Kriminalität entdeckt wird und die offizielle Kriminalitätsrate dieses Viertels steigt. In der Folge verschlechtert sich das Image des Stadtgebietes weiter. Bewohner von „Problemgebieten" sehen sich dann zudem mit einer Diskrepanz zwischen dem Fremdbild von ihnen und ihrem eigenen Selbstbild konfrontiert. Eine ihrer subjektiven Erfahrungen kann z. B. darin bestehen, dass ihre Normen von der sozialen Umwelt als abweichend definiert oder sie generell als Kriminelle abgestempelt werden. Weil es an materiellen Ressourcen fehlt, können sie sich derartigen Stigmatisierungen nicht durch Wechsel des Wohnortes entziehen. Es steigt damit die Wahrscheinlichkeit, dass die Einwohner ihr Selbstbild aufgeben, das Fremdbild übernehmen und tatsächlich deviant werden (Häußermann/Siebel 2004: 167; Dangschat 1998b: 54). „Solche Reaktionen sind aus der Wohnbedürfnisforschung bekannt; auch dort erfolgt eine Anpassung der eigenen Normen nach unten, wenn keine Möglichkeiten zur aktiven Anpassung, also zur Veränderung oder zum Wechsel der Umwelt gegeben sind" (Häußermann/Siebel 2004: 167). Von besonderer Bedeutung erscheinen diese Zuschreibungsprozesse für Migranten, wenn der Raum in seiner Funktion zur „Neu-Identifikation des Fremden in der Fremde" (Dangschat 1998b: 48) betrachtet wird: Der neue Lebensraum wird für Zuwanderer zum Ort der neuen Identitätsbildung, die deshalb einem besonders hohen Risiko ausgesetzt sind, diskriminierende Fremdbilder zu übernehmen, auch wenn sie oftmals aufgrund von Vorurteilen oder Einzelfällen zustande gekommen sind (Dangschat 1998b: 52 ff.). „In ähnlicher Weise wird ‚den' Asylsuchenden intensiver Rauschgift-(Klein-)Handel nachgesagt, weil die ersten von ihnen ohne Arbeitserlaubnis in Billighotels des Rotlichtmilieus untergebracht und so leichte Opfer wurden. Das heißt, die Etablierten suchen sich den negativsten Fall (oder nur die Vermutung eines solchen), um soziale Gruppen oder Wohnviertel mit dieser ‚Gruppenschande' abzuqualifizieren" (Dangschat 1998b: 54). Weil sich Migranten eher in kulturell homogenen Stadtvierteln niederlassen (müssen), sind sie besonders dadurch gefährdet, dass ein Circulus-Vitiosus-Prozess angestoßen wird: „Minoritäten suchen in der Aufnahmegesellschaft die Gemeinschaft kulturell Vertrauter. Das ist funktional, kann aber zur ethnischen und lokalen Schließung der Netzwerke führen; benachteiligte Lebensverhältnisse und misslingende Integrationsprozesse können sich räumlich sammeln" (Luedtke 2007: 42 f.). Reglementierungen und Organisationsmaßnahmen durch Staat, Behörden und Stadtverwaltung, Vorurteile von Vermietern sowie mangelnde Ressourcen zwingen Migranten ebenfalls häufig dazu, eine stigmatisierende Wohnumgebung zu wählen.

Die Anomietheorie ließe sich im Kontext des Raumes mit dem Argument anwenden, dass residenziell segregierte Stadtgebiete, die durch derartige Prozesse selektiver Mobilität betroffen sind, auch materielle Benachteiligungen erfahren. Die Angebote innerhalb der ausgegrenzten Quartiere nehmen sowohl qualitativ als auch quantitativ ab (Häußermann/Siebel 2004: 168 f.), wodurch das Erreichen kulturell vorgegebener Ziele erschwert wird. Dies bezieht sich auf die kulturelle Ausgrenzung, die aus residenzieller Segregation entstehen kann: „Kulturelle Ausgrenzung meint die Adaption der vorherrschenden Kultur bei gleichzeitigem Vorenthalten von Partizipationsmöglichkeiten. Die kulturelle Dimension (von sozialer Exklusion, Anm. S. L.) beschreibt somit die Diskrepanz zwischen den Erwartungen der Mehrheitsgesellschaft und den meist identischen eigenen Erwartungen, die beide nicht erfüllt werden können" (Wehrheim 2006: 35). Mit Robert K. Mertons Anomietheorie ließe sich z. B. so argumentieren, dass ein Akteur in seinem „Problemgebiet" keine Arbeit mehr finden kann, obwohl er das Leistungsprinzip akzeptiert hat und arbeiten will. Wird ihm zusätzlich aufgrund sozialer Exklusion der Zugang oder die Nutzung bestimmter öffentlicher Räume verwehrt, fehlen legitime Mittel zur Zielerreichung (z. B. Arbeitsplätze), weshalb der Akteur illegitime Mittel nutzt (z. B. Schwarzarbeit).

Residenzielle Segregation und Abweichung:
- Residenzielle Segregation bezeichnet die ungleichmäßige Verteilung der Bevölkerung auf unterschliedliche Teilgebiete im physischen Raum.
- Sie wird als Übertragung der sozialen Ungleichheit in den Raum aufgefasst und von politischen, ökonomischen, symbolischen und sozialen Faktoren

auf der Makroebene sowie der Wohnstandortwahl eines Akteurs auf der Mikroebene verursacht.
- Die Kriminalitätsbelastung eines Stadtteils beeinflusst die residenzielle Segregation über Prozesse der sozialen Exklusion.
- Soziale Exklusion ist ein strukturell bedingter, mehrdimensionaler und sich selbst verstärkender Prozess, der einen Mangel an Partizipationschancen in unterschiedlichen sozialen Teilbereichen beschreibt.
- Residenzielle Segregation und soziale Exklusion hängen eng zusammen und können sich gegenseitig verursachen oder verstärken.
- Durch die Konzentration von Haushalten mit niedrigem Einkommen können sich in einer Stadt „Quartiere der Exklusion" („Problemgebiete", „soziale Brennpunkte") bilden, wodurch die soziale Exklusion der Bewohner weiter zunimmt.
- Zur Erklärung von abweichendem Verhalten in „Problemgebieten" lassen sich geläufige Theorien heranziehen:
  - Weil Sozialisationsinstanzen mit Mittelschichtsnormen fehlen, lernen die zurückgebliebenen Bewohner eines „Problemgebietes" abweichende und subkulturspezifische Normen.
  - Die sozialen Netzwerke der Bewohner sind klein und räumlich konzentriert, wodurch der Kontakt mit Normen der Mehrheitsgesellschaft eingeschränkt ist.
  - „Problemgebiete" und ihre Bewohner werden aufgrund ihrer Randständigkeit etikettiert und können sich wegen Ressourcenmangels den Diskriminierungen nicht entziehen.
  - Die Stigmatisierung der Bewohner als Abweicher oder Kriminelle kann dazu führen, dass sie das Etikett übernehmen und sich tatsächlich abweichend verhalten.
  - Weil in einem „Problemgebiet" legitime Mittel zur Erreichung kulturell vorgegebener Ziele fehlen, ist die Nutzung illegitimer Mittel gemäß der Anomietheorie denkbar.

7.4 Beurteilung von sozialer Desorganisation und Sozialisationseffekten im räumlichen Kontext

In einer Studie aus dem Jahr 2004 haben Oberwittler et al. versucht herauszufinden, welcher theoretische Ansatz einer empirischen Überprüfung eher standhält: Soziale Desorganisation oder Erklärungen, die in der Tradition der klassischen Lern- und Subkulturtheorie stehen. Zu Letzteren lassen sich auch die Modelle der residenziellen Segregation zählen, die – wie dargestellt – Sozialisationseffekte unterstellen. Dass sich Delinquenz in einer Peer-group auf andere Gruppenmitglieder verstärkend auswirkt, ist in der Kriminalsoziologie nicht unumstritten (Oberwittler 2004: 139). „Denn den lerntheoretischen Ansätzen wird seit langem die These der Selbstselektion entgegengehalten, die die Existenz delinquenter Freunde eher als eine Folge denn als eine Ursache der eigenen Delinquenz ansieht" (Oberwittler 2004: 139). Die Unklarheit darüber, welche Kontexteffekte letztlich als ausschlaggebend für Abweichung angesehen werden, spiegelt sich in der Forschung über Jugendkriminalität darin wider, ob Stadtviertel oder Schulen zur Erklärung herangezogen werden: „Stadtviertelbezogene Studien orientieren sich eher am Desorganisationsansatz, während schulbezogene Studien nahe liegenderweise den Einfluss der Gleichaltrigen betonen" (Oberwittler 2004: 140).

Oberwittler schlägt vor, die sozialräumlichen Kontexteffekte weiter zu differenzieren, da sie in früheren Theorien der Komplexität der Realität nicht angemessen sind. Er betont, dass der Kontext nicht auf alle Jugendlichen in gleicher Weise Einfluss nimmt, weil auch individuelle Merkmale in spezifischer Weise mit der Umwelt interagieren. So könnten z. B. familiäre Faktoren oder Freundesnetzwerke einen Schutz gegen negative Einflüsse des Lebensraumes darstellen bzw. diese verstärken (Oberwittler 2004: 140 f.). Seine Differenzierung bezieht auch die zeitliche Dimension mit ein: „Möglicherweise wirkt der Kontext im frühen Kindesalter eher vermittelt über familiäre Faktoren, während die direkten Effekte mit der wachsenden Unabhängigkeit von den Eltern an Bedeutung zunehmen" (Oberwittler 2004: 140 f.). Sobald ein Individuum unabhängiger und nicht mehr über die Familie vermittelt mit der sozialen Umwelt interagiert, ist es den Einflüssen der Schule und des lokalen Raumes direkter ausgesetzt. Seine Aktionsräume innerhalb der kleinräumlichen Umwelt differenzieren sich gleichzeitig aus, wie in Abbildung 7.3 dargestellt:

Abb. 7.3: Theoriemodell sozialökologischer Kontexteffekte auf Jugenddelinquenz

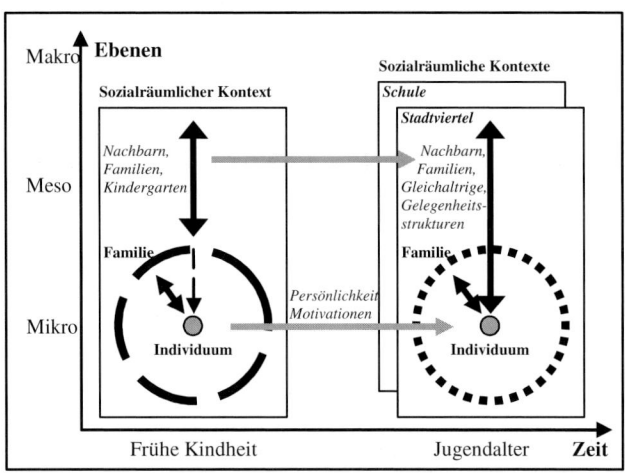

(Quelle: Oberwittler 2004: 141)

Vor diesem theoretischen Rahmen gelangte Oberwittler über eine Mehrebenenanalyse zu mehreren wichtigen Erkentnissen:
1. Sind soziale Benachteiligungen räumlich konzentriert, hat dies einen verstärkenden Effekt auf das abweichende Verhalten von Jugendlichen. Die Neigung zu schwerer Kriminalität ist umso ausgeprägter, je höher der Anteil

der Kinder und Jugendlichen in einem Stadtteil ist, die von Sozialhilfe abhängig sind, wobei die *individuelle soziale Lage der Jugendlichen keine Rolle spielt*. Damit hat Oberwittler kollektive Effekte auf die Bewohner von „Problemgebieten" nachgewiesen. „Ungeklärt bleibt, warum dieser Kontexteffekt nur für deutsche Jugendliche beobachtet werden konnte und warum Jugendliche mit Migrationshintergrund keine oder sogar entgegengesetzte Zusammenhänge zwischen sozialräumlicher Benachteiligung und Delinquenz zeigen" (Oberwittler 2004: 164).
2. Jugendliche sind dem Einfluss ihres Wohnquartiers nicht passiv ausgesetzt, sondern entscheiden über die Wahl ihres Freundschaftsnetzwerkes aktiv mit, wodurch ihr Verhalten beeinflusst wird. Denn Oberwittler konnte nur dort Kontexteffekte des Wohnquartiers nachweisen, wo der Freundeskreis der Befragten im selben Viertel wohnt. Leben hingegen die meisten Freunde außerhalb, verbringen die Jugendlichen weniger Zeit im eigenen Viertel und sind auch dessen Kontexteffekten weniger stark ausgesetzt. „Dieses zunächst banal erscheinende Ergebnis könnte eine erhebliche Bedeutung für die theoretische Interpretation sozialräumlicher Kontexteffekte auf jugendliches Verhalten haben. Es scheint ein starkes Argument für Erklärungsansätze in der Tradition der differentiellen Assoziation zu sein, die die Bedeutung von Gleichaltrigen betonen und *gegen eine allzu große Reichweite der Desorganisationstheorie* zu sprechen" (Oberwittler 2004: 156; Hervorhebung S. L.). Interessant dabei ist, dass dieser Zusammenhang auch hier für die nicht deutschen Befragten nicht in derselben Eindeutigkeit gezeigt werden konnte (Oberwittler 2004: 155).
3. Für die Frage, ob bei sozialräumlichen Kontexteffekten eher Sozialisationsprozesse oder soziale Desorganisationen wirken, waren die Ergebnisse weniger eindeutig. Oberwittler konnte plausibel zeigen, dass Freundschaftsnetzwerke innerhalb des Wohnquartiers eine große Rolle spielen. Auch die Verbreitung von Normen hoher Gewaltakzeptanz ist für Gewaltdelikte von Bedeutung, weil sie sehr wahrscheinlich die individuelle Gewaltausübung fördert. „Dies schließt jedoch nicht aus, dass auch die soziale Organisation der Erwachsenen im Wohnquartier Effekte auf das Verhalten der Jugendlichen haben könnte, die aber vermutlich schwerer zu messen sind als die Kontexteffekte, die von den Gleichaltrigen ausgehen" (Oberwittler 2004: 164).

Die stadtsoziologischen Theorien, die einen Zusammenhang zwischen dem Raum und abweichendem Verhalten annehmen, konnten also bisher nur unzureichend überprüft werden. Sampson und Groves gelang es zwar nachzuweisen, dass ein Zusammenhang zwischen dem Ausmaß an sozialer Kontrolle in einem Stadtteil und der Delinquenzhäufigkeit besteht, jedoch räumten die Autoren ein, dass damit der Ansatz der sozialen Desorganisation nicht defintiv bestätigt wird (Sampson/Groves 1989: 799 f.). Oberwittler konnte eindeutig sozialräumliche Kontexteffekte nachweisen, die unabhängig von individuellen Situationen das Verhalten der Bewohner beeinflussen. Von größerer Bedeutung scheinen nach

Oberwittlers Ergebnissen jedoch Sozialisationseffekte durch die Peer-group zu sein (Oberwittler 2004: 155). Ob soziale Desorganisation oder Sozialisationseffekte einen größeren Einfluss auf deviantes Verhalten haben, kann deshalb nicht eindeutig beantwortet werden.

In der Literatur zum Thema abweichendes Verhalten und Raum konnten keine Studien gefunden werden, in denen der Versuch unternommen wurde, Kontext- *und* Aggregationshypothesen zu überprüfen. Vor allem bei der Untersuchung des Wirkungskreislaufs von sozialer Exklusion, Etikettierungsprozessen und Kriminalität, stellt die ausschließliche Analyse von Kontexteffekten allerdings nur eine Seite der Medaille dar.

Desorganisation und Sozialisation als gemeinsame Determinanten der Abweichung:
- Um zu erschließen, ob eher soziale Desorganisation oder Sozialisationseffekte die Jugenddelinquenzbelastung innerhalb eines Stadtteils beeinflussen, hat Oberwittler ein eigenes differenziertes Theoriemodell entwickelt.
- Seine Differenzierung betrifft die zeitliche Dimension sowie eine Trennung von Mikro-, Meso- und Makro-Ebene: Mit dem Übergang von früher Kindheit zum Jugendalter – so eine Grundannahme – differenzieren sich die Aktionsräume eines Jugendlichen aus und der sozialräumliche Kontext wirkt direkter auf das Individuum ein.
- Oberwittler konnte nachweisen, dass unabhängig von der individuellen sozialen Situation von Jugendlichen, kollektive Einflüsse durch den Raum existieren.
- Sein Ergebnis, dass diese Einflüsse kriminelles Verhalten unter Jugendlichen nur dann steigern, wenn deren Freunde aus demselben Stadtviertel stammen, spricht für das Wirken von Sozialisationseffekten.
- Ob eher soziale Desorganisation oder Sozialisation für das Ausmaß an Kriminalität in einem Stadtteil entscheidend sind, kann nicht eindeutig beantwortet werden.

8 Viktimologie

> Die Kriminologie hat sich lange vornehmlich mit dem Täter und weniger mit dem Opfer beschäftigt. Deshalb muss die Viktimologie als relativ junge Wissenschaft gelten. Sie erforscht die Beziehungen zwischen den Straftätern und ihren Opfern, wobei Opfer Individuen, Gruppen, Organisationen, die Institution des Rechts, der Staat, die Gesellschaft etc. sein können. Opfer einer Straftat wird man dadurch, dass eine Gefährdung, eine Schädigung oder eine Vernichtung eintritt.
>
> Die Viktimologie ist eine interdisziplinäre Wissenschaft, die ihre Erkenntnisse im Wesentlichen aus Nachbardisziplinen wie der Kriminologie, der Soziologie, der Psychologie etc. bezieht. Andererseits kann die Viktimologie auch als Teildisziplin der Kriminologie verstanden werden. Die Fragen, die die Viktimologie zu beantworten sucht, beziehen sich auf Persönlichkeit, Umwelt und Verhalten der Opfer. Während es in den Anfängen der Viktimologie darum ging, den Täter durch „blame the victim" zu entlasten, wozu auch die Bestimmung von Wahrscheinlichkeiten für die Opferwerdung gehörte, hat sich die Perspektive von der Mitverantwortung des Opfers hin zu einer Hilfe für das Opfer entwickelt. Das Opfer rückt in den Mittelpunkt des Interesses, wobei Wiedergutmachung und Täter-Opfer-Ausgleich einerseits als Opferhilfe verstanden, andererseits aber auch als Alternativen zur traditionellen Strafverfolgung begriffen werden, woraus auch eine positive Funktion für den Täter resultieren kann.
>
> Gegenstand dieses Kapitels sind also allgemeine und einleitende Informationen zur Viktimologie, während die moderneren Praxis-Ansätze, die Täter und Opfer nach begangener Tat und erlittener Schädigung zum Zwecke eines wie auch immer gearteten Ausgleichs zusammenführen, in dem Kapitel zum Abolitionismus und dabei insbesondere im Abschnitt zum Täter-Opfer-Ausgleich behandelt werden.

„Die Bezeichnung ‚Viktimologie' kommt von dem lateinischen Wort ‚victima' das Opfer" (Schneider 1982: 10). Die Viktimologie bildet „ein Teilgebiet der Kriminologie, das die Stellung der Tatopfer im Prozeß der Begehung und Verfolgung von Kriminalität untersucht" (Lautmann 1988: 840). Einbezogen werden dabei verschiedene Kriterien – z. B. Persönlichkeits- und Verhaltensmerkmale, Milieubedingungen oder auch Lebensstile –, die die Wahrscheinlichkeit erhöhen können, Opfer eines Verbrechens zu werden (Lamnek 2007: 322; Schneider 1982: 15; Hinderlang 1982: 124 f.).

Viktimologie als empirische Sozialwissenschaft ist noch eine relativ junge Wissenschaft (Amelunxen 1970; Schünemann 1982), denn erst nach dem Zweiten Weltkrieg wurde das Verbrechensopfer zum Gegenstand kriminologischer Forschung (Schneider 1982). Und selbst 1972 ist es noch richtig, wenn Weis feststellt, dass die bisherige Kriminologie in soweit eher Viktorologie war, als sie ihr Interesse deutlich eher den Tätern, nämlich den Siegern, als den Verlierern, nämlich den Opfern, gewidmet hat (Weis 1972). Beste (1986) sieht auch erst seit Beginn der 1970er Jahre eine Forschungsrichtung, die sich als „Viktimologie" bezeichnet und die Aspekte von Opferwerdung und Opfersein einbezieht. Für Schüler-Springorum ist dabei die Opferperspektive „kriminalpolitisch noch aktueller als die Wissenschaft von der Viktimologie" (Schüler-Springorum 1991: 218). Die Wichtigkeit des Einbezugs der Opferperspektive betont auch Steinert (1988).

8.1 Aufgabengebiete und Fragestellungen der Viktimologie

Der erste Ansatz einer dynamischen Betrachtung der Verbrechensentstehung unter Einbezug des Opfers kam von von Hentig (1941). Kriminalität war keine sozial- oder individualpathologische Erscheinung mehr, wie sie z. B. von Positivisten im 19. Jahrhundert gesehen wurde. Gegen diese Vorstellung war bereits Durkheim (1893) angegangen. Mit seinen Aussagen „Kriminalität ist normal" und „Kriminalität ist eine soziale Tatsache" (Durkheim 1965: 155) leitete er „die Entwicklung von der individuellen auf die soziale Erklärungsebene ein" (Lamnek 1977: 49). Analog betrachtete von Hentig Kriminalität dann unter einer dynamischen Perspektive, wobei die Wechselseitigkeit der Täter-Opfer-Verbindung wichtig wurde. Für ihn bildete Kriminalität einen „sich selbst verzehrenden Prozeß antisozialer Elemente" (von Hentig 1941).

Täter und Opfer sind jeweils in die sozialen Bezüge des Gegenübers eingebunden, sowohl Täter als auch Verbrechensopfer sind daher handelnde Subjekte. Bei interaktionistischer Perspektive gelten sowohl die Kriminalisierung, also die „Täterwerdung", als auch die Viktimisierung, das „Opferwerden", als Prozesse sozialer Interaktion. (Darauf verweisen z. B. auch die lateinischen Begriffe „operari" und „offere" unter dem Stichwort „Opfer", die in der deutschen Übersetzung eine aktive Tätigkeit bedeuten (Marth 1989: 195).)

Schultz (1956) ging in Anlehnung an von Hentig davon aus, dass die Mitwirkung des Opfers bei der Strafzumessung des Täters auch strafmildernd (etwa bei einer Provokation) einzubeziehen sei. Sigg (1967) konstatierte, dass ein bestimmtes Opferverhalten ebenfalls konstitutiv für den Tatbestand sei. Schüler-Springorum führt aus, dass zunehmend relevant wurde, inwieweit das Maß der Tatschuld durch das Verhalten des Opfers mitbestimmt wird. In den Vordergrund trat damit das Bemühen, dem Täter eine gerechte Strafe zukommen zu lassen, die seinem wirklichen Maß an Schuld entspricht. Daraus entstand dann die Sonderdisziplin der „Viktimodogmatik" (Schüler-Springorum 1991: 219). Schafer (1968) geht gar von einem „Konzept der funktionalen Verantwortlichkeit" aus, das jedem potenziellen Opfer die Aufgabe zuweist, seine Opferwerdung durch ein geeignetes Verhalten zu verhindern.

Mit solchen, weitgehend auf der Basis interaktionistischer Theorien entstandenen Überlegungen wird es möglich, eine traditionell täterbezogene Kriminologie zu überwinden: „Der in der Substanz sehr alte Gedanke, daß das Opfer einen erheblichen Anteil an der Hervorbringung des Verbrechens besitzt, hat sich in zahlreichen Untersuchungen – namentlich der jüngeren Zeit – als ein außerordentlich fruchtbarer Ansatz zur Erklärung und Vorhersage des abweichenden Verhaltens erwiesen" (Schünemann 1982: 407).

Nun darf aber von Hentigs Begriff vom „heimlichen Einverständnis" des Opfers nicht dahingehend missverstanden werden, dass es an der Straftat teilhat oder dass gar eine darauf abzielende Verständigung zwischen Täter und Opfer stattfindet. Gemeint ist damit nur, dass Täter und Opfer sich gegenseitig ergänzende Partner in der Interaktion bilden. Sie treten in Wechselbeziehung und tauschen verursachende Elemente aus, wobei das Opfer durch sein Verhalten das Handeln des Täters in der konkreten Situation mitgestalten kann. Das Opfer soll also nicht der Mithilfe bei der Kriminalitätsentstehung beschuldigt werden, sondern untersucht wird die Frage nach möglicher Mitverursachung auch deshalb, um angemessene Vorbeugungsmaßnahmen entwickeln zu können (Schneider 1982: 35). Von daher sollten viktimologische Erkenntnisse bei der strafrechtlichen Reaktion einbezogen werden, um zu einer angemessenen Würdigung des Geschehens zu kommen.

Ein ähnliches Argument, allerdings von völlig anderer Seite vorgebracht, finden wir bei dem Abolitionisten Hulsman. Er meint, dass das Strafrechtssystem der (sozialen) Tatsituation nicht gerecht werden kann: „Denjenigen (...), dem man eine Handlung strafrechtlich zuschreibt, isoliert man weitgehend von seinem sozialen Kontext. Ich meine damit vor allem – und dies scheint mir das wichtigste an der Kriminalisierung zu sein –, daß das Strafrecht das Opfer und seinen sozialen Kontext völlig außer acht läßt. Mehr noch als den sozialen Zusammenhang des Täters ignoriert man den konkreten Schaden und denjenigen, der sich geschädigt fühlt. Hierüber weiß man nichts, hierüber werden überhaupt keine Informationen gesammelt. Das Opfer bzw. der Geschädigte verfügen auch über keinen, allenfalls einen lediglich sekundären offiziellen Status im Strafverfahren. Zwar tritt das Strafrechtssystem im Namen von Geschädigten und Opfern auf, für seine Durchführung und seinen Verlauf werden sie jedoch gänzlich ausgeschaltet" (Hulsman 1988: 124).

Die strafrechtsdogmatische Verarbeitung viktimologischer Hypothesen und Erkenntnisse ist noch nicht weit gediehen (Strafrechtsdogmatik bedeutet die wissenschaftliche Auslegung des Rechts). Die entscheidende Fragestellung lautet daher, „in welchem Umfang das geltende Recht entweder einer bestimmten Opferdisposition oder Opferhandlung einen direkten, ausdrücklichen Einfluß auf die Bewertung des Täterverhaltens einräumt" (Schünemann 1982: 408). Für ihn hat die bestehende Strafzumessungsdogmatik mit ihrer zunehmenden Subtilisierung und Individualisierung bei der Sanktionsverhängung einen falschen Weg eingeschlagen. Gerechtigkeit in der Strafzumessung kann seines Erachtens nur entstehen, wenn dabei eine „kontrollierbare Gleichmäßigkeit" möglich ist. Dazu sind aber Schritte nötig, die diesen Bereich der „richterlichen Willkür" entziehen.

Die viktimologischen, empirischen Erkenntnisse verweisen auf das Prinzip der „Mitbeteiligung des Opfers". Zu diesem kriminologischen Begriff hat nun der normative Begriff einer „Mitverantwortung des Rechtsgutträgers", d. h. des Opfers, zu treten. Da dieses Konzept in den Strafrechtsnormen nicht vorhanden ist, muss es – um in das positive Recht eintreten zu können – „methodengerecht" abgeleitet werden. Dies kann für Schünemann (1982) nur deduktiv erfolgen. Er setzt dabei an den fundamentalen Kriterien für die Kriminalisierung menschlichen Verhaltens an, wobei drei Aspekte für ihn bedeutsam sind: Einmal das Vorhandensein eines schutzwürdigen Rechtsgutes, zweitens die hinreichende Bedrohung des Rechtsgutes durch einen Täter und drittens das Strafrecht als geeignetes bzw. erforderliches Mittel zum (staatlichen) Schutz dieses Rechtsgutes.

Dieser staatliche Schutz kann nun verwirkt werden, wenn das Opfer seiner Mitverantwortung nicht gerecht wird, indem es seine Schutzmöglichkeiten außer acht lässt. Bei einigen Delikten (z. B. Fahrlässigkeitsdelikte im Straßenverkehr) bildet der Selbstschutz des Opfers die wirksamste Form der Prävention (wie z. B. das Meiden bekanntermaßen gewaltreicher Gebiete: Wer – um ein extremes Beispiel anzuführen – in New York nachts im Central Park spazieren geht, vernachlässigt sicher die zumutbaren Möglichkeiten des Selbstschutzes). Auch bei Einbruchsdiebstählen, bei denen die günstige Gelegenheit viel wichtiger ist als spezifische Täterfaktoren, können Maßnahmen des Selbstschutzes zu einer spürbaren präventiven Wirkung führen. Weniger wirksam sind – nach einer Studie von Waller/Okihiro (1974) für die Stadt Toronto – rein technische Maßnahmen wie Alarmanlagen, Spezialschlösser, Vergitterung der Fenster etc. Als weitaus wichtiger erwiesen sich aber Formen des nachbarschaftlichen Zusammenhalts oder die Verdeutlichung der Inhaberschaft einer Wohnung (durch direkte oder symbolisierte Anwesenheit) (Schneider 1987: 29 f.).

Die hinreichende Bedrohung des Rechtsgutes durch einen Täter ist folglich nur dann gegeben, wenn die Handlung des Täters ausreicht, um diese erwartbaren Vorsorgemaßnahmen des potenziellen Opfers zu überschreiten. Erst damit wäre dann ein Straftatbestand gegeben. Schünemann sieht in diesem Grundsatz „eine, die richterliche Konkretisierung des Straftatbestandes leitende Auslegungsmaxime" (Schünemann 1982: 412).

Ein Ausschluss der Rechtswidrigkeit und der Strafwürdigkeit durch ein unangemessenes Opferverhalten liegt bei „Einwilligung des Verletzten" vor, bei der das Opfer in intensiver Interaktion mit dem Täter seine Mitverantwortung vollständig vernachlässigt; ein extremes Beispiel hierfür wären sado-masochistische Sexualpraktiken, bei denen auch körperliche Verletzungen auftreten können (Davidson/Neale 1988: 392 f.).

Der Verrat eines fremden Betriebs- oder Geschäftsgeheimnisses ist dann strafbar, wenn die Kenntnis davon durch eine Handlung erlangt wird, die gegen Gesetz und/oder gute Sitten verstößt. Letzteres weist einen fast generalklauselartigen Charakter auf und scheint der richterlichen Willkür freie Bahn zu geben. Unter viktimologischer Perspektive kann diese aber begrenzt werden. Nur wenn der Täter sein Wissen durch Übertreten seiner Stellung erlangt hat – indem er beispielsweise Unterlagen gesichtet hat, die außerhalb seines Aufgabenbereiches lagen –, ist das Geheimnis schutzwürdig und seine Preisgabe strafbar. Dieser strafrechtliche Schutz entfällt jedoch, wenn der Geheimnisträger selbst dem Täter das Geheimnis verraten hat: Dann nämlich hat er den ihm zumutbaren Selbstschutz nicht eingehalten. Damit liegt die Rechtswidrigkeit eines tatbestandsmäßigen Verhaltens nicht mehr vor.

Andererseits kann das viktimologische Prinzip der Täter-Opfer-Interaktion nicht nur bei der Begrenzung strafrechtlichen Schutzes angewandt werden, „sondern auch für eine kriminalpolitisch sinnvolle Bestimmung des Strafmaßes" (Schünemann 1982: 418), wie z. B. bei einem provozierten Totschlag. Eine besondere Schutzwürdigkeit des Rechtsgutträgers ist beim „Mord durch Heimtücke" gegeben, da hierbei zwischen Täter und Opfer eine Vertrauensbeziehung bestand. Nach Schünemanns Ansicht lässt sich daher „die enorme Strafschärfung beim Mord nicht nur moralisch, sondern auch kriminalpolitisch (…) legitimieren" (Schünemann 1982: 418).

Das viktimologische Prinzip, also die Wechselbeziehung zwischen Täter und Opfer sowie das Opferverhalten, haben also mehrere denkbare Auswirkungen:

a. Die Rechtswidrigkeit eines „tatbestandsmäßigen Verhaltens" entfällt,
b. es kann für den Täter strafmildernd wirken,
c. es kann trotz rechtswidrigen Verhaltens dazu führen, dass der Tatbestand als nicht erfüllt angesehen wird,
d. der Tatbestand wird genauer gedeutet.

Schüler-Springorum sieht die kriminalpolitischen Auswirkungen der Viktimologie vorwiegend in „Randkorrekturen", nämlich zum einen Opferentschädigung und zum anderen „Opferbeschuldigung". Aus dem Bemühen um eine gerechte, der Schuld des Täters angemessene Strafe und der Frage nach der Mitverantwortung des Opfers (denn die Straftat ergibt sich – interaktionistisch betrachtet – aus der Wechselbeziehung zwischen Täter und Opfer) resultiert als eine Primärfolge die Opferbeschuldigung, denn: „Dennoch war und ist jene gerechte Strafe nicht zu haben, ohne daß man einen Teil der Täterschuld, wenn auch ohne deren strafrechtliche Pointe, auf das Opfer überwälzt: blame the victim!" (Schüler-Springorum 1991: 219).

8.1.1 Möglichkeiten zur Differenzierung von Opfern

Nach der Frage zur Täter-Opfer-Beziehung bei der Verbrechensentstehung ist nun relevant, wie der Prozess einer Viktimisierung, also der Opferwerdung, abläuft. Des Weiteren interessiert, auf welche Weise eine Differenzierung der Opfer – etwa als „Opferindividualisierung" – erreicht werden kann, um daraus Erkenntnisse für die Prävention zu erhalten. Zuletzt soll der Überlegung nachgegangen werden, ob und – wenn ja – inwieweit die Opferwerdung kriminalitätsfördernd sein kann. Zunächst werden jedoch einige *Opferkategorien* vorgestellt.

Straftaten zeichnen sich mit dadurch aus, dass praktisch immer ein „Opfer" vorhanden ist, es gibt fast keine Straftaten ohne Opfer (wie etwa leichthin im Bereich der Computerkriminalität behauptet). Marth (1989) fragt angesichts der Selbstverständlichkeit des Vorhandenseins von Opfern in der Alltagsperspektive nach Inhalt und Definition dieses Begriffs, wobei es sich als problematisch erweist, dass der Opferbegriff verschiedenen Sinnsystemen (religiösen und weltlichen) angehört. Der Begriff stammt etymologisch von dem lateinischen Wort „sacrificium" ab. Die Bezeichnung „victima", auf die Schneider (1982) die Viktimologie zurückführt, steht in der Übertragung für den Menschen als fallendes Opfertier: ‚victima' meint (…) die Gabe in einer Handlung" (Marth 1989: 196). Auch unter einem viktimologisch-kriminologischen Bezug tritt das Opfer nie ganz aus seinen ursprünglichen religiösen Zusammenhängen heraus, da die viktimisierte Person, das Opfer, im Rahmen einer Handlung gleich dem Opfertier entweder dargebracht wird oder sich hingibt (Marth 1989: 197). Der Schaden muss aber dabei nicht mehr die Qualität „Tod" aufweisen.

Schneider (1982; 1987) geht davon aus, dass es sowohl *konkrete* Opfer gibt, wie Personen (z. B. bei einer Körperverletzung, einem Mord oder einem Einbruchsdiebstahl) oder Organisationen (z. B. Unternehmungen, bei denen Industriespionage betrieben wurde), aber auch *abstrakte* Opfer, wie z. B. eine moralische Ordnung, eine Wirtschaftsordnung oder allgemein eine Rechtsordnung, die gefährdet, geschädigt oder zerstört werden können.

Eine besondere Kategorie, die eher einer traditionellen Vorstellung des *passiven Opfers* entspricht, hat Mendelsohn (1982) mit dem Begriff des *idealen Opfers* dargestellt, dem jegliche Schuld am Geschehen fehlt. Gerade alltagssprachlich wie auch massenmedial vermarktet taucht oft der Begriff des *„unschuldigen* Opfers" auf, der der theoretischen Kategorie des idealen Opfers entspricht. Verzichtet man jedoch auf die „moralische" Kategorie der Schuld und betrachtet eher deskriptiv die (vielleicht auch nicht intendierte) evtl. auch interaktive Beteiligung des Opfers am Delikt, so dürften ideelle Opfer realiter relativ selten auftreten. Ebenso kann es sich um *immaterielle* Opfer handeln, wie beispielsweise eine Gesellschaft, einen Staat (z. B. bei terroristischen Aktivitäten) oder eine Religion.

Auch Selbstopferungen des Täters fallen unter den Begriff des Opfers, wie z. B. in Durkheims Kategorien des *altruistischen* und *anomischen Selbstmordes*. (Ein Beispiel hierfür wäre die Ermordung von Indira Ghandi, bei der die Attentäterin sich beim Auslösen des Sprengsatzes gleichfalls tötete.) Ebenso trifft dies für die Selbsttötung vieler Amokläufer nach der Tat zu (auch wenn diese Handlung zudem in die Durkheimsche Kategorie des anomischen Selbstmordes fallen könnte, da der Täter im Zustand akuter Normlosigkeit keine Handlungsalternative mehr sieht). Die religiös-islamistisch motivierten Selbstmordattentäter der letzten Jahre haben diese Form des Opferstatus weltweit bekannt gemacht.

Gleichermaßen müssen auch die *Mitopfer* und die *indirekten Opfer* erfasst werden, wie z. B. die Zulieferer eines Betriebes, der von einer Straftat betroffen wurde, bzw. die Bankkunden, deren Geldinstitut Opfer eines Raubes wurde, oder die Konsumenten, die unter den Folgen der Wirtschaftskriminalität leiden müssen, oder die Verwandten eines getöteten Opfers.

Nicht zuletzt sollen *stellvertretende Opfer* erwähnt werden. Dies sind – wie LeJeune/Alex (1973) am Beispiel des Straßenraubes ausführen – Personen, die selbst nicht viktimisiert wurden, aber von entsprechenden Straftaten gehört haben und deswegen teilweise ein erhöhtes Bewusstsein der Verletzlichkeit in Innenstädten entwickeln (LeJeune/Alex 1973: 160 ff.).

Eine schon benannte Klassifikatiion mit (je nach Perspektive) mehreren Arten von Opfern findet sich z. B. beim Terrorismus: Da sind zum einen die *konkreten Opfer* – Geiseln und/oder Ermordete (die Ziel"objekte" der Terroristen) –, zum anderen aber auch *abstrakte Opfer*, da eine bestimmte Gesellschaft und ihre Ordnung betroffen sind. Eine andere Kategorie ist zudem relevant: Aus der Sicht des/der Täter(s) werden die Terroristen selbst und ihre Ideale sowie die Klientel, für die sie glauben, „kämpfen" zu müssen, zu *eigentlichen Opfern* (Schneider 1987: 880). Schneider hält es von daher im Gegensatz zu Kaiser, der bei Wirtschaftskriminalität von einer „sich verflüchtigenden Opfereigenschaft" spricht, für bedenklich, bei derartigen Straftaten vom „Verbrechen ohne Opfer" auszugehen, da die Schädlichkeit solcher Handlungen damit verkannt werden könnte.

Auch das Terrorismusbeispiel weist bereits auf eine nötige Abgrenzung bzw. genaue Definition eines wissenschaftlich verwertbaren Opferbegriffes hin: Es darf zu keiner „Ubiquität der Opferbenennung" (Schneider 1982) kommen, bei der sich jeder in irgendeiner Weise als Opfer von irgend etwas fühlen kann. Eine allgemeine Viktimologie, die alle Kategorien von Opfern erfasst, muss aber wirkungslos bleiben, denn „wo jeder Opfer ist, ist niemand Opfer, jedenfalls nicht unter wissenschaftlichen Gesichtspunkten" (Kirchhoff/Sessar 1979: 4).

Der Opferstatus ist also stets das Ergebnis von Definitionsprozessen, die im Kontext verschiedener theoretischer und/oder alltagspraktischer Perspektiven ablaufen (Marth 1989: 200). Der Versuch einer umfassenden, aber dennoch angemessenen Definition ist nach Schneider dennoch für eine wirksam arbeitende Viktimologie notwendig, da nur über das soziale Sichtbarmachen des Opfers Verhütung und Bekämpfung von Kriminalität möglich sind (Schneider 1982: 12).

Wolfgang kritisiert, dass Verbrechen neben dem Faktor der Schuld des Täters „primär nach dem Typ der Straftat in einer Rechtstaxonomie definiert (werden) anstatt nach dem Grad des Schadens, der dem Opfer widerfahren ist, mit Ausnahme von Verbrechen gegen die Person" (Wolfgang 1982: 46). Für ihn ist es daher bedeutsam, Verbrechen und ihre Sanktionierung verstärkt auf der Basis der *Opferindividualisierung* anzugehen. Von Opferindividualisierung kann immer dann gesprochen werden, wenn eine konkrete Benennung des Opfers vorliegt. Die Positionen des späteren Täters und des zukünftigen Opfers sind dabei durch eine rechtliche Basis bestimmt, die den Bereich des erlaubten Verhaltens (einschließlich der gegenseitigen Verpflichtungen) regelt. Bei (strafbaren) Verstößen gegen diese Regeln bzw. Normen kann eine Vielzahl von Kennzeichen und Merkmalen des Opfers einbezogen werden, wenn es um den ihm zugefügten Schaden geht.

Art und Ausmaß der Viktimisierung lassen sich dann durch vielfältige Opfervariablen festlegen, wie z. B. Alter, Geschlecht, Dauer der Schädigung, Körperverletzung, psychischer Schaden, wirtschaftlicher Verlust, Besonderheit der Täter-Opfer-Beziehung. Da bei vielen Viktimisierungen ein Zusammenspiel mehrerer Variablen erfolgt, bedarf es für eine angemessene Erfassung einer mehrdimensionalen Analyse.

Wolfgang kritisiert weiter, dass die Härte der Sanktionen ausschließlich auf einer viel zu undifferenzierten Vorstellung von der „Schwere der Straftat" beruht. Die traditionellen Kriterien dafür sind die Absicht des Täters, die Schwere des Schadens und der Eigentumsverlust – Tätermerkmale wie Persönlichkeitsbedürfnisse, Geisteszustand oder Vorleben wurden mehr oder weniger ausgeklammert. Zu Beginn der 1980er Jahre wurde seitens neoklassischer Vertreter der Strafrechtsphilosophie gefordert, dass der *Vergeltungsgedanke* (bzw. das Prinzip der ausgleichenden Strafe) wieder zur Grundlage für das Strafrecht werden müsse. Wolfgang formulierte zu dieser Entwicklung ziemlich kritisch: „Das Modell der ausgleichenden Strafe ist zur beruflichen Befriedigung und Wertorientierung vieler Moralisten und Sozialwissenschaftler wieder auferweckt worden" (Wolfgang 1982: 46). Diese Überlegungen waren gegen den Utilitarismus in der Strafrechtspflege gerichtet und wurden mittels komplizierter empirischer Untersuchungen über die ungenügende Effizienz des Rehabilitationsansatzes, der seit den 1960er Jahren bestimmend war (de Haan 1985: 254), begründet.

De Haan (1985) sieht hinter dem neoklassischen Ansatz (Hirsch 1983) jedoch auch das Bemühen liberaler Reformer, „das Erreichte gegen die Angriffe der rechten Kriminalpolitiker zu verteidigen" (de Haan 1985: 256). Für ihn stellt dies eine Antwort auf den seit Mitte der 1970er Jahre aufgekommenen Neo-Konservativismus dar, bei dem Politiker (besonders in den USA) bemüht waren, „mit ‚law and order'-Kampagnen sogar die minimalsten Reformen, die in der Strafrechtspflege erreicht worden sind, wieder rückgängig zu machen" (de Haan 1985: 253). Die Vorarbeit dazu war jedoch von konservativen und liberalen Wissenschaftlern geleistet worden, die mit Angriffen auf die liberale Strafphilosophie und (allerdings erfolglosen) Versuchen, eine ausschließliche *Vergeltungs- und Abschreckungstheorie* wieder zu etablieren, in Großbritannien und den USA dennoch eine harte Kriminalpolitik durchsetzen konnten.

Problematisiert wurde von der „Neoklassik" daher die Rechtmäßigkeit der Zumessung und Vollstreckung von Strafe, nicht das Prinzip der Gefängnisstrafe. Ausgegangen wurde von einer „Gerechtigkeitsethik": Nur wer es nach Maßgabe von Ernst und Umständen des Vergehens wirklich verdient hat, soll auch bestraft werden („Proportionalitätsprinzip" oder „Gerechtigkeitsmodell"; Vogel 1978).

Wohl aufgrund der Überlegung, dass die strafrechtsphilosophische Position der „Neoklassik" (d. h. der „Verrechtlichung") für die nächste Zeit bestimmend sein wird, geht Wolfgang pragmatisch an die Situation der Strafzumessung heran und macht den Vorschlag, dass – wenn schon keine Tätermerkmale mehr einbezogen werden (Entindividualisierung des Täters) – wenigstens den Opfermerkmalen verstärkte Aufmerksamkeit zukommen soll (Individualisierung des Opfers) (Wolfgang 1982: 47). Er sieht den Vorteil der Opferindividualisierung darin, dass das Modell der verdienten Strafe erhalten bleibt und sogar zu „steigern und (zu) bereichern (wäre) durch die Bereitstellung größerer Genauigkeit in der Verhältnismäßigkeit der Schwere der Sanktionen zu der Schwere der Viktimisierung" (Wolfgang 1982: 58).

Der Schadensgrad könnte z. B. durch die Variablen Altersunterschiede der Opfer, Geschlecht und Zeit, den Schweregrad von Verletzungen, ein emotionales Trauma und die Täter-Opfer-Beziehung ermittelt werden. Zivilrecht und Versicherungsgesellschaften erkennen bereits seit längerem die Altersvariable (z. B. auf Basis von Lebenserwartungsstatistiken) an. In manchen Gesetzen und Urteilen zur Vergewaltigung wurde eine Opferdifferenzierung auch auf Basis des Altersabstandes zwischen Opfer und Täter durchgeführt. Damit lässt sich (angeblich) bestimmen, ob überhaupt eine Vergewaltigung vorlag und wie die Schwere der Tat zu bewerten ist.

Die Berücksichtigung des Schweregrades von Verletzungen erlaubt, „graduelle Unterschiede der körperlichen Verletzung des Opfers in die Bedeutung der Schwere einzubeziehen" (Wolfgang 1982: 55). Dazu wäre es möglich, eine Gewichtung von Verletzungen (etwa mit einer Vergabe von Punkten) auf der Basis einer Skala von Verletzungsschweregraden zu erstellen, wie sie etwa in der Unfallmedizin entwickelt wurde.

Die Opferindividualisierung über psychische Schäden oder Traumata wäre hingegen zu schwierig. Die Reaktion auf eine Viktimisierung kann nämlich sofort nach der Krise, verzögert, übertrieben oder sogar (scheinbar) fehlend erfolgen, wobei aber gerade die (stark) verzögerten Reaktionen die eindrucksvollsten Symptome zeigen können (Geis 1982: 340; Lindemann 1965).

Bei dem Kriterium der Opfer-Täter-Beziehung ergibt sich der Schadensgrad als Funktion aus der Beziehung zwischen Täter(n) und Opfer(n). So können besondere Rollenbeziehungen zwischen Täter und Opfer (z. B.: Ist die Bedrohung durch einen Freund oder durch einen Fremden schlimmer?) die Definition der Handlung als Straftat, den Grad des empfundenen Leides beeinflussen. Die gegenwärtigen Kriminalgesetze würden hingegen – so Wolfgangs Kritik – nur in bescheidener Weise die Beziehung krimineller Täter-Opfer berücksichtigen.

Aufgaben und Forschungsziele der Viktimologie:
- Untersuchung des *Viktimisierungsprozesses*: Wie werden Menschen zu Opfern, wie reagieren sie und ihre Umwelt darauf?
- Wie ist die Beziehung zwischen den Tätern und den Opfern geartet?
- Gibt es so etwas wie eine *Opferpersönlichkeit*?
- Können Typologien von Opfern und/oder Situationen konstruiert werden?
- Kann die *Wiedergutmachung* und der *Täter-Opfer-Ausgleich* als Alternative zum traditionellen Strafrecht gesehen werden?
- Mit der Viktimologie wird eine ausschließlich täterbezogene Perspektive der Strafverfolgung verlassen. Das *Opfer wird verstärkt in das Verfahren einbezogen*, womit folgende Funktionen realisiert werden sollen:
    - Feststellung der *Tatschuld* durch Einbezug des Opferverhaltens.
    - Ableitung einer *gerechten Strafe* aus dieser Täter-Opfer-Beziehung.

- Erst danach entwickeln sich (insbesondere bei Kapitaldelikten) Fragen zur *Opferentschädigung*.
- Aus diesen Fragen und Funktionen ergeben sich *Opfertypologien* und *–terminologien*, die zwar in sich nicht geschlossen, aber heuristisch nützlich sind: *passive, ideale, indirekte, stellvertretende, konkrete, abstrakte, eigentliche Opfer* sind Begriffe, die auf unterschiedliche Aspekte und Perspektiven verweisen.
- Die *Täter-Opfer-Beziehung* wird sowohl *kriminalistisch* als auch in der *gerichtlichen Strafzumessungspraxis* zunehmend bedeutsam. Gerade im Bereich der Kriminalpolitik ist im Anschluss an Straftaten der Fokus auf diese gerichtet.
- Obgleich alltagsweltlich unter Opfer in der Regel ein personales verstanden wird, müssen im Bereich wissenschaftlicher Analyse auch *abstrakte Opfer* wie z. B. die *Rechtsordnung*, der *Staat*, die *Gesellschaft* oder auch konkrete nonpersonale *Organisationen* und *Institutionen* Berücksichtigung finden.

8.2 Die Bedeutung von Opferbefragungen (Victim Surveys)

Die Methode der Victim Surveys kommt (wie vieles andere auch) aus den Vereinigten Staaten. Die erste größere deutsche Opferuntersuchung wurde in Göttingen 1973/74 von Schwind (1975) durchgeführt. 1.170 Personen wurden danach befragt, ob sie Opfer von Diebstahl, Raub, Körperverletzung, Sachbeschädigung oder Unfallflucht geworden waren. Eine zweite größere Studie wurde ebenfalls 1973 in Stuttgart von Stephan (1976) realisiert. Während Stephan eine Relation Hellfeld (also registrierte Kriminalität) und Dunkelfeld zwischen 1:11 und 1:39 registrierte, lagen diese Relationen bei Schwind zwischen 1:8 und 1:32, also durchaus vergleichbare Befunde. Nachdem 1992 eine erste große Opferbefragung vom Kriminologischen Forschungsinstitut Niedersachsen mit einer Population von mehr als 15.000 Personen in der Bundesrepublik Deutschland durchgeführt wurde, fand die jüngste und bisher größte derartige Umfrage auf Ebene des Bundes 1997 im Auftrag des Bundesministeriums der Justiz statt: Es wurden im Rahmen zweier unterschiedlich großer Stichproben die Daten von über 23.000 Menschen erhoben (SozialwissenschaftenBusIII/97 (SWB) mit N = 3.272 und GFM-GETAS Mehrthemen-Großumfrage 1997 (MTU) mit N = 20.070) (BMI/BMJ 2006: 17 f.).

Victim Surveys sind in vielfacher Hinsicht nicht ganz unproblematisch. Schließlich erfassen sie in der Regel nicht aktuelle, sondern vergangene, zudem meist unangenehme Ereignisse. Erinnerungsschwierigkeiten, Verdrängungen, Beschönigungen und sekundäre Viktimisierungen führen ebenso zu einer mangelnden Repräsentativität wie zu Problemen der Zuverlässigkeit und Gültigkeit von Angaben. Ein zusätzliches Problem stellt sich durch die sog. Subsumtionsproblematik, d. h. die Zuordnung von bestimmten Sachverhalten zu juristischen Kategorien. Die Validitätsprobleme von Victim Surveys lassen sich im Wesentlichen auf drei spezifische Verhaltensweisen im Kontext von Befragungen zurückführen (Kiefl/Lamnek 1986: 41 f.):

– *Selektives Wahrnehmen*: Nicht alle Delikte werden vom Opfer auch tatsächlich registriert.
– *Selektives Erinnern*: Weniger schwerwiegende Delikte werden leichter vergessen.
– *Selektives Berichten*: Nicht alles, was wahrgenommen und erinnert wurde, wird auch berichtet, da man Angst hat, sich evtl. bloßzustellen, dass das Opferverhalten kritisiert wird etc.

Hinderlang legt anhand des empirischen Materials aus dem „National Crime Survey" (USA) dar, dass über fünf Jahre hinweg eine stabile Tendenz besteht, Viktimisierungen nicht anzuzeigen („Dunkelfeld"), wobei sich regionale oder lokale Differenzierungen als nebensächlich erweisen (Hinderlang 1982: 120). Die Gültigkeit der Ergebnisse von Opferbefragungen über Dunkelziffern innerhalb einer Population und die Arten begangener Delikte gegen die Mitglieder dieser Gruppe werden angezweifelt (Opp 1974: 58 ff.). Albrecht et al. weisen darauf hin, dass Dunkelfeldstudien in Deutschland, die auf der Basis von „Self-Reports" durchgeführt wurden, meistens keine verallgemeinerungsfähigen Ergebnisse brachten, weil sie ihre Probanden nicht durch Zufallsauswahl gewonnen hatten (Albrecht et al. 1988: 6). Mögliche Fehlerquellen zeigen sich im Bereich des autobiografischen Gedächtnisses (sowohl Über- als auch Unterschätzungen der Frequenz und der Delikte), durch den Kontext der Erhebung bedingt (z. B. ergab eine zu spezifizierte Verhaltensbeschreibung bei der Itemformulierung Doppelzählungen) oder durch Orientierung an der sozialen Erwünschtheit (Howe et al. 1991: 10). Im Rahmen der Untersuchung zeigte sich, dass weniger die soziale Erwünschtheit als vielmehr die „Gesetzmäßigkeiten des Suchprozesses im autobiographischen Gedächtnis (...) zu Unsicherheiten bei der Deliktangabe führen" (Howe et al. 1991: 32).

In eine ähnliche Richtung weisen auch die Aussagen bei Schneider (1987). Er geht – unter Bezugnahme auf Skogan (1977) – davon aus, dass mit einem „doppelten Dunkelfeld" gerechnet werden muss: Sowohl Täter als auch Opfer zeigen bei Befragungen die Tendenz, ihr Tätersein und ihre Opferwerdung nicht vollständig anzuführen. (Sowohl Männer als auch Frauen „overreporten" z. B. Viktimisierung und „underreporten" eigene Täterschaft im häuslichen Bereich (Schwithal 2004).) D. h.: Auch die Dunkelfeldforschung trägt nicht zur vollständigen Ausleuchtung des wirklichen Umfangs der Kriminalität bei.

Verantwortlich dafür sind psychische Reaktionen des Opfers – Vergessen von Bagatellkriminalität, Verdrängen schwerer Straftaten – und die (ebenso gefühlsbesetzte) Neigung von Tätern und Opfern, die eigene Beteiligung nicht darlegen zu wollen (Schneider 1987: 215), wie auch die Schwierigkeit von Mehrfachtätern bzw. -opfern, sich an Einzelheiten zu erinnern. Auch Versuchsleitereinflüsse und mangelnde Standardisierung der Dunkelfeldfragebogen tragen zu diesen Effekten bei.

Den Opfern strafrechtlicher Vergehen kommt trotz solcher und weiterer Probleme eine gewichtige Bedeutung zu, weil „das Verbrechensopfer (...) als ‚Torhüter' zum System der Strafrechtspflege eine ausschlaggebende Vorabentscheidung über den Einsatz der formellen Instanzen der Sozialkontrolle (fällt), nämlich die Entscheidung über die Verbrechensanzeige" (Schneider 1982: 18; Sessar 1986). Nach Blankenburg et al. werden die Strafverfolgungsbehörden in 80-90 % der erfassten Fälle durch Anzeigen von Kriminalitätsopfern aktiv (Blankenburg et al. 1978: 120).

Wie Schneider (1982) bemängelt, enthalten Kriminalstatistiken außer einigen oberflächlichen Täter- und Opfermerkmalen fast nur Informationen zur Tat (Schneider 1982: 17). Durch Opferbefragungen können nun Angaben über das Dunkelfeld gemacht werden. So zeigte sich z. B., dass weniger als die Hälfte der begangenen Straftaten auch wirklich angezeigt wurden (Schneider 1987: 211). Das Dunkelfeld variiert zudem delikt- und länderspezifisch. Innerhalb des Dunkelfeldes wies der „persönliche Diebstahl" in den USA (1981) eine Nichtanzeige-Quote von 38,3 % auf, Vergewaltigung hingegen nur von 0,4 % (Schneider 1987: 212). In Deutschland wurde ein Einbruch oder versuchter Einbruch zu 80,5 % zur Anzeige gebracht, während sexuelle Belästigung (abzugrenzen zum auch erhobenen sexuellen Angriff) nur zu 19,2 % angezeigt wurde (MTU 1997 in BMI/BMJ 2006: 19). Gerade leichtere Kriminalität kann demnach mit der Dunkelfeldforschung besser erfasst werden.

Eine andere Möglichkeit, zu Angaben über das Dunkelfeld zu kommen, sind die „Self-Reports", d. h. Angaben von Opfern oder/und Tätern zu erlittenen bzw. begangenen Straftaten, wobei man unter Self-Reports im engeren Sinne Dunkelfeldbefragungen von Tätern meint. So gaben, wie Berlitz et al. für Bremen feststellten, 30 % der befragten Jugendlichen an, mindestens einen Diebstahl im letzten Jahr begangen zu haben – im Zentralregister waren nur 2 % aufgeführt. Bei der Verkehrsdelinquenz ergaben sich mit 39 % zu 2 % ähnliche Relationen (Berlitz et al. 1987: 25).

Änderungen bei der Anzeigebereitschaft sowie die Intensität der Verbrechensbekämpfung beeinflussen zudem das Ausmaß, in dem Kriminalität bekannt wird: Scheinbar sinkende Kriminalität bedeutet oft nur eine Vergrößerung des Dunkelfeldes. Auch spricht Steinert bezüglich der angewachsenen Kriminalitätsziffern (etwa ab 1978, sowohl im Jugend- als auch im Erwachsenenbereich) von einem Ansteigen der angezeigten Kriminalität – was heißen kann, dass sich nur das Dunkelfeld verkleinert hat (Steinert 1984a: 99).

Zum anderen lassen sich bei Dunkelfeldstudien auch der Prozess der Opferwerdung, seine Dynamik bei der Täter-Opfer-Beziehung sowie die materiellen, psychischen und sozialen Schäden nachvollziehen. Schneider wie auch Hinderlang gehen davon aus, dass die Opferwerdung nicht das Resultat bio-sozialer Zustände ist, sondern dass die Wahrscheinlichkeit der Opferwerdung vom Lebensstil und von bestimmten Faktoren in den Sozialprozessen abhängt (Schneider 1982: 23; Hinderlang 1982: 121).

8.2.1 Lebensstil und Opferwahrscheinlichkeit

Opferbefragungen werden in den USA seit 1966 durchgeführt und ab 1972 bestehen ständige, systematische und repräsentative Erhebungen. Erfragt werden die Täter-Opfer-Beziehungen, die Opfertypen (z. B. das „Rückfallopfer") sowie ökonomische, psychische und sonstige Schäden bzw. Folgen für die Betroffenen.

Anhand empirischer Resultate aus den Opferbefragungen – die Ergebnisse aus den USA wurden bei Untersuchungen in der Bundesrepublik (Stuttgart und Göttingen 1973) im Wesentlichen bestätigt – lässt sich zeigen, dass vor allem das Alter sowie die Art der Sozialbindung einen signifikanten Einfluss auf die Viktimisierung haben. So wiesen Personen zwischen 17 und 24 Jahren (speziell Männer in Großstädten) die höchste Opferneigung auf, wie auch Personen „ohne Sozialbindung" – d. h. geschieden, getrennt lebend, ledig – eine höhere Quote zeigten als Verheiratete. (Der Begriff „ohne Sozialbindung" wurde von Schneider etwas missverständlich gewählt, denn auch Personen der genannten Gruppen verfügen – sofern sie nicht in sozialer Isolation leben – doch wohl über engere soziale Kontakte zu anderen Personen.)

Auch Geschlecht und Beschäftigungsverhältnis bestimmen die Viktimisierung: Männer haben eine um 50 % höhere Viktimisierungsquote als Frauen, und regelmäßig Beschäftigte weisen eine niedrigere Quote auf als Personen mit ungeregelter Arbeit. Auf eine regionale Differenzierbarkeit verweist die höhere Wahrscheinlichkeit einer Viktimisierung in Großstädten. „Zu wissen, welches Opferverhalten regelmäßig, durchschnittlich oder mehrheitlich dem jeweiligen Delikt zugrunde lag, kann für Handlungsanweisungen genutzt werden, prophylaktisch und präventiv gegen primäre Viktimisierung zu wirken" (Kiefl/Lamnek 1986: 70).

Die Viktimisierung durch Verbrechen unterliegt also keiner zufälligen Verteilung über Raum und Zeit. Es bestehen im Gegenteil „besondere Zeiten, Orte und Personen (…), mit denen ein hohes Risiko verbunden ist" (Hinderlang 1982: 124). Bei entsprechend detaillierten Daten wäre die Möglichkeit gegeben, eine „Kriminalitätsgeographie" zu erstellen, die die räumliche Verteilung sowie die Kriminalitätsströmungen ermitteln könnte. Mit diesen Überlegungen lässt sich auch der ökologische Ansatz („Area Approach"; Shaw/McKay 1969) verbinden. Hierbei werden Art und räumliche Verteilung des kriminellen Verhaltens durch die ökologische Situation des Wohngebietes, also z. B. Infrastruktur oder Art der Geschäfte, determiniert (Lamnek 2007: 311; vgl. auch Kap. 7).

Hinderlang geht bei seinem Modell von spezifischen Mechanismen aus, die den Lebensstil mit der Wahrscheinlichkeit einer Viktimisierung verbinden. Den Ausgangspunkt bilden spezifische (individuell und auch subkulturell) variierende demographische Merkmale: Alter, Geschlecht, Hautfarbe, ethnische Zugehörigkeit, Einkommen, Familienstand, Erziehung, Beschäftigung. Sie beeinflussen zum einen den individuellen Status und bewirken zugleich Strukturbeschränkungen ökonomischer, familiärer oder erziehungsbedingter Natur, wie z. B. die Wahl des Wohnbezirks oder den Zugang zu Bildungswegen.

Rollenerwartungen und Gesellschaftstrukturen schaffen bestimmte Zwänge, denen sich die Mitglieder anpassen müssen, wenn sie konfliktfrei „funktionieren" wollen. Im Falle der (mehr oder weniger) erfolgreichen Anpassung – entweder individuell oder innerhalb von Subkulturen – entsteht daraus der spezifische Lebensstil. (Lüdtke (1989) geht in diesem Zusammenhang davon aus, dass die Frage nach der Existenz statusspezifischer oder statusübergreifender Lebensstile nicht einfach theoretisch entscheidbar ist. Er bezweifelt, dass es diese Verteilungssymmetrie gibt. Dazu müsste nämlich das Verhältnis zwischen objektiven Ressourcen und (subjektivem) Präferenzenspielraum genau den vorgegebenen Klassen- bzw. Schichtlinien folgen (Lüdtke 1989: 40).) Hinderlang bezieht aber den Begriff „Lebensstil" auf die täglichen Routineverrichtungen, wie z. B. die berufliche Tätigkeit, den Haushalt, den Schulbesuch oder die typische Freizeittätigkeit.

Relevant ist hierbei vor allem, dass die Individuen auf der Basis ihrer „objektiven" Ressourcen in charakteristischer Form ihre Zeit zwischen Berufstätigkeit und Freizeitbeschäftigung einteilen. Daraus resultiert aber, „daß Unterschiede im Lebensstil mit Unterschieden in der Konfrontation mit Situationen verknüpft sind, bei denen eine hohes Viktimisierungsrisiko auftritt" (Hinderlang 1982: 124).

Die zweite, indirekte Verbindung sieht Hinderlang über den „Umgang mit anderen", über persönliche Beziehungen bei gleichartigen Lebensstilen und ähnlichen Interessenlagen. Bei einem Umgang mit Personen, die über bestimmte Merkmale verfügen, die auch Straftäter aufweisen (z. B. bestimmte Freizeitgewohnheiten), erhöht sich das Risiko einer Viktimisierung in überdurchschnittlichem Maße. Für das Zustandekommen einer Viktimisierung bedarf es freilich noch weiterer Bedingungen, die gleichzeitig erfüllt sein müssen: Täter und Opfer müssen sich am selben Ort befinden, der Täter muss einen Grund für seine Handlung sowie den Willen zur Durchführung seiner Tat haben und überzeugt sein, mit List oder Gewalt sein Vorhaben durchführen zu können. Zu Letzterem kann auch zählen, dass er das Opfer als geeignetes Objekt betrachtet. Dabei ist die Definition der Tatsituation durch das Opfer wichtig: Ein potenzielles Opfer kann der Viktimisierung entgehen, wenn es nicht auf die angestrebte Opferwerdung (aus der Täterperspektive wäre auch der Begriff Opfer"machung" angemessen) eingeht, wobei aber die Gefahr besteht, dass sich ein Täter durch Schwäche oder Gegenwehr vermehrt motiviert fühlt.

8.2.2 Gründe für Anzeigen und Dunkelziffern

Alle Untersuchungen verweisen regional und national unabhängig auf ein deliktspezifisches Anzeigeverhalten mit einem hohen, ebenfalls deliktspezifischen Dunkelfeld. Schüler-Springorum spricht von einem „Wissen um die Existenz vieler Unterdunkelfelder, die sich tat- und täterspezifisch ineinanderschieben" (Schüler-Springorum 1991: 253). So ergab sich z. B. aus den Befragungen in

Stuttgart, dass insgesamt nur 46 % aller Delikte angezeigt wurden, in den Niederlanden waren es 44 %. Beim Diebstahl wurde in Göttingen eine Anzeigequote von 6,6 % ermittelt, für Tokyo lag der Wert gar nur bei 3,5 %. Bei persönlichem Diebstahl stieg der Anteil auf 25 % (USA) und durchgeführte Autodiebstähle erbrachten eine Anzeigenrelation von 88,6 % (wegen der Versicherungserfordernisse).

Auch Gewaltdelikte führten nur in 46 % zur Anzeigebereitschaft der Opfer, wobei tendenziell Gewalttaten unter Bekannten, Freunden und innerhalb der Familie seltener angezeigt werden, als wenn der Täter ein Fremder ist. So bleiben etwa 55 % der Gewalttaten unter „Intimpersonen" (z. B. Körperverletzung oder Vergewaltigung der Ehefrau) unentdeckt. Während also alltagsweltlich mit Gewaltkriminalität häufiger Tötungsdelikte und andere schwere Straftaten zwischen fremden Tätern und Opfern in erster Linie mit Straßenkriminalität assoziiert werden, sind Gewaltdelikte tatsächlich zumeist *Beziehungsdelikte*. Die alltägliche Furcht vor den Fremden ist somit eher unbegründet. Selbst bei den Straftaten, die der Polizei angezeigt werden, besteht sehr häufig eine Beziehung zwischen Täter und Opfer: Bei den polizeilich registrierten, nicht fahrlässigen, vollendeten Tötungen in den Jahren 1970 und 1971 in Baden-Württemberg ergab sich, dass in 87 % der Fälle eine Täter-Opfer-Relation vor der Deliktbegehung bestand (Sessar 1979: 307). Bezogen auf gefährliche und schwere Körperverletzung ist bei „den weiblichen Opfern (…) der Anteil an Viktimisierungen im sozialen Nahbereich am höchsten (2005 ca. 25 % durch verwandte Täter und 35,2 % durch Bekannte), während bei den Männern der soziale Nahraum deutlich seltener die jeweilige Täter-Opfer-Konstellation bildet (2005 ca. 4,5 % Opfer verwandter Täter und 19,8 % Opfer bekannter Täter)" (BMI/BMJ 2006: 88).

Auffallend bei Gewaltdelikten ist gerade, dass die Gewalt offenbar ein Element der für den jeweiligen Lebensabschnitt typischen Primärbeziehungen ist: In jungen Jahren stellen die Eltern die größte Bedrohung dar, in der Mitte des Lebens sind es die (Ehe-)Partner und im Alter sind es die Kinder. Es ist von daher verständlich, wenn gerade in diesem Fall das Anzeigeverhalten reduziert ist, weil die Privatsphäre vor der Öffentlichkeit geschützt werden soll. Ob damit allerdings eine informelle und „einvernehmliche" Konfliktregelung einhergeht, ist zu bezweifeln.

In Abgrenzung zu „konventionellen" Vorstellungen erhebt sich nach Steinert für eine Kriminologie, die nicht auf der Basis des herkömmlichen, juristischen Verständnisses arbeitet, viel eher die Frage nach den Wünschen, Erwartungen, Gründen, die einer Anzeige zugrunde liegen, als die Frage nach der Anzeigeunterlassung (Steinert 1988: 15).

Anscheinend besteht bei den Opfern allgemein die Tendenz, nur im Fall relativ schwerer Verbrechen die Polizei einzuschalten. Interessant ist, dass der Lebensstil (bzw. die Variablen, die Hinderlang als dafür relevant ansieht) scheinbar keinen großen Einfluss auf den Entschluss zeigt, die Polizei nach einer persönlich erfahrenen Straftat hinzuzuziehen, obwohl er doch „eng mit den meisten fundamentalen Aspekten menschlichen Daseins verbunden ist" (Hinderlang 1982: 125) und Auswirkungen auf die Viktimisierungschancen hat. Von Bedeutung sind nur das Alter der Opfer sowie der Status bzw. die Schichtzugehörigkeit: Ältere Personen erstatten häufiger Anzeige, während „der jüngere Verletzte schneller und großzügiger als der ältere Mensch über Rechtsverletzungen gegen die eigene Person hinwegsieht" (Koewius 1974: 91) und Anzeigen erfolgen häufiger aus der überlegenen Position heraus, werden also eher vom sozial Höherstehenden angewandt (Steinert 1988: 16). (Folgt man hier wieder Lüdtke, so bestätigt dies die geringere Bedeutung des Lebensstils, denn es ist nicht davon auszugehen, dass der Lebensstil sich gemäß den Klassen- oder Schichtlinien verteilt (Lüdtke 1989: 40).)

Als relevant erweist sich vielmehr das Geschehen während der Straftat, wie z. B. der Waffenbesitz des Täters oder die Art seines Vorgehens. Anzeigen werden u. a. dann erstattet, wenn das Opfer

a. sich verpflichtet fühlt, die Verbrechensbekämpfung zu unterstützen,
b. das Delikt als schwer empfindet (wobei dies aber angesichts der Daten wohl nur eingeschränkt gilt),
c. den Instanzen der Sozialkontrolle bzw. der Polizei vertraut, wobei Opfer mit Anzeigeerfahrung eine schlechtere Meinung von der Leistung der Strafverfolgungsbehörden haben (Schneider 1987: 213),
d. oder wenn das Opfer hofft, damit sein Eigentum wieder zu erlangen (Schneider 1982: 21).

Pelikan (1987) nennt andere Interessen von Geschädigten, die zur Anzeige führten:
a. die Polizei wird als „ordnende Autorität" eingeschaltet,
b. die Anzeige dient – besonders bei Körperverletzungen – der Optimierung von Schadensersatzforderungen („Monetarisierung des Konflikts"),
c. die Anzeigeerstattung ist ein Zufallsprodukt.

Steinert verweist auf weitere Hintergründe für eine Anzeige (Steinert 1988: 17):
a. Anzeigen, bei denen kein Kontrahent verfügbar ist (Einbruch, Sachbeschädigung), werden nur bei einschlägigem Versicherungsschutz erstattet.
b. Polizei und Recht werden instrumentell eingesetzt, z. B. um unmittelbar in eine laufende Auseinandersetzung einzugreifen.
c. Häufigstes Anzeigeziel ist der Wunsch nach Wiedergutmachung materieller und sozialer Art.

Voß (1993: 135 ff.) verweist auf Interessenlagen, die das Anzeigeverhalten provozieren: Im Falle von Ladendiebstahl hat der Einzelhandel nicht eigentlich den Täter im Blick, sondern er ist vor allem an einer versicherungsrechtlich notwendigen Tatregistrierung interessiert, da ein angezeigter Diebstahl für die Unentdeckten herhalten muss und Inventurdifferenzen damit legitimiert werden und nicht zu versteuern sind. Die Schadenswiedergutmachung findet beim entdeckten Täter ohnehin an Ort und Stelle statt, indem das gestohlene Gut zurückgegeben wird. Die Selbstbedienungsorganisation im Handel, die Voß als Aufdrängungsstrategie bezeichnet (1993: 141) ist in viktimologischer Perspektive auch als mangelnder Selbstschutz zu charakterisieren. „Dort, wo der Gewinn aus dem Massenverkauf kostengünstiger Produkte erwächst, werden Verluste durch Diebstahl bewußt einkalkuliert" (Voß 1993: 143). Verhaltensleitend ist also nicht das Ziel des Eigentumsschutzes.

Die Anzeige beim Ladendiebstahl auf der Basis geltenden Strafrechts ist nach Voß die Instrumentalisierung des Strafrechtes nach den jeweils relevanten Interessenlagen der „Opfer". Die Gratwanderung im Selbstbedienungs-Einzelhandel zwischen Verführung zum Kauf und Provokation zum Diebstahl nimmt es billigend in Kauf, zum „Opfer" zu werden. Auch Stehr (1993: 115 ff.) vertritt diese Auffassung, denn die Anzeige ist „nicht umstandslos gleichzusetzen (...) mit dem Wunsch der/des Anzeigenden nach Einleitung eines Strafverfahrens. Die Anzeige bei der Polizei ist ein vielfältig determinierter sozialer Akt, der in der Regel nur dann gesetzt wird, wenn er eigenen Interessen dienlich ist" (Stehr 1993: 115).

Die andere Form, einer von den Geschädigten nicht intendierten Anzeige, kann durch externe Interessen oder Routinen hervorgerufen werden (Pelikan 1987: 94). Dabei schalten Vertreter bürokratischer Organisationen – z. B. Amts- oder Krankenhausärzte oder schulische Aufsichtspersonen (Lehrer, Direktoren) – ohne Wissen um die Intentionen der Geschädigten die Polizei ein.

Nichtanzeigen (Gründe der Nichtanzeige: MTU 1997 und SWB 1997 zusammen) finden häufig deshalb statt, weil die Opfer einmal befürchten, die Strafverfolgung könne wegen Beweisschwierigkeiten erfolglos bleiben (26,8 % der Befragten); 20,1 % der Opfer waren der Überzeugung, das Delikt sei für die Polizei nicht wichtig genug, da es nicht besonders schwerwiegend war, keinen Schaden entstanden sei oder es sich um einen Kinderstreich handelte. 15,8 % der Befragten waren weiterhin der Meinung, „die Polizei hätte doch nichts dagegen getan" (Heinz et al. 1997, zitiert nach BMI/BMJ 2006: 19). Diese Meinung mag z. T. auch durch das Verhalten der Polizei bekräftigt worden sein: Die Opfer mussten feststellen, dass die Ereignisse, die für sie eine gewichtige Erfahrung darstellten, für die Beamten nur ein Routinefall waren, eine normale Situation in ihrem Berufsalltag (Geis 1982: 343).

Innerpsychische Reaktionen als Folge der Straftat beeinflussen ebenfalls das Meldeverhalten der Opfer: Bagatellkriminalität wird meist schnell vergessen, das Erleiden schwerer Delikte (z. B. Raub, schwere Körperverletzung) kann hingegen zu einem Trauma führen, weswegen die Geschädigten versuchen, das Erlebte zu verdrängen (Schneider 1987: 215). Ein weiterer gewichtiger Grund waren die Befürchtungen der Geschädigten, es entstünden ihnen Schwierigkeiten durch den Kontakt mit dem System der Strafrechtspflege. Dass derartige Ängste nicht ganz unbegründet sind, beweisen Untersuchungen über den Umgang mit Opfern von Straftaten im Kriminaljustizsystem (Burgess/Holmstrom 1974 über die Erfahrung von Vergewaltigungsopfern; Schneider 1982 über Sekundärschäden von Opfern durch die formelle Reaktion auf ihre Opferwerdung; Albrecht 1983 über die Bedeutung von Zeugen und Opfern für das Kriminaljustizsystem; van Swaaningen aus feministischer Perspektive über ein Beispiel für „die ambivalente Beziehung zwischen den Opfern sexistischer Gewalt und dem Kriminaljustizsystem in den Niederlanden" (van Swaaningen 1989: 171); ein Beispiel für Wirtschaftskriminalität, das zwar nicht direkt auf Opfer von Straftaten bezogen ist, aber Betroffene resignieren lassen kann, führen Lüdemann/Bußmann (1988; 1989) an, wenn sie über faktisch bestehende Diversionschancen statushoher Wirtschaftskrimineller in Strafverfahren berichten.).

8.2.3 Bestrebungen nach informeller Konfliktregelung

Anscheinend ist sogar die „justizexterne" Form gesellschaftlicher Konfliktregulierung über Arrangements, Zugeständnisse oder Rituale vorherrschend. Schüler-Springorum sieht – unter Bezugnahme auf Hanak et al. (1989) – eine Vielzahl „positiver Dunkelfelder" (Schüler-Springorum 1991: 254), in denen alltägliche, Problem- und auch Kriminalitätssituationen bereinigende Strategien angewendet werden, von der Verständigung bis zur Erledigung qua Fausteinsatz. Nun muss es nicht unbedingt Fausteinsatz sein, doch zeigt Stehr (1993: 115 ff.), dass es durchaus praktikable und unterschiedliche Formen der Konfliktverarbeitung im lebensweltlichen Bereich gibt, die nicht strafrechtsbasiert sind. „Ist der ‚kriminologische Blick' einmal aufgegeben, wird die Sicht frei für die alltäglich praktizierten ‚Alternativen' zur strafrechtlichen Konfliktverarbeitung, die – von einem quantitativen Gesichtspunkt aus gesehen – als ‚Normalformen' des Umgangs mit Schäden und Beeinträchtigungen gelten können" (Stehr 1993: 116).

Darauf verweist letztlich auch Hanak, wenn er – unter Bezugnahme auf Bierbrauer (1978) – beschreibt, dass Schiedsmänner bei einer Befragung angaben, von 1.070 durchgeführten Verfahren 100 Fälle informell, d. h. ohne offizielle Registrierung mittels Protokoll, geregelt zu haben (Hanak 1982: 7). Und Steinert geht davon aus, dass ein Großteil der Kriminalität ohne Polizei- und Strafrechteinsatz durch die Beteiligten selbst geregelt wird (Steinert 1988: 11). So gaben dies auch 12,4 % der Befragten (MTU 1997 und SWB 1997 zusammen) als Grund für eine Nichtanzeige an: „habe es selbst geregelt; Täter war mir bekannt" (Heinz et al. 1997, zitiert nach BMI/BMJ 2006: 19). Dieses Verhalten – nämlich eine Vielzahl von Konflikten außerhalb des Strafrechtes zu halten – erweist sich sogar als unumgänglich für sein Funktionieren. Denn „das ordnungsstiftende und konfliktresorbierende Potenzial des Strafrechts liegt ja vielfach in seiner Nicht-Mobilisierung in Form des regelmäßigen Kriminalisierungsverzichts begründet" (Beste 1986: 166). (Man vergleiche hierzu auch die „Präventivwirkung des Nichtwissens" (Popitz 1968).)

Außerdem gesteht das formelle Strafjustizsystem den Geschädigten nur eine geringe Mitsprachemöglichkeit zu. (Auf das geringe Konfliktregelungspotenzial von Strafverfahren wegen mangelnder Mitsprachemöglichkeit der Beteiligten verweist auch Harrington (1980).) Da bei informellen Konfliktbearbeitungen breitere Variationsmöglichkeiten zur Verfügung stehen, die zudem auf der Basis einer interaktiven (oder kommunikativen) Kontrolle der Situation durch die Beteiligten stattfinden, werden diese in größerem Umfang als die formellen Instanzen und aus unterschiedlichen Gründen von Opfern und Tätern genutzt.

Das Kriminaljustizsystem dürfte dabei nicht anders funktionieren als jedes hochkomplexe soziale System, wie etwa (multinationale) Unternehmungen: Die vorgegebene formal-hierarchische Struktur und ihre Anwendung genügen nicht, um den Bestand und das Funktionieren des Systems zu gewährleisten. Daher bilden sich informelle Vernetzungen (bzw. sie müssen sich sogar bilden), weil erst damit die notwendigen und hinreichenden Informationsflüsse und -weitergaben zur Lenkung (und damit zum Funktionserhalt) des Systems ermöglicht werden (Ulrich/Probst 1990: 235).

Widersprüchlich bis unmöglich (bzw. disfunktional) müssten hingegen Anstrengungen seitens der offiziellen Kriminalpolitik erscheinen, diese Produktivität, die einmal durch die Nicht-Kriminalisierung von Konflikten entsteht und sie andererseits erst ermöglicht, in kriminalpolitische Strategien einzubinden.

Die Interaktionspartner verfügen, wie Beste (1986) ausführt, über eine Anzahl von Strategien, aufgrund derer sie (trotz des vorliegenden Tatbestandes) die formellen Kontrollinstanzen nicht einschalten. Dabei muss aber auf den idealtypischen Charakter dieser Austragungsmodi verwiesen werden, die zudem nicht beliebig wählbar sind. Die Möglichkeiten informeller Konfliktbearbeitung werden vielmehr durch die Deliktart, das Sozialmilieu, die objektiven Ressourcen und die aktuellen kriminalpolitischen Präferenzen bestimmt:

a. Bei der *Konfliktparalysierung* wird der Normverstoß entweder von der Umwelt nicht entdeckt oder nicht als solcher anerkannt (besonders bei Straßenverkehrsdelikten), was entweder auf eine mangelnde Kontrollkapazität formeller und informeller Instanzen, auf kriminalitätsförderliche technische Entwicklungen oder sich wandelnde Wertevorstellungen zurückzuführen ist.

b. *Konfliktvermeidung* (als vornehmlich zivilrechtliche Strategie) in stark arbeitsteiligen und hochdifferenzierten Gesellschaften bedeutet, dass aufgrund gestiegener geografischer, sozialer und arbeitsmarktbezogener Mobilität ein zunehmendes Vermeiden von Konfliktsituationen stattfindet. (Die dabei auftretende Tendenz, wegen der Resignation über die Vorläufigkeit der sozialen Beziehungen zur anderen Konfliktpartei auf die formelle Sanktionierung zu verzichten (z. B. indem Polizei und Justiz nicht eingeschaltet werden), kann auch spieltheoretisch interpretiert werden.)

c. Die *Konfliktintimisierung* findet sich besonders bei engen sozialen Bindungen oder längerfristigen Abhängigkeiten, wie etwa in der Familie, im Freundeskreis oder in der Nachbarschaft. Sind die Konfliktpartner gleichgestellt, liegt ein Aushandlungsfall vor, der zur Bereinigung der Situation führt. Bei einem Machtungleichgewicht hingegen kann es durch die „Privatisierung" sogar zu einer Konfliktverschärfung kommen, weil der Schwächere unter dem Einfluss von Zwang oder Nötigung nachgibt (Beste 1986: 165 f.).

Täter bevorzugen die informelle Konfliktlösung, weil die befürchteten Sanktionen und Reparationen auf informeller Ebene eher auszubalancieren sind als im formalisierten Recht. Zudem müssen bereits auffällig gewordene Normabweicher befürchten, dass bei einer Intervention formeller Instanzen eine Verfestigung ihres Etiketts als Abweicher eintritt. Gerade für diese Klientel wird aber – wenn die Konfliktpartner entsprechend informiert sind – die Konfliktprivatisierung wegen der unterstellten Unglaubwürdigkeit zunehmend schwieriger.

Auf der Opferseite bestehen – neben dem Glauben an die eigenen Fähigkeiten zur Konfliktbeilegung – noch weitere Motive. So wird bei Körperverletzung und Sachbeschädigung graduell von einer eigenen Beteiligung am Zustandekommen des Tatgeschehens ausgegangen, weshalb Bagatellangelegenheiten meist untereinander geregelt werden. Auch entscheidet sich das Opfer aufgrund der Überlegung, gravierende Nachteile für den Täter zu vermeiden, für den außerjustiziellen Weg. Pelikan (1987) sieht z. B. in den Möglichkeiten einer außergerichtlichen Konfliktregelung (allerdings nach einer bereits erstatteten, aber nicht intendierten Anzeige!) für den Geschädigten Erleichterungen: keine bürokratischen Verwicklungen, keine Schuldgefühle „wegen einer drohenden und nicht intendierten strafrechtlichen Stigmatisierung des jugendlichen Täters" (Pelikan 1987: 94). Es wird also seitens der Opfer vermieden, „sogleich ein Instumentarium herbeizurufen, das nicht gerade selten gegen die eigenen Interessen arbeitet" (Beste 1986: 168). Da jedoch die Rolle der Gewalt bei allen sozialen Beziehungen nicht unterschätzt werden darf, ist es ein „gefährlicher Irrtum, diese Regelungsformen unter Aspekten der Schadensregulierung, des Täter-Opfer-Ausgleichs oder der Konfliktbeseitigung als vollkommen unproblematisch zu bezeichnen" (Beste 1986: 168).

Auf der anderen Seite bedeutet auch der Einsatz des formalen Rechts keinesfalls eine paritätische oder machtentschärfte Situation. Steinert (1988) geht davon aus, dass sozial Mächtige mittels Rechtseinsatz gerade die Situationen schaffen können (etwa Umweltvergiftung oder Stadtplanung), die von den Betroffenen als Unrecht bezeichnet werden. Daher bleibt zumindest eine Unsicherheit darüber bestehen, „ob nicht dort, wo das Strafrecht aus dem Spiel bleibt, durchaus akzeptable, vielleicht sogar bessere ‚Lösungen' zustande kommen" (Steinert 1988: 14). Hierauf verweist jedenfalls Stehr (1993: 121), der darstellt, wie unterschiedlich die geschädigten Opfer „problematische und störende Situationen" definieren. So werden Situationen/Konflikte, die gemäß Strafrecht als kriminell zu gelten haben, je nach Kontext und lebensgeschichtlichem Hintergrund als Unfall, Pech, traurige Sache, Ärgernis oder auch als Sieg und Action gesehen. Die Annahme einer Identität als Opfer, Geschädigter, Sieger über eine Krise etc. ist daher vielfältiger möglich als im Fall einer strafrechtlich relevanten Anzeige, nach der man nur zum Kriminalitätsopfer wird, im besten Falle noch als Zeuge gilt. D. h. das Angebot an möglichen Identitäten ist strafrechtlich gesehen bei weitem nicht so vielfältig wie die lebensweltliche Bewältigung von Konfliktsituationen. Die Chance einer Verarbeitung durch die „Integration des Geschehens in die Persönlichkeit" ist mit dem lebensweltlich größeren Rollenangebot sicher eher gegeben.

Victim Surveys:
- Das *reale Ausmaß der Kriminalitätsbelastung* einer Gesellschaft wird durch die *Kriminalstatistiken* aufgrund eines *selektiven Anzeigeverhaltens* nur un-

Viktimologie 253

zureichend erfasst, deshalb können *Opferbefragungen* das Bild ergänzen, komplettieren und korrigieren.
- Opferbefragungen selbst sind allerdings auch problembehaftet: *Selektives Gedächtnis*, unterschiedliches *Erinnerungsvermögen*, *soziale Erwünschtheit*, die *Operationalisierungs- und Subsumtionsproblematik* der Delikte etc. beeinträchtigen den Erkenntniswert.
- *Dunkelfeldbefragungen* können als Victim Surveys oder auch als *Self-Reports* („Täterbefragungen") durchgeführt werden. Auch Letztere sind aus ähnlichen und anderen Gründen (Angst vor Strafverfolgung etc.) nicht hundertprozentig valide und reliabel, doch ergeben Kriminalstatistik und beide Arten der Dunkelfeldbefragung ein halbwegs abgesichertes Bild von Kriminalität.
- Die Viktimisierungswahrscheinlichkeit variiert in Abhängigkeit von *sozialstrukturellen Merkmalen, Verhaltensgewohnheiten* und den *Delikten*, aber nur begrenzt von Lebensstilen. Insoweit gibt es unabhängig von der je konkreten Person, aber abhängig von der sozialen Identität, unterschiedliche *Viktimisierungsrisiken*.
- Das *empirisch abgesicherte Wissen um die Opfer im Hellfeld wie im Dunkelfeld* ist noch *unterbelichtet*.
- Das nicht perfekte *Anzeigeverhalten* verweist darauf, dass viele Anzeigen nicht nur deshalb nicht erfolgen, weil Aussichtslosigkeit antizipiert wird, sondern auch deshalb, weil es in vielen Fällen sehr *funktionale informelle Konfliktregelungen* gibt.
- Die *Konfliktvermeidung* verzichtet bewusst, z. B. wegen Aussichtslosigkeit, auf die formelle Strafverfolgung und potenzielle Sanktionierung.
- Mit *Konfliktparalysierung* meint man – aus welchen Gründen auch immer – die Nichtentdeckung einer Straftat oder die Definition eines Verhaltens als Nicht-Straftat.
- Die *Konfliktintimisierung* versucht bewusst, die offiziellen Sanktionsinstanzen auszuschalten und eine private Konfliktregelung zu finden (insbesondere im sozialen Nahraum). Dies muss aber nicht bedeuten, dass die evtl. Sanktionen dadurch milder ausfallen.
- Häufig wird abweichendes Verhalten nicht deshalb angezeigt, weil man das Verhalten als besonders schändlich interpretiert, sondern vielmehr deswegen, weil man für den erlittenen *Schaden entschädigt* werden möchte (Versicherungsprinzip).

8.3 Die Schädigungen der Opfer

Die Viktimisierung durch ein Verbrechen kann zu einer Vielzahl unterschiedlichster Konsequenzen psychischer, physischer, sozialer, moralischer und ökonomischer Natur führen, wobei die Auswirkungen auch von der Art der Straftat, dem Wohlbefinden und der Persönlichkeit des Opfers abhängig sind. „Das Opfer, diese zunächst fast kriminalromantische Figur, hat eben viele Gesichter, die zwischen dem gering (oder gar nicht) materiell Geschädigten und dem körperlich oder zutiefst immateriell Geschädigten changieren" (Schüler-Springorum 1991: 220).

Aus zweierlei Gründen lässt sich die Überlegung von Geis stützen, der einen besonderen Bedarf an Langzeitstudien über die Viktimisierung durch Verbrechen sieht (Geis 1982: 341): Zum einen werden die Früh- und Spätschäden des Opfers von den Instanzen formeller Sozialkontrolle (Staatsanwaltschaft, Gericht, Strafvollzug) fast überhaupt nicht beachtet, zum anderen besteht eine deutliche Scheu des Opfers, seine Ansprüche aus der Viktimisierung geltend zu machen bzw. die Viktimisierung überhaupt anzuzeigen (= das sog. Dunkelfeld).

Deshalb müssen die vorhandenen Erkenntnisse durch qualitative und quantitative Untersuchungen ergänzt werden, was zwar teuer und langwierig sein kann, aber zur Erlangung besserer Kenntnisse über diesen Bereich notwendig ist.

8.3.1 Einige Kategorisierungen von Opferschädigungen

Opfer von Straftaten sind Opfer und Zeugen in Personalunion und damit im Wesentlichen mit einer doppelten Problematik konfrontiert: Einmal mit der Straftat, unter der sie zu leiden haben (tatorientiertes Problem), und zum anderen, soweit die Straftat justiziell verarbeitet wird, mit dem Strafrechtspflegesystem (systemorientiertes Problem). Schon allein aus diesem Grund bestehen mehrere Möglichkeiten, die Schäden aus einer Opferwerdung zu systematisieren. Eine mögliche Unterscheidung bezieht sich auf den Zusammenhang zwischen dem Tatgeschehen und der Schädigung, letztere trennt Schneider (1982) zwischen Primär- und Sekundärschäden.

Unter *Primärschäden* fallen die mittelbaren oder unmittelbaren Folgen, die dadurch entstanden sind, dass der Täter seine strafbare Handlung an dem Opfer ausübte (körperliche Verletzungen, Eigentumsverlust, Eigentumsbeschädigung, psychische Reaktionen, wie z. B. Angst oder Traumata).

Bei körperlichen Verletzungen mussten 7 % der Opfer im Krankenhaus behandelt werden. Schwere Verbrechen gegen Personen, wie Raub oder Vergewaltigung, waren (1982) selten, aber mit schwerwiegenden Folgen für eine kleine Zahl von Personen verbunden. Nur 1 % der US-Bevölkerung war einer wiederholten Opferwerdung ausgesetzt. Insgesamt betrug der materielle Schaden bei 60 % der strafbaren Handlungen gegen Personen und bei 50% gegen Haushalte pro Fall weniger als 50 $. Selten hingegen sind Vermögensdelikte mit schwerem Schaden, wobei aber Autodiebstähle die Ausnahme bilden (Schneider 1987: 213). Auch Steinert führt bezüglich der Entwicklung der Jugendkriminalität in Österreich den Bagatellcharakter eines Großteils der Taten an, da es sich überwiegend um Eigentumsdelikte handelt, von denen etwa 75 % unter 5.000 Schilling (ca. 400 Euro) Schaden angerichtet hatten (Steinert 1984: 100).

Im Bereich psychischer Schädigungen bedeutet die Differenzierung nach dem Zeitpunkt ihres Auftretens die Unterscheidung in eine unmittelbare oder eine verzögerte Reaktion bzw. in Früh- oder Spätschäden. Die Reaktionen auf eine

Viktimisierung können sofort auftreten, zeitlich verspätet sein, übertrieben erfolgen oder scheinbar sogar fehlen. Wie Geis beschreibt, würden einige Betroffene eine geradezu „lässige" Haltung gegenüber ihrer eigenen Viktimisierung einnehmen. „Solche Leute geben feine Verbrechensopfer ab, wenn unser Kriterium die Opfer nach ihrer Fähigkeit und Bereitschaft bewertet, ihre Aktivitäten ohne ungünstige Folgen fortzusetzen oder wieder aufzunehmen" (Geis 1982: 340). (Er unterstellt diesen Personen entweder Phantasielosigkeit oder ein unzureichendes neurotisches Niveau.) Jedoch zeigen gerade Personen, bei denen die Reaktionen erst nach einem Prozess der Verzögerung einsetzen – wie Lindemann (1965) betont –, oftmals die eindrucksvollsten Symptome.

Sekundärschäden hingegen entstehen aus der *formellen und/oder informellen Reaktion auf das Opferwerden* und lassen sich als soziale oder psychische Beeinträchtigungen erfassen. Opfer und Angehörige werden – so kritisiert Schneider – nach der Tat oftmals vergessen. „Die Gesellschaft entwickelt seltsame Einstellungen gegenüber dem Opfer: sie stigmatisiert es" (Schneider 1982: 25). Es kann sehr leicht zu einer Reviktimisierung kommen: durch die Gleichgültigkeit der Umwelt, das Infragestellen der Schuldlosigkeit oder den Rückzug von Personen des sozialen Nahraumes. Diese Reaktionen treten bevorzugt gegenüber vergewaltigten Frauen auf, die als körperlich, seelisch oder moralisch „beschädigt" wahrgenommen werden.

Die *informelle Reaktion* erfolgt durch die Personen des sozialen Nahraums, die es dem Opfer z. B. durch Scheu und/oder Misstrauen erschweren, sich wieder in seine Umwelt (Familie, Freundeskreis) zu integrieren: Das Opfer wird in gewisser Hinsicht sozial isoliert.

Die *formelle Reaktion* erfolgt durch das Wirken der Vertreter der Instanzen sozialer Kontrolle, wie z. B. Staatsanwälte, Richter, Polizisten. Als besonders belastend wird – speziell von Vergewaltigungsopfern – die Situation während der Verhandlung empfunden. Die Öffentlichkeit der Verhandlung, der Zwang, das Geschehen noch einmal über ihre Schilderung zu erleben, die Konfrontation mit dem Täter, die Versuche der Verteidigung, die Frau als Mittäterin zu „enttarnen", die in den USA verbreitete Praxis des „plea bargaining" (das Aushandeln der Strafzumessung zwischen Richter, Staatsanwalt, Verteidiger) führt nicht nur bei den Opfern von Sexualdelikten zu Reviktimisierungen.

Allgemein können umfassende Beeinträchtigungen in den Aktivitäten sowohl durch den Rechtsbruch selbst wie auch durch die Reaktionen des sozialen Nah- und Fernraumes entstehen, so dass die Opfer z. T. versuchen, körperliche Schäden zu verbergen oder wirtschaftliche Nachteile nicht offenkundig werden zu lassen. Häufig treten auch Fehlverarbeitungen psychischer Schäden auf. Daher ist es „eine vordringliche Aufgabe der Viktimologie, Behandlungsmethoden zu entwickeln und Behandlungszentren zu errichten" (Schneider 1982: 14), um solchen Entwicklungen entgegenzuwirken. Bei einer unbehandelten Viktimisierung kann als Folge ein nach jeder weiteren Viktimisierung sich erhöhendes Opferrisiko auftreten. Schneider beschreibt allgemein eine größere Verbrechensfurcht der Opfer nach einer Viktimisierung: Sie sind erschrocken, sensibilisiert und „setzen sich für härtere Strafen durch die Gerichte ein" (Schneider 1982: 24).

Dieser Aussage stehen die Erkenntnisse von Sessar et al. (1986) aus einer empirischen Untersuchung in Hamburg entgegen: Die Autoren erkannten nach den Opferbefragungen kaum einen Einfluss der Viktimisierung auf die Kriminalitätsfurcht. Nur Opfer von schweren Gewalttaten und Wohnungseinbrüchen zeigten häufiger furchtsame Reaktionen. Dabei war jedoch der statistische Zusammenhang ziemlich schwach. Opfer von Eigentums- und Verletzungsdelikten erwiesen sich in der Befragung z. T. sogar als weniger ängstlich als zuvor. Daher ist „in weiten Bereichen der Opferwerdung (...) also eher von einer Nullhypothese auszugehen, wonach ein substantieller Unterschied in den Einstellungen von Opfern und Nichtopfern nicht besteht" (Sessar et al. 1986: 97).

Beste (1986; 1987) warnt davor, das Opfer im Interesse einer repressiven Kriminalpolitik zu einem Garanten der Rechtsordnung zu machen, indem Schäden und individuelles Leid öffentlichkeitswirksam ausgebreitet (Beste 1987: 351; 1986: 169) und damit neue Gesetze oder Strafverschärfung gefordert werden.

Tertiäre Schäden können sein: psychosomatische Probleme, wie Ängste, Wut, Depression, sozialer Rückzug. Sie mögen entstehen durch *tertiäre Viktimisierung*, nämlich durch die dauerhafte Übernahme der Opferrolle in die Persönlichkeit, womit die Gefahr einer self-fulfilling prophecy einhergeht. Weil sich die Person als Opfer empfindet, wird sie auch so handeln, d. h. sich häufiger in opferproduzierende Situationen begeben. Insoweit erfährt das Selbstbild eine Bestätigung durch die Erfahrung („Typisch, dass das mir passieren muss!"). Daraus müssen nicht notwendigerweise psychische Probleme resultieren. Die dominante Übernahme der Opferrolle kann auch positive Funktionen erfüllen, indem man entsprechende Zuwendung seitens des sozialen Nahraums auf sich zieht, ganz analog dem Konzept des „sekundären Krankheitsgewinns". Auch wenn solche Fälle tertiärer Viktimisierung mit tertiären Schäden quantitativ relativ unbedeutend sein mögen, so sind sie für die davon betroffenen Personen, für deren Empfinden, Erleben und Verhalten ausgesprochen relevant.

Abb. 8.1: Schädigungen von Verbrechensopfern

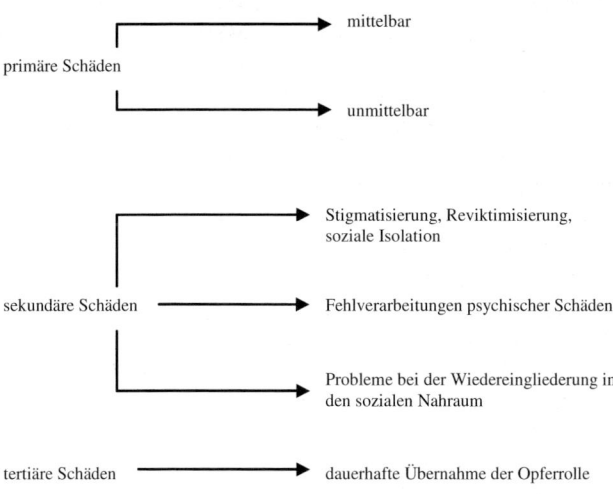

8.3.2 Spezifische Opferreaktionen bei bestimmten Straftaten

Verschiedene Deliktarten führen zu unterschiedlichen, aber spezifischen Reaktionsformen. Geis geht davon aus, dass es notwendig ist, valide, überindividuelle, ereignisunabhängige und möglicherweise sogar überkulturelle Bewertungsmaßstäbe für die Auswertung der Viktimisierungsergebnisse zu finden (Geis 1982: 341).

Burgess/Holmstrom (1974) zeigen für Vergewaltigungsdelikte auf, dass statt der bisher behaupteten Stereotype von Schuld- und Angstgefühlen vielmehr eine Furcht vor körperlicher Verletzung, Verstümmelung oder Tod die Hauptreaktionen bilden. Aus diesem Angstgefühl heraus entsteht dann das „Notzucht-Trauma-Syndrom". Schneider (1982) beschreibt die Entwicklung als in drei Phasen ablaufend: Die erste, *akute Reaktion* besteht danach in Zweifel, Schrecken und Bestürzung. Danach kommt die Phase der *Pseudoanpassung*, bei der mit bloßer Verneinung und Unterdrückung aller Fakten im Bewusstsein gearbeitet wird. In der dritten Phase, der *seelischen Verarbeitung*, werden die Symptome der ersten Phase reaktiviert, wobei das Opfer die Gefühle sich selbst und gegenüber dem Täter durcharbeiten muss. Um eine Desorganisation des Lebensstils zu beseitigen, muss die Vergewaltigungserfahrung in die Persönlichkeit integriert werden. Bleibt dies erfolglos, treten psychische Schädigungen auf (z. B. Neurosen), der Lebensstil verändert sich grundlegend, Schuld-, Angst- oder Schamgefühle bleiben. Andere Untersuchungen, z. B. von Lindemann (1965), verweisen auf den Zusammenhang zwischen solchen Angstreaktionen und dem Entstehen ablehnender oder entnervter Reaktionen bei Verwandten von Opfern gewalttätiger Angriffe.

Straßenraubopfer zeigten sich vornehmlich „moralisch entrüstet" und „bestürzt", wobei Letzteres aus der Überraschung darüber resultiert, dass gerade ihnen so etwas zugestoßen war. Das Gefühl persönlicher Verletzlichkeit kam auch daher, dass die Opfer anscheinend die Drohungen der Täter falsch gedeutet hatten. Diese „Verletzbarkeitsumwandlung" – die Welt draußen ist gefährlich – wurde durch das alltägliche oder „vornehme" Äußere mancher Täter verstärkt.

Um in der Lage zu sein, Verbrechensopfer wirksam wieder einzugliedern, muss mehr Verständnis für ihre Situation aufgebracht, mehr öffentliches Interesse erzeugt werden. Geis fordert für die Reintegration der Opfer ein Netz von Dienstleistungen, das dafür sorgen soll, „daß sie ihre Funktion auf einem möglichst hohen Niveau wiederaufnehmen" (Geis 1982: 351).

Die Reaktion von Personen, die von Terroristen als Geiseln genommen worden waren, verlief in zwei Wellen: Zunächst trat ein Schockzustand ein, der dazu führte, dass die Opfer ihre Situation nicht wahrhaben wollten. Als ihnen die wirkliche Lage bewusst wurde, entwickelten sich dann z. T. immense Angstgefühle (vor dem Unbekannten, Unerwartbaren). Da die Opfer keine Kontrolle über die Situation und ihre Abläufe mehr hatten, trat auch zunehmend ein Verlust des Selbstwertgefühls ein. Eine sehr große psychische Belastung resultiert aus der Einstellung der Terroristen gegenüber den Geiseln: Letztere sind „bestenfalls Handlungsobjekte, Instrumente zur Zielerreichung" (Schneider 1987: 880), weshalb die Terroristen wohl auch dem Leiden der Opfer gegenüber relativ gleichgültig eingestellt sind.

Die Reaktion der Geiseln auf die Täter braucht nicht unbedingt negativ zu sein, wie z. B. das „Stockholm-Syndrom" beweist: Terroristische Bankräuber hatten 1973 fünf Tage lang Bankangestellte als Geiseln gehalten, wobei eine weibliche Geisel enge gefühlsmäßige Bindungen zu einem der Täter entwickelte. Strentz (1980) versteht dieses Syndrom als Regression auf eine frühere psychische Entwicklungsstufe. Das Opfer zeigt im Kontext einer außerordentlich lebensbedrohlichen Situation „einen traumatischen psychischen Infantilismus" (Schneider 1987: 881), bei dem es Dankbarkeit gegenüber dem Täter empfindet, der es nicht tötet. Problematisch sind nach der Befreiung solcher Geiseln die sozialen Reaktionen der Umwelt, die derartige Verhaltensweisen nicht angemessen interpretieren kann und daher vorschnell verurteilt.

Die psychischen Schäden von Geiseln hängen von den begleitenden Faktoren ab: etwa von der Dauer und der Gewaltanwendung. Ein Teil der Opfer kann diese Erfahrungen ohne Behandlung in die Persönlichkeit integrieren. In anderen Fällen kann zwar durch „radikale Nichtintervention" zuweilen eine Spontanheilung durch Vergessen erfolgen, aber meistens treten psychosomatische Störungen (Albträume, Angstreaktionen, Schlaflosigkeit etc.) oder unkontrollierte Emotionalität auf. Es kann auch zu einer grundlegenden Desorganisation bzw. (nach Verarbeitung der Erfahrungen) zur Umorganisation der Lebenswelt und des Lebensstils kommen.

Der Prozess der Opferwerdung:
- *Primäre Viktimisierung* bezeichnet die Opferwerdung im unmittelbaren Zusammenhang mit einer Straftat.
- *Sekundäre Viktimisierung* entsteht durch die Fehlreaktionen des sozialen Nahraums und/oder durch die Instanzen der formellen Sozialkontrolle, also z. B. durch die Behandlung der Opfer durch Polizei und/oder Gericht.
- *Tertiäre Viktimisierung* ist die *dauerhafte Integration der Opferrolle in die Identität des Opfers*, wobei die Gefahr der self-fulfilling prophecy existiert. (Tertiäre Viktimisierung kann für das Opfer evtl. sogar funktional sein, weil es dadurch mehr Aufmerksamkeit und Zuwendung erfährt.)

Arten von Opferschäden:
Aus den verschiedenen *Arten der Viktimisierung* ergeben sich unterschiedliche *Opferschäden*:
- *Primärschäden* sind die *mittelbaren oder unmittelbaren Folgen*, die das Opfer durch die Straftat verspürt, also z. B. körperliche Verletzungen, Eigentumsverlust, psychische Reaktionen etc.
- *Sekundärschäden* sind *soziale und/oder psychische Konsequenzen*, die sich aus der *informellen und/oder formellen Reaktion* auf das Opferwerden ergeben. Ob die formellen oder informellen Reaktionen der Umwelt die gewichtigeren im Hinblick auf die Sekundärschäden sind, kann nur von Fall zu Fall entschieden werden.
- *Tertiärschäden* sind die Folgen von Primär- oder Sekundärschäden insoweit, als das Opfer die Opferrolle in das Selbstbild integriert und eine entsprechende Identität entwickelt.
- *Frühschäden* sind solche, die im unmittelbaren zeitlichen Zusammenhang mit der Opferwerdung auftreten, während *Spätschäden* mit einer zeitlichen Verzögerung wirksam werden. *Früh-* und *Spätschäden* können sowohl Primär- als auch Sekundärschäden sein. *Tertiärschäden* sind immer *Spätschäden*.

8.4 Der Umgang des Kriminaljustizsystems mit Opfern von Straftaten

„Die Opfer sind vielleicht von grundlegender Bedeutung für die Einleitung des Prozesses, aber wie werdende Väter tendieren sie dazu, überflüssig zu werden, sobald die Dinge in Gang gekommen sind" (Geis 1982: 348). Vielfach wird kritisiert, dass sich nach der Tat die öffentliche Aufmerksamkeit auf den Täter richtet, worüber die Opfer und deren Angehörige oft vergessen werden. Für das liberale Strafrechtsdenken hat der Geschädigte nach der Einschaltung von Polizei und Strafrecht nur noch eine Randbedeutung im weiteren Geschehen: als Zeuge (Steinert 1988: 18). Schneider sieht in diesem Zusammmenhang die Entpersonalisierung der Verbrechensopfer durch die formalisierte Unpersönlichkeit und den Mangel an Vertraulichkeit, den Polizei, Staatsanwaltschaft oder Krankenhäuser als große Bürokratien zeigen (Schneider 1982: 28).

Da nach der Tataufklärung seitens der formellen Kontrollinstanzen anscheinend nur mehr geringes Interesse an den Opfern besteht, wird die Forderung nach Opfer- und Behandlungsdiensten notwendig, in denen viktimologisch geschulte Fachkräfte arbeiten.

Seit Ende der 1960er Jahre steht, wie Albrecht (1983) ausführt, in den USA das Opfer im Blickpunkt der polizeilichen Sozialarbeit. Daher wurde eine Vielzahl von Programmen zur Opferberatung, Zeugenunterstützung, zur finanziellen Entschädigung der Opfer (Schadensersatz, Eigentumsrückgabe, Instandsetzung) sowie als Beitrag zur Aufklärungsarbeit (über Viktimisierungsgefahren sowie über Hilfsdienste) durchgeführt. 31 % der Programme lagen bei der Staatsanwaltschaft, 18 % waren bei Gerichten lokalisiert, 16 % bei der Polizei, 16 % bei anderen sozialen Agenturen. Die meisten Programme wiesen jedoch keine interaktive Ausrichtung auf, sondern dienten in einem Drittel der Fälle nur dem Opfer und unterstützten in etwa der Hälfte aller Vorhaben das Strafverfolgungssystem.

Die Opferberatung wurde in den USA geschaffen, um zum einen den emotionalen und sozialen Bedürfnissen der Opfer gerecht zu werden. Sie werden z. T. polizeiintern von Sozialarbeitern durchgeführt, die im Rahmen der institutionellen Aufgabenteilung innerhalb der Polizei für die Opferbetreuung zuständig sind. Dies hat andererseits auch den Effekt, dass die Polizisten weniger belastet werden, weil ihnen diese Aufgabe abgenommen wird. Die ausschließlich opferzentrierten Kooperationsprogramme bieten der Polizei Vorteile durch das Einbeziehen der Bedürfnisse von Opfern, wie ein Programmdirektor der Polizei einräumte (z. B. durch schnellere Vernehmungen, länger anhaltende Aussagebereitschaft etc.) (Albrecht 1983).

Ein weiterer Bereich ist die Zeugenunterstützung. Auch diese Programme kommen direkt dem Strafjustizsystem zugute, weil ohne ihre Durchführung viele Prozesse eingestellt werden müssten. Diese Vorhaben betreffen sowohl ausschließliche Zeugen als auch die Opfer, die gleichermaßen eine Zeugenrolle einnehmen, jene Funktion, die ihnen vom Kriminaljustizsystem als Hauptrolle zugedacht wird. Zum einen werden Basisinformationen über die Abläufe vermittelt, zum anderen soll durch praktische Hilfen und Unterstützungen (etwa Beaufsichtigung von Kindern während der Gerichtstermine) die Bereitschaft erhöht werden, am Strafverfahren teilzunehmen. Dies gilt auch (und im Besonderen) für die Opfer. Sie weigern sich mit zunehmendem zeitlichen Abstand zur Tat immer mehr, eine Zeugenrolle einzunehmen, was auch darauf zurückzuführen ist, dass bei ihnen Ängste bestehen, die möglicherweise mühsam (z. T. auch durch Verdrängungsleistungen) erreichte Verarbeitung der Geschehnisse könnte durch das nochmalige Erlebenmüssen der Tat zunichte gemacht werden.

Albrecht (1983) sieht aber mit diesen Opferprogrammen eine Reihe von Gefahren verbunden, wobei sich der wesentliche Vorwurf auf die Konsequenzen der reduktionistischen Perspektive dieses Vorgehens bezieht.

Statt einer ganzheitlichen, den Täter-Opfer-Interaktionsprozess erfassenden Vorgehensweise wird segmentiert: Politische und administrative Interessen treten in den Vordergrund. Da diesen mit einem institutionellen Einsatz von Sozialarbeitern zur Opferbetreuung begegnet wird, können negative Effekte für das polizeiliche Rollenverständnis auftreten. Als Folge der partikularistischen Funktionsteilung – der Polizist befasst sich mit dem Täter, der Sozialarbeiter mit dem

Opfer – kann aber eine unnötige Beschränkung der polizeilichen Perspektive auftreten, denn für den Polizisten bleibt „schon vom Ansatz her der interaktive Charakter des Handelns der Klientel ausgeblendet" (Albrecht 1983: 70).

Eine weitere Kritik bezieht sich auf den präventionstheoretischen Kontext der ausschließlichen Opferprogramme. Für Albrecht haben derartige Strategien kriminalitätstheoretisch keine präventive Wirkung, vielmehr handelt es sich um eine „nur mehr technologische Vermeidungsstrategie für ein je aktuell betroffenes Individuum oder für bestimmte Rechtsgüter" (Albrecht 1983: 79). Zwar wird für bestimmte Personen oder Rechtsgüter die Viktimisierung fortan vermieden, was aber nur einen vorläufigen Erfolg darstellt, denn dieses Vorgehen führt nur zu einer temporären Verschiebung: Ein anderes, ungeschütztes Opfer nimmt den Platz ein.

Wenn der Staat mit dem Strafrecht und dem Monopol der Verfolgung von Straftaten eine Schutzgarantie seiner Bürger übernimmt, muss er auch für nicht oder nicht zureichend erfolgten Schutz einstehen, d. h. er ist gegenüber Opfern von Straftaten in der Pflicht. Er kommt dieser Pflicht in der Bundesrepublik gegenwärtig nur unzureichend nach, weil nur die Opfer von Kapitaldelikten eine staatliche Entschädigung erlangen. Andererseits werden in jüngerer Zeit Versuche unternommen, über den sog. Täter-Opfer-Ausgleich, dem Täter u. a. Schadenswiedergutmachung aufzuerlegen, was den Staat entlastet und andere positive Funktionen für Täter und Opfer haben kann. Hierüber wird in einem eigenen Abschnitt (vgl. 10.7) ausführlicher zu berichten sein.

Der Umgang mit den Opfern:
- Während es in den Vereinigten Staaten *Opferprogramme* gibt, hinkt hier die Bundesrepublik Deutschland hinterher.
- Zwar dienen die Opferprogramme in den USA nicht nur der *Opferversorgung*, sondern auch *politischen, administrativen und justiziellen Interessen*, doch sind diese staatlich intendierten Effekte für das Opfer sekundär – soweit ihm geholfen wird.
- Während die *Opferentschädigung* in den Vereinigten Staaten (man denke nur an Schadensersatzprozesse und die dabei zugesprochenen hohen Geldbeträge) Gewicht hat, zeigt sich in der Bundesrepublik Deutschland, dass das Opfer nur nachrangig behandelt wird. Staatlicherseits wird eine *Entschädigung nur bei Kapitalverbrechen* geleistet und die zivilrechtlich geltend gemachten und zugestandenen Entschädigungssummen sind ausgesprochen gering (soweit Ersatzleistungen überhaupt erfolgen).

9 Soziale Kontrolle und Prävention

> Soziale Kontrolle wird oft verstanden als eine nachträgliche Reaktion auf jedwedes soziales Handeln, also mithin als positive oder negative Sanktion. Dies ist aber nur eine sehr eingeschränkte Perspektive, denn Prävention – als der Versuch, bestimmte Verhaltensweisen zu verhindern und zu vermeiden – ist ein Element quasi antizipatorischer sozialer Kontrolle.
> Gerade im Bereich des abweichenden und im Besonderen des kriminellen bzw. kriminalisierten Verhaltens wird Prävention von ausgesprochen gesellschaftspraktischer Bedeutung. Der Versuch, einzelne Mitglieder der Gesellschaft oder auch die gesamte Gesellschaft zur Konformität zu bewegen, ist Gegenstand dieses Kapitels. Je nach theoretischer Auffassung ergeben sich diverse Maßnahmen und verschiedene Chancen der Kriminalitätsprävention. Die Wahrnehmung präventiver Funktionen obliegt einerseits jedem einzelnen Gesellschaftsmitglied, andererseits ist diese Aufgabe spezifisch hierfür vorgesehenen und gesellschaftlich legitimierten Institutionen aufgetragen. Divergierende Zielsetzungen und Ansatzpunkte, unterschiedliche Strategien und Erfolgsaussichten, differentiell-theoretisch begründbare und alltagspraktisch nachvollziehbare Motivationen und Intentionen sozialer Kontrolle und Prävention sollen in diesem Kapitel erkennbar werden. Dies gilt auch für kritische Positionen, die eine Ausweitung des Netzes sozialer Kontrolle zu Lasten der Freiheitschancen befürchten.

9.1 Prävention und soziale Kontrolle

Die deskriptive, sachliche und zurückhaltende Beschreibung von Prävention und sozialer Kontrolle in der Hinführung auf dieses Kapitel ist aus der Sicht kritischer Kriminologie positivistisch und systemstabilisierend. Gerade die Prävention als „vorauseilender Gehorsam" durch soziale Kontrolle ist wegen ihrer implizierten Normorientierung einerseits und dem herrschaftsstabilisierenden Charakter andererseits nicht nur positiv zu würdigen. So sehr Prävention von Kriminalität alltagspraktisch kaum in Frage gestellt werden wird, so sehr ist bei einem wissenschaftlichen Anspruch die Frage zu prüfen, welche Art und welches Ausmaß soziale Kontrolle annehmen muss oder darf, um präventive Funktionen wahrnehmen zu können. Oder anders formuliert: Wieviel Freiheit ist möglich und wieviel soziale Kontrolle ist nötig?

Albrecht erweitert und radikalisiert unter Bezugnahme auf das Strafrecht diese Frage, indem er sogar die Prävention als „Zielbestimmung im Kriminaljustizsystem" problematisiert (Albrecht 1988: 29). „Prävention stellt derzeit einen zentralen Bezugspunkt für ganz unterschiedliche gesellschaftspolitische Maßnahmen –

von der klassischen Sozialpolitik bis zur klassischen Kriminalpolitik – dar. Wir beobachten eine Tendenz zum Zusammenwachsen verschiedener sozialpolitischer Teilsysteme unter dem Aspekt ihrer Leistung für ‚*soziale Kontrolle qua Prävention*'. Mehr und mehr erfüllt die Sozialpolitik die Aufgaben sozialer Kontrolle, ebenso wie Kriminalpolitik mittels präventiver Orientierung sich umfassendere (klassisch sozialpolitische) Gestaltungskompetenzen anmaßt, als sie durch die traditionelle Orientierung auf manifest gewordenes, strafrechtlich definiertes abweichendes Verhalten gedeckt sind" (Albrecht 1988: 29). Mit Prävention meint er dabei eine „umfassende, offensive *sozialtechnologische Kontrollstrategie*, die weit über das traditionelle strafrechtliche Entscheidungsprogramm hinausgreift" (Albrecht 1988: 29). In seinem kritischen Beitrag kommt Albrecht zu dem Ergebnis, „daß sich in den Teilsystemen Polizei, Strafjustiz und Strafvollzug manifeste bzw. latente präventive Ansätze auf allen Ebenen abzeichnen" (Albrecht 1988: 51) und plädiert für eine intervenierende Prävention, also sozioökonomisch und sozialstrukturell, „um Steuerungskrisen zu verhindern, die erst jene totalen präventiven, den Rechtsstaat vernichtenden Kontrollstrategien zwangsläufig nach sich ziehen" (Albrecht 1988: 52).

9.1.1 Zur sozialen Kontrolle

Bei einer sehr offenen und weiten Begriffsvorstellung ist soziale Kontrolle ein „Bestandteil der Mechanismen der Herstellung gesellschaftlicher Ordnung, der Regeln, nach denen sich die Menschen verhalten, eingebaut in Gruppenprozesse, Bestandteil von Institutionalisierung und Interaktion" (Peters 1989: 130 f.). Unter dieser Perspektive wäre soziale Kontrolle allerdings ein Teil auch alltäglicher sozialer Beziehungen, würde mithin keinen besonders hervorgehobenen Gegenstand der Soziologie abgeben. Erst wenn die alltäglichen Mechanismen zur Regelung des Verhaltens nicht mehr genügen, werden zusätzliche Maßnahmen notwendig, die den eigentlichen Bereich sozialer Kontrolle ausmachen und damit soziologisch-kritische Betrachtungen auf den Plan rufen.

Sack unterstützt die These, wonach soziale Kontrolle nicht allein die Reaktion auf abweichendes Verhalten ist. Den Zusammenhang von sozialer Kontrolle und strafrechtlicher Sanktion, der ja im Bereich von Kriminalität und Kriminalisierung von besonderer Bedeutung ist, sieht er jedenfalls nicht darin, dass das Strafrecht ohne Weiteres als ein Instrument sozialer Kontrolle zu akzeptieren ist (Sack 1993: 18). Soziale Kontrolle gibt sich im Strafrecht „die Form und Rhetorik eines reaktiven sozialen Mechanismus" (Sack 1993: 28). „Dem Strafrecht geht es – neben seinen instrumentellen Sanktionen – vor allem um den ‚sozialethischen Makel', den es dem Rechtsbrecher gegenüber ausspricht – in der soziologischen Terminologie um die ‚moralische Degradierung' des überführten Angeklagten" (Sack 1993: 19). Das Strafrecht ist gekennzeichnet von seiner moralischen Dimension und seiner Verknüpfung mit moderner Staatlichkeit. Recht ist nicht dazu geschaffen, soziale Kontrolle auszuüben, sondern es dient der Verwirklichung einer höheren Sittlichkeit.

Sack beschreibt Gesellschaft als ein „permanent aktives Geflecht sozialer Normierung und Kontrolle" (Sack 1993: 22) und entwickelt den Begriff der sozialen Kontrolle über den Normbegriff. Er löst soziale Kontrolle aus dem Kontext von Repression, Zwang und Unterdrückung und stellt ihn dar als „Triebkraft von sozialem Wandel und Fortschritt" (Sack 1993: 23) mit dem Ziel gesellschaftlicher Integration und Ordnung. Eine Form sozialer Kontrolle wäre demnach auch die Sozialpolitik, da sie auf Abweichung nicht mit Strafe oder Sanktion reagieren muss, sondern stattdessen gesellschaftliches Aushandeln eröffnet.

Soziale Kontrolle impliziert allerdings den Begriff der Abweichung (Sack 1993: 39). Unter Bezugnahme auf Lemert (1967; 1975) stellt sich soziale Kontrolle nicht als Reaktion auf Abweichung dar, sondern „die Reaktion konstituiert zunächst die Abweichung als diejenige soziale Wirklichkeit, gegen die sie sich danach wendet" (Sack 1993: 28). In der Beschäftigung mit den Mechanismen und Feldern der staatlich-formalisierten sozialen Kontrolle wird ihre Funktion als soziales Disziplinierungsinstrument thematisiert.

„Maßnahmen sozialer Kontrolle zielen (…) auf Verhinderung abweichenden Verhaltens in dem sozialen System, in dem sie ergriffen werden" (Peters 1989: 131), was jedoch nicht gleichbedeutend mit der Wiederherstellung der Normkonformität des Abweichers sein muss (so z. B. bei Verhängung der Todesstrafe).

Mit den Sanktionen kann also zum einen die Wiederherstellung der Normkonformität oder auch die Ausgrenzung des Abweichers beabsichtigt und vielleicht bewirkt werden. Andererseits bestehen aber durchaus Gründe, auf die Anwendung solcher Kontrollmaßnahmen zu verzichten (wie z. B. bei der „diversion to nothing" oder bei formeller Verfahrenseinstellung). Haferkamp sieht gerade im Sanktionsverzicht einen dringlich zu klärenden Wandel bei den Strafsanktionen (Haferkamp 1987: 182).

Den Maßnahmen sozialer Kontrolle wird mit dem Anspruch einer intersubjektiven (also gesellschafts- bzw. gemeinschaftsweiten) Gültigkeit zugeschrieben, dass sie die subjektiv-sinnhaften Vorstellungen der Gesellschaftsmitglieder im Sinne einer Verhinderung unerwünschten, als abweichend definierten Verhaltens beeinflussen können. Diese Annahmen decken sich mit der sehr allgemeinen, für den wissenschaftlichen Gebrauch noch zu undifferenzierten Vorstellung, nach der unter den Begriff *Prävention* jede Aktion fällt, die dazu dient (oder dienen soll), innerhalb einer Population die Verbreitung bestimmter, mit negativem Vorzeichen versehener Verhaltensweisen zu verhindern. Jegliche Prävention erweist sich damit auch als Maßnahme einer (antizipativen) sozialen Kontrolle.

Negative Sanktionen haben zwei „Wirkungsdimensionen": Zum einen bedeuten sie eine Verringerung der sozialen Teilnahmechancen und zum anderen werten sie den Sanktionierten ab. Dem stehen jedoch auch sozialpolitische und sozialpädagogische Maßnahmen gegenüber, die künftige Abweichungen dadurch verhindern wollen, dass sie zur Statuserhöhung eines Adressaten beitragen. Peters (1989) versucht daher, die Kontrollarten, die zum Erhalt oder zur Wiederherstellung der Normkonformität dienen sollen, anhand ihrer Eingliederungs- bzw.

Ausschlussabsichten zu klassifizieren. Dabei unterscheidet er einmal nach dem Kontrollmodus („negativ sanktionierend" oder „bedingungsverändernd") sowie nach der zeitlichen Dimension des Eingriffs („vorher" bzw. „nachher").

Tab. 9.1:   Soziale Kontrolle

Kontrollmodus Zeit	negativ sanktionierend	bedingungs- verändernd
vorher	Sanktionsdrohungen („Generalprävention")	präventive Bedingungsver- änderungen (Sozialpolitik)
nachher	Strafen (Negative Sanktionen, Kriminalisierung)	reaktive Bedingungsverän- derungen (Sozialarbeit, Therapie, „Pathologisie- rung")

(Peters 1989: 141)

9.1.2   Prävention im Kontext von Kriminalitätstheorien

Aus einer sehr allgemeinen, für den wissenschaftlichen Gebrauch viel zu undifferenzierten Perspektive lässt sich – wie gerade erwähnt – unter den Begriff Prävention jede Handlung subsumieren, die dazu dient (oder dienen soll), innerhalb einer Population die Verbreitung bestimmter Verhaltensweisen, die als unerwünscht gelten, zu verhindern.

Je nach paradigmatischer Beschränkung der Perspektive (d. h. der selektiven Betrachtung der Realität unter der Maßgabe einer spezifischen theoretischen Vorstellung, die zu einer Einengung des Erkenntnisraumes führt) kann aber „als ‚Prävention' von dem einen bezeichnet werden, was von dem anderen als kriminalitätsfördernd oder zumindest sinnlos betrachtet wird" (Albrecht 1983: 17). Um daher präzise Aussagen machen zu können und nicht in dem Bereich reiner Deskription zu verhaften, fordert Albrecht, dass die als präventiv ausgewiesenen Maßnahmen und Strategien innerhalb ihres jeweiligen kriminalitätstheoretischen Kontextes analysiert und interpretiert werden müssen. Auch mit einer aus der Gemeindepsychologie entlehnten Klassifikation in primäre, sekundäre und tertiäre Prävention verbleibt man noch auf der rein begrifflichen Ebene – ob eine Maßnahme präventive Wirkung aufweist, ist nicht feststellbar.

Daher wird zunächst der Argumentation von Albrecht gefolgt, dem es wichtig ist, dass „vor jeglicher Auseinandersetzung über adäquate Methoden der Prävention eine Explikation des Standpunktes der Argumentation notwendig ist" (Albrecht 1983: 9). Diese soll in Verbindung gesetzt werden mit der Klassifikation der Maßnahmen sozialer Kontrolle von Peters (1989), um so zu versuchen, sowohl auf einer inhaltlichen als auch auf einer formalen Ebene einen möglichen, wenngleich ziemlich idealtypischen Kontext für die kriminalpolitische Situation in der Bundesrepublik zu erstellen.

Albrecht (1983) leitet für die Kriminalitätstheorien vier idealtypische Theoriearten ab. Für jeden Typus bestimmt er die Verhaltensweisen und Konflikte, die gemäß den theoretischen Vorstellungen als kriminalisierbar oder in Zusammenhang mit Kriminalität stehend eingestuft werden. Des Weiteren werden dann die spezifischen Präventionsziele und Maßnahmen festgehalten, die der Beseitigung dieser Faktoren dienen:

1. ätiologisch-individualisierende Bedingungsansätze,
2. sozialstrukturelle Bedingungsansätze,
3. individualzentrierte Labeling-Ansätze,
4. gesellschaftstheoretisch orientierte Labeling-Ansätze.

Es ist in diesem Zusammenhang wichtig, noch einmal den idealtypischen Charakter dieser Ansätze hervorzuheben. Weber (1973) betont, es sei überall „Zweck der idealtypischen Begriffsbildung (...), nicht das Gattungsmäßige, sondern umgekehrt die Eigenart von Kulturerscheinungen scharf zum Bewußtsein zu bringen" (Weber 1973: 248). Daher solle die Wirklichkeit mit diesen „rein idealen Grenzbegriffen" verglichen werden, um damit „zur Verdeutlichung bestimmter bedeutsamer Bestandteile ihres empirischen Gehaltes" (Weber 1973: 238 f.) beizutragen. Idealtypen sind hilfreich, bestimmte Sachverhalte begrifflich und gedanklich zu strukturieren, können aber auch – soweit sie in Theorien münden – zur gegenseitigen Abschottung führen.

Die scheinbare zeitliche Persistenz und Resistenz gegen Argumente anderer (insbesondere wissenschaftstheoretisch motivierter) Positionen (Lamnek 1977: 115) führt zum einen bei Diskussionen, die der Wissenschaftstheorie immanent sind, als auch bei theorieinternen Auseinandersetzungen in der Soziologie, dazu, „der jeweils anderen Theorie deren Leistungsfähigkeit (zu) bestreiten" (Lamnek 1985: 14). Es soll deshalb nicht dem auch im Bereich der Theorien abweichenden Verhaltens und der Kriminalitätstheorien vorherrschenden, z. T. massiven Paradigmenstreit (Lamnek 1985: 25) das Wort geredet werden, wenn idealtypisch zwischen verschiedenen Bedingungs- (bzw. Anomie-) Theorien und Labeling-Ansätzen unterschieden wird. Stattdessen kann – und dazu bietet sich eine idealtypische Betrachtung an – gerade durch die Darstellung der jeweiligen paradigmatischen Beschränkung das gegenseitige Ergänzungs- und Komplettierungsverhältnis ausgedrückt werden (Lamnek 1985: 20; 31).

1. Die *ätiologisch-individualisierenden Bedingungsansätze* gehen von der Annahme einer defizitären Persönlichkeit des Kriminellen aus, wobei dies ursächlich entweder auf biologische Gründe oder die negative individuelle Lerngeschichte zurückgeführt wird. Als These dazu könnte man die Aussage bezeichnen, dass Devianz die Folge missglückter Gewissensbildung sei. (Da Gewissensbildung ebenso über Sozialisation erfolgt wie die Verstärkung der Selbstkontrolle (vgl. das Selbstkontrollkonzept nach Gottfredson/Hirschi (1990) in Kap. 3), lägen die Ursachen der Abweichung in mangelnder Sozialisation.)

Die paradigmatische Beschränkung solcher Ansätze liegt in einem einseitigen Einbeziehen der Täterseite. Gesellschaftliche Normen oder die „moralisch-juristische Ordnung" werden hingegen tabuisiert: Als Präventionsziel gilt die Reduktion der als unerwünscht geltenden Verhaltensweisen bei gleichzeitiger Aufrechterhaltung der bestehenden Strukturen. Prävention wird hier zum einen als *Generalprävention* (allgemeine Abschreckung von künftigen Taten) und zum anderen als *Spezialprävention* (resozialisierende individuelle Behandlung) verstanden. Methodisch verläuft die differentielle Täterbehandlung über die Standardform „Strafvollzug".

Bei den lerntheoretischen Annahmen auf psychologischer Basis wird davon ausgegangen, dass bereits in den strafenden Erziehungszielen Motivation und Handlungsaktualisierung für abweichendes Verhalten angelegt sind (die sog. „Absurditätsannahme": Strafe bewirkt Gewalt). Peters kritisiert hieran, dass die Psychologie mit diesem soziologisch gering geschätzten Erklärungsversuch damit „ganz in der Tradition herkömmlicher Kriminologie (steht), die sich der alltagsplausiblen Annahme nicht entziehen konnte, daß Kriminalität ‚böse' sei und nur ‚böse' Ursachen haben könne" (Peters 1989: 155). Zum anderen erfolgt damit eine Verlagerung der Adressaten der Schuldzuschreibung: Mit dieser „Familialisierung" wird sie der Familie, speziell der Mutter, zugeschrieben (Lamott 1985: 332). Damit findet jedoch ein Ablenken von den „fundamentalen gesellschaftlichen Ursachen abweichenden Verhaltens" (Peters 1989: 155) statt.

Entgegen den ätiologisch-individualisierenden Bedingungsansätzen, die unter der Spezialprävention eine *täter-* und d. h. *individualzentrierte,* in der Zukunft wirksam werdende Maßnahme der Verhaltenskontrolle sehen, soll sie hier anhand ihrer objektiv feststellbaren Kriterien analysiert werden. Unter Maßgabe der erwähnten kriminaltheoretischen Richtung stellt die Spezialprävention unter zeitlichem Aspekt eine nachher stattfindende Maßnahme dar, ihr präventiver Effekt basiert auf der angenommenen Wirkung für zukünftiges individuelles Handeln. Zum anderen bildet bei der methodischen Umsetzung der Strafvollzug die vorherrschende Täterbehandlung. Vom Kontrollmodus her wird also *negativ sanktionierend* verfahren: Wenn Strafwürdigkeit und Strafbedürftigkeit als gegeben angesehen werden, erfolgt die Kriminalisierung durch Strafvollzug (vgl. hierzu die 1. Spalte in Tab. 9.1).

2. Die *sozialstrukturellen Bedingungsansätze* lehnen die Verhaltenspathologie der ätiologisch-individualistischen Theorien ab. Für sie ist Kriminalisierung stattdessen eine normale Reaktion, die auf der Basis der in der Gesellschaft bestehenden, *unterschiedlichen Normensysteme* abläuft (Haferkamp: „Kriminalität ist normal", 1972).

Das jeweilige Normensystem, das den Kriminalisierungen zugrunde liegt – die Mittelschichtstandards –, wird dabei als fundamentales gesellschaftliches Organisationsprinzip gesehen. Zur Abweichung kann es demnach kommen, wenn einmal die legitimen Mittel zur Zielerreichung fehlen und illegitime Mittel verwendet werden oder andererseits durch Ausbildung subkulturspezifischer Verhaltensweisen (meist in Unterschichten), die mit hohem Prestige ausgestattet werden.

Der Delinquente wird hier nicht pathologisiert, sondern sein Verhalten gilt als Resultat der Übernahme bzw. Verinnerlichung spezifischer Gruppennormen. Die individuelle Abweichung ist somit ein sozialstrukturell vermitteltes Verhalten. Das angestrebte Präventionsziel – auch hier: die Reduktion des unerwünschten Verhaltens – kann dann konsequenterweise nur über die Modifikation der jeweiligen Gruppennormen und der faktischen Lebensbedingungen angestrebt werden. Diese Maßnahmen liegen im Bereich der *primären Prävention*, die eine Änderung oder Beseitigung konfliktauslösender Faktoren vorsieht. Die kriminalisierende Wirkung der Tätigkeit von Instanzen sozialer Kontrolle wird ausgeklammert: Sie gelten per Definition als „Wächter über die Normen der Mittelschicht" (Albrecht 1983: 13).

Methodisch soll der präventive Effekt über Sozialarbeit erreicht werden, wobei auch die soziale Umgebung des Delinquenten einbezogen wird. Alles dient dazu, eine Verhaltensmodifikation des Kriminalisierten durch Änderung seiner sozialen Orientierung zu erzielen. Auch hier werden individualisierende Eingriffe vorgenommen, wobei jedoch unterstellt wird, dass die Devianz aus Bedingungen entsteht, „die in der devianten Person (und ihrem unmittelbaren sozialen Umfeld) lägen, von dieser jedoch nicht zu verantworten seien" (Peters 1989: 166).

Im Konzept der Prävention mittels Sozialarbeit wird diese zu einer Instanz, die eine reaktive Bedingungsveränderung betreibt. Dabei wird versucht, den Adressaten der Bemühungen (also den Delinquenten) derart zu beeinflussen und zu verändern, dass er in der Lage ist, seine Autonomie (wieder) herzustellen und zu sichern. Dies würde ihn dazu befähigen, sich von den bislang prägenden gruppenspezifischen Normvorstellungen zu lösen und von selber Konformität (im Sinne des dominierenden Normensystems) anzustreben. Für Peters stellt sich damit die Frage, ob sich „am Ende Sozialarbeiter doch nur als Agenten einer systemtheoretisch erfaßbaren sozialstrukturellen Entwicklung identifizieren (lassen), die reaktive Bedingungsveränderungen erzwingt" (Peters 1989: 173) (vgl. zur Bedingungsveränderung in Gegenüberstellung zur negativen Sanktionierung die Tab. 9.1).

3. Nach Maßgabe *individualzentrierter Labeling-Ansätze* ist jede Kriminalisierung das Produkt interaktiver Aushandlungsprozesse, wobei jeder Handlung eine Bedeutung zugeschrieben wird (Etikettierung). Nach Lemerts (1975) Prinzip der *sekundären Devianz* erfolgt die Veränderung der personalen Identität von Kriminalisierten erst nach der Übernahme dieser Etikettierungen. Erst danach weisen Kriminalisierte die *einschlägigen* Merkmale von Kriminellen auf.

Aufgrund des interaktiven Zustandekommens von Kriminalisierungen muss die Prävention zwei Zielen genügen: Sie soll zwar einerseits zur Vermeidung von Verhaltensweisen beitragen, die mit hoher Wahrscheinlichkeit als kriminell oder anormal etikettiert werden, zum anderen muss sie eine Ausschließung oder Verringerung kriminalisierender Labels aus dem sozialen Wissensbestand bewirken. Da z. B. der Polizei ein „ursächlicher Anteil am Zustandekommen abweichenden Verhaltens zugeordnet" (Albrecht 1983: 15) wird, gehören zu den Faktoren, die geändert werden sollen, sowohl das Definitionsverhalten und die Routineabläufe der Instanzen sozialer Kontrolle als auch das Reaktionsmuster auf Seiten der Klientel, ihre Einstellungen und Alltagstheorien.

Methodisch soll dies über Schulungen und Trainings der Beteiligten erfolgen, die zum Ziel haben, später weniger stigmatisierende Interaktionen zu bewirken. Im Unterschied zu den bisherigen Ansätzen verliert bei den individualzentrierten Labeling-Ansätzen die Behandlung des Täters an Bedeutung. Statt ihrer wird – in Anerkennung der interaktiven Prozesse, die erst zur Festschreibung von Kriminalisierungen führen – die Reorganisation der Interaktionsformen auf beiden Seiten zur Grundlage der Prävention gemacht.

4. Für die Vertreter *gesellschaftstheoretisch orientierter Labeling-Theorien* (wie z. B. Sack oder Smaus) stellt sich Kriminalität auch als Resultat von Zuschreibungen dar. Im Unterschied zum vorherigen Ansatz wird hier jedoch von einer makrosozialen Analyse ausgegangen, die den alleinigen Grund für Kriminalisierungen bei normsetzenden und normdurchsetzenden Institutionen sieht. Diese überwachen nicht den gesellschaftlichen Grundkonsens, sondern werden von den herrschenden Gruppen zum Zwecke des Machterhalts funktionalisiert, werden als Ausdruck der Macht einer sozialen Gruppe über (eine) andere verwendet.

Die Vertreter gesellschaftsorientierter Labeling-Theorien sehen daher auch in den ätiologisch-individualisierenden Bedingungsansätzen bloße Legitimationsstrategien herrschender Gruppen, um darüber die Strategie harter Sanktionen und die Definition von Abweichern als Kriminelle rechtfertigen zu können.

Die Zielsetzung liegt daher eindeutig im Bereich *primärer Prävention*, weil nämlich durch Hilfe für gesellschaftlich benachteiligte Gruppen verhindert werden soll, dass individuelle, kriminalisierbare Lösungsversuche unternommen werden. In Frage gestellt werden dazu Organisation und Struktur der Gesellschaft (besonders ihrer Machtapparate), angesetzt werden soll also an den „Opfern" der Kriminalisierungen.

In der Operationalisierung bzw. methodischen Umsetzung wird (etwas klassenkämpferisch) davon ausgegangen, dass Prävention über die Schaffung eines politischen Bewusstseins möglich ist, das langfristig gegen die „Klassenjustiz" (Foucault 1977) gerichtet ist.

Sack kritisiert den Umgang mit dem Begriff der sozialen Kontrolle, der „seit den 1960er Jahren seine repressiv-inflationäre Ausdehnung und Erweiterung erfahren hat" (Sack 1993: 20) und verdeutlicht, dass „die Theorie sozialer Kontrolle in ihrer ganzen Spannweite von Sozialisation bis Repression" (Sack 1993: 30) reicht. Auch das denkbare net-widening im Kontext von Diversion und Prävention ist Produkt sozialer Kontrolle. Das Strafrecht als eine besondere und spezifischere Form der sozialen Kontrolle – insbesondere auch in seiner intendierten präventiven Wirkung – hätte die soziale Aufgabe, „denjenigen, die aus sozialer Schwäche delinquent wurden, Hilfe anzubieten und denjenigen, die ihre privilegierte Stellung zu Straftaten mißbrauchen, in die Schranken zu weisen" (Scheerer 1993: 83 f.). Scheerer kommt allerdings zu dem Ergebnis, dass das Strafrecht diesen (und anderen) „Hoffnungen" bislang nicht gerecht werden konnte.

Prävention und soziale Kontrolle:
- Unter *sozialer Kontrolle* werden alle Maßnahmen verstanden, die den Zweck haben, *konformes Verhalten zu erreichen* oder in seinem Ausmaß zu erhöhen und abweichendes Verhalten zu verhindern oder in seinem Ausmaß zu reduzieren.
- Solche Maßnahmen der sozialen Kontrolle sind soziologisch gesehen *positive* oder *negative Sanktionen*, die auf ein bestimmtes gezeigtes Verhalten erfolgen (hier sind deutlich lerntheoretische Anknüpfungspunkte erkennbar).
- Prävention ist eine *Subkategorie der sozialen Kontrolle*, doch erfolgt eine solche Maßnahme *antizipatorisch* vor dem jeweils praktizierten Verhalten, um Konformität zu erzielen. Ob präventive Maßnahmen empirisch erfolgreich sind, lässt sich nur schwer beurteilen, da der unmittelbare, experimentelle Vergleich zu nicht erfolgten präventiven Maßnahmen nicht möglich ist.
- Im Bereich von Kriminalität bzw. Kriminalisierung deuten zunehmende Kriminalitätsbelastungsziffern und hohe Rückfallquoten aber eher darauf hin, dass die *Effektivität der Prävention gering* zu veranschlagen ist.
- Je nach *theoretischem Verständnis von Kriminalität und Kriminalisierung*, d. h. den theoretisch vermuteten Ursachen hierfür, ergeben sich unterschiedliche präventive Strategien und Maßnahmen:
    - Die *ätiologisch-individualisierenden* Bedingungsansätze sind *täterorientiert*, weil individuelle Defizite als Ursache für die Abweichung gesehen werden. Daraus leitet sich eine Prävention ab, die eine *differentielle Täterbehandlung* vorsieht, im Standardfall der Kriminalität über den *Strafvollzug*.
    - Die *sozialstrukturellen* Bedingungsansätze gehen nicht von einer Individual-, sondern von einer *Sozialpathologie* aus. In der Gesellschaft sind strukturelle Mängel angelegt – gleichgültig welcher theoretischen Fundierung –, von denen Gesellschaftsmitglieder unterschiedlich betroffen sind. Präventive Maßnahmen müssen daher *sozialstrukturell bei den faktischen Lebensbedingungen* ansetzen.
    - Die *individualzentrierten Etikettierungstheorien* betrachten Kriminalisierung als Ergebnis *interaktiver Aushandlungsprozesse*. Präventiver Ansatzpunkt ist daher (mehr oder weniger unabhängig von dem tatsächlich gezeigten Verhalten) der *Interaktionspartner*, der ein bestimmtes Verhalten durch Etikettierung kriminalisiert und stigmatisiert.
    - Die *gesellschaftstheoretisch orientierten Labeling-Ansätze* betrachten Kriminalität als Resultat von *makrosoziologisch determinierten Zuschreibungen* des Etiketts „Kriminalität". Ansatzpunkt für präventive Maßnahmen sind deshalb *Organisation und Struktur der Gesellschaft*, insbesondere die Machtapparate, die entsprechende Etikettierungen vornehmen, um sich *Herrschaft zu erhalten*.
- Quer zu den Kategorien von Kriminalität und Kriminalisierung bzw. individuell bzw. gesellschaftlich orientierten Präventionsmaßnahmen wird insbesondere im juristischen Bereich zwischen *Generalprävention* und *Individualprävention* differenziert.
    - *Generalprävention* richtet sich an alle Gesellschaftsmitglieder, um sie zur Konformität zu ermahnen und von abweichendem Verhalten abzuhalten, d. h. sie verfolgt das Ziel einer *allgemeinen Abschreckung*.

- *Spezialprävention* ist individuell orientiert und folgt in der Regel im Anschluss an abweichendes Verhalten, um das Individuum zukünftig von weiteren Straftaten abzuhalten, d. h. es erfolgt eine *resozialisierende Behandlung*.

9.2 Die präventiven Legitimationen des Kriminaljustizsystems

Nachdem sich der Staat das Sanktions- und Gewaltmonopol gesichert und damit durch Ausschluss der Selbstjustiz eine zivilisatorische Entwicklung eingeleitet hat, mussten auch staatliche Institutionen und Organisationen etabliert werden, denen die entsprechenden Aufgaben (ausschließlich) zugeordnet sind. Auf institutioneller Ebene kann hier paradigmatisch das Strafrecht gelten, auf organisatorischer Ebene das Kriminaljustizsystem.

9.2.1 Die nicht explizit festgelegten Strafzwecke

Das heutige „Zweckstrafrecht" leitet sich aus dem Grundgesetz (GG) ab, wobei zwei wesentliche Voraussetzungen zu erfüllen sind:
1. Das Ziel muss verfassungsrechtlich legitimiert sein, Strafe darf nie zum Selbstzweck werden.
2. Die Strafe muss geeignet, erforderlich und angemessen sein. Aus dem Rechtsstaatsgrundsatz (Art. 20 Abs. 3 GG) bzw. dem darin enthaltenen Übermaßverbot folgt die Zweck-Mittel-Rationalität, die dem Strafen unterstellt wird.

Eine verbindliche Festlegung der Strafzwecke erfolgte jedoch nicht. Das Bundesverfassungsgericht (BVerfG) gab dem Gesetzgeber die Gestaltungsfreiheit, innerhalb des erwähnten Rahmens über die einzelnen Strafzwecke zu bestimmen. 1969 erstellte ein Bundestagsausschuss eine Liste von als relevant erachteten Aspekten, denen das Sanktionssystem genügen sollte. Aber auch damit wurden keine Grundsätze bezüglich der Strafzwecke festgelegt, sondern nur allgemeine, gering operationalisierte Kriterien erstellt, die seitens der jeweiligen kriminalitätspolitischen Ausrichtungen interpretierbar waren:

1. Wirksamer Schutz individueller und allgemeiner Rechtsgüter.
2. Angemessene und gerechte Beurteilung der Tat eines Straffälligen.
3. Moderne Ausgestaltung des Sanktionssystems, um es ein „wirksames Instrument der Kriminalpolitik mit dem Ziel einer Verhütung künftiger Straftaten, vor allem durch Resozialisierung des Straftäters" (Dt. Bundestag nach Giehring 1987: 3) sein zu lassen.

Nach dem BVerfG drückt die Höhe der Strafe das Unwerturteil einer Handlung oder eines Verhaltens aus. Mit Strafart und -höhe soll bewirkt werden, dass die

Bevölkerung eine eindeutige Vorstellung vom Wert des zu schützenden Rechtsguts bekommt, wodurch Hemmungen aufgebaut werden, etwas Ähnliches oder Vergleichbares zu machen. Dafür stellen sowohl *Prävention, Restriktion, Schuldausgleich, Resozialisierung, Sühne* und *Vergeltung* Aspekte einer strafrechtlich angemessenen Sanktion dar. Da als oberstes Ziel des Strafens gilt, dass einmal die Gesellschaft vor sozialschädlichem Verhalten bewahrt werden soll und zum anderen elementare Werte des Gemeinschaftslebens damit zu schützen sind – das Prinzip der *allgemeinen Generalprävention* –, wird in der Literatur die Strafe vorwiegend unter der Funktion des *Rechtsgüterschutzes* betrachtet. Sie entwickelt sich dabei zum sozialtechnologischen Steuerungsmittel, dessen Rechtfertigung über seine präventive Leistungsfähigkeit, eben für den Schutz der Rechtsgüter, erfolgt.

Der hier positiv formulierte Begriff des Rechtsgüterschutzes wird von Scheerer einer kritischen Analyse unterzogen (1983: 79 ff.). Danach hat Strafe zwar die Funktion des Rechtsgüterschutzes, tatsächlich aber hat sich der „klassische Rechtsgutbegriff" zu einer extensiv ausgelegten Berechtigungsgrundlage für die ständige Erweiterung staatlichen Zugriffs entwickelt. Mit dem Rechtsgutbegriff werden allerdings nicht nur „Verwaltungsinteressen gewaltförmig abgesichert", sondern auch die „Interessen diverser Lobbys" (Scheerer 1993: 82). Dabei ist „das Opfer der Straftaten (...) allenfalls in Umrissen sichtbar. Das Strafrecht schützt hier nicht Opfer, sondern Funktionen" (Hassemer 1983, zitiert nach Scheerer 1993: 82).

Aus diesem antiquierten Rechtsgutbegriff folgt, dass die Aufgabe des Strafrechts nicht mehr der Rechtsgüterschutz ist, sondern die mit Autorität durchgesetzte „Bestätigung der Normgeltung" (Otto 1975: 562; Jakobs 1983: 7 ff.). Hier weist Voß (1993: 135 ff.) darauf hin, dass solche und ähnliche Überlegungen nur im rechtlichen Teilsystem relevant sind. In seiner systemtheoretischen Orientierung verweist er auf Wirtschaft und Handel (z. B. Ladendiebstahl), wo Strafe und Sanktion wohl eher versicherungsrechtlich und/oder ökonomisch als strafrechtlich betrachtet werden, während im politischen System Strafe wiederum eine andere Funktion hat.

9.2.2 Das generalpräventive Begründungsmodell

Die kriminalpolitische Situation in der Bundesrepublik war und ist dadurch gekennzeichnet, dass trotz eindeutiger Kritik und trotz des starken Resozialisierungsgedankens aus den 1960er Jahren ein „Mischansatz von Abschreckung und individualzentrierter Behandlung von der herrschenden Meinung im juristischen Schrifttum nach wie vor favorisiert" (Albrecht 1983: 11) wird. D. h. auch das Kriminaljustizsystem trat für eine Mischung aus Generalprävention und Spezialprävention ein. Als kriminaltheoretischer Kontext dieses Vorgehens können daher zweifelsohne ätiologisch-individualisierende Bedingungsansätze angenommen werden. (Dies verweist auch auf die Wirksamkeit des von Durkheim behaupteten Zusammenhangs von Normen und Sanktionsdrohungen für die normtheoretische Debatte.)

Um keine Zielkonflikte zwischen beiden Präventionsformen aufkommen zu lassen, räumt das geltende Recht – so Giehring (1987) – generalpräventiven Vorstellungen den Vorrang vor spezialpräventiven Aspekten ein. Als Basis für die Strafzumessung gilt die Schuld des Täters; der Gedanke einer (wie auch immer gearteten) Resozialisierung wird erst bei der Einzelfall-Strafzumessung, bei Vollstreckung und Vollzug der Strafe wirksam.

An der Wirksamkeit solcher Resozialisierung durch Repression bestehen jedoch begründete Zweifel (Giehring 1987: 5; Berlitz et al. 1987). Der dadurch ansteigenden Bedeutung generalpräventiver Argumente der Strafrechtsbegründung stehen in der Strafrechtspraxis jedoch starke individualpräventive Vorstellungen gegenüber.

Der Rechtsgüterschutz über Generalprävention fordert die Sanktionierung des Straftäters mit dem Zweck, dass sowohl Andere, die gleiche Handlungen begehen wollen, abgeschreckt werden – die *negative* oder die sog. *Abschreckungsgeneralprävention* – als auch die gesetzeskonformen normativen Orientierungen gesichert oder bestärkt werden – die sog. *positive* oder *Integrationsgeneralprävention*.

Auch das Strafrecht als Institution wird generalpräventiv legitimiert: Die Annahme lautet, dass staatliches Strafen einen positiven Einfluss auf Geltung und Anerkennung strafrechtlich geschützter Normen hat. Daher werden selbst bei leichten Delikten *Strafwürdigkeit* und *Strafbedürftigkeit* unterstellt, die als Voraussetzung für die Kriminalisierung eines Verhaltens gelten. Die Kriminaljustiz misst somit – zunächst unter dem Aspekt der Strafwürdigkeit – der fühlbaren Bestrafung selbst leichter Straftaten eine gewisse „Dammfunktion" bei, um gerade auch schwerere Delikte zu verhindern.

Dazu tritt der spezialpräventive Effekt des Strafens. Der Täter soll – so die Annahme – durch seine Bestrafung abgeschreckt werden, weiterhin Straftaten zu begehen. Die *positive Spezialprävention* geht davon aus, dass über die Änderung des Fehlverhaltens und die Einnahme einer gemeinschaftsfreundlichen Haltung eine Resozialisierung des Delinquenten möglich ist. Darauf verweist auch das Strafvollzugsgesetz, das intendiert, dass der Vollzug einer Freiheitsstrafe zu einem Leben ohne Straftaten befähigen solle.

Dahinter steht wiederum eine individualisierende Sichtweise, die auch in dem Anspruch Ausdruck findet, die Allgemeinheit soll durch den Freiheitsentzug des Täters davor geschützt werden, dass diese Person wieder Straftaten verübt. Dieses stark individualpräventive Denken findet sich auch in einer Umfrage bei Richtern und Staatsanwälten in Niedersachsen wieder: 75,3 % befürworteten eine starke Ausrichtung staatlicher Strafen an „Besserung und Resozialisierung", 41 % traten für die Ausrichtung an „Sicherung der Allgemeinheit vor dem Täter" ein (Giehring 1987: 6).

Deutlich erkennbar sind also das einseitige Einbeziehen der Täterseite, die Verhaltenspathologisierung des Täters sowie das Aufrechterhalten bestehender normativer Strukturen. Dies deutet kriminaltheoretisch – wie bereits erwähnt –

auf die implizite Verwendung eines ätiologisch-individualisierenden Bedingungsansatzes hin.

General- und Spezialprävention (mit Vorrang der Generalprävention) werden im Rahmen einer *sekundären Prävention* verwendet, sollen also geeignete Maßnahmen sein, um bei Problemfällen eine dauerhafte Störung zu verhindern. Der rehabilitative bzw. reintegrative Anspruch verweist hingegen auf den Bereich der *tertiären Prävention*.

9.2.3 Die Legitimierung durch Integrationsprävention

In den letzten Jahrzehnten fand eine Akzentverschiebung statt, die zu einem Bedeutungsverlust der reinen Abschreckung führte. Stattdessen wird ein Zuwachs an innerer Verhaltenskontrolle gefordert (vgl. auch das Selbstkontrollkonzept in Kap. 3), der durch Einübung in Normanerkennung bewirkt werden soll. Dieses Konzept einer *Integrations(general)prävention* als ausschließliche Legitimation von Strafe wird z. B. von Jakobs (1976) gefordert, der ähnliche rechtssoziologischen Überlegungen wie Luhmann (1983) vertritt. Strafe übernimmt dabei die Funktion, Normvertrauen, Rechtstreue und Akzeptanz der Konsequenzen von Normübertretungen zu erreichen, um auf diese Weise generalpräventiv zu wirken. Statt Furcht vor negativen Sanktionen soll vorwiegend eine „innere Verhaltenskontrolle" aufgebaut werden, die Konformität garantiert.

Nach den Überlegungen von Heiland/Schulte (1993: 67), die unter dem Etikett „positive Generalprävention" firmieren, dient Strafe primär der Erhaltung der Norm als Orientierungsmuster, etwa zur „Einübung von Normvertrauen", wobei der Strafzweck die „Kompensation der Erwartungsenttäuschung ist" (Heiland/Schulte 1993: 67). Unter Rekurs auf Luhmann verweisen die beiden Autoren darauf, dass es funktional äquivalente Strategien anstelle von Strafe gibt, um auf entsprechende Erwartungsenttäuschungen zu reagieren. Reaktionen auf Erwartungsenttäuschungen werden also erfolgen, doch müssen diese nicht notwendigerweise in Strafen auf der Basis des Strafrechts bestehen. Giehring (1987) sieht das Problem in der nur schwer durchführbaren Operationalisierung von Furcht vor negativen Sanktionen aus dem Strafrecht als „innere Verhaltenskontrolle" für die empirische Forschung. Dahinter steht die „Gefahr, daß diese Variante der Strafrechtsbegründung sich der Falsifikation entzieht" (Hassemer et al. 1979: 35), wodurch die Rechtsanwendung eine empirisch nicht gesicherte Basis hat.

Die verschiedenen Konzepte der Integrationsprävention verbindet die Annahme, dass eine „normstabilisierende Wirkung vor allem durch solche Sanktionen herbeigeführt wird, die den Gerechtigkeitsvorstellungen der Bevölkerung entspricht" (Müller-Dietz 1985: 819 f.). Diese lassen sich aber auch im Sinne eines Kollektivgefühls interpretieren, bei dem (z. T. instabile) Gefühle in die Normen eingegangen sind. Sie sind auf die „moralische Akzeptabilität des Handelns" (Peters 1989: 146) anderer bezogen und werden sozial geteilt. Zwar ist eine gewisse punitive Einstellung in der Bevölkerung vorhanden, jedoch – so Steinert (1984b) – muss gefragt werden, inwieweit das bestehende Strafrecht oder andere (veränderbare) soziale Mechanismen diese empirisch feststellbaren Bestrafungserwartungen erst produzieren.

Eine Inhaltsanalyse von Cremer-Schäfer zeigt zwar, „daß die Massenmedien als ideologische Apparate wesentlich relevanter sind als das Strafrecht in seiner unmittelbaren Anwendung" (Cremer-Schäfer 1993: 102), ob allerdings die durch die Massenmedien produzierten Bestrafungserwartungen in der Bevölkerung aufgenommen und reproduziert werden, muss offen bleiben.

Bestrafungserwartungen bedeuten letztlich die Fixierung auf eine normative Position, die sich durch die Möglichkeit einer Autoimmunisierung gegen Kritik auszeichnet: Fehlende Bestrafungserwartungen ließen sich dann einfach als „Folge eines unterentwickelten Rechtsbewußtseins interpretieren, das im Interesse eines effektiveren Rechtsgüterschutzes durch die bewußtseinsbildende Kraft des Strafrechts anzuheben wäre" (Giehring 1987: 10).

Scheerer sieht in der Theorie der Integrationsprävention (also auch der positiven Generalprävention) eine Antwort auf die Sittenkrise in der Diskussion um die Legitimation des Strafrechts. Er bezeichnet sie als „expressive Straftheorien", die „zumindest den nicht zu unterschätzenden Vorteil besitzen, der empirischen Überprüfbarkeit (und Delegitimierung) konzeptionell entrückt zu sein". Er sieht in diesen Theorien ein Indiz für die „Senkung des Anspruchs an Inhalt und Qualität der Legitimation des Strafrechts" (Scheerer 1993: 84).

9.2.4 Polizeiliche Präventionsvorstellungen

Unter der kriminalitätstheoretischen Perspektive der Labeling-Ansätze gehen von der Polizei zum einen potenzialiter und faktisch kriminalisierende Effekte aus, die sich auf die Aushandlungs- bzw. Definitionsprozesse niederschlagen. Zum anderen wird die Polizei (unter einer Klassenkonfliktperspektive) als Instrument der Machtdurchsetzung bzw. -absicherung für die sozial Mächtigen gesehen. Daher erscheint es geboten, kurz auf die Präventionsvorstellungen einzugehen, die sich aus der Funktion der Polizei ableiten lassen oder die von polizeilichen Instanzenvertretern formuliert werden.

Der Gesetzgeber und die staatliche Exekutive schreiben der Polizei Aufgaben und Handlungsmaximen vor, die z. B. in den Polizeiaufgabengesetzen der Bundesländer, der Strafprozessordnung (StPO) oder diversen Einzelgesetzen niedergelegt sind.

Schüler-Springorum (1991) systematisiert die Handlungsgebiete der Polizei in einer Vier-Felder-Tabelle:

Tab. 9.2: Handlungsgebiete der Polizei

Prävention	Repression
1) Allgemeine Gefahrenabwehr (z. B. Polizeieinsatz im Straßenverkehr)	2) Beseitigung allgemeiner Störungen (z. B. Veranlassung der Unterbringung eines Kranken nach Suizidversuch in einer psychiatrischen Klinik)
3) Abwehr von Kriminalitätsgefahren	4) Verfolgung von Straftaten

(Schüler-Springorum 1991: 151)

Im ersten und dritten Feld soll eine potenzielle Störung abgewendet, daher Prävention betrieben werden. Der zweite und auch der vierte Bereich – denn Straftaten können auch als Extrem von Störung gesehen werden – umfasst das *repressive* Vorgehen, da die (sonst abzuwendende) Gefahr bereits eingetreten ist.

1976 äußerte Herold (der damalige Präsident des Bundeskriminalamtes (BKA)) auch im Zuge der gehäuften Anschläge seitens der Roten Armee Fraktion (RAF), dass der Begriff und die Aufgabenstellung der Polizei um eine sozialgestalterische Komponente erweitert werden müssten. Als angemessenes Mittel dazu muss die Möglichkeit zur „Prävention im Vorfeld" gegeben sein, wenngleich ohne Eingriffsrechte. Diese zunächst unscheinbare Aussage (ver)birgt jedoch eine Reihe latenter Gefahren: Zum einen kommt dieses Ansinnen einer Ausweitung der polizeilichen Kontrollfunktion gleich und bewirkt zum anderen, dass der Kreis potenziell zu Verdächtigender ansteigt. Als ein (noch harmloses) Beispiel dafür kann wohl die (auch realisierte) Forderung nach Einrichtung einer Jugendpolizei oder auch die Einführung von Kontaktbeamten (z. B. im gewaltträchtigen Bereich von Fußballfans) herangezogen werden. Paradoxerweise können diese aber – wenn überhaupt – nur dadurch präventiv wirken, dass sie polizeiuntypisch vorgehen (Schüler-Springorum 1991: 153), z. B. indem sie „harmlose" Störungen nicht melden bzw. ahnden und damit gegen § 152 (Legalitätsprinzip) oder § 163 StPO (Aufgaben der Polizei) verstoßen.

Kritisch wird die Entwicklung allerdings, wenn darüber hinaus versucht wird, Kriminalität als gesellschaftliches Problem zu betrachten, das auch im makrosozialen Bereich angegangen werden soll. Dann nämlich führt der Weg fort von einer Individualprävention und hin zur „gesellschaftlichen Prävention" (Backes 1986), bei der die Kriminalpolitik versucht, mit der allgemeinen, sich zunehmend vernetzenden Kriminalitätsentwicklung mitzuhalten. Die „Prävention im Vorfeld" kann – wenn so ausgeweitet – sowohl dazu benutzt werden, die begriffliche Abgrenzung zwischen Gefahr und Störung aufzuweichen. Dann allerdings besteht die Möglichkeit, auch den Bereich der Gefahrenabwehr, die Prävention, für polizeiliches Eingreifen zu öffnen – umschrieben mit „Gefahrenerforschungseingriff" (Schüler-Springorum 1991: 156). Zum anderen kann aus beiden Entwicklungen ein umfassender „Informations"bedarf der Polizei konstruiert werden. (Und das sogar durchaus zweckrational, wenn die erwähnte Situation zugrunde gelegt wird!)

1980 ging Stümper, der baden-württembergische Landespolizeipräsident, davon aus, dass Vorbeugung nicht ressortspezifisch möglich ist. Für Schwind (ehemaliger niedersächsischer Justizminister) war die vornehmliche Aufgabe von Kriminalpolitik die vorbeugende Bekämpfung der Kriminalität, weswegen er ebenfalls ressortübergreifende Präventionsstrategien befürwortete. So wurde z. B. 1980-82 in Hannover das Projekt „Präventionsprogramm Polizei/Sozialarbeit" (PPS) durchgeführt, bei dem Sozialarbeiter auf „gefährdete" Personen einwirken sollten. Dabei wurden ihnen die Grenzen ihres Handlungsbereiches allerdings von der Polizei vorgegeben (Plewig 1991: 25). Solche und ähnliche Vorhaben, die die Polizei zur Erfüllung ihrer Aufgabe der Prävention durchführte, machen genau die Grenzen des polizeilichen Bemühens fest. Sie zeichnen sich alle dadurch aus, dass „Prävention nämlich indirekt betrieben (wird), vermittelt durch andere gesellschaftliche Hilfestellungen" (Schüler-Springorum 1991: 153).

Diesen Vorhaben kann die Warnung gegenübergestellt werden, dass Staat und Gesellschaft einen (zu) großen Kontrollanspruch erheben. Eine präventive Polizei müsste – um ihrem eigenen Selbstverständnis und der neuen, formalisierten Aufgabenstellung zu genügen – Instrumente für die Beobachtung und Informationssicherung fordern, um sozial flächendeckend arbeiten zu können. Damit wäre jedoch die Gefahr einer Allkompetenz und Allkontrolle durch die Polizei gegeben: Sie wäre befugt, die Integrität von Räumen und Personen zu verletzen, wodurch letztlich die Gefahr der Aufhebung von Bürgerrechten droht.

Als tendenziell beruhigend könnte jedoch die Erkenntnis von Albrecht gesehen werden: Er geht davon aus, dass allein schon aufgrund des rechtlichen Rahmens sowie der Infrastruktur präventiver Agenturen die Realisierung eines polizeilichen Präventionsbegriffs mit „sozialgestalterischem Inhalt" unmöglich ist, wodurch auch die Gefahr einer „gläsernen Gesellschaft" (Kreissl), die der Polizei umfassende Informationen über Beteiligte und vor allem Unbeteiligte gibt, gebannt wäre (Albrecht 1983: 285).

Auch für Haferkamp (1980) überschätzen viele Ansätze „die Möglichkeiten der Organisationen sozialer Kontrolle, der verschiedenen Berufsverbände und auch der Moralkreuzzügler, den Bereich des Strafrechts selbst zu organisieren" (Haferkamp 1980: 88). Sie sind dadurch beschränkt, dass die Rahmenbedingungen ihrer Aktivitäten durch die Bemühungen anderer Gruppen um Durchsetzung gegeben sind.

Eine qualitativ andere Situation liegt jedoch bei Netzwerken von Interessengruppen vor, die – so Carson (1974) – durch Koalitionenbildung durchaus ihre Norminteressen durchsetzen können. Von daher ist das polizeiliche Interesse an „ressortübergreifenden Präventionsstrategien" auch aus machtpolitischer Perspektive analysierbar.

Entgegen der Argumentation rechtsstaatlicher Gebundenheit der Polizei und ihrer Kontrolle widersprechen die Entwicklungen innerhalb der Polizei dieser Vermutung: Als Beispiele werden die Erweiterung polizeilicher Zuständigkeit und Befugnisse, die Stärkung der Polizei im System der strafrechtlichen Sozialkontrolle, die Vorverlagerung der Anlässe polizeilicher Reaktion und die Umstellung der Kriminalpolitik auf Prävention genannt (Sack 1993: 37 f.). Sack bezieht sich u. a. auf Nauck (1986), der von einer rechtsstaatlichen Zähmung der Polizei, von einer „Verpolizeilichung des Rechtsstaates" spricht. Sack selbst charakterisiert diese Entwicklung als „Umschalten eines rechtsstaatlich orientierten ‚reaktiven' Modells staatlicher Kontrolle zugunsten eines proaktiven Modells" (Sack 1993: 38).

Betrachtet man die (rechts-)politische Entwicklung der letzten Jahre, die nach dem sog. 11. September in dessen Instrumentalisierung geradezu akzelerierte, so muss man leider feststellen, dass die Bürgerrechte zunehmend eingeschränkt wurden. Die fatale Konsequenz: „Sicherheit statt Freiheit".

Schüler-Springorum (1991) warnt davor, den Verharmlosungen Glauben zu schenken, die von offizieller Seite bezüglich der Polizeitätigkeit im makro-präventiven Bereich (gesellschaftliche Prävention z. B. durch Raster- oder Schleppnetzfahndung) abgegeben werden. Letztlich wird mit Aussagen wie der von der „Erfüllung hoheitlicher Aufgaben" nur davon abgelenkt, dass diese Bereiche ohne die eigentlich notwendigen speziellen gesetzlichen Ermächtigungen auskommen. Erreicht werden kann damit ein relativ ungebundenes, aber flächendeckendes polizeiliches Handeln. Also: „Je mehr diese (die Polizei; S. L.) betont, es werde bloß organisatorisch-technologische (oder gar rationalistisch-wissenschaftliche) Kriminalitätsvorsorge betrieben, desto weniger werden Bürger den Verdacht schöpfen, der Preis der Sicherung könnte in Freiheit zu zahlen sein. Sie sollten aber!" (Schüler-Springorum 1991: 157).

Die Begründung der Prävention im Kriminaljustizsystem:
- Die *negative Sanktion der Strafe* in der Folge abweichenden Verhaltens hat neben den sonstigen Strafzwecken auch die *Funktion der Prävention*.
- Mit der Prävention wird die Funktion des Rechtsgüterschutzes einerseits und andererseits des Schutzes der Gesellschaft vor sozialschädlichem Verhalten intendiert.
- Die Sanktionierung des Straftäters erfolgt mit dem Zweck, eine *allgemeine Generalprävention* oder *Abschreckungsgeneralprävention* zu erzielen, d. h. andere, die gleiche Handlungen begehen wollen, davon abzuhalten.
- Zugleich dient die Sanktion des Straftäters mit deren Bekanntwerden in der Öffentlichkeit dazu, eine *positive* oder *Integrationsgeneralprävention* zu erzielen, d. h. die *Legitimation des Rechts* und den Rechtsgüterschutz zu stärken.
- Die Strafe soll aber auch einen *positiven spezialpräventiven Effekt* haben, insoweit als auch der Täter durch die erfolgende Resozialisation eine *positive normative Umorientierung* erfährt und durchläuft.
- Die *negative Spezialprävention* der Strafe besteht darin, durch die erlittene Strafe und die entsprechende Strafandrohung zum Zwecke der *Strafvermeidung* sich konform zu verhalten.
- Von primärer Prävention spricht man dann, wenn noch kein abweichendes Verhalten vorliegt.

- *Sekundäre Prävention* liegt dann vor, wenn *im Anschluss an deviantes Verhalten* Maßnahmen ergriffen werden, um zukünftig Abweichungen zu verhindern.
- *Tertiäre Prävention* ist dann gegeben, wenn eine *positive reintegrative Zielsetzung* verfolgt wird, also nicht die Vermeidung von Strafe, sondern die bewusste Anerkennung normativer Konformität.
- Gegenwärtig ist eine Akzentverschiebung von der abschreckenden Generalprävention hin zu einer *positiv-normativen Orientierung* im Sinne einer *inneren Verhaltenskontrolle* als Voraussetzung für Konformität zu erkennen (tertiäre Prävention).

Polizeiliche Prävention:
- Die polizeilichen Aufgaben gemäß den Polizeiaufgabengesetzen der Länder, der Strafprozessordnung und anderen Einzelgesetzen bestehen aus *Prävention* und *Repression*.
- *Prävention* bezieht sich einmal auf eine *allgemeinere Gefahrenabwehr* (z. B. Straßenverkehr) und zum anderen auf die *Vermeidung von Kriminalität*.
- *Repression* meint einmal die Beseitigung allgemeiner Störungen und als Spezialfall davon die Verfolgung von Straftaten.
- Obgleich der *gegenwärtige Tätigkeitsschwerpunkt der Polizei* sicher bei der *Repression* und speziell bei der Verfolgung von Straftaten liegt, wurde und wird der Versuch unternommen, den präventiven „Ast" zu stärken. Die *Ausweitung polizeilicher Prävention* birgt immer das *Risiko des totalen Überwachungsstaates* (Lauschangriff, Netzfahndung etc.). Sicherheit und Freiheit stehen hier in einem wechselseitigen negativen Bedingungsverhältnis.

9.3 Die generalpräventive Wirksamkeit von Strafrechtsnormen

Generalprävention richtet sich grundsätzlich an alle Mitglieder der Gesellschaft – also auch an diejenigen, die sich normkonform verhalten (haben). Hinsichtlich der generalpräventiven Wirksamkeit von Strafrechtsnormen kann in diesem Zusammenhang zwischen positiver und negativer Generalprävention unterschieden werden: Die Mitglieder einer Gesellschaft werden durch aufgestellte Normen, die im Strafrecht verankert sind und dementsprechend auch (hart) sanktioniert werden, in ihrem Vertrauen in die Gesellschaft und den „beschützenden" Staat gestärkt. Die Bürger eines Staates können sich darauf verlassen, dass ein Abweichen von einer Strafrechtsnorm geahndet wird – dies vermittelt ein Gefühl der Sicherheit. Weiterhin wird durch die negative Generalprävention sichergestellt, dass Menschen, die eventuell eine Straftat begehen wollen, durch die Sanktionierung bei einem Bruch der Strafrechtsnormen abgeschreckt oder abgehalten werden: Aus Angst vor der (festgeschriebenen) Sanktionierung wird eine Straftat nicht begangen.

9.3.1 Zur Abschreckung durch Sanktionsdrohungen

„Die vorherrschende legitimatorische Theorie von Gesetzgeber und Kontrollorganen beinhaltet die Vermutung, daß Normsetzung und Bestrafung der Übertretungen konformitätsfördernde Wirkungen haben" (Haferkamp et al. 1984: 81). Auf der Basis ihrer herrschaftssoziologischen Überlegungen vertreten Haferkamp et al. (1984) jedoch die These, dass eine derartige Handlungssteuerung nur kurzfristig erfolgreich sein kann. Sie begründen dies durch die wohlfahrtsstaatliche Entwicklung, die dazu führt, das Recht immer weniger als handlungsbeeinflussendes, unhinterfragt zu akzeptierendes Machtmittel anzuerkennen. Die Steigerung der Devianzraten – besonders im Bereich der Bagatelldelikte – sehen sie im Gegensatz zu Klages (1975, 1984), für den der „pluralistisch-demokratische Rechts- und Sozialstaat" in mehrfacher Weise „anomiefördernd bzw. verstärkend" wirkt (Klages 1984: 22), als Resultat zunehmender Partizipationschancen und gewachsener Konfliktfähigkeit der Herrschaftsunterworfenen sowie zunehmenden Machtverfalls seitens der Herrschenden. Als Folge davon werden Normen mit rein herrschaftssicherndem Charakter (und darunter lassen sich auch Eigentumsnormen subsumieren) in immer größerer Zahl übertreten, wobei sich „nicht nur Herrschaftsunterworfene am Sockel der Einflußpyramide" daran beteiligen, „sondern es ist eine breite Bevölkerungsmehrheit" (Haferkamp et al. 1984: 82).

Wenn man also den Bereich sozialer Kontrolle – die Strafnormsetzung, die Sanktionsandrohung und die Überwachung durch Instanzen sozialer Kontrolle – anhand ihrer Effizienz bezüglich der Verringerung abweichenden Verhaltens misst, kann man Peters zustimmen, für den es unter dieser Perspektive nur „wenig Anhaltspunkte für die Annahme (gibt), daß soziale Kontrolle Erfolg hat" (Peters 1989: 175). Die im Vergleich zu den 1960er Jahren deutlich gewachsene Zahl von Eigentums-, Körperverletzungs- und Aggressionsdelikten gegen Sachen, von Alkoholikern und von stigmatisierten Drogenkonsumenten sprechen zunächst dagegen. Zu fragen ist daher, ob der in der Bundesrepublik vorherrschende Mischansatz aus General- und Spezialprävention (mit Vorrang der Generalprävention) überhaupt noch in dieser Form aufrechterhalten werden kann.

Im Gegensatz zu den USA erfolgte in der Bundesrepublik in nur geringem Umfang eine empirische Überprüfung der Annahmen über die generalpräventive Wirkung der Strafgesetze (Berlitz et al. 1987: 13). Peters sieht methodische Probleme bei einem empirischen Test der generalpräventiven Wirkungen strafrechtlicher Sanktionsdrohungen. So stellt für ihn die Wahrnehmung der Verfolgungs- bzw. Verurteilungswahrscheinlichkeit durch potenzielle Täter ein Problem dar, das auch mittels Interviews nicht lösbar ist. Auch ist die Annahme plausibel, „daß das wahrgenommene Bestrafungsrisiko mit der Häufigkeit selbstberichteter Devianz korreliert" (Peters 1989: 147). Das Autorenkollektiv Berlitz et al. hat in seiner empirischen Untersuchung über die Wirksamkeit der Generalprävention im Kontext der Genese von Jugendkriminalität gleichwohl versucht, die Beziehungen zwischen Strafschwere, subjektivem Entdeckungsrisiko, entdeckter Delinquenz und Dunkelziffer (mittels berichteter Delinquenz) anhand einer repräsentativen Befragung Bremer Jugendlicher (mit Kontrolle durch Abfragen der Einträge im Bundeszentralregister) aufzuzeigen. Es kann sich – so die Autoren – als problematisch erweisen, die Abschreckung nur als Wirkung drohender Strafverfolgungsmaßnahmen zu sehen. Konformität – als Unterlassen strafbarer Handlungen – resultiert ebenso aus innerlicher Missbilligung, als Folge der Ablehnung von Delinquenz im Bekanntenkreis oder aus einfacher Überforderung durch den Vollzug einer solchen Tat (Berlitz et al. 1987: 15). Die Autoren ziehen aus der empirischen Untersuchung über die Zusammenhänge zwischen Sanktionsandrohung und jugendlicher Delinquenz den Schluss, dass sich „insgesamt gesehen (...) kein Anhaltspunkt dafür (ergibt), daß die Schwere drohender Maßnahmen für die Motivierung Jugendlicher zu konformem Verhalten von Belang ist" (Berlitz et al. 1987: 26).

Auch Peters (1989) geht (unter Einbeziehung von Albrecht 1985 und Hess 1983) davon aus, dass die Schwere des angedrohten Strafmaßes offenbar nebensächlich ist, denn die Wirkung variiert mit der Deliktart und/oder dem Geschlecht. Berlitz et al. (1987) kommen bei den Ergebnissen ihrer multivariaten Modellbildung zu dem Schluss, dass die „verhaltensleitenden Einflüsse der Abschreckungsvariablen Strafrisikoeinschätzung (...) sich im Vergleich zu den sonstigen Erklärungsfaktoren recht bescheiden" (Berlitz et al. 1987: 27) ausnehmen. Geschlechtsrolle und individuelle Strafnormakzeptanz erklären hingegen wesentlich die Delinquenz und relativieren den Einfluss der Strafrisikoeinschätzung.

Die Strafrisikobeurteilung weist bei schweren Straftaten so gut wie keine Korrelation mit der nachfolgenden Delinquenz auf, weshalb die Autoren auch davon ausgehen, dass die Wirksamkeit von Abschreckung im generalpräventiven Sinn sich weitgehend auf den Bereich von Bagatelldelikten beschränkt sowie auf Normen, die nicht zum strafrechtlichen Kernbereich zählen. Damit unterstellen sie aber letztlich die Wirkungslosigkeit des generalpräventiven Ansatzes hinsichtlich der Verhinderung von Jugendkriminalität.

Heiland/Schulte (1993: 61 ff.) vermuten, dass die Vermittlung von Normen und das Verhalten nicht einem mechanistischem Sanktionsmodell folgen, sondern mit kognitiven und evaluativen Elementen bei den Normadressaten verknüpft sind. Als wesentliche Faktoren nennen sie die Informiertheit über die Normen und Sanktionen, die „moralische" Bewertung der Normen und die Einschätzung der Wahrscheinlichkeit und Schwere der angedrohten Sanktionierung (Heiland/Schulte 1993: 68). Anhand der Analyse dreier Handlungsbereiche (Verkehr, Jugendfreizeit, Wirtschaft/Handel) stellen sie „offensichtlich *komplexe Prozesse* zwischen (Straf-)Rechtssystem und der Moral bzw. der normativen Bezugssysteme der Menschen" (Heiland/Schulte 1993: 74) heraus. Sie kommen zu dem Ergebnis, dass eine Verwirklichung der normativen Forderungen des Strafrechts erschwert wird, wenn es an einem unterstützenden System sozialer Wertvorstellungen fehlt oder sich die Normforderungen des Strafrechts von den Vorstellungen alltäglicher Bezugsgruppen unterscheiden und Letztere in ihrem Einfluss bedeutsamer sind.

Haferkamp kritisiert, dass von verschiedenen soziologischen Theoretikern – z. B. Parsons, Luhmann oder diversen Interaktionstheoretikern – die Sanktionsdrohungen als konformitätsirrelevant eingestuft würden. Stattdessen kommt es durchaus zur Einbeziehung von Sanktionswahrscheinlichkeit und Sanktionsschwere, wenn der Normbruch eine Handlungsalternative bietet, d. h. beides ist von Bedeutung für die Erklärung konformen Verhaltens. Haferkamp geht in seiner Kritik auch davon aus, dass Lebensinteressen, materielle Umwelt und die generalisierten früheren Erfahrungen mit einbezogen werden müssen. Dann nämlich „haben wir (...) in der wahrgenommenen Sanktionswahrscheinlichkeit aufgrund erfahrener Sanktionen das, was die Normqualität einer reflexiven, geteilten Vorstellung richtigen Handelns ausmacht" (Haferkamp 1980: 30), d. h. vergangene, verinnerlichte Sanktionsvollzüge bestimmen die Vorstellungen vom richtigen Handeln.

Vielleicht liegt es unter systemischer Perspektive näher, statt einer Auseinandersetzung um die Vorzüge und Nachteile des general- oder spezialpräventiven Ansatzes den Überlegungen Haferkamps zu folgen, der – bezogen auf die Strafrechtsentwicklung – von einem „Verzicht auf das Modell fortlaufender Humanisierung" (Haferkamp 1980: 76) ausging. Dann nämlich ist es möglich, sich über einen ideengeschichtlichen Ansatz auf die Veränderungen in der Entwicklung der Strafrechtsidee zu konzentrieren. Durch den Verweis darauf, dass Rationalisierung und Humanisierung sich durchaus gegenläufig entwickeln können, wären dann selbst anachronistische Tendenzen (wie das Verhalten der Justiz in der nationalsozialistischen oder stalinistischen Zeit) erklärbar.

Nicht von einer „Humanisierung", sondern von einer „Zivilisierung" des Strafrechts spricht Eder. Er möchte die Geschichte der legitimen Gewaltausübung mit einer Theorie der Rationalität des Strafrechts rekonstruieren. Der „Prozeß der Institutionalisierung des modernen Strafrechts" lässt sich „als ein Prozeß der Zivilisierung legitimer staatlicher Gewaltausübung sehen" (Eder 1986: 238 f.), der in der Moderne in Diskursform stattfindet. Eder bezieht sich dabei auf das „Entmündigungsverbot" als Bedingung dafür, die staatliche Gewalt in der Moderne „zivilisieren" zu können (Eder 1986: 258). Dabei wird der Einbau dialogischer Strukturen in die Strafpraxis erzwungen (Eder 1986: 239). Dieser institutionelle Lernprozess, der auf den kognitiven Strukturen einer aufgeklärten Moral basiert (Eder 1986: 247), kann aber durch eine kognitive Gegenkultur – nämlich den juristischen Diskurs – blockiert werden.

Wie aber sieht die Sanktionswelt in der Bundesrepublik aus? Driebold referiert neben den Ergebnissen seiner eigenen empirischen Untersuchung der Sanktionsentwicklung in den letzten drei Jahrzehnten vor den 1990er Jahren auch die Studien von Cremer-Schäfer und Heiland. Cremer-Schäfer folgert, dass die Modernisierungsversuche des Strafrechts die strafrechtlichen Eingriffe „nicht verringert" haben (Driebold 1993: 28) und stellt in den fünf Phasen der kriminalpolitischen Entwicklung unterschiedliche Kriminalitätsmuster mit spezifischen „Qualitäten der Kontrollformen" fest. Heiland klassifiziert hingegen in „zwei Phasen kriminalpolitischer Orientierung" und konstatiert, dass es weder einen eindeutigen Trend zur Milde noch einen solchen zur Repression gibt (Driebold 1993: 29 f.). Driebold selbst schätzt die Entwicklung im Strafrecht insgesamt als mit einem „Trend zum Sanktionsverzicht" (Driebold 1993: 49) versehen ein und stellt allerdings in Frage, ob die Hintergründe der festgestellten Sanktionsentwicklung tatsächlich auch die Folge eines intendierten und geplanten Handelns sind. Unterstellt man den Zusammenhang von Generalprävention durch Sanktion, so könnte Sanktionsverzicht als ein Indikator für eine Veränderung der Strafrechtsidee und nach Haferkamp ein Indiz für die Reduktion von Herrschaft sein. Anders als Haferkamp hat Driebold jedoch aufgrund seiner Analyse „den Eindruck, daß Richter bzw. Justiz selbst einen entscheidenden Beitrag zur Rücknahme bzw. auch zur Forcierung der Bestrafung leisten" (Driebold 1993: 50). Diese bleiben dabei natürlich nicht unbeeinflusst von kriminalpolitischen Diskussionen, mit denen Interessen vertreten und Ideologien an sie herangetragen werden.

Driebold stellte also bei seiner Studie der Sanktionen im Erwachsenenstrafrecht eine eindeutige Tendenz zum Strafverzicht fest, was weniger eindeutig für das Jugendstrafrecht gilt. Der Sanktionsverzicht variiert deliktspezifisch und hinsichtlich des Strafmaßes. So bleibt der „vermutlich harte Kern der kriminellen Handlungen" von dieser Entwicklung ausgeschlossen (Raub, schwere Diebstahls-, BTM- und Sexualdelikte) (Driebold 1993: 46). Ansonsten wird ein zunehmender Verzicht auf die Verhängung kürzerer und mittlerer Strafen, die verstärkte Anwendung langer Freiheitsstrafen sowie ein Sinken der Verurteilungs- und Strafverbüßungswahrscheinlichkeit registriert. Je nach Perspektive und Zeitrahmen zeigt sich aber auch in der Entwicklung der Nachkriegszeit ein Wechsel von Verschärfungen einerseits und Entkriminalisierungen andererseits.

9.3.2 Kritik am Prinzip des Strafens

Die Entwicklung der Delinquenzraten führte auf der einen Seite zu Klagen über einen zu „weichen" Umgang mit Devianten, woraus die Forderung nach einer „harten" Bestrafung erwuchs (z. B. der Todesstrafe für bestimmte Delikte). Zwar wurden bestimmte Verschärfungen von Sanktionen bzw. Sanktionsdrohungen teilweise durchgeführt (Schleppnetzfahndung, Zusammenarbeit öffentlicher Kontrollinstanzen etc.), es wurden z. T. unter äußerem Druck auch neue Straftatbestände definiert, wie im Bereich der Umwelt- und Wirtschaftskriminalität und bei der Rauschgiftdelinquenz. Auch entstand durch eine weitreichendere Auslegung der bestehenden Gesetze ein höherer Kriminalisierungsspielraum. Auf der anderen Seite stehen jedoch Tendenzen zur *Entkriminalisierung* des Strafrechts, zur Umstellung von stationärer auf ambulante Betreuung, z. B. im Bereich der gemeindenahen Psychiatrie als „Kommunalisierung" (Dörner 1990: 250).

So zeigen sich im Strafrechtssystem z. B. häufiger Verurteilungen auf Bewährung. 1982 fand noch in 70 % der Fälle ein Vollzug der Freiheitsstrafen statt, eine Quote, die bis 1989 auf 6 % gesunken war, wohingegen der Anteil der Geldstrafen auf 83 % anwuchs. Auch sank – zumindest tendenziell – mit den Jahren der Anteil der 14- bis 15-Jährigen, die zu einer Jugendstrafe verurteilt worden waren (Lamnek 1985: 387). Für Haferkamp ist gerade diese Zunahme faktischen Sanktionsverzichts bei den Straftaten, die z. B. wegen misslungener

Aufklärung oder geänderten Anzeigeverhaltens vermehrt ungeahndet bleiben, „der Wandel der Strafsanktionen, der erklärungsbedürftig ist" (Haferkamp 1987: 182). Er interpretiert diese einerseits häufigere Duldung – z. B. das Aussetzen der lebenslangen Freiheitsstrafe – zum einen im Sinne der Wohlfahrtsstaatsthese und zum anderen herrschaftssoziologisch: Hier hat auch die Kritik eines „Netzwerks von Interessengruppen" (Wissenschaftler, Intellektuelle, Journalisten) Einfluss auf die Entscheidungen des Bundesverfassungsgerichts gehabt (Haferkamp 1980: 88; 1984: 86).

Dem steht jedoch z. B. bei der Diebstahlsgesetzgebung eine „Rücknahme der Duldung" gegenüber, weil hier durch die Verletzung des Äquivalenztausches eine im Sinne der Herrschenden ethisch verwerfliche Rechtsgutbeeinträchtigung stattfindet (Haferkamp 1984: 89). Es tritt sogar der Effekt ein, dass mit steigender Schwere des Strafmaßes die Wahrscheinlichkeit zunimmt, dass Delinquente auch künftig Straftaten begehen. In einer Studie bei Jugendlichen wird empirisch belegt, dass „die beste spezialpräventive Wirkung beim ersten Gerichtsverfahren die Einstellung des Verfahrens (erzielt) (...), gefolgt vom Absehen von der Verfolgung, der Verwarnung und der Weisung. Die schlechtesten spezialpräventiven Effekte bringen Dauerarrest und Jugendstrafe" (Lamnek 1983b: 64).

Der negative Effekt einer Jugendstrafe konnte ebenfalls empirisch nachgewiesen werden. So erreichten Jugendliche, die bereits mit 14 bzw. 15 Jahren eine derartige Haftstrafe erhalten hatten, eine deutlich höhere durchschnittliche Verurteilungsrate (3,3) als die Vergleichsgruppe (2,0) (Lamnek 1985: 388). Driebold (1986) sah ebenfalls die Bedingungen in den Gefängnissen als einen Faktor an, der ein normkonformes Leben erschwert: Strenge Hierarchie, hohes Maß an Geregeltheit, Opportunismus durch das Belohnungssystem sind Kennzeichen einer *totalen Institution*, wie sie in gesellschaftlicher Freiheit nicht gegeben sind.

Letztlich zeigt auch die Strafschwereerwartung keinen signifikanten Einfluss auf das Begehen von Delikten, denn auch bei einer von den befragten Jugendlichen erwarteten Minimalsanktion, wie z. B. Verfahrenseinstellung, traten Straftaten nicht in höherem Maße auf. Umgekehrt bedeutete das Einbeziehen der Möglichkeit einer Freiheitsstrafe nur bei leichter Kriminalität eine etwas geringere Delinquenz. Berlitz et al. (1987) folgern daher „aus der Irrelevanz der Strafschwereeinschätzung für abweichendes Verhalten (...), daß unter dem Aspekt der Außenwirkung einer generellen Absenkung der Schwere des Sanktionseingriffes nichts im Wege steht" (Berlitz et al. 1987: 28). Freiheitsentziehende Maßnahmen bei Jugendlichen lassen sich ihrer Meinung nach nicht durch einen generalpräventiven Effekt rechtfertigen. Mit zunehmender Schwere der Tat sollte eher spezialpräventiv, d. h. täterbezogen, reagiert werden, wobei über einen Verzicht auf Jugendstrafe nachzudenken wäre (Albrecht/Schüler-Springorum 1983 (für 14- bis 15-Jährige), Papendorf et al. 1982 (für Nicht-Volljährige)).

Es lässt sich festhalten, dass sich Soziologen weitgehend darin einig sind, dass Strafe (besonders Freiheitsstrafe) bestenfalls folgenlos sein kann. Haftstrafen, die einen massiven Eingriff in das Leben des Betroffenen darstellen, schaffen durch ihren repressiven und stigmatisierenden Charakter oftmals gerade die Devianz, die sie eigentlich verhindern sollten (sog. „Absurditätsannahme"). In Abwandlung der Luhmannschen Vermutungen über den Charakter von Normen als „kontrafaktisch stabilisierten Verhaltenserwartungen" (Luhmann 1987: 43) kann man unter Einbeziehung der Erkenntnisse bezüglich der Rekriminalisierung dem Kriminaljustizsystem eine ähnliche Logik unterstellen. Der beabsichtigte Zweck – z. B. die Erziehung zu einem „rechtschaffenen Lebenswandel" – wird über die Jugendstrafe nicht erreicht.

Aus einer ätiologisch-individualisierenden Perspektive heraus werden dem delinquenten Jugendlichen (besonders bei Vorstrafen) „schädliche Neigungen" unterstellt, die auf Anlage und/oder Erziehungsmängeln basieren. Normativ (und leerformelhaft) wird dann eine Prognose weiterer Delinquenz gestellt, sofern keine Gesamterziehung in der Form von Jugendstrafe erfolgt (Lamnek 1985: 389). Diese erweist sich letztlich als ungeeignetes Mittel, die prognostizierte kriminelle Karriere zu verhindern. Anstatt nun aber kriminalpolitische und praktische Konsequenzen derart zu ziehen, dass sowohl die Definition der schädlichen Neigung als auch das repressive richterliche Sanktionsverhalten überprüft wird, trägt das enttäuschende Verhalten, nämlich die kriminelle Karriere – wenngleich als logische Folge einer self-fulfilling prophecy entstanden – trotzdem zur (kontrafaktischen) Stabilisierung der normativen Grundposition bei: Es sind angeblich schärfere Sanktionen erforderlich. Als Begründung dafür mag die bereits angesprochene fehlende Infragestellung der zugrunde liegenden kriminalpolitischen Dogmen dienen, der Versuch, einen sozialstrukturellen und normativ-moralischen Status quo aufrechtzuerhalten. Wenn Strafe nur als Handeln gesehen wird, das als Folge des bereits konstituierten abweichenden Verhaltens auftritt, sagt es nichts über die Bedingungen, die zur Konstituierung der Abweichung führten, aus (Peters 1989: 153). Damit erhält jedoch die Absurditätsannahme Gültigkeit.

Ein anderer Zweifel am Konformitätseffekt von Strafe geht davon aus, dass Strafe „nicht (...) die motivationalen Grundhaltungen dieser Verhaltensweisen beseitigen" (Peters 1989: 154) kann, sondern nur die Verhaltensweise selber. Von daher ist zu fragen, ob und inwieweit unter den von Gesetzgeber und Verfassung festgelegten Bedingungen, die der Kriminalpolitik eindeutige, unüberwindbare Grenzen setzen (Schünemann 1982), Entscheidungen für einen Strafverzicht oder sogar die (teilweise) Abschaffung des Strafrechts, machbar sind, die

a. innerhalb der bestehenden Rechtsordnung durchführbar sind,
b. von den für die Durchführung in der Praxis verantwortlichen Gruppierungen als umsetzbar betrachtet werden und
c. sich als effektiv im Sinne von Prävention zeigen.

Solche Fragen werden in Kapitel 10 zum *Abolitionismus* und in dem darin enthaltenen Abschnitt zur *Diversion* (vgl. 10.6) noch zu diskutieren sein.

Zur Wirksamkeit der Generalprävention:
- Misst man die *Effizienz der sozialen Kontrolle* – umfassend begriffen als Strafnormsetzung, Sanktionsandrohung und Überwachung durch die entsprechenden Instanzen –, *operationalisiert über die Reduktion der Kriminalität*, so muss man offenbar konzedieren, dass soziale Kontrolle *nur sehr begrenzt erfolgreich* ist.
- Empirische Befunde sprechen eindeutig dafür, dass die generalpräventive Wirkung der sozialen Kontrolle gering ist, also Strafandrohung, Strafschwere und objektive Sanktionswahrscheinlichkeit, praktisch keinen Einfluss auf das Begehen von Straftaten haben (am ehesten noch bei leichteren Delikten).
- Bestenfalls spielt die *subjektiv perzipierte Sanktionswahrscheinlichkeit* eine Rolle, die aber auf der Basis objektiv geringer Aufklärungsquoten (in Abhängigkeit von den Delikten) in der konkreten Handlungssituation allerdings zumeist nahe bei Null gesehen wird.
- Forderungen nach *Erhöhung des Strafmaßes* (z. B. Todesstrafe) erweisen sich (insbesondere bei schwereren Delikten) als irrelevant, weil – wegen der als gering perzipierten Sanktionswahrscheinlichkeit – *unwirksam*.
- Erkennbare Tendenzen der *Entkriminalisierung* (Verkehrsstrafrecht, Diversion, Täter-Opfer-Ausgleich, Bewährung, Geldstrafen etc.) in unserer gegenwärtigen Gesellschaft weisen in Richtung auf eine positive Spezialprävention, wonach die *Internalisierung von Normen* wichtiger ist als die Strafe. (Andererseits kann nicht übersehen werden, dass zunehmend die Bürgerrechte zugunsten massiver staatlicher Eingriffe zum Zwecke der (vermeintlichen) Verbesserung der Sicherheitslage ausgehöhlt werden.)
- Vielfach hat sich auch gezeigt, dass (insbesondere bei Jugendlichen) die *Freiheitsstrafe kontraproduktiv* ist. Schließlich ändert eine solche Sanktion nichts an den motivationalen Einstellungen und den sozialstrukturellen Bedingungen, die einer Tat vorausgingen.

10 Abolitionismus

Während der Abolitionismus ursprünglich als eine soziale Bewegung gegen die Sklaverei aufgetreten ist, meint Abolitionismus in dem in diesem Kapitel zu behandelnden kriminalsoziologischen Verständnis den Verzicht auf die totale Institution des Gefängnisses bzw. in einem noch umfassenderen und extremeren Sinne die Abschaffung des Strafrechts. Sie würde es ermöglichen, soziale Konflikte ohne repressive Gesetze und Institutionen und ohne die damit verbundenen negativen und nicht intendierten Folgen von Kriminalisierung, Stigmatisierung etc. informell zu regeln.

Neben der groben Differenzierung des Abolitionismusbegriffs (Gefängnis versus Strafrecht) existieren unter eher theoretischer Perspektive unterschiedliche Auffassungen von Abolitionismus, die ebenfalls Gegenstand dieser Darstellung sind. Trotz dieser Differenzierungen und Nuancierungen gibt es strukturelle Gemeinsamkeiten, die ebenso herausgearbeitet werden sollen wie die Möglichkeit einer praktischen Umsetzung abolitionistischer Intentionen.

Unter heute in der Bundesrepublik feststellbaren praktischen Bemühungen um Entkriminalisierung oder Verhinderung einer Stigmatisierung sind Diversionsstrategien und insbesondere auch die Anwendung der Wiedergutmachung und des Täter-Opfer-Ausgleichs subsumierbar. Beide werden deshalb am Ende in diesem Kapitel behandelt, da sie als abgeleitete Maßnahmen aus der umfassenderen Strategie des Abolitionismus gelten können.

10.1 Entwicklung und Prinzipien des Abolitionismus

Zunächst steht nun der „übergeordnete" und radikalere Begriff des Abolitionismus zur Diskussion, denn Abolitionismus ist weitergehend und „extremer" als die im Anschluss zu behandelnde Diversion. Erst sollen unterschiedliche Vorstellungsinhalte von Abolitionismus an Autoren orientiert referiert werden:

Mit dem Begriff Abolitionismus belegt Schumann eine Anzahl von Überlegungen und Aktivitäten, die dazu dienen sollen, die „Abschaffung bestimmter staatlicher Kontrollstrategien, Marginalisierungstechniken und repressiver Rechtsstrukturen zu begründen und zu erreichen" (Schumann 1985: 22). In dieser Form kann der Begriff des Abolitionismus allgemein verstanden, aber auch spezifisch auf bestimmte kriminalisierte Verhaltensweisen bezogen werden, etwa auf die Abschaffung des Straftatbestandes der Homosexualität oder der Prostitution (Nienhaus 1993: 151).

Gerlinda Smaus versteht unter Abolitionismus „eine kriminalsoziologische und kriminalpolitische Richtung (...), die sich entweder die Abschaffung der Gefängnisse oder umfassender die Abschaffung des Strafrechts zum Ziel setzt. Die abolitionistische Bewegung nimmt sich ausdrücklich derjenigen Probleme an, die das straflich-rechtliche System selbst verursacht, hat aber selbstverständlich auch Vorstellungen darüber entwickelt, wie gesellschaftliche Konflikte anders als strafrechtlich ausgetragen werden können" (Smaus 1986a: 2).

Für Scheerer stellt der Abolitionismus sowohl eine kriminalpolitische Richtung als auch eine „sensitivierende Theorie" dar, die u. a. wegen der ungenügend bestätigten general- und spezialpräventiven Wirkungen staatlichen Strafens einen neuen Denkanstoß setzen will, indem sie fragt, „ob es nicht sogar ohne das Strafrecht ginge und ob es nicht sogar besser gehen könnte" (Scheerer 1984: 91). Und am Ende seiner Betrachtung zum Scheitern der sozialen Aufgabe des Strafrechtes meint er: „Fast alles wäre besser als das Strafmonopol der öffentlichen Hand" (Scheerer 1993: 89).

Peters (1989) sieht im Abolitionismus eine Radikalisierung der Forderungen des Labeling Approachs, wobei statt einer Konfliktlösung durch strafrechtliche Instanzen die Abschaffung repressiver Gesetze und Institutionen gefordert und die privatrechtliche Regelung des Schadensausgleiches angestrebt wird (Peters 1989: 177). Daher gelten auch Diversionsmaßnahmen prinzipiell als „verdächtig", weil sie eine Ausweitung „weicher" sozialer Kontrolle fördern.

Wie de Haan (1985) ausführt, ist es besonders unter Einbeziehung der historischen Entwicklung sinnvoll, zwischen Abolitionismus als *theoretischer Perspektive* und als *sozialer Bewegung* mit einer *politischen Strategie* (de Haan 1985: 256) zu unterscheiden.

Beispiele für abolitionistisches Handeln wären das Eintreten gegen Sklaverei, Apartheid, Todesstrafe oder allgemein und grundsätzlich gegen das Bestehen des Strafrechts. Als aktuelle Vertreter dieser Richtung können z. B. Christie („moralischer Rigorismus"), Scheerer („gespaltene Gesellschaft"), Hulsman („antietatistische Bewegung"), Mathiesen („negative Kriminalpolitik") und Steinert (Zusammengehören einer „Marxschen Analyse" von Kriminalität bzw. Strafrecht und Abolitionismus) genannt werden (Smaus 1986a: 2 f.; Scheerer 1984: 106; Schumann 1985: 22; Steinert 1987: 132; Schüler-Springorum 1991: 76).

Von seiner Entwicklungsgeschichte her muss der Abolitionismus als soziale Bewegung verstanden werden, die sich in Großbritannien und besonders in den USA zunächst für die *Abschaffung der Sklaverei* einsetzte. Diese größte und durch die offizielle Abschaffung der Sklavenhaltung in den USA im Jahre 1865 auch erfolgreichste Abolitionismusbewegung (von 1780 bis 1890) begann mit dem Versuch der „Gradualisten", durch langsame Überzeugungsarbeit – z. B. über Bitten zur Freilassung oder durch Rückkauf – zum Erfolg zu kommen. Als dies misslang, wurde für eine schnelle, umfassende und eben radikale Abschaffung plädiert. Bereits damals kam der Vorwurf gegen die Abolitionisten auf, dass sie mit praktikablen Vorschlägen (statt dauerndem „Herumnörgeln" an einem Zustand) bessere praktische Einflussmöglichkeiten hätten. Scheerer (1984) hingegen vertritt die Ansicht, dass es gerade die Aufgabe des Abolitionismus als sozialer Bewegung ist, keine zusätzlichen bürokratischen Konstruktionen zu schaffen, sondern eine politisch wirksame Bereitschaft zur Überwindung des Status quo herauszubilden (Scheerer 1984: 93).

1927 konnte sich die abolitionistische Bewegung in Europa gegen die „Reglementaristen" durchsetzen und erreichte die *Abschaffung der Kasernierung von Prostituierten*. Argumentiert wurde damit, dass durch Kasernierung nur 10 % der Prostituierten erfasst werden, das Gros also von dieser Maßnahme nicht betroffen ist und die Freier unbehelligt bleiben.

Als neue „historische Aufgabe" ergab sich dann in den USA der Kampf um die *Abschaffung von Gefängnissen*, weil die Inhaftierung in geschlossenen Anstalten nur als eine neue Form der Versklavung interpretiert wurde. Da der strafrechtlichen Kriminalitätsbekämpfung eine bloße Konfliktverschärfung zugeschrieben wurde, sollte *keine* strafrechtliche Intervention, sondern eine gemeinsame Suche nach einer *gemeinschaftlichen* Lösung betrieben werden. Daraus resultierte die Forderung, dass staatliche Eingriffsmöglichkeiten in die Privatsphäre bei gleichzeitiger Maximierung der öffentlichen Fürsorge minimiert werden müssten (de Haan 1985: 256). Bezüglich der Gefängnisse wurde gefordert, dass zum einen keine Neubauten mehr entstehen, dass möglichst viele Gruppen von Inhaftierten zu entlassen sind und die Inhaftierung neuer Gruppen verhindert werden muss. In der kriminalpolitischen Praxis wies der amerikanische Abolitionismus jedoch keine allzu große Bedeutung auf.

Manche Kriminologen sahen den Traditionsfaden in Deutschland nach dem Zweiten Weltkrieg trotz einer erneuten Abolitionismusbewegung, die sich für die restlose *Abschaffung repressiver Gesetze und Institutionen*, wie z. B. von Jugendgefängnissen oder dem Betäubungsmittelgesetz, einsetzte, gerissen. Schüler-Springorum geht hingegen davon aus, dass der Abolitionismus in Deutschland überhaupt „erst in der Nachkriegszeit heimisch wurde, genauer: erst nach Abschluß des wirtschaftlichen Wiederaufbaus und der politischen Restauration" (Schüler-Springorum 1991: 76). 1974 hatte der *Arbeitskreis Junger Kriminologen* mit seiner Kritischen Kriminologie Anschluss an internationale Strömungen des Abolitionismus gesucht. Auch Haferkamp argumentiert ähnlich, wenn er dieser deutschsprachigen „jungen Kriminologie" vorhält, nur einem Trend gefolgt zu sein, der bereits Anfang der 1960er Jahre in Skandinavien gesetzt worden war (Haferkamp 1984: 113 f.). Für Schüler-Springorum bleibt es jedoch „bemerkenswert (...), daß eine heimische Quelle des Abolitionismus dabei ganz unbeachtet blieb" (Schüler-Springorum 1991: 76), wobei er sich – neben von Liszt (1882) – besonders auf Radbruch (1932) bezieht. Radbruch ging von einer sozialphilosophischen (und nicht gesellschaftskritischen) Tradition aus und strebte statt eines „besseren Strafrechts" ein „Besserungs- und Bewahrungsrecht" an, wodurch etwas Besseres als das Strafrecht erreicht werden sollte (Radbruch 1932: 22). Trotzdem wurde seine Intention bis heute nicht eingelöst (Schüler-Springorum 1991: 76). Auch Haferkamp sieht in der Forderung des Abolitionismus nach Abschaffung des Strafrechts keinen begründeten Anspruch darauf, ein neues Paradigma geschaffen zu haben, da „bereits Radbruch von ‚negativer Kriminalpolitik' und Vermeidung der Freiheitsstrafe sprach" (Haferkamp 1984: 112 f.).

Im wesentlichen Unterschied zu der sozialen Bewegung in den USA stellt der Abolitionismus in Europa nur eine „‚freischwebende' theoretische Perspektive auf der Suche nach einer sozialen Bewegung, die sie mit offenen Armen aufnimmt" (de Haan 1985: 259), dar. In dieser Ausprägung besteht das vornehmliche Ziel des Abolitionismus im Verweis auf die Misserfolge und negativen Effekte der aktuellen Strafrechtspflege für Täter, Opfer und Gesellschaft und die Kritik daran. Da den bestehenden strafrechtlichen Strukturen die Fähigkeit abgesprochen wird, Prävention und Bekämpfung von Kriminalität realisieren zu können, hat der Abolitionismus versucht, den bislang strafrechtlich fixierten Blick umzulenken auf die bis dato nicht beachteten „individuellen und gesellschaftlichen Möglichkeiten (...), mit sozial problematischem Verhalten vernünftig umzugehen" (de Haan 1985: 259), d. h., wie Scheerer (1984) es darlegte, die in den verschiedensten Feldern gebräuchlichen Formen von Konfliktverarbeitung und Streitschlichtung als sinnvolle Alternativen einzubeziehen.

In Skandinavien entstanden abolitionistische Positionen mit radikaler Gefängniskritik aus verschiedenen Gefängnisbewegungen – Krom (in Norwegen seit 1968), Krum (Schweden), Krim (Dänemark und Finnland) –, die direkt mit den Problemen von Gefangenen vertraut sind, wie z. B. Angehörigen-Organisationen oder kirchliche Resozialisierungsgruppen.

Schumann geht davon aus, dass es trotz der Bemühungen diverser Autoren noch zu keiner konsistenten Darstellung des abolitionistischen Modells gekommen ist (Schumann 1986: 22). Smaus, für die der Abolitionismus eine Einheit von Theorie und Praxis bildet, sieht die Gemeinsamkeit in dem Bestreben nach der Abschaffung des Strafrechts, wobei die verschiedenen abolitionistischen Richtungen nur nach ihren impliziten Gesellschaftsmodellen unterscheidbar sind (Smaus 1986a: 2).

Vielleicht ist es kennzeichnend für den Abolitionismus, dass in der Literatur die Diskussionen und Auseinandersetzungen z. T. zu dichotomen Darstellungen und Modellen führen. Driebold (1986) z. B. geht von einer solchen Gegenüberstellung aus. Er teilt die Situation gegenwärtiger Praxisbetrachtung in die Extreme „Staat mit Monopol zur Zwangsanwendung" (auf Schumann bezogen) und „Staat als sich quasi selbst abschaffendes bzw. seinen Einfluß reduzierendes System" (nach Haferkamp 1984) ein.

Aus der ersten Betrachtungsweise lässt sich nach Schumann ableiten, dass bei einer Monopolisierung des Zwangsapparates durch den Staat alle neuen, institutionalisierten Formen des Umgangs mit Abweichung nur „sanftere" Kontrollformen darstellen. Er folgert daraus, dass in diesem Falle nur eine abolitionistische Strategie sinnvoll ist, die auf eine ersatzlose Abschaffung drängt. Pessimistisch klingt hingegen die Frage des skeptischen Abolitionisten „besonders in der seltenen Stunde des Erfolges, inwieweit er geholfen hat, den staatlichen Zwangsapparat bloß zu modernisieren und damit überlebensfähiger zu machen" (Schumann 1985: 23).

In diesen Überlegungen vereinigen sich zwei Formen, in denen der Abolitionismus existiert: als *politische Strategie* und als *theoretische Perspektive*. Abolitionismus als politische Strategie bedeutet, wie de Haan ausführt, „vor allzu optimistischen Erwartungen bezüglich der Ergebnisse kurzfristiger, positiver Reformen" (de Haan 1985: 261) zu warnen. Diesen Reformen wird unterstellt, dass sie nur dazu dienen, das bestehende System der Strafrechtspflege durch nicht wesentliche, periphere Veränderungen aufrechtzuerhalten und zu legitimieren. Der Abolitionismus als eine theoretische Perspektive knüpft in gewisser Weise an diesen Forderungen an, da er sich für eine fundamentale Reform oder – aus seiner Sicht noch besser – für die Abschaffung des Strafrechtssystems einsetzt. Hier lässt sich die ideengeschichtliche Überlegung von Scheerer anschließen, der das Vordringen der Neoklassik und ihres Gegenspielers, des Abolitionismus, „als Reaktion auf enttäuschte Hoffnungen und strategische Fehler der jüngeren Strafrechts- und Strafvollzugsgeschichte interpretieren" (Scheerer 1984: 90 f.) möchte.

Schumann teilt den Abolitionismus – wie andere auch – in zwei unterschiedliche Positionen: Zum einen sieht er eine „konkrete abolitionistische Bewegung", die an der Beseitigung eines bestimmten Herrschaftsinstruments interessiert ist, zum anderen ist er in der Form einer generellen theoretischen Position vorhanden, die sich als neue Theorie der Kriminalpolitik versteht (Schumann 1985: 22). Im ersten Fall, der abolitionistischen Strafrechtskritik, wird „eine Wiederherstellung weitgehender Autonomie der Bürger hinsichtlich der Regelung ihrer Konflikte" (Schumann 1985: 22) angestrebt. Die Monopolisierungsversuche und -ansprüche des Staates sind über die Menschenrechte einzuschränken, die als individuelle „Abwehrrechte" des Einzelnen funktionalisiert werden. Staatliche Ordnungsgarantien sind nach dieser Vorstellung zu minimieren und haben zudem einer gesellschaftstheoretischen Begründung zu unterliegen.

Garz (1987) stellt gegenüber der wissenschaftlichen Ausprägung des Abolitionismus die kritische Frage, ob sie durch ihr Vorgehen nicht eine Vermischung zweier eigentlich streng zu trennender Ebenen betreibt, nämlich einerseits der Praxis, dem politischen Diskurs, d. h. dem Abolitionismus als *politischer Bewegung*, und andererseits der *wissenschaftlichen Theorieebene*, also dem Abolitionismus als wissenschaftlicher Richtung, die sich mit der Erarbeitung theoretischer Vorstellungen befasst.

Für Habermas (1972) lässt sich die Entscheidung für einen politischen Kampf nicht einfach theoretisch rechtfertigen, sondern sie bedarf eines Konsenses in praktischen Diskursen unter Beteiligten. Da die Abolitionisten aber insofern politische Enthaltsamkeit üben, als sie sich (durch „negative Kriminalpolitik") positiven Alternativen verweigern, betreiben sie letztlich ihre eigene Abschaffung, weil sie auch auf politischer Ebene nichts mehr sagen können (Garz 1987: 214).

Da z. B. Mathiesen (1980) die Vor- und/oder Nachteile von positiven und negativen Reformen nur mit Blick auf ihre Auswirkungen auf das System berücksichtigt, hat (nicht nur) er das Recht auf Subjektivität vernachlässigt. Letzteres ließe sich gemäß der Argumentation von Garz wohl als ein Recht gerade auf kurzfristige Verbesserungen bezeichnen. Von daher verneint er auch die Frage, ob konkret Betroffenen wissentlich solche Lasten zugunsten einer möglichen langfristigen Destabilisierung des Systems aufgetragen werden können (Garz 1987: 215).

Wenn mit dem Abolitionismus das staatliche Strafen in Frage gestellt wird, so verweist dies auf bestehende, informelle und alltägliche Sanktionsmechanismen, die durchaus nicht wirkungslos sind. So meint Stehr (1993: 130) als Fazit seiner

Betrachtung, dass das Strafrecht für die konkret Betroffenen ebenso wie für Dritte verzichtbar ist, wenn es um die Regelung alltäglicher Konflikte geht: „Ist der ‚kriminologische Blick' einmal aufgegeben, wird die Sicht frei für die alltäglich praktizierten ‚Alternativen' zur strafrechtlichen Konfliktverarbeitung", die er als die „Normalformen des Umgangs mit Schäden und Beeinträchtigungen bezeichnet" (Stehr 1993: 116). Die Strafe ist im Alltag eine „funktionslose Veranstaltung" (Stehr 1993: 116) und das Strafrecht ist lediglich als Ressource für den öffentlichen Moraldiskurs zu betrachten. Gestützt wird eine solche Auffassung durch einige empirische Studien, in denen gezeigt wurde, dass keine oder nur mäßige Sanktionen (im Sinne von Diversion) durchaus spezialpräventive Effekte haben (Karstedt-Henke 1989; Schumann 1989), vielleicht sogar bessere als die strafrechtliche Sanktionierung.

Grundlegung des Abolitionismus:
- Unter Abolitionismus versteht man bei *extensivem Begriffsumfang die Abschaffung des Strafrechtes*, weil es mit weniger schwerwiegenden und mit weniger nicht-intendierten Nebenfolgen eingesetzten, anderen *Konfliktregelungsmechanismen* zu einer weitergehenden Zielrealisierung kommen kann.
- In einem *engeren Sinne* meint Abolitionismus die *Abschaffung der totalen Institution des Gefängnisses*, weil die möglicherweise positiven resozialisierenden Wirkungen durch stigmatisierende und identitätsverändernde Nebenwirkungen übertroffen werden.
- Der Abolitionismus tritt einmal als ein *theoretischer Ansatz* oder eine theoretische Perspektive auf, während er andererseits auch eine *soziale Bewegung mit einer politischen Strategie* sein kann.
- Abolitionismus ist also insgesamt der Versuch einer *Minimalisierung* dergestalt, dass staatliche Eingriffsmöglichkeiten in die Privatssphäre insoweit reduziert werden müssten, als es gemeinschaftliche, eher *informelle Konfliktlösungen* gibt, denen die negativen Konsequenzen des Einsatzes des Strafrechtes nicht anhaften.

10.2 Einige Richtungen im Abolitionismus

Smaus (1986) sieht im Abolitionismus eine Reihe von durchaus widersprüchlichen, mindestens aber unterschiedlichen Richtungen wirken. Einige Positionen des Abolitionismus werden in den folgenden Abschnitten ad personam und in den zentralen Aussagen vorgestellt:

10.2.1 Der moralische Rigorismus von Christie

Eine kontrovers diskutierte Richtung stellt der *moralische Rigorismus* von Christie dar („Limits to Pain" 1981), mit dem er sich für eine Reduzierung absichtsvoll herbeigeführten Leidens einsetzt, denn intendierte Zufügung von Leiden ist

genau das, was das Strafrecht tut. Da für Christie das Ende der Behandlungsideologie eingeläutet ist, deren Heuchelei und mangelnde Wirksamkeit offenbar geworden sind, sind seines Erachtens alternative Perspektiven gefordert, die er an das Modell von Gemeinschaft (im Gegensatz zu großen, komplexen Gesellschaften) anlehnt, wobei fünf Bedingungen dazu als wesentlich angesehen werden:
1. Ein umfangreiches Wissen der Gesellschaftsmitglieder von- und übereinander ist notwendig, weil damit Vertrauen geschaffen wird. Ungewöhnliches Verhalten kann damit anders als nur einseitig strafrechtlich angegangen werden.
2. Statt einer effizienzorientierten Justiz sollten „fluktuierende Dritte" ohne ständige Macht wirken, denn die Justiz ist durchaus macht(erhaltungs)orientiert.
3. Die Identität jedes Einzelnen muss für die Gemeinschaft wichtig werden, weil damit ein einfaches Ausschließen verhindert werden kann; das bedeutet gegenseitige Abhängigkeit, aber auch Anerkennung der Gemeinschaftsmitglieder.
4. Den ausführenden Organen (Polizisten, Richter) muss ihre gesellschaftliche Abhängigkeit bewusst gemacht werden, etwa durch deren soziale Kontrolle des Handelns.
5. Schmerzzufügung soll über bestehende oder entstehende Glaubenssysteme verworfen werden.

Als Beispiele (aus Skandinavien) für eine erfolgreiche Umsetzung solcher Ideen führt er an:

a. *Christiana*, eine Gemeinschaft am Rande Kopenhagens ohne Herrschaft, ohne fixierte Ordnung oder Arbeitszwang.
b. *Twindschools*, die über harte Arbeit und starken Konformitätsdruck eine sozialistische Verfassung anstreben.
c. *Vidarsen*, eine Gemeinschaft Behinderter, die zwar von staatlichen Zuwendungen lebt, ihr Leben aber selbst bestimmt.
d. Die *Lensman-Institution* in norwegischen Tälern, wo eine Art Sheriff mit vielfältigen, auch zivilen Aufgaben betraut ist.

„Konflikte sind für Christie der Anlaß, das Nahfeld zu mobilisieren, alle möglichen Hilfebedürfnisse (auf Täter- und auf Opferseite) abzuklären, den Schaden des Opfers zu kompensieren und schließlich – wenn die Gemeinschaft es für notwendig erachtet – den Täter in absoluter Manier zu bestrafen. Absolut, weil Christie keine Begründung und keinen Zweck mit dieser Strafe verbunden sehen möchte" (Schmidt-Semisch 2002: 119).

An diesen – angesichts der Komplexität fortgeschrittener Gesellschaften – recht naiv wirkenden Vorstellungen entzündete sich dann auch diverse Kritik, wiewohl von Trotha der Arbeit von Christie immerhin zugestand, Lebendigkeit in die kriminalpolitische Debatte gebracht zu haben (von Trotha 1983: 33). Er sieht aufgrund der aktuellen politischen Überlegungen sowie der beträchtlichen finanziellen Aufwendungen das „Ende der Behandlungsideologie" keineswegs gekommen (von Trotha 1983: 35), da die Maßnahmen zwar eine mangelnde

Wirksamkeit aufweisen, jedoch ebenso – wenn auch begrenzte – sozialtherapeutische Erfolge zu verzeichnen sind. Da für von Trotha die Behandlungsidee mit einer sehr großen Stabilität der staatlichen Ordnung verbunden ist (v.trotha 1983: 37), kommen Christies Überlegungen – wenn sie auf die Entwicklung staatlichen Strafens bezogen werden – letztlich einer Destabilisierung dieser Ordnung gleich. Von daher stimmt er zwar grundsätzlich dem moralischen Rigorismus zu, kritisiert aber die Form der Umsetzung. Eine simplizistische Übertragung von Konfliktregelungsmechanismen in segmentären Gesellschaften auf unsere komplexen und komplizierten Gesellschaften ist unmöglich, denn „es führt kein Weg an den Grundstrukturen unserer Gesellschaft vorbei" (v.Trotha 1983: 47). Von daher sieht er auch vier der fünf wesentlichen Bedingungen Christies zur Einschränkung der Schmerzzufügung im Zuge der Reaktion auf Normbrüche als „mit den grundlegenden Gegebenheiten moderner sozialer und politischer Ordnung nicht vereinbar" (v.Trotha 1983: 40) an.

Letztlich kann auch Christies Theorie der absoluten Bestrafung das Grundproblem bei der Entwicklung von Alternativen für die strafrechtliche Sozialkontrolle nicht lösen, nämlich „daß es darum geht, innerhalb der Grundstrukturen unserer Gesellschaft neue institutionelle Formen der Konfliktregelung zu entwickeln" (v.Trotha 1983: 47). Dem verschließt sich auch Christie nicht, denn er wirft dem Strafrecht vor, dass es „dichotomisierenden Charakter" trägt (Christie 1988: 8). Dem Strafrecht geht es leider nur um schuldig oder unschuldig und kriminell oder nicht kriminell. Diese zweiwertige Logik führt „im Bereich des Strafrechts tendenziell zu einer Ausgrenzung solcher Aspekte von Situationen (...), die für derartige Vereinfachungen am geeignetsten erscheinen. Konkret bedeutet das, daß das Strafrecht dazu neigt, eher Taten als Interaktionen oder vorrangig biologischen oder personalen als sozialen Systemen Aufmerksamkeit zu schenken. Dies liegt vor allem daran, daß eine Tat um so leichter als gut oder schlecht, als richtig oder falsch klassifizierbar ist, je enger sie definiert wird" (Christie 1988: 8). Konfliktregelungen außerhalb des Strafrechtes sind eben viel flexibler, weil sie den prozesshaften Charakter der Tat, die Umstände der Gesamtsituation und die allgemeinen sozialen Bedingungen eher zu erfassen in der Lage ist, als das Kriminaljustizsystem auf der Basis des Strafrechts.

Auch für Smaus ist keines der konkreten Abolitionismusmodelle verallgemeinerbar, wiewohl für sie kritische Kriminologen, die sich dem „logischen Rigorismus" verpflichtet fühlen, zum „einzig wissenschaftlich gebotenen Schluß (kommen), die unlogische Tatsache des Strafrechts selber abzuschaffen" (Smaus 1986a: 3). Gegen die Twindschools führt sie z. B. an, dass allein wegen des übergroßen Konformitätsdrucks Abweichung aufgrund der bestehenden Unterdrückung gar nicht stattfinden kann. Gegen die Lensman-Institutionen wendet sie ein, dass derartige Strukturen nur in einer vorindustriellen Gesellschaft nötig gewesen sind, die Rückkehr dahin aber weder vorstellbar noch wünschenswert ist, „weil die vorindustrielle Gesellschaft nur Armut zu verteilen hatte; Reichtum aber wird erst von einer entwickelten Industrie produziert" (Smaus 1986: 5).

Keinem der von Christie angeführten Modelle gesteht sie genügend Attraktivität zu, um zur Basis der Abschaffung des Strafrechts werden zu können.

Scheerer (1984) nimmt Christie gegen die Vorwürfe der Kritiker in Schutz, wie etwa den der Realitätsblindheit oder den, dass seine Ideen weniger eine Analyse denn einen bloß moralischen Appell darstellen. Er hält einmal dagegen, dass die Kritiker die Beispiele bei Christie – Twind, Christiana, Vidarsen – nicht beachtet haben (ein Vorwurf, der z. B. auf von Trotha und Smaus nicht zutrifft), und argumentiert zum anderen, dass der gegen Christie gerichtete „Utopievorwurf" nur die Verabsolutierung bestehender Organisationsformen enthält. Scheerer, der in Christie einen „Beccaria der Alternativkultur" sieht, geht davon aus, dass „Limits to Pain" gerade kein moralischer Appell, sondern „vielmehr (...) eine auf politisch-ökonomische Tendenzen verweisende strategische Analyse" (Scheerer 1984: 103) ist. Die gegenwärtigen quantitativen Veränderungen im Reproduktionszusammenhang müssen nämlich – wie auch die Veränderungen hin zur bürgerlichen Gesellschaft, die zu Beccarias Zeiten bereits wirksam geworden waren – nicht als vorübergehende Phänomene, sondern letztlich als Ausdruck tiefgreifender Veränderungen verstanden werden. (Beccaria (1764) wandte sich mit einer vertragstheoretischen Argumentation gegen ein Recht des Staates, die Todesstrafe zu verhängen: Der gesellschaftliche Vertrag beinhalte nicht die Zustimmung der Individuen, sich töten zu lassen. Hegel argumentiert dagegen, dass der Verbrecher bereits durch seine Tat die Zustimmung zur Bestrafung gegeben habe, da es „die Natur des Verbrechens und der Wille des Verbrechers (sei), daß die von ihm ausgehende Verletzung aufgehoben werde" (Hegel 1986: 192). Er sieht den Versuch Beccarias, die Todesstrafe abschaffen zu lassen, insofern positiv, als die Folge davon ein differenzierter Gebrauch dieser Strafe ist, die nur noch bei „todeswürdigen Verbrechen" angewandt werden solle. Hegel verstand darunter Mord, da dieser „auf den ganzen Umfang des Daseins" gerichtet ist und die Strafe der Tat spezifisch gleich sein müsse (Hegel 1986: 196).)

Scheerer fragt bezüglich des Verhaltens der Menschen in einer postindustriellen Gesellschaft, warum es sich „nicht eher dem von Christie antizipierten annähern (sollte) und warum sollte nicht John Locke recht behalten, der (...) als Naturzustand der vernunftbegabten Wesen (...) einen ‚Zustand von Frieden, gutem Willen, gegenseitigem Schutz und Hilfe' ansah?" (Scheerer 1984: 103).

Gegen solche utopischen Vorstellungen von der Zukunft fortgeschrittener Gesellschaften kann mit Bühl eingewandt werden, dass die Entwicklung hin zu einer postindustriellen Gesellschaft nicht als reine Negation der Zustände in der Industriegesellschaft gesehen werden kann (Bühl 1988: 93), sondern das Resultat einer langfristigen Entwicklung bildet, an deren Ende „sowohl (...) ein total zentralisierter Überwachungsstaat wie auch eine total dezentralisierte Stammesgesellschaft" vorstellbar sind (Bühl 1988: 97), wobei beide gleich unwahrscheinliche Utopien sind.

Die Heterogenität und auch Gegenläufigkeit der „innerabolitionistischen" Diskussion mag nun daran verdeutlicht werden, dass z. B. de Haan, der für eine „Bestrafungspolitik mit schlechtem Gewissen" eintritt, gerade im Abolitionismus im Sinne eines moralischen Appells die Möglichkeit sieht, „der drohenden Rückkehr zu einer autoritären Kriminalpolitik und repressiven Strafrechtspflege entgegenzuwirken" (de Haan 1985: 261).

Nach Scheerers (stark materialistischen) Überlegungen wird die Situation in Mitteleuropa durch dauernde ökonomische Strukturveränderungen, eine technische Revolutionierung und einen verringerten Arbeitskräftebedarf geprägt. Dadurch geraten „traditionelle Sozialbeziehungen nichtwarenförmiger Art in Auflösung und führen zur Fortschreibung des Atomisierungsprozesses sozialer Zusammenhänge" (Scheerer 1984: 104). Dagegen lässt sich mit Beck einwenden, dass zwar auf einer „Freisetzungsdimension" eine Herauslösung aus den historisch vorgegebenen Sozialformen stattfindet, wodurch zugleich die traditionalen Sicherheiten verlorengehen, jedoch „– womit die Bedeutung des Begriffs (Individualisierung; S. L.) gleichsam in ihr Gegenteil verkehrt wird – eine neue Art der sozialen Einbindung (,Kontroll- bzw. Reintegrationsdimension')" (Beck 1986: 206) entsteht.

Brumliks Interpretation von Christie bewegt sich weniger auf der gesellschaftstheoretischen Ebene, als vielmehr im Bereich der Frage, welche Rolle das moralische Urteil bei einem Normbruch spielt und in welchen sozialen Situationen, z. B. dem Strafverfahren, moralisches Lernen entstehen kann. Er rekurriert auf Christies „moralischen Standpunkt", um eine Dimension der Strafe bzw. des Strafverfahrens als Instanz moralischen Lernens zu verdeutlichen, was sich im Erziehungsgedanken des Jugendstrafrechts wiederfindet. Er zieht Christie heran, um zu zeigen, dass „der Gedanke des Strafens im Grunde unabdingbar ist" (Brumlik 1993: 202).

Christies Ansatz ist nach Brumlik eine „kommunitaristische Theorie des Strafens", die vor allem die kartharthische Funktion des Täter-Opfer-Ausgleichs im nicht strafrechtlichen Raum betont (Brumlik 1993: 205). „In der Debatte zwischen Abolitionisten wie Christie und Verfechtern eines auch staatlich regulierten Strafens besteht *in dieser Frage*, nämlich der Frage nach der prinzipiellen Zurechenbarkeit auch abweichender, negativ bewerteter Handlungen, die die Integrität anderer Menschen verletzen, *kein Dissens*. Zu entscheiden ist alleine, *welche Form gesellschaftlicher Reaktionen auf das normbrechende Verhalten verantwortlicher Individuen gesellschaftlicher Versöhnung und moralischem Lernen dient*" (Brumlik 1993: 205). Nach Brumlik beinhaltet auch Christies Perspektive von Strafe (im Sinne des Täter-Opfer-Ausgleichs) die Prinzipien von „Verantwortung", „Schuld" und „Übelzufügung", also eigentlich kennzeichnende Elemente der strafrechtlich-punitiven Moral. Christies Vorstellungen unterscheiden sich aber vor allem durch den sozialen Rahmen innerhalb dessen entsprechende Lernprozesse stattfinden sollen. Brumlik siedelt deshalb Christie zwischen Diversion, Abolitionismus und radikaler Nonintervention an (Brumlik 1993: 211), wobei er den Aspekt des sozialen Lernens durch Strafe bzw. Strafrecht und Strafverfahren fokussiert.

10.2.2 Die „peines perdues" von Hulsman

„Als lebensnäher und ein mit weniger Moralansprüchen versehener Ansatz stellt sich das *antietatistische Modell* von Hulsman (...) dar. Er geht davon aus, dass die Gesellschaft aus vielen Untergruppen mit einer je eigenen Ordnung besteht. Statt eines zentralen, staatlichen Rechts, das die Gruppenordnungen überlagert, tritt Hulsman für eine „Vielfalt der gesellschaftlichen Gruppen im Sinne von Stämmen" (Smaus 1986a: 5) ein: „small is beautiful". Das übergeordnete und allgemein gesellschaftlich geltende Strafrecht, das eben die diversen Gruppeninteressen gleichschaltet, entwickelt damit quasi totalitäre Tendenzen. Hulsman (1982) propagiert daher, die Vielfalt der gesellschaftlichen Gruppierungen zu berücksichtigen statt deren zentrale Organisation durch ein generelles Strafrecht zu verfolgen. Er zeigt anhand holländischer Opferstatistiken, dass das Strafrecht für die Regelung von problematischen Situationen überflüssig ist. Vielmehr zerstört das Strafrecht die individuellen und informellen Kommunikationsmöglichkeiten. Es ist insoweit unmenschlich und produziert durch die Bestrafung individuellen und gesellschaftlichen Schaden.

„Das Typische des Strafrechts und der Kriminalisierung besteht darin, daß man nicht mehr (...) an der Lösung eines Problems orientiert ist, dessen Definition und Abhilfe von außen an einen herangetragen wird. Die Kriminalisierung orientiert sich nicht mehr an den Leuten mit ihren Problemen, sondern sie orientiert sich an dem Gesetz, genauer: an einem zentralen, zentralistischen Gesetz, das von der Profession und Struktur der Juristen entworfen und so denn meistens auch schon sehr alt ist. Die Orientierung geschieht dabei in der Weise, daß die Optik des späteren Gerichts zum Bezugspunkt wird. Der strafrechtlich arbeitende Jurist und Polizist sieht und hört nicht mehr darauf, was ihn die Leute fragen, sondern er schaut nach ‚seinem' Gericht, darauf, wie das Gericht als ‚Verwalter' eines zentralen Gesetzes die Frage beantwortet, wie eine Kriminalisierung nach den Regeln der Kunst auszusehen hat" (Hulsman 1988: 123 f.).

Die Regelung problematischer Situationen nach Maßgabe staatlichen Rechts bedeutet Eingriffe in Gruppenkontexte, die oft zur Zerstörung vorhandener Kommunikationsmöglichkeiten führen, jedoch keine Herstellung des vorherigen Zustandes bewirken. Kritisiert Hulsman einerseits die Subsumtionslogik, wonach ein bestimmtes Verhalten einem zentralistischen Gesetz zugeordnet wird, so verweist er weiter auf einen „Aspekt der Kriminalisierung, der natürlich mit ersterem zusammenhängt, (er) besteht darin, das Geschehene dem Handeln eines Individuums zuzuschreiben. (...) Denjenigen jedoch, dem man eine Handlung strafrechtlich zuschreibt, isoliert man weitgehend von seinem sozialen Kontext. Ich meine damit vor allem – und dies scheint mir das wichtigste an der Kriminalisierung zu sein –, daß das Strafrecht das Opfer und seinen sozialen Kontext völlig außer acht läßt" (Hulsman 1988: 124).

Hulsman greift in seiner Argumentation auf Habermas (1981) zurück, der die Unterscheidung zwischen *System* und *Lebenswelt* getroffen hat, und macht damit deutlich, dass das Kriminaljustizsystem den alltäglichen Konflikten der Lebenswelt nicht gerecht werden kann, im Gegenteil diese möglicherweise verschärft.

Da für Hulsman die abolitionistische Vorstellung empirisch auf die bestehende Gesellschaft bezogen ist, braucht sich diese nicht zu ändern, wenn bloß das Strafrecht abgeschafft wird. Als Beispiel führt er die gegenwärtige holländische Bevölkerung an, die wegen ihrer liberalen, anti-herrschaftlichen und pluralistischen Haltung ebenso gut ohne Strafrecht auskommen könnte.

„In Hulsmans Ansatz steht nicht das Verbrechen im Vordergrund der Analyse, sondern das Strafrecht und das Kriminaljustizsystem, also all jene sozialen Ereignisse, Organisationen und Arrangements, die mit der Art und Weise zu tun haben, in der eine Gesellschaft vorgibt, Lösungen für Verhalten, das sie als ‚kriminell' bezeichnet, zu entwickeln" (Deflem 1992: 84 f.). Hulsman lenkt damit sein Augenmerk auf strukturell bedingte Situationen, in denen bestimmte Probleme auftauchen und verlässt die individualistische Perspektive.

Genau dies verneint Gerlinda Smaus, weil sie sein Gesellschaftsbild nicht akzeptiert und daraus ableitet, dass „er daher nur ‚individuelle' und keine ‚strukturellen' Auswirkungen des Strafrechts erkennen kann" (Smaus 1986a: 6).

10.2.3 Das mephistophelische Prinzip bei Mathiesen

Mathiesen (1980), der eine materialistische Gesellschaftstheorie vertritt, in der die materielle Ungleichheit und die ungleichen Machtverhältnisse die Klassenverhältnisse charakterisieren, sieht jedoch in der Gegenwart keine revolutionäre Situation mehr gegeben, denn:
1. Eine direkte physische Unterdrückung durch die herrschende Klasse liegt nicht vor, stattdessen besteht eine strukturelle Unterdrückung, die nur empfunden werden kann, weshalb keine Solidarisierungen erfolgen.
2. Da materielle Verelendung fehlt, die durch die psychische Verelendung ersetzt und die funktional für den Kapitalismus ist, wird die politische Aktion gelähmt.
3. Arbeiter und Unternehmer stehen in einer Interessengemeinschaft, die auf dem Arbeitsmarkt hergestellt und in der Politik weitergeführt wird.
4. Reine Aufklärung ist im Spätkapitalismus nutzlos, denn beide Seiten sind der gleichen Systemrationalität ausgesetzt, ein individuelles Entkommen ist somit unmöglich.

Um dennoch eine politische Bewegung zu initiieren, muss der Klassenstandpunkt verlassen, eine „Strategie des Unfertigen" muss zum Ausgangspunkt werden. Es darf keine Entscheidung zwischen den vom System angebotenen Alternativen – Revolution oder Reform – getroffen, sondern es muss versucht werden, die bestehende Ordnung aufzuheben. Auf diese Weise kann das Ideensystem der Basis real beeinflusst werden.

Nach Mathiesen soll Kriminalpolitik daher im Wesentlichen „*negative Kriminalpolitik*" sein, die nach einem „mephistophelischen Prinzip" vorgeht und sowohl die bestehenden strafrechtlichen Lösungen als auch positive, ausgeformte Alternativen ablehnen muss. Diese sind den bestehenden Funktionen unterworfen, somit keine Alternativen mehr, um die Abschaffung überflüssiger Härten zu erreichen.

10.2.4 Der Doppelkontrollcharakter bei Scheerer

Scheerer (1984) orientiert sich einmal an den Überlegungen zur „negativen Kriminalpolitik" von Mathiesen und vor allem am „moralischen Rigorismus" von Christie, den er jedoch – wie erwähnt – nicht als moralischen Appell, sondern als „eine auf politisch-ökonomische Tendenzen verweisende strategische Analyse" (Scheerer 1984: 103) interpretiert. Er stimmt der These von Trothas (1983) nicht zu, dass wesentliche Bedingungen und Voraussetzungen des Abolitionismus mit der modernen politischen und sozialen Ordnung unvereinbar sind.

Die gegenwärtig stattfindenden quantitativen Veränderungen im Reproduktionszusammenhang weisen für Scheerer epochale Bedeutung auf und sind ebenso zu bewerten wie die Wandlungen hin zur bürgerlichen Gesellschaft. Seine These lautet, dass der Staat derzeit – bedingt durch eine Gefahr der Unterminierung der sozialen Ordnung – sein Interventionshandeln in die kommunikativ strukturierten Lebenswelten hinein verstärkt. Durch seine zunehmenden Eingriffe hat er sich letztlich zum Garanten der Arbeitskraftreproduktion gemacht, was ihn jedoch angesichts der immer weiter ansteigenden Probleme und der Finanzkrise überfordert hat. Ein besonderes Problem stellt für Scheerer das Anwachsen einer heterogenen, zunehmend zur Mehrheit werdenden „Peripherie" dar. Diese Gruppen, die aus dem Arbeitsprozess ausgeschieden oder gar nicht erst hineingelassen worden sind, weisen andere Wertorientierungen – verringerte Konsumansprüche, höhere Bewertung sog. postmaterieller Werte, mehr Autonomie, weniger Hierarchie – auf als das „produktive Zentrum". Scheerer geht also von einer sich herausbildenden „*gespaltenen Gesellschaft*" in kapitalistischen Ländern aus, wodurch die Kontrollpolitik einen „Doppelcharakter" bekommt: *weiche und integrative Kontrollen für das produktive Zentrum, repressive und ausschließende Kontrollen für alle übrigen.* Da jedoch die rein repressive Kontrolle zu kostenintensiv ist, wird statt der Kontrolle einzelner krimineller Handlungen die Prävention kriminogener Situationen betrieben. Für diese präventive Form der Verbrechensbekämpfung wird jeder Bürger zum potenziellen Abweicher und der Bürger zum Objekt innerer Kolonialisation.

Scheerers Vorstellung von der „gespaltenen Gesellschaft" erscheint zum einen als eine Übertragung von Galtungs (1975) Prinzip der strukturellen Gewalt, also als eine Art innergesellschaftlicher Imperialismus. Das *Topdog-Underdog-Verhältnis* zur Erklärung bestehender Ungerechtigkeiten erscheint verführerisch und meistens passend, aber genau darin liegt auch das Problem: Es ist oft zu undifferenziert. Zum zweiten scheint Scheerer eine Art „Neuauflage" der Verelendungstheorie in fortgeschrittenen Gesellschaften zu betreiben. Und drittens: Die Klientel, auf die diese Ansicht z. Z. tendenziell anwendbar wäre – Ausländer/Asylanten –, wird jedoch mit der verwendeten Begrifflichkeit bzw. der unterstellten

Wertorientierung nicht erfasst: Diese Gruppen werden versuchen – so sei ohne weitere empirische Prüfung unterstellt –, innerhalb der bestehenden, an Arbeitsethik und Konsummoral ausgerichteten Struktur angemessen teilhaben zu können.

Auf der anderen Seite formieren sich jedoch auch Gegenbewegungen (seit 1968), es treten „kommunitäre Formen der Vergesellschaftung an die Stelle atomistischer Einordnung in die gesellschaftliche, warenförmige Gesellschaft" (Scheerer 1984: 107). Bei zunehmender Spaltung der Gesellschaft gewinnen für Scheerer Vergemeinschaftungsformen nach Christie wachsende Bedeutung.

Dies würde aber auch einen Bedeutungsgewinn antiinstitutioneller und antirechtlicher Konfliktregelungsformen implizieren. Das Hoffen auf die Alternativkultur wird damit begründet, dass sie Eigenschaften der *modernen Gesellschaft* – Mobilität – und der *segmentären Gesellschaft* – z. B. nicht anonymisierte Verkehrs- und Konfliktregelungsformen – miteinander vereint. Daher Scheerers Fazit: „Es scheint mithin so, als berge die Aporie der Moderne im abgespaltenen Teil der Gesellschaft nicht nur für die abolitionistische Perspektive eine mögliche Zukunft" (Scheerer 1984: 108).

Das Problem bei Scheerer liegt nun darin, dass er die kritisierte Dichotomie letztlich beibehält, wenn er mögliche andere Formen von Zusammenleben als *nur* und *einzig* in der von ihm so bezeichneten „Alternativkultur" ansiedelt. Es widerspricht wohl auch den „wirklichen" Erfordernissen eines modernen sozialen Systems, das gerade in der heutigen Zeit – eingedenk der Komplexität sowohl jedes einzelnen Systems „Gesellschaft/Staat" als auch eingedenk der Hyperkomplexität der sich immer weiter vernetzenden Welt"gemeinschaft" – darauf angewiesen ist, durch Differenzierung zur Ausbildung immer weiterer Lebensentwürfe bzw. Lebenswelten die Adaptionsfähigkeit bzw. Flexibilität der Reaktion des Systems zu erhalten.

Ein wesentlicher Kritikpunkt bezieht sich auch auf die Form der Konfliktregelung in Gemeinschaften, wie sie im Abolitionismus angestrebt wird. Über die Dezentralisierung – z. B. in der Form von Regionalisierung, Föderalisierung oder zunehmenden Autonomieansprüchen – werden nun neue Formen der Auseinandersetzung mit Devianz gefördert: private Streitschlichtung zwischen Schädiger und Geschädigtem. (Unter diesem Aspekt eines Täter-Opfer-Ausgleiches sah auch Hulsman auf dem 8. internationalen Symposium „Diversion und soziale Kontrolle" die Forderungen der Abolitionisten mit den Ansichten der Diversionstheoretiker vereinbar bzw. durch sie bereits teilweise erfüllt.)

Haferkamp vermutet nun in diesem Konzept einer partizipatorischen Justiz gewichtige Probleme. Da Dunkelfelduntersuchungen und Opferbefragungen einen überproportional hohen Anteil von Unterschichtangehörigen sowohl bei Tätern als auch Opfern ergeben haben, ist davon auszugehen, „daß im Normalfall von Devianz ein Unterschichtangehöriger einen anderen schädigt" (Haferkamp 1984: 128). Die Schwierigkeit bei einer Konfliktregelung ohne einen „machtvollen Dritten" besteht für diese Klientel im Machtungleichgewicht bei gleicher Schichtzugehörigkeit: Der Bestohlene oder Verletzte war bereits in der Situation der Schädigung unterlegen. Nach Haferkamp dürfte es sich für das unterlegene Opfer nun äußerst schwierig gestalten, ohne regelnde Autorität eines Dritten – die bei der Diversion z. B. durch das Einbeziehen eines Schlichters noch gegeben ist – den Schädiger durch bloßes Verhandeln zu einem Ausgleich zu bewegen, der von ihm akzeptiert wird. Für Haferkamp ist trotz der Kritik an einer „fairen Streitschlichtung" eine Rückkehr zum Strafrecht nicht opportun, sondern er will damit warnen „vor blauäugigen Hoffnungen der ideellen Abolitionisten. Auch der Herrschaftswandel und der reale Abolitionismus haben ihren Preis" (Haferkamp 1984: 128).

In diesem Zusammenhang soll wieder auf Stehr verwiesen werden, der den informellen Sanktionen einen besonderen Charakter zuweist. So werden Sanktionen eingesetzt, um Konflikte zu skandalisieren oder die (Gruppen-)Öffentlichkeit zur Unterstützung zu mobilisieren. Der Charakter dieser „genuin sozialen Sanktion" zielt nicht, wie bei der staatlichen Strafe auf sozialen Ausschluss, sondern auf Darstellung und Behauptung von Mitgliedschaft (Stehr 1993: 117 f.). Es geht nicht, wie Haferkamp annimmt, um das „Verhandeln" (z. B. vor Gericht), sondern der „machtvolle Dritte" wäre z. B. die Gruppenöffentlichkeit und „Konflikte werden im Alltag viel häufiger durch Strategien des Aushandelns, der Meidung, des Gegenschlags/der Selbsthilfe und auch durch die Mobilisierung von Abhilfeleistungen Dritter bearbeitet" (Stehr 1993: 118). Nicht ganz unproblematisch ist in der Position Stehrs allerdings, dass sich diese Mechanismen im Bereich der Eigentums- und Bagatelldelikte und ausschließlich in der Lebenswelt bewegen. Zu fragen ist auch, ob mit diesen alltäglich-informellen Sanktionen die „Dezentralisierung" erfüllt ist, weil mit diesem Begriff eine gezielte bzw. geplante Umverlagerung von Kontrolle gemeint sein kann und die gezeigten informellen Sanktionen ohne Bezug auf den theoretischen bzw. öffentlichen Norm-Sanktion-Moraldiskurs funktionieren.

10.2.5 Die moderate Position des European Committee on Decriminalisation

Das European Committee on Decriminalisation (im Europarat) (*Council of Europe* 1980) stellt Abolitionismus als eine schrittweise Abschaffung des Strafrechts dar (Smaus 1986a: 9). Es analysiert seine Funktionsweise (und seine Kosten!) und kommt zu dem Schluss, dass es mehr Disfunktionen als Funktionen realisiert. Man kann es ohne Schaden abschaffen, weil damit die den Betroffenen zugefügten Schmerzen aufhören und die evtl. Disfunktionen eines entkriminalisierten Strafrechts aufgefangen werden können. Schrittweise Abschaffung des Strafrechts kann z. B. durch das Anstreben vollständiger sozialer Anerkennung einstmals kriminalisierter Verhaltensweisen, wie z. B. der Homosexualität, geschehen, also durch *Entkriminalisierung.*

Till (1986) untersuchte zu diesem Thema mittels einer Inhaltsanalyse dreier psychologischer Fachzeitschriften (aus Österreich und der Bundesrepublik), ob und inwieweit die Diskriminierung Homosexueller in Fachkreisen – bei Ärzten und Psychologen – von den Momenten Entkriminalisierung und Pathologisie-

rung geprägt wurden. Er geht dabei von zwei Hypothesen aus, die einen Zusammenhang zwischen beiden Phänomenen herstellen:
a) Statt durch Kriminalisierung erfolgt die Diskriminierung durch die Pathologisierung.
b) Die Entkriminalisierung führt auch zur Entpathologisierung.

In der Bundesrepublik (1969 und 1973) und Österreich (1971) wurden die Strafbestimmungen zur Homosexualität weitgehend liberalisiert. Die Tatsache, dass in der untersuchten Fachliteratur Homosexualität seit den 1950er Jahren mit sinkender Häufigkeit behandelt und dabei pathologisiert und danach kaum mehr thematisiert wurde, interpretiert Till als Bestätigung seiner zweiten These (Till 1986: 49). Trotzdem hält er fest, dass der Zusammenhang nur abgeschwächt gelten kann, da „ein Einstellungswandel im Sinne einer kritischen Auseinandersetzung mit pathologisierenden Theorien über Homosexualität beziehungsweise im Sinne einer Anerkennung von Homosexualität als einer der Heterosexualität gleichwertigen Sexualform (...) in einer breiten Fachöffentlichkeit nicht stattgefunden" hat (Till 1986: 50). Die im „Report on Decriminalisation" als wünschenswert festgehaltene *de-jure-Entkriminalisierung durch vollständige soziale Anerkennung* eines vormals abweichenden Verhaltens hätte demnach noch nicht stattgefunden.

Neben dieser vollständigen Entkriminalisierung führt das European Committee zwei weitere, abgeschwächte Formen an. Diese umfassen zum einen die Möglichkeit, dass zwar *keine legale bzw. soziale Anerkennung* stattfindet, der Staat jedoch die *Bewertung seiner Funktion* innerhalb des betreffenden Feldes ändert.

In der dritten Variante *ändern sich weder Bewertung noch Auffassung des Staates*. Weil er aber erkennt, dass ihm die Macht fehlt, bestimmte Formen von Kriminalität zu bekämpfen, *überträgt er die Behandlung den betroffenen Gruppen* oder bietet selbst Alternativen an. (In diesen Zusammenhang lassen sich wohl auch die Methadon-Programme stellen.)

Smaus kritisiert an diesem Ansatz nun das Ausgehen von einem „unangemessenen Gesellschaftsmodell" bzw. die Ablehnung der Autoren, sich mit einer (einheitlichen) Theorie der Gesellschaft zu befassen (Smaus 1986a: 9 f.). Da die Autoren als Werterelativisten einen Wertepluralismus unterstützen, finden sich zum einen im Report z. T. widersprüchliche Theorieansätze. Anderseits werden wichtige Dimensionen gesellschaftlicher Organisation – Ökonomie und Macht – schlicht nicht einbezogen. Hierbei muss aber bedacht werden, dass Smaus in ihrer Kritik von einem materialistischen Gesellschaftsbild ausgeht, was auch daran deutlich wird, dass sie dem Report als Folge seiner Versäumnisse „einen klassenindifferenten Zugang zur Strafrechtspolitik" vorhält (Smaus 1986a: 11). Die Strafrechtskritik des Reports ist von daher als eine „liberale" Kritik zu interpretieren, die mit ihren Forderungen im Rahmen der offiziellen Kriminalpolitik bleibt.

Unter anderer Perspektive lässt sich das Vorgehen, mittels stufenweiser Entkriminalisierung die gewünschten Zielzustände zu erreichen, durchaus als im

Sinne eines minimalistischen Ansatzes liegend interpretieren, der – so McClintock – als Position zwischen Abolitionismus und Reduktionismus zu verstehen ist (McClintock 1981; McClintock 1984). Da die minimalistische Position nach den Kontrollmitteln fragt, auf die wirklich nicht verzichtet werden kann, der Abolitionismus hingegen die Abschaffung möglichst aller staatlichen Zwangsmittel und der sie legitimierenden Gesetze und Bestimmungen anstrebt, ist die Kritik von Smaus vorprogrammiert.

Ein Aspekt der Kritik wird auch bei Schüler-Springorum nachgezeichnet, wenn er – unter Einbeziehung bundesrepublikanischer Erfahrungen – als Hauptproblem minimalistischen Vorgehens die Tendenz sieht, „trotz aller schönen Prinzipien wieder in den Sog einer üblichen, bestenfalls reduktionistische Randkorrekturen verfolgenden Kriminalpolitik zu geraten" (Schüler-Springorum 1991: 166).

Der vom European Committee abgelehnte Rekurs auf *eine* Theorie der Gesellschaft, die nach Meinung der Autoren des Report on Decriminalisation der Pluralität und Mannigfaltigkeit des sozialen Lebens in unseren modernen Gesellschaften nicht gerecht werden kann, mündet in der Konzentration auf die strafrechtlichen Aspekte. Das gegenwärtig praktizierte Strafrecht wird den zentralen Werten demokratischer Gesellschaften nicht gerecht. Weder ist eine Beschränkung der Gewaltanwendung erkennbar, noch ist die Sicherung von Freiheit und Menschenwürde (Herbeiführung von Leid und Freiheitsentzug), noch sind die Prinzipien von Gleichheit, Gerechtigkeit und Gleichbehandlung durch das Strafrecht realisiert. Die Entkriminalisierung des Strafrechts ist also aus solcher, demokratischer Fundierung der Gesellschaft ableitbar.

10.2.6   Der strukturelle Abolitionismus bei Smaus

Smaus (1986a) erstellte ein weiteres Modell, das ihrer Darstellung nach die Forderungen von Mathiesen erfüllt, sich jedoch nicht auf die Ebene „negativer Kriminalpolitik" beschränkt. Die Basis des Ansatzes bildet die Habermassche Differenzierung in *System* und *Lebenswelt* (1981). Über eine systemtheoretische Begründung des Strafrechts mit dem Ziel einer Humanisierung der Gesellschaft wird eine systematische Gegenüberstellung von „Interessen des Systems" versus „Interessen der Lebenswelt" betrieben. Da das Strafrecht ein Mittel zum Schutz des Systems ist, ist durch das Definieren neuer Tatbestände ein umfassender Schutz der Lebenswelt nur schwer zu erreichen. Aus der Perspektive der Lebenswelten müssen daher vom System vorgeschriebene, unberechtigte Ansprüche und Verhaltensmaximen im Normenbereich, bei der Konfliktregelung und auch bei der Sanktionierung zurückgewiesen werden. Ziel muss aber sein, den Lebenswelten im Normenbereich ihre Autonomie zurückzugeben (Smaus 1986a: 17), bei der Konfliktregelung bzw. bei Abweichungen zu fragen, ob es sich um systemische oder lebensweltliche Störungen handelt. Bei strafrechtlichen Repressionen werden nun meist Menschen getroffen, weniger systemische Medien, wie „Macht" oder „Geld". Smaus Forderung zielt nun letztlich darauf, dem System das Recht abzusprechen, eine einheitliche Sanktionierung von (unterschiedlichen) Lebenswelten vornehmen zu dürfen. Stattdessen soll innerhalb der Lebenswelten selbst eine konfliktadäquate Lösung gesucht und vollzogen werden. Das Strafrecht wird „entkolonialisiert", indem die Lebenswelten eigene Bedürfnisse formulieren können. Mit diesem Vorgehen wird statt einer nur negativen Kriminalpolitik umfassende Gesellschaftpolitik betrieben.

Unter Rekurs auf die Gegenüberstellung der Begriffe von System und Lebenswelt bei Habermas (1981) entwickelt Smaus ihre Vorstellungen von Abolitionismus. Ausgangspunkt ist die Tatsache, dass das Strafrecht trotz vieler Wandlungsprozesse in der Vergangenheit nach Sühne und Vergeltung strebt. Hält man am Strafrecht fest, so muss man, wie auch die Vergangenheit zeigt, nach immer neuen Legitimationen für es suchen. Besser wäre, „die unlogischen Tatsachen des Strafrechts selbst abzuschaffen. Diese Position wird als logischer Rigorismus bezeichnet" (Smaus 1986a: 6).

Auf der Basis einer materialistischen Gesellschaftsauffassung versucht Smaus zu zeigen, dass am Strafrecht deshalb so hartnäckig festgehalten wird, weil damit der gesellschaftliche Zustand aufrechterhalten und perpetuiert werden kann und soll. „Das Strafrecht läßt sich (...) als ein ideologischer bzw. symbolischer Staatsapparat begreifen, der über die Bestrafung einzelner folgende normative und materielle Strukturen der Gesellschaft verdeutlicht" (Smaus 1986a: 6 ff.):

1. Die Eigentumsverhältnisse sollen aufrechterhalten bleiben. Dabei geht es einerseits um die Struktur, d. h. um die Differenzierung hinsichtlich des Eigentums an Produktionsmitteln und andererseits auch um die quantitative Verteilung des Eigentums.
2. Gesellschaftsmitglieder, die unteren sozialen Schichten angehören, werden mit dem Etikett „kriminell" versehen, um ihnen attraktive, statushöhere gesellschaftliche Positionen zu verweigern und sie an die Unterschicht zu binden.
3. Durch die Bestrafung und Etikettierung der Kriminellen werden diese als Außenseiter stigmatisiert, was für die übrigen Gesellschaftsmitglieder die positive Funktion hat, sich diesen gegenüber zu solidarisieren und untereinander als gleichgestellt positiv zu bewerten.
4. Damit gelingt es auch, politische Divergenzen zu reduzieren oder gar zu eliminieren, was dem Staat und seinen Institutionen Legitimation verschafft.
5. Die etwa durch die Imprisonisierung erfolgende physische Zwangsausübung wird durch das kriminelle Verhalten begründet, womit zugleich durch die Reaktion darauf das Strafrecht sich selbst legitimiert.

Im Rahmen dieser Argumentationskette spricht Smaus von *struktureller Gewalt*. Sie ist es, die die legitime Bedürfnisbefriedigung eines Großteils der Gesellschaft reduziert oder gar versagt, womit die ohnehin Benachteiligten weiterhin benachteiligt werden. Die Funktion der (Freiheits-)Strafe als Schutz der Gesellschaft degeneriert so zu einer Kontrolle der Gesellschaft.

Die Analyse von Smaus zeigt, dass unter solchen Voraussetzungen eher den Interessen des Systems als denen der Lebenswelt gefolgt wird. Die vom System diktierten Ansprüche und Verhaltensanforderungen müssen sowohl in den Bereichen der Normsetzung, der Normanwendung, der Konfliktregelung, aber auch bei der Sanktionierung zurückgewiesen werden. Smaus fordert, „daß das System nicht das Recht haben sollte, Lebenswelten einheitlich in seinem Sinne zu sanktionieren, vielmehr sollte die Lebenswelt selbst aus dem Konflikt adäquate Lösungen bestimmen. Eine Entkolonialisierung von Strafrecht und die Formulierung von Bedürfnissen von Lebenswelten wäre mehr als nur eine negative Kriminalpolitik, sondern eine Gesellschaftspolitik im umfassenderen Sinne" (Smaus 1986a: 17). Wegen dieser sehr grundsätzlichen Position wird Smaus von Deflem als „strukturelle Abolitionistin" (Deflem 1992: 88) bezeichnet, denn sie will nicht nur das Kriminaljustizsystem, sondern mit ihm auch die gesamten sozialen und politischen Strukturen ändern.

Die abolitionistischen Positionen:
- Nach Christie fügt das Strafrecht absichtsvoll den davon Betroffenen *inakzeptable Leiden* zu. Das sog. Behandlungskonzept ist ideologisch und relativ unwirksam. Die *Rückkehr zu Gemeinschaften* im Gegensatz zu großen Gesellschaften bietet die Chance, diese Probleme zu überwinden.
- Hulsman propagiert ebenfalls die Rückkehr von Großgesellschaften zu kleineren Gruppierungen und *informellen Konfliktregelungen*. Ein zentrales Recht soll durch *spezifisches Gruppenrecht* abgelöst werden, das den Bedürfnissen der Gruppenmitglieder eher entspricht.
- Mathiesen chakterisiert westliche Gesellschaften auf der Basis materialistischer Theorie als spätkapitalistisch und konstatiert einen Widerspruch zwischen den materiellen und ideellen Elementen der Realität. Das *mephistophelische Prinzip* ist anzuwenden, denn bestehende und alternative strafrechtliche Lösungen sind nicht geeignet, die Probleme zu bewältigen.
- Scheerer kombiniert die *negative Kriminalpolitik* von Mathiesen und den *moralischen Rigorismus* von Christie und kommt auf dieser Basis zum Ergebnis, dass in der *gespaltenen Gesellschaft* der kapitalistischen Länder die Kontrollpolitik einen *Doppelcharakter* erhält: Eher *integrative Kontrollen* für das *produktive Zentrum* und *repressive Kontrollen* für alle übrigen.
- Smaus stellt in Anlehnung an Habermas *System und Lebenswelt* gegenüber, verneint das Erreichen der positiven Zielsetzungen durch das Strafrecht und plädiert auf der Basis des *logischen Rigorismus* für dessen Abschaffung. Zurückdrängung des Systems Staat und *Hervorkehrung der Lebenswelt* führen zu einer *tendenziellen Befreiung der benachteiligten Klassen*.
- Der *Report on Decriminalisation* benennt in seiner moderaten Auffassung drei mögliche Formen des Abolitionismus als schrittweise Abschaffung des Strafrechts:
    - *Vollständige soziale Anerkennung* von ehemals kriminalisierten Verhaltensweisen (z. B. Homosexualität), also *Entkriminalisierung*.
    - Zwar erfolgt keine legale bzw. soziale Anerkennung kriminalisierten Verhaltens, aber der *Staat ändert die Bewertung seiner Funktion* in diesem Kontext.

- Bewertung und Auffassung des Staates bleiben erhalten, doch er *überträgt Maßnahmen auf andere gesellschaftliche Institutionen* oder bietet selbst *Alternativen zu den Strafen* an.

10.3 Einige Gemeinsamkeiten abolitionistischer Ansätze

Das Konzept des Abolitionismus wurde bislang in den nuancierenden und differenzierenden Positionen dargestellt, weshalb der Eindruck einer gewissen Heterogenität entstand. Nun soll es darum gehen, die Gemeinsamkeiten herauszustellen, die es gerechtfertigt erscheinen lassen, von einem einheitlichen Ansatz zu sprechen.

10.3.1 *Die Forderung nach Abschaffung restriktiver Institutionen*

Eine wesentliche Gemeinsamkeit abolitionistischer Vorstellungen bleibt aber bei allen Nuancierungen dennoch offensichtlich: Als gewissermaßen kleinster gemeinsamer Nenner aller Abolitionisten kann ihr Antreten gegen „totale Institutionen" bzw. „instrumentell-formale Organisationen" im Sinne Goffmans (1973: 173 ff.) genannt werden, die eine umfassende Kontrolle ihrer Mitglieder durch die Definition sowohl des Handelns als auch des Seins anstreben und dies durch die räumliche Beschränktheit ihrer Insassen forcieren. Die Kritik richtet sich dabei speziell gegen Gefängnisse und (geschlossene) psychiatrische Anstalten, deren Abschaffung gefordert wird. In diese Richtung zielt auch die von Scull (1977) mit dem Sammelbegriff „Decarceration" belegte Palette von Maßnahmen, die neben der Entkriminalisierung von Bagatelldelikten, neben Kontrollmaßnahmen außerhalb geschlossener Institutionen bzw. ihre Übertragung an Laien oder Gemeindeeinrichtungen auch auf die Beseitigung geschlossener Einrichtungen in der Psychiatrie und der Zwangserziehung gerichtet ist, die durch ambulante Maßnahmen der Sektorisierung und Gemeindepsychiatrie ersetzt werden sollen (Pilgram 1983: 47 f.).

Jedoch ist für die Abolitionisten nicht nur die Abschaffung der Institutionen relevant, sondern auch das Beseitigen der rechtlichen Grundlagen, nach denen Einweisungen in solche Institutionen möglich gemacht werden, also das materielle Strafrecht. Wie Pilgram ausführt, kann „Decarceration" zwar einen vordergründigen Rückgang der Anzahl von Asylierten bewirken, jedoch besteht beim Kontrollapparat eine „Neigung zum bloß halben Verzicht aufs Wegsperren, zur Kompromißlösung Bewährungsstafe und Bewährungsfrist, (...) oft (...) eine Senkung der Interventionsschwelle und ein höchst freimütiger Umgang mit der Freiheit der Nichtinternierten" (Pilgram 1983: 50). Anders als in der Psychiatrie stellt „Decarceration" im Bereich der Strafjustiz eher ein peripheres Element dar, das zudem auch förderlich sein kann für „widen the net"-Bestrebungen, also der Ausweitung „weicher" oder „offener" Kontrollmaßnahmen.

Sowohl 1974 als auch noch 1985 hatten die Niederlande zwar im europäischen Ländervergleich die geringsten Quoten an Inhaftierungen, jedoch war auch bei ihnen die Rate von 21 Gefangenen pro 100.000 Einwohner (1974) auf 34 pro 100.000 (1985) gestiegen. Von den übrigen Ländern wiesen die skandinavischen Staaten – Dänemark 68/100.000, Schweden 58 und Norwegen 50 – noch die geringste Quote auf. Es folgten Italien (77,5), Frankreich (79,9), Bundesrepublik (99,7) und Großbritannien (147). Im Vergleich dazu halten die USA mit ca. 25/100.000 Einwohner (1983: 550.000 Gefangene bei (1977) 216,8 Mio. Einwohnern (Pilgram 1983: 53; Bolte et al. 1980: 187)) eine überraschend niedrige Inhaftierungsrate.

Wie aber de Haan (1985) darlegt, lässt sich nur unzureichend von einer geringeren Gefangenenpopulation auf ein milderes Strafklima schließen. So ging zwar die Gefängnispopulation in den Niederlanden zwischen 1965 und 1975 um 30 % zurück, jedoch lag der Grund für die relativ geringe Inhaftierung nicht in einer niedrigen Zahl der Haftstrafen, sondern in einer Intensivierung des Einsatzes von Kurzstrafen, die weniger als einen Monat dauern: Lag der Anteil 1970 bei 57 % aller Haftstrafen, so stieg er bis 1975 auf 75 %. Im selben Jahr dauerten 96 % aller Haftstrafen nur bis zu einem halben Jahr. „Insgesamt wurde also die Haftstrafe relativ häufig eingesetzt, dafür aber weniger intensiv" (de Haan 1985: 248), d. h. eine absolut steigende Zahl von Gefangenen wird zu kürzeren Haftstrafen verurteilt.

10.3.2   Kontrolle und Konfliktlösung auf der Ebene kleiner Strukturen

Zu fragen ist nun, welche Formen des Umgangs mit strafrechtlich relevanten Konflikten und der Konfliktlösung von den Abolitionisten als angemessen betrachtet werden, wenn institutionalisierte, strafrechtliche Verfahren einer unter präventivem Vorzeichen agierenden Kriminalpolitik und Strafrechtspflege abgelehnt werden. Die Forderung nach (totaler) Abschaffung des Strafrechts bedeutet jedoch, „sich mehr als bisher mit seinen Alternativen (zu) beschäftigen, mit dem Nebenstrafrecht (Mansel), mit dem Zivilrecht (Frehsee), mit der Sozialpädagogik (Ludwig) oder der allgemeinen Sozialpolitik (...) oder mit der Psychiatrie" (Quensel 1986: 83 f.).

Allgemein gesehen strebt die abolitionistische Strafrechtskritik „eine Wiederherstellung weitgehender Autonomie der Bürger hinsichtlich der Regelung ihrer Konflikte" (Schumann 1985: 22) an. Diese Autonomie soll über die Menschenrechte gesichert werden, die als Abwehrrechte des Einzelnen gegenüber dem Staat zu verstehen sind. In Anlehnung an die Menschenrechte wäre es dann möglich, Kriterien zu bestimmen, die der Beschränkung des staatlichen Strafmonopols dienen. Driebold sieht „vor allem Möglichkeiten der Rückgabe von Hilfe und Kontrolle an die Gemeinschaft" (Driebold 1986: 133) als wesentliche Maßnahmen abolitionistischen Wirkens. Seines Erachtens braucht (bzw. darf) soziale Kontrolle nicht aufgehoben zu werden, sondern die Art des Kontrollverhaltens ist zu ändern. Im Zuge einer Entkriminalisierung bislang strafrechtlich relevanten Verhaltens und einer Entinstitutionalisierung der Reaktionen würde die Gesellschaft wieder die soziale Kontrolle übernehmen. Das käme nicht etwa einer Beseitigung aller Probleme gleich, aber einer Betrachtung, die die gesamte Realität einbezieht – die Probleme stellen sich damit in einer anderen Form. Dies bedeutet eine Einflussnahme auf gesellschaftliche Strukturen und Prozesse, um damit „natürliche", innerhalb von „Gemeinschaften" stattfindende Hilfen zu bewirken, wodurch die Bereitschaft zur Integration von Abweichern gefördert würde und letztlich – trotz „gemeindenaher" Maßnahmen – ein „Asyl in der Gemeinde" zu verhindern wäre.

Smaus (1986a) fordert – in Orientierung an der „System-Lebenswelt"-Differenzierung von Habermas (1981) –, dass dem System das Recht aberkannt werden muss, eine einheitliche Sanktionierung von Lebenswelten vorzunehmen. Stattdessen sollte jede Lebenswelt selbst eine konfliktadäquate Lösung bestimmen. Angestrebt wird die „Entkolonialisierung" des Strafrechts und damit auch das Zurückweisen unberechtigter Ansprüche und Verhaltensmaximen, die den Lebenswelten vom System diktiert werden. Was den Bereich der Normen, der Konfliktregelung und der Sanktionierung betrifft, muss daher auf lebensweltliche Bedürfnisse eingegangen werden. Dadurch kann sichergestellt werden, dass z. B. im Normenbereich die Lebenswelten ihre „Autonomie in allen Bereichen der symbolischen Reproduktion" (Smaus 1986a: 17) zurückgewinnen. Auch im Falle von Konfliktregelung und Abweichung wäre zunächst die Zuständigkeit zu prüfen: Handelt es sich um eine systemische oder um eine lebensweltliche Störung?

Für Scheerer (1984) sind wesentlich antiinstitutionelle bzw. antirechtliche Konfliktregelungsformen von Bedeutung. Er geht von einer zunehmenden Spaltung der Gesellschaft in einen produktiven Kern und einen sich vergrößernden, abgespaltenen Rest aus. Vergemeinschaftungsformen auf der Basis einer „informellen Ökonomie", wie sie Christie beschrieben hat, werden damit zunehmend bedeutsamer: An die Stelle „atomistischer Einordnung in die gesellschaftliche, warenförmige Gesellschaft" treten „kommunitäre Formen der Vergesellschaftung" (Scheerer 1984: 107). Da in der „wirklichen Wirklichkeit" der Großteil gesellschaftlicher Konflikte ohne Hinzuziehen des Strafrechts gelöst und durch die zunehmenden Interventionen der Staat „für eine wachsende Alternativbewegung zu einem konkretisierbaren Gegner im Sinne einer Dichotomie Staat und Gesellschaft" (Scheerer 1984: 108) wird, sich somit zunehmend von seiner sozialen Basis löst, würden andere, nicht verrechtlichte Formen des sozialen Umgangs, wie sie z. B. in der Alternativkultur stattfinden, zunehmend interessanter auch für die abolitionistische Perspektive.

Cohen hingegen erteilt allen Versuchen eine Abfuhr, in denen Kriminalitätsprobleme über das Einbeziehen in das soziale Umfeld gelöst werden sollen, da „die Auflösung von Kontrolle durch Dezentralisierung (...) in der Einbeziehung neuer (...) Populationen (endet); sogar Einbeziehung durch Toleranz führt zu Formen ökologischer Separation und der Ghettoisierung devianter Populationen" (Cohen 1988: 15).

Stehr betont gerade den besonderen Charakter der informellen Sanktionen, die im Gegensatz zum staatlichen Strafen auf „Behauptung und Darstellung von Mitgliedschaft" (Stehr 1993: 124) zielen und somit integrativ wirken. Staatliches Strafen stellt sich eben aus der Perspektive alltäglicher Konflikte für die Betroffenen (Täter-Opfer-Dritte) als verzichtbar heraus. Die Ausrichtung dieser Konfliktregelungsform ist jedoch rein pragmatisch und greift in den öffentlichen bzw. theoretischen Diskurs um Sanktion, Moral und Rechte nicht ein. Dies wäre dann wohl wieder über den Staat und nicht über die Gruppe zu regeln.

Hier wäre es eigentlich angemessen, das Verhältnis des Abolitionismus zum Staat zu diskutieren. Sehr verkürzt soll aber nur gefragt werden, ob der Abolitionismus nicht auch letztlich (ähnlich wie die Vertragstheoretiker) für eine Analogie zum „Nachtwächter"-Staat eintritt, der zwar die Aufgabe hat, die Sicherung der Menschenrechte zu garantieren – die als Abwehrrechte des Einzelnen gegen den Staat dienen sollen –, der jedoch die Formen der Reglementierung menschlichen Handelns den Potenzialen von Lebenswelten, Alternativkulturen oder allgemein Gemeinschaften überlässt?

Als ein Kritikpunkt ließe sich festhalten, dass die angeführten Abolitionisten (oder kritischen Kriminologen) vielleicht von zu undifferenzierten Vorstellungen über die Situation sozialer Ungleichheit bzw. den Kriterien, wie sie zu bestimmen ist, ausgehen. Umgekehrt lassen sich – wohl auch durch die paradigmatische Beschränkung bedingt – bei Theoretikern und Empirikern der sozialen Ungleichheit zu holzschnittartige Vorstellungen über das Phänomen des abweichenden Verhaltens bzw. der Devianz finden. Diese Perspektive wird besonders dadurch evident, dass die verschiedenen Richtungen im Abolitionismus sich wesentlich durch die ihnen zugrunde liegenden Gesellschaftsmodelle unterscheiden (Smaus 1986a: 1). Derartige Modelle enthalten notwendigerweise Annahmen über bestehende Strukturen und Bedingungen der vorhandenen (und auch wertend als Ungerechtigkeit bezeichneten) Ungleichheit. Hier wäre – entgegen allen Ausführungen abolitionistischer Theoretiker – eine systemtheoretische Betrachtung durchaus angemessen, ja sogar fruchtbar, weil die Beschränkung der Perspektive auf das politische und das wirtschaftliche Subsystem damit durchbrochen werden könnte.

Voß verweist in diesem Zusammenhang auf andere Motive für die Inanspruchnahme des Strafrechts als die Intention der Bestrafung des Täters (Voß 1993: 135 ff.) und spricht damit die Funktionsdefizite des Strafrechtes an: Im ökonomischen Kontext wird das Strafrecht nach einer Kosten-Nutzen-Kalkulation in Anspruch genommen, im gesellschaftlichen Subsystem der Politik dient es als „Problematisierungs- und Problemzuschneidungsmedium" (Voß 1993: 136). Auf der Basis systemtheoretischer Überlegungen wird die Notwendigkeit staatlichen Strafens seiner Auffassung nach im jeweiligen Subsystem nach dessen spezifischen Relevanzkriterien beantwortet und in diesem Kontext werden unbrauchbare strafrechtliche Prinzipien ausgeblendet. Letztlich wird daher das Strafrecht nur noch innerrechtlich legitimiert. Deshalb kann das Strafrecht nicht an seiner gesellschaftlichen Relevanz gemessen werden und daraus seine Legitimation beziehen, da es ohnehin nur im Rechtssystem von Bedeutung ist. Vor diesem Hintergrund wird die Frage gestellt, ob das nicht Anlass genug sein müsste, für die Zurücknahme von Strafverfolgungsaktivitäten. In einer systemtheoretischen Perspektive bedeutet das in der Konsequenz, nicht die informelle Sanktionierung (Rückgabe des Strafens an die Gemeinschaft), sondern eine „Verlagerung strafrechtlicher Äquivalente in das jeweilige System". (Ob die funktionalen Äquivalente, die eben nicht staatliche Strafen sind, nicht selbst wieder zu einer entsprechenden Verrechtlichung führen, soll hier nicht weiter diskutiert werden.)

10.3.3 Die Abkehr von der exakten, wertfreien Wissenschaft

Ein anderer Aspekt, der sich verbindend durch etliche Aussagen von Abolitionisten zieht, ist die Abkehr von einer „exakten", „wertfreien" Wissenschaft. Nach Smaus (1986a) bildet der Abolitionismus eine Einheit von Theorie und Praxis, wobei die Autoren mit dem Postulat der Wertfreiheit gebrochen, also im Sinne von Beckers (1963) Frage: „Whose side are we on?" Position auf der Seite der Leidenden bezogen haben. (Hier mag kritisch eingewandt werden, dass doch wohl *auch* die Opfer zu den Leidenden zu zählen sind!) Zum anderen unterstützen zudem deshalb Wissenschaftler die abolitionistische Perspektive, weil sie erkennen, dass die positive Zielsetzung des Strafrechts nicht erreichbar ist: Der Widerspruch zwischen Realität und Legitimierung ist nicht aufzulösen, denn das Recht bleibt das, was es seiner Legitimierung nach nicht sein darf: Vergeltungsstrafrecht.

Für Scheerer stellt der Abolitionismus eine „sensitivierende Theorie" dar. Deren Anliegen soll sein, zunächst einmal das traditionelle Denken zu relativieren und neue Denkanstöße zu bewirken. Es muss also der Versuch unternommen werden, „eine zur Bürokratie erstarrte scientific community zu dynamisieren" (Scheerer 1984: 97).

Im Sinne eines „mephistophelischen Prinzips" sehen sich Abolitionisten, die diesen Überlegungen folgen, „mehr als Kritiker vom Falschen, ohne das Richtige positiv zu benennen" (Scheerer 1984: 98). Der Abolitionismus muss diesem Verständnis nach zunächst als ein Potenzial für neue Fragestellungen gesehen werden, bestenfalls als frühe Entwicklungsstufe einer künftigen Theorie. Deswegen beansprucht Scheerer unter Bezugnahme auf Keupp (1976) einen Kredit für den gedanklichen Kern des Abolitionismus – erst langfristig sollten die Versprechen eingelöst werden.

Was der Abolitionismus nicht sein will, ist ein neues Paradigma im Sinne Kuhns (1967). Der Abolitionismus darf nach diesen Überlegungen gerade nicht als Vorbote des Niedergangs der „normalen Wissenschaft" verstanden werden. Das Paradigmenkonzept stellt für Scheerer ein Konstrukt dar, das maßgeschneidert ist für die Auseinandersetzung mit der Geschichte exakter Wissenschaften. Da aber der Abolitionismus gerade keine exakte Überprüfung von Zusammenhängen mittels deskriptiver Kategorien und logischer Ableitungen anstrebt (man kann auch so formulieren: gerade keine „positive" Wissenschaft sein will), ist die terminologische Fassung als Paradigma verfehlt.

10.3.4 Abolitionismus und Labeling Approach

Eine Reihe von Autoren – so Schumann (1985), Quensel (1986), Peters (1989) – weist auf bestimmte Verbindungen zwischen dem Labeling-Ansatz und abolitionistischen Vorstellungen hin:

Peters (1989) geht davon aus, dass die heutige kriminalpolitische Entwicklung im Einklang steht mit „verbreiteten, den kriminalpraktischen Implikationen des Labeling Approachs entsprechenden Forderungen" (Peters 1989: 176). Von daher liegt Sanktionsverzicht nahe, wobei die kriminalpolitischen Konzepte der Diversion und des Abolitionismus diese Position unterstützen. Die Abolitionisten betreiben dabei mit ihrer Absicht der Abschaffung repressiver Gesetze und Institutionen (z. B. Jugendgefängnis oder Betäubungsmittelgesetz) eine Radikalisierung der Forderungen des Labeling Approachs, wobei für sie weniger der Wissenschaftsbetrieb als die kriminalpolitische Wirkung von Bedeutung ist.

Durch die Versuche in der abolitionistischen Diskussion, sowohl die historischen Ursachen sozialer Kontrolle besser zu erfassen als auch vermehrt alternative Reaktionsformen zum Strafrecht kritisch – also gewissermaßen unter dem Aspekt eines „Kontrollverdachtes" – zu analysieren, „besinnt sich der Labeling-Ansatz auf seine eigentliche politische Dimension" (Quensel 1986: 83), nämlich auf das Bekämpfen des definierend-stigmatisierenden Sanktionsapparates.

Die Forderung nach einer „radical non-intervention", wie sie von Schur (1974) aufgestellt wurde, muss nach Schumann (1985) als schlagwortartige Darlegung der kriminalpolitischen Position verstanden werden, die aus dem Labeling Approach ableitbar ist. Zwar besteht damit vordergründig durch das Interesse des Labeling Approachs am Strafverzicht eine Übereinstimmung mit dem Abolitionismus, jedoch ist dies ein „Einzelbeleg für die Konvergenz von Abolitionismus und Labeling Approach, allerdings auch nicht mehr" (Schumann 1985: 20).

Labeling Approach und Abolitionismus sind nicht kongruent, da sie verschiedene Gegenstandsbereiche erfassen. Der Labeling-Ansatz will unter der soziologischen Sichtweise die soziale Realität „erklären" (wobei dies aber nicht im ätiologischen Sinne zu verstehen ist). Daher wird versucht, gesellschaftliche Deutungen und Reaktionen auf Verhaltensweisen zu analysieren, die als abweichend definiert worden sind. Der Abolitionismus „ist hingegen allenfalls die theoretische Fundierung eines kriminalpolitischen Entscheidungsprogramms" (Schumann 1985: 24), sein Gegenstand sind die Entwicklung und Entfaltung des staatlichen Interventionspotenzials. Von daher muss die Verbindung beider Ansätze eher so gesehen werden, dass durch die Bezugnahme auf die staatliche Reaktionsweise eine gemeinsame „Schnittmenge" vorliegt. Im Herangehen an diesen Bereich profitiert nun der Abolitionismus vom Labeling Approach.

Ein Verdienst des Labeling-Ansatzes liegt nun darin – aufgrund der vorhandenen Selektionsmechanismen, die zur Festschreibung von Abweichung führen –, unter rechtsstaatlicher Perspektive Änderungen im Umgang mit Abweichern anzumahnen. Schumann sieht deswegen im Labeling-Ansatz eine noch ungenutzte Stärke, weil damit gerade das Herstellen von Alltagswissen über Abweichungen kritisiert werden kann. Daraus resultiert aber die Möglichkeit, die eingespielte Grenzziehung zwischen Abweichung und Normalität anzuzweifeln.

Da jedoch der Labeling Approach mit seinen „appellativen" Forderungen nach einer staatlichen Selbstbeschränkung insofern noch keine qualitative Änderung der Reaktion bewirkt, als die Strafjustiz diese Forderungen noch rational verarbeiten und ihnen in Form von „Gnadenerweisen" nachkommen kann, wird damit letztlich nur eine Erweiterung des Umfangs möglichen Ermessens bewirkt. Von daher „muß der Labeling Approach notwendig in Positionen des Abolitionismus überführen" (Schumann 1985: 26) und zwar eher, als die stringenten kriminalpolitischen Umsetzungen des Labeling-Ansatzes greifen.

Gemeinsame Grundsätze abolitionistischer Ansätze:
- Gemeinsam ist für alle Abolitionisten die *Abschaffung der totalen Institutionen* (Gefängnisse, psychiatrische Anstalten), die durch ihre *totale Kontrolle* der Insassen die vorgegebenen Zielsetzungen nicht erreichen können.
- Darüber hinaus wird die *Beseitigung der rechtlichen Grundlagen*, die zur Einweisung in solche Institutionen führen, also des *materiellen Strafrechtes*, verlangt.
- Mit der Abschaffung des Strafrechts erfolgt quasi automatisch die Entkriminalisierung abweichender Verhaltensweisen. Angestrebt wird eine weitgehende Autonomie der Bürger hinsichtlich der Regelung ihrer Konflikte.
- Daraus folgt: *Beschränkung des staatlichen Gewaltmonopols* in Form der Strafverhängung und *Zuweisung der Kontrollfunktion an die Bürger*. Jede Lebenswelt sollte die jeweilige konfliktadäquate Lösung selbst bestimmen können.
- *Entinstitutionalisierung* und *Informalisierung* sind die zentralen emanzipatorisch motivierten Ziele der Abolitionisten.
- Theoretische Grundlage für die Positionen des Abolitionismus und der Diversion bietet der *Labeling Approach*, der in aller Klarheit auf die *negativen und kontraproduktiven Konsequenzen* der (selektiven Anwendung) *des Strafrechts* hinweist.

10.4 Zwei Extreme bundesrepublikanischer Praxisbetrachtung

Trotz der gerade herausgearbeiteten Gemeinsamkeiten in den abolitionistischen Positionen verbleiben nicht unerhebliche und grundsätzliche Unterschiede, die in diesem Abschnitt herausgearbeitet werden.

10.4.1 Die Positionen von Haferkamp und Schumann – oder: Reduktion oder Ausweitung sozialer Kontrolle

Die gesellschaftliche Praxis strafrechtlichen Handelns wird aus abolitionistischer Perspektive unterschiedlich gesehen: Statt (wieder einmal!) einer Auseinandersetzung beider Autoren im „Kriminologischen Journal", in der es eher darum ging, der „jeweils anderen Theorie deren Leistungsfähigkeit (zu) bestreiten" (Lamnek 1985: 14), wäre der Versuch einer Integration unter Beibehaltung der Eigenständigkeit der Theorien oder das wechselseitige Erkennen der Grenzen des eigenen Ansatzes angemessener gewesen. Jedoch sind „die sich eher absetzenden und ausgrenzenden Beiträge dominant" (Lamnek 1985: 25). Wenn auch, wie Schumann (1983: 246) ausführte, die „Zeit der Glaubenskriege" in der Methodologie überwunden ist – für die Auseinandersetzung über angemessene kriminalpolitische Strategien scheint es zumindest Mitte der 1980er Jahre nicht zuzutreffen. Insofern bildet der Ansatz Driebolds (1986), eine Position in der Mitte beider Extreme anzustreben, einen Schritt in eine angemessene, vielleicht auch pragmatische Richtung. Driebold stellt die gegenwärtige Praxis des Umgangs mit Abweichung als zwischen zwei Polen stattfindend dar, die er namentlich an Schumann und an Haferkamp festmacht.

Schumanns Praxisbetrachtung geht von der Überlegung aus, dass der Staat über ein Monopol zur Zwangsanwendung verfügt, was zur Folge hat, dass alle neuen Formen des Umgangs mit Abweichung unter den bestehenden Bedingungen nur eine andere Art der „sanfteren" Kontrolle bilden. Von daher erweist sich einzig eine abolitionistische Strategie als sinnvoll, die auf einer ersatzlosen Abschaffung beruht.

Er unterteilt den Abolitionismus in zwei verschiedene Positionen: Zum einen sieht er eine „konkrete abolitionistische Bewegung", die an der Beseitigung eines bestimmten Herrschaftsinstruments (besonders der Machtmittel, wie z. B. Gefängnis) interessiert ist, zum anderen ist der Abolitionismus als eine generelle theoretische Position vorhanden, die sich als neue Theorie der Kriminalpolitik versteht (Schumann 1985: 22). Im ersten Fall, der abolitionistischen Strafrechtskritik, wird „eine Wiederherstellung weitgehender Autonomie der Bürger hinsichtlich der Regelung ihrer Konflikte" (Schumann 1985: 22) angestrebt. Die Monopolisierungsversuche des Staates ließen sich über die Menschenrechte einschränken, die als individuelle „Abwehrrechte" des Einzelnen funktionalisiert werden. Staatliche Ordnungsgarantien sind nach dieser Vorstellung zu minimieren und haben zudem einer gesellschaftstheoretischen Begründung zu unterliegen.

Für Haferkamp (1980) hingegen ist besonders der Rückgang der faktischen Sanktionierung und damit eine der allgemeinen Tendenz nach realiter stattfindende Entkriminalisierung erklärungsbedürftig, wobei er die Erklärung aus seinem herrschaftssoziologischen Ansatz heraus vornimmt. Danach findet zunächst Normsetzung in der Form eines Konfliktes zwischen Gruppen in vier verschiedenen Herrschaftslagen und drei unterscheidbaren Herrschaftsbereichen statt (vgl. Tab 2.2 in Kap. 2).

Das ausgewiesene, generelle Interesse der herrschenden Gruppen – der Eliten – an relativ scharfen Strafgesetzen bzw. der Wunsch nach einem Einsatz effektiverer Mittel liegt für Haferkamp in ihrem Bestreben begründet, „Handlungen abzuwehren, die ihnen Verfügung über Macht- und Herrschaftsmittel und die bisher mit deren Einsatz erzielten Ergebnisse in vielen Herrschaftsbereichen entziehen sollen" (Haferkamp 1980: 93). Dem steht aber in westlichen Gesellschaften ein unbestreitbarer Machtgewinn der Herrschaftsunterworfenen gegenüber, die Ausbildung von Gegenmacht, die z. B. in der Bundesrepublik in allen Bereichen zu einer unaufhaltsamen Zunahme von Handlungsfreiheiten und Entscheidungsteilhabe geführt hat. Für westliche Gesellschaften bedeutet dies, dass eine Sanktionierung nicht mehr in der Weise möglich ist wie noch vor einigen Jahrzehnten, denn Herrschaftsverlust bedeutet auch die Abgabe von Zwangsmitteln, d. h. von Sanktionen.

Tenbruck (1981) sieht einen unaufhaltsamen Prozess der Ausdifferenzierung von immer mehr freien Assoziationen wirken, der zu einer Abnahme einer gemeinsamen (erlebten) Realität führt. Es bilden sich einzelne Handlungszusammenhänge auf der Basis von Initiativen, Professionen, Gruppen oder Subkulturen. Damit wird jedoch auch die Zunahme von Devianz unvermeidlich. Diese wachsende Entformalisierung, Entinstitutionalisierung und Enthierarchisierung und die damit verbundenen Handlungsfreiheiten bewirken nicht mehr Konformität, sondern im Gegenteil das Gefühl eines „anything goes": Immer mehr Handlungen werden für die Akteure begründbar, berechtigt und möglich. Als Folge davon tritt mehr Devianz auf, was auch durch Opferbefragungen im Dunkelfeld belegt werden kann.

Auf der anderen Seite steht aber die durch den Machtverfall bedingte zunehmende Duldung von Devianz, denn es findet ein wachsender Sanktionsverzicht statt. Haferkamp führt dabei als Beispiele die Abschaffung der Todesstrafe, des Zuchthauses oder der kurzen Freiheitsstrafe an. Moraldelikte sind entkriminalisiert, Massendelikte – wie z. B. abweichende Handlungen im Straßenverkehr – zu Ordnungswidrigkeiten abgestuft worden. Zudem hat eine Milderung der Normanwendung stattgefunden, was an den gestiegenen Einstellungszahlen durch die Staatsanwaltschaften oder durch die Gerichte (Heinz 1990) deutlich wird.

Zwar machen sich neben der Duldung von Devianz und der Milderung bei Sanktionen für kriminelles Handeln auch Bestand und sogar Zunahme sozialer Kontrolle bemerkbar. Haferkamp führt dabei das Betäubungsmittelgesetz oder das zweite Gesetz zur Bekämpfung der Wirtschaftskriminalität bzw. die Umweltstrafgesetze, das härtere Vorgehen gegen Vergewaltiger bzw. verschärfte Sanktionen bei Misshandlung von Frauen und Kindern (dieser Trend setzt sich auch in der Strafgesetzgebung zur Kindesmisshandlung und im Bürgerlichen Gesetzbuch zur körperlichen Züchtigung von Kindern durch Eltern fort) oder den sukzessiven Anstieg der Insassenzahlen von Gefängnissen an, die zwischen 1972 und 1979 von 66 auf 82 pro 100.000 erwachsene Einwohner gestiegen sind. Da jedoch insgesamt das *Inhaftierungsrisiko pro Tat* weiter sinkt, ist „in der Bilanz

(...) an der These vom Sanktionsverzicht nicht zu rütteln" (Haferkamp 1984: 123).

Driebold studiert den Rückgang der Sanktionen, bezieht sich zu Beginn seiner Überlegungen explizit auf Haferkamp und stellt bei der Entwicklung der Sanktionen seit den 1950er Jahren eine „ausgeprägte Tendenz zum Verzicht, aber auch einen verschärften Zugriff bei bestimmten Delikten bzw. Straftatengruppen" fest (Driebold 1993: 50). Diese *Doppelstrategie* kann durch richterspezifische Faktoren und/oder durch allgemeinere gesellschaftliche Bedingungen begründet sein. Anders als Haferkamp, der sich vor allem mit dem gesellschaftlichen Hintergrund strafrechtlicher Sanktionen befasst, gelangt Driebold bei seiner Analyse zu dem „Eindruck, daß Richter bzw. die Justiz selbst einen entscheidenden Beitrag zur Rücknahme wie auch zur Forcierung der Strafe leisten" (Driebold 1993: 50). Die Änderung der Sanktionspraxis bzw. der Wandel des Strafniveaus ist eben nicht immer mit Gesetzesänderungen verbunden, sondern auch Ausdruck des „konkreten Handelns der Justiz oder der an sie herangetragenen Interessen und Ideologien" (Driebold 1993: 47). Demnach kann z. B. die Diversionsdiskussion bei Richtern und Staatsanwälten die Bereitschaft zum Strafverzicht angeregt haben.

Die Ursachen für den Machtverfall bzw. den Herrschaftsverlust sieht Haferkamp in den geänderten Möglichkeiten der Leistungserbringung, die für westliche Gesellschaften bestimmend sind. Herrschaft und Macht basieren auf der Leistungserbringung der Eliten bei Gehorsam der Herrschaftsunterworfenen und auf dem Verzicht der Eliten auf eine Schädigung der Herrschaftsunterworfenen bei Unterwerfung. Da die Leistungserbringung ein effektiveres Mittel zur Handlungssteuerung ist als der Schädigungsverzicht, beruhen in westlichen Gesellschaften Macht und Herrschaft traditionell auf den Leistungen von Machthabern und Herrschenden.

Da sich jedoch seit mehr als 100 Jahren die Möglichkeiten zur Leistungserbringung in der modernen Gesellschaft zunehmend ausgedehnt haben und nunmehr die Herrschaftsunterworfenen ebenfalls in Masse Leistungen erbringen, die für das Bestehen der Gesellschaft unverzichtbar sind, ist ein Machtgewinn der Massen eingetreten, der letztlich – so Alber (1982) – den Wohlfahrtsstaat bewirkt hat.

Aufgrund der neuen Machtverteilung blieben Versuche der alten Eliten zur Reformierung auf längere Sicht erfolglos. Auch die „neuen kleinen Herren" – sie kommen aus den herrschaftsunterstützenden Gruppen – schaffen es nicht, das Terrain, das die alten Eliten verloren haben, zurückzugewinnen. Daher werden für Haferkamp auch alle neuen Versuche des Machtrückgewinns und der Herrschaftsverteidigung scheitern (Haferkamp 1984: 126).

10.4.2 Zur wechselseitigen Kritik

Haferkamp sieht aus zwei Gründen den Abolitionismus nicht als ein Paradigma: Zum einen, weil die Absicht der Abschaffung des Strafrechts schon alt sei, und zum anderen, weil die abolitionistischen Forderungen bereits im Labeling Approach kriminalpolitisch erhoben wurden. Er vertritt im Gegenzug die These, dass Kriminologen und Soziologen, die Kriminalität und repressive soziale Kontrolle untersuchen, immer schon Abolitionisten gewesen sind. Die Reaktion eines Soziologen auf die Untersuchungsergebnisse kann nämlich nur sein, „nach Möglichkeiten der Abschaffung der Strukturen zu forschen, die Kriminalität und repressive Sozialkontrolle entstehen lassen" (Haferkamp 1984: 114).

Haferkamp trennt zwischen „realen Abolitionisten" (z. B. Politiker, die die praktische Abschaffung bzw. materielle Entkriminalisierung durchführen) und „ideellen Abolitionisten", die ihre Forderung nach Abschaffung des Strafrechts als Antwort auf eine zunehmende Herrschaftsausübung, auf sinkende Handlungsfreiheiten und eine ausufernde Sozialkontrolle verstehen. Jedoch sieht er hinter Christies Konzept des starken Staates oder Steinerts Bild der „gespaltenen Gesellschaft" eine falsche Vorstellung von Herrschaft. Er bemängelt, dass zwar seitens der (ideellen) Abolitionisten scharfe Kritik an den Herrschenden geübt wird, die Kritisierten jedoch den Abolitionismus bereits praktisch realisieren würden (Haferkamp 1984: 125). Dazu führt freilich der nach Haferkamp unaufhaltsame Macht- und Herrschaftsverfall sowie der damit verbundene Zwang, abweichende Handlungen mangels Sanktionsmöglichkeiten zu dulden.

Schumanns Kritik dazu richtet sich auf die seines Erachtens oberflächliche und analytisch verfehlte Behandlung des Problems mittels einer Herrschaftsanalyse. Zum einen ist es eine triviale Beobachtung, dass abolitionistische Theoretiker „die Hebel nicht selber bewegen könnten" (Schumann 1985: 22). Zum anderen unterstellt er Haferkamp eine holzschnittartige Theorie des Herrschaftsabbaus. So ist zwar ein Zurücktreten des Obrigkeitsstaates beobachtbar, jedoch betreiben die Personenkreise, die Haferkamp als „reale Abolitionisten" bezeichnet, letztlich nur die Umstellung von Kontrolle auf „funktionale Äquivalente". Durch Resozialisierung als Mischform von Hilfe und Kontrolle wird nur ein bestimmter Personenkreis, der früher im Gefängnis war, nun durch Sozialarbeit kontrolliert. Er wirft dem realen Abolitionismus daher vor, eine Expansion des modernen Staates zu betreiben und eine effektivere Sicherung des gewachsenen Stabilitätsbedarfes in ökonomischen Krisen anzustreben. Die Expansion staatlicher Regelungstätigkeit und somit des Strafrechts spricht auch Scheerer (1993: 82) an und meint hierzu, dass der klassische Rechtsgutbegriff damit sinnlos gemacht wird und dazu dient, geradezu beliebige Verwaltungsinteressen gewaltförmig abzusichern.

Ein weiterer, sehr schwerer (und auch aggressiver) Kritikpunkt Haferkamps an den Abolitionisten – speziell an Christie und Schumann – lautet, dass sie durch ihre Attacken gegen den Behandlungs- bzw. Erziehungsvollzug „bewußt Bündnisse mit neoklassischen Positionen in der Wissenschaft" (Haferkamp 1984: 114) eingehen. Schumann wirft Haferkamp im Gegenzug hierzu einen

Denkfehler vor, wenn er Behandlung und Humanisierung als notwendig verknüpft betrachtet. Zwar ist Behandlung nur unter der Voraussetzung einer Milderung des Strafvollzugs möglich geworden, aber genauso gut wäre eine Humanisierung im Hinblick auf die Menschenwürde möglich gewesen. Indem also „Lockerung an Behandlung geknüpft wurde, ersetzte man Deprivation durch Indoktrination, wurden zwei Zwangsmittel ausgetauscht" (Schumann 1985: 23).

Der Abolitionismus in der Bundesrepublik Deutschland:
- Das staatliche Gewaltmonopol bedeutet, dass alle *alternativen Formen des Umgangs mit abweichendem Verhalten systemkonform* verlaufen, also bestenfalls eine „sanftere" Kontrollfunktion wahrnehmen.
- Abolitionismus als Beseitigung des Herrschaftsinstruments Gefängnis ist konkret aber nicht realistisch und Abolitionismus als Abschaffung des Strafrechts ist bestenfalls eine Theorie der Kriminalpolitik und noch weniger realistisch.
- Tendenzen einer *weitgehenden Entkriminalisierung* sind trotz der sich erhaltenden Herrschaftsfunktion des Staates feststellbar. Wenn schon kein Abolitionismus, dann in vielen Fällen *Diversion*.
- Abolitionismus ist *kein neues Paradigma*, denn Kriminologen und Soziologen haben bei ihren Studien zur Kriminalität und zur repressiven sozialen Kontrolle aufgrund ihrer Befunde mindestens *implizit und tendenziell abolitionistische Positionen* vertreten.
- Die Theoretiker sind ideelle und maximale Abolitionisten (Abschaffung des Strafrechts), während die *realen Abolitionisten*, z. B. als Politiker, *sich schon zunehmend um Entkriminalisierung bemühen* (was seitens der *ideellen Abolitionisten* zu wenig anerkannt wird).

10.5 Abolitionismus in der Praxis

Vielfach wurde deutlich, dass zwischen wissenschaftlicher Theorie und gesellschaftlicher Praxis kein perfektes Kompatibilitätsverhältnis besteht (und bestehen kann). Zu reduktionistisch ist (notwendigerweise) die Theorie, zu komplex die Praxis.

10.5.1 Die Haltung zur sozialen Kontrolle

Für Schumann (1985) bringt aus einer Perspektive der Kontrollierten nur der Abolitionismus dauerhafte Veränderungen. Nur durch die Abschaffung von Zwangsmitteln und durch die Legalisierung von Straftatbeständen kann die soziale Kontrolle reduziert werden, können die sozialen Folgen staatlicher Reaktionen auf Abweicher wesentlich verändert werden. „Appellative Forderungen" nach staatlicher Selbstbeschränkung beurteilt Schumann als unwirksam, da auch hinter einer zurückhaltenden staatlichen Reaktion immer noch eine deviante Identität steht, die dem Abweicher „angeboten" wird und mit der er sich auseinanderzusetzen hat. „Erst Ignoranz, erst Gleichgültigkeit stellt eine qualitative Änderung dar, denn nun erfolgt kein Moralurteil mehr" (Schumann 1985: 26). Solange die Sanktionsmilderung – als Entscheidung über ein Mehr oder Weniger an Sanktionen – bei den „aufgeklärten" Kontrolleuren verbleibt, ist sie ein reiner Gnadenakt. Eine Änderung tritt nur ein, wenn die relevanten Rechtsgrundlagen für schärfere Eingriffe beseitigt werden.

Für Driebold (1986) stellt die soziale Kontrolle jedoch nicht ein bloßes Negativum dar, sondern sie ist im Gegenteil ein notwendiges gesellschaftliches Element mit der positiven Funktion der Gewährleistung des Zusammenlebens der Menschen und des Funktionierens der Gesellschaft. Entgegengewirkt werden muss nur ihren Entartungen und Ausweitungen, wie sie z. B. in totalen Institutionen, etwa Krankenhäusern oder psychiatrischen Anstalten, beobachtet werden. Dort sei die „Pervertierung der ursprünglichen Funktion – Stütze im Prozeß des Gemeinschaftslebens – festzustellen" (Driebold 1986: 134). Diese übertriebene Kontrollfunktion ist zurückzunehmen, die Kontrolle muss an die Gesellschaft zurückgegeben werden.

Nachdem Sack feststellt, dass soziale Kontrolle immer Abweichung mitdefiniert (Sack 1993), kann Peters Schlussfolgerung eines „fehlenden Erfolges" sozialer Kontrolle in diesem Sinne nicht greifen, da Kontrolle immer die Abweichung als eine Wirklichkeit konstituiert, auf die sie dann reagiert.

Begreift man soziale Kontrolle aber als präventives Instrument, so trifft Peters Urteil zu. Er beurteilt den Erfolg sozialer Kontrolle ziemlich pessimistisch: „Definiert man als Erfolg sozialer Kontrolle die Verminderung abweichenden Verhaltens, so muß man sagen: es gibt wenig Anhaltspunkte für die Annahme, daß soziale Kontrolle Erfolg hat" (Peters 1989: 175). Es besteht daher eine eindeutige Tendenz zur Entkriminalisierung des Strafrechts, das Rechtsfolgesystem betreibt auch deshalb die Umstellung von einer stationären auf eine ambulante Betreuung. So wird öfter auf Bewährung verurteilt oder statt einer Haftstrafe werden Erziehungsmaßregeln und Zuchtmittel eingesetzt. Haferkamp (1987) sieht eine Zunahme des faktischen Sanktionsverzichts, da immer mehr Straftaten ungeahndet bleiben, was er auf eine misslungene Aufklärung oder aber ein geändertes Anzeigeverhalten zurückführt. (Bezeichnend für die Probleme im Umgang mit solchen Veränderungen mag die Aussage des BKA-Präsidenten Zachert sein, der (in der Tagesschau vom 23.01.1992) sein Erstaunen und Unbehagen darüber ausdrückte, dass ein „Wertewandel" eingetreten sei, der bei immer mehr Bürgern dazu führe, über bestimmte kriminelle Delikte hinwegzusehen bzw. sie als alltäglich oder sogar normal zu betrachten.) Daher ist es für Haferkamp dieser „Sanktionsverzicht (...) der Wandel der Strafsanktionen, der erklärungsbedürftig ist" (Haferkamp 1987: 182). Peters nimmt dabei ein politisches Interesse an der Regulierung der Kriminalitätshäufigkeit an, wobei „nur so viel Kriminalität produziert und definiert (wird), wie der Normgeltung und -funktionalität zuträglich ist" (Peters 1989: 179). Für die Normgeltung bleibt also erforderlich, dass die Zahl von Kriminellen, die dagegen verstößt, gering gehalten wird. Ein Bekanntwerden massenhafter Normverstöße würde zum Geltungsverlust der jeweiligen Norm führen. Bezieht man die Normmatrix mit den Momenten „Geltungsgrad",

„Wirkungsgrad" und „Sanktionsbereitschaft" (Lamnek 2007: 21 ff.) in diese Überlegung ein, so könnte das politische Interesse als Versuch der Aufrechterhaltung bzw. Demonstration eines hohen Wirkungsgrades interpretiert werden.

Stallberg/Springer (1983) gehen davon aus, dass die staatlichen Kontrollinstanzen eine Minderheit ungebührlich Auffälliger aussondern, was „die Fiktion der Trennbarkeit von Konformität und Normbruch aufrecht (hält) und (...) die Chance (verleiht), dem allgemeinen Bedürfnis nach Sicherheit und Bestrafung zu entsprechen" (Stallberg/Springer 1983: 168 f.). Scheerer stellt dar, dass soziale Kontrolle in anderer gesellschaftlicher Konstellation auch auf Reintegration des Abweichenden, Wiedergutmachung bzw. Wiederherstellung des Status quo ante, auf Pazifizierung und Konfliktbegrenzung gerichtet sein kann. Der tatsächlich repressive Charakter der sozialen Kontrolle ergibt sich aus den antagonistischen Interessenlagen in der Gesellschaft, in der „bestimmte Vorzugslagen durch rechtliche Normen zwangsabgestützt werden müßten" und die Sanktionen, die diesen Partikularinteressen widersprechen, den „Charakter von repressiven Kriminalstrafen" (Scheerer 1993: 87) annehmen. Staatliches Strafen befindet sich nach seiner Auffassung in einer „Sinnkrise" (Scheerer 1993: 84), da weder seine Abschreckungsfunktion noch die erwarteten Besserungs- und Resozialisationsleistungen empirisch legitimiert werden. Die von den Kritikern vielfach dargestellten und bedauerten latenten Funktionen des Strafrechts führen notwendigerweise zu Alternativen des Strafmonopols des Staates, wobei an eine Art privatrechtlichen Konfliktschlichtungsmodell im Rahmen eines demokratischen Gemeinwesens (Scheerer 1993: 89) gedacht wird.

10.5.2   Der Verzicht auf staatliche Sanktionsmittel

Steinert stellt dar, dass auch bei der Streichung von Tatbeständen aus dem Strafgesetzbuch – also einer materiellen Entkriminalisierung – keine der jeweiligen Handlungen derart zugenommen hat, dass die angenommene Dunkelziffer überschritten worden ist (Steinert 1984b: 23). Als Beispiele führt er Vergleiche zwischen Skandinavien und den Niederlanden einerseits sowie der Bundesrepublik und Österreich andererseits an: Trotz wesentlich geringerer Häftlingsquoten herrscht wohl in ersteren kein „Chaos". Auch das Absinken verhängter Freiheitsstrafen in den 1970er Jahren hat gezeigt, dass dadurch keine dramatischen Auswirkungen entstehen, wie auch die Gefängnisschließungen in Massachusetts (Steinert 1984b: 23 f.) dies dokumentieren.

Nach Steinert geht es nicht an, von einem verallgemeinerbaren Strafbedürfnis der Bevölkerung zu sprechen, das nur durch Anwendung staatlicher Sanktionsmittel zu befriedigen ist, speziell durch die Verhängung einer Freiheitsstrafe. Das abstrakte Strafbedürfnis nicht unmittelbar Beteiligter ist wesentlich durch allgemeinere Prinzipien geprägt, deren Ursachen z. B. in „harten" Männlichkeitsvorstellungen, der Abgrenzung durch „disziplinierte Rechtschaffenheit" oder in populistischen Ressentiments gegen die „Oberen" liegen. Besonders sozial Unterprivilegierte oder sozial Schwache können auch durch strenge Strafsanktionen in einem konkreten Streitfall ihre Position nicht verbessern, „ihre Handicaps (...) nur in Gewaltphantasien vom starken Mann und strengen Gesetz, die wieder her müßten, einigermaßen kompensieren" (Pilgram/Steinert 1984: 14). Zudem ist das abstrakte Strafbedürfnis nicht stabil, weist also eine hohe Modifizierbarkeit auf. Hierbei wurden Variationen festgestellt, die durch Status, Geschlecht, Ausbildungsniveau und besonders situative Bedingungen – d. h. die konkrete Person des Gesprächspartners – bedingt waren. Aufgrund dieser Ergebnisse ist es für Steinert unmöglich, „dem ‚Strafbedürfnis' einen universellen und quasi anthropologischen Charakter zuzuschreiben" (Steinert 1984b: 19).

Wenn die Diskussion über die staatlichen Sanktionsmittel jedoch nur in Form der Dichotomie effiziente und gerechte „Ordnung des Strafrechts" versus Auflösung der Ordnung bei Einschränkung des Strafrechts geführt wird, hat – so kritisiert Steinert – diese „Fragestellung (...) hauptsächlich die Funktion, Überlegungen zur Reduktion des Strafrechts von vornherein als unsinnig zu erklären und den Blick für das Mögliche zu verstellen" (Steinert 1984b: 23).

Da die „Ordnung des Strafrechts" aber nur relativ ist und im Wesentlichen auf anderen Kräften als den staatlichen Sanktionsmitteln basiert – im Dunkelfeld findet eine Vielzahl individueller Erledigungen, Vermeidungsstrategien oder „dynamischer Arrangements" statt –, sind andere und wichtigere Formen der Regelung und Normierung von Abweichung notwendig als das (angeblich mit general- und spezialpräventiver Wirksamkeit ausgestattete) Strafrecht. Für Steinert sind dann jedoch Verfahren zur Reaktion auf Normkonflikte nötig, in denen die Situation im Mittelpunkt steht und *alle* dafür Verantwortlichen die Möglichkeit haben, Lösungsvorschläge einzubringen.

Rein strafende Reaktionen (Haft- bzw. Geldstrafe) verfehlen wegen des abstrakten Charakters der Sanktion ihren sozial integrativen Zweck. Pilgram/Steinert sehen als realen und symbolisch wirksamen Schritt in Richtung einer „Zivilisierung" des Strafrechts gerade eine „Abrüstung" staatlicher Gewaltmittel und ihren Ersatz durch vermehrte Orientierung an Konfliktlösungsverfahren (Pilgram/Steinert 1984: 15).

Stehr vertritt die Auffassung, dass das Regelungsbedürfnis der Geschädigten/Opfer oder Dritter sich nicht auf die Anwendung staatlicher Strafe richtet, und selbst wenn eine Anzeige erfolgt, hat diese nicht eigentlich die Bestrafung des Täters zum Ziel, sondern die Befriedigung eigener Interessen (Stehr 1993: 115 ff.). Zu analogen Ergebnissen kommt auch der große Victim Survey des Kriminologischen Forschungsinstituts Niedersachsen (KFN) (Pfeiffer 1993): Die informellen Reaktionen auf abweichendes Verhalten, also die Regelung von Problemen und Konflikten sind vor allem daran orientiert, Schaden zu begrenzen, auszugleichen oder künftig zu vermeiden. Die Konfliktbearbeitung ist also ausgesprochen pragmatisch. Informelle Sanktionen sind hilfreich, um Konflikte (gruppenöffentlich) zu skandalisieren und die Unterstützung Dritter zu erhalten.

„Die vorliegenden empirischen Ergebnisse gemeinsam mit anderen Forschungsresultaten deuten darauf hin, daß in der Allgemeinheit noch die vermuteten Urmuster interpersoneller Konfliktregelung vor Vergeltungsansprüchen existieren. Die Trennung zwischen Störungen lediglich persönlicher Natur, für welche eine Entschuldigung oft ausreichen mag, und Störungen, die eine allgemeine Moral tangieren und entsprechend allgemeine Sanktionen verlangen, ist so einfach (...) Denn in der Wiedergutmachung, so sagen es uns die Befragungen, stecken die Ressourcen auch für eine generelle Befriedigung. Ist es richtig, daß die Tat, die dem Opfer schadet, auch gesellschaftliche Ausgleichsinteressen berührt, dann ist es auch richtig, daß die Wiedergutmachung, die dem Opfer zugute kommt, auch der Gesellschaft zugute kommt" (Sessar 1993: 106).

Somit kann man feststellen, dass sich aus der Perspektive der Alltagssituation das staatliche Strafen für die Betroffenen als verzichtbar herausgestellt hat. Auf das Strafrecht kann auch deswegen häufig verzichtet werden, da eine Eskalation des Konflikts zu befürchten steht, der möglicherweise den angestrebten Schadensausgleich verhindert oder auch zu kontraproduktiven Konsequenzen führt (z. B. sekundäre Viktimisierung). Eine instrumentell-pragmatische Konfliktbe- und -verarbeitung ist oft funktionaler als der Rekurs auf die punitive Moral des Strafrechts.

Nachdem das staatliche Strafen aus der Perspektive des Alltags und funktionalistisch betrachtet, für die Betroffenen verzichtbar ist und „die Gesellschaft nicht zusammenbricht, wenn staatliches Strafen verschwindet", schlägt Stehr vor, die „nützlichen Dienstleistungen der Polizei auszubauen, ohne gleich das Strafrecht zu bewegen" (Stehr 1993: 116). Und auch Voß stellt fest, dass mit der Anrufung von Polizei und Justiz überwiegend nicht das normative Strafverfolgungsprogramm nachgefragt wird (Voß 1993: 146).

Nach Untersuchungsergebnissen aus Österreich steht nur bei etwa 25 % der Opfer das Bedürfnis nach Strafe im Vordergrund (Pilgram/Steinert 1984: 13), aber – wie Steinert kritisiert – ist es „das einzige, das im formellen Programm der Tätigkeit von Polizei und Strafrecht aufgenommen wird" (Steinert 1984b: 24). Es dominiert hingegen meist die pragmatische Vorstellung, dass der Schaden ausgeglichen oder die Alltagsroutine wiederhergestellt werden soll. Von daher ist „eine Frustration der pragmatischen und rationalen Wünsche durch das Strafverfahren" für wahrscheinlicher zu halten „als die Frustration von Bestrafungswünschen" (Pilgram/Steinert 1984: 13). Insofern lässt sich in Anlehnung an Lemerts (1975) Überlegungen zur sekundären Devianz – nach der Kriminalität bzw. Kriminelle erst durch die Reaktion bzw. die Zuschreibungsleistungen der formellen Instanzen sozialer Kontrolle entstehen – ausführen, dass zwar nicht die Kriminalität als solche produziert wird (die abweichende Handlung ist z. B. beim Diebstahl oder einer Körperverletzung durchaus objektiv gegeben), dass aber aufgrund der Beschränkung des formellen Programms von Polizei und Strafrecht auf ein vornehmlich punitives Vorgehen ein Strafbedürfnis der Opfer bzw. der indirekt Betroffenen, also der Gesellschaftsmitglieder, provoziert wird.

Ein derartiges Vorgehen verhindert allerdings auch die Bedürfnisbefriedigung, da z. B. der Konflikt durch die Strafe eskaliert oder Wiedergutmachung unmöglich gemacht wird. Steinert schlägt vor, formelle Verfahren nur dann durchzuführen, wenn zuvor eine für alle Beteiligten zufriedenstellende Lösung nicht erzielt werden konnte. (Inzwischen sind – zumindest in Form von Alternativentwürfen – Bestrebungen im Gange, eine Stärkung privatrechtlicher Vorgehensweisen bzw. Verfahren des Täter-Opfer-Ausgleichs (TOA) zu erreichen und sie der strafrechtlichen Verfolgung zumindest bei bestimmten Deliktarten voranzustellen.)

10.5.3 Praktische Alternativen statt „negativer Kriminalpolitik"

Driebold hält indessen eine Position zwischen den o.g. Polen (Haferkamp und Schumann) für angemessen, die gezielt „die Aufhebung bisheriger institutioneller Unterbringung wie auch eine Umstellung der Arbeitsweisen, von einer Bewachung/Betreuung nun zu Hilfen in Freiheit" (Driebold 1986: 131) anstrebt. Damit wird aber die Ebene einer nur „negativen Kriminalpolitik" verlassen, und der Weg führt hin zu dem, was Scheerer als „Fehler praktisch-politischer Umsetzungsangebote" (Scheerer 1984: 90) kritisiert. Positive, differenzierte Alternativen werden von ihm abgelehnt, denn ihr Status als Konkurrent zu bestehenden Funktionen würde damit verschwinden: Sie wären diesen Funktionen unterworfen. Die negative Kriminalpolitik nach Mathiesen (1980) sieht sich „mehr als Kritiker vom Falschen, ohne das Richtige positiv zu benennen" (Scheerer 1984: 98) und fordert zwar eine repressionsfreie Gesellschaft, sieht aber in eindeutigen Bestimmungen (bzw. normativen Vorgaben), wie diese Gesellschaft beschaffen sein soll, schon wieder einen Widerspruch, der gegen das Freie gerichtet ist.

In einem europäischen Vergleich (mit Dänemark, Italien, Holland) stellt Driebold (1986) fest, dass von der Praxis in Psychiatrie und Strafvollzug zwar ein z. T. erheblicher Reaktionsverzicht und ein Abbau von Institutionen zu verzeichnen ist, dass jedoch weitaus mehr getan werden könnte. Er fragt sich angesichts der Abschaffung der Jugendstrafe (außer bei extremen Taten) in Dänemark oder der Entinstitutionalisierung in Italien („Psychiatrie-Verzicht") oder einer geänderten Einstellung der Bevölkerung in Holland, warum nicht auch in der Bundesrepublik größere Toleranz gegenüber Abweichern möglich ist?

Angestrebt werden soll keine Aufhebung, sondern eine Änderung des sozialen Kontrollverhaltens, das im Falle einer Entinstitutionalisierung durch die „Gesellschaft" übernommen werden kann. Dabei sollen „vor allem Möglichkeiten der Rückgabe von Hilfe und Kontrolle an die Gemeinschaft" (Driebold 1986: 133) geschaffen werden. Die Entinstitutionalisierung bzw. Entkriminalisierung bedeutet nicht, dass die Probleme der Betroffenen verschwinden. Sie stellen sich jedoch durch die Rückgabe der Kontrolle in einer anderen Form dar, nämlich in der gesellschaftlichen Wirklichkeit. Finden nun Interventionen statt, so werden davon die Strukturen und Prozesse innerhalb der Gesellschaft angesprochen. Für Driebold (1986: 134 ff.) bestehen drei Möglichkeiten einer angemesseneren Reaktion:

1. Auflösen des bestehenden Stigmas bzw. *Entstigmatisierung* der Betroffenen, z. B. über Aufklärung der Bevölkerung oder Abbau von Zerrbildern. Dazu gehört auch eine veränderte Reaktion auf Devianz, etwa durch ambulante oder

teilstationäre Betreuung statt Inhaftierung und Isolierung. Über Tageszentren oder offene Anstalten würde den Delinquenten damit ein Mitleben in der Gesellschaft ermöglicht.

2. Statt therapeutischer Maßnahmen sollten *reale Hilfen* angeboten werden, z. B. durch eine Sozialpolitik, die die Lebensumstände und Existenzmöglichkeiten der Betroffenen einbezieht und ihnen Hilfen bei der Konfliktregelung anbietet. Schumann meint aber hierzu: „Indem Lockerung an Behandlung geknüpft wurde, ersetzte man Deprivation durch Indoktrination, wurden zwei Zwangsmittel ausgetauscht" (Schumann 1985: 23).

3. Statt institutioneller Verwahrung sollen *gemeindeorientierte Hilfen* angeboten werden. In der Psychiatrie können – angelehnt an die italienische Situation – Behandlungszentren mit einer regionalen Zuständigkeit eingerichtet werden. Hier würde Tagesbehandlung stattfinden, würden ambulante oder teilstationäre Dienste angeboten oder Patienten auch kurzzeitig aufgenommen. Das Ziel besteht jedoch in der Reintegration bzw. der beruflichen Rehabilitation. (In Hannover existiert z. B. für Psychiatrie-Patienten die Möglichkeit realistischer Arbeit bei leistungsgerechter Entlohnung.)

Im Falle strafrechtlich Auffälliger bieten sich mehrere Möglichkeiten an, wobei für eine Reintegration konkrete Hilfen notwendig sind, wie Ausbildung, Wohnung oder Einkommen (Driebold 1986: 137 f.):

1. Die Vermeidung bzw. die Reduzierung von Inhaftierungen durch *Entkriminalisierung „leichter" Kriminalität*, also Abschaffung zumindest bestimmter Jugendstrafen (wie in Dänemark),

2. Anbieten *ambulanter Alternativen zum Strafvollzug* (wie in Holland: Ersatz von Strafen bis zu 6 Monaten durch gemeinnützige Arbeit) bzw. Ausweiten des offenen Vollzugs in kleinen, wenig gesicherten Einrichtungen, wobei externe (Aus-)Bildungsmöglichkeiten, Selbstverantwortlichkeit im Alltag und ambulante Arbeit gegeben sind, oder

3. *kürzere Freiheitsstrafen* wie etwa in Holland, wo 1980 70 % der Strafen weniger als ein Jahr dauern (BRD: 46 %).

Auf diese Weise ließe sich die betroffene Population auf ein Drittel des heutigen Bestandes reduzieren.

Schneider stellt – unter Bezugnahme auf Glaser (1972) – die Strafanstalten der Zukunft als „kleine moderne Gebäude mitten in Ballungszentren" dar, deren Vollzugsziel „die Identifikation der Strafgefangenen mit nichtkriminellen Personen und die Entwicklung zufriedenstellender Beziehungen zwischen Personal und Strafgefangenen" (Schneider 1987: 861) sein werde. Eine Vorreiterrolle im Jugendstrafvollzug hatte der US-Bundesstaat Massachusetts eingenommen, als dort im Jahre 1972 alle sog. „Training Schools" geschlossen wurden und bis 1976 durch ambulante, gemeinschaftsorientierte Einrichtungen wie Tagesbetreuungsstätten, Gruppenwohnheime oder Pflegefamilien ersetzt wurden. (Schneider (1987: 859) zählt diese Maßnahmen zur „Diversion", wiewohl sie durch die Abschaffung von Gefängnissen und wegen ihrer an der Gemeinschaft orientierten Maßnahmen eher einem (pragmatischen) Abolitionismus zuzurechnen sind.)

Gefordert wird also kein radikaler Interventionsverzicht. Dessen Nachteil liegt u. a. darin, von den Kontrollinstanzen als „vernünftiger Appell an Gnadenerweise" verarbeitet werden zu können (Schumann 1985). Würde den Forderungen teilweise entsprochen, entsteht zusätzliche Legitimität für die vorgenommenen Eingriffe, die ihnen den Charakter „wirklich unverzichtbarer" Maßnahmen gibt. Eine Reaktion auf Devianz ist allein wegen der objektiv bestehenden Problemlage der Betroffenen erforderlich. Es sollen „natürliche" Hilfen in der Gemeinschaft gefördert werden, d. h. die Bereitschaft zur Integration. Auf diese Weise ließe sich ein „Asyl in der Gemeinde" verhindern.

Statt der von Mathiesen (1974, 1979) vertretenen, kriminalpolitischen „Strategie nur negativer Reformen", einer „Strategie der Ablehnung", um sich damit der Aufrechterhaltung bzw. Legitimation der Strafrechtspflege zu entziehen, tritt de Haan für einen pragmatischen Abolitionismus ein. Entgegen der Argumentation von Kritikern des Abolitionismus, nur herkömmliche, strafrechtliche Formen der Konfliktverarbeitung und Streitschlichtung ließen sich auch theoretisch begründen, sieht de Haan auch im Abolitionismus ein interessantes Angebot für die notwendige Erweiterung der theoretischen Perspektive (de Haan 1985: 260). Die radikale Verweigerung positiver Reformen durch den Teil des Abolitionismus, der sich als politische Strategie versteht, ist wegen der Rigidität dieses Ansatzes abzulehnen. Wünschenswert ist vielmehr eine Kombination aus einer „pragmatischen politischen Strategie" und einer „radikalen theoretischen Perspektive".

De Haan erkennt nun gerade im Abolitionismus im Sinne eines moralischen Appells Möglichkeiten, gegen eine autoritäre Kriminalpolitik oder repressive Strafrechtspflege anzugehen (de Haan 1985: 261). Er tritt daher für die „Politik mit dem schlechten Gewissen" ein, die zu einer Erschwerung der Rechtfertigung von Haftstrafen führen soll. Wichtig dafür ist jedoch, glaubhaft darzustellen, dass „tatsächlich alternative Formen des rationalen Umgangs mit sozial problematischem Verhalten vorhanden sind" (de Haan 1985: 263). Die Rechtsqualität alternativer informeller Formen der Konfliktverarbeitung ist nun von der spezifischen Qualität des juristischen Ansatzes abhängig. Die Justiz kann, um die abolitionistische Perspektive ergänzt, im Sinne eines „moralischen Rigorismus" der Akzeptanz von Haftstrafen als „beabsichtigter Leidenszufügung" Einhalt gebieten (de Haan 1989: 262). Dann nämlich wäre es möglich, den Versuchen neoklassischer oder neokonservativer „Gerechtigkeitstheoretiker" entgegenzuwirken, die versuchen, das klassische „schlechte Gewissen" bei der Verhängung von Haftstrafen auszuschalten, indem z. B. auf das „Proportionalitätsprinzip" zurückgegriffen wird, also auf die Vorstellung von der Angemessenheit der „verdienten Strafe".

Praktische Chancen des Abolitionismus:
- Besonderer Gegenstand der Kritik in der Position des Abolitionismus ist die *soziale Kontrolle*, die offenbar im Hinblick auf die Eindämmung des abweichenden Verhaltens *wenig erfolgreich* ist.
- Die Abschaffung von *staatlichen Macht- und Zwangsmitteln* erscheint einigermaßen illusionär; ihre *Reduktion ist jedoch empirisch und historisch nachweisbar*. Geringere Inhaftierungsquoten, zunehmende Diversionsmaß-

- nahmen, Entkriminalisierung von Verhaltensweisen stützen diese Behauptung.
- Trotz dieser Reduktion bleiben die durch die Abolitionisten kritisierten *negativen Konsequenzen sozialer Kontrolle* unter Ungleichheitsperspektiven – vielleicht sogar verschärft erhalten. Gerade sozial Deprivilegierte sind in besonderer Weise vom Strafrecht betroffen.
- *Rein punitive staatliche Reaktionen* auf abweichendes Verhalten verfehlen ihren vorgegebenen *sozialintegrativen* Zweck allzu oft. Das Konzept der *sekundären Devianz* belegt den Zusammenhang theoretisch und empirisch.
- Das traditionelle Konzept des Strafens eskaliert die der Straftat zugrunde liegenden Konflikte und reduziert die Wiedergutmachungschancen, was auch den Täter-Opfer-Ausgleich erschwert.
- Da für viele Abolitionismus-"Realos" die Position des Abolitionismus illusionär ist, sollten sich die Abolitionismus-"Fundis" auf folgenden Kompromiss einlassen: *zunehmende Entinstitutionalisierung des Kontrollverhaltens bei wachsender Hilfe und Kontrolle durch die Gemeinschaft.*
- Wem dies auch noch zu optimistisch erscheint, der wird in der Vermeidung bzw. *Reduzierung von Inhaftierungen, in dem Anbieten ambulanter Alternativen* zum Strafvollzug, in dem Verhängen kürzerer Freiheitsstrafen etc. wichtige Schritte in die richtige Richtung entdecken können.
- *Nicht grundsätzlicher Interventionsverzicht* – der auch lerntheoretisch problematisch erscheint – ist also geboten, sondern *Intervention gemäß Subsidiaritätsprinzip*: Was informell und mit weniger schädlichen Nebenwirkungen zu regeln ist, sollte nicht in die formelle justizielle Verantwortung gelangen.

10.6 Diversion als Strategie der Entkriminalisierung

Wie oben erläutert, haben theoretische und empirische kriminalsoziologische Erkenntnisse in der Vergangenheit gezeigt und zeigen immer noch, dass die kriminaljustizielle Verfolgung von Straftaten insbesondere bei Jugendlichen oft kontraproduktiv ist. Die (nicht intendierten) etikettierenden und stigmatisierenden Wirkungen der Strafverfolgung durch die hierfür vorgesehenen staatlichen Instanzen haben zur Frage nach ihrer Vermeidung oder Reduktion geführt. Hierzu wurde u. a. das Konzept der Diversion entwickelt, mit dem versucht wird, in einem engeren Sinne vor den Toren der Gefängnisse und in einem weiteren Sinne vor den offiziellen Organen der Strafverfolgung anzusetzen, um straffällig Gewordene funktional in Realisierung der Absicht zu behandeln, ihnen ein konformes Leben in der Zukunft zu ermöglichen.

In Anerkennung der Tatsache, dass das Kriminaljustizsystem die eben genannten nicht intendierten Konsequenzen haben kann, genügt diese Einsicht zur Durchsetzung der Diversion nicht: Neben den (politischen) Gesetzgebern muss die „Lobby" der in die Strafverfolgung involvierten Instanzen, nämlich Polizei, Staatsanwälte und Richter, für die Akzeptanz von Maßnahmen der Diversion Berücksichtigung finden. Auch die im Vorfeld und nach der Strafverfolgung tätig werdenden Sozialarbeiter müssen in das Konzept einbezogen werden.

10.6.1 Grundlegung der Diversion

Der Begriff Diversion geht auf das amerikanische „to divert" (bzw. „diversion") zurück und bedeutet um- oder ableiten. Im weiteren Sinne ist damit gemeint, dass eine einer Straftat verdächtigte Person vor der Einleitung eines formellen Sanktionsverfahrens durch die Polizei aus dem Kriminaljustizsystem „abgeleitet" werden soll.

„Nach dem Scheitern der Versuche, das Jugendstrafrecht durch ein Jugendhilferecht (in Deutschland; S. L.) abzulösen, ist an die Stelle dieser Maximalforderung in der kriminalpolitischen Diskussion der Diversionsgedanke getreten. Man will erreichen, daß das Angebot solcher Verfahrens- und Sanktionsformen erweitert wird, die den Täter weniger belasten und stigmatisieren, als dies bei den herkömmlichen Reaktionen auf Jugenddelinquenz der Fall ist. Die Strafjustiz soll zu einer behutsamen und eher informellen Verfahrens- und Sanktionspraxis ‚umgelenkt' werden" (Pfeiffer 1983: 125). Dabei wird von einer formellen Reaktion abgesehen, weil davon ausgegangen wird, dass aufgrund der Beschaffenheit der Tat (z. B. Bagatellcharakter) sowie der Persönlichkeit des (hierbei zumeist jugendlichen) Täters ein Sanktionsverzicht ein geeignetes spezialpräventives Mittel (Episodencharakter der Delinquenz) darstellt.

Voraussetzung – etwa für eine seitens der Polizei praktizierte Diversion – ist allerdings das *Opportunitätsprinzip*, das der Polizei erweiterte Entscheidungskompetenzen einräumt. Im anderen Fall, der in der deutschen Praxis gebräuchlich(er) ist, weil in Deutschland für die Polizei das *Legalitätsprinzip* gilt, wird auf formelle Sanktionen zugunsten von richterlich getroffenen Behandlungs- oder Ausgleichsmaßnahmen verzichtet, an die der Anspruch gestellt und in die die Hoffnung gesetzt wird, dass sie den Besonderheiten der Täterpersönlichkeit und der Tatsituation sowie auch den Bedürfnissen des Opfers besser gerecht werden als die rein repressiven Verfahren. Alle Diversionsmaßnahmen versuchen letztlich, negative Einflüsse, die aus der Einbeziehung in ein formelles Strafverfahren entstehen, zu vermeiden oder zumindest zu begrenzen.

Es gibt viele verschiedene Diversionsformen und damit auch „eine Vielzahl von Möglichkeiten, delinquente Jugendliche nicht in Jugendstrafanstalten abzusondern, sondern sie in der Gemeinschaft zu belassen und ihnen die Chance zu eröffnen, aktiv am Gemeinschaftsleben teilzunehmen, damit sie auf diese Weise lernen, sich selbst im Rahmen und unter Berücksichtigung der Rechte anderer zu verwirklichen" (Schneider 1987: 859). Eine qualitative Gemeinsamkeit all dieser Programme besteht in der engen „Anbindung aller Interventionen an die reale Lebenswelt des Probanden, die sogenannte gemeindebezogene oder gemeinwesenorientierte Behandlung in Freiheit" (Albrecht 1983: 5). Um eine gewisse normative Eingrenzung zu gewährleisten und den subjektiven Ermessensspielraum nicht unnötig und über Gebühr auszuweiten, bedarf es einer eindeutigen Definition des Ermessensgegenstandes. Im Rahmen dieser Formalisierung muss geklärt werden, wann Diversion eingesetzt werden kann und was in der Folge mit den Betroffenen geschieht. Angewendet werden darf die Diversion (in den USA) jederzeit zwischen einem registrierten Tatverdacht bzw. einer Festnahme und der förmlichen Anklage. So kann z. B. jeder Jugendliche, der als Tatverdächtiger aufgenommen wurde, prinzipiell in Diversionsprogramme einbezogen werden. Unterschiedliche Auffassungen bestehen jedoch bezüglich der Frage nach der Geständigkeit eines Verdächtigen. So ist – wie Albrecht (1983) ausführte – in den USA ein *Geständnis* normalerweise die Voraussetzung für die Aufnahme eines Jugendlichen in die Programme der Jugendbüros. Albrecht kritisiert daran, dass diese Praxis mit einem ganzheitlichen, die Persönlichkeit des Delinquenten erfassenden Ansatz nicht vereinbar ist, da – Geständnis hin oder her – die realen psychosozialen Mängellagen dennoch bestehen. Auch Beste stellt die Notwendigkeit eines Geständnisses für die Teilnahme an Maßnahmen des Täter-Opfer-Ausgleichs im Rahmen der Diversion als ein noch unbewältigtes Problem dar (Beste 1986: 176).

Von Diversion im strengen Sinne kann man nicht mehr sprechen, wenn das Verfahren bereits eingeleitet wurde. Dann besteht die einzige Möglichkeit, nicht sanktionierend tätig zu werden, in der Verfahrenseinstellung, der Bewährung oder einer alternativen Sanktionierung. Jedoch ist dabei der wichtige, negative Einfluss, den Diversion verhindern will, bereits eingetreten: Der Delinquent wurde in ein formelles Strafverfahren einbezogen, das immer von dem Risiko einer *Stigmatisierung* bzw. *Kriminalisierung* begleitet ist.

In den USA kennt die Möglichkeit der polizeilichen Anwendung von Diversion zwei Formen:

1. Die *diversion to nothing*, d. h. die Entlassung des Jugendlichen ohne Verfahren, ohne Sanktion bzw. weitergehende Kontrolle. Nach Shepherd/Rothenberger liegen hierfür ideale Bedingungen bei sog. „Jugendstreichen bzw. jugendtypischen Delikten" vor, wenn eine ausreichende häusliche Beaufsichtigung gegeben ist. Im Unterschied zu den USA kann in der Bundesrepublik diese Maßnahme (zumindest offiziell bzw. legal) nicht von der Polizei durchgeführt werden, sondern bleibt Domäne der Staatsanwaltschaft.

2. Die *diversion with referral*. Hierbei wird der Jugendliche im Anschluss an die offiziellen Ermittlungen und nach seiner freiwilligen Einwilligung an Beratungs- und/oder Behandlungskurse der kommunalen Jugendbüros überwiesen, die seinen „realen" Bedürfnissen entgegen kommen sollen. Durchgeführt wird diese Maßnahme vor allem, wenn Jugendliche schon mehrere Delikte begangen haben oder wenn ihre Delinquenz auf Verhaltensstörungen oder mangelnder elterlicher Aufsicht beruht. Mit derartigen „community based programs" sollten eine Einschränkung stationärer Sanktionen (Arrest, Gefängnis) bewirkt und bestimmte Tätergruppen aus dem Vollzug herausgehalten werden (Plewig 1991: 5).

Die letzte Form wird aus mehreren Gründen in zunehmendem Maße praktiziert. Zum einen sind die Abgrenzungskriterien zwischen beiden Formen zu unbestimmt bzw. ist die Risikobereitschaft vieler Polizeidienststellen zu gering, „diversion to nothing" anzuwenden. Zum anderen stellt die „diversion with referral" eine gemeindeorientierte Behandlungsstrategie dar, die als wirksame Alternative zu ineffektiven Sanktionen des Kriminaljustizsystems gesehen wird (Albrecht 1983: 31; Berlitz et al. 1987: 28). Insgesamt konnten aus diesen Gründen und mit diesen Maßnahmen etwa 50 % der Jugendstrafverfahren in den USA bereits auf Polizeiebene eingestellt werden.

Bei der Entscheidung für oder gegen die Anwendung von Diversion müssen einige Kriterien beachtet werden. Dazu zählen z. B. der Delikttyp (Waffen- und Werkzeugeinsatz, Art der Verletzungen beim Opfer etc.); das Alter und die emotionale sowie intellektuelle Reife des Täters; das Feststellen seiner „Behandlungsbedürftigkeit", d. h. bereits bestehende Polizeiauffälligkeit (insbesondere wegen Gewalttätigkeit) etc. Zusätzlich werden für die Entscheidung noch Kriterien des sozialen Umfeldes sowie die psychosoziale Situation des Delinquenten (familiale Bedingungen, Gesundheit, Beschäftigung, soziale Kontakte) herangezogen.

Wichtig ist in diesem Zusammenhang auch eine Empfehlung der Polizeiadministration, die zum Eingehen bewusster Risiken auffordert, weil oft Diversion bei Personen angewendet wurde, die ohnehin nicht weiter mit dem Gesetz in Konflikt geraten wären (Albrecht 1983: 39). Susanne Karstedt-Henke setzt die Diversionsmaßnahmen in Bezug zu den Straftaten: Etwa 1/4 der Straftaten bleibt unentdeckt, 1/3 wird Freunden bekannt, 1/3 den Eltern und Lehrern und 5 % der Polizei. Da der Großteil der Jugendlichen dennoch zu gesetzestreuen Bürgern heranwächst, folgert sie, dass offensichtlich minimale soziale Kontrolle ausreicht, um Konformität zu erzielen (Karstedt-Henke 1991: 109).

Einstieg, Ausstieg oder Fortsetzung delinquenter Aktivitäten von Jugendlichen vollziehen sich nach ihrer Untersuchung weitgehend unabhängig von Sanktionserwartungen und Sanktionserlebnissen (Karstedt-Henke 1991: 112) und eine nicht zu unterschätzende Rolle spielen die Reaktionen der Eltern sowie die jeweiligen „informellen Netzwerke der Jugendlichen" (Karstedt-Henke 1989: 196). Klare Argumente für Diversionsmaßnahmen.

Allgemeines zur Diversion:
- Diversion in einem sehr *weiten Sinne* meint, dass ein Straftäter *nicht der Strafverfolgung der offiziellen Sanktionsorgane* zugeführt werden soll, sondern eher eine informelle „vergesellschaftete" Konfliktregelung praktiziert wird.
- Diversion in einem engeren Sinne meint, dass bei einem Straftäter *andere als freiheitsentziehende Maßnahmen* begründet, angemessen und zielführend sind.
- Die Diversion im weiteren Sinne setzt juristisch weitgehend das *Opportunitätsprinzip* voraus, dem das in der Bundesrepublik Deutschland geltende *Legalitätsprinzip* entgegensteht. Deshalb gilt für die Bundesrepublik sowohl im allgemeinen Strafrecht als auch im Jugendstrafrecht die Regel, dass Diversionsmaßnahmen nur im engeren Sinne praktiziert werden können.
- Die *diverson to nothing* bedeutet, dass trotz einer Straftat ein Jugendlicher z. B. ohne eigentliches Verfahren, ohne Sanktion und ohne weitergehende Auflagen in die Gesellschaft entlassen wird.
- Die *diversion with referral* sieht im Anschluss an eine Straftat Maßnahmen vor, die aber nicht eigentlich kodifizierte Sanktionen des Strafrechtes sind (z. B. Beratung und/oder Behandlung). *Diversion with referral* kann aber

auch der Verzicht auf den Vollzug einer Freiheitsstrafe und deren Ersatz durch andere Sanktionen oder ambulante Maßnahmen sein.

Hintergründe der Entwicklung von Diversion

Die Entwicklung und Anwendung von Diversionsmaßnahmen lässt sich weder monokausal begründen noch können bestehende Reforminteressen verallgemeinert werden. Tatsächlich verbergen sich hinter Diversionsbemühungen eine Vielzahl von Faktoren und Argumenten und teilweise bildet die Diversion auch nur ein Sekundärprodukt gänzlich anderer, ökonomischer und/oder politischer Interessen. Die Anfänge der Diversion lassen sich bei einer sehr extensiven Auslegung des Begriffes für die USA bis etwa in die 1950er Jahre zurückverfolgen. Dort wurde im Rahmen des „Highfields"-Projektes – einem offenen Heim zur Bewährungshilfe, in dem 20 Jugendliche von sechs Angestellten betreut wurden – versucht, bei Delinquenten den Freiheitsentzug zu vermeiden. Ein wesentliches Ziel dieses Vorhabens war die Entwicklung „guter Arbeitsgewohnheiten" (Schneider 1987: 56).

Diversion ist allerdings keine amerikanische Erfindung: Während des Dritten Reiches gab es 1937 in München schon Diversionsvorhaben, bei denen es darum ging, die Ladendiebstähle Jugendlicher außergerichtlich zu erledigen. Dieses Münchner Diversionsprojekt ist allerdings unter der politischen Perspektive zu sehen, mehr Einfluss und Macht auf die Jugendfürsorge und das Jugendstrafrecht zu gewinnen (Wolff 1986).

Als Vorteil für die Jugendlichen ist mit der formalisierten Diversion zum einen die Unmittelbarkeit der Reaktion gegeben, die durch das langsame Wirken des traditionellen Justizsystems entfiel. Da nunmehr statt nach Monaten oft bereits nach einer Woche entschieden wird, besteht für die Jugendlichen wieder ein Zusammenhang zwischen Tat und Reaktion, was lerntheoretisch von erheblicher Bedeutung ist. Weiter – und das erscheint unter der Perspektive eines Labeling-Ansatzes wesentlich – entfällt (oder minimiert sich) die Etikettierung als Krimineller, die bei einer formellen Reaktion des Justizsystems erfolgt. Damit wird die Entwicklung von „sekundärer Devianz" (Lemert 1975) verhindert, bei der die Etikettierung als Krimineller und die daran anschließende Reaktion der konformen Umwelt den so Bezeichneten zwingt, sich im Alltag mit diesem Etikett auseinander zu setzen (Lamnek 2007: 228). Dies kann in einen unentrinnbaren Zirkel von Zuschreibung und Abweichung, in einen Aufschaukelungsprozess münden, an dessen Ende das stabilisierte abweichende Verhalten (d. h. die sekundäre Devianz mit einer abweichenden Identität) als Resultat gesellschaftlicher Reaktionen steht.

Die Krisenintervention als Diversion

Als Gegensatz zur polizeilichen Selbstbewertung (USA), nach der ein Einsatz aufgrund der erbetenen Hilfe bei gewalttätigen Familien- und Nachbarschaftsstreitigkeiten (80 % aller Hilfeersuchen) nur eine Art nichtpolizeilichen Sozialdienstes darstellt, müssen die Resultate einer FBI-Untersuchung gewertet werden. Danach kommen gerade bei derartigen Einsätzen mehr Polizisten ums Leben bzw. werden schwer verletzt als bei anderen Aufgaben. Daher wurde ab 1969 in New York auf Basis des Konzeptes des „Kriseninterventionsspezialisten" von Bard et al. (1972) in einem zweijährigen Programm damit begonnen, den Polizisten Kompetenzen zu vermitteln, mit denen sie jenseits der nur temporären Hilfe bei der Konfliktlösung befähigt werden sollten, weitere Konflikte vermeiden zu helfen und Beteiligte an soziale Agenturen zu überweisen. Trotz des Scheiterns dieses Ansatzes in der polizeilichen Praxis – wegen Personalmangel, Überbelastung, nur marginaler Wirkung in Slums – besteht der Gedanke des o. a. Autorenkollektivs in der polizeilichen Krisenintervention weiter. Nur wurde nunmehr einem Generalistenkonzept vertraut, wobei meist eine Kooperation zwischen der Polizei und den ihr unterstellten Sozialarbeitern betrieben wird.

Frustrationen innerhalb der (US-)Polizei wurden innerpolizeilich so erklärt: „90 % ihrer polizeilichen Ausbildung hat damit zu tun, wie man Kriminelle fängt, 90 % ihrer tatsächlichen Arbeit hat damit zu tun, wie man mit sozialen Problemen umgeht" (Polizeiberater in Oregon nach Albrecht 1983: 56). Ein allgemeiner Zuständigkeitskatalog, der den Einsatz von Krisenspezialisten regelt, sieht deren Intervention bei gewalttätigen Familienauseinandersetzungen, bei Problemen mit Jugendlichen (Bagatelltäter, Erziehungsprobleme, Ausreißer), sexuellen Übergriffen, versuchtem Selbstmord, gewalttätigem Nachbarschaftsstreit, Kindesmisshandlung bzw. -vernachlässigung sowie allgemeiner und sozialer Hilflosigkeit (etwa bei alten Menschen) vor. Nach Einschätzung von Polizisten liegen die wesentlichen Aufgaben der Interventionsteams vornehmlich in einer sinnvollen Überweisung an soziale Agenturen, gefolgt von der allgemeinen Betreuung nach einem Polizeieinsatz. Ein sehr wichtiger Aspekt ist weiterhin die Zeitersparnis für die übrige Polizei, die sich nunmehr der ihrer Meinung nach „eigentlichen" Aufgabe, der Verbrechensbekämpfung, widmen kann. Dieses Argument deckt sich auch mit einer der Begründungen zur Einführung von Diversion: Das Kriminsystem wird durch den Wegfall der Masse an Bagatellfällen entlastet und kann sich auf die Bekämpfung schwerer Kriminalität konzentrieren. Des Weiteren wird das unbürokratische Vorgehen sowie die Möglichkeit betont, Dienste innerhalb der Polizei erbringen zu können, die ansonsten nur von externen zivilen Kräften zu leisten wären.

Es besteht also ein eingestandener Bedarf an Spezialisten sozialer Dienste; Sozialarbeiter werden als Konfliktvermittler dann zur Krisenintervention oder vermittelnden Regulierung benötigt, wenn die Polizeibeamten von der Situation überfordert sind.

Die polizeiinternen Sozialarbeiter werden aufgrund polizeilicher Initiative, Vermittlung oder Anordnung tätig, führen ihre Tätigkeiten aber autonom durch. Sie sind zum einen wegen ihres Status als Zivilangestellte kein Bestandteil der polizeilichen Hierarchie, andererseits aber doch als Teil der Polizei funktionaler Bestandteil polizeilicher Organisation und polizeilichen Einsatzes (Albrecht 1983: 58). Neben ihrer klientenbezogenen Tätigkeit fühlen sie sich auch den Polizei- und Gemeindeinteressen verbunden.

Zur erfolgreichen Durchführung der Kooperation zwischen Polizei und Sozialarbeit waren gravierendere Anfangsschwierigkeiten zu lösen. Als zentrales

Problem erwies sich das Befehls- und Anordnungsgefüge. Seitens der Polizisten wäre von ihrem Selbstverständnis her die Kooperation unmöglich gewesen, wäre sie nicht durch eine administrative Anordnung befohlen worden. So stellten Selbstbild und Rollenverständnis vieler Polizisten einen erheblichen Störfaktor für die Einführung innovatorischer Prozesse dar. Ständige Verfügbarkeit und Einsatzmöglichkeit sowie die Transparenz der Sozialarbeit bestimmen die polizeiliche Einschätzung sozialarbeiterischer Tätigkeit. Dies manifestierte sich auch in der Forderung, dass Sozialarbeiter (als Teil der Polizeidienststelle) alle Informationen an die Polizisten weitergeben sollen.

Aber auch seitens der Sozialarbeiter war ein Umdenken und eine weitere Ausbildung nötig, da die vorwiegend psychologisch und psychiatrisch orientierte Ausbildung der US-Sozialarbeiter den Bedürfnissen eines flexiblen polizeilichen Einsatzes nicht gerecht werden konnte.

Gleichwohl bewirkte der Pragmatismus der Sozialarbeiter z. T. ein freiwilliges Sich-Einordnen. Allgemein zeigte sich, dass von beiden Seiten her Kooperation nicht qua Anweisung entstehen kann, sondern das Resultat eines langwierigen Gewöhnungsprozesses ist, bei dem durch die gemeinsame praktische Tätigkeit die gegenseitigen Vorurteile und Vorbehalte tendenziell abgebaut wurden.

Trotz der unterschiedlichen Berufsperspektiven und der wechselseitigen Stereotypen von Sozialarbeit und Polizei – hier „weiche, nachgiebige Liberale", da „harte, autoritäre Konservative" (Albrecht 1983: 61; Henderson 1976: 314) –, zeigte sich im praktischen Einsatz ein überraschender Pragmatismus. Dabei erwiesen sich sowohl die erhöhte Anpassungsbereitschaft der Sozialarbeiter als auch die strukturellen und organisatorischen Bedingungen der Arbeit, die ein autonomes Rollen- und Berufsverständnis ermöglichen, als stark konfliktmindernd. Für die Sozialarbeiter war dies insofern eine attraktive Aktivität, als sie damit in Tätigkeitsfeldern wirken konnten, die mit traditioneller Arbeit in sozialen Agenturen unerreichbar waren. Das sehr wichtige Prinzip der *Freiwilligkeit* konnte erhalten bleiben, also die Einschätzung, dass auf die Klienten kein Zwang ausgeübt werden darf, sich einer Zusammenarbeit unterziehen zu müssen, da ansonsten Hilfe unmöglich wird. Aber auch die Frage nach dem Grundsatz der *Vertraulichkeit* wurde positiv bewertet. Dies dürfte wohl in engem Zusammenhang mit dem Opportunitätsprinzip stehen, das dazu führt, dass in den USA bei Bagatelldelikten jugendlicher Delinquenten die Verfahren in fast allen Fällen bereits auf Polizeiebene eingestellt werden; in Deutschland hingegen bewirkt das Legalitätsprinzip die Verpflichtung zur Weiterleitung an das Kriminaljustizsystem. Als Gefahr für ihr Rollen- und Selbstverständnis hingegen empfinden Sozialarbeiter die Möglichkeit der „Einverleibung" sowie die Annahme der polizeilichen Terminologie als auch in besonderem Maße mögliche Meinungsbeeinflussung durch die Arbeit im Polizeibereich (z. B. die Übernahme der Ansicht, bestimmte Leute gehörten nun einmal ins Gefängnis, da ihnen sowieso nicht mehr zu helfen sei) (Albrecht 1983).

Dieser Rekurs auf die Verhältnisse der USA mit der Konkretion auf polizeiliche Diversion und Krisenintervention in Zusammenarbeit zwischen Polizei und Sozialarbeit macht recht deutlich, dass neben den theoretischen und praktischen

Intentionen der Diversion auch die tatsächlichen Verhältnisse – Einstellungen und Verhaltensweisen aller Beteiligter – in die Beurteilung der Diversion und ihrer Erfolgsaussichten Eingang finden müssen.

Begründungen für Diversion:
- Erste Diversionsmaßnahmen (in den USA in den 1950er Jahren) sind im Anschluss an die Tätigkeit des Kriminaljustizsystems eingesetzte *Betreuungsprojekte*, z. B. der Bewährungshilfe.
- Von Diversionsprojekten werden im Wesentlichen Jugendliche erfasst, die *statustypische Abweichungen* begehen und nicht eigentlich kriminell sind. Die Erfassung altersspezifischer Verfehlungen und deren Diversion hat aber möglicherweise den negativen Effekt des *net-widening* zur Folge.
- Diversionsprogramme werden staatlicherseits – fast unabhängig von der inhaltlichen und empirischen Überzeugungskraft der Programme – auch deshalb eingesetzt, weil sie erheblich *ökonomischer* sind als der Freiheitsentzug.
- Da in den USA durch das *Opportunitätsprinzip der Polizei* ein Ermessensspielraum zugestanden wird, gab es Diversion auf dieser Ebene schon immer. Eine nachträgliche *Institutionalisierung* dieser Form der Diversion stützt und verstärkt diese Praxis.

Positive Funktionen der Diversion:
- Die Diversion setzt *unmittelbarer* ein als die formale Sanktion des Justizsystems, was *lerntheoretisch* im Sinne einer *Spezialprävention* ausgesprochen bedeutsam ist.
- Durch die Diversion *entfällt die Etikettierung als Krimineller* durch das Justizsystem und in der Folge durch die soziale Umwelt.
- Damit wird die Gefahr einer sekundären Devianz reduziert und die Entstehung einer abweichenden Identität praktisch ausgeschlossen.
- Da die Diversion im Regelfall nur bei sog. Bagatelldelikten greift, wird das *Kriminaljustizsystem* durch den Wegfall der Masse an Delikten *entlastet* und es kann sich auf die Bekämpfung der schweren Kriminalität konzentrieren.
- Im Bereich der Diversion sind *vielfältigere und abgestuftere* sowie *individuenzentriertere Maßnahmen* möglich als im Kriminaljustizsystem, weshalb sie erfolgsträchtiger erscheinen.
- Die notwendige Kooperation von Polizei und Sozialarbeit in der Realisierung von Diversion als *Krisenintervention* erweist sich in den Vereinigten Staaten als nicht völlig konfliktfrei, aber fruchtbar. In der Bundesrepublik Deutschland existiert sie in dieser Weise nicht.

10.6.2 Zur Bewertung der Diversion

Nur die Anwendung der *diversion to nothing* kann für sich in Anspruch nehmen, als Präventionsstrategie im Kontext des Labeling-Ansatzes zu gelten, also dazu beizutragen, Kriminalität qua Zuschreibung vermeiden zu helfen. Albrecht (1983) sieht unter kriminalitätstheoretischer Perspektive in der *diversion with re-*

ferral einen bloßen Etikettenwechsel, denn es werden letztlich die herkömmlichen (harten und stark stigmatisierenden) Interventions- und Kontrollformen durch andere, z. B. gemeindebezogene Kontroll- und Behandlungsstrategien ersetzt. Hilfe wird dabei – ganz im Sinne klassischer Bedingungsansätze – in der Vermittlung individueller Handlungskompetenzen gesehen, die ein konformes Verhalten ermöglichen sollen. Es wird jedoch nicht einbezogen, dass eine Verbindung zwischen den „delinquenten Verarbeitungsformen sozialer Wirklichkeit" und den dahinter stehenden „objektiven gesellschaftlichen Lebenszusammenhängen" besteht. Damit bleibt die kriminalitätstheoretische Ausrichtung bei der Diversion mit nachfolgender Behandlung für Albrecht „also bestenfalls eine Mischform aus individualisierendem Labeling-Ansatz und Bedingungsansätzen" (Albrecht 1983: 45), wobei letztere bei der konkreten Behandlung das Übergewicht haben.

Risiken aus der Anwendung formalisierter Diversionsstrategien
Diversion to nothing wird in unserem Rechtssystem zumeist eine informelle Bewältigungsstrategie sein. Institutionell betrachtet wird es eine diversion with referral geben, weshalb sich die Argumente für und wider mehr oder weniger auf diese Diversionsform beziehen: Kritisch merkt Deichsel zur Diversion an, dass die sozialwissenschaftliche und rechtstheoretische Folgenanalyse von Diversion die „latente Botschaft" deutlich macht, dass Strafe sein muss. Die Diversion „leitet zwar ab, weg und um von Strafmaßnahmen im Einzelfall", das Erziehungskonzept „Strafe muss sein" wird dabei jedoch „durch Diversion verborgen und bleibt dadurch – jederzeit flexibel (re-)aktivierbar – besonders wirkungsmächtig" (Deichsel 1993: 171).

Nicht weniger kritisch äußert sich Müller, der ausführt, dass die „Parole ‚Diversion *statt* Strafe'" keinen Sinn macht, wenn die „informelle Erledigung des Strafverfahrens (...) mit dem Zwang der Erfüllung von Auflagen verbunden ist" (Müller 1993: 224). Diese Maßnahmen sind eben dann Strafen, wenn ihre Nichterfüllung wiederum Strafe zur Folge hat, woran der mögliche Erziehungseffekt nichts ändert.

Einen Konsens in der kritischen Kriminologie konstatiert Brumlik darüber, dass „eine immer stärker auf informelle, vorrichterliche (...) Konfliktregelungen setzende Praxis nicht nur aus rechtsstaatlichen Überlegungen fragwürdig ist. Die Ausdehnung pädagogisch gut gemeinter Grauzonen zwischen Sozialarbeit, Polizei und Staatsanwaltschaft löst nicht nur jene moralischen Institutionen auf" (Brumlik 1993: 211 f.), sondern setzt die insbesondere jugendlichen Angeklagten auch einem nicht mehr überschaubaren Herrschaftssystem aus und verwehrt ihnen so ein reflektiertes Verhältnis zu Recht und Normen.

Vielleicht noch weitergehend ist die Position von Lindner, der meint, dass auch Diversionsprojekte nichts an der grundlegenden sozialen Kontrolle mit all ihren negativen Konsequenzen ändern, so dass nach seiner Auffassung Nichtbeachten und Nichtreaktion auf abweichendes Verhalten in vielen Fällen möglicherweise noch die beste Strategie zur Vermeidung krimineller Karrieren ist (Lindner 1993: 24) (vgl. Kap. 9).

Auch Befürworter der Diversion können, ob intendiert oder unbeabsichtigt, nicht umhin zuzugeben, dass Diversion faktisch eine Maßnahme sozialer Kontrolle ist. Es „sollen mit dem Begriff Diversion alle Strategien *sozialer Kontrolle* (Hervorhebung S. L.) erfaßt werden, die das Ziel verfolgen, die Eingriffsintensität des Jugendstrafrechts zu vermindern. Es geht also nicht nur um die Bestrebungen, informelle Erledigungsweisen, wie etwa § 45 Abs. 2 JGG an die Stelle förmlicher Verurteilung treten zu lassen, sondern auch um die vielfältigen Versuche, mit Hilfe eines breiten Spektrums von ambulanten Maßnahmen freiheitsentziehende Sanktionen zurückzudrängen" (Pfeiffer 1989: 74). Hier wird konzediert, dass Diversion eine andere Form sozialer Kontrolle, wenngleich eine mit weniger belastenden Wirkungen ist.

Heinz (1988) stellt im Zuge einer empirischen Bestandsaufnahme ambulanter bzw. informeller Sanktionen im Jugendstrafrecht nach § 45 und § 47 JGG fest, dass in der Bundesrepublik die Anwendung dieser Maßnahmen zu keiner Ausweitung des sozialen Kontrollnetzes geführt hat. Diese Gefahr hätte insofern bestanden, als die bisherige Einstellung mangels Tatverdacht (nach § 170 Abs. 2 StPO) durch ambulante Maßnahmen hätte ersetzt werden können (Heinz 1988: 16).

Deichsel hingegen erkennt eine mehr oder weniger intendierte Verschiebung der Diversion aus dem reaktiven Bereich des Strafrechts in den präventiven Bereich, ohne dabei zu einer wirklichen Prävention zu gelangen und die Notwendigkeit einer späteren Diversion von vornherein zu verhindern. Er konstatiert, dass die Diversion im „Kontext reaktiven Rechts präventiv-interventionistische Kontrollstrategien" (Deichsel 1993: 176) vorbereitet. Für ihn ergibt sich aus der Diversion die Gefahr einer Gefährdung des Rechtsstaatsprinzips durch die zunehmende Verlagerung der Aufgaben von der Judikative auf die Exekutive (etwa die Jugendadministration), also in den vorstrafrechtlichen Raum (Funktionsgewinn). Rechtsstaatliche Anforderungen, wie etwa der Schuldgrundsatz und die Unschuldsvermutung, können dabei umgangen werden oder werden ungenügend realisiert. Wie viele andere auch, sieht er die „Gefahren verstärkter Netzerweiterung sozialer Kontrolle" (Deichsel 1993: 177).

Als strukturelle Gemeinsamkeiten von Prävention und Diversion werden die Täterorientiertheit und die Kategorisierung in divertierbare und nicht-divertierbare Jugendliche sowie das zugrunde liegende Erziehungskonzept benannt. Prävention und Diversion sind Ausdruck von Bestands- und Legitimationsinteressen, wobei vor allem die Diversion, das von einem Funktionsverlust bedrohte Strafrecht stützen soll. Diversion führt nach dieser Auffassung zu einer Stabilisierung des Jugendgerichtssystems.

Die Effizienz von Diversionsmaßnahmen

Unter dem Aspekt späterer Rückfälligkeit treten anscheinend keine signifikanten Unterschiede zwischen Personen, die eine diversion with referral (Überweisung an Jugendbüro) und denjenigen, die das traditionelle Kriminaljustizsystem durchlaufen haben, auf. Daher kritisierte das „California Office of Criminal Planning", Diversion bzw. allgemein die Ableitung aus dem Kriminaljustizsystem ist

„*kein* effektiver Ansatz (...), delinquentes Verhalten zu verhindern (...) oder zu reduzieren" (Albrecht 1983: 47). Dies steht mit dem Versuch von Lerman (1975) in Einklang, der nachweisen wollte, dass weder die Gemeinschaftsbehandlung (z. B. das „Community Treatment Project") noch die „Probation Subsidy"-Projekte geringere Rückfallquoten aufweisen. Dem stehen aber z. B. die Aussagen von Palmer/Lewis (1980) gegenüber, nach denen sich für Kalifornien insgesamt eine geringere Rückfallhäufigkeit ergab und zudem weniger Kosten anfielen als mit dem traditionellen Jugendstrafvollzug. Greenberg (1977) sieht hingegen allgemein die Behandlung von Rechtsbrechern unter einer pessimistischen Perspektive, da sie sowohl innerhalb als auch außerhalb von Institutionen nutzlos sei. Schneider (1987) führt an, dass sowohl das „Community Treatment Projekt" als auch das „Probation Subsidy"-Programm (beides ältere Vorhaben) zum einen den Nachweis erbracht haben, „daß man große Zahlen von Delinquenten außerhalb von Anstalten in der Gemeinschaft behandeln kann, ohne die Sicherheit der Gemeinschaft zu gefährden" (Schneider 1987: 858). Zum anderen sind weder mehr Auflagen verletzt worden noch hat sich durch die Ausweitung der Bewährungshilfe die Straffälligkeit erhöht.

Obschon Schneider es als notwendig ansieht, diesen Programmen eine längere „Bewährungs"frist zuzugestehen, mahnt er methodische und theoretische Verbesserungen dringend an. Im Allgemeinen überwiegen für ihn jedoch die Vorteile einer Behandlung von Straftätern außerhalb von Strafanstalten. Unter einer teil-ökonomischen Perspektive fallen im Vergleich zum Freiheitsentzug weniger Kosten an, sowohl in wirtschaftlicher Hinsicht als auch bei den sonst wahrscheinlichen psychischen, sozialen und moralischen Schäden. Zum anderen werden entsozialisierende und kriminalisierende Wirkungen vermieden. Mit dem gleichen Argument – der Möglichkeit der Vermeidung von Stigmatisierungen sowie dem Einräumen einer 2/3-Chance für den Täter – überwiegt auch für Zimring (1971) das Positive bei Diversionsmaßnahmen. Dies gilt besonders dann, wenn diversion with referral nicht exzessiv eingesetzt wird, sondern eine Beschränkung auf Fälle stattfindet, in denen sozialstrukturelle Hilfen angezeigt sind. Aus der Perspektive der Gesellschaft ergibt sich zum einen kein erhöhtes Sicherheitsrisiko und zum anderen resultiert daraus die Chance zu einer aktiven Teilnahme an der Wiedereingliederung des Straftäters, an der Beseitigung sozialer Ursachen für Delinquenz und Kriminalität. Wichtig ist, dass Strafrecht und Strafverfahren durch die Diversion nicht einfach abgeschafft (vgl. hierzu die vorausgegangenen Überlegungen zum Abolitionismus), sondern dass letztlich nur die Rechtsfolgen modifiziert werden, denn Strafrecht und Strafverfahren sind schon aus rechtsstaatlichen Gründen nötig (Schneider 1987: 858).

Albrecht sieht es allgemein als forschungsstrategisch und methodisch problematisch an, „das Ziel jeglicher Prävention – also ein nicht aufgetretenes Ereignis – zu erfassen" (Albrecht 1983: 48), da das registrierte Verhalten nichts darüber aussagen kann, welches Verhalten eingetreten wäre, wenn *keine* Unterstützung durch ein Diversionsprogramm vorgelegen hätte. Zwar ist der Glaube, über Diversionsprogramme alle Probleme bei Verbrechen lösen zu können, eine Fehleinschätzung. Jedoch bietet die Diversion sowohl Opfern als auch Tätern die

Möglichkeit zu einer gemeinsamen, eigenen Problemlösung, was stets besser ist als ein nutzlos sanktionierender Staat (vgl. hierzu den Täter-Opfer-Ausgleich in diesem Kapitel).

Trotz aller Kritik am Diversionskonzept gesteht Deichsel ihm tatsächlich Erfolge in der Absicht zu, „jugendstrafrechtliche Maßnahmen zurückzudrängen" (Deichsel 1993: 180), und geht von einer „erheblichen Entpönalisierung im Bagatellbereich" (Deichsel 1993: 173) aus, die er an den steigenden staatsanwaltlichen Einstellungsquoten festmacht (Heinz 1990: 216). Ein Vergleich der Sanktionspraxis zwischen Jugend- und Erwachsenenstrafrecht führt allerdings nach Pfeiffer zu der Frage, ob „unser Jugendstrafrecht – eine Strafe für die Jugend?" ist (Pfeiffer 1991). Als negativer Effekt der Diversion wird angeführt, dass die eigentliche Forderung nach der Trennung von Erziehung und Kriminalstrafe Einbußen erfahren hat, weil Strafe als nachhaltige Drohung dann folgt, wenn Erziehung nicht wirkt, womit faktisch eine Schlechterstellung jugendlicher Straftäter gegenüber Erwachsenen in Kauf genommen wird.

Andererseits ist Diversion keineswegs notwendig mit einer Schwächung der Spezialprävention verbunden, wie manche Kritiker vermuten. „Alle Daten zur Diversion im Jugendstrafrecht zeigen, daß ein dauerhafter und relativ ungebrochener Trend zur Bevorzugung der informellen Verfahrensweisen im Jugendstrafrecht seit einigen Jahren zu konstatieren ist. Dieser bemerkenswerte Umschwung in der Rechtssprechung, Verfahrenspraxis und der Praxis der angeschlossenen Institutionen sozialer Kontrolle wurde von zwei skeptischen Fragen begleitet: Daß eine solche Reduktion der Sanktionen möglicherweise zu einem Nachlassen der spezialpräventiven Effekte und damit zu verstärkter Rückfalldelinquenz führen konnte, war eine Befürchtung, die andere, daß die absolute Reduktion der angedrohten, vollzogenen, strafenden und erzieherischen Maßnahmen die generalpräventiven Wirkungen des Rechts entscheidend schwächen könnte und damit langfristig eine Zunahme der Jugenddelinquenz vor allem durch eine Zunahme von Ersttätern zur Folge haben könnte. Es liegen nunmehr Daten vor, die die erste Befürchtung zu zerstreuen vermögen" (Karstedt-Henke 1993: 168). Selbst eine diversion to nothing, so zeigt jedenfalls die Studie von Schumann, würde nicht zu Rückfallkriminalität führen, wie eben auch nicht die Härte der Sanktionen dafür entscheidend ist (Schumann 1993: 168).

Besonders kritisch äußert sich Janssen (1983) zur Diversion, nachdem er amerikanische Diversionsprojekte und deren Übertragbarkeit auf bundesdeutsche Verhältnisse beurteilt. Seine Analyse führt ihn dazu, die Diversion als eine modifizierte Strategie sozialer Kontrolle zu sehen, die aber das grundsätzliche Prinzip beibehält. Ja er befürchtet sogar, dass die Diversionsprogramme zu einer Kontrollverdichtung im Sinne des widening the net führen können. Auch kann seiner Meinung nach nicht in jedem Falle davon ausgegangen werden, dass Behandlung oder Therapie im Hinblick auf die Prävention erfolgsträchtiger sind als die traditionellen strafrechtlichen Sanktionen. Janssen konstatiert weiter unter Bezugnahme auf die deutschen Verhältnisse einen Mangel an theoretischer Fundierung und vor allen Dingen fehlt es ihm an gesellschaftspolitisch-kritischer Betrachtung der Diversionspraxis.

Blau (1985) äußert die Befürchtung, dass mit zunehmendem Einsatz von Diversionsmaßnahmen Elemente der Rechtsstaatlichkeit aufgegeben werden. Die doch weitgehend formalisierte Justiz wird in Diversionsprojekten eben doch durch eher informelle, weniger kontrollierbare und rationale Gremien und Instanzen möglicherweise zu Lasten des Angeklagten ersetzt. Ein interessanter Aspekt seiner Ausführungen ist, dass mit dem Rückgang der Diversionsprojekte in den USA eine Zunahme der bundesdeutschen Diversionsprogramme einherging und diese sich vornehmlich auf Jugendgerichtsverfahren beziehen. Auch Malinowski und Brusten (1986) beschäftigen sich sehr vieldimensional und kritisch mit der Entkriminalisierungs- und Präventionsfunktion von Diversionsmaßnahmen. Unter Rekurs auf amerikanische Befunde stellen sie aber einen widening the net-Effekt fest: Statt der intendierten Reduktion in der Strafverfolgung entpuppt sich die Diversion als ein Element sozialer Kontrolle, das nun auch in solchen Lebensbereichen Fuß fasst, in denen vorher soziale Kontrolle nicht praktiziert wurde.

Unter Bezugnahme auf ökonomische Aspekte kritisiert Janssen (1986) an anderer Stelle die Diversionspraxis: Sie ist deswegen besonders willkommen, weil sie die Verfahren kostengünstig und wenig zeitextensiv zu gestalten ermöglicht, was letztlich auch zu einer Reduktion der freiheitsentziehenden Maßnahmen führt. Die von den Kriminologen theoretisch vorgetragenen Elemente der Entkriminalisierung, Entpönalisierung, Entstigmatisierung etc. wären somit nur willkommener Anlass, nicht aber eigentliche Begründung für die Diversion. Die Diversionsmaßnahmen haben auch dazu geführt, dass eine deliktspezifische Dichotomisierung derart eingesetzt hat, dass leichte Straftaten der Diversion zugeführt werden, während andere Delikte besonders hart sanktioniert wurden. Diese *Doppelstrategie* führt letztlich dazu, dass das Netz der sozialen Kontrolle z. T. erweitert, z. T. sogar verschärft wird und insbesondere die Jugendlichen teilweise ihrer formaljuristischen Rechte beraubt werden.

Mit Blick auf Diversionsprojekte, deren konkrete Ausgestaltung durch Arbeitsauflagen konstituiert wird, kommt Ludwig (1986) zum Ergebnis, dass sich damit sowohl repressive als auch liberale Intentionen im Jugendstrafrecht realisieren lassen. Strukturell unterscheidet er jedoch zwischen amerikanischen und deutschen Intentionen bei der Institutionalisierung von Diversion.

Betrachtet man nicht nur die Intentionen, sondern die Realität von Diversion und Diversionsprogrammen sowohl in den Vereinigten Staaten als auch in der Bundesrepublik Deutschland, so ist mit Voß (1985) weniger Euphorie denn Skepsis angebracht. Mit ihm könnte man – wenn man besonders kritisch ist – zu dem Ergebnis kommen, dass die genannten positiven Funktionen der Diversion nicht in jedem Fall eingelöst werden und dass die nichtintendierten Nebenfolgen durchaus nicht auszuschließen sind. „Insbesondere die Ausdehnung des Netzes sozialer Kontrolle durch Diversion (Blomberg/Blomberg 1985) ist ein Kritikpunkt, der bislang nicht endgültig zerstreut werden konnte. Ähnlich äußert sich auch Lemert (1985a), wenn er die Geschichte der amerikanischen Diversionsprogramme Revue passieren lässt, und muss sich letztlich bestätigt fühlen in der Auffassung, dass viele gegenwärtig als strafrechtlich relevant betrachtete Handlungen eher in *soziale Probleme* umdefiniert werden sollten, die einer familialen oder anderen, eher informellen Behandlung bedürfen (Lemert 1985).

Letztlich wird man Ludwig zustimmen können, der zu folgendem Schluss gelangt: „Liest man die Forschungsberichte aus den bisherigen Modellprojekten gegen den Strich, dann wird man die Euphorie der Projektbetreiber kaum teilen können. Nüchtern betrachtet verlieren die Projekte viel von dem Glorienschein, aber auch von dem Schrecken" (Ludwig 1985: 306).

Diversion als Anerkennung der Normalität jugendtypischer Devianz und als Versuch einer Entkriminalisierung wird von radikal-kritischen Kriminologen insoweit problematisiert, als sie eine wirkliche Entkriminalisierung nicht einmal in einer diversion to nothing sehen, sondern nur in einer Überarbeitung des Jugendstrafrechts, bei der eine Einschränkung ausschließlich auf die schwerwiegenden Delikte erfolgt (Deichsel 1993: 173). Auch hinsichtlich der Erfolgskontrolle von Diversionsmaßnahmen wird Skepsis angemeldet, weil Erfolgsmeldungen immer auch im Zusammenhang mit Legitimationsstrategien für Diversion zu sehen sind.

Kritische Aspekte der Diversion:
- Wird die positive Funktion der Diversion im Vergleich zu den negativen Konsequenzen des Kriminaljustizsystems kaum mehr bestritten, so wird aber auch befürwortet, dass sie möglicherweise zu einem *Net-widening* führt, weil Deviante (und ihre Familien) möglicherweise einer *weiter gehenden sozialen Kontrolle* zugeführt werden.
- Diversion bleibt eine Form *sozialer Kontrolle* (am wenigsten in einer diversion to nothing) und ist deshalb durchaus mit den Risiken der *Etikettierung, Stigmatisierung* etc. durch *Pönalisierung (Maßnahmen werden evtl. so verstanden)* verbunden.
- Diversion erfolgt auch durch Anwendung *institutionellen Zwangs*, was kontraproduktiv sein kann.
- Kritikwürdig erscheint manchen auch, dass mit der Diversion eine *Entrechtlichung* stattfindet, weil die Frage der Schuld eines Delinquenten ausgeblendet und seine rechtlichen Möglichkeiten begrenzt werden.
- Diversion birgt auch die Gefahr in sich, dass bei Ausbleiben des Erfolges, d. h. bei *Rückfall des Täters*, die Richter möglicherweise zu *härteren Strafen* neigen.
- Die meist in der Diversion sich realisierende *Behandlungsideologie* wird von radikaler und kritischer Kriminologie bedauert.
- Diversion wird nicht etwa wegen der Überzeugung entstigmatisierender Wirkung, sondern aus *ökonomischen* Gründen eingesetzt.
- Diversion hat zu der *Doppelstrategie* geführt, leichtere Straftaten zu entpönalisieren, schwerere Delikte strafverschärfend zu behandeln.
- Während einige Autoren positive Wirkungen der Diversion feststellen, konstatieren andere *keine geringeren Rückfallhäufigkeiten*. Dieses negative Argument wendet sich zum Positiven, wenn man bedenkt, dass der gleiche Effekt mit weniger (ökonomischem) Einsatz erzielt wurde und keine höhere Gefährdung der Gesellschaft daraus resultiert.

10.6.3 Möglichkeit und Machbarkeit von Diversion in der Bundesrepublik

In der Bundesrepublik war Anfang der 1980er Jahre ein reges Interesse an der Übernahme amerikanischer Präventionsmodelle und Diversionsstrategien zu verzeichnen (Albrecht 1983: 4). Dahinter stand der Versuch, den Widerspruch zwischen Strafe und Erziehung auf der Ebene der sozialen Kontrollinstanzen (Polizei, Staatsanwaltschaft, Jugendrichter) zu überwinden. Für Plewig (1985) stellt sich die Situation jedoch als stark kritikwürdig dar: „Diversion ist in – dies ist einer der wenigen Fakten im Rahmen einer unbefriedigenden Rezeption ausländischer Begriffe und Modelle" (Plewig 1985: 59). Er sieht die Versuche in der Bundesrepublik als ein bloßes Hinterherlaufen hinter einer Mode, so wie z. B. die sozialtherapeutischen (Straf-)Anstalten zum Zeitpunkt ihrer Einrichtung in der Bundesrepublik wegen der negativen Erfahrungen in den Niederlanden und Skandinavien dort bereits wieder aufgegeben wurden. Um nun auch auf den Vorwurf einzugehen, die Kontrollinstanzen wollten nur zusätzlich zur unverändert beibehaltenen Strafanwendung dem „Erzieherischen" in Form zusätzlicher ambulanter Maßnahmen besser gerecht werden (d. h. mehr Maßnahmen zu verhängen), ist die Frage nach den rechtlichen Hintergründen, nach der Bereitschaft der formellen Kontrollinstanzen (Polizei, Staatsanwaltschaft) sowie der sozialen Agenturen (Sozialarbeit) von Belang, Diversion überhaupt anzuwenden, und wenn ja: in welcher praktischen Form.

Für die Durchführung ambulanter Sanktionen (im Gegensatz zu stationären Maßnahmen wie Gefängnis, Dauer-, Kurz- und Wochenendarrest) kann sich die Staatsanwaltschaft traditionell der Jugendgerichtshilfe sowie der Bewährungshilfe bedienen. In den 1970er Jahren wurde zudem versucht, die Polizei stärker als bislang in die Jugendstrafrechtspflege einzubeziehen, z. B. durch Einrichten einer sog. Jugendpolizei oder durch Versuche, die Sozialarbeit in die Polizeiarbeit einzubinden. Die Sozialarbeit (bzw. „Devianzpädagogik") steht aufgrund dieser Situation vor dem Problem, ob sie zum „Büttel des Jugendstrafrechts" wird oder aber Möglichkeiten zur Durchsetzung ihrer Autonomie findet (Plewig 1991: 49). Auf diese Situationen gilt es, im Folgenden einzugehen, wobei mit der Perspektive der Staatsanwaltschaft begonnen werden soll, weil die rechtlichen Grundlagen in der Bundesrepublik zunächst der Staatsanwaltschaft erlauben, Diversionsmaßnahmen einzuleiten. Wir stützen uns bei diesen Überlegungen zur Akzeptanz von Diversion durch die Instanzen des Kriminaljustizsystems auf die Arbeit von Albrecht (1983) und die ihr zugrunde liegenden (qualitativen) empirischen Erhebungen.

Die Bedeutung des Legalitätsprinzips
Die Position der Staatsanwälte zeichnet sich durch eine umfassende Ablehnung jeglicher Kompetenzerweiterung der Polizei hinsichtlich Diversionsentscheidungen aus, wobei die Haupteinwände auf der *juristischen Systemebene* liegen. Dabei wird die Zurückweisung einer polizeilichen Befugnis zur Diversion mit der unbedingten Aufrechterhaltung des Legalitätsprinzips (§ 152 StPO) begründet, dessen stigmatisierende Wirkungen im Sinne der Generalprävention sogar als

förderlich gesehen werden. Daher kann das Konzept einer diversion to nothing aus Sicht der befragten Staatsanwälte wegen seiner entstigmatisierenden Wirkung nur als kriminalitätsverstärkende Strategie verworfen werden. Zum anderen dient der Erhalt einer justizförmigen Erledigung aller kriminellen Delikte der Bewahrung einer gesetzlich definierten, spezialpräventiven Kompetenz der Staatsanwälte, die dem Kriminaljustizsystem eine größere sach- und rechtsgemäße Entscheidungskompetenz zusprechen als der Polizei. Da staatsanwaltschaftliche Handlungsstrategien nur gering individualpräventiv wirken und fast ausschließlich generalpräventiv ausgerichtet sind, wird der Präventionseffekt, der aus einer frühzeitigen Ableitung aus dem Kriminaljustizsystem resultiert, auch nicht anerkannt. Zudem wird seitens der Staatsanwälte befürchtet, dass die Polizei – anders als justizförmige Verfahren – keine Gleichbehandlung der Delinquenten sicherstellen kann. Darauf, dass die Staatsanwaltschaft dabei aber ihren eigenen Vorgaben nicht gerecht wird (bzw. werden kann), verweisen zwei Kriterien:

1. Die Staatsanwaltschaft befasst sich beispielsweise im Jugendstrafrecht (notgedrungen, da sie auf den Input der Polizei angewiesen ist) mit einer selektierten Gruppe von Straftätern, die sich unpräzise als „Jugendliche in besonders schwierigen Lebenslagen" beschreiben lässt (Plewig 1991: 59).
2. Bagatellkriminalität kann wohl speziell im Bereich der Jugenddelinquenz als „ubiquitär" (d. h. allgemein verbreitet) angesehen werden. (Darauf verweisen auch die Ergebnisse von Berlitz et al. (1987).) Löhr sieht nun den „Grundsatz der Gleichbehandlung und der Gerechtigkeit (...) verletzt, wenn jene, die nicht anders sind als andere, gleichwohl durch staatliche Eingriffe anders behandelt werden" (Löhr 1986: 130).

Es werden also letztlich Macht- und Kompetenzverluste für die Justiz befürchtet (speziell durch „unmäßige" Anwendung von Diversion), wenn die Polizei nach dem Opportunitätsprinzip arbeiten könnte und selber die Verfahrenserledigung betreiben dürfte. Das heißt, wenn nach dem Opportunitätsprinzip verfahren wird (z. B. nach § 45 Abs. 2 des JGG), dann darf dies nur durch die Staatsanwaltschaft erfolgen.

Die de-facto-Erfüllung von Diversion
Auf der *Organisationsebene* wird argumentiert, dass die Funktion der amerikanischen Youth Service Bureaus bereits durch die Jugendämter erfüllt wird, weshalb eine Integration von Jugendbüros in die Polizei überflüssig ist. Zudem zeigten sich die Staatsanwälte zufrieden mit der Arbeit unabhängiger Jugendämter, da diese eine Kontrollfunktion wahrnehmen. Auch erkennen sie keinen Bedarf an Diversionsmaßnahmen, da doch organisatorisch gesehen bereits *informelle Erledigungsstrategien* oder *Verfahrenseinstellungen ohne Urteil* vorlägen. In allen diesen Fällen muss jedoch die Justiz – um Gewähr gegen Missbrauch zu sichern – stets beteiligt bleiben. Somit wird auch die Delegation von Teilen ihrer Entscheidungskompetenzen an die Polizei von den Staatsanwälten abgelehnt.

Stattdessen wurde z. B. der Vorschlag gemacht, im Sinne gesteigerter Effizienz die Kriminalpolizei organisatorisch in die Staatsanwaltschaft zu integrieren. In einer anderen Aussage wird diese Tendenz bekräftigt, wenn ein Staatsanwalt ausführt, die Polizei müsse als Hilfsbeamte der Staatsanwaltschaft arbeiten. Dies kann aber nicht zu Diversion führen, sondern zu einer verbesserten Kontrollpraxis, die eine verstärkte Zuleitung von Verfahren in das Kriminaljustizsystem bedeutet.

Feltes (1984) weist aber aufgrund empirischen Materials aus den Staatsanwaltsstatistiken darauf hin, dass die Staatsanwaltschaft ihre Rolle als „Herrin des Ermittlungsverfahrens" ohnehin verloren hat: Art und Umfang des gelieferten Inputs werden von der Polizei bestimmt, eigene Ermittlungen nicht angestellt. Da die Staatsanwaltschaft einen Teil der Entscheidungen mit gleicher Information, aber zeitlich verzögert fällt, schlägt Feltes vor, solche Entscheidungen „auf die Polizei zurückzuverlagern. Zu denken wäre hier an ein eingeschränktes Opportunitätsprinzip für die Polizei in bestimmten Bereichen oder aber an eine von der Staatsanwaltschaft an die Polizei delegierte Einstellungsbefugnis" (Feltes 1984: 60). Damit wäre der Weg frei für Maßnahmen einer diversion to nothing, wobei jedoch Deliktbereiche und Tätermerkmale festgelegt werden müssen, auf die dieses Vorgehen anzuwenden ist.

Wie sehen aber faktisch die „informellen Erledigungsstrategien" der Staatsanwaltschaft aus? Feltes (1984) stellt – anhand von (wie er selber betont) nur bedingt zur Verfügung stehenden Zahlen – die Tendenz fest, dass – angelehnt an das Trichtermodell von Kerner (1973) – mit höherer Stufenleiter des Sanktionsprozesses eine zunehmend geringere Zahl von Personen von Maßnahmen betroffen ist. Für Hamburg wies Feltes nach, dass von allen polizeilich ermittelten tatverdächtigen Jugendlichen und Heranwachsenden nur etwa zwei Drittel von der Staatsanwaltschaft überhaupt angeklagt werden, von denen etwa der gleiche Prozentsatz gerichtlich abgeurteilt wird (einschließlich Verfahrenseinstellung) und nur 16 % von einer formellen Verurteilung betroffen sind (Feltes 1983: 82; 1984: 51). Während die Anzahl polizeilich registrierter Tatverdächtiger zwischen 1971 und 1980 um 43,5 % stieg (von ca. 1 Mio. auf ca. 1,4 Mio.), erhöhte sich die Zahl der Abgeurteilten (z. B. Einstellung mit Auflage) nur um 27,8 % (von 427.327 auf 564.015), die der Verurteilten um 16,4 % (von 346.398 auf 403.181). In einer vorsichtigen Hochrechnung für 1980 zeigte Feltes, dass etwa 60 % der von der Staatsanwaltschaft erledigten Verfahren ohne Einbezug der Gerichte endete: 38 % mit „folgenloser Erledigung", 5,1 % durch „Einstellung mit Auflage", 17,8 % durch „Herausnahme aus dem Strafverfahren" (Privatklage, Abgabe an Ordnungsbehörde) (Feltes 1984: 53).

Die Staatsanwaltschaft ist also nach dieser Untersuchung nicht nur ein wichtiger Ansprechpartner in Fragen der Realisierung von Diversion, sondern sie praktiziert bereits in einem großen Teil anhängiger Strafverfahren vor dem Eintritt in das eigentliche gerichtliche Verfahren entsprechende Diversionsstrategien. Diese Aussage gilt, obgleich andererseits konstatiert wird, dass die Gerichte diversionsfreudiger als die Staatsanwaltschaften sind. Beim Vergleich zwischen Jugendlichen und Heranwachsenden einerseits sowie Erwachsenen andererseits wird festgestellt, dass es Differenzen im Wesentlichen hinsichtlich der Anklagequote gibt, nicht jedoch bei der Einstellung des Verfahrens mit in diesem Zusammenhang verhängten Auflagen (Feltes 1983).

Die rechtlichen Möglichkeiten der Staatsanwaltschaft zur Einstellung sind in den §§ 153 und 153a StPO sowie im § 45 Abs. 1 und 2 und § 47 JGG (Opportunitätsvorschriften des Jugendstrafvollzugs) niedergelegt. Während Albrecht im Sinne einer diversion to nothing argumentiert, dass jeglicher Kontakt (hier: speziell von Jugendlichen) mit dem Kriminaljustizsystem vermieden werden sollte – daher, wenn machbar, Einstellung auf Polizeiebene –, versteht die bundesrepublikanische StPO unter Diversionsmaßnahmen im Wesentlichen die Einstellung des Verfahrens vor der Hauptverhandlung. Die folgenlose Verfahrenseinstellung ist bislang statistisch unbedeutend (Plewig 1991: 57). Der § 153 (Nichtverfolgung von Bagatellsachen) sieht vor, dass – wenn ein Vergehen vorliegt und die Schuld des Täters gering ist – die Staatsanwaltschaft von der Verfolgung absehen kann. Verbrechen (also Taten, die mit mehr als einem Jahr Freiheitsstrafe belegt werden), scheiden dabei aus (Schüler-Springorum 1991: 61 ff.). Nach einer bereits erhobenen Klage kann ebenfalls noch eingestellt werden, wenn die o. g. Kriterien zutreffen. Im 1974 eingeführten § 153a (vorläufiges Absehen von Klage, vorläufige Einstellung) wird davon ausgegangen, dass „bei geringer Schuld das öffentliche Interesse an der Strafverfolgung zu beseitigen" ist, was durch Verfahrenseinstellung nach Erfüllung von Weisungen und Auflagen stattfindet. Die damit verbundene Möglichkeit einer „informellen Sanktionierung" (durch Verfahrenseinstellung) wurde auch genutzt: 600.000 formell Verurteilte vs. 150.000 Einstellungen (für 1981). Hinter diesen nicht-formellen Erledigungsformen ist das Bestreben von Staatsanwaltschaft und Gericht erkennbar, der zunehmenden Überlast an Tatverdächtigen Herr zu werden (Feltes 1984: 52). Ein Vergleich der Erledigungsstruktur der Staatsanwaltschaft (BMI/BMJ 2006: 542) von 1981 und 2004 (früheres Bundesgebiet ohne Berlin, Hessen, Schleswig-Holstein) zeigt, dass die Anklagerate um 17,5 Prozentpunkte zurückgegangen ist (1981: 45,6%; 2004: 28,1%). Auch die Strafbefehlsquote ist um 4,4 Prozentpunkte abgesunken (1981: 32,9%; 2004: 28,5%), während sich die Opportunitätsrate verdoppelte (1981: 21,5%; 2004: 43,4%) – hierbei ist aber anzumerken, dass die Zunahme fast ausschließlich auf die folgenlose Einstellung (§§ 153, 153b StPO, § 45 Abs. 1 und 2 JGG, § 31a BtMG) zurückzuführen ist, nur um 0,7 Prozentpunkte hat eine Zunahme der Einstellung unter Auflagen/Weisungen stattgefunden (BMI/BMJ 2006: 542).

Erweiterten Diversionsspielraum bietet das Jugendstrafrecht in den §§ 45 und 47 JGG. Die Interventionsmöglichkeiten durch den Jugendrichter umfassen zum einen den Bereich der „ambulanten Sanktionen" (Plewig 1991), was einer Erweiterung der erzieherischen Maßnahmen gleichzusetzen ist. Die Einstellung des Verfahrens kann unter Auflage einer „Arbeitsweisung", einer „Betreuungsweisung" oder unter der Bedingung eines „Täter-Opfer-Ausgleichs" stattfinden. Hierbei wird die Einstellungspraxis auch weniger rigide gehandhabt als im Erwachsenenstrafrecht: Das Verhältnis von formeller zu informeller Sanktionierung liegt dort (1980) bei 57:43. Nach Heinz (1991) zeigt sich im Anwendungsbereich des JGG zwischen 1980 und 1989 ein sukzessives Ansteigen der informellen Erledigungsstrategien (nach § 45 Abs. 1 und 2 und § 47 JGG) sowie ein Rückgang der formellen Sanktionen: Wurden 1980 von 239.000 Tatverdächtigen noch 43 % (102.000) informell sanktioniert, stieg ihr Anteil bis 1989 auf 56 % (109.000 von 195.000) (Heinz 1991, Tabelle 1). Schüler-Springorum führt „diese spannenden Relationen" darauf zurück, dass Jugendliche häufiger auffallen als Erwachsene und dass die Quote der Verfolgung wegen Bagatellen bei Jugendlichen höher und eine „Kriminalpolitik von unten" betrieben worden ist (Schüler-Springorum 1991: 63 f.). Seit 1981 (früheres Bundesgebiet mit West-Berlin, seit 1995 mit Gesamtberlin) sind die Diversionsraten (§§ 45, 47 JGG) deutlich angestiegen, von 44 % auf 69 % (2004) (BMI/BMJ 2006: 557).

Im Vergleich der Bundesländer (Stand: vor 1990) lässt sich eine stark divergierende Praxis nachweisen. 1981 bildeten Baden-Württemberg und Rheinland-Pfalz die Schlusslichter mit 36 % bzw. 37 % Diversionsraten bei Jugendstrafsachen, Hamburg und Bremen lagen mit 76 % bzw. 75 % an der Spitze. 1989 wiesen Bayern (48 %), Baden-Württemberg (49 %) und Niedersachsen (50 %) die geringsten Raten auf, während die Stadtstaaten Bremen und Hamburg (82 % bzw. 87 %) immer noch die höchsten Quoten zeigten (Heinz 1991, Tabelle 3). Bedeutsam ist ebenfalls, dass eine lokal und überregional unterschiedliche Einstellungspraxis der Staatsanwaltschaft besteht, wobei z. B. gezeigt werden konnte, „daß die Anklagequote (ohne Strafbefehl u. a.) bei der Staatsanwaltschaft in Hamburg zwischen 1,4 % und 55,4 % schwankte" (Feltes 1984: 54). Interessant ist auch, dass die Einstellungsquote „mangels Tatverdacht oder Tatverdächtigem" bei dem Dezernat, das sich mit Verfahren gegen Polizeibeamte befasste, überproportional hoch lag, nämlich bei 82,2 % (Durchschnitt: 34,8 %) (Feltes 1984: 55). Vergleichbare Ergebnisse brachte auch der Ländervergleich (alte Länder vor 1990). So wurde z. B. in Hamburg 6,5 % aller Verfahren erledigt, in Baden-Württemberg 23,3 %. Ludwig-Mayerhofer zeigte anhand der Verfahrenserledigung durch die Staatsanwaltschaft bei Bagatelldelikten (Ladendiebstähle bis 50 DM) in 17 Landgerichtsbezirken Nordrhein-Westfalens, dass die Einstellungsquoten zwischen 39 % und 99 % schwankten. Die insgesamt gestiegene Zahl der Informalisierungen bedeutet nicht, dass alle oder die meisten Bagatelltaten darunter fallen: 34 % der Diebstahlsfälle, die mit einer Anklageerhebung endeten, waren Bagatellschäden bis zu 50 DM, 13 % bis zu 100 DM, 18 % bis zu 250 DM (Ludwig-Mayerhofer 1992: 17 ff.). D. h. im Mittel wurde in 65 % der Fälle Anklage bei einer (weitgehenden) Bagatellstraftat erhoben.

Die Entwicklung der Sanktionen im Jugendstrafrecht ist nach Driebold (1993: 27 ff.) im Bereich der Jugendstrafen nicht eindeutig verlaufen, wobei er sich auf eine andere empirische Basis bezieht als Kerner (1989). So „reduziert sich – tatverdächtigenbezogen – die Häufigkeit des Freiheitsentzuges nach dem Jugendstrafrecht durchgängig bei kurzen Strafen um etwa 30 % (...) und bei unbestimmten Strafen um etwa 90 % (...); sie bleibt – nach zwischenzeitlichem Anstieg um etwa 50 % – bei langen Strafen gleich" (Driebold 1993: 48).

Bevölkerungsbezogen sinkt im Erwachsenenstrafrecht die Häufigkeit des Freiheitsentzuges von 1955 bis 1989. Im Bereich der Jugendstrafen ist bevölkerungsbezogen „eine Rücknahme der Strafen nicht oder nur schwach ausgeprägt vorhanden (von 1964 bis 1989: Reduzierung bei kurzen Strafen um 35 %, bei Strafen von unbestimmter Dauer um 90 %; Erhöhung bei mittleren Strafen um etwa 60 %, bei langen Strafen um fast 130 %)" (Driebold 1993: 48). Er registriert „eine ausgeprägte Tendenz zum Verzicht" auf Sanktionen seit den 1950er Jahren und konstatiert, dass „vor allem im Jugendbereich im Vorfeld verstärkt Maßnahmen angeordnet werden" (Driebold 1993: 50), was er als durchaus nicht unproblematisch, jedoch als strafrechtlich weniger eingriffsintensiv bewertet.

Plewig kritisiert das bestehende Diversionskonzept (im Bereich des JGG) scharf, weil er darin ein nur „reformistisches Programm" erkennt, das keinerlei strukturelle Änderung der Gesetze bewirkt hat: die Trennung in „Gute" (unterliegen der Wohlfahrt) und „Böse" (werden strafrechtlich sanktioniert) bleibt weiterhin aufrechterhalten und „das ganze Konzept beruht auf der ‚Warmherzigkeit' von Staatsanwälten und Richtern" (Plewig 1991a). Dem widerspricht bedingt, dass – wie Heinz (1991) ausführt – immerhin eine Anzahl von Bundesländern (Stand: vor 1990) – u. a. Baden-Württemberg, Bremen, Hamburg, Rheinland-Pfalz, Schleswig-Holstein – zumindest landeseinheitliche Kriterien für die Anwendung von Diversionsmaßnahmen eingeführt haben. Insgesamt ist ab 1982 ein Rückgang der freiheitsentziehenden Maßnahmen (Jugendarrest, Jugend- und Freiheitsstrafe) bei der Sanktionierung jugendlicher Delinquenten festzustellen; jedoch verläuft – wie Ludwig-Mayerhofer unter Bezugnahme auf empirische Materialien von Kerner (1989) betont – die Strafrechtsentwicklung wellenförmig, so dass einheitliche Sanktionierungsmuster, die eindeutig auf eine „Materialisierung" schließen lassen würden, nicht auftreten, ebensowenig wie Befürchtungen, dass eine erneute „Verrechtlichung" stattfindet, damit zu bestätigen sind. Der Rückgang der Maßnahmen erweist sich jedoch nicht als epochal, wenn einbezogen wird, dass 1988 „der Anteil der mit freiheitsentziehenden Sanktionen belegten Jugendlichen und Heranwachsenden gerade wieder den Stand von vor 20 Jahren (Jugend-/Freiheitsstrafe) bzw. vor 13 Jahren (Jugendarrest) erreicht hat" (Ludwig-Mayerhofer 1992: 10).

Dem korrespondieren manche gegenüber Diversion „zurückhaltende" Attitüden von Staatsanwälten: So wurde einerseits bestritten, dass durch staatsanwaltliche Verfahren Stigmatisierungen bewirkt würden, weil dies generalpräventiv nicht zu rechtfertigen sei. Aus diesem Grunde wurde auch Diversion (als Prävention gegen Stigmatisierung) für unnötig erklärt. Auf der anderen Seite wurde der stigmatisierende Effekt einer justizförmigen Reaktion bejaht und sogar bei Bagatellkriminalität als unumgänglich angesehen, um eine adäquate Antwort auf die „freigewählte" Fehlanpassung zu geben. So meinte ein Staatsanwalt: „Das Problem ist, daß ihnen das einfach gefällt, so ein geschlampertes Dasein, ohne echte Arbeit. (...) Das gefällt sicher vielen, die von der moralischen Seite her keine ethischen Ansporne erfahren." Und: Die „Frage der Heraushaltung aus dem Strafjustizbereich, also Diversion, die geht an der Frage, ob man diese Leute überhaupt behandeln kann, völlig vorbei" (Albrecht 1983). Albrecht führt aus, dass das Strafrecht aus dieser Perspektive eher eine Vergeltungs- als eine individualpräventive Funktion hat, weshalb daneben nur noch Abschreckung möglich ist. Aus diesen Gründen galt diversion to nothing für die beteiligten Staatsanwälte fast als kriminalitätsproduzierend und auch die diversion with referral wurde als nicht problemangemessen bewertet. Eine solche Position negiert natürlich die historische Entwicklung der Jugendgerichtsbarkeit, in der immer wieder und verstärkt anerkannt wurde, dass die Herausnahme aus dem förmlichen Strafverfolgungsprozess und die Zuführung zu alternativen, pädagogisch sinnvollen und ambulanten Maßnahmen hilfreich ist (Hilse/Lerchenmüller-Hilse 1987).

Diversionsbedingungen in der Bundesrepublik Deutschland:
- Grundsätzlich stellt das *Legalitätsprinzip für Diversionsmaßnahmen eine restriktive Bedingung* dar: Die Polizei ist zur Strafverfolgung verpflichtet und leitet hinreichend verdächtige Personen an die Staatsanwaltschaft weiter.
- Soweit Diversionsmaßnahmen gesetzlich begründet sind (etwa im Jugendgerichtsgesetz), können sie – sie müssen aber nicht – eingesetzt werden. Dies ist abhängig von den *Einstellungen der jeweiligen Instanzenvertreter*.
- *Polizeiliche Diversion wird seitens der Staatsanwaltschaft* unter Rekurs auf das Legalitätsprinzip und mit Blick auf die mögliche Abgabe von Kompetenzen in der Regel abgelehnt.
- Die bisher rechtlich vorgesehenen Möglichkeiten formeller und informeller Erledigungsstrategien oder Verfahrenseinstellungen bieten nach *Meinung der Staatsanwaltschaft* ausreichende Möglichkeiten, weshalb das *Opportunitätsprinzip als Voraussetzung für Diversion nicht erforderlich ist*.
- Auf die Bundesländer bezogen zeigt sich tendenziell ein *politisches Links-Rechts-Gefälle hinsichtlich der Diversionsraten*: sie liegen in den „konservativen" Ländern niedriger.
- Ein nicht unwichtiges Argument wird darin gesehen, dass *durch die Diversion eine formale Gleichbehandlung* auf der Basis kodifizierter Regeln, wie sie gegenwärtig durch Staatsanwälte und Richter praktiziert wird, *nicht gewährleistet ist*.
- Insgesamt lässt sich festhalten, dass *diversion to nothing* für die Staatsanwaltschaft als fast *kriminalitätsproduzierend eher abgelehnt* wird, während die *diversion with referral tendenziell offener*, aber auch als nicht problemangemessen bewertet wird.
- Diversion als polizeiliche Präventionsstrategie wird seitens der Polizeibeamten heterogen und fast polarisierend beurteilt.
- Tatsächlich werden *implizite Diversionsstrategien* – als Vermeidung weiter gehender formaler sozialer Kontrolle durch das Justizsystem und auch etwas außerhalb des Legalitätsprinzips – *seitens der Polizeibeamten praktiziert*. Selbst wenn dies nicht intentional passiert, erfolgt es oft notgedrungen aufgrund von Arbeitsüberlastung.
- Die Gegner polizeilicher Diversion wollen zu ihrer eigenen Absicherung und Handlungssicherheit eine strikte *normative Regulierung der Diversion*. Sie kämen mit dem ihnen zugestandenen *individuellen Ermessensspielraum* und dem damit subjektiv perzipierten, höheren Risiko nicht zurecht. Die Befürworter hingegen begrüßen den damit verbundenen gewissen Machtzuwachs.

- Dass die Einschätzungen von Diversion grundsätzlich von der *Schwere des Deliktes*, von der *Art der Diversion* und von anderen *sozialstrukturellen und psychologischen Faktoren* abhängen, ist selbstverständlich.

Sozialarbeit – Polizei – Diversion

In den 1970er Jahren wurde auf Initiative der Polizei (auf Bundesländerebene) die Institution des Jugendpolizisten eingerichtet, der sich u. a. stärker der Kontrolle „kriminogener Orte" – darunter auch Jugendzentren, in denen Sozialarbeiter tätig waren – widmen sollte. (Trotz z. T. heftiger Kritik wurde diese Praxis beibehalten.) Bei der Frage nach einer möglichen Kooperation zwischen Polizei und Sozialarbeit im Rahmen von Diversionsstrategien setzten sich in der qualitativen Untersuchung von Albrecht (1983) die Meinungen aus der Diversionsdiskussion fort.

Bei Polizisten bestanden abgegrenzte pro- und contra-Meinungen, die Staatsanwälte lehnten einheitlich ab, bei den Sozialarbeitern wurde prinzipiell zugestimmt, jedoch nicht unter den in der Bundesrepublik aktuell (1983) geltenden rechtlichen und organisatorischen Randbedingungen. Bei den Polizisten konzentrierten sich sowohl bei Befürwortern als auch bei Gegnern die Argumente auf die Organisationsebene polizeilicher und sozialarbeiterischer Praxis. Mehrheitlich bestand jedoch eine prinzipielle Bereitschaft zur Kooperation, wobei aber die „konkreten Modalitäten" dieser Zusammenarbeit bedeutsam waren.

Die Haltung der Sozialarbeiter zu einer möglichen Kooperation mit der Polizei war sehr ambivalent, wobei die ablehnende Haltung die „bedingt befürwortende" überwog. Als wesentliche Barrieren wurden von beiden Gruppen auf Systemebene das Legalitätsprinzip und auf Organisationsebene die befürchtete formelle Ankoppelung an die Polizei gesehen.

Es zeigte sich, dass Sozialarbeiter in freien Institutionen der Kooperation mit der Polizei kritischer bzw. ablehnender gegenüberstanden. Ihre Vorbehalte setzten bereits vor dem Legalitätsprinzip an. Einmal wird der Verdacht geäußert, den Sozialarbeitern käme bei einer Kooperation eine reine Alibi-Funktion zu: „Da wird der Sozialarbeiter eingeführt, (...) damit man sagen kann, wir haben ja auch Sozialarbeiter" (Albrecht 1983: 231).

Zum anderen wird befürchtet, dass der Einsatz von Sozialarbeitern auf polizeilicher Ebene eine Möglichkeit bietet, rechtsstaatliche Verfahrensgarantien zu umgehen. Auch die Gefahr einer organisatorischen Assimilation wird artikuliert, bei der ein vertraulicher Umgang mit Informationen der Klienten nicht mehr besteht, da der Sozialarbeiter innerhalb der Polizei ein einfacher Dienstuntergebener wird. Diese Annahmen werden durch die Aussage von Polizisten bekräftigt, die die Polizei-Sozialarbeiter als Hilfsorgane für eine effektivere Strafverfolgung ansehen. Ein Streetworker drückte daher aus, dass er weniger für Kooperation sei als für eine Gesetzesänderung, bei der den Sozialarbeitern eine gesetzlich gesicherte Macht zugestanden wird. Etliche Sozialarbeiter zeigten auch eine normativ bedingte Anti-Kooperationshaltung.

Auch die Sozialarbeiter in den „harten" Kontrollinstitutionen (z. B. bei Jugendämtern oder in der Bewährungshilfe) sahen unter den gegebenen Umständen aufgrund ihres Berufsverständnisses nur wenig Möglichkeiten zur Kooperation mit der Polizei, wenngleich eine prinzipielle Bereitschaft zu verzeichnen war. „Inseldasein" und „Reservate pädagogischer Narrenfreiheit" wurden als nicht adäquate Felder für Sozialarbeiter betrachtet. Da der Proband der Institution nicht entkommen kann, ist es ehrlicher oder günstiger, dort tätig zu sein. Von den Sozialarbeitern, die eine Kooperation für sachlich geboten hielten, wurde gleichermaßen das Legalitätsprinzip kritisiert. Die Vorwürfe lauteten, dass damit ein gegenseitiges Abschotten oder eine Ghetto-Mentalität auf beiden Seiten bewirkt wird. Die kooperationswilligen Sozialarbeiter in den formellen Kontrollinstanzen sehen sich durch das Legalitätsprinzip der Problematik doppelter Loyalitäten ausgesetzt, die oftmals durch die Schaffung eines illegalen Spielraumes auf der Basis flexibler, informeller Bearbeitungsstrategien gelöst wird, um damit die sanktionierende Kontrolle zu umgehen. Als einziger Ausweg wird (wie auch von den kooperationsbejahenden Polizisten) die Abschaffung, Lockerung oder Umgestaltung des Legalitätsprinzips durch den Gesetzgeber gesehen, wobei den Sozialarbeitern im Sinne einer möglichst allen Betroffenen angemessenen Lösung kriminalisierbarer Konflikte eine gewisse Selbstständigkeit zugestanden werden muss. Die Vorteile von Sozialarbeitern, früher bei Konflikten intervenieren zu können, sind aber nur bei einer unabhängigen Kooperation wirksam.

Sozialarbeit und Diversion im Überblick:
- Dass Diversion im Vorfeld oder nach der Begehung von Straftaten ohne Sozialarbeit kaum möglich ist, ist unbestritten.
- Als Methoden der Sozialarbeit steht die *Einzelfallhilfe*, die *Gruppenarbeit* und die *Gemeinwesenarbeit* zur Verfügung, wobei eine gewisse Tendenz zu letzterer in jüngster Zeit zu verzeichnen ist.
- Die Schwierigkeit der Sozialarbeit besteht darin, dass sie einerseits *Solidarität und Loyalität mit ihrer Klientel* empfinden und so handeln muss, andererseits aber von dieser durchaus als *Kontrollinstanz* gesehen wird. Diese Widersprüchlichkeit charakterisiert das Berufsverständnis, determiniert und limitiert den Handlungsspielraum im Kontext von Diversion.
- *Sozialarbeiter befürworten in der Regel die diversion to nothing*, weil sich damit ihr Handlungsspielraum und ihre Erfolgsaussichten in ihrer Arbeit entscheidend erhöhen.
- Sozialarbeiter sehen allerdings bei der *polizeilichen Diversion einen Rollenkonflikt*, da die Polizisten wegen ihrer beruflichen Sozialisation eigentlich eine Strafverfolgung anstreben.
- Sozialarbeiter befürchten bei Diversionsprogrammen in Form von *Gemeinwesenarbeit* oder *Stadtteilorientierung* eine *subtile Form von sozialer Kontrolle*, die kontraproduktiv werden könnte.
- Insbesondere kann Sozialarbeit nur dann erfolgreich sein, wenn *Freiwilligkeit vorausgesetzt* ist.

Polizei und Sozialarbeit:
- Die Einrichtung von *Jugendpolizisten* als eine denkbare präventive Diversionsstrategie wird insoweit kritisch gesehen, als bei den Polizeibeamten *Rollenkonflikte* vorprogrammiert sind: Vertrauen gegen Anzeigepflicht.

- Das Legalitätsprinzip erschwert eine Kooperation zwischen Polizei und Sozialarbeit erheblich.
- Eine weitergehende Kooperation zwischen Polizei und Sozialarbeit würde bei nach wie vor existierenden *Aufgaben der Strafverfolgung* erstere erheblich überlasten und daher *weniger erfolgsträchtig* sein.
- Sozialarbeiter befürchten als „*Hilfsorgane*" im Kontext der Kooperation mit der Polizei für diese instrumentalisiert zu werden. Ihre Unabhängigkeit würden sie verlieren.

10.6.4   Projekte im Rahmen von Diversionsmaßnahmen nach dem JGG

Nach Plewig (1991) bestehen zwei Arten von Reformmodellen, die im Rahmen des JGG durchgeführt werden: *Betreuungsmodelle* und die *Verfahrenseinstellung* als eigentliche Diversion. Die Motivation zur Einführung von Betreuungsmodellen bestand in der Hoffnung, durch Erziehung oder gemeinnützige Arbeit (als Maßnahmen einer ambulanten Sanktionierung) den Jugendarrest zu ersetzen. Dazu zählen beispielsweise:

1. *Erziehungskurse*, Anfang der 1970er Jahre eingeführt, mit denen versucht werden sollte, speziell Jugendlichen aus der Unterschicht, die prinzipiell einer größeren Gefahr unterliegen, durch ihre Verhaltensunsicherheiten auffällig zu werden, Verhaltensnormen und Verhaltensmuster der Mittelschicht zu vermitteln, um so einer sozialen Diskriminierung entgegenzuwirken.

2. Das *Brücke-Modell* (München), das 1978 unter dem Motto „Gemeinnützige Arbeit statt Strafe" begann (Pfeiffer 1983; Plewig 1991: 19). Die Arbeitsauflage als Sanktion (im Rahmen des JGG) sollte bewirken, dass die Jugendlichen eine positivere Einstellung zur Arbeit erlangen und einen umfassenderen präventiven Effekt auf Jugendkriminalität erzielen (Pfeiffer 1983: 153). Der zweite Teil des Brücke-Projekts entwickelte aus den gemachten Erfahrungen den Rückschluss, „daß ein Bedürfnis der Jugendlichen nach umfangreicher Betreuung bestehe" (Plewig 1991: 19). Quensel kritisiert aber, dass „das praktische Arrangement mit dem vorgefundenen Sanktionsapparat (...) Basis des Experiments" ist (Quensel 1986: 55). Es werde nur spezialpräventiv versucht, „legales Verhalten mit weniger negativen labeling-Folgen effektiver zu erreichen" (Quensel 1986: 55).

3. Ab 1982 wurde in Mönchengladbach das *STOP-Programm* (Stop Taking Others Property) von INTEG durchgeführt. Hierbei übernahm erstmals ein privater Träger Aufgaben für die Staatsanwaltschaft im Bereich der Jugendgerichtshilfe (JGH). Das Programm bezieht sich auf jugendliche Ersttäter, die im Bagatellbereich (Ladendiebstahl) delinquent geworden sind. Unter Bezugnahme auf die „Role-Relationship"-Theorie und die „Kontrolltheorie" (1990) versuchen die Betreiber des Projekts, die Jugendlichen Eigenständigkeit zeigen und erfahren zu lassen und sie zur Einsicht über ihr Fehlverhalten zu bewegen. Es wird angestrebt, den Tätern die gerichtliche Hauptverhandlung zu ersparen, indem eine Konfliktlösung zwischen den Beteiligten herbeigeführt wird. Dabei kann der Jugendliche aber nicht damit rechnen, dass seine Einsicht sofort belohnt wird,

z. B. durch Rücknahme eines Hausverbotes oder des Strafantrages. (Dies ließe sich aber noch mit der Kontrolltheorie nach Gottfredson/Hirschi in Einklang bringen. Sie gehen davon aus, dass die geringe Fähigkeit zur Selbstkontrolle eine erhöhte Gefährdung bedeutet, kriminell zu werden (Gottfredson/Hirschi 1990: 87 ff.). Insofern müsste eine Verstärkung der Fähigkeit zur Selbstkontrolle das Ziel sein.) Mitarbeiter des Projekts unterrichten die Eltern des Delinquenten, erstellen einen Eindruck von ihren erzieherischen Fähigkeiten und eine Prognose über die Wahrscheinlichkeit künftiger, ähnlicher Taten. Dies artet z. T. in den Versuch einer totalen Erfassung des Jugendlichen aus, was daran deutlich werden mag, dass z. B. die „Integrationsqualität" (in Familie, Schule, Beruf, Nachbarschaft) und das Verhalten in der Wohnumgebung einbezogen sowie der Freundeskreis untersucht wird (Plewig 1991: 21). Von daher dürfte die Annahme von Plewig zutreffen, der dieses Projekt als „Beleg für exzessives Eingreifen bei Erst- und Bagatellkriminalität" bezeichnet „und als Beispiel dafür anführen (will), wie bestimmte Theorien als ‚Steinbruch' mißbraucht werden" (Plewig 1991: 22).

Deutsche Diversionsprojekte:
- Diversionsstrategien werden zweifach praktiziert: Einmal als echte Diversion in *Form von Verfahrenseinstellungen* und zum anderen in Form von *Betreuungsmodellen.*
- Die meisten Projekte sind irgendwie geartete *Betreuungsmodelle,* die insbesondere im Kontext des Jugendstrafrechtes *Maßnahmen organisieren, koordinieren, überwachen und ihren Erfolg bewerten.*

10.7 Wiedergutmachung und Täter-Opfer-Ausgleich

Auch der Täter-Opfer-Ausgleich (TOA) wird unter dem Aspekt der Diversion diskutiert und praktiziert. „Wiedergutmachung statt Strafe" ist eine Maxime, die beim Täter-Opfer-Ausgleich zum Tragen kommt. Der Täter-Opfer-Ausgleich ist eine Möglichkeit gesellschaftspraktischer Umsetzung theoretischer Überlegungen aus der Viktimologie, deren Gemeinsamkeit über alle unterschiedliche Perspektiven hinweg ist, das Opfer in den Mittelpunkt des Interesses zu stellen.

Die Wiedergutmachung des durch eine Straftat erlittenen Schadens kann zum Ausgangspunkt eines Täter-Opfer-Ausgleiches werden, ist jedoch nicht dessen alleinige Fundierung. Vielmehr verfolgt der Täter-Opfer-Ausgleich auch das Ziel, im Sinne von Maßnahmen der Diversion und in einem weit gefassten Sinne aus Überlegungen des Abolitionismus heraus eine Entkriminalisierung und Entpönalisierung des Täters zu realisieren.

Weil der Täter-Opfer-Ausgleich Kriminalität als interpersonales Problem begreift, kann dieses auch nur interpersonal zwischen den Beteiligten (nämlich Täter und Opfer) verarbeitet und bewältigt werden. In der Rekonstruktion des zugrunde liegenden Konflikts wird auf der Basis von Restitution durch Schadenswiedergutmachung gegenseitiges Verstehen möglich und ermöglicht. Der Täter- Opfer-Ausgleich ist somit der Versuch einer Informalisierung und Funktionalisierung sozialer Konfliktregelung, deren Basis nicht notwendigerweise das formalisierte Strafrecht sein muss.

10.7.1 Wiedergutmachung und Schadensersatz

Bei der Wiedergutmachung handelt es sich um ein restitutives Verhalten des Täters gegenüber dem Opfer, wobei aus rein logischen Überlegungen ein Delikt nicht ungeschehen gemacht werden kann. Doch geht man davon aus, dass die Tat Ausdruck einer Konfliktsituation ist (die dadurch noch verschärft wurde), so kann Wiedergutmachung der Konfliktentschärfung dienen. „Der Konfliktbewältigungscharakter der Wiedergutmachung wird in deren Annahme durch das Opfer im Sinne einer Bereinigung oder Befriedung gesehen – soweit die Situation dieses erlaubt; partielle Wiedergutmachung ist also auch gemeint. Die Mittel sind materieller (z. B. Schadensersatz, Schmerzensgeld) oder immaterieller Natur (z. B. Entschuldigung), ohne dass eine saubere Trennung anvisiert wird; so kann der tatsächlich geleistete Schadensersatz wegen knapper Ressourcen auch einmal nur symbolische Bedeutung haben. Die möglicherweise repressiven Seiten solcher Reaktionen werden nicht übersehen, haben aber auch ihren eigenen Stellenwert" (Sessar 1992: 7). Unter der strengen Perspektive Wiedergutmachung statt Strafe oder „wiedergutmachen oder strafen" ist für das repressive Element eigentlich kein Platz, doch muss konzediert werden, dass in jeder angeordneten Wiedergutmachung ein solches enthalten ist.

Betrachtet man die gegenwärtige Diskussion über die Situation der Opfer von Straftaten, lässt sich auf verschiedenen Ebenen ein gesteigertes Interesse und Problembewusstsein erkennen. Der Gedanke an eine Wiedergutmachung und/oder Entschädigung des Opfers von Delinquenz ist in der Bundesrepublik Deutschland erst spät aufgegriffen worden. Über lange Jahre hinweg ging der Staat davon aus, dass mit der strafrechtlichen Ahndung eines Deliktes die Bedürfnisse des Opfers quasi mitgeregelt waren. Erst sehr spät wurde ein *Opferentschädigungsgesetz* (OEG) verabschiedet und wirksam, das Opfer von Kapitalverbrechen von staatswegen entschädigte. Die Begründung für die staatliche Leistung ergibt sich daraus, dass es schließlich der Staat verabsäumt hat, die betroffenen Opfer in zureichender Weise vor Straftaten zu schützen.

Neben den *staatlichen Leistungen* durch das Opferentschädigungsgesetz können *zivilrechtlich Ersatzleistungen* durch den Täter oder dessen Angehörige geltend gemacht werden, was aber bei den Opfern zusätzlicher Anstrengungen bedarf und mit einem z. T. nicht unerheblichen juristischen Aufwand verbunden ist. „So ist der übliche Zivilrechtsweg oft langwierig und kostspielig und auch nur dann erfolgreich, wenn der Täter ermittelt worden und zahlungsfähig ist" (Villmow/Plemper 1989: 17). Selbst dann ist der Erfolg nicht immer gewährleistet, wenn z. B. wegen Inhaftierung des Täters Wiedergutmachung und Schadensersatz nicht oder nur begrenzt möglich sind.

Weiterhin besteht in einigen Fällen die Möglichkeit, *Ersatzleistungen von Versicherungen* zu erhalten. Dies gilt insbesondere für Einbruchsdiebstähle, soweit hier Hausratsversicherungen abgeschlossen wurden. Die zunehmende ökonomische Absicherung von Schäden durch Versicherungen hat natürlich dazu geführt, dass die Anzeigenquote in die Höhe gegangen ist, denn die Versicherungen erstatten den Schaden nur, wenn die Straftat polizeilich gemeldet wurde.

Weil die bisher genannten Möglichkeiten der Wiedergutmachung und Entschädigung oftmals nicht ausreichen, haben sich *Organisationen* konstituiert, die *freiwillig Opferhilfe* leisten (z. B. der *Weiße Ring*), wobei diese Hilfen nicht ausschließlich ökonomisch verstanden werden dürfen. Vielmehr wird versucht, neben rechtlicher Hilfestellung (Beratung) auch psychische Stütze bei der Verarbeitung der Tat zu geben.

Mit dem hier zu besprechenden Täter-Opfer-Ausgleich (TOA) besteht nun die Chance, (auch strafrechtlich) von dem Täter eine Wiedergutmachungsleistung einzufordern. Da diese nicht in jedem Fall unmittelbar, schnell und vollständig durch den Täter erfolgen kann, ist in diesem Zusammenhang die Tatsache der bundesweiten Gründung von *Opferfonds* zu erwähnen, die die finanzielle Schadensregulierung erleichtern sollen (Pfeiffer 1989: 8 f.).

Offenkundig führt nicht jeder Wiedergutmachungsversuch und nicht jeder Versuch, Schadensersatz zu leisten, zu einem (vollständigen) Ausgleich des durch einen Täter verursachten Schadens. Deshalb nimmt es nicht wunder, dass nicht jede Wiedergutmachung zu einem wie auch immer gearteten Ausgleich zwischen Täter und Opfer führt. Nicht jede Schadenswiedergutmachung führt zu einer Bereinigung des dem Delikt zugrunde liegenden Konfliktes und schon gar nicht zu einer Aussöhnung zwischen Täter und Opfer. Ein Täter-Opfer-Ausgleich, der über die Wiedergutmachung hinausreicht, gehört aber mit zu den Intentionen der Modellversuche, Experimente und Programme, die unter dem Sammelbegriff Täter-Opfer-Ausgleich firmieren (Kaiser 1991: 40). Während „Sammelbegriff" eine noch eher beschreibende Kategorie ist, wird dann, wenn vom Täter-Opfer-Ausgleich als einem „Interessenwirrwarr" (Beste 1987: 338) die Rede ist, ein evaluativer Begriff gebraucht, der deutlich macht, dass eine Vielzahl von Ideen und Interessen mit diesem Konzept verbunden werden, die möglicherweise sogar konfligieren.

Wenn der Täter-Opfer-Ausgleich über die Wiedergutmachung und Schadensersatzleistung hinausreicht, so sind seine weiteren begrifflichen und faktischen Implikationen zu nennen: „*Gedanklich ideell* befinden sie (Projekte des Täter-Opfer-Ausgleiches, S. L.) sich *in engerer Verbundenheit mit* den Strategien der *Diversion* und der *informellen Konfliktregelung* (informal justice). Daher behält auch das Interesse an Privatheit, Freiwilligkeit, Entstigmatisierung, Resozialisierung (CEP 1985,3) sowie das Unbehagen an Verrechtlichung und Verfahren herkömmlicher Strafjustiz ihre Bedeutung; zusätzlich tritt die Wahrnehmung der Opferbelange ins Blickfeld. Schließlich, wohl mehr taktisch als strategisch, spielen auch erstrebte Kostenersparnis und Entlastung der ordentlichen Gerichte eine Rolle" (Kaiser 1991: 40). Mit diesem kurzen Zitat sind einige zentrale Funktionen, die mit dem Täter-Opfer-Ausgleich verbunden werden, benannt.

Der Täter-Opfer-Ausgleich reduziert aber nicht nur den juristischen Verfahrensaufwand, sondern hat gleichzeitig die positive Funktion, dem Täter die Verantwortung für sein abweichendes Handeln bewusst zu machen, womit er zugleich einen Teil seiner „Schuld" abtragen kann. „Schuld" ist natürlich eine sehr relative und eher relationale Kategorie. Relativität und Relationalität können im Täter-Opfer-Ausgleich beiden Parteien verdeutlicht werden: „Im Mittelpunkt des Ausgleichsverfahrens stehen Einschätzungen zum Tatbestand sowie zu Fragen von Verantwortlichkeit und Schuld. Unrechtsaufarbeitung vollzieht sich immer subjektiv auf der Basis unterschiedlicher Gerechtigkeitsvorstellungen, Werte und Interessen als Beurteilungsmaßstab für abweichendes Verhalten. In lebenspraktischer Perspektive sind Konflikt und Konflikterleben meist ebenso komplex wie auch vielfältig in ihrer individuellen Bedeutung. Ideographische Besonderheiten normabweichenden Verhaltens gelten deshalb als wesentliche Anknüpfungspunkte für die Praxis des Täter-Opfer-Ausgleichs" (Messmer 1991: 116).

„Juristenwelt und Lebenswelt" (Pelikan 1991: 140) sind in dem formaljuristisch angelegten Strafverfahren nicht notwendigerweise kompatibel. Im Täter-Opfer-Ausgleich wird die zweidimensionale Komplexität reduziert auf die Lebenswelt. Trotz unterschiedlicher Bewertungen und Betroffenheiten scheint hier ein Ausgleich eher möglich. Der Täter lernt dabei außerdem nicht-kriminelle Konfliktlösungsstrategien (Pelster 1990: 1), was einen weiteren spezialpräventiven Effekt haben mag. „Jeder Rechtsbrecher muss zum Schadensausgleich für das Verbrechensopfer eine persönliche Ersatzleistung erbringen, die nicht nur in finanzieller Vergütung bestehen darf" (Schneider 1979: 107). Nach dieser Auffassung muss zusätzlich zur Ersatzleistung irgendeine Form einer Sanktion erfolgen. Diese Position verlangt also nicht nur Reaktion, sondern auch Sühne und Strafe (was aber nicht notwendig der Fall sein müsste).

Kommt der – insbesondere im Jugendstrafrecht praktizierte – Täter-Opfer-Ausgleich einer informellen Konfliktregelung recht nahe, so erreicht er deren Vorteile aber nur begrenzt: „Der entscheidende Unterschied zwischen informeller Konfliktbearbeitung und staatlicher Strafrechtspraxis scheint (...) darin zu liegen, daß auf der außerrechtlich-sozialen Ebene weit flexibler, konfliktnäher und vor allem kreativer (re-)agiert werden kann, daß eben nichtprofessionalisierte Experten unumstößliche Entscheidungen treffen, daß bestehende Normsysteme als anachronistisch, obsolet und unzweckmäßig in Frage gestellt werden können, dass Gerechtigkeit, Rechtsvertrauen und Rechtsfrieden keine Werte an sich darstellen, daß vor allen Dingen aus Kriminalität gelernt werden kann" (Beste 1986: 167). Auch gelingt es mit dem Täter-Opfer-Ausgleich, eine deutlichere Betonung der Opferperspektive einzubringen, die im bisherigen Strafverfahren nach wie vor vernachlässigt ist. „Eng verbunden mit der Diskussion über die Verbesserung der Verletztenposition im Strafverfahren ist die verstärkte Suche nach Konzepten, die den Ausgleich materieller und immaterieller Opferschäden im Rahmen öffentlicher Verhaltenskontrolle ermöglichen bzw. erleichtern. Unterschiedliche kriminalpolitische Strömungen unterstützen dabei nicht nur die Schadenswiedergutmachung im engeren Sinne, sondern zielen auch auf einen allgemeineren

Täter-Opfer-Ausgleich, der zur Versöhnung zwischen den Betroffenen und zur zukunftsbezogenen Konfliktlösung führen soll" (Villmow/Plemper 1989: 14).

Informelle Konfliktregelungen sind dabei nicht nur kostengünstiger als justizielle, sondern sie bieten darüber hinaus auch einen ausreichenden Ausgleich des erlittenen Schadens und zudem wird durch diesen die Gültigkeit der verletzten Norm anerkannt. Eine zusätzliche Bestrafung zum Zwecke der Verdeutlichung der Normgeltung ist insoweit also nicht angebracht. Auch lässt sich fragen, ob „der entstandenen Situation mit Bestrafen des Täters sinnvoll beizukommen" (Steinert 1988: 17) ist.

Sessar et al. vertreten die empirisch gestützte Auffassung, dass in der Gesellschaft die Wiedergutmachung als Ausgleich für erlittenes Unrecht für die Betroffenen eine größere Bedeutung hat als die bloße Bestrafung des Täters (Sessar et al. 1986: 86). Bei einer befragten Bevölkerungsstichprobe von 3.600 Personen ergab sich unabhängig von den Delikten eine klare Bevorzugung *non-punitiver* Reaktionen gegenüber einer Bestrafung. Jeder Dritte meinte, am wichtigsten für das Opfer sei der Schadensersatz. Sogar die Entschuldigung des Täters wurde als noch wichtiger als die Bestrafung eingeschätzt (Sessar et al. 1986; Sessar 1990).

Zum Verhältnis der Bevölkerung zu Strafe und Wiedergutmachung hat Sessar (1992) bei dieser Hamburger Bevölkerungsstichprobe gezeigt, dass die potenziellen Opfer sehr wohl Wiedergutmachungsbemühungen und private Konfliktschlichtungen als eine die Strafe ersetzende Maßnahme akzeptieren würden. Für Pfeiffer ist diese Untersuchung Anlass zu der „Vermutung, daß das Strafbedürfnis der Allgemeinheit von Juristen generell überschätzt wird" (Pfeiffer 1993: 2). Während Sessar herausfinden wollte, „in welchem Ausmaß die Bevölkerung bereit ist, eine außerjustizielle Konfliktbewältigung und Schadensregulierung an die Stelle der strafprozessualen Erledigung treten zu lassen" (Pfeiffer 1993: 10), geht es in dem Victim Survey des KFN darum, herauszufinden, „wie die Bevölkerung bestimmte, für Strafzumessungsentscheidungen relevante Faktoren, wie etwa das Alter, die Zahl der Vorstrafen oder eine gelungene Wiedergutmachung bewertet" (Pfeiffer 1993: 10). Als Ergebnis wird festgehalten: „Die Repräsentativbefragung der deutschen Bevölkerung hat ein klares Votum für eine grundlegende Reform des Strafrechts und Strafprozeßrechts ergeben. So haben sich fast 3/4 der Befragten dafür ausgesprochen, bundesweite Schlichtungsstellen zur Durchführung des Täter-Opfer-Ausgleichs einzurichten (...) und schließlich hat die große Mehrheit, bei den zur Diskussion stehenden hypothetischen Fällen den Verzicht auf jegliche Sanktion oder zumindest eine deutliche Milderung der Strafe vorgeschlagen, wenn die Fallschilderung durch den Hinweis ergänzt wurde, daß vermittelt durch einen staatlich beauftragten Sozialarbeiter Wiedergutmachung und Konfliktschlichtung stattgefunden haben" (Pfeiffer 1993: 20). Pfeiffer hebt weiter hervor, dass die Opfer von Straftaten keineswegs ein höheres Strafbedürfnis haben, sondern bei ihnen sogar im Gegenteil das Interesse an Schadenswiedergutmachung und Schmerzensgeld deutlich höher war als bei der Grundgesamtheit der Befragten (Pfeiffer 1993: 20). Als Fazit stellt er fest, dass die „Bevölkerung der Bundesrepublik Deutschland (...) weitgehend dieselbe kriminalpolitische Zielsetzung artikuliert, die zuvor Schüler-Springorum und seine

Kolleginnen und Kollegen (...) dazu bewogen hat, detaillierte Gesetzesvorschläge zur Integration des Wiedergutmachungsgedankens im Strafrecht und Strafprozeßrecht auszuarbeiten" (Pfeiffer 1993: 21). Es existiert also in der Bevölkerung eine „neue Grundorientierung der staatlichen Reaktion auf Straftaten", die den „Interessen der Opfer an Wiedergutmachung und Konfliktschlichtung zentralen Stellenwert einräumt (Pfeiffer 1993: 21). Abolitionismus, Diversion und Täter-Opfer-Ausgleich sind damit nicht nur als theoretisch gedachte Position auszuweisen, sondern sie haben eine reale Entsprechung in der Bevölkerung. Dabei ist interessant und wichtig, dass selbst Geschädigte einen Pönalisierungsverzicht akzeptieren und damit nicht als „Subkultur" mit anderer normativer Strukturierung begriffen werden können.

Nunmehr kann gefragt werden, in welcher Weise speziell mit der Masse an (von z. T. jugendtypischen) Bagatelldelikten – Ladendiebstähle, geringfügigere Sachbeschädigung, Leistungserschleichung (z. B. „Schwarzfahren") – verfahren werden soll. Die eine Linie dieser Argumentation könnte weiterführen in Richtung *Abolitionismus*, d. h. (materiale) *Entkriminalisierung* der entsprechenden Verhaltensweisen und Abschaffen von strafrechtlichen Reaktionen darauf. Ein anderer Trend ginge hin zum *Minimalismus*, der eine praktikable Einschränkung der Sozialkontrolle auf der Basis bestehender Korrekturen anstrebt, wobei die zentrale Frage lautet, welche Kontroll- und Sanktionsmaßnahmen weiterhin unverzichtbar sind (Schüler-Springorum 1991: 164).

Die Richtung, mit der wir uns im Folgenden weiter beschäftigen wollen, Wiedergutmachung und Täter-Opfer-Ausgleich (TOA), argumentiert weniger im Sinne eines strafrechtlichen Rechtsgüterschutzes (also nach dem „Konsensusmodell"), sondern versucht – unter der Annahme, dass dem Opfer damit mehr gedient ist und die Nachteile bzw. negativen Effekte auf Täterseite geringer gehalten werden –, den interaktiven Charakter der Kriminalität einzubeziehen. Es wird letztlich eine „Wiedervergesellschaftung" sozialer Konflikte (Beste 1986: 164) angestrebt, wobei sich sehr wesentlich die Frage nach der Legitimation des traditionellen Strafrechts stellt, was dann zur Überlegung führt, „inwieweit wir Strafrecht überhaupt brauchen bzw. inwieweit es friedlichere Mittel als die Strafe gibt, um den wie immer definierten Frieden zu sichern" (Sessar et al. 1986: 87).

„Während das Strafrecht die Begehung einer Straftat als Unrecht bezeichnet und damit die Ebene ‚Täter-Rechtsgutverletzung' meint, wird mit dem Konflikt die Ebene ‚Täter-Opfer' beibehalten und die Wiedergutmachung ist die Reaktion, die auf dieser interpersonellen Ebene zur Konfliktlösung beitragen soll – womit sich das strafrechtliche Problem ebenfalls erledigen soll" (Sessar 1992: 237). In dieser Sicht ist Wiedergutmachung als alternatives Sanktionskonzept zu verstehen, wobei hierbei der Begriff der Sanktion weitergehend diskussionswürdig wäre. Diese Auffassung von Wiedergutmachung „brachte uns in die Nähe abolitionistischer Entwürfe" (Sessar 1992: 236).

Pfeiffer spricht in diesem Kontext davon, dass mit einer Verbreitung des Täter-Opfer-Ausgleichs eine neue Schlichtungskultur entstehen könnte, mit einer Justiz als Vorbild, in der die herkömmliche Verfahrensweise durch eine kommunikative Rechtsfindung ersetzt wird. Er gebraucht hier den Begriff der „Reprivatisierung von Konflikten" (Pfeiffer 1993a: 19). Eine solche Reprivatisierung von Konflikten impliziert sicherlich eine tendenzielle Lösung vom Strafrecht, aber keinesfalls die Suspendierung des Rechts: Täter-Opfer-Ausgleich „bedeutet nicht, die Errungenschaften des Rechts aufzugeben. Gerade bei einer Zurückgabe des Konfliktes an die Gemeinschaft gewinnt seine Funktion des Schutzes des einzelnen vor einer Überforderung neue Bedeutung" (Frehsee 1990: 60).

So vielschichtig und vieldimensional die Argumente für und wider eine stärkere Berücksichtigung der Opfer durch Wiedergutmachung und Täter-Opfer-Ausgleich sind, so breit ist die Front der Befürworter solcher Maßnahmen. Ob dabei die eine Seite der jeweils anderen ihre Argumente zubilligt oder die ungebetene Unterstützung zurückweist, kann dahingestellt bleiben. „Interessant ist dabei, dass (kriminal-)politisch gesehen ‚law and order'-Konservative ebenso wie Liberale auf das selbe Ziel hinsteuern und insoweit auch Koalitionen bilden, alerdings mit sehr unterschiedlichen Ausgangspunkten. Konservative, die das Resozialisierungsstrafrecht eher mit Mißtrauen betrachten, werten die opferorientierten Überlegungen und Strategien als willkommene Abkehr von der bisherigen kriminalpolitischen Linie. Die Liberalen hingegen unterstützen die Opferprogramme als Hilfe für Personengruppen, die auch in anderen gesellschaftlichen Bereichen oft benachteiligt werden und somit zu den ‚vielfach-betroffenen' gehören" (Villmow/Plemper 1989: 1 f.).

Die Diskussion „theoretischer Perspektiven des Täter-Opfer-Ausgleichs" bringt Walter (1991) dazu, die mit dem Täter-Opfer-Ausgleich erfolgende Reprivatisierung von Konflikten klar vom Strafrecht zu trennen und sogar für schwere Delikte einen Täter-Opfer-Ausgleich zu propagieren. Sein Befund lautet: „a) Der Täter-Opfer-Ausgleich verliert an Substanz, wenn er in das Strafrecht integriert wird b) Der Täter-Opfer-Ausgleich ermöglicht konkret-situationsbedingte Ausgleichsregelungen, die mit denen des staatlichen Rechts, auch denen des Zivilrechts, nicht identisch sein müssen c) Der Gedanke eines Ausgleichs für Gefährdungen und Schädigungen kann die Grenzen kriminalrechtlicher Versonderbarung überwinden und damit auch bei elementaren Bedrohungen unserer Lebensgrundlagen fruchtbar gemacht werden d) Wenn Formen eines Täter-Opfer-Ausgleichs die einzige Möglichkeit zur Regelung der schlimmsten sozialen Gefährdungen darstellen, dann *kann es in dem vom Kriminalitätskonzept thematisierten Mittelbereich keine Handlungen geben, für die ein solcher Ausgleich wegen der Schwere des Delikts nicht mehr in Betracht kommt.* Der Täter-Opfer-Ausgleich geht insoweit gleichsam erst recht" (Walter 1991: 69).

„Der Täter-Opfer-Ausgleich bedeutet (...) den Versuch, diejenigen Konflikte, die in einer Anzeige resultiert haben, an die Beteiligten zurückzugeben und ihnen damit eine weitere Chance zu eröffnen, sie formell, durch unmittelbares Verhandeln und durch die Herbeiführung eines Ausgleichs zu bewältigen" (Pelikan 1991: 111). Die, gemessen an der strafrechtlichen Konfliktbewältigung eher informelle Strategie des Täter-Opfer-Ausgleichs erfährt also auch eine gewisse Formalisierung, die im Sinne von Gleichbehandlung und/oder Gerechtigkeit nicht unangemessen erscheint.

Wiedergutmachung gegenüber Opfern von Straftaten:
- Mit dem *Opferentschädigungsgesetz (OEG)* werden die Opfer von *Kapitalverbrechen von staatswegen* entschädigt. Hiermit konzediert der Staat, dass er seiner Aufgabe, die Bürger zu schützen, nur unzureichend nachgekommen ist.
- Daneben können die Opfer *zivilrechtlich Ersatzleistungen* durch den Täter oder dessen Angehörige geltend machen, was aber zusätzlicher materieller und justizieller Anstrengungen bedarf und keine Gewähr einschliesst, die Leistung zu erhalten.
- Materielle Schäden – insbesondere bei Einbruchsdiebstahl – werden zunehmend durch *Versicherungsleistungen* abgedeckt. (Dies hat den Nebeneffekt, dass mit zunehmender Versicherungshäufigkeit die Anzeigenquote gestiegen ist.)
- Da die drei genannten Wiedergutmachungsmöglichkeiten vornehmlich materiell orientiert sind und auch dann nicht alle Opfer zureichend entschädigen, existieren daneben freiwillige *Opferhilfsorganisationen*, die neben materieller auch rechtliche und psychische Hilfestellung bieten.
- Wiedergutmachungen als *informelle Konfliktregelungen* sind kostengünstiger als justizielle und können das Ziel der Wiedergutmachung häufig leichter erreichen.
- Empirische Befunde zeigen, dass für die Opfer die *Entschädigungsleistung* wichtiger ist als die *Bestrafung des Täters*.
- Mit der Wiedergutmachungsleistung wird die Verletzung der Norm und damit die Geltung der Norm an sich anerkannt, womit möglicherweise unterschiedliche *subkulturelle Normen* zugunsten gesamtgesellschaftlicher relativiert werden.
- Entschädigungsleistungen im Kontext eines Täter-Opfer-Ausgleichs verfolgen die Strategie der *Entkriminalisierung* und des *Minimalismus*.

Zur Entwicklung des Täter-Opfer-Ausgleichs

Schadensausgleich und Wiedergutmachung stellen keine umfassend neuen Erscheinungen dar, sondern sie wurden bereits vor mehr als 100 Jahren unter den theoretischen Aspekten „Strafe als Ausgleich zwischen Gesellschaft, Täter und Opfer" sowie der konkreten Wiedergutmachung des Täters an das Opfer diskutiert. Da aber keinerlei Integration von repressiven und restitutiven Ansätzen erfolgte, war diesen Schlichtungsmodellen kein Erfolg beschieden. Bentham (1975) sah sogar die Wiedergutmachung als zusätzliche Strafe für den Täter vor, wodurch eine erhöhte Abschreckung erzielt werden sollte. Fry (1975) hingegen sprach von der Wiedergutmachung als Aussöhnung zwischen Täter und Opfer.

Geis (1982) sieht in der Wiedergutmachung einen Teil der sozialen Wiedereingliederung von Opfern. Es muss jedoch getrennt werden zwischen *Wiedergutmachung* und *Schadensersatz*: Letzterer betrifft den materiellen Verlust, der aber oft vom Täter nicht vollständig kompensiert werden kann. Wiedergutmachung als eine Leistung, die auf den Schock abzielt, den das Opfer durch die Tat erlitten hat, kann von daher (materiell gesehen) weniger sein als der Schadensersatz, immateriell für das Opfer aber wesentlich mehr bedeuten (Schüler-Springorum 1991: 220). Dies wird z. B. an einem Fall deutlich, bei dem einer Frau von Jugendlichen das Fahrzeug beschädigt worden war. Im Rahmen des Modellversuchs „Konfliktausgleich" entschuldigten sich die Jugendlichen und kamen für den Schaden auf – eine Reaktion, auf die die Frau vorher vergebens gehofft hatte (Pelikan 1987: 97).

Fragt man nach den Gründen für die zunehmende Akzeptanz bestimmter Zielsetzungen, wie sie im Täter-Opfer-Ausgleich, in der Diversion etc. zum Ausdruck kommen, so ist eine Hauptursache die „tiefgreifende Legitimationskrise des herkömmlichen Sanktionssystems. Die traditionellen strafrechtsdogmatischen Begründungen für die Verhängung von Strafe (...) geraten zunehmend in Widerspruch zu den Erkenntnissen der empirischen Sanktionsforschung" (Pfeiffer 1993a: 3).

Zur Anwendung des Täter-Opfer-Ausgleichs

Täter und Opfer von strafrechtlich relevanten Handlungen sollen bei der Wiedergutmachung und bei dem Täter-Opfer-Ausgleich in ihren Konfliktrollen belassen werden. Das vorherrschende Ziel ist gerade nicht der Rechtsgüterschutz, wie es die strafrechtliche Erledigung vorsieht, sondern die Suche nach Lösungsmöglichkeiten für ein interpersonales Problem, das die daran Beteiligten zum einen trennt, zum anderen aber auch aneinander bindet. (Ein möglicher Diskussionspunkt wären die spezifischen Formen von role-making und role-taking im Zuge krimineller Handlungen bei konkreten Opfern.) Damit soll der vom Strafrecht vernachlässigten Konfliktnatur der Tat Rechnung getragen werden (Sessar et al. 1986: 87). Die entgegengesetzte, justizförmig ausgerichtete Meinung vertritt z. B. Koewius (1974), der davon ausgeht, dass beispielsweise mit der Institution der Privatklage dem Privatkläger das Recht verweigert wird. Seines Erachtens wird dem Strafbedürfnis des Klägers nicht Rechnung getragen, was durch die geringe Verurteilungsquote (8,4 % aller eingegangenen Privatklagen) bestätigt wird (Hanak 1982: 10 f.).

Wie Beste ausführt, stellt die Entwicklung und Institutionalisierung der *Restitution* in den USA „eine der bedeutendsten Innovationen im Jugendstrafsystem der USA der letzten 10 Jahre" dar (Beste 1986: 169), wobei diese Strategie bei einer zunehmenden Zahl von Jugendgerichten Verwendung findet: 1976 waren es 80 %, bei denen Wiedergutmachung als Teil der Verurteilung (!) angewendet wurde, 1983 bereits 97 %.

Die Restitution kann zum einen im Vorverfahren angewendet werden, woraus ein zivilrechtlicher Kompromiss oder eine Diversionsmaßnahme resultieren. Dabei wirken in den USA die Sozialarbeiter als Programmkoordinatoren für Erwachsenen-Diversionsprogramme (Albrecht 1983): Soll ein Tatverdächtiger in ein Diversionsprogramm aufgenommen werden, so befragt der Sozialarbeiter den Geschädigten, ob seinerseits Einwände vorliegen. Bei einer Einwilligung können auch die Geschädigten in Gespräche über die Straftat und ihre Begleitumstände einbezogen werden, wobei z. B. 1978 10 % der angesprochenen Opfer derartigen Treffen zustimmten (Albrecht 1983: 68). Diese Konfrontationen zeigten insofern eine positive Auswirkung, als auf beiden Seiten oftmals tiefere Einsichten in die Umstände der Tat erfolgten.

Ein Beispiel dafür wäre das „Minnesota Restitution Centre" (1972-76), ein Wohnheim mit in Freiheit lebenden Gefangenen (erwachsene Vermögensstraftäter, kein Schusswaffengebrauch bei der Straftat), die bedingt entlassen worden waren und meist ausgedehnte kriminelle Karrieren hinter sich hatten, so dass ihr Lebensstil durch längere und/oder häufigere Gefängnisaufenthalte bestimmt wurde. Die Zusammenarbeit zwischen Täter und Opfer erfolgte auf der Basis einer vertraglichen Vereinbarung, wobei das Opfer die Möglichkeit zur Teilnahme hatte. Trotz anfänglichem Unbehagen auf beiden Seiten fand, wie Schneider festhält, in der Regel eine beiderseitige Einstellungsänderung statt, „sie erkannten sich häufig gegenseitig als Menschen mit ähnlichen Bedürfnissen und Problemen an" (Schneider 1982: 30).

In der Bundesrepublik können im Hauptverfahren Maßnahmen der Konfliktregelung nur in der Form stattfinden, dass sie in Einstellungsauflagen eingebunden werden bzw. als Bewährungsauflage dienen (gemäß § 153a StGB) oder Bestandteil der Verurteilung bzw. auch des Strafvollzugs sind.

Die Möglichkeit zivilrechtlicher Kompromisse (als Diversionsstrategien) wird in der StPO durch zwei Verfahren ermöglicht: das *Schiedsmannsverfahren* und die *Privatklage*. Beide können insoweit „als Mechanismen sozialer Kontrolle gelten (...), als sie am Rande der Strafjustiz agieren" (Hanak 1982: 5). Der gewünschte Diversionseffekt lässt sich nur dann erreichen, wenn beide Seiten einer möglichen Regelung zustimmen.

Mit dem Schiedsmannsverfahren, dessen Ursprünge bis auf das Jahr 1808 (in Preußen) zurückgehen, sollen Streitigkeiten im Bereich von Beleidigung, Hausfriedensbruch, leichter Körperverletzung, Sachbeschädigung und Bedrohung derart geregelt werden, dass der Opferseite Genugtuung geboten (in Form von Wiedergutmachung oder Schmerzensgeld) und dafür auf eine strafrechtliche Verfolgung des Täters verzichtet wird (Hanak 1982: 6 ff.).

Am häufigsten werden Nachbarschaftskonflikte über den Schiedsmann ausgetragen (ca. zwei Drittel der Fälle), wobei mit 61 % die Beleidigung der häufigste Streitfall ist, gefolgt von der Körperverletzung (25,2 %). Sachbeschädigung ist mit 1,4 % eher von marginaler Bedeutung. Die Erfolgsquote dieser Sühneverfahren lag ab 1960 (bis 1975) immer bei etwas mehr als 50 %, wobei allerdings die absolute Zahl der offenkundig gewordenen, d. h. registrierten Verfahren seit dem Zweiten Weltkrieg rapide abnahm. Zur Bedeutung der Einrichtung des Schiedsmanns stellt Geerds fest, dass dies kein rechtshistorisches Relikt ist, sondern eine Institution, die den Belangen einer modernen Kriminalpolitik eindeutig entspricht (Geerds 1980: 91). Für Konflikte, die über Schiedsmannsverfahren nicht in wechselseitigem Einverständnis lösbar sind, steht dem Opfer die Möglichkeit des Privatklageverfahrens offen.

Bierbrauer et al. registrieren, dass nur etwa die Hälfte der über die Schiedsmänner nicht lösbaren Konflikte über die Privatklage angegangen wurden (Bierbrauer et al. 1978: 148). Hanak (1982) verweist darauf, dass z. B. in Bayern zwischen 1970 und 1976 80 % der Fälle ohne Hauptverhandlung erledigt worden seien, 15 % mit Hauptverhandlung, aber ohne Urteil und nur 6 % mit einer Verurteilung endeten. Mit Zahlen von 1975 würde dies übertragen lauten: Von

37.077 Fällen kamen (bei einer Erfolgsqoute von 51,2 %) 9.492 Fälle zur Privatklage, bei denen es in nur 570 Fällen zu einer Verurteilung kam.

Hanak führt an, dass zusammen 34 % der Klagen entweder vor der Hauptverhandlung zurückgenommen oder ohne Hauptverhandlung mit einem Vergleich beendet wurden. Die geringe Anzahl an Verurteilungen sieht er wesentlich mit dadurch begründet, dass – neben der Tendenz von Gerichten, gegen den Privatkläger zu entscheiden – „die Konfliktperspektiven der Betroffenen sich wandeln können" (Hanak 1982: 8), wobei der Privatkläger statt der eigentlich angestrebten strafrechtlichen Verurteilung die richterliche Konfliktaustragung rückgängig machen lassen will. Die zeitliche Komponente ist insbesondere bei Körperverletzung von Bedeutung.

Neben dem kodifizierten Schiedsmannverfahren hat es auch andere Versuche des Täter-Opfer-Ausgleichs gegeben, etwa den Modellversuch „Konfliktregelung". Der Terminus der Konfliktregelung führt Frehsee (1990: 51 ff.) zu dem Gedanken, dass dieser in Österreich bevorzugt gebrauchte Begriff die Distanz zu allem signalisiere, was mit Strafe und Recht zu tun hat, während auf der anderen Seite die Begriffe Schadenswiedergutmachung und Täter-Opfer-Ausgleich auf die Einbringung ausgleichender Gesichtspunkte Wert legen. Ob diese Regelung beim Modellversuch „Konfliktregelung", für den Christa Pelikan einen Bericht abgab, handlungsleitend war, kann nicht beantwortet werden, aber mit diesem Modell wurde versucht, eine kommunikative Konfliktaustragung (wieder) möglich zu machen, die durch die Anzeige gestört worden war, da auf diese Weise die Staatsanwaltschaft zugegriffen hatte und sich des Konfliktes annahm. Daher sollte über den Einsatz von Sozialarbeitern, die als Mittler zwischen den Konfliktparteien tätig waren, eine außergerichtliche Regelung durch Rückführung der Konflikte an die Beteiligten erfolgen. Pelikan (1991a: 111 ff.) beschreibt, dass die Konflikte am leichtesten zu handhaben waren, wenn die Strafanzeige nicht vom Geschädigten selbst gestellt worden war, sondern durch eine „formal verpflichtete Instanz" (Pelikan 1991a: 112), also etwa Arzt, Schule oder Ähnliches.

Konflikte, bei denen die Partner einander bekannt waren, ließen sich – wenngleich besonders bei dem Bemühen um „Monetarisierung" (z. B. Durchsetzung der maximal möglichen Schmerzensgeldforderung) z. T. zähe Verhandlungen auftraten – aufgrund der hohen Kooperationsbereitschaft einvernehmlich lösen. Bei Anzeigen gegen Unbekannte, meist wegen Diebstahls, Einbruchs oder Sachbeschädigung, wird eine Konfliktregelung durch die „Konfliktabsorption" erschwert. Öffentliche oder private Korporationen betreiben die routinierteste Form dieser Verarbeitung: Sie verbuchen den Schaden. Hier sahen sich die Sozialarbeiter mit der schwierigen Aufgabe konfrontiert, Zusatzroutinen zu etablieren, also die Registrierung geleisteter Schadensersatzzahlungen. Private Opfer haben sich meist mit dem materiellen Schaden schon abgefunden, weil sie der Meinung sind, dass der/die Täter nicht gefasst werden. Neben der freudigen Überraschung sind gelegentlich nach der Kontaktaufnahme mit den Jugendlichen (vor allem bei geringfügigem Schaden) auch ein Verzicht auf Wiedergutmachung oder eine Reduzierung der Schadenssumme erfolgt (Pelikan 1987: 102 ff.).

Auf Unterschiede im Anwendungsspektrum, die lokal bzw. regional und gerichtstypspezifisch bestimmt sein können, weisen Pelikan/Pilgram (1988) bei ihrer Analyse der Resultate des Modellversuchs „Konfliktregelung" in Österreich hin. So stellen sie fest, dass in Wien (Bezirksgericht (BG) und Gerichtshof (GH) zusammengenommen) nur bei 3 % aller Anzeigen gegen Jugendliche (86 von 2.727) die Konfliktregelung angewendet wurde, in Salzburg am Bezirksgericht hingegen bei 28 % der angezeigten Fälle (40 von 142) (Pelikan/Pilgram 1988: 57). Auf eine regional divergierende Anwendungspraxis verweist auch, dass in Wien die Geschädigten im Falle von Konfliktregelungen in mehr als der Hälfte aller Fälle Organisationen oder öffentliche Institutionen waren, in Salzburg hingegen vorwiegend interpersonale Konflikte davon erfasst wurden (Pelikan/Pilgram 1988: 59 ff.).

Die Anwendung der Wiedergutmachung – wenngleich unter Schwierigkeiten – auch bei Fällen, in denen Organisationen, d. h. juristische Personen, zum Opfer geworden sind, ist insofern begrenzt, als Schadenswiedergutmachungsprogramme und ein Täter-Opfer-Ausgleich bei Ladendiebstahl und allgemein bei unternehmensbezogener Kriminalität kaum Voraussetzungen für einen Ausgleich bieten: potenzielle Schäden sind versichert und materielle Verluste eingeplant (Beste 1986: 172).

In Wien (GH und BG) werden überwiegend Sachbeschädigungen, Diebstähle oder unbefugte Kfz-Benutzung zum Gegenstand der Konfliktregelung, in Salzburg und Linz (Gerichtshöfe) dominieren fahrlässige und vorsätzliche Körperverletzungen sowie Sachbeschädigungen. Die Unterschiede der gerichtlichen Konfliktregelungsaufgabe führen nach Auffassung der Autoren dazu, dass im Bereich der Bezirksgerichte eher eine „gemeinwesenorientierte" Richtung durchgeführt wird, die eine Wiederherstellung beschädigter Kontakte zwischen den Parteien anstreben kann. An Gerichtshöfen werden hingegen überwiegend Fälle mit einer größeren Anonymität der Täter-Opfer-Beziehung verhandelt, weshalb Konfliktregelung hier zunächst nur die Herstellung des Kontaktes zwischen Jugendlichen und Geschädigten bedeutet. Daher ist auch „der Sozialarbeiter (...) am Gerichtshof mehr Initiator und Notar der Aufnahme eines Kontaktes, der eher förmlich und auf den Tatausgleich begrenzt bleibt" (Pelikan/Pilgram 1988: 61), also mehr Schadensausgleich als Wiedergutmachung.

Mit dem Täter-Opfer-Ausgleich wird ein generelles Anliegen verfolgt, das Pfeiffer auch als „Abrüstung des Strafrechts" kennzeichnet und mit der Forderung verknüpft, „Ausgleich und Friedensstiftung als eigenständigen Zweck des Strafverfahrens anzuerkennen" (Pfeiffer 1993a: 3). Ein wichtiges Ziel des Täter-Opfer-Ausgleichs ist das Erlernen einer aktiven, selbstverantwortlichen Konfliktbewältigung und Partizipation am gesellschaftlichen Leben.

Dass beim Täter-Opfer-Ausgleich eine Vermittlerrolle nicht nur hilfreich, sondern auch notwendig ist, wird bei Messmer (1991: 115 ff.) ausführlich diskutiert. Gerade wegen der möglicherweise konkurrierenden Normkonzepte bei Opfer und Täter, den Neutralisierungstechniken beim Täter usw. ist eine dritte Partei als ausgleichende Instanz hilfreich. Auf die wichtige Funktion des Vermittlers, speziell des Sozialarbeiters bei der Konfliktregelung, weisen auch Zwinger (1991: 135 ff.) und Cornelia Schmitz (1991: 178 ff.) hin.

Falleignungskriterien für den Täter-Opfer-Ausgleich entwickelt Delattre (1991: 138 ff.) in Zusammenarbeit von Staatsanwaltschaft, Jugendrichtern und Jugendgerichtshilfe und bezieht diese auch auf das Erwachsenenstrafrecht. Aus seiner Sicht sollten folgende Kriterien für die Aufnahme in den Täter-Opfer-Ausgleich gelten: keine Bagatellfälle, ein persönlich Geschädigter muss vorhanden sein, ein klarer Sachverhalt muss zugrunde liegen, Freiwilligkeit und Zustimmung vorausgesetzt werden, Betroffenheit bei Täter und Opfer vorliegen und der Täter-Opfer-Ausgleich darf nicht als Therapieersatz oder bei Suchtverhalten praktiziert werden. Weder Deliktschwere noch Vorverurteilungen des Täters schließen aber einen Täter-Opfer-Ausgleich aus (Delattre 1991: 138 ff.). Auch Sessar (1991: 20) plädiert dafür, den Täter-Opfer-Ausgleich sogar für schwere Delikte anzuwenden, auch und gerade wegen der größeren Beschädigung und auch dann, wenn die Justiz die Fälle wegen ihrer strafrechtlichen Bedeutung an sich zieht. Ähnlich auch bei Piplow (1991: 188), der unter Rekurs auf die österreichische Regelung (Vorverfahren) diese Auffassung stützt.

Prinzipien des Täter-Opfer-Ausgleichs:
- Beim Täter-Opfer-Ausgleich geht es zunächst darum, Kriminalität als interpersonales Problem zu betrachten und nach Möglichkeit strafrechtliche Reaktionen abzuwenden oder zu mildern.
- Mit dem Täter-Opfer-Ausgleich soll eine *Schlichtung* des vor der Straftat bestehenden und/oder durch sie entstandenen Konflikts zwischen Täter und Opfer durch eine irgendwie geartete *Wiedergutmachung* ermöglicht werden.
- Der Täter-Opfer-Ausgleich ist noch keine *informelle Konfliktregelung*, sondern eine *formelle Lösungsstrategie*.

Juristische Voraussetzungen:
- Ein Täter-Opfer-Ausgleich kann durch die *Staatsanwaltschaft im Vorverfahren* erfolgen, wenn sie einen *vorläufigen Einstellungsbeschluss (§ 45 Abs. 1 JGG oder § 153 StPO) mit einer Auflage zur Schadenswiedergutmachung* verbindet.
- Im Hauptverfahren kann der Richter das Verfahren gemäß § 47 JGG oder § 153 StPO einstellen, mit der Auflage der Schadenswiedergutmachung ohne Durchführung einer Hauptverhandlung.
- Der Richter kann das Verfahren nach den §§ 45 und 47 JGG oder 153 StPO einstellen oder nach § 10 JGG ein Urteil fällen, wobei die *Wiedergutmachungsauflage in der Hauptverhandlung* erfolgt.
- Grundsätzlich ist auch ein Täter-Opfer-Ausgleich vor der Hauptverhandlung möglich, wobei das Ergebnis des Ausgleichs in der Hauptverhandlung berücksichtigt werden kann.

Ziele und Funktionen des Täter-Opfer-Ausgleichs:
- Mit dem Täter-Opfer-Ausgleich wird eine *Entkriminalisierung und Entpönalisierung* verfolgt.
- *Restitution* ist ein entscheidendes Ziel, das durch Schadenswiedergutmachung seitens des Täters realisiert werden soll.
- Durch die erneute interpersonale Konfliktaustragung im Täter-Opfer-Ausgleich besteht die Chance des *gegenseitigen Verstehens* und der besseren *Tatverarbeitung* auf beiden Seiten.

Zentrale Voraussetzungen für den Täter-Opfer-Ausgleich:
- Die angestrebte *Schadenswiedergutmachung muss vom Täter leistbar* sein, ohne dass er dadurch über Gebühr belastet wird (z. B. zu hoher Schaden).
- Auch wenn die *Freiwilligkeit* des Täter-Opfer-Ausgleichs im Rahmen eines offiziellen Strafverfahrens realiter nur begrenzt gegeben ist, soll für beide Parteien Freiwilligkeit gelten.
- Die angestrebten positiven Funktionen des Täter-Opfer-Ausgleichs machen nur Sinn, wenn die Opfer *natürliche Personen* sind.
- *Bagatelldelikte* (die etwa in einem normalen Jugendgerichtsverfahren ohne Auflagen und Weisungen sowieso eingestellt werden würden) sind ebenso wenig geeignet (widening the net) wie *sehr schwere Delikte*, die beim Opfer besondere körperliche oder psychische Schäden hinterlassen haben (z. B. Vergewaltigung).
- Die Freiwilligkeit des Täter-Opfer-Ausgleichs setzt in der Regel die *Geständigkeit des Täters* voraus. Eine a priorische Einsicht in die Sozialschädlichkeit seines Handelns ist jedoch nicht erforderlich.

Der Täter-Opfer-Ausgleich wird zum Erfolg, wenn
- der Täter die unmittelbaren und mittelbaren materiellen und immateriellen Schäden und Folgen seiner Tat durch das Opfer vor Augen geführt erhält;
- sich der Täter mit seiner *Straftat auseinander setzt* und Empathie für das Opfer entwickelt;
- durch eine Schadenswiedergutmachung ohne zivilrechtlichen Prozess die *materielle Restitution* erreicht wird;
- das *Verantwortungsbewusstsein* des Täters gestärkt wird;
- auch der Täter das Opfer und *dessen Situation verstehen* lernt;
- es mit dem Täter-Opfer-Ausgleich gelingt, die Kriminalisierung und Pönalisierung des Täters zu reduzieren und
- wenn eine Traumatisierung und sekundäre Viktimisierung des Opfers verhindert wird.

10.7.2   Die Bereitschaft zum Täter-Opfer-Ausgleich

Ob und inwieweit besteht aber bei Betroffenen – d. h. Opfern, bei der Bevölkerung allgemein sowie bei Angehörigen des Strafverfolgungssystems – die Bereitschaft, Maßnahmen des Täter-Opfer-Ausgleichs als Alternative zu einem rein punitiven Vorgehen anzuerkennen? In empirischen Studien zeigt sich, dass die

Einstellungen zum Täter-Opfer-Ausgleich nicht nur von der jeweiligen Rolle (Opfer, Täter, Richter etc.) abhängig sind, sondern auch von einer Vielzahl anderer Variablen, unter anderem von dem jeweils zugrunde liegenden Delikt. „Bei der Frage nach der Leistungsfähigkeit des *Vermittlungsgesprächs* zwischen Täter und Opfer ist von einer gewissen Zurückhaltung der Probanden auszugehen, jedenfalls wenn eine Körperverletzung zu orten war. Immerhin versprachen sich drei von fünf von ihnen hiervon positive Konsequenzen für eine Entschädigung (Schmerzensgeld), doch waren sie weitaus skeptischer gegenüber der Möglichkeit, durch eine Mediation eine Aussöhnung zu erreichen. Anders war die Situation bei einem Diebstahl, bei dem sich bis zu drei von vier der Probanden günstige Auswirkungen nicht nur für die Entschädigung, sondern auch für die emotionalen Seiten der Tat, also für den Abbau von Angst und Abneigung auf seiten des Opfers, versprachen" (Sessar 1992: 241).

Netzig hat in einem Forschungsprojekt Täter und Opfer nach deren Erwartungen und Bewertungen des Täter-Opfer-Ausgleichs untersucht und kommt nach neun Monaten zu dem Resümee, dass der Täter-Opfer-Ausgleich ein Erfolg ist (Netzig 1993: 11). Rattay/Raczek haben zur Akzeptanz des Täter-Opfer-Ausgleichs durch die Beteiligten eine deskriptive Interviewstudie bei elf Teilnehmern durchgeführt, wobei Bedeutung und Akzeptanz dem Täter-Opfer-Ausgleich selbst von den Teilnehmern zugemessen wurde, bei denen ein konkreter Täter-Opfer-Ausgleich gescheitert war. Neun von elf Interviewten haben Verlauf und Ergebnis des Täter-Opfer-Ausgleichs positiv bewertet (Rattay/Raczek 1990: 23). Hieraus kann abgeleitet werden, dass mindestens retrospektiv (also nach Durchführung des Täter-Opfer-Ausgleichs) seine Akzeptanz gegeben ist. Sie fällt jedoch unterschiedlich aus, je nachdem welche Rolle in einem Verfahren eingenommen wird, worauf Netzig et al. hinweisen: Danach urteilen Angehörige der Zivil- und Strafjustiz anders als die am Täter-Opfer-Ausgleich selbst Beteiligten. So waren 90 % der Befragten dafür, einen Dieb zu Schadensersatz gegenüber dem Opfer statt zu einer Geldstrafe zu verurteilen. Dies befürworteten aber nur 85 % der Zivilrichter, 81 % der Strafrichter und 70 % der Staatsanwälte (Netzig et al. 1993: 14).

Aus der Sensibilisierung von Opfern und einer erhöhten Verbrechensfurcht nach einer Viktimisierung schließt Schneider, dass derart Geschädigte sich „für härtere Strafen durch die Gerichte" (Schneider 1982: 24) einsetzen, und folgert weiter, „daß eine reaktionäre kriminalpolitische Einstellung durch Kriminalitätsfurcht begünstigt wird" (Schneider 1982: 21).

Sessar et al. vertreten jedoch im Gegensatz zu solchen Überlegungen die Meinung, „daß vermeintlich große Strafbedürfnisse der Bevölkerung allein durch die Einführung alternativer Bedürfnisse erheblich relativiert werden, zum Teil geradezu bedeutungslos erscheinen" (Sessar et al. 1986: 92) – ist das unterstellte Strafbedürfnis also ein Konstrukt einer punitiven Justiz? „Was (...) die *Bedürfnislage von Opfern nach der Tat* angeht, so zielte diese in den erfragten Einstellungen unmißverständlich auf die Wiedergutmachung in der einen oder anderen Form (direkte Entschädigung und gemeinnützige Arbeit, deren Erlös dem Opfer zugute kommen sollte, sowie Entschädigung; keine Chance erhielt das Arbeiten beim Opfer), während der Wunsch nach Bestrafung des Täters demgegenüber nachrangig oder gar bedeutungslos war" (Sessar 1992: 241). Auch hier gab es wieder deliktspezifische Differenzierungen, so zwischen Körperverletzung und Diebstahl, aber keineswegs eine allgemeine Verschärfung einer punitiven Einstellung. „Diese Resultate deuten ganz wesentlich daraufhin, daß die Merkmale der Delikte die Einstellungen stärker prägen als die Merkmale der Probanden, was sich in ähnlicher Weise bei der *Kriminalitätsfurcht* (Unsicherheitsgefühle) zeigte: Es gab nur sehr schwache Zusammenhänge zwischen großer Unsicherheit und Punitivität, was sich auch darin äußerte, daß Frauen erheblich unsicherer als Männer, doch tendenziell eher restitutiver waren" (Sessar 1992: 246).

Folgt man den Ergebnissen der Hamburger Untersuchung von Sessar et al. (1986) sowie den Ausführungen von Pelikan (1987) zum Modellprojekt „Konfliktregelung", aber auch den Darstellungen von Hanak (1982) über das Schiedsmannverfahren, so liegt der Schluss nahe, dass Wiedergutmachung, Schadensausgleich bzw. allgemein der Täter-Opfer-Ausgleich eine praktikable und von den Betroffenen angenommene Alternative zur rein punitiven, justizförmigen Erledigungsstrategie mittels Strafverfahren darstellen. Auf der gleichen Linie liegen auch die Ergebnisse des für Deutschland repräsentativen Victim Surveys mit mehr als 15.000 Befragten des Kriminologischen Forschungsinstituts Niedersachsens (Pfeiffer 1993).

Nach Sessar et al. (1986) existieren gesicherte Erkenntnisse aus der Restitutionsforschung zur Einstellung der Bevölkerung und der Opfer zu Kriminalität und zu Kriminellen, die aufzeigen, dass das normativ festgelegte Verhältnis zwischen Strafe und Wiedergutmachung sich umkehrt, d. h. Wiedergutmachung werde als und statt Strafe akzeptiert (vgl. auch Pfeiffer 1993).

Diese Bereitschaft zur Akzeptanz der *Wiedergutmachung* als strafrechtliche Konfliktregelung ist jedoch vielschichtig und auch deliktabhängig. Etwa ein Drittel der Opfer sehen allgemein im *Schadensersatz* den wichtigsten Aspekt, mehr als ein Viertel votieren für *gemeinnützige Arbeit*, bei der der Verdienst als Schadensersatz an die Opfer geht. Selbst die einfache Entschuldigung hat noch einen höheren Stellenwert als die *Bestrafungswünsche* (12,4 %). Interessant ist, dass staatliche Hilfen nur geringe Zustimmung fanden. Ebenfalls bedeutungslos waren persönliche Arbeitsleistungen des Täters für das Opfer. Deliktspezifisch zeigt sich folgendes Bild: Beim Diebstahl erhöht sich die Rate für Schadensersatz auf 50 % (bei 7 % für eine Bestrafung), bei Einbruchsdelikten war den Opfern die Entschädigung sogar noch wichtiger und die Bestrafung noch bedeutungsloser. Bei Körperverletzung hingegen stimmte allgemein nur etwa ein Fünftel für Schadensersatz, 17,6 % hingegen für die Bestrafung. Interessanterweise war die Quote der Bestrafungswünsche bei den Opfern eines Körperverletzungsdeliktes (kein Raub oder Sexualdelikt) auf 12,8 % gesunken, während die Entschuldigung oder Arbeiten für das Opfer an Bedeutung gewannen.

Sessar et al. (1986) entwickelten in ihrer empirischen Untersuchung 38 fiktive Fälle, die von Schwarzfahren über Diebstahl bis zur Vergewaltigung und Körperverletzung mit Todesfolge reichten. Die Befragten sollten für jedes Delikt unter fünf Reaktionsmöglichkeiten das ihrer Meinung nach angemessenste Vorge-

Abolitionismus

hen gegen den Täter angeben, wobei die Skala von privater Täter-Opfer-Einigung über eine offiziell (via Schiedsmann oder Gericht) geleitete Vermittlung bis hin zur unbedingten Bestrafung reicht, bei der eine Entschädigung nicht auf das Strafmaß angerechnet werden soll:

Im Falle eines 30jährigen Täters votierten (über alle Fälle und Variationsmöglichkeiten hinweg) 40 % für eine vollständige Nichtbefassung der Strafjustiz mit derartigen Fällen, nur 25 % wollten eine bedingungslose Bestrafung. D. h. drei Viertel votierten für eine Lösung, die von dem Vorgehen der Rechtspraxis abweicht!

Da auch bei einer Betrachtung der individuellen Antwortmuster weniger als 1 % (!) über alle Delikte hinweg für eine dem Strafrecht entsprechende Strafe plädierten, kann letztlich von einem Konsens über die Strafbarkeit von Delikten nicht (bzw. nur bei vier Vergewaltigungsversionen und einem Einbruchsdelikt) gesprochen werden. Alle anderen Fälle sollten nur mittels Wiedergutmachung oder mit Wiedergutmachung bei gleichzeitiger Strafmilderung gelöst werden (Sessar et al. 1986: 95), wobei auch für Körperverletzung, leichten Diebstahl und bei Betrugsfällen die außerjuristische Konfliktlösung gewählt wurde. Selbst bei schwerem Diebstahl, bei Einbruch und räuberischer Erpressung wurde für eine Anrechnung der Wiedergutmachung auf die Strafe votiert. Fast die Hälfte der befragten Opfer zeigte die Bereitschaft, dem Täter nach der Wiedergutmachung die Strafe zu erlassen, 36 % plädierten für einen teilweisen Erlass und nur 16 % lehnten eine Milderung ab.

Auch Pelikan (1987) stieß bei Jugendstrafsachen im Zuge des Modellversuchs auf eine sehr umfassende Bereitschaft, bei Konfliktfällen, wie Diebstahl oder Körperverletzung, von einer strafrechtlichen Verfolgung abzusehen und einer Konfliktregelung mit Sozialarbeitern als Mittlern zuzustimmen. Dabei spielten auch die Motive und Umstände eine Rolle, die die Betroffenen veranlasst hatten, Anzeige zu erstatten. Wenn z. B. die Anzeigen von externen Institutionen durchgeführt wurden oder die Polizei als Autorität zur Lösung einer aktuellen Auseinandersetzung gerufen wurde, die den Beteiligten zu entgleiten drohte, ließen sich die Konflikte über den nicht-repressiven Weg ohne oder mit nur geringen Schwierigkeiten lösen.

Andererseits traten auch zwei Varianten einer punitiven Orientierung auf. Die rigidere Reaktion bestand – im Falle bereits absorbierter Konflikte – in der Weigerung, sich an einer kommunikativen Lösung zu beteiligen, wobei z. T. argumentiert wurde, die „Wiedergutmachung" sei letztlich zu milde; gefordert wurde der „strafende Staat" (Pelikan 1987: 106). Solche Reaktionen bildeten jedoch die Ausnahme.

Auch die Versuche von Opfern, resozialisierend auf die Täter einzuwirken – z. B. Vorschläge, die Jugendlichen sollten Dienstleistungen erbringen oder die Jugendlichen allgemein zu sinnvollen Tätigkeiten anzuhalten –, weisen strukturelle Parallelen zum punitiven Modell auf. Liegt eine relativ geringe Schädigung oder Beeinträchtigung vor, so „tritt dann der jugendliche Straftäter per se ins Blickfeld – als einer, mit dem etwas geschehen muß, der zu verändern ist, der etwas lernen soll" (Pelikan 1987: 109). Hinter solchen Einstellungen, so darf vermutet werden, steht eine Vorstellung, die dem Konsensusmodell ziemlich nahe kommt: dass nämlich einheitliche, gesellschaftsweit unverändert gültige Norm- und Wertvorstellungen bestehen, weshalb Straftäter oder Abweicher durch geeignete Behandlungsmaßnahmen zur Reintegration in diese Normen bzw. zur Anerkennung ihrer Gültigkeit gebracht werden müssten.

Das dem Strafrecht zur Eigenlegitimation dienende Strafbedürfnis der Bevölkerung ist „möglicherweise das Produkt einer vorenthaltenen realen Wiedergutmachung" (Sessar et al. 1986: 88) – möglicherweise genügte dies den Opfern oder der Bevölkerung in vielen Fällen schon. Diskutiert man in diesem Zusammenhang den „*legitimierten Umfang strafrechtlicher Intervention*" (Sessar 1992: 254), so stellt sich die Frage, ob nicht Wiedergutmachung und Täter-Opfer-Ausgleich im Sinne des „*Subsidiaritätsprinzips* als einem genuinem Sozialprinzip, das unter anderem gegen die ‚Kolonialisierung der Lebenswelt durch Verrechtlichung' steht" (Sessar 1992: 254 f.) eine sinnvolle Alternative ist. Messmer jedenfalls resümiert, dass der „Täter-Opfer-Ausgleich (…) nach einer nur verhältnismäßig kurzen Erprobungszeit mittlerweile einen festen Platz in der Diskussion um ambulante Maßnahmen im Jugendstrafrecht" (Messmer 1991: 56) hat.

Die soziale Akzeptanz des Täter-Opfer-Ausgleichs:
- Dass das Strafrecht nicht das geeignete Mittel ist, *gesellschaftliche Konflikte* zu lösen, wird auch von der Bevölkerung mehrheitlich so gesehen.
- Das *Strafbedürfnis der Bevölkerung* ist gemäß empirischen Untersuchungen geringer ausgeprägt, als es manche Politiker und Juristen wahrhaben wollen.
- Auch bei Opfern von Straftaten steht nicht das Strafbedürfnis selbst im Vordergrund. Wiedergutmachung, Schadensersatz, aber auch gemeinnützige Arbeit und Entschuldigung rangieren noch vor dem Bestrafungsbedürfnis.
- Es existiert insbesondere in Jugendstrafsachen und bei Bagatelldelikten eine ausgesprochen hohe *Bereitschaft der Bevölkerung, von einer strafrechtlichen Verfolgung abzusehen*, wenngleich nicht verschwiegen werden soll, dass auch *punitive Einstellungen* in der Bevölkerung existieren.
- Auch bei den Agenten der Strafverfolgung werden zunehmend – insbesondere nach eigenen praktischen Erfahrungen mit dem Täter-Opfer-Ausgleich – *positive Urteile* zum Täter-Opfer-Ausgleich registriert.

10.7.3   Evaluation des Täter-Opfer-Ausgleichs

Die bisherigen Ausführungen haben gezeigt, dass der Täter-Opfer-Ausgleich in Theorie und Praxis mit unterschiedlichen Zielsetzungen und Absichten mit verschiedenen Operationalisierungen und praktischen Handhabungen definiert und eingesetzt werden kann. Allein die unterschiedlichen Modellbezeichnungen in der Praxis verweisen auf divergierende Schwerpunktsetzungen. Aufgrund dieser Heterogenität ist es natürlich schwierig, den Erfolg der diversen Projekte zum Täter-Opfer-Ausgleich generalistisch zu beurteilen und zu bewerten. Zusätzliche Probleme ergeben sich dann, wenn man die Evaluationsbasis international wählt, also auch ausländische Projekte einbezieht. Dies erscheint aber auf der anderen Seite sinnvoll und hilfreich, weil der Täter-Opfer-Ausgleich in anderen Ländern auf eine längere Erfahrung, ja schon fast auf eine Tradition zurückblicken kann. Gerade die zeitliche Dimension ist für die Beurteilung von Bedeutung, denn bei vielen Evaluationsstudien zu Interventions- und Implementationsforschungen hat sich gezeigt, dass die Anfangseuphorie und die Anfangserfolge einem nüchterneren Alltag weichen (vielleicht handelt es sich zunächst um einen *Hawthorne-Effekt*).

Aus diesen Gründen wählen wir eine synoptische Darstellung der Evaluation ausländischer Projekte, die Kaiser einer „Effizienzkontrolle" (1991: 41) unterworfen hat. Er handelt dabei als Wissenschaftler nach dem Prinzip des „organisierten Skeptizismus" und analysiert auf der Basis des von ihm entwickelten „Rasterschemas" ausgewählte ausländische Projekte kritisch. Dieses Rasterschema enthält fünfzehn Evaluationskriterien:

„1. Prinzipielle Gesprächs- und Ausgleichsbereitschaft von Täter und Opfer,
2. persönliches Zusammentreffen von Täter und Opfer,
3. Abschluss einer Vereinbarung über den Täter-Opfer-Ausgleich unter aktiver Gestaltung und Einflussnahme des Opfers,
4. tatsächliche Erfüllung dieser Vereinbarung,
5. Konfliktbereinigung im Sinne der Ausräumung der ‚underlying causes',
6. Freiwilligkeit und Akzeptanz von Verfahren und Ausgleichsleistung,
7. Befriedigung, Zufriedenheit und Versöhnung,
8. Auswahl und Qualität der Konfliktfälle nach Delikttypus und Schweregrad,
9. Quantität der Fälle,
10. Grad der Abhängigkeit von der ordentlichen Gerichtsbarkeit,
11. Einfluss des Täter-Opfer-Ausgleichs auf Einstellungs- und Verurteilungsrate sowie Strafmaß,
12. Gewährleistung und Gleichbehandlung,
13. Legalbewährung des Täters nach dem Täter-Opfer-Ausgleich,
14. Zurückdrängung der Freiheitsstrafe durch den Täter-Opfer-Ausgleich und
15. Kostenaufwand im Vergleich mit normalen Strafverfahren" (Kaiser 1991: 41).

Obgleich diese fünfzehn Kriterien wohl keinesfalls gleichgewichtig nebeneinanderstehen dürfen und von daher Gewichtungen vorzunehmen wären (ist etwa der Kostenaufwand ebenso wichtig wie die Legalbewährung?), folgen wir diesen Beurteilungsdimensionen und referieren ausschnittweise die zentralen Befunde der Kaiserschen Evaluation:

In seiner „Zusammenfassung und Kritik" stellt Kaiser zunächst fest, dass der Täter-Opfer-Ausgleich „auch im Ausland als *ein attraktives Ziel der zeitgenössischen Kriminalpolitik*" (Kaiser 1991: 47) gilt. Der Täter-Opfer-Ausgleich „beruht überdies auf einer breiten Akzeptanz in der Öffentlichkeit, sowie im engeren Kreis der Betroffenen. Die Forderungen nach Ausgleichs- und Wiedergutmachungsleistungen des Täters erfreuen sich international einer breiten Anhängerschaft. Allerdings werden Idee und Ziel *mit unterschiedlicher Bereitschaft aufgegriffen und* in die Praxis *umgesetzt* (Kaiser 1991: 47). Während also der Täter-Opfer-Ausgleich im Sinne von Wiedergutmachung auf ausgesprochen breite Akzeptanz stößt, „erfährt der Vorschlag einer *persönlichen Begegnung* von Täter und Opfer allgemein *nur abgeschwächte Zustimmung*" (Kaiser 1991: 47). Die Gründe hierfür sind vielfältig, insbesondere natürlich persönliche, physische und psychische Betroffenheit bei schweren Delikten. Nach den Daten von Kaiser sind offenbar die Opfer von Gewalt- bzw. Beziehungsdelikten weniger bereit, in den Täter-Opfer-Ausgleich einzutreten. Der Victim Survey des KFN (Pfeiffer 1993) zeigt aber auf der anderen Seite, dass Opfer allgemein nicht notwendigerweise eine geringere Bereitschaft als die allgemeine Bevölkerung zum Täter-Opfer-Ausgleich aufweisen.

Trotz der auch von Kaiser konstatierten hohen Bereitschaft zum Ausgleich kommt es nicht immer zu einem „*Zusammentreffen* von Tätern und Opfern", nicht immer „zum Abschluß einer *Vereinbarung*, geschweige denn zu einer vertragsmäßigen *Erfüllung* der versprochenen Ausgleichsleistungen" (Kaiser 1991: 48).

„Auch werfen die *Freiwilligkeit* der konkret Beteiligten zum Schlichtungsgespräch und die *Gleichbehandlung* der Betroffenen unverändert Fragen auf. Ein *subtiler Druck* beginnt schon, wenn Staatsanwaltschaft oder Gerichte die Betroffenen an Wiedergutmachungsprojekte verweisen". Und Kaiser folgert weiter: „Bei realistischer Betrachtung wird man sich daher von der Vorstellung freimachen müssen, eine auf dem *Prinzip vollkommener Freiwilligkeit* beruhenden Einrichtung zur Regelung strafrechtlich erfaßter Konflikte sei existenzfähig" (Kaiser 1991: 48). In der Tat sind der sanfte Druck zur Pseudo-Freiwilligkeit sowie Opportunitätserwägungen und weniger die intrinsische Bereitschaft zum Ausgleich Motiv des Täters für die Teilnahme daran. Wenn aber trotz dieses Mankos die anderen, angestrebten positiven Funktionen durch den Täter-Opfer-Ausgleich realisiert werden (z. B. Entkriminalisierung), dann sind solche fehlenden Voraussetzungen durchaus billigend in Kauf zu nehmen.

Ein, insbesondere von kritischer Seite benannter Kritikpunkt, dem sich auch Kaiser anschließt, ist die „mögliche *Ausweitung des Kontrollnetzes* durch abgeschwächte Formalisierung bisher informell gebliebener Streitigkeiten" (Kaiser 1991: 49). Diese Gefahr bedarf keiner weiteren Kommentierung, allerdings schon einer weiteren Beobachtung durch empirische Studien, um zu abgesicherten Erkenntnissen zu gelangen.

„Hier wie in anderen Punkten zeigt sich, daß die von den Initiatoren des Täter-Opfer-Ausgleichs selbst gestellten *Ansprüche und Ziele zu hoch gesteckt* erscheinen. So vermögen informell verstandene Einrichtungen generell weder die Gerichte wirksam zu entlasten sowie größere Präventionskraft zu entfalten, noch die örtliche ‚community' zu neuem Leben zu erwecken, noch notleidende Beziehungen durch Aufarbeitung der Konfliktursachen zu heilen und Machtunterschiede zwischen den Parteien auszugleichen" (Kaiser 1991: 49). Dieses relativ harte Urteil wird von Kaiser aber sofort relativiert: „Doch auch dann, wenn die Erwartung an den Täter-Opfer-Ausgleich auf ein realistisches Maß zurückgeschraubt wird, bleiben *wesentliche Vorteile* gegenüber dem herkömmlichen Strafverfahren und damit der Impuls zur Innovation bestehen: Ein entformalisiertes Ausgleichsverfahren läßt die unmittelbar Betroffenen stärker zu Wort kommen, vermeidet die nur punktuelle Betrachtung eines Konfliktereignisses und kann für Täter und Opfer zu sinnvolleren Lösungen führen (...) Der beachtliche Grad an *Zufriedenheit* der Betroffenen mit der vorausgegangenen Schlichtungsverhandlung belegt dies" (Kaiser 1991: 49).

Dass nicht jedes Delikt sich für einen Täter-Opfer-Ausgleich eignet, ist eine kulturelle Selbstverständlichkeit. Dass im Regelfall nur weniger schwere Delikte in eine solche Maßnahme eingehen, ist weder qualitativ noch quantitativ ein Problem. Schließlich stellen leichtere Delikte die absolute Majorität und können damit das Justizsystem entscheidend entlasten. Und qualitativ ist von Bedeutung, dass minder schweren Delikten auch von Hardlinern wohl eher eine Entkriminalisierung zugestanden wird, als den schwereren Straftaten. Die von Kaiser weiter kritisierte Tatsache, dass nur eine Minorität von Straftaten dem Täter-Opfer-Ausgleich zugeführt wird, ist beklagenswert, ist aber wohl dem System und den fehlenden Ressourcen geschuldet. Bei einer weiter gehenden Bewährung des Täter-Opfer-Ausgleichs dürfte es keine Frage sein, dass zukünftig mehr Delikte in seine Praxis einbezogen werden. Kaiser weist in diesem Kontext zurecht darauf hin, dass der „Input sich als *justizabhängig* erweist" (Kaiser 1991: 49 f.).

Für viele konservative oder traditionell orientierte Kriminologen ist ein ausgesprochen bedeutsamer Maßstab für die Evaluation die Legalbewährung. Gelänge es nachzuweisen, dass der Täter-Opfer-Ausgleich hier statistisch gesichert bessere Ergebnisse zeitigt, so wären wohl auch sie überzeugt. Hinsichtlich dieses Kriteriums der Legalbewährung stellt Kaiser fest: „Ferner läßt sich im präventiven Blickfeld generell nicht begründet annehmen, daß die spätere *Legalbewährung* des Täters nach dem Täter-Opfer-Ausgleich günstiger sei, als jene vergleichbarer Delinquenten bei üblicher Sanktionierung im Rahmen des ordentlichen Strafverfahrens. Soweit einzelne Projekte bessere Ergebnisse aufweisen, stellt sich auch hier wiederum das aus der Sanktions- und Behandlungsforschung bekannte Problem der Selektion" (Kaiser 1991: 50). Trotz der Relativierung der positiven Ergebnisse durch den Verweis auf Selektionsmechanismen (die im Strafjustizsystem aber analog gelten, weshalb höhere Erfolgsquoten im Täter-Opfer-Ausgleich wirklich höhere Erfolgsquoten sind) kommt letztlich auch Kaiser zu einer zurückhaltend positiven Bewertung:

„Insgesamt betrachtet ist daher die Befundlage nicht eindeutig (...) Mögen bei nüchterner Betrachtung Programme des Täter-Opfer-Ausgleichs auch etwas an Überzeugungskraft verlieren, so haben sie doch innovatorische Impulse ausgelöst und Ziele gesetzt, die geeignet sind, jenseits von Lethargie und Resignation *neue Wege in der Kriminalpolitik* zu weisen (...) (Es) finden sich auch in der westlichen Welt relevante Bedürfnisse der Konfliktbeteiligten, die durch die herkömmlichen Verfahren der Strafjustiz offenbar nicht befriedigt werden (...) Um die Enttäuschung und soziale Frustration des Verletzten zu mildern, bleibt daher jenseits vom ideologischen Überbau des Informalismus ein unverändert starkes Bedürfnis nach ergänzender und befriedigender Konfliktregelung (...) Eingedenk seiner Grenzen bietet der Täter-Opfer-Ausgleich hierfür einen erfolgversprechenden Lösungsweg" (Kaiser 1991: 50).

Wenn ein solches Ergebnis von einem nicht der kritischen oder radikalen Kriminologie Zuzurechnenden festgestellt wird, so kann der Täter-Opfer-Ausgleich in Theorie und Praxis so schlecht nicht sein. Um hierfür eine zahlenmäßige Konkretion vorzunehmen, sei auf das Modellprojekt „Handschlag" in Reutlingen verwiesen. Dort werden folgende Erfolgsquoten reportiert: „Von 204 Ausgleichsversuchen im Zeitraum Juni 1985 bis Dezember 1987 wurden 80,9 % (165 Fälle) im Hinblick auf eine Einigung zwischen Täter und Opfer erfolgreich abgeschlossen (inhaltliche Erfolgsebene); in 19,1 % (39 Fälle) konnte ein Ausgleich nicht erfolgreich durchgeführt werden. Von den im ‚Handschlag' erfolgreich abgeschlossenen Ausgleichen wurde bei 11 (6,7 %) das Strafverfahren nicht eingestellt, d. h. eine Gerichtsverhandlung wurde durchgeführt und ein Urteil gefällt. Diese Quoten blieben sowohl 1988 als auch im ersten Halbjahr 1989 stabil" (Kuhn 1991: 82).

Die Auswertung der bundesweiten Täter-Opfer-Ausgleichs-Statistik für den Zehnjahreszeitraum 1993-2002 im Auftrag des Bundesministeriums der Justiz (2005) zeigte bezüglich des Ergebnisses der Ausgleichsbemühungen, dass die einvernehmliche abschließende Regelung mit einem zwischen höchstens 90 % und mindestens 80,2 % schwankenden Satzes deutlich dominierte (Kerner et al. 2005: 86). Eine Teilregelung kam nur in 1,9 bis 5,7 % der Fälle zustande, in zwischen 6,8 und 17,2 % der Fälle wurde vom Täter-Opfer-Ausgleich zurückgetreten, dieser abgebrochen oder es wurde keine Einigung erzielt (Kerner et al. 2005: 86). Auffällig erweist sich hierbei der kontinuierliche, wenn auch nicht starke, Rückgang an einvernehmlichen abschließenden Einigungen in den letzten Jahren des beobachteten Zeitraums: 1997 wurde noch in 88,3 % der Fälle eine einvernehmliche Regelung erzielt, 2002 hingegen in nur noch 80,2 % – umgekehrt stieg die Zahl der Abbrüche, des Zurücktretens oder ohne Einigung ablaufenden Täter-Opfer-Ausgleiche von 9,2 % (für 1997) auf 17,2 % (für 2001 (ein leichtes Abfallen auf 15,5 % für 2002 ist hier aber festzustellen)) (Kerner et al. 2005: 86). Da sich aber im betrachteten Zeitraum die Fallzahl vervielfacht hat (Kerner et al. 2005: 87), können diese Zahlen nur einen groben Überblick bieten. Differenziert nach Erwachsenen und Jugendlichen bzw. Heranwachsenden lässt sich feststellen, dass der Anteil an Erwachsenen, die erfolgreiche Ausgleichsgespräche geführt hatten, gegenüber dem der Jugendlichen und Heranwachsenden deutlich geringer ausfällt (für 2002 75,3 % bei Erwachsenen, 91,8 % bei Jugendlichen) (Kerner et al. 2005: 88).

Aber dennoch scheint ein positives Fazit – selbst wenn man eine gewisse Überzeichnung durch die Evaluationsforscher in Rechnung stellen mag – nicht unbegründet: „Täter-Opfer-Ausgleich als Konfliktregelung im kommunikativen Verfahren hat sich bewährt. Es zeigt sich, dass der dynamische Prozess einer Konfliktregelung in einem angemessenen methodischen Rahmen für die Betroffenen funktional ist. Täter-Opfer-Ausgleich ist auf ein eigenständiges institutionelles Setting – geprägt durch Freiwilligkeit und Selbstbestimmung der Betroffenen, sowie der Subsidiarität repressiver strafrechtlicher Maßnahmen – angewiesen, um die Möglichkeit einer Konfliktregelung gewährleisten zu können. Darüber hinaus ist die Akzeptanz von Staatsanwaltschaft und Gericht, eine Einigung als ausreichende Reaktion und als eigenständige Maßnahme auch bei komplexen und schwerwiegenden Tatkonstellationen zu bewerten, hoch" (Kuhn 1991: 87).

Im Bereich der ambulanten Sanktionen des Jugendstrafrechts stellt der Täter-Opfer-Ausgleich zwar mittlerweile ein „weitgehend flächendeckendes Angebot" (BMI/BMJ 2006: 563) dar, wobei aber in der Praxis nach Schätzungen (von grundsätzlich geeigneten Fällen) diese Möglichkeit nur „im einstelligen Prozentbereich" (BMI/BMJ 2006: 563) realisiert wird.

Wiedergutmachung und Täter-Opfer-Ausgleich kompakt:
- Der *Victim Survey* des Kriminologischen Forschungsinstituts Niedersachsen hat – wie auch schon frühere Untersuchungen – belegt, dass die Opfer *weniger an einer Bestrafung der Täter* als vielmehr an einer – wie auch immer gearteten – *Wiedergutmachung* interessiert sind.
- Dies führt – folgt man dem demoskopischen Volkswillen – zu dem Versuch der *Entkriminalisierung* der entsprechenden Verhaltensweisen.
- *Entkriminalisierung* kann durch Rückverweis auf die betroffenen Interaktionspartner, nämlich Täter und Opfer, als *Wiedervergesellschaftung sozialer Konflikte* betrieben werden. Damit wäre dem Opfer mehr gedient und die *nicht intendierten schädlichen Nebeneffekte strafrechtlicher Verfolgung auf Täterseite reduziert.*
- Dieses Konzept des *Täter-Opfer-Ausgleichs* hat zunächst einmal eine *Schadenswiedergutmachung durch den Täter* zum Ziel. Nicht eine staatliche Entschädigung, eine solche durch Versicherungen oder eine Unterstützung durch andere Organisationen, sondern eine Ersatzleistung durch den Täter ist angestrebt, weil dieser dadurch *seine Verantwortung erfährt.*
- Materielle Entschädigung – pekuniär oder durch Dienstleistungen – können im Täter-Opfer-Ausgleich insoweit strafrechtlich relevant werden, als das *Ausmaß der Pönalisierung* – wie auch immer – *reduziert* werden kann.
- Auch wenn eine *vollständige Restitution oft Illusion* bleiben muss, führt der Täter-Opfer-Ausgleich dazu, die unterschiedlichen Perspektiven und *Situationsdefinitionen der Interaktionspartner zu erfahren und zu verstehen.* Diese positive Funktion sollte nicht unterschätzt werden.
- Der Täter-Opfer-Ausgleich ist durchaus dazu angetan, eine *Wiedereingliederung von Täter und Opfer* in die Gesellschaft zu befördern: beim Täter insbesondere durch die Vermeidung der schädlichen Folgen einer weitgehenden Kriminalisierung, beim Opfer durch die Reduktion weiterer sekundärer oder tertiärer Viktimisierungen.
- Die *konsensuelle, informelle* und (mehr oder weniger) *freiwillige* Konfliktregelung im Täter-Opfer-Ausgleich hat in vielen Modellversuchen funktioniert und sollte geeignet sein, das in der Mehrzahl der Fälle noch praktizierte Strafrecht kritisch zu sehen.
- Obgleich ein *Täter-Opfer-Ausgleich* nicht bei jedem Delikt, nicht bei jedem Täter und nicht bei jedem Opfer möglich ist, kann überall dort, wo die Bedingungen für seinen Einsatz erfüllt sind, von einer *breiten Akzeptanz seitens der Bevölkerung* ausgegangen werden.

- Argumente mancher Strafrechtler, wonach – trotz Nichterfüllung der *general- und spezialpräventiven Wirkung* – das Strafrecht notwendig wäre, um das *Strafbedürfnis der Bevölkerung* zu befriedigen und um insbesondere *Selbstjustiz* zu verhindern, muss durch bevölkerungsrepräsentative Umfragen als eindeutig widerlegt gelten.
- Es muss also die Frage gestellt und sie kann mit „Nein" beantwortet werden, ob die *Strafe* dort noch notwendig ist, wo Wiedergutmachung und Täter-Opfer-Ausgleich erfolgreich verlaufen.
- Dies bedeutet nicht, dass es keine *punitiven Einstellungen* mehr gäbe und dass diese bei Opfern bestimmter Delikte nicht verstärkt würden. Man darf aber vermuten, dass für eine Vielzahl der Delikte und eine überwiegende Mehrheit der Bevölkerung und für eine Mehrzahl der Opfer solche Einstellungen nicht gelten.
- Nun muss man nicht die *vox pupuli zum Kriterium für Entscheidungen* machen, wenn aber diese mit wissenschaftlich und ethisch begründeten Vorstellungen konform geht, warum dann nicht?

Literaturverzeichnis:

Abel, M. H., Vergewaltigung-Stereotypen in der Rechtssprechung. Empirische Befunde, in: Krüger, U. (Hrsg.): Kriminologie. Eine feministische Perspektive, Pfaffenweiler, 1992, S. 70-110.

Akers, R., Delinquent Behaviour, Drugs and Alcohol: What's the Relationship?, in: Today's Delinquent, 3/1984, S. 19-47.

Alber, J., Vom Armenhaus zum Wohlfahrtsstaat. Analysen zur Entwicklung der Sozialversicherungen in Westeuropa, Frankfurt a. M., 1982.

Albrecht, G., Howe, C.-W., Wolterhoff-Netix, J., Neue Ergebnisse zum Dunkelfeld der Jugenddelinquenz, Bielefeld, 1988, SFB 227.

Albrecht, G., Soziologische Erklärungsansätze individueller Gewalt und ihre empirische Bewährung, in: Heitmeyer, W./Hagan, J. (Hrsg.): Internationales Handbuch der Gewaltforschung, Wiesbaden, 2002, S. 763-818.

– Sociological Approaches to Individual Violence and Their Empirical Evaluation, in: Heitmeyer, W./Hagan, J. (eds.): International Handbook of Violence Research, Dordrecht/Boston/London, 2003, S. 611-656.

Albrecht, H. J., 1985: Generalprävention, in: Kaiser, G. et al.: Kleines Kriminologisches Wörterbuch, Heidelberg, 1985, S. 132-139.

Albrecht, P. A., Perspektiven und Grenzen polizeilicher Kriminalprävention, Ebelsbach, 1983.

– Prävention als problematische Zielbestimmung im Kriminaljustizsystem, in: Deichsel, W. et al. (Hrsg.): Kriminalität, Kriminologie und Herrschaft, Pfaffenweiler, 1988, S. 29-60.

Albrecht, P. A., Backes, O., Verdeckte Gewalt – Plädoyers für eine „innere Abrüstung", Frankfurt a. M., 1990.

Albrecht, P. A., Schüler-Springorum, H. (Hrsg.), Jugendstrafe an Vierzehn- und Fünfzehnjährigen. Strukturen und Probleme, München, 1983.

Alisch, M., Dangschat, J., Die solidarische Stadt. Ursachen von Armut und Strategien für einen sozialen Ausgleich, Darmstadt, 1993.

Amelunxen, C., Das Opfer der Straftat: ein Beitrag zur Viktimologie, Hamburg, 1970.

Arbeitskreis Junger Kriminologen, Kritische Kriminologie. Positionen, Kontroversen und Perspektiven, München, 1974.

Bard, M., Zacker, N., Rutter, A., Police, Family Crisis, Intervention and Conflict Management: An Action Research Analysis. Final Report to the National Institute of Law Enforcement and Criminal Justice, 1972.

Baurmann, M., Hofferbert, M., Bürgerliche und marxistische Kriminologie, in: Arbeitskreis Junger Kriminologen: Kritische Kriminologie. Positionen, Kontroversen und Perspektiven, München, 1974, S. 158-189.

Beccaria, C., Dei delitti e delle pene [Über Verbrechen und Strafen], Mailand, 1764.

Beck, U., Risikogesellschaft. Auf dem Weg in eine andere Moderne, Frankfurt a. M., 1986.
Beck-Bornholdt, H.-P., Dubben, H.-H., Der Hund, der Eier legt: Erkennen von Fehlinformationen durch Querdenken, Hamburg/Reinbek, 1999.
Becker, G., Crime and Punishment: An Economic Approach, in: Becker, G. S, Landes, W. M. (Hrsg.): Essays in the Economics of Crime and Punishment, New York, 1974, S. 1-54.
- Der ökonomische Ansatz zur Erklärung menschlichen Verhaltens, Tübingen, 1982 und 1992.
Becker, G. S., Landes, W. M. (Hrsg.), Essays in the Economics of Crime and Punishment, New York, 1974.
Becker, G. S., Becker, G. N., Die Ökonomik des Alltags, Tübingen, 1998.
Becker, H. S., Outsiders. Studies in the Sociology of Deviance, New York, 1963.
Bentham, J., An Introduction to the Principles of Morals and Legislation, London, 1970 (zuerst 1789).
- Political Remedies for the Evil of Offences, in: Hudson, J., Galaway, B. (Hrsg.): Considering the Victim, Springfield/Ill., 1975, S. 29-42.
Bentley, A., The Process of Government, Fraston/Ill., 1949.
Berger, P. L., Luckmann, T., Die gesellschaftliche Konstruktion der Wirklichkeit, Frankfurt a. M., 1969.
- Die gesellschaftliche Konstruktion der Wirklichkeit, (5. Aufl.), Frankfurt a. M., 1980.
Berlitz, C., Guth, H.-W., Kaulitzki, R., Schumann, K. F., Grenzen der Generalprävention – Das Beispiel Jugendkriminalität, in: Kriminologisches Journal, 1/1987, S. 13-31.
Bertrand, M. A., Eine radikale feministische Kritik von Kriminologie und Strafrecht, in: Krüger, U. (Hrsg.): Kriminologie. Eine feministische Perspektive, Pfaffenweiler, 1992, S. 13-26.
Beste, H., Schadenswiedergutmachung – ein Fall für zwei?, in: Kriminologisches Journal, 3/1986, S. 161-181.
- Probleme der Schadenswiedergutmachung im Zuge viktimisierender Kriminalpoitik, in: Monatsschrift für Kriminologie und Strafrechtsreform 1987, S. 336-352.
Bianchi, H., Das Assensusmodell. Ein Plädoyer für die Wiedereinführung des Innenasylrechts, in: Kriminologisches Journal 2/1981, S. 104-118.
Bierbrauer, G., Falke, J., Koch, K. F., Konflikt und Konfliktbeilegung, in: Bierbrauer et al.: Zugang zum Recht, Bielefeld, 1978.
Bilsky, W., Pfeiffer, C., Wetzels, P., Persönliches Sicherheitsgefühl, Angst vor Kriminalität und Gewalt, Opfererfahrung älterer Menschen. Erhebungsinstrument der KFN-Opferbefragung, Hannover, 1992.
- (Hrsg.), Fear of Crime and Criminal Victimization, Stuttgart, 1993.
Binkofski, F., Buccino, G., Der Nachmacher-Effekt, in: Gehirn & Geist 10/2006, S. 41-43.

Bittner, G., Gewalt, Hass und Rache. Psychoanalytische Thesen zur Aggression, in: Schöpf, A. v. (Hrsg.), Aggression und Gewalt. Anthropologisch-sozialwissenschaftliche Beiträge, Würzburg, 1985, S. 143-153.
Blankenburg, E., Sessar, K., Steffen, W., Die Staatsanwaltschaft im Prozeß strafrechtlicher Sozialkontrolle, Berlin, 1978.
Blasius, D., Kriminalität in der Geschichte der modernen Gesellschaft. Bemerkungen zu den Konstitutionsbedingungen von Kriminalität, in: Deichsel, W. et al. (Hrsg.): Kriminalität, Kriminologie und Herrschaft, Pfaffenweiler, 1988, S. 61-78.
Blau, G., Diversion unter nationalem und internationalem Aspekt, in: Kury, H. (Hrsg.): Kriminologische Forschung in der Diskussion: Berichte, Standpunkte, Analysen, Köln, 1985, S. 311-339.
Blomberg, Th., Blomberg, R. J., Die Ausdehnung des Netzes sozialer Kontrolle durch Diversion, in: Brusten, M., Herriger, N., Malinowski, P. (Hrsg.): Entkriminalisierung: sozialwissenschaftliche Analysen zu neuen Formen der Kriminalpolitik, Opladen, 1985, S. 111-123.
Boers, K., Kriminalitätsfurcht. Über den Entstehungszusammenhang und die Folgen eines Problems, Pfaffenweiler, 1991.
Boesen, P. G., Grupp, E., Community Based Corrections, Santa Cruz/Cal., 1976.
Böllinger, L., „Limits to Pain" – eine psychosoziale Perspektive, in: Kriminologisches Journal, 1/1983, S. 54-56.
Bolte, K. M., Hradil, S., Soziale Ungleichheit in der Bundesrepublik Deutschland, (6. Aufl.), Opladen, 1988.
Bolte, K. M., Kappe, D., Schmid, J., Bevölkerung, (4. Aufl.), Opladen, 1980.
Boogaart, H. v.d., Seus, L., Radikale Kriminologie. Die Rekonstruktion zweier Jahrzehnte Wissenschaftsgeschichte Großbritanniens, Pfaffenweiler, 1991.
Bourdieu, P., Entwurf einer Theorie der Praxis, Frankfurt a. M., 1979.
– Die feinen Unterschiede. Kritik der gesellschaftlichen Urteilskraft, Frankfurt a. M., 1982.
Braun, D., Theorien rationalen Handelns in der Politikwissenschaft. Eine kritische Einführung, Opladen, 1994.
Brumlik, M., Kriminologie, Jugendstrafe und Gerechtigkeit, in: Peters, H. (Hrsg.): Muß Strafe sein? Zur Analyse und Kritik strafrechtlicher Praxis, Opladen, 1993, S. 201-216.
Brusten, M., Herriger, N., Malinowski, P. (Hrsg.), Entkriminalisierung: sozialwissenschaftliche Analysen zu neuen Formen der Kriminalpolitik, Opladen, 1985.
Bühl, W. L., Struktur und Dynamik des menschlichen Sozialverhaltens, Tübingen, 1982.
– Krisentheorien, (2. Aufl.), Darmstadt, 1988.
Bulmer, M., The Chicago School of Sociology. Industrialization, Diversity, and the Rise of Sociological Research, Chicago, London, 1984.
Bundesministerium des Innern/Bundesministerium der Justiz (BMI/BMJ) (Hrsg.), Zweiter Periodischer Sicherheitsbericht, 2006.

Bundesministerium der Justiz (Hrsg.), Jugendstrafrechtsreform durch die Praxis. Konstanzer Symposium, Bonn, 1989.
- Täter-Opfer-Ausgleich, Bonn, 1991.
- Täter-Opfer-Ausgleich in der Entwicklung. Auswertung der bundesweiten Täter-Opfer-Ausgleichs-Statistik für den Zehnjahreszeitraum 1993 bis 2002, Berlin, 2005.

Burgess, A. W., Holmstrom, L., Rape. The Victims of Crisis, Brady, 1974.

Burgess, E. W., The Growth of the City: An Introduction to a research Project, in: Park, R. E., Burgess, E. W., McKenzie R. D. (Hrsg.): The City, Chicago/London, 1967, S. 47-62.

Burns, J., Swerdlow, R., Right orbitofrontal tumor with pedophilia symptom and constructional apraxia sign, in: Archives of Neurology 60, 2003, S. 437-440.

Carson, W. G., The Sociology of Crime and the Emergence of Criminal Laws, in: Rock, P., McIntosh, M. (Hrsg.): Deviance and Social Control, London, 1974, S. 67-90.

Chambliss, W. J., Mankoff, M. (Hrsg.), Who's Law, who's Order? New York, 1976.

Christie, N., Limits to Pain, Oxford, 1981, deutsch: Grenzen des Leides, Bielefeld, 1986.
- Die Beziehung zwischen Kriminologie und Strafrecht: Diener, Freunde oder Feinde?, in: Deichsel, W. et al. (Hrsg.): Kriminalität, Kriminologie und Herrschaft, 1988, S. 7-13.
- Crime Control As Industry. Towards GULAGS Western Style? Oslo, 1993.

Cicourel, A., Social Organisation of Juventile Justice, New York, London, Sidney, 1966 und 1968.

Claessens, D., Gruppe und Gruppenverbände. Systematische Einführung in die Folgen von Vergesellschaftung, Darmstadt, 1977.

Clark, J. P., Hollinger, R. C., Theft by Employees in Work Organizations, Washington DC., 1983.

Cohen, S., Visions of Social Control. Crime, Punishment and Classification, Oxford and Cambridge, 1985.
- Against Criminology, New Brunswick-Oxford, 1988.
- Dezentralisierung ernst genommen – Wert, Visionen, Strategien, in: Kriminologisches Journal, 1/1988, S. 10-31.
- The Critical Discourse on Social Control, in: International Journal of the Sociologie of Law, 17/1989.
- Soziale Kontrolle und die Politik der Rekonstruktion, in: Frehsee, D., Löschper, G., Schuhmann, K. F. (Hrsg.): Strafrecht, soziale Kontrolle, soziale Disziplinierung, Opladen, 1993, S. 209-237.

Coleman, J. S., Grundlagen der Sozialtheorie, Bd. 3, Die Mathematik der sozialen Handlung, München, 1994.

Council of Europe Report on Decriminalisation, Strasbourg, 1980.

Cremer-Schäfer, H., Normklärung ohne Strafe. Über die gesellschaftlichen Bedingungen der Verzichtbarkeit von Kriminalität und Strafe für das Darstellen herrschender Moral, in: Peters, H. (Hrsg.): Muß Strafe sein? Zur Analyse und Kritik strafrechtlicher Praxis, Opladen, 1993, S. 91-114.

Dahrendorf, R., Gesellschaft und Freiheit, München, 1961.

Damasio, A., Descartes' Irrtum, Fühlen, Denken und das menschliche Gehirn, München, Leipzig, 1994.

Dangschat, J., Blasius, J. (Hrsg.), Lebensstile in den Städten. Konzepte und Methoden, Opladen, 1994.

Dangschat, J., Segregation, in: Häußermann, H. (Hrsg.): Großstadt, Opladen, 1998a, S. 207-220.

– Warum ziehen sich Gegensätze nicht an? Zu einer Mehrebenen-Theorie ethnischer und rassistischer Konflikte um den städtischen Raum, in: Heitmeyer, W., Dollase, R., Backes, O. (Hrsg.): Die Krise der Städte, Frankfurt a. M., 1998b, S. 21-96.

Davidson, G., Neale, J. M., Klinische Psychologie, (3. Aufl.), München, 1988.

Dawkins, R., Das egoistische Gen, Berlin, 1978.

Deichsel, W., Kriminologie und kriminologische Ausbildung – Gebrauchsartikel im Strafverteidigungsalltag?, in: Kriminologisches Journal 1/1991, S. 2-15.

– Nichtintendierte, nicht *so* intendierte, nicht so unintendierte Folgen von Diversion. Diversion als Botschaft, daß Strafe sein muß, in: Peters, H. (Hrsg.): Muß Strafe sein? Zur Analyse und Kritik strafrechtlicher Praxis, Opladen, 1993, S. 171-184.

Deichsel, W., Kunstreich, T., Lehne, W., Löschper, G., Sack, F. (Hrsg.), Kriminalität, Kriminologie und Herrschaft, Pfaffenweiler, 1988.

Delattre, G., Falleignungskriterien aus der Sicht der Ausgleichspraxis, in: Bundesministerium der Justiz (Hrsg.): Täter-Opfer-Ausgleich, Bonn, 1991, S. 138-140.

Dennett, D., Spielarten des Geistes, Wie erkennen wir die Welt? Ein neues Verständnis des Bewusstseins, München, 1996.

Dickens, Ch., Oliver Twist, London u.a., 1994 (zuerst 1837-1839).

Diekmann, A., Voss, T., Die Theorie rationalen Handelns. Stand und Perspektiven, in: Diekmann, A., Voss, T. (Hrsg.): Rational-Choie-Theorie in den Sozialwissenschaften, Anwendungen und Probleme, München, 2004, S. 13-29.

Dijk, J. J. M. van, Viktimologie in Theorie und Praxis, in: Janssen, H., Kerner, H.-J. (Hrsg.): Verbrechensopfer, Sozialarbeit und Justiz: das Opfer im Spannungsfeld der Handlungs- und Interessenkonflikte, Bonn, 1986, S. 3-24.

– Strafsanktionen und Zivilisationsprozeß, in: Monatsschrift für Kriminologie und Strafrechtsreform, 4/1989, S. 437-450.

Dörner, K., Staatlicher Gewalt-Verzicht mindert Bürger-Gewalt – Am Beispiel der Psychiatrie-Abrüstung, in: Albrecht, P.-A., Backes, O.: Verdeckte Gewalt – Plädoyers für eine „innere Abrüstung", Frankfurt a. M., 1990, S. 242-250.

Driebold, R., Ein Weg zur Abschaffung der totalen Institution? Ansätze einer angemesseneren Reaktion auf Devianz, in: Kriminologisches Journal, 2/1986, S. 131-144.

- Sanktionsverzicht? Zur Entwicklung strafrechtlicher Reaktionen seit den 50er Jahren, in: Peters, H. (Hrsg.): Muß Strafe sein? Zur Analyse und Kritik strafrechtlicher Praxis, Opladen, 1993, S. 27-60.

Dünkel, F., Rössner, J., Täter-Opfer-Ausgleich in der Bundesrepublik Deutschland, Österreich und der Schweiz, in: Zeitschrift für die gesamte Strafrechtswissenschaft, 1987, S. 845-872.

Durkheim, E., De la division du travail social, Paris, 1893.

- Die Regeln der soziologischen Methode, Berlin, Neuwied, 1965.

Eder, K., Die Zivilisierung staatlicher Gewalt. Eine Theorie der modernen Strafrechtsentwicklung, in: Neidhardt, F. (Hrsg.): Kultur und Gesellschaft, Sonderband 27/1986 der Kölner Zeitschrift für Soziologie und Sozialpsychologie, Opladen, 1986, S. 232-262.

- Klassenlage, Lebensstil und kulturelle Praxis, Frankfurt a. M., 1989.

Eibl-Eibesfeldt, I., Der vorprogrammierte Mensch. Das Ererbte als bestimmender Faktor im menschlichen Verhalten, Kiel, 1985.

- Die Biologie des menschlichen Verhaltens. Grundriss der Humanethologie, (2. Aufl.), München, Zürich, 1986.

Eisenbach-Stangl, I., Jugend und Rausch – Eine empirische Analyse legalen und illegalen Rauschmittelkonsums Wiener Schüler, Wien, 1984.

Engbersen, G., Zwei Formen der sozialen Ausgrenzung: Langfristige Arbeitslosigkeit und illegale Immigration in den Niederlanden, in: Häußermann, H., Kronauer, M., Siebel, W. (Hrsg.): An den Rändern der Städte, Frankfurt a. M., 2005, S. 99-121.

Engels, F., Zur Wohnungsfrage, in: Marx, K., Engels, F., Werke, Artikel, Entwürfe Dezember 1872 bis Mai 1875. Gesamtausgabe Bd. 24. Berlin, 1984 (zuerst 1872), S. 7-81.

Esser, H., Verfällt die soziologische Methode?, in: Soziale Welt, 1-2/1989, S. 57-75.

- Alltagshandeln und Verstehen. Zum Verhältnis von erklärender und verstehender Soziologie am Beispiel von Alfred Schütz und „Rational Choice", Tübingen, 1991.

- Soziologie, Allgemeine Grundlagen, Frankfurt, New York, 1993.

Eysenck, H., Die Zukunft der Psychologie, München, 1977a.

- Kriminalität und Persönlichkeit, Wien, 1977b.

Eysenck, H., Eysenck, M., Der durchsichtige Mensch. Wie uns Psychologen sehen, München, 1983.

Fetchenhauer, D., Psychologische Ansätze zur Erklärung von Steuerhinterziehung, Schwarzarbeit und (Sozial-)Versicherungsbetrug, in: Lamnek, S., Luedtke, J. (Hrsg.): Der Sozialstaat zwischen 'Markt' und 'Hedonismus', Opladen, 1999, S. 404-424.

Feltes, Th., Der Staatsanwalt als Sanktions- und Selektionsinstanz: eine Analyse anhand der Staatsanwaltsstatistik mit einigen Bemerkungen zu regionalen Unterschieden in der Sanktionierung im Erwachsenen- und Jugendstrafverfahren und zur „systeminternen Diversion", in: Kerner, H.-J. (Hrsg.): Diversion statt

Strafe?: Probleme und Gefahren einer neuen Strategie strafrechtlicher Sozialkontrolle, Heidelberg, 1983, S. 55-94.
- Die Erledigung von Ermittlungsverfahren durch die Staatsanwaltschaft, in: Kriminologisches Journal, 1/1984, S. 50-62.

Feltes, Th., Janssen, H., Voß, M., Die Erledigung von Strafverfahren durch Staatsanwaltschaft und Gericht – Brauchen wir die sog. Diversionsmodelle in der Bundesrepublik, in: Kerner, H. J., Kury, H., Sessar, K. (Hrsg.): Deutsche Forschungen zur Kriminalitätsentstehung und Kriminalitätskontrolle, Köln 1983, S. 858-895.

Fend, H., Sozialgeschichte des Aufwachsens, Frankfurt a. M., 1988.

Frehsee, D., Schadenswiedergutmachung als Instrument strafrechtlicher Sozialkontrolle. Ein kriminalpolitischer Beitrag zur Suche nach alternativen Sanktionsformen, Berlin, 1987.

Frehsee, D., Löschper, G., Schumann, K. F. (Hrsg.), Strafrecht, soziale Kontrolle, soziale Disziplinierung, Opladen, 1993.

Friedrichs, J., Stadtanalyse. Soziale und räumliche Organisation der Gesellschaft, Opladen, 1983.
- Stadtsoziologie, Opladen, 1995.

Fry, M., Justice for Victims, in: Hudson, J., Galaway, B. (Hrsg.): Considering the Victims, Springfield/Ill., 1975, S. 579-592.

Fuchs, W. et al., Lexikon zur Soziologie, (2. Aufl.), Opladen, 1988.

Funk, A., Die Veränderungen im Strafverfolgungssystem in ihrer Bedeutung für eine kritische Lehre der Kriminologie, in: Kriminologisches Journal, 4/1990, S. 242-254.

Galiher, J., Ursprünge, Entwicklung und Niedergang der liberalen Kriminologie, in: Janssen, H., Kaulitzky, R., Michalowski, R. (Hrsg.): Radikale Kriminologie. Themen und theoretische Positionen der amerikanischen Radical Criminology, Bielefeld, 1988, S. 62-77.

Galtung, J., Strukturelle Gewalt, Reinbek, 1975.

Garland, D., Punishment and Modern Society. A Study in Social Theory, Oxford, 1990.

Garz, D., Sollen wir vielleicht doch eingreifen? Abolitionismus – Gerechtigkeit – Just Community, in: Kriminologisches Journal, 3/1987, S. 212-228.

Gaschler, K., Spiegelneurone. Die Entdeckung des Anderen, in: Gehirn & Geist, 10/2006, S. 26-33.

Geerds, F., Der Schiedsmann in der Strafrechtspflege, in: Schiedsmann-Zeitung, 5/1980.

Geis, G., Die Anwendung der viktimologischen Forschung Wiedereingliederung des Opfers in die Gesellschaft, in: Schneider, H. J.: Das Verbrechensopfer in der Strafrechtspflege, Berlin, 1982, S. 339-353.

Geißler, R., Marißen, N., Milde für junge Frauen bei der Strafverfolgung. Der Frauenbonus oder das Paradox der geschlechtsspezifischen Gleichbehandlung, in: Kölner Zeitschrift für Soziologie und Sozialpsychologie, 3/1992, S. 549-558.

Giddens, A., New Rules of Sociological Method: A Positive Critique of Interpretative Sociologies, New York, 1976.
- Die Konstitution der Gesellschaft. Grundzüge einer Theorie der Strukturierung, Frankfurt, New York, 1988.
Giehring, H., Sozialwissenschaftliche Forschung zur Generalprävention und normative Begründung des Strafrechts, in: Kriminologisches Journal, 1/1987, S. 2-12.
Glaser, D., The Prison of the Future, in: Carter, R. M. et al. (Hrsg.): Correctional Institutes, Philadelphia, 1972, S. 428-432.
Glueck, S., Glueck, E., Unraveling Juvenile Delinquency, Cambridge/Mass., 1950.
Goffman, E., Asyle. Über die soziale Situation psychiatrischer Patienten und anderer Insassen, Frankfurt a. M., 1973.
Gottfredson, M. R., Hirschi, T., A General Theory of Crime, Stanford, 1990.
Gransee, C., Stammermann, U., Kriminalität als Konstruktion von Wirklichkeit und die Kategorie Geschlecht. Versuch einer feministischen Perspektive, Pfaffenweiler, 1992.
Green, P. D., Shapiro, I., Rational Choice, Eine Kritik am Beispiel von Anwendungen in der Politischen Wissenschaft, München, 1999.
Greenberg, D. J., Problems in Community Corrections, in: Issues in Criminology 1975, S. 1-34.
Gutsche, G., Kriminalitätseinstellungen im Kontext von Wertorientierungen und gesellschaftlichen Leitbildern am Beispiel sozialer Milieus in den neuen Bundesländern, in: Ludwig-Mayerhofer, L. (Hrsg.): Soziale Ungleichheit, Kriminalität und Kriminalisierung, Opladen, 2000, S. 119-145.
Haan, W. de., Die Politik mit dem „schlechten Gewissen". Die Diskussion über den Abolitionismus in den Niederlanden, in: Kriminologisches Journal, 4/1985, S. 246-266.
- Universalismus und Relativismus in der kritischen Kriminologie, in: Kriminologisches Journal, 2/1992, S. 110-115.
Habermas, J., Technik und Wissenschaft als „Ideologie", Frankfurt a. M., 1969.
- Zur Rekonstruktion des Historischen Materialismus, Frankfurt a. M., 1976.
- Theorie des kommunikativen Handelns. Zur Kritik der funktionalistischen Vernunft, Frankfurt a. M., 1981.
Haferkamp, H., Kriminalität ist normal, Stuttgart, 1972.
- Soziologie als Handlungstheorie, (3. Aufl.), Opladen, 1976.
- Herrschaft und Strafrecht, Opladen, 1980.
- Herrschaftsverlust und Sanktionsverzicht. Kritische Bemerkungen zur Theorie des starken Staates, der neuen sozialen Kontrolle und des ideellen Abolitionismus, in: Kriminologisches Journal, 2/1984, S. 112-131.
- Zur künftigen Neuorientierung der kriminologischen Forschung, in: Kriminologisches Journal, 3/1987, S. 171-192.

Haferkamp, H., Heiland, H.-G. et al., Herrschaftsverfall und Machtrückgewinn – Zur Erklärung von Paradoxien des Wohlfahrtsstaates, in: Haferkamp, H. (Hrsg.): Wohlfahrtsstaat und soziale Probleme, 1984, S. 60-103.

Haferkamp, H., Lautmann, R., Zur Genese kriminalisierender Normen. Anläßlich eines AJK-Symposiums, in: Kriminologisches Journal, 4/1975, S. 241-251.

Hallen, O., Epilepsien im Erwachsenenalter, Medizinische Aspekte, in: Deutsche Sektion der Internationalen Liga gegen Epilepsie (Hrsg.): Die epileptischen Anfallskrankheiten. Ein Leitfaden für Erzieher, Fürsorger, Arbeits- und Berufsberater, Heidelberg, 1966, S. 61-74.

Hanak, G., Diversion und Konfliktregelung. Überlegungen zu einer alternativen Kriminalpolitik bzw. zu einer Alternative zur Kriminalpolitik, in: Kriminalsoziologische Bibliographie, 1/1982, S. 1-37.

Hanak, G., Stehr, J., Steinert, H., Ärgernisse und Lebenskatastrophen – Über den alltäglichen Umgang mit Kriminalität, Bielefeld, 1989.

Harlow, J. M., Passage of an iron rod through the head, in: Boston Medical and Surcical Journal 39, 1848, S. 389-393.

– Recovery from the passage of an iron bar through the head, Boston, 1869.

Harrington, C. B., Shadow Justice – The Ideology and Institutionalisation of Alternatives to Court, London, 1985.

Hassemer, W., Il bene giuridico tra coustituzione e diritto naturale, in: Dei delitti e delle pene 3/1983.

Hassemer, W., Lüderssen, K., Naucke, W., Hauptprobleme der Generalprävention, Frankfurt, 1979.

Hauser, R., Armut und soziale Ausgrenzung – die europäische Perspektive, in: Fachinger, U., Rothgang, H., Viebrok, H., Schmähl, W. (Hrsg.): Die Konzeption sozialer Sicherung, Festschrift für Winfried Schmähl zum 60. Geburtstag, Baden-Baden, 2002, S. 95-110.

Häußermann, H., Siebel, W., Stadtsoziologie, Frankfurt am Main, 2004.

Häußermann, H., Städte, Gemeinden und Urbanisierung, in: Joas, H. (Hrsg.): Lehrbuch der Soziologie, Frankfurt a. M., S. 505-532.

Hegel, G.W.F., Grundlinien der Philosophie des Rechts, Werkausgabe Bd.7, (2. Aufl.), Frankfurt a. M., 1989.

Heiland, H.-G., Schulte, W., Strafe und Verhalten – oder: Wieviel Strafrecht ist nötig?, in: Peters, H. (Hrsg.): Muß Strafe sein? Zur Analyse und Kritik strafrechtlicher Praxis, Opladen, 1993, S. 61-76.

Heinz, W., Jugendstrafrechtsreform durch die Praxis. Eine Bestandsaufnahme, Unveröff. Ms., Konstanz, 1988.

– Jugendstrafrechtsreform von unten? Aktuelle Fragen des Jugendstrafrechts, in: Senator für Jugend und Familie in Berlin (Hrsg.): Jugendstrafrechtsreform von unten? Dokumentation einer Fachtagung, Berlin, 1988, S. 10-56.

– Die Jugendstrafrechtspflege im Spiegel der Rechtspflegestatistiken. Ausgewählte Daten für den Zeitraum 1950-1980, in: Monatsschrift für Kriminologie und Strafrechtsreform, 2/1990, S. 210-225.

- Diversion im Jugendstrafrecht und ihre Wirkung: Die empirischen Ergebnisse für die Bundesrepublik Deutschland und ihre kriminalpolitischen Implikationen, Materialien zum Vortrag auf dem 8. Internationalen Symposium, Bielefeld, 1991.
- Jugendstrafrechtsreform durch die Praxis. Eine Bestandsaufnahme, Unveröff., Konstanz.

Henderson, H. E., Helping Families in Crisis: Police and Social Work Intervention, in: Social Work, 1976, S. 314-315.

Hentig, H. von, Remarks on the Interaction of Perperator and Victim, in: Journal of Criminology, 1941, S. 303-309.

Hess, H., Probleme der sozialen Kontakte, in: Kerner, H.-J. et al. (Hrsg.): Kriminologie, Psychiatrie und Strafrecht. Festschrift für Heinz Leferenz zum 70. Geburtstag, Heidelberg, 1983, S. 3-24.
- Die ursprüngliche Erfindung des Verbrechens, in: Kriminologie und Geschichte, 2. Beiheft des Kriminologischen Journals, 1987, S. 18-56.

Hess, H., Steinert, H., Kritische Kriminologie – zwölf Jahre danach, in: Kritische Kriminologie heute, 1. Beiheft des Kriminologischen Journals, 1986, S. 2-8.

Hilse, J., Lerchenmüller-Hilse, H., Jugendrecht, Diversion und Strafvollzug: zur Reaktion auf abweichendes Verhalten von Jugendlichen, in: Soziale Arbeit, 4-5/1987, S. 146-149.

Hinch, R., Marxist Criminology in the 1970s. Clarifying the Clutter, in: Crime and Social Justice, 19/1983, S. 5-74.

Hinderlang, M. J., Opferbefragungen in Theorie und Forschung, in: Schneider, H.- J. (Hrsg.): Das Verbrechensopfer in der Strafrechtspflege, Berlin, 1982, S. 115-131.

Hirsch, A. von, „Limits to Pain" – eine (ziemlich) neoklassische Perspektive, in: Kriminologisches Journal, 1/1983, 1983a, S. 57-60.
- „Neoclassicism" Proportionality and the Rationale for Punishment. Thoughts on the Scandinavian Debate, in: Crime and Delinquency, 1983b, S. 52- 70.

Hirschi, T., Causes of Delinquency, Berkley, 1969.

Homann, K., Die ökonomische Dimension von Rationalität, in: Hollis, M., Vossenkuhl, W. (Hrsg.): Moralische Entscheidung und rationale Wahl, München, 1992, S. 11-24.

Horwitz, A., The Logic of Social Control, New York, 1990.

Howe, C.-W., Karstedt-Henke, S., Wolterhoff, J., Wie dunkel ist das Dunkelfeld? Bielefeld, SFB 227, 1991.

Hülshoff, T., Das Gehirn. Funktionen und Funktionseinbußen, (2. Aufl.), Bern, 2000.

Hulsman, L., Widerstand gegen die Hegemonie staatlichen Strafens, in: Deichsel, W. et al. (Hrsg.): Kriminalität, Kriminologie und Herrschaft, Pfaffenweiler, 1988, S. 117-128.

Hulsman, L., Bernat de Celis, J., Peines perdues. Le système pénal en question, Paris, 1982.

Hüpping, S., Determinanten abweichenden Verhaltens. Ein empirischer Theorievergleich zwischen der Anomietheorie und der Theorie des geplanten Verhaltens, Münster, 2005.

Jakobs, G., Schuld und Prävention, Tübingen, 1976.

Jäncke, L., Methoden der Bildgebung in der Psychologie und den kognitiven Neurowissenschaften, Stuttgart, 2005.

Janssen, H., Diversion: Entstehungsbedingungen, Hintergründe und Konsequenzen einer veränderten Strategie sozialer Kontrolle: oder: Es gibt viele zu packen, tun wir es ihnen an, in: Kerner, H.-J. (Hrsg.): Diversion statt Strafe? Probleme und Gefahren einer neuen Strategie strafrechtlicher Sozialkontrolle, Heidelberg, 1983, S. 15-54.

– Die Kapitalisierung abweichenden Verhaltens: zur Ökonomie und Politik der amerikanischen Diversionsalternativen, in: Vorgänge, 1/1986, S. 94-103.

Janssen, H., Kaulitzky, R., Michalowski, R. (Hrsg.), Radikale Kriminologie. Themen und theoretische Positionen der amerikanischen Radical Criminology, Bielefeld, 1988.

Kaiser, G., Erfahrungen mit dem Täter-Opfer-Ausgleich im Ausland, in: Bundesministerium der Justiz (Hrsg.): Täter-Opfer-Ausgleich. Zwischenbilanz und Perspektiven, Bonn, 1991, S. 40-50.

Karstedt-Henke, S., Sanktionserfahrungen und Sanktionserwartungen von Jugendlichen. Eine empirische Studie zur Integration von Individual- und Generalprävention, in: Bundesministerium der Justiz (Hrsg.): Jugendstrafrechtsreform durch die Praxis. Konstanzer Symposium, Bonn, 1989, S. 168-196.

– Diversion. Ein Freibrief für Straftaten, in: DVJJ-Journal, 2/1991, S. 108-113.

Käsler, D., Wege in die soziologische Theorie, München, 1974.

Keckeisen, W., Die gesellschaftliche Definition abweichenden Verhaltens. Perspektiven und Grenzen des labeling approach, München, 1976.

Kerner, H.-J., Verbrechenswirklichkeit und Strafverfolgung, München, 1973.

– (Hrsg.), Diversion statt Strafe? Probleme und Gefahren einer neuen Strategie strafrechtlicher Sozialkontrolle, Heidelberg, 1983.

– Unbeabsichtigte und unerwünschte Nebenfolgen der JGG-Reform durch die Praxis, insbesondere am Beispiel der Ausweitung des Netzes sozialer Kontrolle?, in: Bundesministerium der Justiz (Hrsg.): Jugendstrafrechtsreform durch die Praxis. Konstanzer Symposiom, Bonn, 1989, S. 265-292.

– Täter-Opfer-Ausgleich: Modeerscheinung auf ihrem Höhepunkt oder realistische Sanktionsalternative?, in: Bundesministerium der Justiz (Hrsg.): Täter-Opfer-Ausgleich, Bonn, 1991, S. 206-209.

Kerner, H.-J., Hartmann, A. in Zusammenarbeit mit Lenz, S., Täter-Opfer-Ausgleich in der Entwicklung. Auswertung der bundesweiten Täter-Opfer-Ausgleichs-Statistik für den Zehnjahreszeitraum 1993-2002, (Hrsg.): Bundesministerium der Justiz, Berlin, 2005.

Kerscher, I., Sozialwissenschaftliche Kriminalitätstheorien, (4. Aufl.), Weinheim, Basel, 1985.

Keupp, H., Abweichung und Alltagsroutine. Die Labeling-Perspektive in Theorie und Praxis, Hamburg, 1976.

Kiefl, W., Lamnek, S., Delinquenz, Kriminalisierung und Deliktbewertung Jugendlicher, in: Monatschrift für Krmiminologie und Strafrechtsreform, 1/1983, S. 12-26.

– Soziologie des Opfers, Theorie, Methoden und Empirie der Viktimologie, München, 1986.

Kirchhoff, G. F., Diversion im Jugendstrafrecht: das STOP-Programm der INTEG nach zwei Jahren, in: Kury, H. (Hrsg.): Kriminologische Forschung in der Diskussion: Berichte, Standpunkte, Analysen, Köln, 1985, S. 341-369.

Kirchhoff, G. F., Sessar, K. (Hrsg.), Das Verbrechensopfer, Bochum, 1979.

Klages, H., Die unruhige Gesellschaft. Untersuchung über Grenzen und Probleme spezialer Stabilität, München, 1975.

– Wohlstandsgesellschaft und Anomie, in: Haferkamp, H. (Hrsg.): Wohlfahrtsstaat und soziale Probleme, Opladen, 1984, S. 6-30.

Koewius, R., Die Rechtswirksamkeit der Privatklage, Berlin, 1974.

König, R. (Hrsg.), Handbuch der empirischen Sozialforschung, Bd. 12 Wahlverhalten Vorurteile Kriminalität, Stuttgart, 1978.

Köpcke, U., Fragwürdigkeiten aktueller Diversionsstrategien: zugleich eine Kritik der „Brücke-Projekte", in: Kriminologisches Journal, 4/1982, S. 289-302.

Kreissl, R., Neue Perspektiven kritischer Kriminologie, in: Kriminologisches Journal, 4/1989, S. 249-259.

– Soziologie und soziale Kontrolle: mögliche Folgen einer Verwissenschaftlichung des Kriminaljustizsystems, in: Beck, U., Bonß, W. (Hrsg.): Analysen zur Verwendung sozialwissenschaftlichen Wissens, Frankfurt a. M., 1989, S. 420-456.

Kronauer, M., Exklusion. Die Gefährdung des Sozialen im hoch entwickelten Kapitalismus, Frankfurt a. M., 2002.

Krüger, U. (Hrsg.), Kriminologie. Eine feministische Perspektive, Pfaffenweiler, 1992.

Kuhn, A., Erfolgskriterien und Erfolgsquoten beim Modellprojekt „Handschlag", in: Bundesministerium der Justiz (Hrsg.): Täter-Opfer-Ausgleich, Bonn, 1991, S. 80-87.

Kuhn, Th., Die Struktur wissenschaftlicher Revolutionen, Frankfurt a. M, 1967.

Kury, H. (Hrsg.), Kriminologische Forschung in der Diskussion: Berichte, Standpunkte, Analysen, Köln, 1985.

Lamnek, S., Kriminalitätstheorien – kritisch. Anomie und Labeling im Vergleich, München, 1977.

– Die spezialpräventiven Wirkungen jugendrichterlicher Maßnahmen, in: Albrecht, P.-A., Schüler-Springorum, H. (Hrsg.): Jugendstrafe an Vierzehn- und Fünfzehnjährigen, München, 1983, S. 17-65.

- Beruf, Arbeit und Kriminalität, in: Seitz, W. (Hrsg.): Kriminal- und Rechtspsychologie. Ein Handbuch in Schlüsselbegriffen, München, Wien, Baltimore, 1983a, S. 15-21.
- Wider den Schulenzwang, München, 1985.
- Qualitative Sozialforschung, Bd. 1, München, 1988, 2. Aufl., 1993, Weinheim.
- Theorien abweichenden Verhaltens, (8. Aufl.), Paderborn, 2007.

Lamott, F., Der Risikofaktor „Frau". Kriminalprävention und Mütterlichkeit, in: Monatsschrift für Kriminologie und Strafrechtsreform, 6/1985, S. 325-339.

Latham, E., The Group Basis of Politics, Ithaka, New York, 1952.

Lautmann, R., Viktimologie, in Fuchs, W. et al. (Hrsg.): Lexikon für Soziologie, Opladen, 1988, S. 840.
- Körper und Kriminalität. Von Gen-Strategien und Affekthaushalten, in: Althoff, M., Becker, P., Löschper, G., Stehr, J., (Hrsg.), Zwischen Anomie und Inszenierung, Interpretationen der Entwicklung der Kriminalität und der sozialen Kontrolle, Baden-Baden, 2004, S. 57-84.

LeJeune, R., Alex, N., On Being Mugged: The Event and its Aftermath, in: Messinger: et al. (Hrsg.): Aldine Crime and Justice Annual, Chicago, 1973, S. 160-184.

Lemert, E. M., Social Pathology, New York, 1951.
- Human Deviance, Social Problems and Social Control, Englewood Cliffs, N. J., 1967.
- Der Begriff der sekundären Devianz, in: Lüderssen, K., Sack, F. (Hrsg.): Seminar: Abweichendes Verhalten I. Die selektiven Normen der Gesellschaft, Frankfurt a. M., 1975, S. 433-476.
- Alternativen zur gerichtlichen Verarbeitung abweichenden Verhaltens: Diversion auf der Ebene polizeilichen Handelns, in: Brusten, M., Herriger, N., Malinowski, P. (Hrsg.): Entkriminalisierung: sozialwissenschaftliche Analysen zu neuen Formen der Kriminalpolitik, Opladen, 1985, S. 37-52.
- Diversion im Rahmen der Jugendgerichtsbarkeit: was wurde eigentlich erreicht?, in: Brusten, M., Herriger, N., Malinowski, P. (Hrsg.): Entkriminalisierung: sozialwissenschaftliche Analysen zu neuen Formen der Kriminalpolitik, Opladen, 1985a, S. 124-144.

Lerman, P., Community Treatment and Social Control – A Critical Analysis of Juvenile Correctional Policy, Chicago, 1975.

Lindemann, E., Symptomatology and Management in Acute Grief, in: Fulton, R. (Hrsg.): Death and Identity, New York, 1965, S. 186-201.

Lindner, R., Die Entdeckung der Stadtkultur. Soziologie aus der Erfahrung der Reportage, Frankfurt a. M., 1990.

Liszt, F. von, Der Zweckgedanke im Strafrecht (Marburger Antrittvorlesung 1882), nachgedruckt in: Ostendorf, H. (Hrsg.): Von der Rache zur Zweckstrafe – 100 Jahre Marburger Programm, Frankfurt a. M., 1982.

Löhr, H. E., Justizinterne Diversion unter Verzicht auf ambulante Maßnahmen?, in: Bundesministerium der Justiz (Hrsg.): „Neue ambulante Maßnahmen nach dem JGG", Bonn, 1986, S. 130-138.

Lombroso, C., L'uomo delinquente, Mailand, 1876.

Lüdemann, C., Bußmann, K.-D., Rechtsbeugung oder rationale Verfahrenspraxis? Über informelle Absprachen in Wirtschaftsstrafverfahren, in: Monatsschrift für Kriminologie und Strafrechtsreform, 1988, S. 81-92.

– Diversionschancen der Mächtigen? Eine empirische Studie über Absprachen im Prozeß, in: Kriminologisches Journal, 1/1989, S. 54-71.

Lüdtke, H., Expressive Ungleichheit. Zur Soziologie der Lebensstile, Opladen, 1989.

Ludwig, W., Diversion, Justiz und kriminologische Forschung, in: Kriminologisches Journal, 4/1985, S. 290-306.

– Sozialpädagogik als „weiche Kontrolle"?: zur Genese und Entwicklung von Diversion im Jugendstrafrecht der USA und der Bundesrepublik, in: Monatsschrift für Kriminologie und Strafrechtsreform, 4/1986, S. 193-210.

Ludwig-Mayerhofer, W., Jugendstrafrecht: Materiale Rationalität oder prozedurale Irrationalität?, in: Zeitschrift für Rechtssoziologie, 2/1992, S. 205-230.

– Strafe als Kommunikation, Kommunikation als Strafe – oder: Vom Unsinn einer sinnhaften Begründung des Strafrechts. Eine kleine Polemik, in: Peters, H. (Hrsg.): Muß Strafe sein? Zur Analyse und Kritik strafrechtlicher Praxis, Opladen, 1993, S. 185-200.

Luedtke, J., Globaler Wandel: Nationalstaaten und nationale Gesellschaften unter Druck, in: Bemerburg, I., Niederbacher A., (Hrsg.): Die Globalisierung und ihre Kritik(er). Zum Stand der aktuellen Globalisierungsdebatte, 2007, S. 40-56.

Luhmann, N., Rechtssoziologie, Opladen, 1983 und 1987.

Maasen, S., Hirnforscher als Neurosoziologen? Eine Debatte zum Freien Willen im Feuilleton, in: Reichertz, J., Zaboura N. (Hrsg.): Akteur Gehirn – oder das vermeintliche Ende des handelnden Subjekts, Eine Kontroverse, Wiesbaden, 2006, S. 290-303.

Malinowski, P., Brusten, M., Entkriminalisierung und Diversion: Konzepte, Erfahrungen und Kritik, in: Vorgänge, 1/1986, S. 104-111.

Malinowski, P., Münch, U., Soziale Kontrolle. Soziologische Theoriebildung und ihr Bezug zur Praxis der sozialen Arbeit, Neuwied, Darmstadt, 1975.

Markowitsch, H., Gene, Meme, „freier Wille": Persönlichkeit als Produkt von Nervensystem und Umwelt, in: Reichertz, J., Zaboura, N. (Hrsg.): Akteur Gehirn – oder das vermeintliche Ende des handelnden Subjekts, Eine Kontroverse, Wiesbaden, 2006, S. 31-44.

Marth, D., Das Opfer, in: Kriminologisches Journal, 3/1989, S. 194-208.

Marx, K., Die Frühschriften, (Hrsg. Siegfried Landshut), Stuttgart, 1971.

Mathiesen, T., The Politics of Abolition, London, 1974.

– Überwindet die Mauern! Die skandinavische Gefangenenbewegung als Modell politischer Randgruppenarbeit, Neuwied, Darmstadt, 1979.

- Law, Society and Political Action. Towards a Strategy under Late Capitalism, London, 1980.
Matthes, J., Einführung in das Studium der Soziologie, (2. Aufl.), Reinbek, 1973.
Matza, D., Delinquency and Drift, New York, 1964.
Mayhew, P. et al., Crime as Opportunity, Home Office Research Study No. 34, London, 1976.
- Crime in Public View, Home Office Research, Study No. 49, London, 1978.
Mayntz, R., Einladung zum Schattenboxen. Die Soziologie und die moderne Biologie, MPIfG Discussion Paper, 06/7, 2006.
McClintock, D., Youth, Crime and Justice – General Report of the International Society of Criminology, in: Centro nazionale di prevenzione e difesa sociale (Hrsg.): UN Doc.A/CONF.121/NGO 2, Mailand, 1984, S. 30-42.
McClintock, F. H., Some Aspects of Discretion in Criminal Justice, in: Adler, M., Asquith, St. (Hrsg.): Discretion and Welfare, London, 1981, S. 185-199.
McCord, J., Some Child-Rearing Antecedents of Criminal Behaviour in Adult Men, in: Journal of Personality and Social Psychology, 1979, S. 1477-1486.
McCord, W., McCord, J., Origins of Crime. A new Evaluation of the Cambridge Sommerville Youth Study, New York, 1959.
McKenzie, R. B., Tullock, G., Homo Oeconomicus. Ökonomische Dimensionen des Alltags, Frankfurt, New York, 1984.
Mead G. H., The Philosophy of the Present, La Salle Ill., 1959.
- Geist, Identität und Gesellschaft, (8.Aufl.), Frankfurt a. M., 1991.
Mednick, S. et al., Genetic Influences in Criminal Behaviour: Some Evidences from an Adoption Cohort. Paper presented at the annual meetings of the American Society for Criminology, Denver/Colorado, 1983.
Melossi, D., The State of Social Control. A Sociological Study of Concepts of State and Social Control in the Making of Democracy, Cambridge, 1990.
Mendelsohn, B., Sozioökonomische Einführung in allgemeine viktimologische und kriminologische Forschungsperspektiven, in: Schneider, H. J.: Das Verbrechensopfer in der Strafrechtspflege, Berlin, 1982, S. 60-66.
Merton, R. K., Social Theory and Social Structure, Glencoe Ill., 1951.
Messmer, H., „Täter–Opfer–Ausgleich. Zwischenbilanz und Perspektiven." (Tagungsbericht, 19.-21.07.1989, Wissenschaftszentrum Bonn), in: Kriminologisches Journal, 1/1990, S. 56-61.
- Zwischen Parteiautonomie und Kontrolle: Aushandlungsprozesse im Täter-Opfer-Ausgleich, in: Bundesministerium der Justiz (Hrsg.): Täter-Opfer-Ausgleich, Bonn, 1991, S. 115-131.
Michalowski, R., Radikale Kriminologie in den USA. Die Evolution marxistischer Analysen von Staat, Recht und Kriminalität, in: Janssen, H., Kaulitzky, R., Michalowski, R. (Hrsg.): Radikale Kriminologie. Themen und theoretische Positionen der amerikanischen Radical Criminology, Bielefeld, 1988, S. 35-61.
Mikl-Horke, G., Soziologie: Historischer Kontext und soziologische Theorie-Entwürfe, München, Wien, 1989.

Montagu, M. F. A., Das Verbrechen unter dem Aspekt der Biologie, in: Sack, F., König, R. (Hrsg.): Kriminalsoziologie, Wiesbaden, 1979, S. 226-243.

Müller, S., Erziehen – Helfen – Strafen. Zur Erklärung des Erziehungsbegriffs im Jugendstrafrecht aus pädagogischer Sicht, in: Peters, H. (Hrsg.): Muß Strafe sein? Zur Analyse und Kritik strafrechtlicher Praxis, Opladen, 1993, S. 217-232.

Müller-Dietz, H., Integrationsprävention und Strafrecht. Zum positiven Aspekt der Generalprävention, in: Vogler, Th. (Hrsg.): Festschrift für Hans-Heinrich Jescheck zum 70. Geburtstag, 2. Halbband, Berlin, 1985, S. 813-822.

Narr, W. D., Gewalt und Legitimität, in: Horn, K., Luhmann, N., Narr, W. D. (Hrsg.): Gewaltverhältnis und Ohnmacht der Kritik, Frankfurt a. M., 1974, S. 9-58.

Naucke, W., Vom Vordringen des Polizeigedankens im Recht, d. i.: vom Ende der Metaphysik im Recht, in: Dilcher, G., Diestelkamp, B. (Hrsg.): Recht, Gericht, Genossenschaft und Policey. Studien zu Grundbegriffen der germanischen Rechtstheorie, Berlin, 1986, S. 177-187.

Netzig, L., „Erfolgreicher Täter-Opfer-Ausgleich". Die Befragung von Opfern und Tätern nach erfolgtem Täter-Opfer-Ausgleich bei der WAAGE, Hannover e.V., unveröff. Manuskript, Hannover, 1993.

Netzig, L., Petzold-Bergner, F., Pfeiffer, H., Projektkonzeption. Zum Modellversuch „Täter-Opfer-Ausgleich im allgemeinen Strafrecht", Hannover, 1993.

Nickolai, W., Reindl, R. (Hrsg.), Sozialarbeit und Kriminalpolitik, Freiburg, 1993.

Nienhaus, U., Staatliche Reglementierung von Frauen: Prostitution und weibliche Polizei vor 1933, in: Frehsee, D., Löschper, G., Schumann, K. F. (Hrsg.): Strafrecht, soziale Kontrolle, soziale Disziplinierung, Opladen, 1993, S. 151-156.

Nisbet, R. A., The Sociology of Emile Durkheim, New York, 1974.

Northoff, G., Musholt, K., Können wir unser eigenes Gehirn erkennen?, in: Reichertz, J., Zaboura, N. (Hrsg.): Akteur Gehirn – oder das vermeintliche Ende des handelnden Subjekts. Eine Kontroverse, Wiesbaden, 2006, S. 19-30.

O'Connor, A., Rasse, Klasse und Ausgrenzung: Das Konzept der Unterklasse in historischer Perspektive, in: Häußermann, H., Kronauer, M., Siebel, W. (Hrsg.): An den Rändern der Städte, Frankfurt a. M., 2005, S. 43-70.

Oberwittler, D., Stadtstruktur, Freundeskreise und Delinquenz, in: Oberwittler, D., Karstedt, S. (Hrsg.): Soziologie der Kriminalität, Sonderheft der Kölner Zeitschrift für Soziologie und Sozialpsychologie. Jg. 2003, Nr. 43, Wiesbaden, 2004.

Olson, M., Die Logik des kollektiven Handelns, Tübingen, 1968 und 1998.

Opp, K. D., Abweichendes Verhalten und Gesellschaftsstruktur, Darmstadt, 1974

Otto, H., Person des Unrechts, Schuld und Strafe, in: Zeitschrift für die gesamte Strafrechtswissenschaft, 87/1975, S. 539-597.

Palmer, T., Lewis, R. V., An Evolution of Juvenile Diversion, Cambridge/Mass., 1980.

Papendorf, K., Schumann, K. F., Voß, M., Kritik der Jugendstrafvollzugsreform, (2. Aufl.), Bremen, 1982.

Park, R. E., The City: Suggestions for the investigation of human behaviour in the city environment, in: American Journal of Sociology, 1914-1915, Bd. 20, Chicago, 1915, S. 577-612.

– Community Organization and Juvenile Deliquency, in: Park, R. E., Burgess, E. W., McKenzie R. D. (Hrsg.): The City. Chicago, London, 1967 (zuerst 1925), S. 99-112.

Parsons, T., Shils, E., Lazarsfeld, P., Soziologie – autobiographisch. Drei kritische Berichte zur Entwicklung einer Wissenschaft, Stuttgart, 1975.

Paugam, S., Armut und soziale Exklusion: Eine soziologische Perspektive, in: Häußermann, H., Kronauer, M., Siebel, W. (Hrsg.): An den Rändern der Städte, Frankfurt a. M., 2005, S. 71-96.

Pelikan, C., Willige und unwillige Opfer. Teilergebnisse aus der Begleitstudie zum „Modellversuch außergerichtliche Konfliktregelung in Jugendstrafsachen", in: Kriminalsoziologische Bibliographie, 2/1987, S. 91-110.

– Über soziale Kontrolle, über Strafrecht und Konfliktregelung, in: Kriminalsoziologische Bibliographie, 1/1988, S. 21-27.

– Der Täter-Opfer-Ausgleich und die Ethnographie der Konfliktbearbeitung, in: Bundesministerium der Justiz (Hrsg.): Täter-Opfer-Ausgleich, Bonn 1991a, S. 111-114.

– Juristenwelt und Lebenswelt. Bedingung der Kooperation von Richtern/Staatsanwälten in einem Konfliktregelungsmodell, in: Bundesministerium der Justiz (Hrsg.): Täter-Opfer-Ausgleich, Bonn, 1991b, S. 140-143.

Pelikan, C., Pilgram, A., Die „Erfolgsstatistik" des Modellversuchs, in: Kriminalsoziologische Bibliographie, 1/1988, S. 55-110.

Pelster, H. C., Täter-Opfer-Ausgleich in Braunschweig. Ergebnisse der schriftlichen Befragung von Jugendgerichtshelfern, Hannover, 1991.

Perlmann, H. H., Soziale Einzelfallhilfe als problemlösender Prozeß, Freiburg, 1970.

Peters H., Devianz und soziale Kontrolle, Weinheim, München, 1989.

– (Hrsg.), Muß Strafe sein? Zur Analyse und Kritik strafrechtlicher Praxis, Opladen, 1993.

Pfeiffer, C., Kriminalprävention im Jugendgerichtsverfahren, Köln, 1983.

– Diversion – Alternativen zum Freiheitsentzug. Entwicklungstrends und regionale Unterschiede, in: Bundesministerium der Justiz (Hrsg.): Jugendstrafrechtsreform durch die Praxis. Konstanzer Symposiom, Bonn, 1989, S. 74-107.

– Unser Jugendstrafrecht – eine Strafe für die Jugend? Die Schlechterstellung junger Straftäter durch das JGG – Ausmaß, Entstehungsgeschichte und kriminalpolitische Folgen, KFN, Hannover, 1991.

– Opferperspektiven – Wiedergutmachung und Strafe aus Sicht der Bevölkerung, unveröff. Manuskript, Hannover, 1993.

- Täter-Opfer-Ausgleich – das trojanische Pferd im Strafrecht? Kriminalpolitische Überlegungen und Vorschläge zur Integration des neuen Konzepts in das JGG und StGB, unveröff. Manuskript, Hannover, 1993a.

Pfeiffer, H., Einbeziehung der Polizei in das Modellprojekt Täter-Opfer-Ausgleich in Braunschweig, in: Marx, E., Rössner, D. (Hrsg.): Täter-Opfer-Ausgleich vom zwischenmenschlichen Weg zur Wiederherstellung des Rechtsfriedens, Bonn, 1989, S. 65-76.

- Täter-Opfer-Ausgleich unter Mitwirkung der Polizei. Erfahrungen aus dem Modellversuch in Braunschweig, in: Bundesministerium der Justiz (Hrsg.): Täter-Opfer-Ausgleich, Bonn, 1991, S. 169-172.

Pilgram, A., „Decarceration". Kritisches zu Politik und Theorie der Schliessung von Gefängnissen und Irrenanstalten, in: Kriminalsoziologische Bibliographie, 1/1983, S. 47-65.

Pilgram, A., Steinert, H., Zwei Versuche zur Beantwortung der folgenden, von der Berliner Enquête-Kommission über die Betreuungsarbeit im Berliner Strafvollzug gestellten Frage, in: Kriminalsoziologische Bibliographie, 1/1984, S. 9-15.

Piplow, L., Täter-Opfer-Ausgleich bei schweren Straftaten, in: Bundesministerium der Justiz (Hrsg.): Täter-Opfer-Ausgleich, Bonn, 1991, S. 188-190.

Plewig, H.-J., Diversion statt Strafe, in: Kriminologisches Journal, 1/1985, S. 59-68.

- Diversion im Rahmen des Jugendgerichtsgesetzes. Expertise zum 8. Jugendbericht. Teilprojekt: „Neue Handlungsfelder in der Jugendhilfe", Lüneburg, 1991.

- Evaluation der Konzepte von Diversionsprogrammen, Vortrag zum 8. Internationalen Symposium „Diversion und informationale soziale Kontrolle", Bielefeld, 1991.

Popitz, H., Über die Präventivwirkung des Nichtwissens – Dunkelziffer, Norm und Strafe, Tübingen, 1968.

Pritzel, M., Brand, M., Markowitsch, H., Gehirn und Verhalten. Ein Grundkurs der physiologischen Psychologie, Heidelberg, Berlin, 2003.

Quensel, S., Vom Labeling-Ansatz zur abolitionistischen Politik, in: Kriminologisches Journal, 1986, S. 83-85 (zuerst 1985).

Quinney, R., Class, State and Crime, New York, 1977.

Radbruch, G., Rechtsphilosophie, Leipzig, 3. ganz neu bearb. und stark erw. Aufl., 1932.

Radelet, L., The Police and the Community, (2. Aufl.), Encino/California, 1977.

Rattay, H., Raczik, W., Täter-Opfer-Ausgleich in Braunschweig. Zur Akzeptanz des TOA durch die Beteiligten: Eine Interviewstudie, Hannover, 1990.

Reichertz, J., Akteur Gehirn – oder das vermeintliche Ende des sinnhaft handelnden und kommunizierenden Subjekts, in: Reichertz, J., Zaboura, N., (Hrsg.): Akteur Gehirn – oder das vermeintliche Ende des handelnden Subjekts. Eine Kontroverse, Wiesbaden, 2006, S. 7-15.

Roth, G., Aus Sicht des Gehirns, (3. Aufl.), Frankfurt a. M., 2003a.

- Fühlen, Denken, Handeln, (2. Aufl.), Frankfurt a. M., 2003b.
Rüther, W., Abweichendes Verhalten und labeling approach, Köln, Berlin, 1975.
Rust, H., Homo neurooeconomicus. Wie der wirtschaftswissenschaftliche Versuch, die ökonomische Handlungslogik des Individuums durch neuronale Prozesse zu erklären, zwangsläufig zur Soziologie zurückführt, in: Soziologie, 3/2007, S. 264-279.
Rzepka, D., Polizei und Diversion. Das Bielefelder Modell der Informationsvermittlung, Frankfurt a. M., Berlin, Bern, New York, Paris, Wien, 1993.
Sack F., Interessen im Strafrecht: Zum Zusammenhang von Kriminalität und Klassen-(Schicht-)struktur, in: Kriminologisches Journal, 4/1977, S. 248-278.
- Neue Perspektiven in der Kriminologie, in: Sack, F., König, R. (Hrsg.): Kriminalsoziologie, Frankfurt a. M., 1968, S. 431-475.
- Definition von Kriminalität als politisches Handeln: der labeling approach, in: Kriminologisches Journal, 1/1972, S. 3-31.
- Definition von Kriminalität als politisches Handeln: der labeling approach, in: Arbeitskreis Junger Kriminologen (Hrsg.): Kritische Kriminologie. Positionen, Kontroversen und Perspektiven, München, 1974, S. 18-43.
- Probleme der Kriminalsoziologie, in: König, R. (Hrsg.): Handbuch der empirischen Sozialforschung, Bd. 12 Wählerverhalten Vorurteile Kriminalität, Stuttgart, 1978, S. 192-492.
- Kritische Kriminologie, in: Kaiser, G. et al. (Hrsg.): Kleines Kriminologisches Wörterbuch, Heidelberg, 1985, S. 277-286.
- Wege und Umwege der deutschen Kriminologie aus dem Strafrecht, in: Janssen, H., Kaulitzky, R., Michalowski, R. (Hrsg.): Radikale Kriminologie. Themen und theoretische Positionen der amerikanischen Radical Criminology, Bielefeld, 1988, S. 9-34.
- Strafrechtliche Kontrolle und Sozialdisziplinierung, in: Frehsee, D., Löschper, G., Schumann, K. F. (Hrsg.): Strafrecht, soziale Kontrolle, soziale Disziplinierung, Opladen, 1993, S. 16-45.
- Conflicts and Convergences in Theoretical and Methodological Perspectives, unveröffentlichter Vortrag auf dem 11. Internationalen Kriminologie-Kongreß in Budapest, 1993a.
- Kriminalität und Biologie, in: Kaupen-Hass, H., Saller, C.. (Hrsg.): Wissenschaftlicher Rassismus. Analysen einer Kontinuität in den Human- und Naturwissenschaften, Frankfurt, New York, 1999, S. 209-225.
Sack, F., König, R. (Hrsg.), Kriminalsoziologie, Frankfurt a. M., 1968.
- Kriminalsoziologie, (2. Aufl.), Wiesbaden, 1979.
Sampson, R. J, Groves, B. W., Community Structure and Crime: Testing Social-Disorganization Theory, in: American Journal of Sociology, 1988/89, Bd. 94/1. Chicago, 1989, S. 774-802.
Sampson, R. J., Urban Black Violence: The Effect of Male Joblessness and Family Disruption, in: American Journal of Sociology, 1987, S. 348-382.
Schafer, S., The Victim and his Criminal. A Study in Functional Responsibility, New York, 1968.

Scheerer, S., Die abolitionistische Perspektive, in: Kriminologisches Journal, 2/1984, S. 90-109.
- Die soziale Aufgabe des Strafrechts, in: Peters, H. (Hrsg.): Muß Strafe sein? Zur Analyse und Kritik strafrechtlicher Praxis, Opladen, 1993, S. 79-90.
Scheithauer, H., Aggressives Verhalten von Jungen und Mädchen, Göttingen, 2003.
Schmidbauer, W., Die sogenannte Aggression. Die kulturelle Evolution und das Böse, Hamburg, 1972.
Schmidt, J., Die Grenzen der Rational Choice-Theorie. Eine kritische theoretische und empirische Studie, Opladen, 2000.
Schmidt-Semisch, H., Kriminalität als Risiko, Schadenmanagement zwischen Strafrecht und Versicherung, München, 2002.
Schmitz, C., Anforderungen an Handeln und Qualifikation von VermittlerInnen, in: Bundesministerium der Justiz (Hrsg.): Täter-Opfer-Ausgleich, Bonn, 1991, S. 178-187.
Schneider, H. J. Das Opfer und sein Täter – Partner im Verbrechen, München, 1979.
- (Hrsg.), Das Verbrechensopfer in der Strafrechtspflege, Berlin, 1982.
- Der gegenwärtige Stand der Viktimologie in der Welt, in: Schneider, H. J. (Hrsg.): Das Verbrechensopfer in der Strafrechtspflege, Berlin, 1982, S. 9-36.
- Kriminologie, Berlin, 1987.
Schöch, H., Perspektiven der Kriminologie aus strafrechtswissenschaftlicher Sicht: Reaktionen auf Straftaten, Kriminalprävention, Viktimologie, in: Savelsberg, J. J. (Hrsg.): Zukunftsperspektiven der Kriminologie in der Bundesrepublik, Stuttgart, 1989, S. 179-183.
Schreiber, M., Kann der Mensch Verantwortung für seine Aggressivität übernehmen? Aspekte aus der Psychologie, D. W. Winnicotts und Melanie Kleins, in: Schöpf, A. (Hrsg.): Aggression von Gewalt. Anthropologisch-sozialwissenschaftliche Beiträge, Würzburg, 1985, S. 155-168.
Schüler-Springorum, H., Kriminalpolitik für Menschen, Frankfurt a. M., 1991.
Schultz, H., Kriminologische und strafrechtliche Bemerkungen zur Beziehung zwischen Täter und Opfer, in: SchwZStr, 1956, S. 171-192.
Schumann, C., Schumann, K. F., Wie marxistisch ist der labeling-Ansatz?, in: Kriminologisches Journal, 3/1972, S. 229-234.
Schumann, K. F., Gegenstand und Erkenntnisinteresse einer konflikttheoretischen Kriminologie, in: Arbeitskreis Junger Kriminologen: Kritische Kriminologie. Positionen, Kontroversen und Perspektiven, München, 1974, S. 69-84.
- Theoretical Presuppositions for Criminology as a Critical Enterprise, in: International Journal of Criminology and Penology 4/1976, S. 285-294.
- Qualitativ oder Quantitativ? Überlegungen zur kriminologischen Methodenpräferenz, in: Kriminologisches Journal, 4/1983, S. 245-258.
- Labeling Approach und Abolitionismus, in: Kriminologisches Journal, 1/1985, S. 19-28.

- Verlust der Rechtstreue der Bevölkerung und des Vertrauens in die Bestands- und Durchsetzungskraft der Rechtsordnung als Folge informeller Erledigungsweisen? Ergebnisse der Generalpräventionsforschung, in: Bundesministerium der Justiz (Hrsg.): Jugendstrafrechtsreform durch die Praxis. Konstanzer Symposium, Bonn, 1989, S. 154-168.
Schünemann, B., Einige vorläufige Bemerkungen zur Bedeutung des viktimologischen Ansatzes in der Strafrechtsdogmatik, in: Schneider H. J. (Hrsg.): Das Verbrechensopfer in der Strafrechtspflege, Berlin, 1982, S. 407-420.
Schur, E. M., Abweichendes Verhalten und soziale Kontrolle. Etikettierung und gesellschaftliche Reaktion, Frankfurt a. M., 1974.
Schütz A., Collected Papers, I, The Problem of Social Reality, The Hague, 1967.
Schwartz, M., Kriminalbiologie und Strafrechtsreform. Die „erbkranken Gewohnheitsverbrecher" im Visier der Weimarer Sozialdemokratie, in: Justizministerium des Landes NRW (Hrsg.), Juristische Zeitgeschichte NRW, Band 6, Kriminalbiologie, Düsseldorf, 1997, S. 13-68.
Schwartz, R. D., Miller, J. C., Legal Evolution and Societal Complexity, in: Akers, R., Hawkins, R. (Hrsg.): Law and Control in Society, Englewood Cliffs, 1975, S. 52-61.
Schwind, H.-D., Dunkelfeldforschung in Göttingen 1973/74, Wiesbaden, 1975.
Schwithal, B., Weibliche Gewalt in Partnerschaften. Eine synontologische Untersuchung, Münster, 2004.
Scull, A. T., Decarceration – Community Treatment and the Deviant: A Radical View, Englewood Cliffs, 1977.
- Die Anstalten öffnen? Decarceration der Irren und Häftlinge, Frankfurt a. M., 1980.
Seipel, C., Eifler, S., Gelegenheiten, Rational-Choice und Selbstkontrolle, Zur Erklärung abweichenden Handelns in High-Cost- und Low-Cost-Situationen, in: Kölner Zeitschrift für Soziologie und Sozialpsychologie, Sonderheft, H. 43, Soziologie der Kriminalität, 2003, S. 288-315.
Selg, H., Mees, U., Berg, D., Psychologie der Aggressivität, (2. Aufl.), Göttingen, 1997.
Sessar, K., Über die verschiedenen Aussichten, Opfer einer gewaltsamen Tötung zu werden, in: Kirchhoff, G. F., Sessar, K. (Hrsg.): Das Verbrechensopfer, Bochum 1979, S. 301-320.
- Täter-Opfer-Ausgleich aus der Perspektive des Opfers, in: Bundesministerium der Justiz (Hrsg.): Täter-Opfer-Ausgleich, Bonn, 1991, S. 16-23.
- Wiedergutmachen oder Strafen. Einstellungen in der Bevölkerung und der Justiz. Hamburger Studien zur Kriminologie Bd. 11, Pfaffenweiler, 1992.
- Wieviel Strafe braucht der Mensch?, in: Nickolai, W. (Hrsg.): Sozialarbeit und Kriminalpolitik, Freiburg, 1993, S. 93-109.
Sessar, K., Beurskens, A., Boers, K., Wiedergutmachung als Konfliktregelungsparadigma?, in: Kriminologisches Journal, 2/1986, S. 86-104.

Shaw, C. R., McKay, H.D., Juvenile Delinquencies and Urban Areas: A Study of Delinquency in Relation to Differential Characteristics of Local Communities in American Cities, Chicago, 1969.
Shepherd, M., Rothenburger, B., Police Juvenile Diversion: An Alternative to Prosecution, Michigan Department of State Police, 1977.
Short, J., Nye, I., Erfragtes Verhalten als Indikator für abweichendes Verhalten, in: Sack, F., König, R. (Hrsg.), Kriminalsoziologie, Frankfurt, 1968, S. 60-72.
Sigg, A., Begriff, Wesen und Genese des Beziehungsdeliktes, Diss. jur., Zürich, 1967.
Simmel, G., Die Großstädte und das Geistesleben, in: Rammstedt, O. (Hrsg.): Georg Simmel Gesamtausgabe Bd. 7. Aufsätze und Abhandlungen 1901 – 1908, Bd. 1, Frankfurt a. M., 1995 (zuerst 1903).
Simon, J., Kriminalbiologie – theoretische Konzepte und praktische Durchführung eines Ansatzes zur Erfassung von Kriminalität, in: Justizministerium des Landes NRW (Hrsg.), Juristische Zeitgeschichte NRW, Band 6, Kriminalbiologie, Düsseldorf, 1997, S. 69-105.
Skogan, W. G., Dimensions of the Dark Figure of Unreported Crime, in: Crime and Delinquency, 1/1977, S. 41-50.
Smart, C., Women, Crime and Criminology. A Feminist Critique, London, 1976.
Smaus G., Das Strafrecht und die Kriminalität in der Alltagssprache der deutschen Bevölkerung, Opladen, 1985.
– Gesellschaftsmodelle in der abolitionistischen Bewegung, in: Kriminologisches Journal, 1/1986, 1986a, S. 1-18.
– Versuch um eine materialistisch-interaktionistische Kriminologie, in: Kritische Kriminologie heute, 1. Beiheft des Kriminologischen Journals 1986b, S. 179-199.
– Feministische Beobachtung des Abolitionismus, in: Kriminologisches Journal, 3/1989, 1989a, S. 182-193.
– Bitte keine „radikale" Kriminologie ohne „Wurzeln", in: Kriminologisches Journal, 4/1989, 1989b, S. 267-280.
– Das Strafrecht und die Frauenkriminalität, in: Kriminologisches Journal, 4/1990, S. 266-283.
– Soziale Kontrolle und das Geschlechterverhältnis, in: Frehsee, D., Löschper, G., Schumann, K. F. (Hrsg.): Strafrecht, soziale Kontrolle, soziale Disziplinierung, Opladen, 1993, S. 122-137.
Smith, A., Der Wohlstand der Nationen. Eine Untersuchung seiner Natur und seiner Ursachen, München, 1974.
Stallberg, F., Springer, W. (Hrsg.), Soziale Probleme. Grundlegende Beiträge zu ihrer Theorie und Analyse, Neuwied, Darmstadt, 1983.
Stammermann, U., Feminismus und kritische Kriminologie: oder was kann eine sich kritisch verstehende Kriminologie vom Feminismus lernen?, in: Kriminologisches Journal, 2/1991, S. 82-96.
Stauder, H., Konstitution und Wesensänderung der Epileptiker, Leipzig, 1938.

Stehr, J., Konfliktregelung ohne Strafe. Weshalb Strafe in Alltagskonflikten eine Funktion hat und warum Gesellschaft nicht zusammenbricht, wenn staatliches Strafen schwindet, in: Peters, H. (Hrsg.): Muß Strafe sein? Zur Analyse und Kritik strafrechtlicher Praxis, Opladen, 1993, S. 115-134.

Steinert, H., Strafrecht als Anachronismus – Strafrechtsentwicklung als zunehmende Humanisierung, in: Kriminologisches Journal, 1/1975, S. 15-19.

- Jugendkriminalität unter den Bedingungen einer anhaltenden Wirtschaftskrise. Disziplinierungsdruck, Ausreißversuche, soziale Reaktion, in: Kriminalsoziologische Bibliographie, 1/1984, 1984a, S. 96-107.
- Was ist eigentlich aus der „Neuen Kriminologie" geworden, in: Kriminologisches Journal 2/1984, 1984b, S. 86-90.
- Marxistische Theorie und Abolitionismus. Aufforderung zu einer Diskussion, in: Kriminalsoziologische Bibliographie, 2/1987, S. 131-157.
- Kriminalität als Konflikt, in: Kriminalsoziologische Bibliographie, 1/1988, S. 11-19.
- Zur Geschichte und möglichen Überwindung einiger Irrtümer in der Kriminalpolitik, in: Deichsel, W. et al. (Hrsg.): Kriminalität, Kriminologie und Herrschaft, Pfaffenweiler 1988a, S. 92-116.
- Thesen zu Zivil- und Strafrecht als Herrschaft, in: Kriminalsoziologische Bibliographie, 1/1990, S. 21-29.

Stephan, E., Die Stuttgarter Opferbefragung, Wiesbaden, 1976.

- Opfertypologien und der Vorschlag einer sozialpsychologisch fundierten Alternative: Zu einer Taxonomie viktimogener Situationen, in: Kirchhoff, G. F., Sessar, K. (Hrsg.): Das Verbrechensopfer, Bochum, 1979, S. 219-241.

Strentz, T., The Stockholm Syndrome: Law Enforcement Policy and Ego Defences of the Hostage, in: Wright, F. et al. (Hrsg.): Forensic Psychology and Psychiatry, New York, 1980, S. 137-150.

Sutherland, E.H., Cressey, D.R., Principles of Criminology. Chicago, Philadelphia, New York, 1955.

Swaaningen, R. van, Linker Realismus: Kritische Kriminologie der achtziger Jahre oder neo-klassische Realpolitik?, in: Kriminologisches Journal, 4/1988, S. 278-292.

- Feminismus und Abolitionismus als Kritik der Kriminologie, in: Kriminologisches Journal, 3/1989, S. 162-177.

Tannenbaum, F., Crime and Community, London, 1953 (zuerst 1938).

Taylor, I., Vom Fußball besessen. Einige soziologische Spekulationen über Fußball-Vandalismus, in: Texte zur Soziologie des Sports, Schorndorf, 1979, S. 245-271.

Taylor, I., Walton, P., Young, J., The New Criminology, London, 1973.

- Aussichten für eine radikale kriminologische Theorie und Praxis, in: Arbeitskreis Junger Kriminologen: Kritische Kriminologie. Positionen, Kontroversen und Perspektiven, München, 1974, S. 85-107.
- (Hrsg.), Critical Criminology, London, 1975.

Tenbruck, F., Emile Durkheim oder die Geburt der Gesellschaft aus dem Geist der Soziologie, in: Zeitschrift für Soziologie, 4/1981, S. 333-350.

Teubner, U., Geschlecht und Macht, in: Krüger, U. (Hrsg.): Kriminologie. Eine feministische Perspektive, Pfaffenweiler, 1992, S. 27-46.

Thomas, W. I., Znaniecki, F., The Polish peasant in Europe and America, New York, 1974 (zuerst 1918).

Throtha, T. v., „Limits to Pain". Diskussionsbeitrag zu einer Abhandlung von Nils Christie, in: Kriminologisches Journal, 1/1983, S. 34-53.

– Gibt es den Weg zurück zur alten Strafpolitik? Zu Ungereimtheiten und unbeabsichtigten Folgen des Neo-Klassizismus auf der Grundlage zweier Annahmen zum Verhältnis von Recht und Gesellschaft, in: Deichsel, W. et al., (Hrsg.): Kriminalität, Kriminologie und Herrschaft, Pfaffenweiler, 1988, S. 14-28.

Till, W., Von der Entkriminalisierung zur (Ent)Pathologisierung. Eine Medienanalyse psychologischer Fachzeitschriften zum Thema Homosexualität, in: Kriminalsoziologische Bibliographie, 1/1986, S. 40-51.

Truman, D. B., The Governmental Process, New York, 1958.

Turk, A. T., Criminality and the Legal Order, Chicago, 1969.

– Criminality and the Legal Order, Chicago, 1972.

Ulrich, H., Probst, G., Anleitung zum ganzheitlichen Denken und Handeln, (2. Aufl.), Bern, 1990.

Villmow, B., Plemper, B., Praxis der Opferentschädigung. Hamburger Entscheidungen und Erfahrungen von Opfern von Gewaltdelikten, Pfaffenweiler, 1989.

Vogel, D., The Justice Model for Corrections, in: Freeman, H. C. (Hrsg.): Prisons in Past and Future, London, 1978.

Voß, M., Über das keineswegs zufällige Zusammentreffen von Gefängnisausbau und der Einrichtung ambulanter Alternativen, in: Kerner, H.-J. (Hrsg.): Diversion statt Strafe? Heidelberg, 1983, S. 95-116.

– Widersprüche im Konzept und bedenkliche Erfahrungen: lohnt die Einführung von Diversion?, in: Brusten, M., Herriger, N., Malinowski, P. (Hrsg.): Entkriminalisierung: sozialwissenschaftliche Analysen zu neuen Formen der Kriminalpolitik, Opladen, 1985, S. 190-230.

– Staatsschutz statt Bürgerschutz. Gewaltanalyse im strafjuristischen Wirklichkeitsmodell, in: Albrecht, P.-A., Backes, O.: Verdeckte Gewalt – Plädoyers für eine „innere Abrüstung", Frankfurt a. M., 1990, S. 138-150.

– Staatsanwaltschaftliche Entscheidung und Beeinflussung durch systematische Informationserweiterung? Die Umsetzung des Bielefelder Modellversuches durch die Staatsanwaltschaft, Frankfurt a. M., Berlin, Bern, New York, Paris, Wien, 1993a.

– Strafe muß nicht sein. Zu einer Inanspruchnahme des Strafrechts die an Bestrafung nicht interessiert ist, in: Peters, H. (Hrsg.): Muß Strafe sein? Zur Anayse und Kritik strafrechtlicher Praxis, Opladen, 1993b, S. 135-150.

Walde, B., Die kausale Relevanz des Mentalen – Illusion oder Realität, in: Reichertz, J., Zaboura, N. (Hrsg.): Akteur Gehirn – oder das vermeintliche Ende des handelnden Subjekts. Eine Kontroverse, Wiesbaden, 2006, S. 47-60.
Waller, I., Okihiro, N., Burglary. The Victim and the Public, Toronto, 1978.
Walter, M., Theoretische Perspektiven des Täter-Opfer-Ausgleichs, in: Bundesministerium der Justiz (Hrsg.): Täter-Opfer-Ausgleich, Bonn, 1991, S. 61-70.
Weber, M., Soziologie, Universalgeschichtliche Analysen, Politik, (5. Aufl.), Stuttgart, 1973
- Wirtschaft und Gesellschaft, 1. Halbband, (5. Aufl.), Tübingen, 1976.
- Wirtschaft und Gesellschaft, (5. Aufl.), Tübingen, 1980.
- Wirtschaft und Gesellschaft. Die Stadt, in: Nippel, W. (Hrsg.): Wirtschaft und Gesellschaft: die Wirtschaft und die gesellschaftlichen Ordnungen und Mächte; Nachlaß Teilbd. 5, Die Stadt, Tübingen, 1999.
Weis, K., „Viktimologie" und „Viktorologie" in der Kriminologie, in: Monatsschrift für Kriminologie und Strafrechtsreform, 4/1972, S. 170-180.
Welt, L., Ueber Charakterveränderungen des Menschen infolge von Läsionen des Stirnhirns, in: Deutsches Archiv für klinische Medicin 42, 1888, S. 339-390.
Werheim, J., Die überwachte Stadt. Sicherheit, Segregation und Ausgrenzung, Opladen, 2006.
Werkentin, F., Das staatliche Gewaltmonopol und sein Anteil an der Herrschaftssicherung – Überlegungen am Beispiel der Bundesrepublik, in: Deichsel, W. et al. (Hrsg.): Kriminalität, Kriminologie und Herrschaft, 1988, S. 79-91.
Wilson, T. P., Theorien der Interaktion und Modelle soziologischer Erklärungen, in: Arbeitsgruppe Bielefelder Soziologen (Hrsg.): Alltagswissen, Interaktion und Wirklichkeit. Symbolischer Interaktionismus und Ethnomethodologie, Reinbek, 1973, S. 54-79.
Wittig, P., Der rationale Verbrecher, Der ökonomische Ansatz zur Erklärung kriminellen Verhaltens, Berlin, 1993.
Wöhe, G., Einführung in die Allgemeine Betriebswirtschaftslehre, (21. Aufl.), München, 2002.
Wolf, P., Einführung in die praktische Epileptologie, Weinheim, Basel, 1984.
Wolff, J., Diversion im Nationalsozialismus, in: Ostendorf, H. (Hrsg.): Integration von Strafrechts- und Sozialwissenschaften: Festschrift für Lieselotte Pongratz, München, 1986, S. 118-134.
Wolfgang, M. E., Grundbegriffe der viktimologischen Theorie: Individualisierung des Opfers, in: Schneider, H. J. (Hrsg.): Das Verbrechensopfer in der Strafrechtspflege, Berlin, 1982, S. 45-59
Zimring, F. E., Measuring the Impact of Pretrial Diversion from the Criminal Justice System, in: Boesen, P. G., Grupp S. E. (Hrsg.): Community Based Corrections: Theory, Practice and Research, Santa Cruz, 1976, S. 355-375.
Zwinger, G., Bedingungen erfolgreicher Konfliktschlichtung aus der Sicht der Praxis, in: Bundesministerium der Justiz (Hrsg.): Täter-Opfer-Ausgleich, Bonn, 1991, S. 135-137.

Personenregister

Abel, M. H. 156, 373
Ajzen 7, 172, 174f.
Akers, R. 130, 373, 393
Alber, J. 315, 373
Albrecht, G. et al. 243, 262f., 373
Albrecht, H. J. 281, 373
Albrecht, P. A. 123, 249, 260f., 265, 268, 272, 277, 326ff., 330f., 333, 335, 339, 344, 346, 357, 373
Albrecht, P. A./Schüler-Springorum, H. 284, 373
Alisch, M./Dangschat, J. 224, 226, 373
Amelunxen, C. 224, 226, 373
Arbeitskreis Junger Kriminologen 28f., 41, 289, 373, 391f., 395

Backes, O. 391f., 395
Bard, M. et al. 330, 373, 398
Baurmann, M./Hofferbert, M. 37, 373
Beccaria, C. 96, 295, 373
Beck, U. 296, 374, 384
Becker, G. 7, 105, 179ff., 185, 374
Becker, G. N. 30, 374
Becker, G. S./Becker, G. N. 180ff.
Becker, H. S. 310, 374
Bentham, J. 18, 30, 105, 150, 179ff., 374, 385
Bentley, A. 81f., 374
Berger, P. L./Luckmann, T. 58, 61, 138ff., 159, 374
Berlitz, C. et al. 244, 273, 280ff., 327, 340, 374
Bertrand, M. A. 153f., 374
Beste, H. 208, 234, 250ff., 256, 327, 351ff., 357, 360, 374
Bianchi, H. 129, 374
Bierbrauer, G. 250, 358, 374
Binkofski, F./Buccion, G. 205, 374

Bittner, G. 197, 375
Blankenburg, E. et al. 244, 375
Blasius, D. 25, 224, 375, 377
Blau, G. 337, 375
Blomberg, Th./Blomberg, R. J. 337, 375
Bolte, K. M./Hradil, S. 92, 375
Bolte, K. M. et. al. 307, 375
Boogaart, H. v.d./Seus, L. 15ff., 375
Bourdieu, P. 38, 65, 208, 375
Braun, D. 166ff., 375
Brumlik, M. 296, 333, 375
Bühl, W. L. 197, 295, 375
Bulmer, M. 212ff., 375
Bundesministerium des Innern 375
Bundesministerium der Justiz 375ff., 397
Burgess, A. W./Holmstrom, L. 249, 257
Burgess, E. W. 213, 216, 257

Carson, W. G. 277, 376
Chambliss, W. J. 19f., 376
Christie, N. 8, 288, 292ff., 299f., 305, 308, 316, 376, 396
Cicourel, A. 18, 39, 144, 376
Claessens, D. 61, 63, 376
Clark, J. P./Hollinger, R. C. 101, 376
Cohen, S. 44ff., 81, 308, 376
Coleman, J. S. 164, 376,
Council of Europe 301, 376
Cremer-Schäfer, H. 110, 275, 282, 376

Dahrendorf, R. 35, 377
Damasio, A. 189ff., 194, 377
Dangschat, J. 208f., 215, 222, 224, 226f., 373, 377

Personenregister

Dangschat, J./Blasius, D. 224, 377
Davidson, G./Neale, J. M. 93, 236, 377
Dawkins, R. 97, 198, 200, 377
Deichsel, W. 333ff., 377
Deichsel, W. et. al. 67f., 373, 375ff., 382, 395ff.
Delattre, G. 362, 378
Dennett, D. 190, 194, 377
Dickens, Ch. 211, 378
Diekmann, A./Voss, T. 164ff., 171f., 377
Dörner, K. 283, 377
Driebold, R. 71, 282ff., 290, 307, 313, 315, 318, 322f., 343f., 377
Durkheim, E. 55, 60ff., 88, 221, 234, 272, 378f., 396

Eder, K. 65, 282, 378
Eisenbach-Stangl, I. 130, 378
Engbersen, G. 223, 225, 378
Engels, F. 150, 211, 378
Esser, H. 7, 164f., 169ff., 175, 378,
Eysenck, H. 194ff., 203, 378
Eysenck, H./Eysenck, M. 194, 202, 204, 378

Fechtenhauer, D. 181
Feltes, Th. 341ff., 378f.,
Fend, H. 129, 379
Fishbein, 172
Foucault, M. 269
Frehsee, D. 307, 355, 359, 376, 379, 388, 391, 394
Friedrichs, J. 209, 211, 222, 226, 379
Fry, M. 356, 379

Galtung, J. 78, 379
Garz, D. 291, 379
Gaschler, K. 204f., 379
Geerds, F. 358, 379
Geis, G. 241, 249, 254f., 257ff., 356, 379
Geißler, R./Marißen, N. 175, 379

Giddens, A. 6, 38, 133, 139f., 146f., 159, 380
Giehring, H. 271ff., 380
Glaser, D. 323, 380
Glueck, S./Glueck, E. 121, 128f., 380
Goffman, E. 18, 306, 380
Gottfredson, M./Hirschi, T. R. 6f., 95ff., 266, 349, 380
Gransee, C./Stammermann, U. 28, 41, 152, 155, 380
Green, P. D./Shapiro, I. 164, 184, 380
Greenberg, D. J. 335, 380
Gutsche, G. 172f., 380

Haan de, W. 240, 288ff., 295, 307, 324, 380
Habermas, J. 61, 155, 291, 297, 304f., 308, 380
Haferkamp, H. 5, 7, 9, 53ff., 264, 267ff., 289ff., 313ff., 318, 322, 380, 384
Haferkamp, H./Heiland, H. 280, 284, 381
Haferkamp, H./Lautmann, R. 66, 90, 381
Hallen, O. 201, 381
Hanak, G. 250, 357ff., 364, 381
Hanak, G. et. al. 250, 381
Harlow, J. M. 189, 381
Harrington, C. B. 250, 381
Hassemer, W. 272, 381
Hassemer, W. et al. 274, 381
Hauser, R. 223, 381
Häußermann, H./Siebel, W. 209, 211, 213ff., 221ff., 377f., 381
Hegel, G. W. F. 295, 381
Heiland, H.-C./Schulte, W. 274, 281, 381
Heinz, W. 249f., 314, 334, 336, 342ff., 381
Henderson, H. E. 331, 382
Hentig H., von 234, 382
Hess, H. 41, 281, 382

Hess, H./Steinert, H. 40f., 382
Hilse, J./Lerchenmüller-Hilse, H. 345, 382
Hinch, R. 20, 382
Hinderlang, M. J. 233, 243ff., 382
Hirsch, A. 240, 382
Hirschi, T. 6f., 95ff., 266, 349, 380, 382
Homann, K. 165, 382
Horwitz, A. 47, 382
Howe, C.-W. et al. 243, 373, 382
Hradil, S. 92, 375
Hülshoff, T. 201, 382
Hulsman, L. 8, 235, 288, 297ff., 305, 382
Hüpping, S. 172ff., 383

Jakobs, G. 272, 274, 383
Jäncke, L. 187f., 383
Janssen, H. 336f., 377, 379, 383, 387, 391
Janssen, H. et al. 15, 383

Kaiser, G. 239, 351, 367ff., 373, 383, 391
Karstedt-Henke, S. 292, 328, 336, 382f.
Käsler, D. 64ff., 383
Keckeisen, W. 28f., 34, 383
Kerner, H.-J. 341, 343f., 377ff., 382f., 396
Kerner, H.-J./Hartmann, A. 370, 383
Kerscher, I. 153, 383
Keupp, H. 310, 384
Kiefl, W./Lamnek, S. 183, 242, 245, 384
Kirchhoff, G. f./Sessar, K. 239, 384, 393, 395
Klages, H. 129, 280, 384
Klein, D. 154
Koewius, R. 248, 357, 384
Kreissl, R. 277, 384
Kronauer, M. 222, 225f., 378, 384, 388, 389

Krüger, U. 373f., 384
Kuhn, A. 370f., 384
Kury, H. 375, 379, 384

Lamnek, S. 29, 55, 61, 63f., 66, 84, 126, 128f., 148ff., 160, 162, 233f., 245, 266, 283f., 313, 319, 329, 378, 384
Lamott, F. 267, 385
Latham, E. 81, 385
Lautmann, R. 88, 186, 233, 381, 385
LeJeune, R./Alex, N. 239, 385
Lemert, E. M. 18, 22, 30, 134, 264, 329, 337, 385
Lerman, P. 335, 385
Lindemann, E. 241, 255, 257, 385
Lindner, R. 214f., 333, 385
Liszt, f. von 289, 385
Löhr, H. E. 340, 386
Lombroso, C. 101f., 386
Lüdemann, C./Bußmann, K.-D. 250, 386
Lüdtke, H. 227, 246, 248, 386
Ludwig, W. 307, 337f., 386
Ludwig-Mayerhofer, W. 343f., 380, 386
Luedtke, J. 227f., 378, 386
Luhmann, N. 61, 63, 86, 274, 281, 285, 386, 388

Maasen, S. 187, 191, 193, 204, 386
Malinowski, P./Brusten, M. 337, 386
Markowitsch, H. 89, 190ff., 195f., 206, 386, 390
Marth, D. 234, 238f., 386
Marx, K. 20, 65, 150, 378, 386, 390
Mathiesen, T. 8, 288, 291, 298f., 303, 305, 322, 324, 386
Matthes, J. 66, 387
Matza, D. 18, 29, 101, 387
Mayhew, P. et al. 101, 387
Mayntz, R. 190, 206, 387
McClintock, D. 303, 387

McClintock, F. H. 303, 387
McCord, W./McCord, J. 128f., 387
McKenzie, R. B./Tullock, G. 7, 164, 170, 177ff., 376, 387, 389
Mead, G. H. 58, 138f., 146, 159f., 387
Mednick, S. et al. 102, 387
Melossi, D. 387
Mendelsohn, B. 238, 387
Merton, R. K. 106, 387
Messmer, H. 352, 360, 366, 387
Montagu, M. F. A. 102, 388
Michalowski, R. 15, 35f., 379, 383, 387, 391
Mikl-Horke, G. 140, 387
Müller, S. 333, 388
Müller-Dietz, H. 274, 388

Netzig, L. 363, 388
Netzig, L. et al. 363, 388
Nienhaus, U. 287, 388
Nisbet, R. A. 89, 388
Northoff, G./Musholt, K. 192, 388

O'Connor, A. 222, 388
Oberwittler, D. 210, 218, 220, 226, 229ff., 388
Olson, M. 82, 164, 388
Opp, K. D. 243, 388
Otto, H. 272, 388

Palmer, T./Lewis, R. V. 335, 388
Papendorf, K. et al. 284, 389
Park, R. E. 7, 213ff., 220f., 226, 236, 376, 389
Parsons, T. 63ff., 79, 281, 389
Parsons, T. et al. 65, 389
Paugam, S. 222, 389
Pelikan, C. 248f., 252, 352, 355, 357, 359, 364f., 389
Pelikan, C./Pilgram, A. 360, 389
Pelster, H. C. 352, 389
Perlmann, H. H. 389
Peters, H. 55ff., 138, 146, 263ff., 274, 280f., 285, 288, 311, 318, 375, 377f., 381, 386, 388f., 392, 395f.,
Pfeiffer, C. 320, 326, 334, 336, 348, 351, 353f., 357, 360, 364, 368, 374, 388ff.
Pfeiffer, H. 351, 388, 390
Phineas P. Gage 7, 189, 191, 194
Pilgram, A. 306f., 390
Pilgram, A./Steinert, H. 320f., 390
Piplow, L. 361, 390
Plewig, H.-J. 277, 327, 339f., 342, 344, 348f., 390
Popitz, H. 62, 250, 390
Pritzel, M/Brand, M. 187f., 390

Quensel, S. 307, 311, 348, 390
Quinney, R. 19f., 390

Radbruch, G. 289, 390
Rattay, H./Radczik, W. 363, 390
Reichertz, J. 186, 191, 195, 386, 388, 390, 397
Roth, G. 193, 195, 199, 390
Rüther, W. 391
Rust, H. 188, 192, 391
Rzepka, D. 391

Sack, F. 15, 18f., 29, 31ff., 34, 37, 55, 67, 113, 133, 159, 186, 263f., 269, 278, 318, 377, 385, 388, 391, 394
Sampson, R. J./Groves, B. W. 218ff., 231, 391
Sampson, R. J. 122, 391
Schafer, S. 234, 391
Scheerer, S. 8, 269, 272, 275, 288, 290f., 295f., 299f., 305, 308, 310, 316, 319, 322, 392
Scheithauer, H. 197, 199, 392
Schmidbauer, W. 201f., 392
Schmidt, J. 184, 392
Schmidt-Semisch, H. 293, 392
Schmitz, C. 361, 392
Schneider, H. J. 21, 233, 235f., 238f., 243ff., 248f., 254f., 257ff.,

323, 326, 329, 335, 352, 358, 363, 379, 382, 387, 392f., 397
Schreiber, M. 198, 392
Schöch, H. 198, 392
Schreiber, M. 198, 392
Schüler-Springorum, H. 128, 132, 234, 237, 246, 250, 254, 275ff., 284, 288f., 303, 342f., 353f., 356, 373, 384, 392
Schultz, H. 234, 392
Schumann, C./Schumann, K. 35, 392
Schumann, K. F. 9, 18, 34ff., 287f., 290ff., 307, 311ff., 316f., 322ff., 336, 374, 379, 388ff.
Schünemann, B. 233, 235ff., 285, 393
Schur, E. M. 311, 393
Schütz, A. 138f., 141, 146, 378, 393
Schwartz, M. 203, 393
Schwartz, R. D./Miller, J. C. 89, 393
Schwind, H.-D. 242, 277, 393
Schwithal, B. 243, 393
Scull, A. T. 306, 393
Seipel, C./Eifler, S. 7, 175ff., 185, 393
Selg, H./Mees, U./Berg. D. 198, 201, 393
Sessar, K. 239, 244, 247, 321, 350, 353ff., 375, 379, 384, 393, 395
Sessar, K. et al. 256, 353f., 357, 363ff., 394
Shaw, C. R./McCay, H. D. 218f., 245, 394
Shepherd, M./Rothenburger, 327, 394
Sigg, A. 234, 394
Simmel, G. 211, 214f., 394
Simon, J. 203, 394
Skogan, W. G. 243, 394
Smart, C. 23, 394
Smaus, G. 6f., 9, 31, 37ff., 134ff., 269, 287ff., 394
Smith, A. 164, 394

Stallberg, F./Springer, W. 320, 397
Stammermann, U. 28, 41, 152, 155, 380, 394
Stauder, H. 201, 394
Steffens, L. 212
Stehr, J. 249ff., 291, 301, 309, 320f., 381, 385, 395
Steinert, H. 40f., 234, 244, 247f., 250, 252, 254, 259, 275, 288, 319ff., 353, 381f., 390, 395
Stephan, E. 242, 395
Strentz, T. 258, 395
Sutherland, E. H. 395
Swaaningen van, R. 249, 395

Tannenbaum, F. 30, 395
Taylor, I./Walton, P./Young, J. 17, 19ff., 395
Tenbruck, F. 314, 396
Teubner, U. 156, 396
Thomas, W. I./Znaniecki, F. 208, 214, 396
Throtha, v. T. 396
Till, W. 301f., 396
Truman, D. B. 396
Turk, A. T. 19, 35, 396

Ulrich, H./Probst, G. 251, 396

Villmow, B./Plemper, B. 350, 353, 355, 396
Vogel, D. 240, 396
Voß, M. 248f., 272, 309, 321, 337, 379, 389, 396

Walde, B. 186, 397
Waller, I./Okihiro, N. 236, 397
Walter, M. 355, 397
Weber, M. 34, 55, 67, 167, 211, 266, 397
Weis, K. 233, 397
Werheim, J. 397
Werkentin, F. 78, 397
Wilson, T. P. 64, 397
Wittig, P. 178ff., 397

Wöhe, G. 171, 397
Wolf, P. 201, 397
Wolff, J. 329, 397
Wolfgang, M. E. 239ff., 397

Zimring, F. E. 335, 397
Zwinger, G. 367, 404

Sachregister

Abolitionismus 8f., 42ff., 233, 285ff., 309ff., 335, 349, 354, 379f., 392ff.
- (Dis)Funktionen 301
- Doppelkontrollcharakter (Scheerer) 8, 299ff.
- Formen 290, 305
- in Deutschland 116f.
- logischer Rigorismus 304f.
- moralischer Rigorismus (Christie) 8, 288, 292ff., 299, 305, 324
- pragmatischer Abolitionismus 323ff.
- Richtungen 8, 292ff., 309

Abschreckung 8, 204, 267, 270, 272, 274, 280f., 344, 356
- effekt 98, 181

Abstraktionismus 133, 150

Absicht 21, 123, 142f., 159, 240, 311, 316, 325, 336

Abtreibung 161

Abweichung 5, 7, 15ff., 30, 36, 46, 50, 55, 59ff., 77, 87, 93f., 101, 109, 153, 157, 164, 206ff., 220, 228ff., 264ff., 285, 290, 294, 308, 312ff., 318, 320, 329, 384

Adressat(en)
- Normaddressaten 402
- Status 264

Aggregationshyothese 209f., 232

Alltagswelt 53, 138

Alter 73ff., 94, 112ff., 123ff., 212, 224, 240, 245ff., 328, 353

amicus curiae 76

Analyse
- der Zuschreibungsprozesse 142ff., 146
- dimensionale 62, 240
- feministische 62, 240
- hermeneutische 142, 144
- Herrschaftsanalyse 317
- induktive 38
- inhaltliche 143, 301
- marxistische 21f., 143
- Analyse vs. moralischer Appell 295, 299
- ökologische 245

Angst 162, 171, 200, 202, 225, 243, 253ff., 279, 363, 374

Anomie 66, 106, 125f., 148, 213, 228f., 266, 383ff.

Ansatz
- abolitionistische Ansätze 9, 306, 312
- ätiologischer 29, 31, 37, 45, 148f., 151, 158f.
- area approach 245
- Bedingungsansätze 123, 266f., 270, 272, 333
- ätiologisch-individualisierende 266, 272
- sozialstrukturelle 30, 66f., 152
- aufgeklärter (der Rationalität) 168f.
- factor approach 148
- konflikttheoretische Ansätze 27, 35
- marxistischer 7, 18, 21, 36, 45, 150ff.
- materialistisch-interaktionistischer 6f., 31, 40, 133, 138, 147ff., 158f., 394
- minimalistischer 303
- neoklassischer (nach Hirsch) 240
- positivistische Ansätze 103ff.
- radikaler (der Rationalität) 133, 168
- Raional Choice 5, 8, 105, 131, 164
- reduktionistischer 134

Sachregister

- Social Reaction Approach 35
- Strukturierungsansatz 159
antisoziale Persönlichkeit/Soziopath 119, 159f.
Anzeige (von Straftaten) 8, 244ff., 320, 355, 359, 365
Anzeigequote 247, 402
Apartheid 288
Arbeit 40, 61, 65, 79, 93, 95, 97, 101, 104, 116f., 127, 131, 138, 143, 214, 228, 245, 293, 323, 330f., 339f., 344, 347f., 363f., 366, 382, 385f.
- Arbeitsmarkt 39, 144, 157, 222f., 225, 298
- Arbeitsweisung 342
- gemeinnützige Arbeit 323, 348, 363ff.
Arbeitslosigkeit 107, 126, 223, 225, 378
Areas 215f., 220f.
- natural (segregierte Gebiete; Park) 215f., 220f.
Asymmetrie 46, 72, 102
Ätiologie 26, 29
Aufklärung 162, 284, 298, 318, 322
Aufmerksamkeitsdefizits-Hyperaktivitätsstörung (ADHS) 199f.
Ausbeutung 37
Ausdruck, indexikalischer 141f.
Aussagen
- askriptive 33
- deskriptive 33
Autorität 20f., 44, 51, 68, 144f., 248, 272, 301, 365
Autonomie 86, 268, 291, 299, 303, 307f., 312f., 339

Bedeutung 5ff., 15, 19, 36, 41, 62, 65, 67, 70, 72, 79, 90, 99, 102f., 108, 118, 120, 125, 129, 138, 143, 155, 157, 163, 194, 211, 213, 227, 230f., 241ff., 248f., 259, 262f., 268f., 273, 282, 289, 296, 299f., 308, 310f., 329, 339, 350, 351ff., 367, 369, 379, 393
Bedingung der
- Konnektivität 166
- Transitivität 166
- Kontinuität 166
Bedürfnis(se)
- alternative 363
- lebensweltliche 308
- Strafbedürfnis 319ff., 353, 357, 363, 366, 372
Befriedigung 93, 96, 99f., 112, 116, 120, 126, 240, 320f., 367
Behaviorismus 50
Behinderte 293
Belohnung 39, 97, 103, 111, 117, 119ff., 126, 131, 143, 145, 147, 158
Beschäftigung 5, 222, 245, 264, 328
Besserung 17, 273
Bestrafung 7, 47, 71, 103, 121, 124, 128, 131, 145, 180, 196, 203f., 273, 280, 283, 294f., 297, 304, 309, 319f., 353, 356, 364f., 371, 396
Betreuung
- ambulante vs. stationäre 283, 318, 322f.
- Modelle 348f.
- Weisung 342
Bevölkerung 41, 50, 102, 154, 161, 222, 228, 254, 272ff., 298, 319, 322, 353f., 362ff., 366, 368, 371f., 375, 389, 393f.
Bewertung, subjektive 115
Bewußtsein 22, 266
- falsches (nach Marx) 139
- politisches 269
Bildung 45, 57, 73, 86, 128, 164
biochemische Verfahren 187, 189
Biowissenschaft 186
Bourgeoisie 151
broken home 137
Bürger 78, 223, 261, 278f., 291, 299, 307, 312f., 356, 377

– Bürgerrecht 277f., 286
Bürokratie 310

Charakter 7, 46, 59, 74, 80, 98, 108, 130, 148f., 160, 186, 189, 190, 201, 213, 223, 236, 251, 261f., 266, 280, 284f., 294, 301, 309, 319f., 324, 354
– dualer 38, 140, 146f., 159f., 163
Chicago 7, 208, 212f., 215, 220f., 375f., 385, 389, 391, 394ff.
Chicagoer Schule 44, 213f., 220
Chromosomen-Anomalien 199
commitment 25
common sense 42
community based programms 327
Community Treatment Project 335
correctionalism 27
culture deviant perspective 106

Decarceration (nach Scull) 306, 390, 393
Definition 19, 27, 30, 37, 61f., 73, 75f., 80, 82f., 87, 90, 106, 110, 131, 142, 145, 148f., 153f., 155f., 159ff., 171, 238ff., 246, 253, 268f., 285, 297, 306, 326, 383, 391
– psychiatrische 145, 156f.
Delikte 37, 92, 99f., 104, 115, 123, 128, 175, 177, 183, 243, 247, 249, 253, 273, 283, 318, 327, 337ff., 355, 361ff., 369, 372
Delinquenz 6, 8, 17f., 67, 99, 106, 109, 113, 116, 119f., 122ff., 177, 217, 220, 226, 229, 231, 280f., 284f., 326f., 335, 350, 384, 388
– korrelierende Faktoren 5, 122
– Vorhersagefaktoren 120, 122
Denkmodelle 66
Denktraditionen 5, 31, 44f., 51
– anthropologische 44f.
Deprivation 121, 317, 323

Desorganisation 7f., 107f., 207, 210, 212ff., 227, 229, 231f., 257f.
Determination, soziale 62
Determinismus 17, 112, 146, 150, 195, 201
Devianz
– sekundäre (nach Lemert) 41, 134, 268, 321, 325, 332, 385
– selbstberichtete Devianz 64, 280
– zunahme 70f.
Dezentralisierung 300f., 308, 376
Diebstahlsverbot 6, 91f.
Differentielle Assoziation 106, 231
Differentielles Lernen 148
Diskriminierung 301f.
– soziale 347
Disziplinierung 37, 50, 55, 153, 376, 379, 388, 391, 394
– Sozialdisziplinierung 56, 391
Diversion 8f., 43, 46, 269, 285ff., 296, 300f., 311f., 317, 323ff., 375ff.
– bei Polizeibeamten 343
– Diversionsraten 343, 345
– diversion to nothing 264, 327, 332, 336, 338, 340ff., 345, 347
– diversion with referral 327f., 333ff., 345
– Doppelstragie 71, 315, 337f.
– Effizienz von Diversionsmaßnahmen 334ff.
– Entrechtlichung durch Diversion 338
– Entwicklung von Diversion 329, 386
– Formen 326
– Kriterien 328
– Organisationsebene 56, 340, 346
– Systemebene 339, 346
– widening the net - Effekt 337
Drogen 107, 130, 204
Dunkelfeld 212, 242ff., 246, 253f., 314, 320, 373, 382
Dunkerziffern 404

Sachregister

Eigeninteresse 98f.
Eigennutz (Kriterium des) 168
Eigentum 21, 39, 56, 92, 145, 155, 248
Einfluß 92, 129, 144, 209, 235, 290
Einsicht 50, 325, 348, 362
– formale 21ff.
Eliot 7, 189ff., 194
Emanzipation 125
Enthierarchisierung 314
Entkriminalisierung 6, 9, 68, 87, 90f., 94, 162, 283, 286f., 301ff., 312ff., 337f., 349, 354, 356, 362, 368ff., 375, 385f., 396
– materielle 316
– Report on Decriminalisation 303, 305
Entpönalisierung 336f., 349, 362
Entschädigung 46ff., 260f., 350f., 363ff., 371
Entschuldigung 321, 350, 353, 364, 366
Entscheidungsproblem 165, 181
Epilepsie 7, 201ff., 381
Erwartung (Genese einer) 74
Erziehung 107, 110, 115ff., 144, 147, 245, 285, 336, 339, 348
– Erziehungskurse 348
– Erziehungspraxis 114
– Zwangserziehung 306
Ethnomethodologie 18, 27, 141f., 397
European Committee on Decriminalisation 301
Exteriorität 60

Familie 49, 76, 94, 101, 116, 120, 122ff., 144, 154ff., 212, 217, 227, 230, 247, 251, 255, 267, 349, 381
– Familienrecht 154
Feminismus 153, 394f.
Frauen
– Frauenbonus 155, 379

– Frauenkriminalität 133, 154ff., 394
freier Wille 7, 17, 191, 193f.
Freiheit 37, 44, 51, 57f., 180, 183, 193, 215, 262, 278f., 284, 303, 306, 322, 326, 358, 377
– individuelle 44, 51
Frieden 295, 354
– Pazifizierung 319
– Rechtsfrieden 352
Frustration 197ff., 321
– soziale Frustration 369
Funktionalismus 44
Furcht
– Kriminalitätsfurcht 363f.

Ganzheit(lichkeit) 95, 139
Gefahr 34f., 66, 131, 134, 160, 173, 246, 256, 259, 274, 276f., 299, 331ff., 338, 346, 348, 368
Geld 49, 116f., 142f., 304
Gelegenheit (zur Straftat) 128
Gemeinschaft(en) 47, 57f., 73, 228, 293, 308, 310, 322ff., 335, 355
– Christiana 283, 295
– Interessengemeinschaft 298
– Lensman-Institution 293
– Twind(schools) 293ff.
– Vidarsen 295
Gemeinwesenarbeit 347
Gerechtigkeit 235, 303, 340, 352, 355, 375, 379
Gericht 17, 33, 49, 70, 155, 254, 259, 297, 301, 342, 365, 371, 379, 388
– Bezirksgericht 360
– Gerichtshof 360
Geschichtswissenschaft (in der Kriminologie) 24
Geschlecht 112, 123f., 152, 157, 240f., 245, 281, 320, 380, 396
Gesellschaft 6, 8, 19ff., 48, 54, 56, 58f., 61, 64, 66, 68, 73ff., 80ff., 84, 87, 106, 124, 134ff., 138ff., 149f., 153ff., 159f., 182, 186,

195f., 204, 209, 215ff., 220, 223, 225, 227, 233, 238ff., 242, 252, 255, 262, 264, 267, 269f., 272, 277ff., 286, 290, 294ff., 308, 315f., 318ff., 328, 335, 338, 353, 356, 371, 375, 377ff., 395ff.
- bürgerliche 295, 299
- Gesellschaftsmodelle 309, 394
- gespaltene (nach Scheerer) 288
- Historizität 89, 134
- Humanisierung der Gesellschaft 303
- vorindustrielle 294
- postindustrielle 295
- Mehrgruppengesellschaft 6, 53, 73, 75, 78ff., 87
- moderne 40, 56, 227, 300, 315, 375
- segmentäre (nach Scheerer) 294, 300
- Stammesgesellschaft 295
- Tiefenstruktur („Grammatik") (nach Smaus) 38, 141
- westliche Gesellschaft 50, 69, 314f.,
- Wohlstandsgesellschaft 129, 384
- Zweiergesellschaft 85, 93
Gesellschaftpolitik 304
Gesellschaftstheorie
- allgemeine 40
- (einheitliche) Theorie der Gesellschaft 302
- materialistische 298
Geständnis 327
Gewalt
- Gewaltphantasien 320
- staatliche Gewalt 282
- strukturelle Gewalt (nach Galtung) 78, 379
- strukturelle Gewalt (nach Smaus) 156
Gewissen 50, 97, 170f., 173, 295, 324, 380
Gleichbehandlung 155, 157, 303, 340, 345, 355, 367f., 379

Gleichheit 17, 303
Gruppe(n)
- betroffene Gruppen 302
- Gruppenarbeit 347
- Gruppenöffentlichkeit 301
- herrschende Gruppen („Eliten") 314
- in-groups 6, 83, 87, 94
- out-groups 83f., 87, 90, 92, 94
- peer-groups 125, 218
- pressure-groups 70, 81, 87
- Primärgruppe(n) 123
- Subgruppen 6, 81, 82

Habitus (nach Bourdieu) 38, 40, 65
Handeln 5, 21f., 26f., 32, 38, 53ff., 74f., 80ff., 86, 96, 98, 104, 107ff., 116, 118, 128, 140, 146f., 151, 156, 159f., 164f., 167ff., 172, 176f., 192, 196, 201, 207f., 211, 225, 235, 262, 267, 278, 282, 285, 288, 297, 391f., 396
- abweichendes 6, 16, 80, 178, 210, 235
- Kosten von Handlungen 109
- kriminelles 37, 81f., 174, 292
- objektives 75
Handlung 22, 31ff., 38, 43, 59, 67, 74, 77, 80, 83, 85f., 95, 97ff., 103, 109f., 113, 115, 118, 123f., 142, 160, 165f., 168f., 171f., 174ff., 181, 186, 193f., 204, 235f., 238, 241, 246, 254, 265, 268, 271, 297, 321, 376
- Handlungsalternative 63, 170, 172, 178, 238, 282
- Handlungssysteme 54, 75, 83f., 89
- Handlungsstheorie 53f., 64f., 89, 140, 380
- Handlungsstypen 56, 167
- Handlungszusammenhänge 62, 314
- Sinn von Handlungen 38
Hedonismus 129, 378

Herkunft 123f.
Hermeneutik 139
Herrschaft 6, 19, 24, 41, 44, 53, 67ff., 77, 78ff., 90ff., 153ff., 270, 283, 293, 315f., 373, 375ff., 380, 382, 395ff.
– Herrschaftsbereiche 79f., 93
– Herrschaftslagen 79f., 91, 93, 313
– Herrschaftsverlust 69f., 314f., 380
High-Cost-Situationen 176f.
Hilfe 22, 32, 48, 66, 97, 101, 105, 112, 125, 140, 145, 158f., 177, 179, 223, 233, 269, 295, 307, 316, 322, 325, 329ff., 333f., 355
– Bewährungshilfe 329, 332, 335, 339, 346
– Einzelfallhilfe 347, 389
– (freiwillige) Opferhilfe 233, 351
– in Freiheit 322ff.
– natürliche Hilfen 324
– Selbsthilfem 47, 52, 301
Hinderungsgründe 176f.
Hirn
– forschung 187, 189
– schäden 7, 189, 201
Historizität (von Gesellschaft) 134
Homo Oeconomicus 7, 167ff., 174, 180, 185, 387
Homosexualität 161f., 287, 301f., 305, 396

Idealismus 23, 139, 163
Idealtypen 266
– Idealtypische Theoriearten (nach Albrecht) 266
Identifikation 32, 73, 80, 82ff., 121, 228, 323
Identität 16, 38, 57f., 142, 191, 252f., 259, 268, 293, 317, 387
– abweichende 61, 329, 332
– letzte Identität 142
Ideologie 16, 26, 137, 380
– Behandlungsideologie 293, 338

Imperialismus 45, 105f., 299
– innergesellschaftlicher 299
– ökonomischer 105
Imprisonisierung 304
Individualisierung 28, 235, 240, 296, 397
Informalisierung 128, 235, 240, 296, 397
Informationsverhalten des Individuums 184
Informelle Kontrolle 24, 157
Inklusivsysteme 6, 75, 79, 83ff., 91
– alternative 6, 85
– Übertragung 91
Instinkt 217
Institutionalisierung 6, 53, 59, 73ff., 77, 84, 86, 89, 94, 263, 282, 332, 337, 357
– Entinstitutionalisierung 308, 312, 314, 322, 325
– Phasen 74, 85
Institutionen 8f., 17, 19, 27, 32f., 45, 50, 73, 77, 79, 82f., 89ff., 110, 125, 127, 135f., 141, 169, 217, 222f., 242, 262, 269, 271, 287ff., 294, 304, 306, 311f., 318, 322, 333, 335f., 346, 360, 365
– restriktive 9, 306
– totale Institution/Gefängnis 14, 17, 144, 156, 182, 287, 306, 313, 316f., 327, 331, 339
Integration 23, 73, 80, 82f., 87, 214, 252, 259, 264, 308, 313, 324, 340, 354, 356, 383, 390, 397
– Reintegration 258, 319, 323, 366
Intention 17, 26, 38, 128, 133, 142, 172, 174f., 193, 213, 289, 309
Integrität 156, 287
Interaktion
– Binnen- u. Außeninteraktion 86, 94
– dydadischen 34
– direkte 34
– Interaktionspartner 135f., 251, 270, 371

- Interaktive Prozesse 27, 139, 269
- Reorganisation von Interaktion 269

Interaktionismus 61, 138f.
Interdisziplinarität 106
- additive 17

Interessenlagen 34, 246, 248f., 319
Internalisierung 44, 51, 63, 83, 286
Interpretation 61, 87, 137, 141, 185, 227, 231, 296
- dokumentarische 141

Intervention 251, 289, 325, 330, 366, 373, 382
- radical non-intervention 311
- staatliche Intervention 311

Jugend
- Jugendamt 340
- Jugendgerichtshilfe 339, 348, 361
- Jugendhilferecht 326
- Jugendkriminalität 254, 280f., 348, 374, 395
- Jugendkriminalität (Kontext soziale Desorganisation) 218, 230
- Jugendrecht 382
- Jugendstrafrecht 283, 326, 328f., 334, 336f., 340, 342f., 352, 366, 382, 384, 386, 388f.
- Jugendstrafvollzug 323, 335

Justiz 22, 27, 30, 71, 90, 97, 130, 153, 195, 242, 251, 282f., 293, 300, 315, 321, 324, 337, 340, 354, 361, 363, 370, 375ff., 383f., 386f., 389f., 392f., 397
- Selbstjustiz 49, 271, 372
- Strafjustiz 31, 45ff., 157, 194, 263, 307, 312, 326, 351, 358, 363, 365, 369

Kalkulation (des Handelns) 96
- Kosten-Nutzen-Kalkulation 99f., 110, 112, 309

Kapital 37, 39, 61, 65

Kapitalismus 25, 31, 37, 211, 298, 384
Karriere
- abweichende 30
- Karriereprozeß 32

Kindesentwicklung 121
Klassengesellschaft 27, 39, 143, 153
Klassenjustiz 15, 249, 386
Klassenkonflikt 275
Kolonialisation 299
- Entkolonialisation 304f., 308

Kommunikation 73, 75, 141, 218, 386
- kommunikative Rechtsfindung 354

Konflikt
- Absorption 359, 365
- informal justice 351
- informelle Konfliktbearbeitung 251
- (Form der) Konfliktregelung 300
- Modellversuch „Konfliktausgleich" 357
- Rekonstruktion 349
- Reprivatisierung 355

Konformität 5, 44, 53ff., 57, 61f., 84, 87f., 91, 109, 112, 118, 123, 164, 262, 268, 270, 274, 279, 281, 314, 319, 328

Konsens (◊ Modelle)
- allgemeiner 36
- gesellschaftlicher 29
- sozialer 36

Kontexthypothese 209f.
Kontrolle
- informelle 24, 156f.
- integrative 299, 305
- Kontrollstil 5, 46, 48f., 51
- Kontrollstil der Befriedigung 46f.
- Kontrollstil der Entschädigung 46f., 51
- punitiver Kontrollstil 46
- repressive 299
- Rückgabe der Kontrolle 322

Sachregister

- totale 312
Konzept
- der funktionalen Verantwortlichkeit (nach Schafer) 234
- der wahrgenommenen Verhaltenskontrolle (PBC) 174
- des social ritual (Park) 216
- der gesellschaftlichen Konstruktion der Wirklichkeit 141
- Determinationskonzept 151
- Konzept der sozialen Lagen 35
- neo-marxistische Konzepte 30
- Selbstkontrollkonzept 6, 45, 95, 109, 112, 117, 126f., 131f., 266, 274
Kriminalisierung 6, 19f., 23, 26ff., 32, 34, 36, 38f., 42f., 53, 66f., 70, 87, 90f., 94, 112, 129f., 136f., 140, 143ff., 147, 149, 151ff., 158, 160, 162f., 234ff., 251, 263, 265, 267f., 270, 273, 287, 297, 302, 327, 362, 371, 380, 384
- Kriterien für die Kriminalisierung 236
- Sinn der Kriminalisierung 39, 137, 143, 145, 147, 158
Kriminalität 5ff., 15ff., 68, 70, 86, 90, 94ff., 140ff., 158, 160f., 163, 180, 194f., 203, 206f., 212, 214, 216ff., 220f., 226f., 230, 232ff., 239, 242ff., 250, 253, 262f., 266f., 269f., 276f., 279, 284, 286, 288, 290, 302, 316ff., 321, 323, 330, 332, 335, 349, 352, 354, 360f., 364, 373ff., 391ff.,
- als ein ubiquitäres Phänomen 128
- Bagatellkriminalität 243, 249, 340, 344, 349
- biologische Inferiorität 102
- Computerkriminalität 238
- de facto Kriminalität 39
- dynamische Perspektive (nach v. Hentig) 234
- Entmystifizierung der Kriminalität 113

- Frauenkriminalität 133, 154f., 157, 394
- Funktionalität von Kriminalität 158
- Ganzheit der Kriminalität 95
- Kriminalität und Weiblichkeit 152
- Kriminalitätsvorsorge 278
- Massenkriminalität 37
- Opfer der Kriminalität 23
- soziale Maßnahmen 127, 131
- Umweltkriminalität 161f.
- Ursachen 21, 29, 37, 97, 103, 136, 335
- Wesen der Kriminalität 113, 119
- Wirtschaftskriminalität 37, 239, 250, 283, 314
Kriminalitätsgeographie 245
Kriminaljustizsystem 8, 47, 122, 249, 251, 260, 262, 271f., 278, 285, 294, 297f., 305, 325f., 331f., 334, 340ff., 373
Kriminalpolitik
- negative Kriminalpolitik (nach Mathiesen) 305, 322
- neue Theorie der Kriminalpolitik 291, 313
Kriminalstatistik 17, 29, 154, 244, 252f.
Kriminelle (◊ Täter)
- Abenteurertypen 117
- biologische Eigenschaften 102
- Innovator als typischer K. 106
- paradigmatischer K. 144
Kriminologie 5ff., 15ff., 35,ff., 50, 67, 88, 95f., 101, 103, 109f., 115, 133f., 136, 138, 141, 152f., 155, 157ff., 218, 233ff., 247, 262, 267, 289, 333, 338, 370, 373ff., 379ff., 391ff.
- ätiologische 134, 136
- Hauptströmungen (nach Gottfredson/Hirschi) 101, 106
- instrumentalistische 36f.
- klassisch-marxistische 37

- klassische Schule 107
- kritische 5, 28f., 31, 35, 41f., 155, 394
- Mainstream-Kriminologie 17f., 21, 26f.
- marxistisch-interaktionistische 37
- materialistische 22
- materialistisch-interaktionistische 6f., 31, 37, 40, 133, 158, 394
- neue 41
- Phasen (nach Gottfredson/Hirschi) 96
- positivistische 95, 101
- radikale 5, 15ff., 21, 23ff., 37, 155, 370
- rational-choice-Modell 95f., 130
- strukturalistische 36f.
- theoretische 50, 392
- traditionelle 16, 26, 29, 32

Krisenintervention 330f., 333
Kultur (◊ Subkultur)
- Alternativkultur 295, 300, 308
- Kulturkonflikttheorien 148
- Schlichtungskultur 354

Labeling-Ansätze 111, 266, 268ff., 275
- gesellschaftstheoretisch orientierte 266, 269f.
- individualzentrierte 266, 268f.

Labeling Approach 7, 9, 15, 18, 25, 27, 30f., 34, 43, 45, 60, 96, 125, 131, 133ff., 146f., 149f., 152f., 158ff., 162f., 208, 227, 311f., 316, 392

Lebensbedingungen 29, 35, 225, 268, 270
Lebenschancen 21, 35f., 134
- Monopolisierung von 35
Lebensformen 140
Lebenslage 211
Lebensstil 8, 78, 116, 244ff., 257, 358, 378

Lebenswelt(en) 138, 155, 258, 297, 301, 303ff., 308, 312, 326, 352, 366, 389
Legalbewährung 367, 369
Legalisierung (von Straftaten) 317
Legalitätsprinzip 276, 326, 328, 331, 345ff.
Leid(en) 51, 96, 256, 303
Leistungsformen
- Leistungserbringung 315
- staatliche Leistungen 350
- Versicherungsleistungen 356
- Wiedergutmachungsleistung (vom Täter) 47
- zivilrechtliche Ersatzleistungen 350f., 356

Lernen
- Lerntheorie 103f., 108, 130f., 205
- moralisches Lernen 296
- soziales Lernen 296

Low-Cost-Situationen 176f., 185, 393
Loyalität 347

Macht 6, 19, 21f., 34, 36, 39, 41, 43f., 51, 53, 67ff., 72f., 77ff., 87, 90f., 94, 135f., 142f., 145, 150, 153, 155, 158, 168, 186, 196, 269, 293, 302, 304, 314ff., 324, 329, 340, 346, 396
- Definitionsmacht 19, 34, 39, 43, 145, 147, 150, 152f., 161ff., 216
- gesellschaftliche Macht 150
- Machtverfall 314f.
- Partizipation an der Macht 69
- Strafmacht 36
- Macht und Herrschaft 6, 41, 44, 53, 67f., 80, 90, 94, 153, 155, 315

Makro-Mikro-Modell 209
Mängellagen 6, 72, 80, 90, 94, 327
Männer 124, 153, 155ff., 199, 243, 245, 364

Sachregister

- Männlichkeitsvorstellungen 117, 319
- Management 50, 373, 385
- Risikomanagement 50
- Marginalisierung 41, 223, 226
- Markt 5, 45, 51, 110, 177, 227, 378
- Moral-Markt 110
- gleichgewicht 179, 181
- Marxismus 21, 23, 35, 39, 136f., 140
- Materialisierung 344
- Materialismus 64f., 139, 163, 380
- Mediation 363
- Medien 93, 99, 109, 303
- systemische Medien 303
- Mehrfaktorenansätze 17, 26, 29, 42
- Mensch(en)
- als Nutzenmaximierer 167, 181
- Überlebensmaschine 197, 200
- Menschenbild 7, 99f., 109f., 115, 167
- Menschenrechte 291, 307, 309, 313
- Menschenwürde 303, 317
- Mephistophelisches Prinzip (nach Mathiesen) 8, 298, 305
- Metaregeln 32
- Methodologie 18, 134, 313
- Methodologischer Individualismus 164, 166
- Minimalismus 354, 356
- Mitgliedsschaft (als Sanktionsziel) 301, 309
- Mobilität 218, 221, 225, 228, 251, 300
- Modelle/Programme/Projekte
- antietatistisches Modell (nach Hulsmann) 297
- Brücke-Modell (München) 348
- Highfields-Projekt 329
- Konsensusmodell der Gesellschaft 88, 94, 366
- Methadon-Programme 302
- Modellprojekt „Handschlag" 370, 384
- Münchner Diversionsprojekt 329
- Phasenmodell (nach Becker) 30
- privatrechtliches Konfliktschlichtungsmodell 319
- Probation-Subsidy-Programm 335
- Projekte nach dem JGG 9, 348ff.
- RREEMM 7, 167, 169
- Stop Taking Others Property (STOP)-Programm 348
- systemtheoretisches Modell 133
- Training Schools 323
- Trichtermodell (nach Kerner) 341
- Moral 39, 51, 110, 135, 281f., 296, 309, 321, 377
- Arbeitsmoral 144f., 147, 150, 158
- Konsummoral 300
- punitive Moral (des Strafrechts) 321
- regions 216f.

Natur, menschliche 98
Neurobiologie 187, 190, 194
Neuroimaging 188
Neutralisierung (nach Schneider) 361f.
Neo-Klassik 240, 291
Neo-Konservativismus 240
New Deviancy Theory 18
New Criminology 18f., 21
Norm 5, 29, 59ff., 71, 80f., 88, 96, 135, 154, 157, 172, 174ff., 274, 301, 318, 353, 356, 366, 390
- Geltungsgrad 318
- interpretierende Normen 63
- kodifizierte Normen 29, 56
- Normbildung 72, 75
- Normkonflikte 320
- Normmatrix 318
- Normorientierung 63, 262
- Norm-Reifizierung 17

- Normsetzung 6, 27, 30, 67, 72, 78, 80, 88f., 91f., 94, 163, 280, 305, 313
- Normsysteme 32, 352
- Rechtsnormen 6, 88, 89
- Strafrechtsnormen 8, 29, 32, 36, 41, 43, 55, 59, 88, 90, 94, 129, 236, 279
- Wandelbarkeit von Normen 59, 82
- Wirkungsgrad 56

Normalität 39, 128, 135, 143, 157, 312, 338
Notzucht-Trauma-Syndrom 257
Nullhypothese 256
Nutzenmaximierung 179, 181

Objektivität 17, 152
Objektivismus 139, 163
Ökonomie 10, 20, 101, 105, 302, 383
- informelle 308
- politische 21, 22, 25, 31

Ontologische Qualität 136, 139, 149, 152
Opfer 7ff., 23, 42f., 46ff., 99f., 118, 156, 173, 182f., 197, 200, 202, 205, 228, 233ff., 252ff., 272, 286f., 290, 296f., 300f., 309f., 320ff., 325, 327f., 336, 342, 349ff., 376ff., 383f., 386ff., 392f., 397
- Differenzierungen 237ff.
- Individualisierung 237, 239ff.
- Kategorien 237, 242
- Opfer als Zeugen 254, 259ff.
- aus Perspektive der Rational Choice-Theorie 7, 167, 181, 183
- Opferbefragung (◊ victim surveys) 242ff., 253, 256, 300, 314, 374, 382, 395
- Opferentschädigung 237, 261
- Opferfonds 351
- Opferrisiko 255
- Opferstatistiken 297

- private Opfer vs. juristische Opfer/Personen 359f.
- Reintegration 258, 319, 323, 366
- Schädigungen 8, 253f., 257, 355
- Umgang mit Opfern 8, 259ff.
- Variablen 240

Opportunitätsprinzip 326, 328, 331f., 340f., 345
Opportunitätskosten 178f.
Organisation 19, 39, 44, 47, 57, 72, 107, 143, 161, 165, 227, 231, 269f., 297, 302, 330, 376, 379
- instrumentell-formale Organisation 306
- Organisationsformen (sozialer Kontrolle) 5, 47ff.
- bilaterale 47f.
- therapeutische 47
- trilaterale 48
- unilaterale 47f.

Pädagogik 6, 127
Pathologie
- Pathologisierung 27, 203, 301f.
- Psychopathologie 103
- Sozialpathologie 270
Patriarchat 23, 154
pattern variables 65
Paradigma
- interpretatives 6, 27, 38, 53, 64ff., 94, 134ff., 145f., 158, 160
- ätiologisches 148f.
- Paradigmawechsel 5, 7, 15, 28, 31, 41f., 61, 65, 134
peines perdues (nach Hulsman) 8, 297, 382
Phänomenologie 18
plea bargaining 255
Pönologie 26
Politik
- des schlechten Gewissens 324
- Entwicklungen 277
- Jugendpolizei 276, 339
- Kriminalpolizei 341
Positivismus 17, 100ff., 108

Sachregister

- biologischer 101f., 108, 116
- ökonomischer 104f., 108
- psychologischer 103, 108
- soziologischer 106

Pragmatismus 26, 331
Praxis 5, 7ff., 15, 18, 25f., 28, 31, 40ff., 51, 65, 68, 75, 77, 95, 135f., 140, 158ff., 186, 194ff., 221, 233, 255, 285, 289ff., 310, 313, 317, 322, 326f., 330, 332f., 336, 343, 346, 352, 366, 368ff., 375ff., 381ff., 386, 388f., 392f., 395ff.
- Forschungspraxis 36
- gesellschaftliche 5, 8, 26, 28, 41, 43f., 52, 66, 137, 160, 316, 317
- kriminologische 28
- polizeiliche 330
- (Einheit von) Theorie und Praxis 25, 95, 290, 310

Prävention 8, 50, 97, 121, 128, 132, 160f., 236f., 262ff., 267ff., 272, 274, 276ff., 285, 290, 299, 334ff., 344, 373, 383
- Effektivität 270
- experimenteller Vergleich 270, 280
- Generalprävention 265, 267, 270, 272ff., 278ff., 283, 286, 339, 373f., 380f., 383, 388
- gesellschaftliche (nach Backes) 276
- Interpretationsprävention 274f.
- Klassifikation 265
- polizeiliche 8, 275ff.
- primäre 268f., 278
- sekundäre (nach Lemert) 274, 279
- Spezialprävention 267, 271ff., 278, 280, 286, 332, 336
- tertiäre 265, 274, 279

Präferenzordnung 165ff., 178
Präferenzstabilität 179, 181
Privatisierung 50, 251
Privatklage 341, 357ff., 384

Produktion 22, 43, 53, 58, 73f., 76, 80, 82f., 85ff., 94, 149, 155, 178, 200
- Produktionsmittel 39f., 143f., 151, 304

Prognose 160, 285, 349
Proletarier 37
Proportionalitätsprinzip 240, 324
Prostitution 287, 388
Psychiatrie 17, 27, 45, 283, 306f., 322f., 377, 382
Psychologie 17, 27, 101, 195, 233, 267, 377f., 383, 390, 392f.

Radical Criminology 31, 379, 383, 387, 391
Rationale Reflexion der Situation (Seipel/Eifler) 7, 175
Rationalität 21, 104, 110, 168f., 171f., 190, 211, 271, 282, 382, 386
Raum 7, 45, 89, 117, 137, 145, 167, 207f., 210, 212, 214ff., 220ff., 224f., 227f., 231f., 245, 296, 334, 377
- physischer 208, 210, 215, 217, 222, 228
- sozialer 208, 210, 215, 217, 222

Reaktion
- auf abweichendes Verhalten 30, 263, 382
- gesellschaftliche 96, 393
- (in)formelle 255f., 320
- Nichtreaktion 333
- Reaktionen bei Opfern 8, 257ff.
- soziale 42
- Tat und Reaktion 329

Realismus, neuer 23f.
Realität 22, 38, 56, 66, 137ff., 147, 149f., 174, 185, 192, 230, 265, 305, 308, 310f., 314, 337, 397
- gemeinsam (erlebte) Realität 314
- historisch spezifische 137
- objektive 38, 138f.
- soziale Relität 311

Recht 19f., 24, 27, 30, 34ff., 44, 78, 84, 88f., 159, 161, 204, 211, 235f., 248, 251, 263, 273, 280, 291, 295, 304f., 308, 310, 333, 357, 359, 374, 387f., 396
- Rechtsgut 8, 271f., 236f., 261, 316, 354, 357
- repressives 88
- restitutives 88
- Sittlichkeit 264
- spezifisches Gruppenrecht 305
- zentrales (staatliches) Recht 297
- Zivilrecht 307, 355
Reduktionismus
- ökonomischer 105
Reform 50, 68, 213, 291, 298, 353, 383
- Reformmodelle 348f.
Reformismus 21
Regelverletzung, residuale 56
Rehabilitation 240, 323
Rekonstruktion 33, 66, 349, 375f., 380
Relation 36, 76, 131, 242, 247, 394
relations
- primary 217
- secondary 217
Relativismus 19, 380
Repression 264, 269, 273, 276, 279, 282
Reproduktion
- Arbeitskraftreproduktion 299
- des Klassenstrafrechts 137
- gesellschaftlicher Realität 149
- natürliche Reproduktionsfunktion 156
- sozialer Wirklichkeit 144
- symbolische 308
Resozialisation 50, 271ff., 278, 316, 351
- Maßnahmen 131
- Prognosen 155
- Resozialisationssystem 17, 271ff., 335
Restitution 51, 349, 357f., 362, 371

Revisionismus 45
Revolution 211, 298
Rolle 18, 24f., 27, 33, 36, 44f., 63, 67f., 70, 76, 78, 81, 88, 94, 99, 101, 106, 118, 124, 144, 151, 153f., 176, 194, 207f., 214, 221, 227, 231, 252, 286, 296, 328, 341, 351, 363, 365
- bei Täter und Opfer 233ff., 241
- Opferrolle 256, 259
- role taking/role making 357
- Rollenstereotyp 154, 156f.
- Vermittlerrolle 360
- weibliche Rolle 154f.
Rückfall 102, 186, 203, 338

Sanktion 22, 62f., 69, 71, 110f., 115, 118f., 124, 206, 262ff., 272, 278, 283, 286, 301, 309, 320, 327f., 332, 348, 352ff.
- alternative 327, 354
- ambulante vs. Stationäre 339, 342
- Arbeitsauflage 348
- Bereitschaft 63, 319
- Doppelstrategie 315
- (in)formelle Sanktionierung 301, 309, 342f.
- Formen 97, 326, 379
- Sanktionssystem 65, 112, 126, 271
- Sinn der Sanktion 62
- Verschärfung 70
- Verzicht 68, 70, 90, 94, 264, 282f., 311, 314f., 318, 326, 378, 380
Schaden
- primäre Schäden bei Opfern 254, 259
- sekundäre Schäden bei Opfern 249, 254f., 259
- tertiäre Schäden bei Opfern 259

Sachregister

Schadensersatz 46, 49, 51, 90, 176, 182f., 197, 235, 238ff., 249, 253f., 293, 297, 301, 320f., 351, 357, 359, 362
Schichtstatus 146f.
Schichtzugehörigkeit 34, 143, 248, 300
Schiedsmannverfahren 359, 364
Schmerz (Übelzufügung) 292f., 301
Schmerzensgeld 350, 353, 358, 363
Schuld 46, 51, 204f., 234, 237ff., 257, 273, 296, 338, 342, 352, 383, 388
Schule 44f., 101, 103, 107, 116, 121, 125ff., 131, 139, 143, 213f., 220f., 230, 349, 359
Schutz 40, 77, 88, 94, 183, 230, 236f., 261, 271f., 295, 303f.
– des Einzelnen 355
– staatlicher 236
– Selbstschutz 47, 236f., 249
Segregation 8, 207f., 210, 215f., 221ff., 226, 228f., 377, 397
– funktionale 222
– residenzielle 8, 207, 210, 221ff., 226, 229
– soziale 222
Sektorisierung 306
Selbst 57ff., 74
– Selbstbild 125, 225, 227, 256, 259, 331
– Selbstdisziplin 110
– Selbstkontrolle 6, 51, 95, 110ff., 177, 266, 349, 393
– Selbsturteil 110
Selbstmord 330
Selektion 6, 81, 86, 169f., 172, 369
self-fulfilling prophecy 62, 256, 259, 285
self-reports 243ff., 253
SEU-Wert 170ff.
Sexualpraktiken 236
Sinn, subjektiver
Situation 55f., 59, 61
– Alltagssituation 321

– Situationsbeobachtungen 39
– Situationsorientiertheit 65
– strukturell bedingte Situation 298
Sklaverei 287f.
Solidarität 83, 88, 347
– interne 83
– mechanische vs. organische 88
Sozialarbeit 17, 260, 265, 268, 277, 316, 330f., 339, 346ff., 377, 388, 393
– Methoden 347
Sozialarbeiter 260, 268, 277, 325, 330f., 346ff., 353, 357, 359f.
Sozialbindung (nach Schneider) 245
Soziale Anerkennung 301f., 305f.
Soziale Bewegungen 70, 285, 288f., 292
Soziale Desorganisation 7f., 108, 207, 210, 212ff., 214, 217f., 220ff., 227, 229, 231f.
Soziale Erwünschheit 243, 253
Soziale Exklusion 8, 207, 221ff., 225f., 228f., 232, 389
Soziales Handeln 5, 53, 55, 59, 65, 80, 262
– soziales Einflusshandeln 73, 80
– soziales Generalisierungshandeln 80
– soziales Institutionalisierungshandeln 73, 80
Soziale Kontrolle 5, 7ff., 17, 27, 34, 38f., 41ff., 70, 113, 154, 156, 208, 212, 217, 262ff., 269f., 286, 317, 319, 333, 337f., 376, 380, 385f., 394
– Ausweitung der sozialen Kontrolle 9, 313f.
– Denktraditionen 5, 44f., 51
– Informalisierung 48f., 312
– innere und äußere 113
– Organisationsformen 5, 47ff., 51
– Reduktion sozialer Kontrolle 9, 313f.
– Theorie sozialer Kontrolle 269

Soziale Ordnung 33, 97, 299
Soziale Phänomene 105
Soziale (Re)Produktion 110
Soziale Systeme 83, 88
- modernes soziales System 300
Soziale Umwelt 75, 83, 172, 175, 205, 332
Soziale Ungleichheit 207, 220f.
Soziale Welt 76
Sozialer Brennpunkt, Problemgebiet 225, 227f.
Soziales Umfeld 220, 308
Sozialforschung
- historische 25
Sozialfürsorge 45
Sozialisation 6, 44, 46, 51, 87, 106, 110, 116, 119f., 122f., 126, 129, 131f., 193, 205, 217, 226, 232, 266, 269, 347
- berufliche Sozialisation 347
- Instanzen 126f., 131, 226, 229
Sozialismus 151
Sozialpädagogik 307, 386,
Sozialpolitik 263ff., 307, 323
Soziologie 5, 7, 16ff., 26, 33, 42, 53f., 59, 66f., 88, 94, 101, 107, 139f., 190f., 206f., 209f., 213, 222f., 263, 266, 378ff., 384ff., 391, 393, 395ff.
Spiegelneuronen 7, 205
Spontaneität 57f., 78, 82, 85f., 90, 129
Sprache 84, 141f., 190
- Alltagssprache 53, 110, 141, 394
- Indexikalität 141
- Systemsprache 79, 84f., 89, 90, 93
Staat 20, 24, 27, 30, 36, 39, 45, 127f., 143, 227f., 233, 238, 242, 261, 271, 277, 279, 290, 299f., 302, 304ff., 313, 336, 350, 356, 365, 387
- Gewaltmonopol 271, 317, 397
- Legitimation 36, 93, 124, 153, 274f., 278, 304, 310, 324, 354

- Staat und Gesellschaft 24, 277
Staatsanwaltschaft 6, 256, 261f., 329, 336, 341ff., 351, 362ff., 371, 373, 378, 382, 399
Stadtsoziologie 208ff., 213f., 221, 379, 381
Standardisierung 243
Status 33, 36, 92, 131, 134ff., 141, 147, 149, 153f., 156f., 160, 218, 221, 235, 245, 248, 285, 288, 319, 320, 322, 330
Statussymbol 38, 143
Stigmatisierung 28, 41, 43, 223, 229, 252, 287, 327, 338, 344
- Degenerations-Stigmata (nach Lombroso) 102
- Entstigmatisierung 322, 337, 351
Strafe 7f., 46, 49, 69, 71, 98, 110, 180ff., 234, 237, 240f., 264, 267, 271ff., 278f., 284ff., 292f., 295f., 301, 304, 315, 320f., 324, 333, 336, 339, 348ff., 352ff., 356f., 359, 364f., 372, 375ff., 381, 383, 386, 388ff., 392f., 395f.
Strafjustiz 31, 45ff., 157, 194, 263, 307, 312, 326, 351, 358, 363, 365, 369
Strafrecht 8, 22, 24, 30, 34, 36, 38f., 41, 45ff., 51, 59, 88f., 98, 110, 153ff., 204, 235f., 240f., 252, 259, 261ff., 269, 271ff., 279, 282, 287ff., 292ff., 296ff., 301, 303ff., 309, 311, 320f., 325, 328, 334f., 344, 350, 354f., 357, 365f., 371f., 374, 376, 379ff., 385, 388ff., 394f.
- Abschaffung des S. 157, 285, 287, 289f., 295, 301, 305, 307, 312, 316f.
- dichotomisierender Charakter (nach Christie) 294
- Funktionsdefizite 309
- Humanisierung des S. 88f., 282, 317
- Klassenstrafrecht 137

– materielles 306
– Nebenstrafrecht (Mansel) 307
– Legitimation 275, 310, 354, 357
– Ordnung des Strafrechts 320
– Selektivität der Normadressaten 154
– Sinnkrise 319
– Strafrechtsdogmatik 235, 393
– Strafrechtspolitik 302
– Strafrechtspraxis 352, 273
– Strafrechtssoziologie 22f., 25
– Strukturmodell zur Strafrechtssetzung 91
– Theorie der Rationalität 282
– Zivilisierung 282, 320
Strafvollzug 47, 70, 254, 263, 267, 270, 322f., 325, 382, 390
Stratifikation 33
– gesellschaftliche 39
structur and structuration (nach Giddens) 140
Struktur 6, 23f., 38f., 42, 61, 68, 88, 109, 140ff., 149f., 152ff., 157, 159, 161f., 192, 208, 215, 251, 269f., 297, 300, 304, 375, 384
– duality of structure 140
– gesellschaftliche 42, 142, 159, 308,
– Herrschaftsstruktur 39
– Klassenstruktur 27, 150f.
– Moralstruktur 39
– Schichtstrukur 34, 143
– Sinnstruktur 39
– soziale 38, 88, 147, 163
– Sozialstrukturmodell 91
– Strukturtypen 72
– symbolische („ideologische") Struktur 39, 144
Strukturfunktionalismus 64f.
Strukturierung 6f., 40, 53, 139f., 144f., 147, 152, 354, 380
Subjekt 6, 23f., 38f., 42, 61, 68, 88, 109, 140ff., 149f., 152ff., 157, 159, 161f., 192, 208, 215, 251, 269f., 297, 300, 304, 375, 384

Subjektivismus 19, 133f., 139, 163
Subjektivität 111, 139, 291
Subkultur 87, 106, 148, 208, 217, 227, 354
– Theorien 210, 216, 229,
Subsystem 75, 83, 86, 309
– gesellschaftliches 309
– politisches 309
– Rechtssystem 310
Subsidiaritätsprinzip 366
Sühne 51, 272, 304, 352
Symbolischer Interaktionismus 18, 27, 30, 43, 45, 57, 397
System (nach Habermas) 297, 304f.,

Tat 7, 32f., 47, 98, 102, 104, 127, 134, 146, 179, 182, 202f., 233, 238, 241, 244, 246, 255, 259f., 271, 281, 284, 286, 294f., 314, 321, 326, 329, 350f., 356f., 364f., 368
– Konfliktnatur der Tat 357
Tatsache, soziale 55, 243
Täter 7ff., 29, 32, 42f., 46ff., 64, 98ff., 102, 111, 113, 118f., 123, 127, 176ff., 183, 200, 203, 205, 233ff., 250ff., 254f., 257, 258ff., 273, 278, 280, 286f., 290, 293, 296, 300, 309, 322, 325ff., 335f., 342, 349ff., 376ff., 383f., 387ff., 392f., 397
– Geständigkeit bzw. Geständnis 327, 362
– Reife des Täters 328
Täter-Opfer-Ausgleich (TOA) 8f., 42f., 46ff., 52, 233, 241, 261, 286, 325, 336, 349, 351f., 354f., 357, 359ff., 366ff., 376ff., 383f., 387ff., 392f., 397
– (Ver-)Aussöhnung (Fry) 351, 353, 356, 363
– Bereitschaft zum TOA 362ff.
– Entwicklung 356f.
– juristische Grundlagen 361

- Kriterien 361
- Prinzip der Freiwilligkeit 362
- Rasterschema (nach Kaiser) 367f.

Täter-Opfer-Interaktion 118, 237
Thomas-Theorem 111, 139
Terrorismus 227, 239
Theorie 6f., 15, 18, 20f., 23, 26ff., 32, 35, 39, 41, 44f., 47, 51, 55, 63, 66, 95ff., 101f., 104ff., 108ff., 113, 117, 120f., 124, 133ff., 147, 150, 152, 154, 156f., 159, 161f., 166ff., 172ff., 176ff., 181f., 184ff., 213, 215, 221f., 269, 272, 278, 283, 285, 291, 293f., 297, 299, 305f., 308, 313, 316, 319f., 352, 370, 374, 379, 381f., 384, 386ff., 391, 394, 396, 399
- der absoluten Bestrafung (Christie) 294
- des geplanten Handelns (Ajzen) (TORB) 7, 172
- des überlegten Handelns (Ajzen) (TORA) 172
- kommunitaristische Theorie des Strafens (Christie) 296
- Kontaminationstheorie 151
- Kontrolltheorie (Gottfredson/Hirschi) 349
- Kulturkonflikttheorie 148
- marxistische 37, 134f., 137, 146, 151, 395
- modell sozialökologischer Konteffekte auf Jugenddelinquenz 230
- Role-Relationship-Theorie 348
- Rudimenttheorie 151
- Subkulturtheorie 106, 210, 216, 229
- Theorie der Strukturbildung 139
- Theorien des differentiellen Lernens 227
- Verelendungstheorie 299

- Werterwartungstheorie (nach Esser)/SEU 7, 170
- Wissenschaftstheorie 266

Therapie 47, 49, 202f., 265, 336
Todesstrafe 68f., 98, 115, 203, 264, 283, 286, 288, 295
Toleranz 47, 68, 308, 322

Überwachung 50, 125, 129, 280, 286
Umweltreize 192, 194, 199, 202, 206
Unterdrückung 20, 36f., 88, 152, 257, 264, 294
- physische 298
- strukturelle 298
Ungleichheit 40, 145, 207f., 210, 215, 220f., 223, 228, 298, 309, 375, 380, 386
- materielle Ungleichheit 298
Urteil 33, 130, 208, 296, 318, 340, 358, 361, 368, 370
- moralisches Urteil 296
- Unwerturteil 271
urban underclass 222
Utilitarismus (in der Strafrechtspflege) 240
Utopie(vorwurf) 295

Verantwortung 33, 97, 115, 128, 151, 164, 198, 217, 296, 325, 352, 371, 392
Vererbung 103, 195
Verbrechen 33, 98f., 107, 110, 113, 117ff., 121f., 150, 161, 173, 177ff., 182f., 194ff., 239, 245, 247, 253f., 295, 298, 335, 342, 373, 388, 392
- Natur des Verbrechens (Hegel) 295
Verelendung 37, 137, 298
- materielle 298
- pysische 298
Vergeltung 204, 272, 304
Vergemeinschaftung 300, 308

Sachregister

Vergesellschaftung 37, 208, 300, 308, 376
– kommunitäre Formen 300, 308
– Wiedervergesellschaftung 371
Vergewaltigung 93f., 182, 241, 244, 247, 254, 362, 364, 373
Verhalten
– aggressives 98, 199, 225
– abweichendes 5, 7f., 17, 27, 30, 32f., 56f., 59ff., 63, 70, 86, 100, 107, 109, 122, 125, 145, 148, 151, 154, 165, 169, 177, 186, 193, 201, 204, 209f., 212, 216, 220, 224, 226, 232, 253, 263, 267, 270f., 278, 284, 320, 325, 333, 352, 382, 394
– Anzeigeverhalten 246ff., 253, 318
– konformes 111, 145, 270, 333
– Kontrollverhalten 308, 322, 325
– pathologisches 16, 26
– sbeobachtung 187
Verletzung 59, 241, 257, 284, 295, 356
Verrechtlichung 50, 240, 310, 344, 351, 366
Versicherungsprinzip 253
Verstehen 28, 38, 137, 142, 161, 164, 349, 378
Vertrauen 200, 220, 279, 293, 347
Verurteilungsrisiko 182
Verwissenschaftlichung 45, 50, 384
victim survey 320, 353, 368, 371
– des Kriminologischen Forschungsinstituts Niedersachsen (KFN) 320, 364, 371
victima 233, 238
Viktimisierung 234, 237, 240f., 245f., 253ff., 259, 261, 321, 362, 363
– demographische Merkmale 245
– primäre 245
– Reviktimisierung 255
– sekundäre 242, 321, 362
– tertiäre 256

Viktimodogmatik 234
Viktimologie 7f., 24, 233f., 237ff., 241, 255, 349, 373, 377, 384f., 392, 397
viktimologisches Prinzip 237
Voluntarismus 62
Vorstellung (Genese der) 74

Waffen 20, 328
Weiblichkeit 152
Welt 17, 30, 51, 53f., 57f., 74ff., 83, 138f., 190, 258, 300, 369, 377f., 392, 397
Wesen (des kriminellen Handels) 96, 109, 113
Werte 29, 63ff., 81, 106, 129, 170, 172, 272, 299, 352
– postmaterielle 299
– Wertediskussion 129
– Wertepluralismus 302
– Wertfreiheit 310
– Wertorientierung 240, 300
White-Colour-Crime 37, 182
widening the net 336
Wiedergutmachung 9, 46, 51, 69, 233, 241, 248, 287, 319, 321, 349ff., 353ff., 360f., 363ff., 368, 371f., 389, 393
Wissen 28, 38, 53, 112, 140f., 143, 161, 236, 246, 249, 253, 293
– Alltagswissen 53, 141, 312, 397
– Rezeptwissen 141
– Hintergrundwissen 144
– Nichtwissen 250, 390
– Vor-Wissen 161
Wissenschaft 7, 9, 26, 30, 41, 53ff., 66, 96, 153, 187, 233, 310, 316, 380, 389
– scientific community 310
– Wissenschaftstheorie 266
Wohlfahrt 164

Zentrum, produktives 299, 305,

Zuschreibungsprozesse 32, 38, 43, 135, 137, 142, 146, 150, 158, 162f., 208, 228
Zwang 37, 46, 51, 68, 72, 77, 93f., 128, 251, 255, 264, 316, 331, 333
– Zwangsmittel 303, 317, 323

pro Studium Soziologie

- Hermann Korte
  Soziologie
  basics
  UTB 2518 M
  ISBN 978-3-8252-**2518**-6
  UVK. 2004.
  192 S., 8 Abb., 13 Tab.,
  EUR 14,90, sfr 27,90

- Helmut Kromrey
  Empirische Sozialforschung
  Modelle und Methoden der
  standardisierten Datenerhebung
  und Datenauswertung
  UTB 1040 S
  ISBN 978-3-8252-**1040**-3
  Lucius & Lucius. 11., überarb.
  Auflage 2006.
  565 S., einige Abb. u. Tab.,
  EUR 14,90, sfr 27,90

- Eckart Struck, Helmut Kromrey
  **PC-Tutor Methoden
  empirischer Sozialforschung**
  UTB 8187 L
  ISBN 978-3-8252-**8187**-8
  (Lucius & Lucius). Version 3.0
  2007. CD-ROM mit Begleitheft,
  EUR 14,90, sfr 27,70

- Helmut Kromrey, Eckart Struck
  **Methoden empirischer
  Sozialforschung**
  Kombipack UTB 8187 (CD-ROM)
  und UTB 1040 (Buch)
  UTB 8207 L
  ISBN 978-3-8252-**8207**-3
  Lucius & Lucius.
  EUR 26,90, sfr 48,00

- Siegfried Lamnek
  **Theorien abweichenden
  Verhaltens I**
  "Klassische" Ansätze
  UTB 740 M
  ISBN 978-3-8252-**0740**-3
  W. Fink.
  8., überarb. Aufl. 2007.
  354 S., 19 Abb., 16 Tab.,
  EUR 16,90, sfr 31,00

- Martina Löw, Silke Steets,
  Sergej Stoetzer
  **Einführung in die Stadt-
  und Raumsoziologie**
  UTB 8348 L
  ISBN 978-3-8252-**8348**-3
  Barbara Budrich. 2007.
  214 S., 39 Abb. u. 8 Tab., kart.
  EUR 16,90, sfr 31,00

- Manfred Lueger
  **Grundlagen qualitativer
  Feldforschung**
  Methodologiem, Organisierung,
  Materialanalyse
  UTB 2148 S
  ISBN 978-3-8252-**2148**-5
  WUV. 2. Aufl. 2004.
  264 S.,
  EUR 19,90, sfr 35,90

- Sabina Misoch
  Online-Kommunikation
  UTB 2835 M
  ISBN 978-3-8252-**2835**-4
  UVK. 2006.
  224 S., 44 Abb., 11 Tab.,
  EUR 17,90, sfr 32,00

pro Studium Soziologie

- Hans-Peter Müller
  Max Weber
  Eine Einführung in sein Werk
  UTB 2952 S
  ISBN 978-3-8252-**2952**-8
  Böhlau. 2007.
  311 S., 24 Abb.,
  EUR 16,90, sfr 31,00

- Ingrid Oswald
  Migrationssoziologie
  UTB 2901 M
  ISBN 978-3-8252-**2901**-6
  UVK. 2007.
  224 S., 10 Abb.,
  EUR 17,90, sfr 32,00

- Boike Rehbein
  **Die Soziologie
  Pierre Bourdieus**
  UTB 2778 M
  ISBN 978-3-8252-**2778**-4
  UVK. 2006.
  272 S., 6 Abb.,
  EUR 17,90, sfr 32,00

- Hartmut Rosa, David Strecker,
  Andrea Kottmann
  Soziologische Theorien
  basics
  UTB 2836 M
  ISBN 978-3-8252-**2836**-1
  UVK. 2007.
  305 S., 21 Abb., 22 Fotos,
  23 Tab.,
  EUR 17,90, sfr 32,00

- Katrin Späte (Hrsg.)
  Beruf: Soziologe?!
  Studieren für die Praxis
  UTB 2902 M
  ISBN 978-3-8252-**2902**-3
  UVK. 2007. 192 S.,
  EUR 14,90, sfr 27,90

- Gerhard Wagner
  **Eine Geschichte der
  Soziologie**
  UTB 2961 S
  ISBN 978-3-8252-**2961**-0
  UVK. 2007. 238 S.,
  EUR 14,90, sfr 27,90

- Christoph Weischer
  Sozialforschung
  UTB 2924 M
  ISBN 978-3-8252-**2924**-5
  UVK. 2007.
  416 S., 136 Abb.,
  EUR 24,90, sfr 44,00

- Helmut Willke
  **Systemtheorie I:
  Grundlagen**
  Eine Einführung in die
  Grundprobleme der Theorie
  sozialer Systeme
  UTB 1161 S
  ISBN 978-3-8252-**1161**-5
  Lucius & Lucius. 7., überarb.
  Aufl. 2006. 282 S., 6 Abb.,
  EUR 16,90, sfr 31,00

mehr unter www.utb.de